KB187307

심리치료와 상담의 윤리학

케네스 S. 포프 & 멜바 J. T. 바스케즈 지음

박균열 외 옮김

심리치료와 상담의 윤리학

케네스 S. 포프 & 멜바 J. T. 바스케즈   지음

박균열 외 옮김

철학과현실사

Ethics in Psychotherapy and Counseling

Kenneth S. Pope & Melba J. T. Vasquez

역자 서문

"인생은 기쁨도 슬픔도 함께해야 할 기나긴 여정이다." 어떤 광고 카피였던 것으로 기억된다. 기쁨도 슬픔도 함께해야 할 기나긴 여정을 혼자 간다면 얼마나 쓸쓸할까? 이 책 『심리치료와 상담의 윤리학』은 그러한 외로운 인생에 대한 반려가 될 수 있을 것이며, 전문가에게는 지도서가 될 것으로 본다.

우리나라의 상담학계에서 윤리학이 다루어지고 있는 것은 극히 드물다. 번역서가 한 권 있을 뿐이다. 물론 이 책도 번역서이긴 하지만, 최근의 북미 학계의 흐름과 현황을 상세히 소개하고 있다는 점에서 큰 의의를 갖는다. 이미 1991년에 1판, 1998년에 2판이 출판되었는데, 이 책의 원본인 2007년에 출간된 3판은 많은 부분에서 최신화가 이루어졌다.

사실 윤리학은 고전적으로 철학의 한 분과 학문에서 비롯되었지만, 최근에는 사회의 발전과 인류 문화의 급속한 분화로 인해 실천을 전제로 한 응용윤리학(applied ethics)이 상대적으로 더 많은 관심을 받게 되었다. 이 상담윤리학도 응용윤리학의 한 분야로 분류될 수 있다. 상담이라고 하는 인간 문화 활동에서 그 참여자들(상담자, 내담자)의 윤리의식, 이러한 활동을 보완해 주고 지탱해 주는 제도에 관한 공동체의 법 규범, 그리고 참여자와 공동체 속에서 상호관계적 윤리의식과 활동 등을 생각해 볼 수 있다. 이 책은 이러한 주제들을 망라하고 있다.

1-3장은 본인이 번역하였고, 4-6장은 서울사이버대학교 군경상담학과 이정원 교수가, 7-9장은 경상대학교 윤리교육과 김대군 교수가, 10-11장은 경상대학교 가정교육과 최선영 교수가, 12-13장은 동국대학교 선(禪)학과 강사이자 불교상담개발원 이사인 황수경 선생이, 14-15장은 서울대학교 아동가족학과 강사인 남영주 선생이, 16-18장은 인천대학교 윤리·사회복지학부 윤영돈 교수가 번역하였다. 그리고 부록은 법학박사인 국방대학교 조홍제 박사가 책임이 되어 이원봉 교수, 박종태 선생, 성현영 선생, 임여진 선생 등과 힘을 합쳐 번역하였다. 상대적으로 많은 번역진이 참여하게 된 것은 하루빨리 상담윤리학에 대한 책을 우리 학계에 소개하고 싶은 번역 책임자로서의 욕심에서였다. 그렇다고 해서 번역의 수준이 낮은 것은 아니다. 참여진 모두가 이 분야에서 학문적으로나 실무적으로 왕성한 활동을 하고 있으며 학문적으로도 검증되었기 때문이다.

독자들은 이 책에서 국내의 다른 책자와 논문에서는 볼 수 없는 참신한 면을 찾아볼 수 있을 것이다. 또한 책자의 부록에 실린 많은 웹사이트들은 이 분야에 대한 국제적인 정보를 얻는 데 많은 도움이 될 것이다. 무엇보다도 이 책의 저자인 포프(Kenneth S. Pope)의 웹사이트(http://kspope.com)와 바스케즈(Melba J. T. Vasquez)의 웹사이트(http://www.melbavasquezforapapresident.com/index.php)는 실무적인 부문에서부터 고차적인 분야에 이르기까지 친절하게 안내해 주고 있다. 용어의 사용면에 있어서, 상담윤리에 기준을 두고 한국적 상황을 고려하였다. 예컨대 환자, 의뢰인, 피상담자 등은 '내담자'로 일관되게 번역했다. 다만 국면의 상황이 명백한 의료 행위일 경우 일부 '환자'로 번역했다.

아무쪼록 이 책이 한국 내에서 상담윤리학 분야의 발전에 일조할 수 있기를 기대하며, 끝으로 좋은 책으로 펴내 주신 철학과현실사에 감사드린다. 최종 교정에 도움을 준 경상대학교 박사과정 임여진 양과 윤리교육과 학부생 옥치훈, 이종현 군의 노고에 감사한다.

2010년 6월
역자들을 대신하여
진주 가좌골에서 박균열 사룀

차 례

역자 서문 / 5
감사의 말 / 11

1장 상처를 주지 않고 도움 주기: 개인의 책임, 지속적인 질문, 그리
    고 기본적인 가정 / 13

2장 윤리학과 비판적 사고 / 35

3장 신뢰, 힘, 그리고 돌봄 / 65

4장 능력과 인간적인 치료가 / 76

5장 자기 돌봄을 위한 전략의 수립 / 90

6장 전문적 유서 만들기 / 103

7장 여러 가지 규정과 불평들: 역사적, 경험적, 통계적 맥락에서 / 112

8장 윤리, 면허, 의료과실 불평에 대한 대응 / 143

9장 윤리적 의사결정의 단계 / 153

10장 도입과 종료, 부재와 접근 가능성 / 161

11장 사전 설명된 동의와 거부 / 184

12장 평가, 검사, 진단 / 208

13장 내담자와의 성관계 / 231

14장 비성적 다중관계와 경계선 문제들 / 265

15장 문화, 맥락, 그리고 개인차 / 296

16장 비밀 유지 / 317

17장 자살 위험에 대한 대응 / 341

18장 수퍼비전 관계 / 373

[부록 A] 미국심리학회 심리학자의 윤리규정과 행동강령 / 393

[부록 B] 캐나다 심리학회의 심리학자를 위한 윤리규정 / 433

[부록 C] 미국심리학회 법률위원회 / 473

[부록 D] 전화, 화상회의, 인터넷에 의한 서비스와 관련된 미국심리학회의 성명서 / 493

[부록 E] 환자의 정신건강에 대한 권리 / 495

[부록 F] 관리의료 환경에서 전문 의료를 위한 윤리규정 / 499

[부록 G] 평가, 치료, 상담, 법의학을 위한 윤리규정, 전문적 기준 및 실제적 지침 / 504

참고문헌 / 511

감사의 말

우리는 이 책에 대해 직접적으로 혹은 간접적으로 기여한 많은 사람들에게 큰 빚을 지고 있다. 모두에게 감사하지만 그 중 중요한 몇 사람을 언급하고자 한다. 미국심리학회(APA) 윤리국(Ethics Office)의 전무이사인 벤케(Steve Behnke)와 전(前) 전무이사인 존스(Stanley Jones), 윤리규정 개정 조정관 펠더(Debbie Felder), 주·지방 심리위원회연합회 전무이사 데머스(Steve DeMers), 미국심리학회 보험신탁 최고경영자 베넷(Bruce Bennett)과 캐나다 심리학회(CPA) 전무이사인 서비스(John Service), 캐나다 심리학회 커뮤니케이션 국장인 버먼(Daniel Berman), 온타리오 심리학자협회(College of Psychologists of Ontario) 조사 및 심리국장 갱(Barry Gang)의 도움이 없었다면 캐나다와 미국의 심리학자들에 대항하는 의료사고 소송, 면허 허가 부서 관련 소송, 그리고 윤리학적인 항고에 관한 수년간의 실제 자료를 결코 얻지 못했을 것이다.

아르스노(Ray Arsenault), 델워스(Ursula Delworth), 헤이스(Kate Hays), 쿠처(Gerald Koocher), 로슨(Lorelei Lawson), 올리오(Karen Olio)와 소네(Janet Sonne)는 제3판과 이전에 출간된 판의 초안을 읽고 책 내용의 향상을 위해 가치 있는 제안을 해주었던 사람들이다.

우리는 이 분야에서 충동적인 자살자에 대응하는 지식을 가진 많은 뛰어난 치료가들에게 자문을 구했다. 17장에는 이들 전문가들이 독자들에게 하는 충고를 제시하고 있다. 토론에 기여한 전문가들에게 감사를 전한다. 발로우(David Barlow), 크레이그(Marla Craig), 다니엘(Jessica Henderson Daniel), 파브로우(Norman Farberow), 고(故) 프롬(Erika Fromm), 겔러(Jesse Geller), 히로토(Don Hiroto), 후앙(Larke Nahme Huang), 카슬로우(Nadine J. Kaslow), 고(故) 루이스(Helen Block Lewis), 라인한(Marsha Linehan), 무뇨스(Ricardo F. Muñoz), 펙(Michael Peck), 러드(David Rudd), 쇠너(Gary Schoener), 고(故) 스트럽(Hans Strupp).

특히 제1판을 준비하면서 조시-배스(Jossey-Bass) 출판사의 맥거번(Rebecca McGovern)과 리사네비치(Xenia Lisanevich)로부터 특별히 기술적이고 폭넓은 도움을 받았고, 제2판은 조시-배스 출판사의 린츨러(Alan Rinzler), 레빈(Katie Levine), 세볼드(Margaret Sebold), 풀라가(Joanne Clapp Fullagar)와 골드스타인(Paula Goldstein), 그리고 새틀라이트 출판 서비스(Satellite Publishing Service)의 앤더슨(Rachel Anderson)의 도움을 받았다. 이번 판을 준비하는 데 있어서는 밀러(Beverly Harrison Miller)와 더불어 조시-배스 출판사의 린츨러, 하틀랜드(Carol Hartland), 슈워츠(Seth Schwartz), 웬젤(Jennifer Wenzel)로부터 특별한 도움을 받았다.

여러분들의 도움에 정말로 감사의 말씀을 드리고 싶다.

2007년 1월

케네스 S. 포프

멜바 J. T. 바스케즈

1 장 상처를 주지 않고 도움 주기:

개인의 책임, 지속적인 질문, 그리고 기본적인 가정

심리치료는 상처를 받고 어려움에 처한 사람들에게 돕겠다는 약속을 한다. 심리치료는 인생을 변화시킬 수 있다.

내담자들은 자신의 장점을 발견할 수 있다. 그들은 더 의미 있는 인생을 향해 진로를 변경할 수 있다. 그들은 감각을 없애거나 마비시킬 수 없는 방식으로 상실감, 비극, 절망, 그리고 삶의 종말에 직면할 수 있다. 그들은 자신들에게 기쁨을 가져다주는 것과 어려운 시절에 자신들을 참고 견디게 하는 것을 발견할 수 있다. 그들은 더 잘 신뢰할 수 있다. 그들은 치료 중에 새로운 활동을 배우고 치료가 끝난 후에는 자신에게 새로운 활동을 가르치는 방법을 배울 수 있다. 그들은 스스로 항상 믿고 있는 것이 논란의 여지가 없는 것이었는지에 의문을 제기할 수 있다. 그들은 자신에게 가장 중요한 것이 무엇인지 발견해서 시간 낭비를 하지 않을 수 있다. 그들은 더 행복해질 수 있거나 최소한 덜 비참해질 수 있다. 프로이트가 이야기한 것처럼, 더 훌륭하게 사랑하고 일할 수 있다.

윤리학은 직업에 있어서 우리의 책임을 인정하고 있다. 만약 윤리학이 사라져 버린다면, 우리가 서로 도움을 줄 수 없기 때문에 우리는 불필요하게 상처를 받을 수 있다.

윤리학과 개인의 책임

우리가 하는 것은 내담자가 희망을 잃고 자살하거나 살기를 선택할지, 매 맞는 배우자가 피난처를 찾거나 죽이려고 하는 사람에게 돌아갈지, 그리고 식욕부진인 십대가 도움을 얻거나 배고파 죽게 될지에 영향을 줄 수 있다. 새로운 치료가들은 그러한 극적인 예들이 실제 이야기의 일부분만을 말하고 있음을 알고 있다. 그래서 많은 사람들은 사소하지만 정의하기 어려운 문제처럼 보이는 것을 직면한 채로 우리에게 찾아온다. 하지만 그들을 치료하는 데 있어 힘들고 위험하고 예측할 수 없는 일의 전개나 반전은 결국 더 의미 있고 효과적이며 성취하는 삶을 살 수 있게 한다.

치료가들은 이런 책임감을 가볍게 여기지 않는다. 그들은 바쁜 와중에도 자살하려는 내담자에 대한 관심을 제쳐 두지 않는다. 내담자가 처음으로 잔인함에서 살아남는다는 것이 무엇과 같았다는 점에 관해서 말할 동안에 치료가들은 태연한 척하며 앉아 있지 않는다. 관리의료회사가 필사적인 도움이 필요한 사람, 즉 주머니에 치료비는 말할 것도 없고 음식을 살 돈조차 부족한 사람에 대한 치료 허가를 거절할 때, 치료가들은 침착하게 물러서지 않는다.

이 책의 목적은 치료가들이 이런 책임과 이것과 관련해서 하고 싶어 하는 것을 충분히 도울 수 있는 사고, 정보, 그리고 자료들을 그들에게 제공하는 것이다.

그들이 일상적인 일에서 나타나는 이런 책임을 인식하고 반응하는 방법을 결정하는 것은 긴장이 많이 되고 때로는 압도될 수도 있다. 우리는 시간, 자료, 혹은 지혜가 부족함을 느낄지도 모른다. 책임감은 우리를 압박하고 당황하게 해서 우리로 하여금 달아나 숨어 버리도록 만들 수도 있다. 또한 이런 책임감 때문에 우리는 스트레스의 다른 원인에 더 쉽게 상처를 입게 될 수 있다.

불확실함은 일부 사람들에게도 스트레스의 원인이 된다. 특히 우리가 위기에 직면했을 때 무엇을 해야 할지를 말해 주는 그러한 마술책은 찾을 수 없다. 연구, 지침, 매뉴얼, 우리의 경험, 그리고 상담 등이 도움은 되지만, 우리는 모든 상황에서 최고의 방침을 모르거나 심지어 '최고의' 방침이 어떤 결과가 될지도 모른다. 우리는 자신의 판단에 근거해서 끊임없이 제지를 받는다. 내담자가 누군가를 살해하려한다고 생각하지만, 명백한 위협이 존재하지 않거나 그를 병원에 입원시키거나 그 비밀을 누설하기 위한 국가의 법 내에서 다른 법적인정당화가 존재하지 않는다면, 우리는 무엇을 할 것인가? 위급할 동안에 치료 기간을 두 배로 하는 것이 도움이 될지 아니면 해가 될지(혹은 전혀 효과가 없을지)는 내담자에 관한 전문적인 판단에 기초를 두고 이루어져야만 하는 결정이다. 만약 보험회사가 내담자의 상태에대한 치료를 보험에 포함시키지 않음을 알고 있고 치료에 대한 내담자의 필요가 긴급하다고 생각한다면, 우리는 어떤 처방을 내려야만하는가? 스트레스를 감소하는 심상 기술(imagery techniques)을 사용하려는 의지가 특정 내담자(스트레스를 감소하고 내담자의 효과성을증대시키려는 사람)에게 도움이 되거나 해(내담자가 악용하려는 일이나 관계에 적용하는 사람)의 원인이 된다는 것은 즉각적이고 명료하고 확실한 답이 없는 문제이다. 그 절차가 완성하는 모든 것이 환자가 생명을 살리는 치료를 외면하는 원인이 된다면, 정보를 제공받고자 동의하는 것은 타당한 것인가? 매우 큰 복잡성의 문제와 잠재적인생사 암시와 관련해서 주의 깊게 정보를 제공받은 전문적인 판단을하는 데 있어서 피할 수 없는 책임은 가장 기량이 풍부한 치료가들을그들의 한계까지 밀어 넣을 수 있다.

공식적인 검토 기관이 그 사실에 대한 책임을 우리에게 지우는 것을 염려하는 것은 우리 중 일부에게 스트레스를 주고 괴롭히는 것이다. 지방, 주, 그리고 국가의 전문적 윤리위원회와 같은 그런 기관들은 우리가 하는 일의 윤리적인 측면에 구체적으로 초점을 맞춘다. 주면허교부 부서와 민사재판부와 같은 기관들은 윤리적 책임을 반영하는 전문적인 표준 의료를 강제하고 있다. 검토 기관이 때늦은 지혜의 도움으로 우리 의도를 미리 짐작하려는 기대 때문에 어려운 판단이 일부 치료가들에게는 악몽이 될 수 있다. 치료가들은 신중한 수행 불안을 경험하고, 일하는 것을 두려워하며, 일의 중심이 사람들을 돕는 것에서부터 의료사고 소송을 피하는 것으로 바뀌고 있음을 발견하게 될지 모른다.

관리의료는 몇몇 치료가들에게 부담을 주었다. 예를 들면, 머릿수 중심의 계약은 한 집단의 환자들에게 모든 서비스를 포함하기에는 제한된 돈을 제공한다. 서비스를 제공하고 개별 환자에게 필요한 평균적인 활동 수를 평가하는 기관은 이윤을 만들기 위해 전체 활동의 수를 제한해야만 한다. 엄격한 지침은 치료가가 제공하는 많은 활동을 제한할 것이다. 치료가들은 제한을 받기 전에 끝내라는 압력을 느끼고 있다. 심지어 임상가들이 기관의 공식적인 절차를 따르고 있을지라도, 이들은 윤리위원회, 자격증 인가 부서, 혹은 의료사고 법원 앞에서 환자 포기, 부적당한 치료 부정, 혹은 유사한 문제에 대한 혐의를 받고 있다. 치료가들은 공식적인 검토 기관으로부터 허가를 얻었다. 국가적인 연구에 따르면, 참여한 치료가들의 86%는 내담자가 이용할 수 없는 임상적인 수단을 필요로 하고 있다는 불안을 경험하였다(Pope & Tabachnick, 1993).

치료를 가르치거나 배우는 것은 일부 사람들에게 부담이 될 수 있다. 감독자로서, 우리는 감독을 받는 사람이 내담자에게 어떻게 반응하고, 감독을 당하는 사람의 일을 평가하는 우리의 책임, 그리고 교사와 멘토로서 역할을 해주기를 요구하는 것에 기분이 편하지 않게 된다. 감독을 받는 사람으로서, 우리는 임상학적인 책임을 수행하는 (특히 사람들이 자살을 하거나 타인을 살해하려고 하는 위험에 연루되어 있을 때) 자신의 능력을 의심하고, 실수하는 것을 두려워하고, 우리와 감독자 사이의 가치 혹은 이론적인 방향 설정의 차이에 관해 불편함을 느끼고 있으며, 그리고 만약 감독자에게 우리가 실제로 생각하고, 느끼고, 했던 것을 아주 진실하게 묘사한다면, 우리는 또 다른 종류의 일을 찾도록 충고를 받을지도 모른다(Pope, Sonne & Greene, 2006 참조).

일곱 가지 시나리오

윤리학 및 의료사고 연수회를 위해 다음의 일곱 가지 가상적인 시나리오를 만들었다. 이어지는 가설적인 짧은 사건들은 어떤 것도 실제적이거나 구체적인 사례에 근거를 두고 있지 않으며(어떤 개인도 실제 존재하는 임상가나 환자가 아니다), 모든 시나리오는 치료가들과 상담자들이 직면하는 도전의 종류들을 재현하고 있다. 일곱 가지 시나리오에서, 임상가들은 최선을 다하려고 노력하고 있다. 독자들은 임상가 각자가 최고 혹은 최소한의 윤리적 기준을 충족시켰는지에 대해서는 동의하지 않을 수 있다. 이렇게 동의하지 않는 것은 수업, 사례 발표회, 감독, 혹은 관련 토론의 초점이 될 것이다. 최소한 하나 혹은 둘의 예에서, 여러분은 임상가가 한 것이 완벽하게 합리적이며 용기와 감성을 제시하고 있다는 결론에 도달할 것이다. 어떤 사례에서, 여러분은 관련된 중요한 정보가 누락되어 있다고 생각할지도 모른다. 하지만 각각의 예에서 이루어지는 전문적 행위(혹은 행위에 대한 실패)는 하나 혹은 그 이상의 공식적인 불만의 근거가 되었다.

컴퓨터상에서 우연히 발생한 일

이런 치료가들에게 흔히 발생하는 것은 너무 상처가 깊어서, 치료가들이 가상의 인물이고 결코 존재하지 않을지라도, 이들은 다른 종류의 일을 하게 되었고 인지되기를 원하지 않고 있으며 가상적인 시나리오에서도 이름이 알려지지 않기를 요구하고 있다. 그 재앙은 치료가들 중 한 명이 컴퓨터의 보내기(Send) 버튼을 눌렀을 때 시작되는 것처럼 보인다.

수년 동안 이런 치료가들은 소규모로 아주 성공적인 집단 치료를 수행했다. 그 후 첫 번째 치료가가 보내기 버튼을 누르는 그날까지 치료가들은 최신 컴퓨터를 가져와서 현대화하고 정밀하게 네트워킹을 하고 치료가의 작업을 더 쉽게 만드는 놀라운 소프트웨어를 갖추었다.

그 치료가는 환자의 변호사에게 전자메일을 보내기 위해 소송과 관계되어 있는 자신의 환자 중 한 명의 모든 기록을 주의 깊게 수집했다. 수집된 자료는 치료가가 서류철을 해둔 배경 기록들(직업, 불구 정도 등)뿐만 아니라 청구서 작성 기록, 심리학 실험 결과, 치료 활동 기록도 있었다. 치료가는 마지막으로 한 번 훑어본 다음 보내기 버튼을 눌렀다.

그가 잘못된 전자메일 주소로 자료를 보낸 것을 안 것은 컴퓨터가 기록을 보내는 것을 본 후였다. 환자의 기록은 변호사가 아니라 그 치료가가 가입된 인터넷 토론 목록으로 이동하고 있는 중이었다. 이렇게 불행한 일련의 사건은 결국 치료가에 대한 정식 소송으로 이어졌다.

억지스러운 일련의 사건은 가정된 시나리오 상에서는 전형적이다. 첫 번째 치료가가 보내기 버튼을 눌렀을 때 두 번째 치료가가 그의 사무실로 들어왔다. 그는 다음과 같이 말했다. "믿을 수 있는가? 나는 고소당했고 그건 모두 컴퓨터 때문이라네! 내 환자가 안식 휴가로 대서양 연안으로 잠시 이사를 갔을 때, 치료를 계속하는 것이 최선이라고 생각했네. 하지만 시차와 바쁜 일정 때문에 우리는 이야기할 시간이 없었지. 그래서 환자와 나는 전자메일로 의사소통을 하기로 결정했다네. 하지만 그녀는 어떤 것에 관해 화를 냈고 다른 주에서 나를 고소해 버렸어! 사람들이 말하길 내가 그 주에서 면허를 받지 않고 심리치료 서비스를 제공했다고 하네. 그리고 내가 그 주의 관련된 법률과 규정을 따르지 않았다고 하네. … 자네는 그녀의 변호사가 자격증 교부 관청, 법원, 그리고 윤리위원회를 대상으로 고소한 내용을 읽어 봐야만 하네. 그건 끔찍하다네!"

이 이야기를 지속적으로 흥분시키는 또 다른 사건이 필요하다는 것을 알아챈 것처럼, 바로 그 순간에 세 번째 치료가가 첫 번째 치료가의 사무실로 달려 들어와서 다음과 같이 소리쳤다. "방금 무슨 일이 발생했는지 자네는 믿지 못할 걸세! 내가 고소당했다는 공식적인 통지를 받았다네! 나는 방금 전에 발생한 상황을 알았네. 여하튼 바이러스 인지, 트로이 목마 바이러스인지, 웜 바이러스인지, 그런 것들 중 하나가 내 컴퓨터에 들어와서 내 파일, 즉 나의 모든 환자의 비밀 파일을 가지고 가서는 내 주소록에 있는 모든 사람과 내 컴퓨터 메모리에 있는 다른 모든 주소로 전자메일을 보냈다네. 나는 어찌해야 하나?"

그때 네 번째 치료가가 그 방으로 달려와서 소리 내어 울었다. "도와줘! 곤경에 처했어! 내 환자 중 한 명이 성가신 소송에 연루되어 있는데, 나는 모든 기록을 제출하라는 법원 명령서를 받았어. 그 환자와 그녀의 변호사는 나의 기록이 소송을 이기는 열쇠가 되기 때문에 자료를 넘겨주는 데 동의했거든. 그래서 출력하려고 앉았는데… 그 자료들이 사라져 버렸어. 내 하드 드라이브가 망가져서 자료를 복구하기 위해 전문가에게 맡겼는데, 그들은 일부 자료만을 복구해 냈어. 하지만 그 환자와 관련된 모든 파일은 사라졌어. 어떻게 하지?"

그 방은 사람들로 북적였고, 다섯 번째 치료가가 축 늘어진 채로 들어와서 의자에 주저앉았다. 그리고 다음과 같이 말했다. "나는 불행하다. 내 랩톱 컴퓨터에 모든 기록을 저장해 두었는데, 오늘 점심시간에 누가 내 차에 들어와 그것을 훔쳐가 버렸어. 저장된 파일에 비밀번호를 설정해 놓았기 때문에 최소한 기록들은 안전할 것이라고 생각했어. 하지만 동료로부터 비밀번호를 부여하고 해제하는 데 사용한 프로그램이 그 컴퓨터 안에 같이 들어 있어서 그 프로그램을 사용하면 해커가 내 파일의 비밀번호를 해독하기가 아주 쉽다는 것을 알았다네."

이 치료가 단체의 마지막 구성원이 나쁜 소식을 가지고 나타나지 않자, 다른 치료가들은 걱정이 되어 그녀의 사무실로 내려갔다. 그녀는 얼굴에 환한 미소를 지으면서 의자에 앉아 있었다. 그녀는 다음과 같이 말했다. "나는 기분이 아주 좋아! 나는 내 컴퓨터에 기록을 저장하는 것에 대해 아주 걱정을 했어. 그래서 마침내 결정했지. 나는 모든 기록을 출력해서 안전한 보관 상자에 여분의 복사를 해두었어. 그리고 내 컴퓨터를 처분해 버렸어. 이것은 나에게 훌륭한 조치였어. 과거에는 이렇게 좋은 느낌을 가진 적이 없었어."

그녀가 컴퓨터를 팔기 전 하드 드라이브를 완벽하게 지우지 않아서 자신에 대해 고소가 이루어졌다는 것을 알게 된 것은 몇 달이 지난 뒤였다. 컴퓨터를 구입한 사람은 어려움 없이 파일을 복구해서 그녀의 환자와 관련된 모든 상세한 내역을 읽었다.

혼동 속의 삶

35세의 물리학 교수인 알바레즈 씨는 이전에 한 번도 심리치료를 받아 본 적이 없다. 그는 브링크스 박사와의 첫 약속시간에 나타났다. 알바레즈 씨는 자신의 삶이 혼돈 속에 있다고 말한다. 그는 1년 전 정교수 자리를 얻었고, 그 후 약 한 달이 되자 아내가 다른 남자와 살기 위해 갑자기 그를 떠났다. 그는 아주 우울했다. 약 4개월 전에 그는 불안감을 느끼기 시작해서 집중하는 데 어려움을 겪었다. 그는 자신에게 발생한 문제를 해결하기 위해 대화할 사람이 필요하다고 생각하고 있다. 알바레즈 씨와 브링크스 박사는 외래 환자 심리치료를 위해 일주일에 2회 만나기로 한다.

처음 치료 기간 동안, 알바레즈 씨는 자신의 문제를 말할 수 있다는 데 대해 안도감을 느끼지만 그는 여전히 불안하다고 말한다. 다음 몇 달 동안, 그는 자신의 어린 시절의 몇 가지 외상적인 경험을 말하기 시작했다. 그는 집중하는 데 더 어려움을 가진다고 말했다. 브링크스 박사는 이것은 놀랄 정도의 일이 아니라고 그를 안심시키는데, 환자가 억압된 고통스러운 기억을 인식하기 시작할 때 집중의 문제는 흔히 일시적으로 더 악화되기 때문이다. 박사는 알바레즈 씨와 일주일에 3회

만날 것을 제안했고, 알바레즈 씨는 이에 동의했다.

한 달 후에 알바레즈 씨는 쓰러져서 병원으로 급히 옮겨졌다. 병원에 도착했을 때 그는 이미 사망하였다. 검시 결과 뇌 속의 종양이 그의 뇌혈관을 누르고 있음이 밝혀졌다. 그 혈관이 터져서 그는 죽은 것이다.

알바레즈 씨 사망 후 몇 달이 지나서 브링크스 박사는 주정부 윤리위원회가 그녀에 대한 공식 공판을 시작한다는 것을 통보받았다. 그 공판은 알바레즈 씨의 친척이 제기한 고소에 의한 것이었다. 게다가 그녀는 의료사고로 소송을 당했다. 윤리적인 고소와 의료사고 소송은 그녀가 알바레즈 씨를 진단하는 데 있어서 소홀했다고 주장한다. 특히 그녀가 신체기관의 상해를 확인하도록 하는 전문 심리학의 원칙과 절차를 적용하지 않았고, 신경심리학자의 평가를 위해 알바레즈 씨를 위탁하거나 검사를 위해 의사에게 문의하지 않았다면, 그녀는 알바레즈 씨의 집중력의 문제에 대해 신체 기관에 원인이 있음을 제외하는 조치를 취하는 데 실패했다는 점에서 환자에 대한 진단을 경솔히 했다는 것이다.

이 시나리오를 검토했던 윤리학 및 의료사고 연수회에 참석한 심리치료가와 상담가들(이들은 아마도 치료하는 심리학자들의 사례를 임의로 구성하려고 하지 않는다)은 브링크스 박사가 그녀의 능력 범위를 넘어선 역할을 했고 몇 가지 근본적인 평가 기준을 어겼다는 결론을 내리는 경향이 있었다(12장 참조).

아이들 평가하기

케인 부인은 심리평가를 받기 위해 네 살과 여섯 살 된 두 아이를 데리고 듀렌버거 박사에게 갔다. 그녀는 아이들이 지난 몇 달 동안 다소 혼란스러워 하고 있다고 말했다. 아이들은 악몽을 꾸고 자주 침대에 오줌을 쌌다. 그녀는 이 문제가 아이들의 아버지와의 최근 만남과 어떤 관련이 있다고 어렴풋이 생각하고 있다. 아이들의 아버지는 다른 주에 살고 있다.

듀렌버거 박사는 케인 부인과 두 아이들을 함께 보는 세 번의 상담과 아이들 각자에 대해 세 번의 개별 상담을 계획했다. 그가 보고서를 준비하고 있었을 때, 케인 부인이 전남편에 대해 제기한 민사소송에 증언을 서 달라는 소환장을 받았다. 그녀는 자녀 양육권을 위해 소송을 하고 있었다. 재판이 이루어질 동안, 듀렌버거 박사는 면담과 심리검사에 근거해서 그 아이들이 엄마와 더 긍정적인 관계성을 가지고 있다고 증언을 했다. 아이들은 엄마와 함께 있을 때 더 행복하며 모친에게 양육권이 부여되어야 한다는 전문가적인 견해를 밝혔다.

아이들의 아버지는 듀렌버거 박사를 상대로 윤리적 고소, 민사소송, 그리고 자격증에 대한 고소를 했다. 그가 고소한 근거는 듀렌버거 박사가 평가를 수행하는 데 정보를 제공받도록 하는 동의를 얻지 못했다는 것이다. 케인 씨 부부가 2년 전 이혼했을 때, 법원은 아이들의 양육권을 남편에게 부여했고 부인에게는 방문권(visitation rights)을 부여했다. (아내는 길었던 여름 방문 기간 동안 아이들의 상담을 신청했다.) 고소를 한 또 다른 근거는 듀렌버거 박사가 남편인 케인 씨와 면담을 하거나 평가하려는 시도 없이 자녀 양육권 배치와 관련한 공식적인 추천을 했다는 점이다. 남편의 변호사와 전문 증인들은 부모 양쪽 모두와 면담하지 않았다면 양육권 추천은 이루어질 수 없음을 주장하였다.

양육권과 비양육권 부모와 관련된 법률은 주마다 그리고 지방마다 다를지라도, 윤리학 및 의료사고 연수회 참석자들은 듀렌버거 박사가 관련 당사자인 부모로부터 정보에 근거한 적절한 동의를 얻기 위해 윤리적인 (그리고 많은 주에서는 법적인) 책임을 이행하지 못했다는 결론을 내리는 경향이 있다(7장 참조). 그리고 그들은 박사가 자신의 견해를 정당화시키기 위해 적정한 평가를 수행하는 데 실패했다고 결론을 내렸다(12장 참조).

치명적인 병

19세 대학생 조지가 하이타워 박사와 심리치료를 시작했을 때, 그는 치명적인 병으로 고통을 받고 있다고 박사에게 말했다. 두 달 치료 후에, 조지는 그 병명이 에이즈(AIDS)라고 말할 정도로 자신이 박사를 신뢰한다고 생각했다.

다음 18개월 동안, 치료의 많은 부분이 조지가 자신의 병과의 싸움에서 지는 것과 죽음을 준비하는 것에 맞추어졌다. 폐렴 때문에 병원에서 이틀을 머문 후에, 조지는 하이타워 박사에게 다음 입원 때까지 살아남지 못한다는 것을 알고 있다고 알려 주었다. 그는 독자적으로 연구를 하고 의사와 이야기를 했다. 그래서 폐렴이 다시 발병한다면 많은 합병증 때문에 치명적일 것이며 길고도 고통스러운 죽음이 될 가능성이 있다고 그는 확신했다. 조지는 병원이 아니라 그가 대학에 다닐 때부터 살았던 교외의 아파트에서 죽고 싶다고 말했다. 그는 자신이 더 악화되었을 때 편하게 죽도록 불법적으로 구입한 약물을 복용하기를 원했다. 하이타워 박사는 그를 설득해서 이런 계획을 실행하지 않도록 노력했다. 하지만 조지는 이것에 대해 논의하기를 거절했다. 그리고 하이타워 박사가 이 주제를 계속 꺼내어 말한다면 치료를 그만두겠다고 그는 말했다. 하이타워 박사는 조지가 자신의 계획에 관해 논의하기보다 치료를 그만두려고 한다는 것을 확신했기 때문에, 살날이 몇 달 안 남은 환자에게 논쟁과 대치를 하기보다는 치료와 도움을 제공하는 것이 최선의 행동이라고 결심했다.

4개월 후, 하이타워 박사는 조지가 자살했다는 사실을 통보받았다. 그 다음 달에 하이타워 박사는 두 개의 민사소송에서 피고가 되었다. 조지의 부모가 고소한 소송은 조지가 자살하려고 하는 것을 알고 있는 하이타워 박사가 자살을 방지하기 위해 합리적이고 적절한 조치를 하지 않았고, 자살 계획을 제삼자에게 알리지도 않았고, 조지에게 불법적인 약물을 없애도록 요구하지 않았고, 자살을 예방하기 위해 입원을 시키지도 않았다고 주장하는 내용이었다. 다른 소송은 한때 조지의 애인이었던 대학생이 제기한 것이었다. 그 학생은 조지가 애인이 있었고 치명적이며 성행위를 통해 전파되는 병을 가지고 있었음을 알고 있는 하이타워 박사는 조지의 애인을 보호할 의무가 있다고 주장했다. 조지의 애인은 그가 에이즈로부터 고통을 받고 있었던 사실을 몰랐다고 단언했다.

이 시나리오는 윤리학 및 의료사고 연수회에서 심리치료가들과 상담가들이 심사숙고했던 가장 고민스럽고 논란이 되었던 것들 중 하나였다. 참가자 중 일부는 하이타워 박사가 가장 인간적이며, 감성적이고 윤리적인 방식으로 행동했다고 믿는 반면, 다른 참가자들은 좀 더 단호한 이의 제기 없이 자살하려는 조지의 결심을 수용한 것은 잘못이라고 믿었다. 이런 의미에서, 이 시나리오는 자살하려고 하는 개인과 직면했을 때 우리가 마주치게 되는 딜레마를 설명하고 있다(17장 참조). 또한 이 시나리오는 내담자나 환자에 의해서 구체적으로 제삼자 혹은 더 일반적으로 일반 대중이 위험에 처해 있다고 인지될 때 그런 문제점들이 기밀로서(16장 참조) 어떻게 기피되어 왔는지를 설명하고 있다.

자살이 논쟁이 될 때 많은 사람들은 치료의 목적은 치명적인 가능성이 있는 상황을 제거하는 것이라고 주장한다. 이런 입장에 따르면, 환자가 자해를 하는 것을 막는 적절하고도 적극적인 조치를 취하는 것이 전문의의 의무이다. 이 의무는 극단적인 경우에는 그 환자에 대한 사회적인 참여를 추구하는 것을 포함한다. 하지만 임상가들은 자살하려는 내담자의 결심이 존중되고 수용될 정도로 내담자의 자율성을 존중하고 수용할 수도 있다는 다양한 견해에 관한 관심이 증대되고 있다. 일부 사람들은 내담자에게 '죽을 권리(right to die)'를 부여하려고 하는 반면, 다른 사람들은 극단적인 상황(예를 들면, 내담자가 고통스럽고 불치의 병으로 고통을 받고 있는 경우)에서만 이 권리를 인정하려고 한다. 일부 사람들은 자살하려는 내담자의 결정을 수용하고 내담자의 자기 파괴적인 행위와 관련해 조치를 취하지 않는 것에 선을 넘지 않으려고 하는 반면, 다른 사람들은 그 사람이 죽는 것을 적극적으로 돕는 것을 생각하기도 한다. 이런 고민스럽고 논쟁이 되는 문제들은 특히 이런 간결한 설명처럼 에이즈에 감염된 사람들에게 정신적인 건강 서비스를 제공하는 사람들에게 어려움이 된다 (Pope & Morin, 1990 참조). 흔히 그 사례의 경우처럼, 윤리적이고 임상학적인 문제는 법률적인 기준들과 상호 관련이 있다. 몇몇 주에서는 조력 자살(assisted suicide) 문제와 관련된 법률을 심사숙고하고 있고 그렇게 하기 시작했다. 그리고 그 주제는 복잡하고 논란거리가 되고 있다(Carter, VandeKieft, & Barren, 2005; Downie, 2004; Ganzini, 2006; Gostin, 2006; Hamilton & Hamilton, 2005; Herlihy & Watson, 2004; Kleespies, 2004; Okie, 2005; Radtke, 2005; Rosenfeld, 2004; Werth & Blevins, 2006).

정비사

가족과 함께 15년 전 중국에서 미국으로 이주해 온 후앙 부인은 45세의 자동차 정비사이다. 그녀는 사장의 강력한 요구에 따라서 자신의 일에 영향을 주는 것처럼 보이는 어려운 점들에 대해 심리치료를 하는 데 동의했다. 그녀는 직장에 늦게 나오고, 자주 아프다고 전화를 하는 등 자주 마음이 산란해 보인다. 그녀는 새로운 치료가인 잭슨 박사에게 약물치료를 받고 있는 정신운동성 간질(psychomotor epilepsy)과 역시 치료를 받고 있는 진행성 당뇨병(progressive diabetes) 모두를 이겨내는 데 어려움을 하소연하였다.

중국 문화와 관련하여 그런 병을 다루어 보거나 간질과 같은 만성적인 질병을 치료한 실제 경험이 없음에도 불구하고, 잭슨 박사는 후앙 씨를 연구 대상으로 삼기 시작했다. 박사는 3개월 동안 그녀를 정기적으로 만났지만 확고한 협력 관계가 진전되고 있다고는 결코 생각하지 않았다. 3개월 후, 후앙 씨는 갑자기 치료를 그만두었다. 그때 박사는 지난 6번의 치료에 대해 보상을 받지 못했다.

2주일이 지난 후, 잭슨 박사는 후앙 씨의 치료 기록을 그녀의 새로운 심리치료가에게 보내달라는 요청을 받았다. 잭슨 박사는 심리상담 치료비가 완납될 때까지 그 기록을 전달하지 않을 것이라고 후앙 씨에게 통지했다.

얼마 지난 후 잭슨 박사는 미국심리학회 윤리위원회에 의하여 그녀가 피고소인이며 의료사고로 소송을 당했다는 통지를 받았다. 그 소장에는 잭슨이 정식 교육이나 훈련을 받은 적이 없고 중국 문화로부터 온 사람들과 복잡하고 심각하며 만성적인 질병에 걸린 사람들을 치료한 경험도 없기 때문에 그녀는 자신의 능력 범위를 벗어난 치료를 했다고 주장하고 있다. 그 소장은 또한 글로 작성된 정보를 제공받은 동의가 부족하다는 증거 때문에 후앙 씨가 치료의 본질을 적절하게 이해한 적이 없다고 주장하고 있다. 결과적으로 그 소장은 치료비 지불을 "담보로 기록을 보관하는 것(holding records hostage)"이 후앙 씨의 복지를 침해하고, 그녀의 다음 치료가가 후앙 씨의 치료에 필요한 즉각적이고 포괄적인 정보를 가지지 못하도록 했다고 주장하고 있다.

이 시나리오를 검토하는 윤리위원회의 역할을 하도록 요청받은 윤리학 및 의료과오 연수회에 참석한 사람들은 잭슨 박사가 적절한 동의를 얻지 않았다면(7장 참조), 서로 다른 문화로부터의 사람이나(15장 참조) 만성적인 의학적 질환을 가진 사람들을 치료하는 적절한 능력이 없이 행동한 것이며 치료비를 받지 않았기 때문에 기록 공개를 거절하는 것은 치료가의 역할을 잘못 사용한 것이라는 결론을 내렸다.

인턴십

라슨 박사는 골든 인턴십 관리의료기관(Golden Internship Health Maintenance Organization) 전무이사이자 진료 참모장이다. 1년 동안 그는 박사과정을 우수하게 마친 연수자 인턴인 마셜 박사를 가까이서 감독했다. 마셜 박사는 큰 잠재력을 보여주었고 그녀의 개입에 적극적으로 반응하는 부류의 환자들을 대상으로 연구를 했다. 인턴십을 끝내고 자격증을 받은 후, 마셜 박사는 독립을 해서 골든 인턴십 관리의료기관으로부터 몇 구획 떨어진 곳에 사무실을 열었다. 관리의료기관에서 일을 마치기 전에, 라슨 박사는 마셜 박사에게 모든 환자를 다른 치료가들에게로 넘겨야 한다고 말했다. 하지만 그녀의 치료비용을 감당할 수 있는 모든 환자들은 새로운 사무실에서 그녀와 함께 치료를 계속하기로 결정했다. 마셜 박사의 치료비용을 감당할 수 없는 환자들은 그 센터의 다른 치료가들에게 배당되었다. 라슨 박사는 그녀가 환자들을 빼앗아 가고 기만적인 치료를 통해 관리의료기관을 비윤리적으로 이용했다고 주장하면서 마셜 박사를 상대로 법률적인 소송을 하기 위해 변호사를 고용했다. 그는 주의 자격증 발급 부처와 미국심리학회 윤리위원회와 함께 그녀에 대한 공식 고소장을 작성했다. 그리고 그는 그녀가 환자와 관련한 그의 감독을 따르기를 거절한 혐의가 있으며, 피교육생의 임상치료 감독자로서 그는 환자들에 대해 합법적이고 임상적인 책임 모두를 다했음을 지적했다. 그는 마셜 박사에게 환자들의 차트를 넘겨주지 않았고, 그녀가 인턴십을 성공적으로 마쳤다는 것을 그녀가 회원 자격을 얻기 위해 신청한 여러 연합회에 증명하는 것을 거부했다.

마셜 박사는 라슨 박사가 불법적으로 거래 제한에 관여하고 있으며 환자들의 최상의 이익을 위해 행동하지 않는다고 주장하면서 맞고소를 하였다. 그녀의 주장에 따르면 환자들은 자신과 긴밀하게 정보를 주고받으며 효과적인 협력을 유지하고 있다. 따라서 환자들이 치료가를 잃는다면 객관적으로 해가 될 것이고 그들에게도 이익이 되지 않는다. 그녀는 자격증 발급 부처와 미국심리학회 윤리위원회와 함께 라슨 박사를 상대로 정식 고소장을 제출하였다. 고소 내용은 그가 환자 차트 사본을 교부하는 것과 그녀가 인터십을 완료한 것을 확인하는 것을 거절하는 것은 윤리적이고 전문가적인 기준을 침해했다는 것이다.

일부 환자들은 관리의료기관, 라슨 박사, 그리고 마셜 박사를 고소했는데, 고소 내용은 갈등과 법률적 행위들(소송들은 환자들의 동의도 없이 진행되었다) 때문에 자신들의 치료에 손실을 입고 있다는 것이었다.

연수회에 참석한 사람들은 라슨 박사와 마셜 박사 모두가 자신의 힘을 오용하고 있고(3장 참조), 사전에 환자들과 마셜 박사의 일에 대한 결론을 명확하게 하지 못했고(10장 참조), 그리고 감독 계약서에 이런 문제점들을 적절하게 다루는 데 소홀했다(18장 참조)는 의미에서, 양측은 비윤리적으로 행동을 했다고 결론을 내리는 경향이 있었다.

맑은 정신 유지하기

프랭크스 박사에게 1년 동안 치료를 받은 에드워즈 씨는 알코올 중독자이며 치료받기 전 4년 동안은 심하게 술을 마셨다. 프랭크스 박사는 정신 역학적 접근법을 사용하면서 음주 문제를 다루기 위해 구체적으로 고안된 행동주의적 기법을 혼합하였다.

치료한 지 두 달, 심리치료가 효과적이지 않았다는 것이 명백했을 때, 프랭크스 박사는 보조 치료의 일환으로 금주 모임(Alcoholics Anonymous)에 참석하는 것에 동의했다. 지난 9개월의 치료 기간 동안 에드워즈 씨는 대체적으로 술을 먹지 않았고, 단지 두 번의 긴 주말 동안 끊었던 술을 다시 마셔 고통 받았다.

치료한 지 1년이 지난 지금 에드워즈 씨는 세 번째 재발이 되었다. 그는 몇 번 술을 먹은 채로 상담 치료를 받으러 왔다. 상담 치료 동안, 프랭크스 박사와 에드워즈 씨는 치료에 등장하는 몇 가지 어려운 요소가 궁극적으로 다시 술을 마시게 한다는 결론을 내렸다. 상담 치료 마지막 부분에서, 에드워즈 씨는 그가 왜 술을 마셨는지에 대한 추가적인 통찰력을 얻었다고 생각했다. 그는 바로 금주 모임으로 가기로 결심했다.

한 달 후, 프랭크스 박사는 그가 고소를 당했다는 통보를 받았다. 상담 활동에서 금주 모임에 가는 중에, 에드워즈 씨는 적색 신호에 차를 몰다가 길을 건너는 어머니와 아이를 죽였다. 고소장에는 치료가는 자신의 환자가 위험에 처해 있음을 알고 있거나 알고 있어야만 했고, 치료가는 환자의 알코올 중독이 사회에 더 이상 위험이 되지 않을 때까지 차를 모는 것을 막아야만 했다고 주장했다.

연수회 참석자들은 프랭크스 박사가 내담자의 상태와 그런 상태에서 내담자가 운전하는 것이 대중에게 줄 수 있는 위험성을 적절하게 평가하지 않은 것을 비난하는 경향이 있을지라도, 다른 많은 시나리오처럼 공통적으로 감정이입적인 반응이 존재했다. 임상가들은 가상의 인물인 프랭크스 박사를 동정하는 경향이 있었다. 그리고 그들은 "신의 은총이 아니라면 나도 그렇게 됐을 거야."라고 생각했다. 이 시나리오들 속에서 임상가들이 직면한 매우 큰 복잡함과 책임감에 부딪치기 때문에, 우리가 그들의 입장이라면 더 잘할 수 있을지, 그리고 우리 자신이 치료를 한다면 더 잘할 수 있을지 의심스럽다(우리가 책임감이 없으면 아마도 다양한 지역에서도 심각한 일이 될 것이다).

우리의 치료 현실

각각의 시나리오는 책무성(accountability)이라는 공식적인 메커니즘이 비윤리적이고 유해할 가능성이 있는 치료로부터 내담자나 환자를 보호하기 위해 작용한다는 현실을 절실히 느끼게 하는 경향이 있다. 하지만 이런 메커니즘은 또한 언젠가 우리가 정식 소송의 당사자가 될지도 모른다는 압박감을 증가시킬 수도 있다.

우리 중 일부가 생각하는 스트레스의 또 다른 원인은, 최소한 어떤 분야에서 우리가 해명할 수 있어야 하는 책임감이 우리의 능력이나 정보와 조화되지 않는 것처럼 보인다는 점이다. 예를 들면, 법원을 통해 사회는 우리가 살인 행위를 예측하거나 예방할 책임이 있다고 주장한다. 하지만 누가 사람을 죽일 것인지 죽이지 않을 것인지를 정확하게 예측하는 것은 정신건강 전문가들이나 어떤 사람의 능력 범위를 넘어선 것처럼 보인다. 그 문제에 대해서는 12장을 참조하면 된다.

이러한 모든 책임, 복잡성, 불확실함, 그리고 스트레스의 한가운데에, 시종일관되고 의미 있는 방식으로 우리가 하는 일의 윤리적 측면에 대해 정신을 차리는 것은 저항할 수 없는 것처럼 보인다.

윤리학과 부정(denial)

그 스트레스가 우리를 압도한다면, 우리 모두는 윤리적 문제들을 부정하고 다른 방식으로 이것들을 간단히 처리하거나 왜곡하거나 무시하기 쉽다. 우리 모두는 불편한 윤리적인 도전들을 사라지게 만드는 것을 선호하는 경향들이 있다. 우리가 비윤리적인 행동이라고 여길 때도 그것을 거의 마술처럼 다른 것으로 변형시키거나, 윤리적 문제를 제기한 내담자나 동료를 공격하거나, 스스로 무력한 것으로 간주해서 회피하려고 한다. 윤리적 부정의 이런 형태가 치료가, 상담가, 감독자, 혹은 교육을 받는 사람으로 여러분 자신의 의료행위에 침투되는 정도를 개인이 스스로 평가하는 데에는 몇 분이 소요된다.

치료가, 상담가, 감독자, 혹은 교육을 받는 사람에게 있어서 직업윤리는 세 가지 기본적인 임무를 말한다(3장에서 더 상세하게 논의될 것이다). 첫째, 직업윤리는 우리가 삶에 영향을 주는 개인의 현실과 중요성을 인정하는 것을 필요로 한다. 둘째, 개인들은 전문적 관계성과 중재의 본질의 이해를 필요로 한다. 셋째, 그들은 우리의 행동에 대한 책무성을 확인하는 것을 필요로 한다. 적극적이고 진실한 자기평가의 중요성은 최소한 우리가 이런 임무를 얼마나 잘 완수하고 있는지에 대한 전반적인 이해를 제공할 수 있다.

내담자를 감소시키는 방식으로 타당한 진단과 분류 체계를 어느 정도까지 오용하고 있는가? 우리는 치료하고 있는 세 명의 내담자들을 일반 사람들이 아니라 두 명의 정신분열 환자와 한 명의 경계인으로 생각하는가? 그들이 환자이기 때문에 우리는 어느 정도까지 그들을 다소 열등한 사람들로 간주하는가? 우리가 독립적인 의료행위를 한다면, 내담자들을 도움을 받고 있는 개인들이라기보다는 사무실 제반 경비를 지불하는 재원으로 생각하기 시작했는가? 우리가 그들의 입장이라면, 우리가 대접받기를 원하는 것보다 어떤 다른 방식으로 내담자들을 대접할 것인가? 우리는 어느 정도까지 전문적 관계성과 간섭의 본질과 영향을 적절하게 인식하는 것을 유지하고 있는가? 매우 많은 내담자들이 우리와 그들의 관계성에 보내는 신뢰, 즉 상당한 정도의 사람들은 우리에게 희망과 도움을 의존하고 있다는 것에 우리는 둔감하지 않은가? 일부 내담자들은 자신이 우리의 내담자, 사업 파트너, 친구, 채무자(우리는 이들에게서 낮은 이자로 돈을 빌렸다), 데이트 상대, 혹은 연인인지를 혼돈하도록 우리는 직업적인 경계를 혼란스럽게 만들기 시작했는가?

우리는 스스로 어느 정도까지 전문가로서 우리가 하는 것뿐만 아니라 할 수 없는 것에 대한 책임을 주장하고 있는가? 우리는 책임을 고용주, 공동체, 법률 체계에 밀어 넘기는 경향이 있는가? 우리가 옳다고 믿는 것을 우리가 하지 못한 것에 대해서 타인들을 비난하고 있는가? 말하는 것을 두려워하기 때문에 그릇된 것을 보았을 때 아무 말도 하지 않는 우리 자신을 우연히 발견하고 있는가?

기본 가정

우리가 공유하고 있는 스트레스, 부정, 그리고 인간의 불완전성에 대한 취약성은 우리의 윤리적 책임을 인식하고 충족시키는 것을 어렵게 만들 수 있다. 우리는 지속적인 윤리적 도전, 즉 우리의 선택이 얼마나 도움이 되거나 해가 되는지에 대한 책임에 늑장을 부릴 수 없다.

이 책에서는 심리치료와 상담과 관련된 모든 주제의 윤리적 특징에 대해 백과사전적인 접근 방법을 제공하지는 않고 있다. 그리고 이 책에서는 다양한 분야에서 윤리적 문제들에 접근할 때 사용할 '정답(right answers)'을 제공하지도 않는다. 차라리 그보다, 이 책의 처음 몇 장은 윤리학에 대한 접근 방법을 제시하고 있으며 나중의 장들은 자살하려는 내담자와 상담을 하면서 평가와 감독과 같은 치료에 있어서 몇 가지 중요한 영역에 중점을 두었다.

다음의 일곱 가지 기본 가정은 이 책에 제시된 접근 방식의 특징을 보여주고 있다.

1. 윤리적 자각(ethical awareness)은 끊임없는 질문하기를 포함하는 계속적이며 능동적인 과정이다. 피로, 습관, 스트레스, 교리와 판에 박힌 일은 우리의 개인적인 반응과 개인의 책임감을 감퇴시킬 수 있다. 그것들은 윤리적 마비(ethical sleep)를 시켜 실수를 자각할 필요가 있을 때에도 우리를 습관적으로 만든다. 우리가 하고 있는 것의 윤리적인 함의에 대해 지속적으로 정신을 차리는 일을 실천하는 것은 중요하다.

2. 윤리적 기준과 규범을 자각하는 것이 윤리학에 있어서 중요하다. 하지만 기준과 규범이 우리의 윤리적 책임을 완성하는 데 있어 능동적이고 신중하며 창조적인 접근 방식을 대체할 수는 없다. 이것들은 우리의 윤리적 고려들을 미리 배제하기보다는 이런 고려들을 조장하고, 지도하고, 활기를 돋운다. 우리는 기계적인 암기, 즉 경솔한 방식으로 윤리적 기준과 규범을 적용할 수 없다. 이전 내담자들과 그/그녀의 유사함이 무엇이든지, 새로운 내담자 각각은 유일하게 하

나쁜인 사람이다. 각자의 상황은 독특하며 시간이 지날수록 변화한다. 윤리적 기준과 규범은 몇 가지 접근 방식을 명확하게 윤리적이지 않은 것으로 간주할 수 있다. 이것들은 중요한 윤리적 가치들과 관심사들과 동일한 것일 수 있다. 하지만 기준과 규범은 이런 가치들과 관심사들이 어떤 형태를 취하고 있는지를 말할 수는 없다. 또한 이것들은 가장 중요한 임무를 말하지만 독특한 문제에 직면하는 환자에게 그런 일들을 완성하기 위한 최고의 방식을 말하지도 않는다.

3. 과학적이고 전문적인 학식, 발전하고 있는 연구와 이론에 대한 자각은 윤리학에 있어서 중요하다. 하지만 연구 문헌에 나타나는 주장과 결론은 결코 수동적으로 수용되고 반성적으로 적용될 수는 없다. 공론화된 주장과 결론에 대해 피하기 어려운 반응은 능동적이며, 조심스러우며, 정보에 근거를 두고 있으며, 끊임없고 포괄적인 질문하기이다.

4. 우리는 압도적일 정도로 대다수의 치료가들과 상담가들이 양심적이고, 헌신적이며, 잘 보살피는 개인들로 윤리적인 행동에 전념하고 있다고 믿는다. 하지만 누구도 잘못이 없는 사람은 없다. 우리의 경험, 성과, 혹은 지혜가 무엇이든지, 우리 모두는 실수, 즉 중요한 것을 간과하거나 잘못된 결론에 이를 수 있다. 우리가 일을 할 때 중요한 것은 스스로에게 다음과 같이 질문을 하는 것이다. "내가 이것에 실수를 하면 어떻게 되나? 내가 간과하고 있는 것이 있는가? 이 상황을 이해하는 또 다른 방식이 존재하는가? 더 창조적이고 더 효과적이며 더 좋은 대응 방식이 존재할 수 있는가?"

5. 우리 중 많은 사람은 자기 스스로가 하고 있는 것에 의문을 제기하기보다 타인들의 윤리에 의문을 제기하는 것이 더 쉽다는 것을 알게 된다. 우리가 스스로의 신념과 행동에 의문을 제기하는 것을 배제하고 윤리학의 어떤 영역에서 타인의 잘못에만 집중한다면, 주목할 가치가 있을 것이며 우리는 타인을 바로잡거나 그들이 얼마나 잘못

하고 있는지를 반복적으로 지적하는 사람임을 확신하게 된다. 우리가 다른 사람들에게 질문하는 만큼 스스로에게도 질문을 하는 것이 중요하다. 그 질문은 우리 자신의 윤리적 가치, 신념, 그리고 행동에 관한 것이다.

6. 우리 중 많은 사람은 확실하지 않은 영역에서 자신에게 질문하기가 쉽다는 것을 발견한다. 더 힘든 경향이 있지만 우리가 가장 확신하고 있는 것, 즉 의심할 필요 없이 확실한 것처럼 보이는 것에 관하여 스스로에게 질문을 하는 것은 아주 생산적이다. 이런 질문에 대해서 어떤 것도 제한되어 있지 않다. 우리는 이 질문이 무엇으로 이끌든지 심지어 "정치적으로 적절하지 않거나" "심리학적으로 정확하지 않은 것"으로 보이는 영역으로 과감하게 뛰어든다 할지라도 이런 질문하기를 추구해야만 한다(Pope et al., 2006).

7. 임상가들은 명료한 윤리적 반응이 포착하기 어려운 윤리적 딜레마에 반복적으로 마주친다. 치료가는 방책과 어울리지 않는 필요, 충돌하는 가치와 책임, 의미가 관점과 맥락에 따라 다양한 상황, 조건이나 간섭에 대한 우리의 과학적 이해의 한계, 효과적인 반응을 방해하거나 회피하는 것처럼 보이는 우리 자신의 감정이나 다른 반응에 직면한다. 이런 문제들을 회피할 다른 합법적인 방법은 없다. 임상가들은 이런 딜레마를 일의 일상적이고 예정된 일부분으로 적극적인 검토를 준비해야만 한다. 10장에서 18장은 하나의 시나리오로 끝을 맺고 있는데, 각 시나리오는 독자들이 생각한 일련의 질문들을 포함하고 있어서 이러한 딜레마에 대한 적극적인 접근 방식을 고무시키고 있다.

이 책의 접근 방식은 개인의 책임과 각각의 새로운 상황으로부터 나타나는 책임감에 관해서 명확하게 생각하기 위한 필요성을 강조하고 있기 때문에, 2장은 비판적 사고에 초점을 맞추고 있다.

2 장 윤리학과 비판적 사고

누가 완벽한 윤리적 판단력과 논리적 판단력을 소유하고 있다고 주장하는가? 우리는 대부분의 사람들이 강점으로 만들 수 있는 약점을 소유하고 있다는 명백한 사실을 인정한다. 논의를 시작하는 가장 좋은 지점은 우리가 윤리학에 관해 어떻게 생각하는가이다.

윤리학에 관해서 어떻게 생각하는지를 우리가 더 많이 인지하면 할수록, 우리는 점점 더 윤리적 판단력, 논법, 언어 그리고 정당화에 관해서 비판적으로 생각하게 된다. 이에 관한 중요한 유형과 이 분야에 있어서 생각지 않은 위험을 인식하는 것을 배울 때, 접근 방식을 향상시킬 수 있고 생각지 않은 함정을 피할 수 있다. (혹은 최소한 함정에 빠졌을 때를 인식하게 된다.)

이 장에서는 판단력, 논리적 추론, 언어 그리고 정당화 속에 들어 있는 공통적인 문제들을 고찰할 것이다.

판단력

윤리학은 판단력을 요구한다. 실생활에서 흔히 발생하는 윤리적 문제는 그다지 단순하고 명확하고 쉽지 않다. 이 책을 통해 강조하는 것처럼, 환자와 치료가 양쪽 모두 독특하며, 그들의 관계는 복잡하고 이들이 직면하는 상황은 좀처럼 정적이지 않다. 비록 인식되지는 않지만 미묘한 윤리적 문제들이 도사리고 있다. 윤리적 위기는 서로 경쟁적인 욕구, 기대, 그리고 가치가 충돌할 때 나타난다. 시간과 재원은 종종 부족하다. 누구도 윤리규범이나 출처가 다른 지침 속의 원칙을 자동적이거나, 생각 없거나, 기계적인 방식으로 현실의 상황에 효과적으로 적용하지 못하고 있다. 효과적으로 작용하는 일률적인 접근방식은 존재하지 않는다.

여기에서는 우리의 윤리적 판단력에 영향을 주는 세 가지 요인을 조사할 것이다. 그 세 가지는 인지적 몰입, 권위, 그리고 단체이다.

인지적 몰입(Cognitive Commitments)

어떤 접근법, 이론, 혹은 생각에 몰입한다면, 그 몰입은 우리의 판단력에 영향을 준다. 1620년에 베이컨(Francis Bacon)은 이런 과정에 대해 다음과 같이 묘사하였다.

일단 하나의 견해를 채택했을 때 인간의 오성은 … 그 견해를 지지하고 동의하기 위해 모든 다른 것들을 끌어들인다. 다른 측면에서 발견될 수 있는 많은 예들이 존재할지라도, 그 견해는 이 예들을 무시하거나 소홀히 여기거나, 혹은 어떤 차이점에 의해 거절하고 거부한다. … 이런 악영향은 철학과 학문에 그대로 암시되며, 철학과 학문에 있어서 그 처음 결론은 나중에 따르는 모든 것에 영향을 주거나 그것과의 일치를 초래한다(1955, p.472).

에반스는 "확증 편견(confirmation bias)이 아마도 가장 잘 알려져 있고 가장 널리 수용된 추론에 의한 실수라는 개념"임을 주목했다.

그 개념이란 "인간은 자신의 현재 신념, 이론, 혹은 가설과 일치하는 정보를 찾고 잠정적으로 그것이 거짓임을 입증하는 증거의 수집을 피하려는 근본적인 경향이 있다."(Evans, 1989, p.41)는 것이다.

인지심리학과 사회심리학은 이런 영향력이 가지는 다양한 형태들을 탐구해 오고 있다. 르윈(Kurt Lewin, 1976; Gold, 1999 참조)은 하나의 결론에 몰입하는 것이 얼마나 마음을 경직시키며 재고하지 않고 완고하게 하는지를 검토하였다. 랭거(Ellen Langer, 1989)는 자신과 동료들이 수행한 연구(Chanowitz & Langer, 1981)를 요약하면서, "처음 대상을 만났을 때 사고방식을 형성하며, 동일한 대상을 다시 만났을 때 그 사고방식을 고수하려는" 통상적인 과정을 묘사했다. "우리가 많은 생각을 하기 전에 그런 사고방식은 형성되기 때문에, 우리는 이것을 덜 성숙된 인지적 몰입(premature cognitive commitments)이라고 부른다. … 분별력 없는 개인은 그 정보에 대해 미리 예정된 하나의 사용법에만 몰입하고, 다른 가능한 사용법들은 검토하지 않는다."(p.22)

페스팅거(Leon Festinger)의 실험은 하나의 접근 방법, 이론, 혹은 사상에 몰입하게 되면 결국 인지적 부조화가 되는 정보로부터 어떻게 검토하는지에 초점을 맞추고 있다. 몰입한다는 것은 "객관성을 거의 강조하지 않고 대안들을 검토하고 평가하는 방식에 있어서 더 편파적이고 편견이 존재함"(1964, p.155)을 의미한다.

우리가 공유하고 있는 이런 편견에 대한 취약성에 비추어 보면서, 필수적인 것은 아니지만 우리 자신의 견해가 급하게 내린 결론인지, 아니면 오래 지속된 믿음인지에 대해 의문을 제기하는 것이 유용하다. 적합하지 않은 사실에 대해 가차 없이 조사하고, 우리의 견해와 반대되는 사람들의 말에 솔직하게 귀 기울이고 끊임없이 다른 가능성이 무엇인지를 자문한다면, 우리의 판단에 균형을 유지할 수 있다. 그렇지 않다면 우리의 윤리적 확실성을 너무 엄격하게 주장하게 되어 결국은 새로운 발견이나 기회를 놓치게 된다. 우리가 옳고 다른 사람들은 틀리다고 그들을 설득하려고 노력하는 데 우리의 에너지를 사용하게 된다.

권위

윤리적 딜레마에 대해 이리저리 생각할 때, 우리는 흔히 권위에 의존한다. 법, 감독관, 윤리규범 등과 같은 것들은 많은 도움을 제공한다. 하지만 이런 것들이 우리의 윤리적 판단력을 방해한다면, 우리는 이런 자료들을 잘못 사용하고 있는 것이다. 단지 법에만 집중하고 "그것이 분명히 윤리적이기 위해서, 그것은 법을 위반하지 않아야 한다."고 주장한다고 해서 우리의 윤리적 노력을 회피할 수는 없다. 단지 감독관의 명령을 따르고 있다고 설명하는 것으로만 윤리적 책임을 회피할 수는 없다.

윤리규범조차도 가장 윤리적인 대응을 위한 연구로부터 피난처를 제공한다. 윤리규범을 인식하는 것은 윤리학에 있어서 중요하다. 하지만 공식적인 기준들은 윤리적 책임을 완수하기 위한 적극적이고 신중하며 창조적인 접근 방식을 위한 대용물이 아니다. 그 기준들은 우리의 윤리적인 고찰을 자극하고, 안내하며, 그리고 가르친다. 반면에 이것들은 고찰을 가로막거나 대용물로 도움이 되지 않는다. 규범과 방침이 효과적으로 따르거나 기계적이며 경솔한 방식으로 적용될 수 있는 어떤 방법도 존재하지 않는다. 이전 내담자들과 유사한 점들이 무엇이든 새로운 내담자 각자는 하나밖에 없는 개인이다. 각 개인의 상황 역시 유일한 것이며 시간이 지날수록 중요하게 변할 것이다. 명백한 규범과 방침은 명확하게 비윤리적인 것으로 일부 행동을 금지할 것이다. 이들은 다양한 치료 영역의 윤리적 관심에 대한 우리의 주의를 환기시킬 것이지만, 구체적인 임상 상황에서 이런 관심들이 어떻게 명백하게 드러날 것인지 말할 수는 없다. 이들은 우리가 이행해야만 하는 필수적인 임무를 설명할 수 있지만 독특한 문제에 직면하고 있는 내담자와 함께 이런 임무를 어떻게 완수할 것인지를 말할 수는 없다. 우리는 이런 투쟁을 회피할 수 없다.

단체

권위와 같이, 단체는 훌륭한 수단이다. 단체들은 지원, 다양한 견해, 윤리적 딜레마에 관해서 함께 일할 수 있는 기회, 그리고 고립으로부터 안심을 제공한다. 하지만 권위와 같이 어떤 단체가 가지는 절차를 통해 건전한 윤리적 판단력을 방해할 수도 있다. 단체들이 윤리적 고투와 윤리적 책임으로부터 우리를 보호하는 것을 인정할 때, 우리는 스스로 분란을 일으키게 된다.

심리학자 밀(Paul Meehl, 1977)은 이 책의 모든 독자들에게 우리가 추천하는 매력적인 한 편의 평론 「내가 사례 발표회에 참석하지 않는 이유(Why I Do Not Attend Case Conference)」를 썼다. 그는 '집단사고 과정(groupthink process)'을 지적했는데, 이것은 건전한 판단력을 방해하며 우리 모두를 익숙하게 한다. "어떤 점에서 임상 사례 발표회는 위원회 회의와 같은 다른 학문적인 집단 현상과 다르지 않다. 지적이고, 교육받고, 정상적이며, 합리적인 많은 사람들이 하나의 방에서 하나의 테이블에 모일 때 그들은 일종의 지적인 종류의 타락을 경험하는 것처럼 보인다는 점에서 그렇다."(p.227)

심리학자 재니스(Irving Janis, 1972)는 집단사고가 우리의 판단력을 모호하게 하는 방식들을 연구하였다. 재니스와 맨(Janis & Mann, 1977, pp.130-131)은 집단사고의 여덟 가지 증상들이 윤리적 판단에 미치는 영향을 강조하기 위해 다음과 같은 증상들을 확인하였다.

1. 대부분 혹은 모든 구성원들이 공유하는 논리적 공격에 견딜 수 있다는 착각. 이런 착각은 과도한 낙관주의를 만들고 극단적인 위험을 무릅쓰도록 조장한다.

2. 경고를 무시하기 위해 스스로를 합리화시키는 집단적인 노력

3. 단체가 본래부터 가지고 있는 높은 윤리에 대한 의심할 수 없는 믿음. 이 믿음은 결국 회원들이 자신의 윤리적 책임 혹은 행동의 부정적인 결과를 과소평가하도록 한다.

4. 윤리적 문제에 관해서 의견이 다른 사람들의 상투적인 견해. 이 견해는 단체 구성원들이 그 단체의 생각과 다른 사람들의 동기, 지능, 마음, 혹은 선량한 믿음을 무시하도록 조장한다.

5. 그 단체의 견해나 행위와 관련해 의견을 달리하거나 심각한 문제를 제기하는 어떤 집단 구성원에 대한 압력

6. 그 단체의 접근 방식으로부터 벗어난 것에 대해 스스로 숨 막혀함. 의심이나 반론을 부인하거나, 무시하거나, 혹은 최소화시키려는 구성원 각자의 경향

7. 스스로 숨 막혀 하고 침묵하는 것을 동의로 가정함으로써 실질적인 만장일치라고 착각하는 것

8. "결정의 효과성과 도덕성에 관하여 공유하고 있는 만족감을 파괴할지도 모를 해가 되는 정보로부터 그 단체를 보호하는 마음을 지키는(mindguard)" 역할을 취하는 일부 구성원들

더 훌륭한 윤리적 판단을 하기

인지적 몰입, 권위, 그리고 단체가 우리에게 어떻게 충분한 도움을 주면서 정해진 방향 바깥으로 우리를 몰아가는지를 알고 있다면 우리는 훌륭한 윤리적인 판단을 할 수 있다. 다음에 살펴볼 윤리적 추론에서 발생하는 오류들 역시 우리를 잘못된 방향으로 보낼 수 있다.

윤리적 추론의 논리적 오류들[1]

논리적 오류들은 위장한 상태로 나타난다. 이들은 배후에 숨어 있으면서 일부는 최고의 논리적 추론과 뒤섞인다. 우리는 이런 오류들의 잘못된 방향 설정을 좀처럼 인식하기 어렵다. 윤리적 추론을 하는 데 있어 2더하기 2가 어떤 경우에는 약 17이 된다는 것을 논리적 오류들이 어떻게 설득시키고 있는지 우리는 흔히 이해하지 못한다.

여기에 윤리적 추론을 벗어나게 하는 19가지 논리적 오류들과 그 오류에 대한 짧은 설명과 예들이 있다. 누구도 오류에 면역력이 있지는 않다. 오류는 한 번 혹은 언젠가 우리 모두를 실수하게 한다.

후건 긍정(Affirming the Consequent)

이 오류는 다음과 같은 형태를 가진다.

만약 x라면, y이다.
y가 있다.
그러므로 x이다.

[예] "내가 어떤 것을 하고 있다고 생각하고 그것이 윤리적이지 않을 때, 나는 그것을 하는 것에 대해 꺼림칙하게 느낀다. 내가 내담자를 가볍게 껴안는 것을 생각할 때, 이런 행동이 나를 꺼림칙하게 만든다. 따라서 그것은 윤리적이지 않은 것임에 틀림없다."

---

1) 이 부분은 「심리평가의 오류와 허점」으로부터 각색한 것임을 밝힘. Copyright 2003, K. S. Pope, http://kspope.com에서 이용할 수 있음.

이접성의 오류(Disjunctive Fallacy)

이 오류는 다음과 같은 형태를 가진다.

x 혹은 y 둘 중에 하나이다.
x이다.
그러므로 y는 아니다.

[예] "내가 지금 하려고 하는 것이 윤리적이지 않는다는 것에 아주 기분이 가라앉아 있음을 느낀다. 나는 그것이 실제로 윤리적이지 않기 때문이거나, 내가 항상 나 자신의 의도를 미리 짐작해서 아무것도 아닌 것에 대해 스스로 난처하게 만들기 때문에 그렇게 느끼는 것임에 틀림없다. 지난주에 치료가와 나는 내가 계속해서 나 자신의 의도를 미리 짐작하고 아무것도 아닌 일에 대해 스스로를 난처하게 만들고 있다는 데 의견의 일치를 보았다. 그래서 내가 하려고 하는 것은 윤리적인 것임에 틀림이 없다."

인신 공격적 대인 논증(*Ad Hominem*)

인신 공격적인 대인 논증(the argumentum ad hominem or ad feminam)은 논증을 하거나 그 입장을 주장하는 사람의 특징에 주의를 기울이면서 어떤 논거 혹은 주장에 믿음을 주지 않으려고 하는 것이다.

[예] "나를 감독하는 사람은 마지막 내담자의 종교에 관하여 내가 말했던 것의 윤리를 재고하기를 원하고 있다. 하지만 나의 감독관은 가장 비열한 성격과 도덕성을 가진 사람이다. 그녀는 정말 쓰레기다. 그녀는 권력과 지배에 관심을 갖고 있으며, 그녀의 신념은 엄격하고

변하지 않는다. 나는 그녀가 자신의 생각이 정당하다는 것 이외에는 많은 것을 믿는다고 생각하지 않는다. 그녀가 하는 모든 것은 나에게 겁을 주거나, 나를 두렵게 하거나 억압하려고 노력하는 것이다. 그녀가 말하는 어떤 것도 올바르지 않으며 심지어 고려할 가치가 없다는 것은 명백하다."

명명의 오류(Nominal Fallacy)

어떤 대상에게 이름을 부여했기 때문에 그것을 설명했다고 믿는다면, 우리는 명명의 오류를 범하고 있는 것이다.

[예]

치료가 A : 나는 환자나 나의 일을 더 이상 돌볼 수 없다는 것을 알았어. 나는 기록하는 것을 그만두고, 환자들이 테니스 경기를 하거나, 캠프를 가거나, 혹은 한 잔 하러 가기를 좋아하는지 물어보면서도 그들이 말하는 것에 주목하지 않는다.

치료가 B : 전형적인 스트레스에 의한 신경정신 쇠약 증세를 말하고 있군.

치료가 A : 내가 왜 이렇게 하고 있지?

치료가 B : 신경정신 쇠약이 되었기 때문이다.

구성의 오류(Composition Fallacy)

이 오류는 한 집단이 구성원 한 개인의 특징을 소유하고 있다고 가정하는 형태를 취한다.

[예] "인간의 영역 안에는 경이로운 많은 경험들이 존재한다. 서로 사랑하는 두 명의 성인간의 성적인 친밀함은 놀랍다. 내담자에게 도움을 주는 치료가는 훌륭하다. 치료가와 내담자 사이의 관계는 너무

깊어서 사랑이라고 그 특징을 말할 수 있을 때, 그 관계성은 놀랍다. 이런 모든 행동들이 두 사람 사이의 하나의 과정의 일부가 될 때, 이것은 아주 놀라운 것임에 틀림없다. 누가 그러한 경이적인 인간의 과정을 어떻게 윤리적이지 않다고 비난할 수 있는가?"

자연주의적 오류(Naturalistic Fallacy)

자연주의적 오류는 단지 사실의 진술에 근거를 둔 논리적으로 귀납된 가치(예를 들면, 무엇이 선, 최선, 옳음, 윤리적, 혹은 도덕적인가?)의 형태를 취하고 있다.

[예] "윤리학을 가르치기 위해 내가 개발한 방법 중 23가지 연구를 현재 가지고 있으며, 23가지 연구 모두 학생들이 그 방법을 즐기고, 그것에 가치를 부여하고, 그 내용을 기억하고 있음을 보여주고 있다. 어떤 다른 방법도 그렇게 많은 연구를 하지 않고 있다. 이것이 윤리학을 가르치는 정당한 방법이 명확하며, 우리 모두는 그것을 사용해야만 한다."

무지에의 호소(Appeal to Ignorance[*Ad Ignorantium*])

무지에 호소하는 오류는 다음의 형태를 가진다.

x가 거짓임을 확증하는 증거가 없거나 불충분하다.
그러므로 x는 사실이다.

[예] "삶을 넘어선 퇴행적이고 생명-인지적이며 점성적인-주관을 반영하고 3차원에 영향을 주는-최면적인-합목적적인-메타치료라는 나의 새롭고 향상된 상표를 홍보하는 4년 동안(10회분을 구입하면 다

음 한 번은 무료!), 누구도 이것이 가치 없음을 증명하지 못했다. 또한 누군가 나에게 더 이상 내담자를 맡기지 않았다고 내가 인식한 그날 내가 결정한 치료에 대해 윤리적이지 않다는 것을 어떤 사람도 증명하지 못했다. 결국 그러한 현상은 나의 이런 치료가 얼마나 가치 있는지를 명백하게 하며, 내가 그런 치료를 제공하는 것이 얼마나 이례적으로 윤리적인지도 명백하게 한다."

선결문제 요구(Begging the Question[*Petitio Principii*])

순환 오류들 중 하나인 이 오류는 관련된 증거를 제시하고 논리적 논증을 하기보다 단지 자신의 진실을 가정하거나 다시 진술하는 형태의 주장을 취하고 있다.

[예] 때때로 이런 오류는 글자 그대로 "여러분의 진료소는 그렇게 비윤리적인 치료를 중단했습니까?"(이 질문은 그 진료 행위가 비윤리적임을 가정하면서 그 문제에 대해 그렇다 혹은 아니다를 확인하는 것이다) 혹은 "왜 여러분은 항상 윤리학에 대해 그와 같은 어리석고 무지한 접근을 해야만 합니까?"(이 질문은 그 접근 방법이 항상 어리석고 무지함을 가정하고 있다)와 같은 질문의 형태를 취하고 있다. 때로 이 오류는 다음과 같은 형태의 진술을 취하고 있다. "누구도 윤리학에 대한 나의 접근 방식이 유일하게 타당한 접근법이라고 부정할 수 없다." 혹은 "비용을 부과하지 않고 치료를 하는 것은 항상 윤리적이지 않음을 인식해야만 한다." 때로 이 오류는 다음과 같이 논리적 논증 형태의 질문을 취하고 있다. "내가 까다로운 환자를 대하는 방식은 다른 방식이 윤리적이지 않기 때문에 최고로 윤리적이며 이 방식이 완벽하게 윤리적인 유일한 것이다."

전건(前件) 부정(Denying the Antecedent)

이 오류는 다음과 같은 형태를 취한다.

x라면 y이다.
x가 아니다.
그러므로 y도 아니다.

[예] "잘 계획된 연구가 내가 치료한 그 방식이 해로움을 보여주고 있다면, 나의 치료는 윤리적이지 못한 것이다. 하지만 나의 치료 방식과 내담자의 해로움 사이의 인과관계를 제시하는 잘 계획된 연구는 존재하지 않는다. 그러므로 내가 치료하는 방식은 윤리적이다."

논리에 대한 논증(Argument to Logic[*Argumentum ad Logicam*])

논리에 대한 논증 오류는 주장을 지지하면서 제안된 논증이 오류이기 때문에 그 주장은 오류임에 틀림이 없다고 가정하는 형태를 취하고 있다.

[예] "제공된 정보를 승인하는 내담자의 능력을 평가하기 위한 새로운 심리학적 평가 도구는 믿을 수 있다고 생각한다. 하지만 타당성을 주장하는 그 연구는 비판적이며 방법론적인 결함을 가지고 있음이 증명되었기 때문에 그 평가 도구는 아마도 가치가 없다."

분할의 오류(Division Fallacy)

분할의 오류 혹은 분해의 오류는 한 집단의 구성원이 그 집단의 특징을 가지고 있다고 가정하는 형태를 취하고 있다.

[예] "의료기관평가 합동위원회(Joint Commission on Accreditation Organizations)는 기준 이하의 행위 때문에 그 병원의 승인을 취소했다. 거기서 일하는 심리학자들 각자는 기준 이하의 일들을 하고 있음에 틀림없다."

잘못된 유추(False Analogy)

잘못된 혹은 불완전한 유추의 오류는 최소한 하나의 중요한 측면에서 비교가 잘못된 유추에 의한 논증의 형태를 취한다.

[예] "이미 죽었지만 수십 년 전에는 위대한 심리학자들이 있었다. 만약 그들이 지난 주 발표된 새로운 윤리규범을 읽지 않고도 윤리적일 수 있었다면, 나는 그 규범을 읽을 필요가 없다."

피장파장(You Too![*Tu Quoque*])

이 오류는 반대하는 논거, 사람 혹은 입장이 동일한 종류의 실수나 약점을 가지고 있다고 주장하면서, 실수 혹은 약점에 대해 주목하지 않도록 하는 형태를 취한다.

[예] "윤리학에 대한 나의 접근을 변호하려고 하면서 나는 인신 공격적 대인 논증 접근법을 사용한 데 대해 비난을 받았다. 하지만 나의 윤리학에 의문을 제기한 사람들 역시 내가 인신 공격적 대인 논증의 오류를 범한 대로 생각하는 것을 사용하고 있다. 즉 그들은 나의 윤리학에 의문을 제기하고 있다. 그들이 그것을 앞장서서 주장했다!"

중도의 오류(Golden Mean Fallacy)

중도의 오류(혹은 타협의 오류, 적당함의 오류)는 가장 타당한 결론이란 두 개의 경쟁적인 입장 사이의 최고의 타협점을 수용하는 것이라고 생각하는 형태를 취한다.

[예] "우리 심리학과에서 절반 정도의 교수는 새로 온 조교수가 심각한 윤리적 문제를 보이고 있다고 믿는다. 나머지 절반의 교수는 그 교수는 윤리적으로 어떤 문제도 보이지 않는다고 믿고 있다. 확실히 그 신참 교수는 윤리 영역에서 문제를 조절하는 데 부드러움을 보이고 있다."

잘못된 딜레마(False Dilemma)

양자택일(either-or)의 오류 혹은 잘못된 선택의 오류로 잘 알려진 이 오류는 가능성 있는 것의 배열 중에서 단지 둘(그 중 하나는 흔히 극단적이다)을 인정하는 형태를 취한다.

[예] "방금 전에 내가 서술한 윤리학에 대한 접근이 유일하게 합법적인 견해임을 우리가 인정하거나, 혹은 우리가 인간성, 예절, 용기, 그리고 상식을 상실했음을 인정해야만 한다."

잘못된 인과관계(*Post Hoc, Ergo Propter Hoc*[After This, Therefore on Account of This])

잘못된 인과관계의 오류는 Y는 X라는 결과가 따르기 때문에 Y는 X의 결과임에 틀림이 없다는 결론을 내린다.

[예] "정보에 근거한 나의 새로운 동의 획득 방식은 탈락자를 막아내는 데 도움이 된다. 우리 진료소에서 가장 높은 탈락률을 가진 세 명의 치료가를 선택해서 그들에게 정보에 근거한 나의 새로운 동의 절차를 가르쳤다. 이 방법을 사용한 첫 달에, 세 명 모두 현저하게 낮은 탈락률을 보였다." (이런 예는 평균 지점까지 회귀 추정이라는 통

계학적인 현상과 관련되어 있다.)

연역적 타당성을 진실로 잘못 간주하기(Mistaking Deductive Validity for Truth)

이 오류는 논법이 논리적인 삼단논법이기 때문에 결론이 사실임에 틀림없다고 생각하는 형태를 취한다. 이 오류는 논법의 전제가 잘못될 수도 있다는 가능성을 무시한다.

[예] "나는 지금 한 권의 책을 읽고 있는데, 그 책의 저자는 해를 끼치지 않는다면 자신의 내담자와 성관계를 가질 수 있음을 증명하고 있다. 그는 자신의 내담자들과 함께 연구를 하고, 꼼꼼하게 기록을 하면서 그들과 면담을 했다. 그의 통계학적인 분석에 따르면, 그와 성관계를 가진 내담자는 그렇지 않은 내담자보다 더 어렵게 지내지는 않았다(일부 내담자는 전보다 더 잘 지낼 수도 있다). 심지어 그는 내담자와 성관계를 가지는 것은, 조심스럽고 의사결정 규칙에 따라 이루어지는 경우, 그것이 얼마나 안전하고 윤리적이며 임상학적으로 도움이 되는지를 제시하는 차트를 가지고 있다. 그와 같은 과학적 증거를 가지고 주장하는 나는 누구인가?"

주의 전환 오류(Red Herring)

이 오류는 타당한 증거나 논리적 추론으로부터 주의를 전환시키기 위해 적절하지 않은 정보를 소개하거나 그것에 초점을 맞추는 형태를 취한다. 이 오류의 명칭은 발자국을 추적하는 개의 주의를 흩뜨리고 개들이 탐색하는 냄새로부터 그들을 떼어 버리기 위해 길을 가로질러 훈제 청어나 다른 고기를 끌어다 놓은 전략에서부터 유래한다.

[예] "여러분 중 일부는 나의 진료소가 새로운 검사 장치를 구입하

는 윤리에 대해 반대를 했다. 여러분이 주장하기를 새 검사는 믿을 수 없고 발표된 기준도 없으며, 유효성도 증명하지 못하고, 신체적으로 무능력한 환자들이 사용할 수 없다고 했다. 또한 모든 과학 단체가 가짜라고 비난을 했다. 내 처남이 이 기계를 개발하고 판매를 했다. 그러나 그를 통제하고 엄격하게 판단하는 가석방 관리의 오해 때문에 처남은 불행하게도 오늘 우리와 함께 있을 수 없다. 하지만 여러분이 명백하게 평가하지 못했던 것은 새로운 검사가 배우기 훨씬 쉽고, 과거 검사보다 시간도 절약되며, 과거 검사와 비교해서 아주 저렴하다는 것이다. 그렇기 때문에 이달 말일에 여러분 각자에게 상여금을 줄 수 있을 것이다."

허수아비 오류(Straw Person)

허수아비의 오류는 누군가의 입장을 더 무력하거나, 거짓이거나, 우스운 것으로 만드는 방식으로 그 특징을 잘못 묘사하는 형태를 취한다.

[예] "윤리학에 대한 나의 접근 방식과 의견을 달리하는 사람들은 확실히 엄격하고 독재적인 윤리를 사용하기를 원한다. 그 이유는 그들이 직장생활의 모든 측면을 통제하기 위해서, 그리고 그들이 모든 법칙을 만들고 우리는 그 법칙의 명령을 따라야만 하는 파시즘적인 세계에 사람들이 살도록 하기 위해서이다."

언어

언어는 우리가 세상을 경험하는 방식을 형성한다. 우리가 사물을 부르는 것은 중요하다. 전무이사는 진료소를 세우는 데 도움을 주었고 어려운 시절 성실하게 자리를 지켰던 치료가들을 해고할 마음이나지 않았다. 그녀는 자격이 없는 치료가들을 낮은 보수를 주고 고용함으로써 단지 이윤을 증대하기 위해 자신의 동료들을 쫓아낼 수 있을 것인가? 그녀가 자신이 하는 일에 대해서 말을 던지고 실제로 그 사람들에게 그 일을 한다면 그것은 더 쉽다. 그녀는 우리의 견해를 차단하기 위해 언어를 사용할 수 있다.

그녀는 해고나 개별 동료들을 언급한 적이 없다. 사무실 게시판에는 "변화가 심하고 도전적인 시장에서 경쟁적인 준비와 대응을 극대화하기 위해서, 대폭적이지만 임시적인 감축을 어쩔 수 없이 강제적으로 해야 하는 불행하지만 피할 수 없는 다양한 요인들"을 묘사하고 있다. 보도자료는 "일시적인 축소 이행 단계 및 경영진이 유도하는 전직 알선 서비스 제도와 관련된 과도기적인 분리 처리 단계 동안 최대한의 지도, 안전, 그리고 도움을 제공하는 혁신적이고 최신의 중재와 발전 전략"을 환영하고 있다. (이것은 회사가 각각의 치료가를 건물 밖으로 나가도록 하고, 개인 소지품을 나르는 것을 돕고, 치료가가 건물에 다시 들어오지 못한다는 것을 확인시키기 위해 무장 경호원을 고용했음을 의미한다.) 이런 서술에는 해고와 치료가들에 대한 언급을 숨기고 있다.

언어는 고의적으로 기만적일 수 있다. 언어는 시각적 착각에 상응하는 진술을 숨기고, 잘못된 방향을 지시하고, 이런 진술을 만들어낸다. 최상의 의도를 가지고 사용되었을 때에도, 주의 깊지 않고 부풀려진 언어는 명확하게 생각하는 것을 어렵게 만든다. 많은 사람들은 전문적인 논문에서 방향을 잃어버리는데, 그 논문은 직업적인 은어, 상투적인 표현, 그리고 아주 정확하지 않은 단어로 가득 찬 문단을 통해 어렵게 고투하고 있다.

「정치학과 영어(Politics and English Language)」(1946)라는 고전 에세이에서 조지 오웰(George Orwell)은 자신이 '근대 영어(modern English)'라고 명명했던 범주 속에서 성서 일부분을 현대에 맞게 다시 썼다. 이와 관련하여 성경(King James Bible) 「전도서」의 한 구절이 있다.

내가 돌아서서 해 아래서 보니, 경주는 빠른 사람에게 속한 것이 아니며, 전쟁은 강한 자에게 속한 것이 아니며, 지혜로운 사람이 식물을 얻는 것이 아니며, 명철한 자(men of understanding)라고 재물을 얻는 것이 아니며, 기능자(men of skill)라고 총애를 받는 것이 아니다. 이는 때와 기회가 모든 사람에게 임하기 때문이다.

오웰의 번역이 전문적인 논문, 강연, 혹은 토론을 생각나게 하는지 확인해 보라.

그 당시의 현상에 대한 객관적인 고찰을 하자면 경쟁적인 활동에서 성공이나 실패는 타고난 능력에 비례하는 경향을 보이지 않는다는 결론을 내리게 된다. 하지만 예측할 수 없는 상당한 요소가 불변적으로 고려되어야만 한다(p.163).

너무 자주 윤리적 문제들이 진부한 표현, 은어, 기만적인 단어, 그리고 경솔한 언어라는 구름 속으로 사라져 버리기 때문에 우리는 이 문제들을 놓치게 된다. 여기서는 윤리적 문제, 책임, 혹은 결과를 숨기거나 혼란시키는 일상적인 언어 유형을 관찰하고자 한다. 이런 유형을 인식하기 쉽게 하기 위해서 우리는 극단적인 형태로 유형들을 제시하고 있다. 만약 단순화된 형태로 이런 기본적인 형태를 학습한다면, 이들 형태가 일상의 일에서 분주하고 복잡한 것으로 몰래 들어오려고 할 때 우리는 더 쉽게 이들을 발견할 수 있다.

대부분의 사람들은 신문, 텔레비전, 그리고 직업적인 회의 시간에 이런 언어 유형을 보았던 것을 기억하는 것이 쉽다는 것을 발견할 것이다. 많이 힘들지만 아주 유용한 것은 우리가 이런 유형에 있었던 때를 기억하려고 노력하는 것이다. 오웰은 이러한 단어 속임수가 얼마나 보편적이며 지속적인지를 강조했다. 그는 속임수가 "지속적인 유혹, 즉 바로 옆에 있는 아스피린 한 통이다. 이 논문으로 다시 돌아가 보라. 그러면 여러분은 확실히 내가 이의를 제기하는 그 실수를 계속 범하고 있다는 것을 발견할 것이다."(Orwell, 1946, p.168)라고 기록했다.

잭이라는 가상의 치료가를 가정해 보자. 그는 비윤리적인 일을 했고, 그에 대해 공식적으로 벌을 받았다. 그는 자신이 한 일이 잘못임을 알고 있고 뉘우치고 있으며 책임을 지고 사과하기 위해 공식적인 진술을 원하고 있다. 잭이 한 일은 다음과 같다. 그는 치료를 받고 있는 유명한 내담자들의 치료 기록을 훔쳐서, 마치 내담자들이 치료가에게 야한 성적인 행위를 묘사한 것처럼 보이도록 진료 기록을 고쳤다. 그리고 그 기록을 타블로이드판 신문에 팔았다.

공식 진술에서 잭은 다음과 같이 말했다. "환자의 진료 서류를 훔쳐서 여기에 몇 가지 거짓말을 추가한 다음 이것들을 팔았습니다. 변명도 설명도 할 필요가 없습니다. 오로지 저 혼자 책임이 있습니다. 이것이 잘못된 행동이라는 것을 알았고 치료소를 신뢰한 사람들의 마음에 상처를 주었습니다. 저는 돈이 필요해서 그렇게 했습니다. 모든 사람, 특히 제가 상처를 입힌 사람들에게 깊이 사죄합니다. 상황을 바로잡기 위해서 제가 할 수 있는 모든 일을 할 것입니다."

이 진술에는 몇 가지 대체되는 것이 있으며, 이런 진술들은 윤리학에 관한 명백한 사고를 방해하는 공통적인 언어 유형을 보여주고 있다. 앞의 논리적 오류들에 관한 설명처럼, 각각의 형태에 대한 짧은 설명과 예시는 다음과 같다.

구체적인 것을 보편적인 것으로 대체하기

이런 유형에서, 구체적인 개인과 그 개인의 구체적인 행동은 모두 사라진다. 3인칭으로 된 일반적인 유형의 행위에 대한 묘사와 모호한 지적은 구체적인 것을 대체하고 숨긴다.

[예] "환자의 동의 없이 그의 기록을 가지고 가서 의도하지 않은 목적으로 그 기록을 사용한 것이 잘못이라는 것을 모든 사람은 알고 있다고 나는 믿고 있습니다. 그와 같은 일을 하는 사람은 사회통념에 배치됩니다."

결론을 위해 가정의 틀 사용하기

화자는 그 행동이 사람에게 영향을 주었는지에 대한 질문으로 초점을 바꾼다. 다른 사람들이 어떻게 반응했고 영향을 받았는지에 따라 사과는 이루어진다.

[예] "나의 행위가 누구에게 해를 끼치거나 감정을 상하게 했다면, 그리고 내가 그것이 어떻게 발생했는지 충분히 이해할 수 있다면, 나는 정중하게 사과합니다."

거절된 동기 부여를 잘못 지시된 것으로 사용하기

그런 행동을 한 동기를 진실하게 서술하는 대신, 화자는 행동의 동기가 아닌 것에 관해서 말함으로써 스스로 무죄함을 얻으려고 애를 쓴다. 누구도 제기하지 않는 관계성이 없는 혐의를 부인하는 것은 수사학적인 전술이다. 그런 부인은 흔히 사실이다. 예를 들면, 연금 기금을 반복적으로 횡령하고, 높은 수익을 내기 위해 표준 이하의 재료를 사용하고, 술이 취한 채 과속을 하면서 누구에게 해를 끼칠 의도는 결코 아니었다고 강조하는 사람은 아마도 다른 사람들이 고통을 받도록 만들 의도로 행동을 하지 않았다.

[예] "진료 기록과 관련된 불행한 사건 동안 나는 누구를 해할 의도는 결코 없었다고 진정으로 말할 수 있습니다."

추상적인 전문용어 사용하기

화자는 전문적인 특수 용어를 사용하면서 사람과 사건을 추상적 표현으로 바꾼다.

[예] "많은 사람들이 소문을 들었다고 나는 알고 있고, 여러분은 무엇이 발생했는지 알 만한 자격이 있습니다. 이 불행한 사건을 마무리하면서 나는 진료 차트를 관리하는 것에 관해서 의료기관평가 합동위원회의 모든 요구사항을 이행하지 못했다는 것을 공개적으로 인정해야만 합니다. 나는 추가되는 자료의 출처를 확인하기 위해서 모든 관료적인 세부사항을 따르지 않고 정보를 재검토하고 추가한 사례가 있습니다. 그리고 나는 이런 차트를 수령할 적절한 권한이 부족한 개인들에게 이것을 양도하면서 정보 공개에 대한 동의라는 까다로운 절차를 항상 따르지 않았습니다. 나는 의료기관평가 합동위원회와 유사한 규정에 주의하지 않은 것을 후회합니다. 그리고 나는 이런 규정된 세부사항을 재검토하고 앞으로는 이런 지침에 따르기 위한 모든 노력을 다할 것이라고 모든 사람에게 확신을 시켰습니다."

수동태 사용하기

화자는 사라진다. 즉, 그 행위를 한 사람을 언급하지 않고 대상이 수행된다.

[예] "여러분 모두가 나처럼 최근 주장에 비추어서 진행되는 광범

위하고 전면적인 조사의 결과를 알고 싶어 한다는 것을 알고 있습니다. 나는 여러분에게 결과에 대한 최종 보고서를 제공하도록 하는 권한을 부여받았습니다. 유감스럽게도, 그 조사에서 일부 자료가 허가 없이 도난당해서 내용이 변경되었고 자료를 수령해서는 안 되는 사람에게 제공되었음이 확인되었습니다. 이것은 진료소의 방침과 당국의 규정을 모두 어긴 것입니다. 그 문제를 처리하기 위해 정당한 조치가 취해질 것이라고 우리는 모두를 안심시키고 싶습니다. 이 상황을 회복하기 위한 관련 조치는 이미 취해진 상태입니다."

발생하지 않았던 것들과 대조시킴으로써 중요하지 않게 만들기

화자는 발생하지 않았던 극단적인 결과에 대한 시니라오를 발표한다. 그러한 대조는 발생했던 것은 무엇이든 사소한 것처럼 보이게 만든다.

[예] "우리 모두는 최근 사건의 영향에 대해 걱정을 하고 있습니다. 여러분도 아는 것처럼, 몇몇 기관에 의해 진술은 결국 철저한 조사로 이어졌습니다. 이런 조사들이 지금 결론이 났습니다. 여러분이 들었던 것과 관계없이 어떤 환자도 만성이든 급성이든, 중요하든 사소하든 간에 죽거나 신체적인 상처로 고통을 받지 않았음을 여러분에게 확신시키고자 합니다. 여러분 중 일부는 이 사건의 결과로 일부 환자들이 미쳐 버려서 자살할 것인지에 관심이 있었다고 나는 믿습니다. 하지만 나는 여러분 각자에게 어떤 환자도 자살을 했거나 우리의 지식이 미치는 한까지 자살을 협박하거나 시도하지 않았음을 확신시키기를 원합니다. 마지막으로 주목할 사항으로, 여러분 중 일부는 이 사건이 국가가 A급 중죄(Class A felony)라고 지칭하고 예시한 종류의 심각한 형사적 행위와 관련되어 있다고 슬퍼했다고 생각합니다. 하지만 나는 강조하고 싶습니다! 이 사건에 따른 결과와 관련된 사람

에 대해 A급 중죄의 혐의가 없을 뿐만 아니라, 지방변호사 사무실로부터 누구도 그런 혐의에 대한 실현 가능성도 언급하지 않고 있습니다. 일부 사람들은 아마도 사건들이 잘 다루어진다는 것을 인정할 수 있다고 나는 생각할지라도, 발생한 사건을 올바른 견해로 유지하고, 마녀 사냥 정신을 피하고, 그리고 우리 중 누구도 완벽하지 않다는 것을 기억하는 것이 중요하며 이것은 근본적인 공평함의 문제입니다. 시간을 내어 경청해 주셔서 감사합니다."

사고, 불운, 그리고 실수의 언어로 의도적이고 비윤리적인 행동 대체하기

화자는 의료 차트를 훔치고, 거짓으로 차트를 기록하여 최고의 입찰자(입찰자는 대부분의 사람들을 비윤리적인 것으로 공격하곤 한다)에게 이것을 매각함으로써 이윤을 얻으려고 한 의도적인 결정을 한 것에 대해서 언급하지 않는다. 이렇게 진술하는 것은 화자를 불완전한 인간이며 과오가 있는 희생자로 만든다. 화자는 자신의 행동을 임의적이며 불가피한 실수의 영역으로 밀어 넣는다. 실수라는 영역은 우리 모두를 괴롭히며 통제가 불가능한 것이다. 아무리 나빠도 화자의 행동은 판단의 문제를 서투르게 다룬 실수의 문제이다. 이것은 수사학이 의미하는 것만큼 아주 어려운 판단은 아닐 것이다.

[예] "나는 최근에 우리 모두에게 논란이 된 불행한 사건을 취급하고자 합니다. 그러면 여러분은 어떤 사건이 왜 발생했는지 이해할 것입니다. 아쉽게도 나는 뒤늦게 인식했는데, 진료기록을 취급할 때 내가 실수를 했다는 것입니다. 여러분 모두가 이것에 관해 내가 어떻게 생각하고 있는지 알고 있다고 확신합니다. 나는 여러분이 판단하는데 있어 불행한 실수가 젊은이의 사려 깊지 못함에서 비롯되었음을 이해하기 바랍니다. 그리고 이 사건은 진료소 관리자로서 내가 직면

한 매일의 요구사항에 눌려서 순간적인 주의력의 착오로 이어진 것입니다. 우리 모두는 현재 하고 있는 자신의 일에서 실수를 하고 있으며, 나의 과실에 대해 내가 얼마나 후회하고 있는지 여러분이 알기를 원합니다."

공격적인 언어로 사건 은폐하기

최상의 방어는 훌륭한 공격이라고 가정하면서, 화자는 타인들을 공격함으로써 책임을 피한다. 화자가 하는 무엇이든 사소한 것이 되거나 다른 사람들이 한 끔찍한 것들에 비추어 보면 정당화될 수 있다. 공격적인 언어는 감정적인 반응을 자극한다. 그것은 공동으로 사실과 그것의 내포된 의미를 검토하는 사람들에게 대항해서 효과가 있으며 사람들을 각자 대립하게 한다. 그리고 사람들을 '우리'(좋은 사람들, 부당하게 공격을 받는)와 '그들'(나쁜 사람들)로 나뉘게 한다. 화자의 웅변술은 청자를 그의 주둔지로 끌어들여서 다른 편(즉, 적)인 사람들을 조롱하거나 협박하는 데 기여한다. 그 웅변술은 듣는 사람들이 그 주장을 평가하도록 장려하는데, 평가는 주장이 타당하고 적절한지 여부가 아니라 그 주장이 한쪽에 대한 청자의 충성을 지지하는지 여부에 의해서 이루어진다.

[예] "오늘 오신 데 대해 감사합니다. 내가 가장 사악한 공격을 참아야만 했던 최근의 사건에 관해서 다음과 같은 진술로 여러분의 시간을 단지 몇 분 정도 사용하고자 합니다. 필요할 때 우리 진료소에 찾아오셨고 거절을 당하지도 않으셨던 몇 분의 환자들은 우리가 그들에게 제공했던 모든 것에 대해 감사 표시를 했습니다. 왜냐하면 그들은 정식 소송을 준비하면서 혼자 힘으로 명성을 얻고 우리의 손실을 대가로 재산을 모으기 때문이며, 이것은 '책임을 지지 않는(taking no responsibility)' 문화의 슬픈 모습입니다. 이것은 근대적 사고방식

의 가장 파괴적인 특징 중 하나입니다. 이런 고소들이 환자를 치료하고 어려움을 당한 환자를 위로하고 위급할 때 우리를 의존하는 사람들을 돕는 데 삶을 헌신하고 있는 우리와 같은 직업을 가진 나머지 사람들에게 어떻게 영향을 줄 것인지를 생각하지 않는다면, 이것은 온통 자기중심주의(me-me-me)입니다. 그런 정식 고소의 이기주의를 이해한다는 것은 어렵습니다. 이런 무례한 고소는 우리에게서 시간과 재원을 빼앗아 갑니다. 고소를 당하지 않았다면 우리는 의지할 어떤 다른 곳을 가지지 못한 사람들에게 봉사를 제공하는 데 시간과 재원을 사용할 수 있을 것입니다. 우리 진료소가 사용할 수 있는 모든 재원을 가지고 이런 소송에 대처하기로 결심한 것은 사람들을 위해서입니다. 이 사람들은 거의 가진 것도 없고 아주 큰 도움을 받고 있습니다. 우리는 가장 유능한 변호사 몇 분을 고용했습니다. 이들은 이미 민사법원에 항소를 신청하였습니다. 변호사들의 광범위한 조사 과정에서 이들은 우리를 고소했던 사람들에 관한 몇 가지 사실을 발견했습니다. 내가 보기에도 그 사실은 사람들을 놀라게 할 것이고 이런 사악한 소송을 균형 잡힌 견해의 위치에 올려놓을 것입니다. 우리 변호사는 이 시점에서 그 자료를 공개하지 않도록 우리에게 요청하였습니다. 하지만 재판을 하게 된다면 우리 측 변호사는 적절한 시기에 법원에 이 자료를 제시할 것임을 나는 여러분에게 보장합니다. 변호사의 충고에 따라서, 이번에 나는 이 문제에 관해 더 이상 언급하지 않을 것입니다. 시간을 내어 경청해 주셔서 감사합니다."

정당화

정당화는 대략 과거로부터 윤리적 대응을 위한 추구를 한다. 우리가 정당화를 발견할 때까지 어떤 상황에 대한 윤리적인 대응을 찾는 대신, 우리는 대응하고 싶은 방법을 생각하면서 시작하고 그런 다음 그것을 정당화하기 위한 방법들을 찾는다.

우리 대부분은 힘든 일들 속에서도 창의력을 통해서 하고 싶은 무엇인가에 대해 정당화를 제시할 수 있다. 가장 통상적인 정당화는 왜곡된 판단력, 흥미를 끄는 오류들, 그리고 거짓을 꾸미는 언어에 의존한다. 이것들은 가장 문제가 되는 행위들을 윤리적인 이상이라고 장황하게 이야기한다.

이 책의 주요 주제를 다시 말하기 위해, 우리는 압도적인 다수의 심리학자들이 양심적이고, 개인들을 돌보고, 윤리적 행위에 몰입한다고 믿는다. 역시 우리는 누구도 결코 잘못이 없을 수는 없으며, 아마도 모든 사람이 최소한 몇 가지의 윤리적 정당화에 약점이 있고, 그 목록을 확대할 수 있다고 믿고 있다.

많은 정당화가 이 책 앞에 나온 1판과 2판에 수록되었다. 그리고 『치료가들이 말하지 않는 것과 그 이유: 우리와 내담자에게 상처를 주는 금기 이해하기(*What Therapists Don't Talk About and Why: Understanding Taboos That Hurt Us and Our Clients*)』에서 그 목록에 몇 가지가 추가되었다(Pope, Sonne, & Greene, 2006).

1. 관리의료 집행자 혹은 보험사건을 재심사하는 사람이 그것을 요구하거나 제안할 동안 그것은 비윤리적이지 않다.

2. 우리가 수동태를 사용하고 앞일을 생각할 수 있다면 그것은 비윤리적이지 않다. 우리의 이력서가 받지 않은 학위, 가진 적이 없는 직위, 그리고 받은 적이 없는 보상으로 채워져 있음을 발견했다면, 우리가 할 필요가 있는 것은, 실수가 있었다고 솔직히 인정하는 일이다.

3. 우리가 희생자라면 그것은 비윤리적이지 않다. 비극적인 희생자라는 신분을 주장하는 것은 쉽다. 우리는 항상 전통적인 두 가지 희생양 중 하나를 사용한다. (1) '무엇을 하든 상관없는(anything-goes)'

사회는 명확한 기준이 부족하고 사람들을 윤리적으로 표류시키거나 거꾸로 놓아둔다. (2) 고압적이고 편협한(coercive, intolerant) 사회는 정치적인 정확함으로 사람들을 압제하고, 그리고 아이들처럼 사람들을 통제한다. 예를 들면, 우리가 음주운전을 하다가 체포되었고 우리가 충돌한 차의 주인이 우리에게 복수를 하려고 고소했다고 가정해 보라. 우리는 정치적으로 정당하지만 자기 잇속만 차리는 일부 군주들이 법률체계를 강제하여 음주운전을 부당하게 악마화하고 있음을 지적함으로써 자신을 실제 희생자라고 설명한다. 나쁜 성격과 불순한 동기를 가진 권력을 가진 사람들은 음주했을 때 속력을 내는 것이 무해할 뿐만 아니라(실제 연구에 다르면 음주 과속 운전의 단지 아주 적은 경우가 실제로 사람이나 재산에 해를 끼친다) 때로는 피할 수 없으며 즉, 심오한 의미에서 윤리적이며 사회적 선이란 운전자들을 더 빨리 그리고 더 유쾌하게 목적지에 도착하도록 하는 것임을 인정하지 않으려고 한다. 우리는 음주운전이 해롭다고 보여주는 어떤 연구가 과학적이지 않을 뿐만 아니라(예를 들면, 누구도 운전사들에게 술 취한 채 속도를 위반하는 것과 술 취하지 않고 운전하는 상태를 임의로 지정하지 않는다) 절망적일 정도로 편견적이라는 것을 강조했다.

4. 미국심리학회(APA) 또는 유사한 단체가 이것을 허용한다면 그것은 비윤리적이지 않다.

5. 우리가 판단, 일관성, 그리고 맥락의 중요성을 인정한다면 그것은 비윤리적이지 않다. 예를 들면, 전혀 만난 적이 없는 환자에 대해 수십만 달러 상당의 위조된 보험 청구서를 제출했던 치료가는 '비윤리적으로' 행동했던 것처럼 보일 것이다. 하지만 변호사와 그런 직업을 대표하는 사람들이 지적하고 있는 것처럼, 이것은 단순히 판단력에 있어서 실수였고, 그 사람의 모든 다른 인생에 있어서 명백한 높은 윤리와도 아주 모순이 되며, 그리고 이 사람이 하고 있는 믿을 수

없는 선행이라는 맥락에서 보면 중요하지 않은 것이었다.

6. 법을 어기지 않는 한 그것은 비윤리적이지 않다.

7. 우리가 그것에 관해서 다음의 것들 중 하나를 말할 수 있다면 (자유롭게 그 목록을 확대하고 싶다면) 그것은 비윤리적이지 않다.

"내가 어떤 다른 것을 할 수 있을까요?"

"누구라도 동일한 것을 하려고 했습니다."

"그것은 마음에서 우러나왔습니다."

"나는 내 영혼에 귀를 기울였습니다."

"배짱으로 선전했지요(I went with my gut)."

"그것을 하는 것은 현명한 일이었습니다."

"그것은 단지 상식이었습니다."

"그것이 내담자가 요구했던 것이라는 것을 나는 알았습니다."

"되풀이할 일이 있다면 나는 동일한 것을 다시 하겠습니다."

"그것은 전에는 효과가 있었습니다."

"아시는 것처럼, 저도 단지 인간입니다!"

"중대한 사건이란 무엇인가요?"

8. 우리가 그것과 관련된 논문, 책의 한 장, 혹은 책을 저술했다면 그것은 비윤리적이지 않다.

9. 동일한 것을 한 다른 사람의 이름을 언급할 수 있는 한 그것은 비윤리적이지 않다.

10. 누군가를 해칠 의도가 없는 한 그것은 비윤리적이지 않다.

11. 해를 당한 사람이 온전하게 행동하지 못하거나, 있을 수 없는 행동을 하거나, 혹은 이치에 맞지 않게 행동할 때 우리의 행위가 해로움의 원인이 될지라도 그것은 비윤리적이지 않다.

12. 우리가 많은 스트레스를 받고 있을 동안 그것은 비윤리적이지 않다. 책임이 있다고 주장해야만 모든 종류의 다른 강력한 요인들과 함께 우리가 영향을 받고 있는 것이 스트레스였음이 분명할 때, 공정

한 마음을 가진 사람이라면 우리에게 책임이 있다고 주장하지 않을 것이다.

13. 누구도 그것에 관해서 불평한 적이 없는 한 그것은 비윤리적이지 않다.

14. 기준대로 집행하는 데 관여하는 사람들(예를 들면, 자격증 교부 부서 혹은 행정법 재판관)이 부정직하고, 어리석고, 파괴적이며, 극단주의자이거나, 어떤 중요한 방식에 있어서 우리와 다르거나, 우리에 대해서 음모를 꾸미고 있음을 우리가 알고 있을 때 그것은 비윤리적이지 않다.

15. 그것이 결과적으로 더 높은 수입이나 더 많은 명성을 얻는 한 그것은 비윤리적이지 않다.

16. 내담자가 우리에게 그것을 하도록 요청하는 한 그것은 비윤리적이지 않다.

17. 다른 방식으로 그것을 하는 것이 불가능할 때 그것은 비윤리적이지 않다.

18. 우리의 행동에 대해 의도하지 않은 결과를 예측할 수 없었거나 예측하지 못하는 한 그것은 비윤리적이지 않다.

19. 일단의 보편적으로 수용된, 즉 방법론적으로 완벽한(즉, 어떤 결점이나 약점 혹은 한계가 없는) 연구가 존재하지 않는 한 그것은 비윤리적이지 않다. 의심할 것 없이 이 연구에 따르면 우리가 했던 것은 정확하게 내담자에게는 필요하고도 충분한 해로움의 직접적인 원인이 되었고, 그렇지 않았다면 내담자는 신체적이고 심리학적인 모든 문제나 어려움 혹은 도전에서 자유롭게 될 것이다. 텍사스 농약 단속 위원회의 한 회원은 이런 관점을 간결하게 진술하였다. 이 위원회는 농약의 부당한 위험에 대해 텍사스 시민을 보호할 책임이 있었다. 흰개미를 죽이는 데 사용되는 화학물질인 클로르덴에 관해 논의할 때, 한 명은 "확실히 그것은 많은 사람들을 죽일 것입니다. 하지만

사람들은 어떤 다른 것으로 죽을 것입니다."라고 말했다(Perspective, 1990, p.17).

20. 그것을 하는 것이 정당하다고 주장하는 서적, 논문, 혹은 보고서들이 있는 한 그것은 비윤리적이지 않다.

21. 그것은 문제없다고 말하는 자문가를 찾을 수 있는 한 그것은 비윤리적이지 않다.

이러한 정당화에 대해 우리 자신이 갖는 독특한 형태의 취약성(특히 우리가 피로하거나, 스트레스를 받거나, 혹은 고민에 빠졌을 때)을 기억함으로써 복잡하고 끊임없이 변하는 일에 대한 도전에 가장 윤리적인 대응을 찾는 데 도움이 된다.

3 장 신뢰, 힘, 그리고 돌봄

우리의 윤리적인 책임은 치료가 신뢰, 힘, 그리고 돌봄을 수반한다는 인식에 근거를 두고 있다.

신뢰

주정부와 지방정부는 치료가와 내담자 간의 피신탁적인 관계를 인정하면서 치료가들에게 직업상의 자격을 부여하고 있다. 사회는 치료가들이 신뢰할 수 있으며, 사람들이 치료가들과 그들의 사업에 기울이는 신뢰를 부당하게 이용하지 않기를 바라고 있다. 사회적 질서는 개별적인 치료가들에게 달려 있으며, 치료가들은 개인 내담자들의 이익과 사회질서를 위해서 신뢰를 이행해야만 한다. (윤리적인 많은 딜레마는 내담자의 이익과 사회질서라는 이익 간 혹은 내담자의 이익과 치료가의 이익 간의 충돌로부터 발생한다.) 그 대신 안전, 복지, 그리고 궁극적인 내담자의 이익이 성스러운 신뢰로써 유지되는 역할을 취하기 위해서, 치료가들은 정당한 직업으로의 권리와 힘에 대한 자격이 있다.

이런 신뢰의 개념은 내담자(환자)들이 심리치료가와 일의 추진에 필요한 관계성을 다루고 시작하는 맥락을 이해하기 위해서 중요하다. 내담자들은 치료가에 대한 자신의 신뢰가 잘못되지 않기를 정당하게 기대하거나 최소한 필사적으로 이렇게 되기를 희망한다. 대부분은 아니지만, 많은 내담자들은 자신의 신뢰가 배반당할 수 있다는 깊은 두려움을 가지고 있다. 어떤 경우에 있어서, 내담자들은 흔히 신뢰 문제에 고통스럽게 몸부림을 치고 있다. 다른 경우에 있어서, 내담자들은 타인을 신뢰할 수 있음에 대한 그들의 관심이, 사랑하고 일하고 인생을 즐기는 능력에 어떻게 영향을 주었는지 모를 수도 있다. 아마도 신뢰 문제는 치료 과정 동안 점차적으로 나타날 것이다.

치료의 기초가 되는 신뢰는 다음과 같은 현상에서 설명되고 있다. 즉 내담자들은 생전 처음 보는 상담실로 걸어 들어가서 누구에게도 말한 적이 없는 것을 말하기 시작할 것이다. 치료가들은 부당하고, 주제넘게 참견하고, 그리고 감정을 상하게 하는 질문을 할 것이다.

환자들이 치료가들에게 말하는 사적이고 민감하며 때로는 비밀스러운 정보의 힘을 인정하고 존중하기 때문에, 모든 주는 직업상의 비밀과 치료가-환자 간의 권리라는 형식을 인정하고 있다. 몇 가지 구체적인 예외와 함께, 치료가들은 다른 사람이나 다른 조직, 혹은 정부에게 치료 기간 동안 내담자들이 치료가에게 말한 것을 폭로하지 못하도록 되어 있다.

치료가 신뢰에 근본적으로 의존하고 있기 때문에, 치료는 수술과 유사하다. 수술 환자들은 자신의 상태가 개선될 것이라는 희망을 품고 신체적으로 수술하는 것을 허용한다. 환자들은 의사가 해를 끼치거나 악용하기 위해 자신의 취약한 상태를 이용하지 않을 것이라고 믿어야만 한다. 이와 비슷하게, 치료를 받는 환자들은 자신의 상태가 개선될 것이라는 희망을 가지고 심리적으로 자신을 여는 과정을 겪는다. 내담자들은 치료가들이 속이거나, 해를 끼치거나, 혹은 악용하지 않을 것임을 믿는다.

프로이트(Freud, 1952)는 최초로 이런 유사성을 인지했다. 그가 새롭게 개발한 "대화 치료법(talking therapy)"은 "외과적 수술에 비교할 수"(p.467) 있다고 기록했고 "감정 전이는 특히 위험한 도구이며 … 만약 칼날이 들지 않는다면, 수술에 소용이 없을 것임"(p.471)을 강조했다. 프로이트에 따르면, 심리치료 결과 발생하는 잠재된 해로움을 인식하고 중요시하는 것이 필수적이다. "몇 가지 해가 없는 치료법을 가지고 꾸물거려서 이런 무질서가 제거될 것이라고 생각하는 것은 정신신경증의 기원과 치료적인 중요성을 조잡하고 낮게 평가하는 것이다. … 심리분석은 마음속에 있는 가장 위험한 힘을 다루고 환자의 이익을 위해 그 힘을 재배치하는 것을 두려워하는 것이 아니다."(Freud, 1963, p.179) 우리의 개인적인 책임은 내담자의 신뢰를 존중하는 것이며, 치료가들은 알면서도 불필요하게 내담자를 깊게 스며들고 지속되는 해로움에 두는 어떤 일을 하지 않는 것이다.

치료가들이 내담자의 신뢰를 저버릴 때, 신뢰에 대한 배반은 지속적으로 스며드는 피해의 원인이 될 수 있다. 신뢰에 대한 이기적 이용이 환자들에게 해를 줄 수 있는 방식을 논의하고 있는 맨과 위너(Mann & Winer, 1991)는 리치(Adrieene Rich)의 말을 인용하였다. "우리가 신뢰했던 사람을 더 이상 신뢰할 수 없다는 것을 알았을 때, 우리는 신뢰라는 전체 직관과 개념을 재검토하게 될 것이다. 잠시 동안, 우리는 친족관계, 혹은 이름 짓기, 혹은 유연함이 존재하기 전의 세계 속에 있는 황량하고 돌출된 해안 바위 봉우리에 물러나 있게 된다."(p.325)

우리 모두는 신뢰에 대한 사려 깊지 못한 처리가 내담자들에게 무엇을 의미하는지를 이해하는 도전에 직면해 있다. 내담자들은 '신탁에 근거한 관계성(fiduciary relationships)'과 '사회질서(social order)'와 같은 추상 개념 속에 살고 있지 않다. 신뢰는 치료가와 내담자 사이의 관계성으로부터 나타나기 때문에 깊이 있는 개인적인 경험이다.

힘

사회와 개인 내담자가 치료가에게 부여하는 신뢰가 힘의 원천이다. 예를 들면, 그런 신뢰를 존중하고 존경하거나 그것을 폭로하고 악용하는 힘이다. 치료가의 역할은 표면적인 것에서부터 깊이 있는, 즉 일시적인 것에서부터 영구적인 힘을 가지는 것이다.

국가가 부여한 힘

국가가 필수조건으로서 자격을 인정하는 것에는 고유한 힘이 존재한다. 자격증을 받은 직업은 자격을 가지지 않은 사람에게 금지된 특별한 활동에 종사하도록 허용된다. 환자의 동의를 받아 법이 인정하고 부여한 권위를 가지고 외과의사는 인간의 살을 베어서 내부 기관을 제거할 수 있고, 마취의사는 환자를 무의식으로 만들 수 있으며, 많은 치료가들은 약을 바꾸면서 정신 혹은 분위기를 관리한다. 개인들이 종합 의료 검진을 받을 때, 그들은 옷을 벗는 방식에 기꺼이 따를 것이다. 왜냐하면 개인들은 누구에게도 허용하지 않은 것을 자격 있는 의사는 하도록 허용할 것이기 때문이다. 같은 방식으로, 내담자들은 치료가들에게 마음을 열고 치료가가 내담자의 이력, 판타지 라이프, 희망, 그리고 두려움의 극도로 개인적인 특징을 조사하는 것을 허락한다. 내담자들은 치료가들에게 가장 개인적인 비밀, 즉 누구와도 공유하지 않은 일들을 말할 것이다. 치료가들은 다른 사람이 묻는다면 면전에서 비난을 불러일으킬 수 있는 질문을 할 수 있다.

주정부와 지방정부는 내담자의 사생활을 침해하는 이러한 힘을 의도적이거나 고의가 아닌 오용으로부터 내담자를 보호하는 것의 중요성을 인식하고 있다. (비유적으로 보자면, 수술처럼 심리치료는 양쪽 모두 경우에 있어서 내담자나 환자가 침해에 동의를 했을지라도 '침해하는 절차(invasive procedure)'가 있어야 한다.) 어떤 예들을 제외하고, 치료가들은 직업적 관계를 통해 내담자들로부터 알게 된 것을 기밀로 보전할 것을 요구받고 있다. 내담자들에 관한 사적인 정보를 가지고 있기 때문에 이것은 내담자와의 관계에 있어서 치료가들에게 힘을 제공한다.

치료가들에게 자격을 부여할 때, 정부 역시 내담자들의 생활에 철저하게 영향을 주기 위해 주가 인정하는 권위라는 힘을 치료가들에게 부여하고 있다. 치료가들은 내담자의 시민적 자유와 관련해서 (법률적 검토를 필요로 할지라도) 결정할 권한을 가지고 있다. 일부 치료가들은 한 시민이 또 다른 개인의 생명에 즉각적인 위험을 구성하는지와 그 시민이 자신의 의사에 반해 관찰과 치료를 위한 기관에 수용되어야만 하는지를 결정할 권한을 가지고 있다. 하버드 대학 법학 및 정신의학 교수이자 미국정신과협회 전 의장인 스톤(Alan Stone, 1978)은 어떤 다른 국가보다 미국이 정신건강이라는 목적을 위해 시민들의 의지에 반해 그들을 더 많이 감금했고, 이런 과정은 1950년대 절정에 달했는데 그때 3백 명 중 한 명의 시민이 본의 아니게 정신병 시설에 감금되었고, 이런 힘의 남용은 결국 광범위한 개혁과 정식적인 보호법령을 만드는 것으로 이어졌다고 지적했다.

명칭을 부여하고 정의할 힘

치료가들은 명칭을 부여하고 정의할 힘을 가지고 있다. 사람을 진단한다는 것은 권한을 행사하는 것이다. 『사이언스』 지에 수록된, 가장 널리 인용되는 심리학적 연구 논문 중 하나인 「비상식적인 장소에서 분별 있게 되는 것에 관하여(On Being Sane in Insane Places)」에서, 로젠한(Rosenhan, 1973)은 다음과 같이 썼다. "정신건강 직업이 부여하는 그러한 명칭은 친척과 친구들에게 영향을 주는 만큼이나 환자들에게 영향을 준다. 그리고 그것은 자기 성취적인 예언으로 써 그들 모두에게 작용한다고 누구를 놀라게 해서는 안 된다. 결과적 으로 환자 자신은 진단의 잉여적인 의미와 예측 모두와 병행해서 병의 진단을 수용하고 그에 따라 행동한다."(p.254; Langer & Abelson, 1974; Mednick, 1989; Murphy, 1976; Pope, 1996; Pope, Butcher & Seelen, 2006; Reiser & Levenson, 1984 참조)

진단의 잠재적인 힘과 개인들이 어떻게 인식되고 있는지에 영향을 주는 다른 형태의 임상적인 명칭 부여는 정신의학자 베텔하임(Bruno Bettelheim)이 학생들을 분석한 카플란(Caplan, 1995)의 묘사에 설명 되어 있다. "몹시 사나웠던 1960년대에, 베텔하임(1969)은 자신의 조사 결과를 미국 국회에서 말했다: 전쟁기계와 연루된 시카고 대학의 탓으로 돌린 학생 반전 항의자들은 중대한 정치적 의제를 가지고 있지는 않았지만, 그들은 대리부로서 대학을 공격함으로써 해결되지 않는 오이디푸스 콤플렉스에 기초한 갈등을 행동으로 옮겼다."(p.277)

증언의 힘(Power of Testimony)

치료가들은 민사와 형사 법원의 전문가들로서 자신의 증언과 비슷한 사법적이거나 행정적인 절차를 통해 내담자들의 삶에 영향을 줄 수 있는 권한을 가지고 있다. 치료가의 증언은 살인혐의로 기소를 받은 사람이 처형될지 아니면 가석방될지를 결정할 수도 있다. 치료가의 증언은 부모가 아이에 대한 양육권을 얻거나 잃는 것에 영향을 줄 수 있다. 치료가의 증언은 피고가 죄를 지을 수 있거나 죄를 지었을 가능성이 있거나, 죄를 지을 당시 법률적으로 정신이 온전했거나 장래에 유사한 범죄를 지을 가능성이 있는지에 관한 사법적 결정에 영향을 줄 수 있다. 치료가의 증언은 배심원이 젊은이가 성적으로 괴롭힘을 당했는지 혹은 그 아이가 사건을 상상했는지(즉 양육권 분쟁의 일부분으로 거짓 진술을 하도록 지시를 받았는지) 믿는 데 영향을 준다. 전문적인 증인의 증언은 배심원으로 하여금 고소인이 심각하고 만성적인 손상으로 고통을 당하는 불필요한 외상의 순진한 희생자임을 믿도록 하거나, 동일한 고소인이 극적인 증상을 가장하거나 최소한 이것을 과장하는 상습적인 거짓말쟁이, 금광을 파는 사람, 혹은 꾀병이라고 믿도록 한다.

지식의 힘(Power of Knowledge)

심리치료가의 역할은 자격증이 구축하는 것 이상의 힘을 포함한다. 지식에서 발생하는 힘이 존재한다. 심리치료가들은 인간의 행위와 동기, 결정, 그리고 행동에 영향을 주는 요인들을 공식적으로 연구하고 있다. 그들은 변화를 장려하기 위한 방법을 배운다. 지식과 전문가적 식견의 힘을 인정하고 존중한다는 것은 내담자들을 잘 조정하고 이용하기 위해 사용되는 미묘한 방법을 피하기 위해서는 필수적이다.

기대하는 힘(Power of Expectation)

심리치료 과정 그 자체는 힘의 형태를 유도해 내고, 만들고, 사용한다. 실제로 모든 치료는 치료가의 개입이 유익한 변화를 일으킬 수 있을 것이라는 내담자의 기대가 중요하다는 것을 인식하고 있다. 이런 기대 중 한 가지 특징이 위약 효과(placebo effect)이다. 이 효과는 다양한 개입의 효과성에 대한 연구를 수행할 때 고려되어야만 할 요인이다. 따라서 내담자가 변화를 일으키는 데 도움이 되는 힘을 가진 치료가에게 투자하는 것은 변화 과정 그 자체로 중요한 측면이며 수단이 될 수 있다.

치료가들은 흔히 다른 중요한 의미를 부여받고 있다. 예를 들면,

정신역학 이론은 전이(transference)라고 용어의 과정을 설명한다. 내담자는 자신의 과거 인물(부모와 같은)과 관련된 감정, 애정, 혹은 관계방식을 치료가에게 전이한다. 내담자는 치료가가 자신의 어머니 혹은 아버지인 것처럼 그에게 반응을 나타낼 수 있다. 사랑, 거절, 수치, 죄, 인정받기 원함, 의존, 공황, 그리고 빈곤과 같은 깊은 감정(아마도 감정 각각은 이해와 치료에 필요한 외상적인 경험이나 완성되지 않고 전개되는 일을 표현하고 있다)은 근원적으로 초기에 형성되는 관계성 안에서 경험되는 것이다. 그리고 이런 감정은 내담자에게 충격을 주고 그를 압도하는 방법으로 치료가-내담자 관계로 나타날 수 있다.

단순히 치료가로 일함으로써 그런 심오한 감정들을 끄집어내고 치료가가 마치 내담자의 과거 속의 한 인물인 것처럼 내담자가 '느끼도록 하는(feel)' 치료가들의 잠재력은 내담자들에게 영향을 주기 위한 치료가의 능력 중 때때로 놀라운 측면을 기술하고 있다.

창조하는 힘(Creating Power)

일부 접근 방법을 사용하면서, 치료가는 구체적인 힘의 형식을 창조하기 위한 일을 수행할 수 있다. 예를 들면, 가족 치료가는 가족 구성원들 사이의 균형과 협력의 균형을 단정적으로 깨뜨릴 수도 있다. 행동주의 치료가는 병실이나 사회 복귀 시설을 만들어서, 그 시설 속에서 바람직한 행동을 통해 직원이 보상적인 반응(아마도 상품이나 권리로 교환할 수 있는 형태의 표시로)을 가지도록 하고 있다. 여기서 치료가와 직원의 힘은 내담자의 행동을 통제하거나 최소한 그 행동에 영향을 주기 위해 사용되어야 한다.

심리학자 브라운(Laura Brown, 1994b)은 치료가가 가지는 힘의 또 다른 영역을 다음과 같이 묘사하고 있다. "치료가 역시 어떤 명확한 행위에 관여할 권한을 가지고 있으며 그 행위는 실제적이고 구체적이어야 한다. 그녀는 비용을 정하고, 만나는 시간, 장소, 그리고 환경을 결정한다. 또한 그녀는 자신과 관련해서 공유할 내용과 공개해서는 안 될 내용을 결정한다. 심지어 그녀가 이런 유사한 관점에 대해 협상할 여지를 허용할 때조차, 이런 허용은 암묵적인 이해로부터 진행된다. 그런데 이런 이해는 그런 타협을 하고 이를 없애는 치료가의 권한 안에서 주어진다."(p.111)

내재하는 차별적인 힘(Inherent Power Differential)

차별적인 권한이 심리치료에는 내재해 있다. 어떤 치료 접근 방식은 치료가와 내담자가 동등하다는 평등주의적 이상을 강조할지라도, 그런 목표는 관계성이라는 좁게 제한된 맥락 내에서만 간주되고 있다. 진정으로 동등한 관계 속에는 감지할 수 있을 정도의 차별적인 권한이 존재하지 않으며, 다른 회원과의 관계 속에서 '치료가'로서는 회원의 자격도 없다. 그리고 관계성과 관련하여 회원이 다른 회원에게 부과하는 비용도 존재하지 않으며, '전문가'로서 활동의 자격도 없고, 다른 회원을 치료하는 데 자격증을 가진 회원은 아무 소용도 없다. 전문 직업인의 명확한 특징은 그 역할 속에 내재해 있는 상당한 권한과 그 권한에 대한 개인적 책임을 인식하고, 이해하며, 그리고 신중하게 처리하는 것이다.

돌봄

개개인의 내담자와 사회 양쪽 모두 전문가적인 역할이라는 다양한 권한을 인식하고 치료가들로부터 도움을 구하는 사람들에게 혜택을 주는(결코 해를 끼치거나 그들을 착취하지 않고) 그러한 힘을 사용하기 위해서는 전문성에 신뢰를 두고 있다. 사회와 개개인의 내담자가 부여하는 그 신뢰는 치료가의 돌봄과 조화를 이루어야만 한다. 단지 돌봄(구체적으로 말하자면 내담자의 복지에 관한 돌봄)이라는 맥락 내에는 치료가의 전문적인 직위와 정당한 권한이 존재한다. 역사적으로 높은 치료비용 부과는 전문적인 직위를 만들거나 규정하는 것도 아니었고, 교육을 받거나 높은 수준의 전문적 기술을 얻는 데 오랜 시간이 걸리지도 않았다. 전문직 윤리의 명확한 특징은 내담자의 복지를 최우선에 두고 자신의 필요에 의해 전문적인 판단이나 봉사를 누락하는 것을 허용하지 않는 것이다.

이 책에서 논의되고 있는 접근 방식에 대한 시금석은 전문가의 개입이 도움이 되는 사람들에게 관심을 가지고 그들을 돌보는 것이다. 이 책에서 돌보는 것에 대한 개념은 수동적이고 공허한 감상적인 생각이 아니다. 돌봄은 내담자의 합법적인 필요에 반응하고 내담자를 결코 악용해서는 안 된다는 것을 인식하는 것을 의미한다. 또한 돌봄은 내담자에게 도움을 주고 불필요하게 그에게 해를 끼치거나 위태롭게 하는 것을 피하려고 하는 개인의 책임을 가정하는 것을 의미한다.

불행하게도 이 개념은 대학원 훈련 프로그램에서 충분히 주목을 받지 않을 수도 있다. 사라슨(Sarason, 1985)은 다음과 같이 적고 있다.

표면적으로, 훈련생은 객관성에 대한 필요성을 수용한다. 객관성은 과학의 장(ring)을 가지고 있고, 그것의 중요성은 '지나치게 감정적인 연루(emotional over-involvement)'라는 해로운 결과들의 예로 설명될 수 있다. 하지만 내 제자 중 한 명이 "마음이 말하기를 여러분이 말하고 해야만 하는 것과, 이론과 감독자가 말하기를 여러분이 말하고 해야만 하는 것 사이에" 내적 투쟁이 존재한다고 말하고 있다. 많은 훈련생들은 투쟁을 포기하지만 객관성이라는 태도를 유지하려고 노력하면서 자신들과 그들의 내담자들에게서 어떤 치료적 가치를 빼앗고 있다고 계속 생각하는 사람들이 존재한다. 이런 이론들은 돌봄과 동정에는 전혀 관심이 없다. 돌보는 것과 동정적이라는 것은 무슨 의미인가? 감정으로서 돌봄과 동정은 언제 발생하는가? 어떤 것이 이런 감정들을 억제하거나 촉진시키는가? 왜 사람들은 그런 감정들을 가지고 그들을 표현하는 방식에 있어서 아주 다른가? 물론 모든 이론에 있어 이런 감정들은 인간 발달에 있어서 중요하다는 것은 분명하지 않다. 하지만 독자는 사람들이 감정의 현상학과 결과(긍정적이고 부정적인)에 거의 주목하지 않는 것에 놀라게 될 것이다(p.168; Pope, Sonne, & Greene, 2006; Pope, Sonne, & Holroyd, 1993; Pope & Tabachnick, 1993, 1994 참조).

내담자들에게 발생한 사건에 관심을 가지는 것은 정식적인 법의 명령과 규정에 있어서 가장 강력한 토대 중 하나이다. 그 토대는 치료가가 책무성을 지키게 하기 위한 사회의 시도이다. 하지만 사건에 관심을 가짐으로 인해 치료가들은 보편성을 넘어 생각하도록 조장된다. 돌봄은 치료가로서 우리의 개인적 책임의 토대가 된다.

4 장 능력과 인간적인 치료가

내담자가 치료가를 전문가로서 신뢰하게 되면 가장 근본적인 기대 중의 하나는 우리가 능력이 있을 것이라는 것이다. 능력은 윤리적 실제의 가장 핵심적인 부분이다. 즉 윤리적 행동은 지적이고 정서적인 능력에 부수적으로 따라오는 것이다. 법정이나 자격증 위원회를 통해 사회는 이러한 기준을 우리에게 부여하고 있다.

물론 내담자들은 다양한 비현실적인 — 때로는 마술적이기까지 한 — 기대를 가지고 있을 수 있다. 예를 들면 그들은 어떤 실수도 없이 사정하고 중재하며 결과를 보장해 주고 그들의 욕구를 충족시킬 수 있다고 희망할 수도 있다. 불행하게도 어떤 임상가들은 그러한 망상으로 고통을 겪을 수도 있고 내담자들에게 그러한 믿음을 조장할 수도 있다. 이 장의 기본적인 목적 중의 하나는 치료가로서 우리 모두는 힘과 통찰에 수반하는 결점과 약점을 가진 불완전한 인간임을 내담자들에게 상기시키는 것이다.

윤리란 엄격하고 규칙을 따르는 것이라는 관점을 배격하고 전문적인 규정, 관리 지도, 합법적인 요구사항, 그리고 기타 주어진 것들이 특정 상황에서 특정한 욕구와 특정한 자원을 가진 특정한 내담자에게 가장 윤리적이고 긍정적인 반응에 도달하려고 애를 쓰는 치료가들에게 창의적인 질문과 비판적인 사고의 과정을 시작하도록 하는 것이라고 이 책의 서문에서 밝힌 바 있다.

지속적인 질문과 비판적 사고의 복잡한 과정은 실수투성이고 때로는 피곤과 낙담과 좌절, 분노, 두려움과 감정에 압도되는 나약한 인간에 의해 이루어져야 한다는 것이다.

이 장은 치료가는 반드시 명백한 지적인 능력(내용과 방법을 알고 있는)을 가지고 있어야 할 뿐 아니라, 치료를 위한 정서적 능력도 겸비해야 함을 상기시켜 주고 있다(Pope & Brown, 1996).

윤리적, 법적인 책임감으로서의 능력

전지전능하고 실수를 하지 않는 임상가는 하나의 신화라 할지라도 치료가와 상담가들은 내담자에게 기본적이고 적절한 능력을 발휘할 수 있는 윤리적, 법적 책임이 있다. 능력은 정의 내리기가 복잡하고 어렵다. 자격 관리 임원들과 시민법정은 때때로 다양한 실습 분야에 기준을 정의해 준다. 그러나 그들은 임상가가 실시하고 있는 상담이나 치료가 어떤 것이든지 치료가는 능력을 가지고 있어야 할 것을 요구하고 있다. 탁월한 능력이 공식적으로 명백하게 요구될 때 임상가는 능력을 단순한 방법으로 주장할 수 없다. 능력의 증거는 반드시 나타나야 한다. 일반적으로 이러한 증거는 임상가의 공식적인 교육, 전문가적 훈련, 지도 감독 수련의 형태를 취한다.

능력의 요구조건은 치료가의 활동을 관장하는 윤리적, 법적, 전문적 기준에 명시되어 있다. 예를 들면 캘리포니아 법령 16장, 1396-8항(전문가 품행의 법칙)은 "심리학자들은 자신의 분야나 교육, 훈련, 경험에 의해 만들어진 능력의 분야 이외에서 활동하면 안 된다."라고 선언하고 있다. 『임상심리학자들의 활동을 위한 특별 지침(*Specialty Guidelines for the Delivery of Services by Clinical Psychologists*)』

1.6항(APA, 1981, p.7)은 "임상심리학자들은 그들의 활동을 전문적인 능력이 발휘되는 부분으로 제한한다."라고 진술하고 있다. 미국심리학회 윤리규정(APA, 2002, p.1063) 2.01a에는 "심리학자들은 그들이 받은 교육이나 훈련, 전문적인 경험, 연구, 관리/상담 경험을 기초로 하여 그들 능력의 범위 내에서 서비스를 제공하고, 교육하고, 지역 주민과 함께 연구하는 임무를 수행한다."고 되어 있다. 캐나다 심리학자의 윤리규정(CPA, 2000, p.16) II.6은 돌봄의 책임 원칙에 덧붙여서 심리학자들은 "(누구의 지도 감독 없이) 다른 사람들의 복리를 위해 그들이 능력을 발휘했던 행동만을 제공하거나 수행해야 한다."라고 언급하고 있다.

하나의 윤리적 조건으로 능력의 중요성을 확인하는 것은 치료가의 역할에 암묵적으로 부여된 힘은 부주의하고 무시되고 사려 깊지 못한 태도로 취급될 수 없다는 것을 인정하는 것이다. 복잡하고 정의 내리기 어려운 치료의 속성이 이러한 요구의 합리성과 필요성을 모호하게 할 수도 있다. 이것은 다른 영역에 대한 유추로 더 확연해질 수 있다. 인턴이나 실습 중인 내과의사는 탁월하게 일을 수행할 수는 있지만 그가 수술과 관련하여 적절한 교육이나 훈련, 지도 감독을 받지 않았다면 우리 중 누가 그 의사에게 대장 수술이나 신경 수술을 받을 수 있을까? 실력 있는 교수나 언어학자들이 다양한 인도-유럽계 언어는 이해할 수 있지만 스와힐리어 책은 하나도 번역할 수 없는 것과 마찬가지다.

능력과 갈등

우리의 재능에 대해 과장된 믿음을 가지고 있는 내담자에게 고무된다면 우리가 특별한 상황에서 개입할 능력이 부족하다는 것을 깨닫기는 어려울 것이다. 우리에게 내담자를 의뢰한 의뢰자를 실망시키거나 고립시키기를 원하지 않는다면, 혹은 사무실 비용을 충당해 줄 새 내담자가 절실하게 필요하거나 가능성 있는 사업을 거절할 여지가 없다고 느낀다면 더 어려울 것이다. 케어 관리 시스템은 우리에게 배정된 내담자를 거부하기 어렵게 만든다. 성인을 대상으로 다양하게 교육, 훈련, 지도 감독을 받았다 하더라도 아동을 상대할 자격은 없으며, 아무리 개인 상담과 심리치료를 잘한다 하더라도 집단치료는 이끌지 못할 수 있고, 깊은 우울증을 다루는 대가라 할지라도 발달장애를 다룰 자격은 없다.

때때로 복잡한 상황은 능력의 영역 내에서 내담자의 필요에 가장 효과적이고 윤리적으로 반응하는 법을 결정하는 데 특별한 돌봄과 기술을 필요로 한다. 예를 들어 한 상담가가 우울증을 가진 내담자의 상담을 시작하였다. 그는 그 분야에서 상당한 교육, 훈련, 감독 수련을 받았다. 하지만 얼마 지나서 치료 과정 중에 식욕부진증이라는 문제가 발생하였다. 그 분야는 거의 경험이 없거나 제한된 경험밖에 없는 분야이다. 또 다른 예로서 한 내담자가 집중하기 어려운 문제를 다루는 심리치료를 시작하였다. 그러나 곧 그가 광장공포증을 앓고 있다는 것이 분명해졌다. 상담가가 자신이 대학원에서 10년 전에 이수한 불안과 공포증 과정이 그 문제를 능숙하게 다루기에 충분하다고 윤리적으로 생각할 수 있을까?

그 상담가는 광장공포증 환자에게 가장 최신식 치료법을 제공해 줄 수 있는 전문적 능력을 취득하는 데(APA, 2002) 시간과 에너지, 노력이 필요한 것인지, 아니면 광장공포증 환자 전문가나 적어도 함께 작업할 능력이 있는 다른 사람에게 의뢰할 필요가 있을지를 결정해야 한다.

외떨어진 소규모 지역에서 일하는 임상가들은 이러한 딜레마에 자주 봉착한다. 그 치료가나 상담가가 한 지역에서 유일하다면 그들은 아마 익숙하지 않은 문제에 자주 부딪치게 될 것이다. 능력에 있어서 윤리적 책임감을 이행한다는 것은 이러한 상담가들에게는 어렵다. 그들은 내담자들이 전문적인 돌봄을 받고 있다는 것을 확신시키기 위해 지속적으로 워크숍에 참석하거나 멀리 떨어져 있는 전문가들에게 자문을 구하고 있다.

단지 능력만을 수련시키는 분명하고 윤리적이고 법적인 의무에도 불구하고 상담가들과 치료가들은, 심리학자들의 한 조사에 의하면 응답자의 4분의 1은 드물게 혹은 가끔 자신들의 영역 밖에서 실습을 했다고 지적하고 있다(Pope, Tabachnick & Keith-Spigel, 1987).

지적인 능력: 내용과 방법

지적인 능력은 '~에 관해 아는 것'을 포함하고 있다. 대학원 과정 인턴십, 지도 감독 수련, 보수 교육과 여러 상황에서 우리는 경험적 연구와 이론, 중재 방법, 필요한 다른 주제들에 관한 정보를 배운다. 우리는 정보에 대해 질문하고 특별한 상황과 대상들에게 맞는 타당성과 적합성을 평가하는 법을 배운다. 또 사정과 중재법에 대한 가설을 세우고 시험해 보는 법을 배운다.

지적인 능력의 부분은 어떤 임상적 접근, 전략, 기술들이 효과성을 증명해 주거나 약속해 주는지를 배우는 것이다. 임상적 방법들이 허세나 억지나 그럴듯해 보이는 비효과성을 피하려면 그러한 방법들은 (적어도 어느 땐가는) 효과가 있어야 한다.

그러므로 그 방법들이 전문성이 없다면 상담 실습자의 노력은 아무 의미가 없다. 「심리치료 실제의 과학적 기초: 가치관과 윤리에 대한 질문(The Scientific Basis of Psychotherapeutic Practice: A Question of Values and Ethics)」이라는 논문에서 싱어(Singer, 1980)는 임상가들이 사용하는 기초적인 연구 방법에 관한 지식을 가지고 있어야 할 중요성을 강조하였다. 지적인 능력은 또 효력이 없거나 심지어 해롭기까지 한 접근 방법이 무엇인지 배우는 것을 포함한다. 스트리커(Stricker, 1992)는 "모르고 상담을 하는 것이 비윤리적이라고 하지는 못하지만 알고도 상담을 한다면 이것은 비윤리적이다. 우리는 확실한 자료가 없어도 작업을 해야 한다. 그러나 반대의 자료를 무시하는 것은 변명의 여지가 없다."(p.544)라고 말했다.

지적인 능력은 우리가 모르는 것을 인식한다는 의미이기도 하다. 우리는 성인기의 우울증에 대해 알 수는 있지만 아동 우울증은 모를 수 있다. 우리는 아시아계 문화는 익숙할지 모르지만 다른 문화는 그렇지 않을 수 있다. 우리는 MMPI-2가 어느 정도 꾀병을 사정하는 데 유용할 수는 있지만 리더십 기술을 사정하는 데 유용한지 아닌지는 이해하지 못할 수도 있다.

지적인 능력은 또한 임상적 임무를 수행하는 방법을 아는 것을 포함한다. 능력의 이런 관점은 세심한 지도 경험을 통해 얻어진다. 심리치료법을 안다는 것은 단순히 책을 읽거나 교실에 앉아서 배울 수 있는 것이 아니다. 미국심리학회 윤리규정(APA, 2002) 2.01c는 관련된 교육과 훈련, 지도 경험, 자문, 연구 등을 통해 그들에게 새로운 서비스를 제공할 계획을 세우도록 훈련받은 심리학자들을 적절하게 고무시켜 준다. 그뿐만 아니라 미국심리학회 윤리규정(2.03)과 캐나다 심리학회 윤리규정(IV.3과 IV.4)은 다음과 같은 사실을 인식하고 있다: 지식은 점점 진부해지기 때문에 심리학자들은 능력을 계발하고 유지하기 위해 지속적인 노력을 기울여야 한다.

치료를 위한 정서적 능력: 자신을 아는 것

포프와 브라운(Pope & Brown, 1996)이 기술하듯이 치료를 위한 정서적 능력은 치료가가 자신을 고유한 존재이면서도 실수할 수 있는 존재로 인식하고 존중하는 것을 반영한다. 이것은 자기 지식, 자기 수용, 자기 모니터링을 포함한다. 치료가는 자신의 정서적 강점과 약점, 필요와 자원, 임상적 일을 수행할 수 있는 능력과 한계점을 알아야 한다.

심리치료는 치료가와 내담자 모두에게 강한 정서적 반응을 일으킬 수 있다. 치료가가 준비되지 않거나, 또는 치료상의 정서적 스트레스와 긴장감을 경험할 수 없는 정도라면 좋은 의도에서의 노력은 오히려 도움이 되지 않거나 해로운 것으로 드러날 수 있다.

[표 4.1]은 치료에서 경험된 강렬한 정서에 대한 연구 결과를 제시하고 있다. 수치는 각 조사에서 적어도 각 행동의 사례를 보고한 치료가들의 구성비를 나타낸 것이다. 치료가나 환자로서 경험이 있었던 독자들은 자신이 경험과 이러한 결과를 비교해 볼 수 있을 것이다.

물론 치료가들은 그들이 하는 일에 무언가를 드러낸다. 각 치료가들은 각자 나름대로의 독특한 역사를 가지고 있다. [표 4.2]는 치료가들이 그들의 아동기, 청소년기, 성인기에 경험한 다양한 종류의 학대를 보여주는 자기 보고 형식의 조사 결과이다(Pope & Feldman-Summers, 1992). 이러한 결과를 통해 남성 치료가들의 3분의 1 이상, 여성 치료가들의 3분의 2 이상이, 살면서 표에서 언급된 학대 중 하나를 경험했다고 보고하고 있음을 주목하라.

그러한 경험들은 정서적 능력에 영향을 줄 수 있다. 어떤 특정한 형태의 학대(또는 다른 경험)가 치료가들에게 어떤 영향을 미치는지에 대해 정확하게 들어맞는 이론이 있다는 것을 가정하지 않는 것이 중요하다. 학대의 경험을 가지고 있는 사람들이 모두 치료가로서 더 유능하거나 덜 유능하다는 생각을 지지해 주는 연구는 없다. 각각의 사례들은 어떤 고정관념 없이 얻을 수 있는 모든 정보를 가지고 개인적으로 평가되어야 한다. 중요한 것은 치료가가 그러한 사건들이 어떻게 영향을 미치고 있으며 그러한 경험이 자신의 정서적 능력에 어느 정도로 영향을 끼치고 있는지 아닌지를 알고 있어야 한다.

[표 4.1] 치료에서의 강렬한 감정과 다른 반응 (%)

행 동	조사1	조사2	조사3
내담자 앞에서 울기	56.5		
내담자에게 화가 났다고 말하기	89.7	77.9	
화가 났기 때문에 내담자에게 목소리를 높이기			57.2
내담자에 대한 분노를 반영해 주는 상상하기			63.4
내담자에 대해 증오심을 느끼기			31.2
내담자에 대한 귀하의 실망을 말하기	51.9		
내담자가 자살할 우려에 대해 두려움을 느끼기			97.2
내담자가 가능하지 않은 임상적 자원들이 필요한 것에 두려움을 느끼기			86.0
내담자의 상태가 갑자기 악화되는 것에 두려움을 느끼기			90.9
동료가 비판적일 때 두려움을 느끼기			88.1
내담자가 귀하에 대한 불평을 공식적으로 수집할 때 두려움을 느끼기			66.0
치료 기술의 하나로 자기 노출을 사용하기	93.3		
내담자의 바로 위나 바로 밑에 누워 있기			0.4
내담자를 안고 있거나 무릎에 앉히기		8.8	
내담자에게 성적인 환상을 말하기			6.0
내담자를 성적으로 환상하기	71.8		
내담자에게 성적으로 끌린다고 느끼기	89.5		87.3
내담자가 성적으로 귀하에게 끌린다고 말하기			73.3
내담자 앞에서 성적으로 각성되는 것을 느끼기			57.9
내담자가 귀하 앞에서 성적으로 각성되는 것		48.4	
내담자가 귀하 앞에서 오르가슴을 가지는 것			3.2

조사1 : 미국 내 1천 명의 심리학자들에 대한 설문조사, 46%의 회수율을 보임
조사2 : 미국 내 4,800명의 심리학자, 정신과 의사, 사회복지사에 대한 설문조사, 49%의 회수율
조사3 : 600명의 심리학자들에 대한 설문조사, 48% 회수율
[출처] 조사1 : K. S. Pope, B. G. Tabachnick, & P. Keith-Spiegel(1987). "Ethics of practice: The beliefs and behaviors of psychologists as therapists". *American Psychologist*, 42, 993-1006. 조사2 : D. S. Borys & K. S. Pope(1989). "Dual relationships between therapist and client: A national study of psychologists, and social workers". *Professional Psychology: Research and Practice*, 20, 283-293. 조사3: K. S. Pope & G. B. Tabachnick(1993). "Therapists' anger, hate, fear and sexual feelings: National survey of therapist' reponses, client characteristics, critical events, formal complaints and training". *Professional Psychology: Research and Practice*, 24, 142-152. Copyright 1987, 1989, 1993, American Psychological Association.

[표 4.2] 학대받은 경험에 대한 남녀 치료가들의 보고 (%)

학대 유형	남자	여자
아동기와 청소년기의 학대		
친척으로부터의 성적 학대	5.84	21.05
선생님으로부터의 성적 학대	0.73	1.96
의사로부터의 성적 학대	0.0	1.96
치료가로부터의 성적 학대	0.0	0.0
친척이 아닌 사람으로부터의 성적 학대 (위에서 언급한 사람 제외)	9.49	16.34
비성적인 신체 학대	13.14	9.15
위의 내용 중 적어도 하나	26.28	39.22
성인기의 학대		
성추행	1.46	37.91
강간 시도	0.73	13.07
아는 사람에 의한 강간	0.0	6.54
모르는 사람에 의한 강간	0.73	1.31
배우자나 파트너에 의한 비성적인 신체 학대	6.57	12.42
아는 사람에 의한 비성적인 신체 학대	0.0	2.61
모르는 사람에 의한 비성적인 신체 학대	4.38	7.19
치료가의 성적인 개입	2.19	4.58
의사의 성적인 개입	0.0	1.96
위의 내용 중 적어도 하나	13.87	56.86
아동기, 청소년기, 성인기의 학대	32.85	69.93

[출처] K. S. Pope & S. Feldman-Summers(1992). "National survey of psychologists' sexual and physical abuse history and their evaluation of training and competence in these areas". *Professional Psychology: Research and Practice*, 23, 353-361. Copyright 1992, American Psychological Association.

윤리적 책임감은 특히 어렵고 도전받았던 시기에, 무엇이 약속된 이행에 대한 방해물이 되었는지에 대한 지속적인 지각을 동반한다. 5장은 치료가가 곤란에 처하거나 자원이 고갈되었거나 사기가 저하되었을 때 보통 어떤 결과가 나오는지 논의한다. 이러한 공통의 결과는 내담자를 경멸하는 것으로 나타난다. 일을 무시하거나 실수가 잦거나 에너지가 부족하거나 불행, 고통, 불만족을 차단하기 위해 일을 하거나 흥미를 상실해 버린다.

정서적 능력은 지속적으로 자신에 대해 질문하는 과정을 포함하고 있다: 그러한 작업이나 다른 요소들이 치료가들에게 자신의 정서적 능력을 유지하고 회복하기 위해 치료가 필요하다고 제안하고 있는가? 우리들에게 우리를 독특한 개인으로 만들어 주며, 지탱하고 보충하고 의미를 주는 자기 돌봄의 전략을 만들어 내는 것은 특히 치료를 위한 정서적 능력을 유지하기 위해 꼭 필요한 부분이다(Pope & Brown, 1996; Pope, Sonne, & Greene, 2006).

심리 전문가는 지금 자기 돌봄의 윤리적 측면을 인식하고 있다. 미국심리학회 윤리규정(APA, 2002) 일반 원칙 A의 선행, 금지 조항과 2.06은 심리학자들로 하여금 자신의 신체적, 정신적 건강이 도움을 필요로 하는 사람들을 조력하는 활동에 영향을 미치고 있다는 것을 인식하도록 촉구한다. 캐나다 심리학자 윤리규정(CAP, 2002) II.11과 II.12도 마찬가지로 심리학자들이 적절한 도움을 찾아보고, 과학적이고 전문적인 활동을 잠시 중단하며, 잘못된 판단으로 이어질 상황을 피하거나 개선시킬 수 있는 자기 돌봄의 활동에 참여하도록 촉구하고 있다.

[표 4.3]은 환자로서의 치료가들에 대한 연구 결과를 보여주고 있다(Pope & Tabachnick, 1994). 이 연구에 참여한 치료가들의 84%는 개인적인 치료를 받은 적이 있다고 보고하고 있다. 단지 2명만이 치료는 도움이 되지 않았으며 5분의 1(약 22%)은 그들의 치료가 해로

운 측면이 있다고 믿는다는 점을 포함한다고 보고하였다(긍정적인 측면이 있는 사실과는 관계없이).

이 연구는 대부분의 치료가들이 적어도 한 번쯤은 강렬한 감정적 고통을 경험한다고 보고하고 있다. 예를 들어 응답자의 절반 이상(61%)이 임상적 우울증을 경험했다고 보고하고 있으며 3.5%는 자살을 시도했고, 약 4%는 병원에 입원했던 것으로 보고하고 있다. 독자들은 이러한 결과에 비추어 보아 자신들의 경험을 생각해 볼 수 있을 것이다.

치료상에서의 정서적 능력은 지적인 능력만큼 중요하다. 그런 이유에서 10장부터 각 장의 마지막 부분에 특별한 임상적 시나리오를 수록하였다. 이러한 시나리오는 이 책의 독자들이 마주칠 수도 있는 가설적 상황을 묘사하고 있다. 각 장마다 2장에서 상세하게 탐색된 임상적 사고 과정의 실습을 제공하도록 고안된 많은 질문들이 제시되어 있다. 각 문장에서의 첫 질문은 "기분이 어떻습니까?"이다. 임상적 상황에 대한 정서적 반응에 대한 솔직한 인식은 정서적 능력의 중요한 측면이다.

이러한 시나리오와 질문들은 대학원 과정, 인턴십, 연수 훈련, 보수 교육 워크숍 또는 집단 환경의 수업이나 집단 토론에서의 기초를 형성해 줄 정도로 그 가치는 안전한 환경을 구축할 개인이나 집단의 능력과 비례할 것이다. 실제 안전한 환경이란 정치적으로 다를 수 있고 감정적으로 다를 수 있으며 때로는 집단의 규칙에 어긋날 수도 있고, 몇 사람만 '맞는' 반응이라고 생각할 수 있는 반응들을 참여자들이 자유롭게 드러낼 수 있는 환경을 의미한다.

참여자들이 다른 상황에서는 큰 소리로 말하기를 꺼리게 되는 반응들을 서로 솔직하게 말할 수 있고, 그러한 반응들을 상호 존중하면서 논의할 수 있다는 것은 정서적 능력을 개발시키는 데 도움이 되는 것으로 입증되었다(Pope et al., 2006).

[표 4.3] 환자로서의 치료가의 경험

내 용	전혀	한번	드물게	가끔씩	자주
귀하의 치료가가 치료 과정에서 (있다면) 얼마나 자주 (N=400)					
비성적인 방법으로 귀하를 껴안거나 잡고 있습니까?	73.2	2.7	8.0	8.8	6.0
귀하를 성적으로 접촉하려고 합니까?	93.7	2.5	1.8	0.3	1.0
귀하가 생각하기에 적절하지 못한 방식으로 성적인 주제들을 말합니까?	91.2	2.7	3.2	0.5	1.3
귀하에게 성적으로 끌린 것 같습니까?	84.5	6.2	3.5	3.0	1.5
그/그녀가 성적으로 귀하에게 끌렸다고 드러냅니까?	92.2	3.7	1.0	1.3	0.8
귀하 앞에서 성적으로 각성된 것처럼 보입니까?	91.2	3.7	2.2	0.8	1.3
귀하에게 화를 표현합니까?	60.7	14.3	16.8	5.7	1.8
귀하에게 실망을 표현합니까?	67.0	11.3	14.8	4.7	1.3
격려와 지지를 줍니까?	2.5	0.8	6.2	21.8	67.5
그/그녀가 귀하에게 관심을 가지고 있다고 말합니까?	33.7	6.7	19.5	21.8	16.3
귀하가 생각하기에 임상적, 치료적 잘못을 하고 있습니까?	19.8	18.0	36.2	19.0	5.5
말하고 싶지 않은 것을 말하도록 압력을 줍니까?	57.5	5.7	21.3	8.8	4.0
적당하게 유머를 사용합니까?	76.7	8.8	10.0	2.2	1.5
부적절하게 유머를 사용합니까?	76.7	8.8	10.0	2.2	1.5
귀하에게 무례하거나 민감하지 못한 태도로 행동합니까?	68.7	13.0	12.0	4.0	1.5
귀하의 비밀 보장 권리를 위배했습니까?	93.2	3.2	1.3	0.3	0.3
알고 있는 합의 사항을 위반했습니까?	93.2	3.2	1.3	0.3	0.3
치료의 한 부분으로 입원하도록 합니까?	96.2	1.8	0.5	0.5	1.0

귀하는 치료 과정에서 얼마나 자주 (있다면) (N=400)					
치료가에게 성적으로 끌린다고 느낍니까?	63.0	8.0	14.0	7.5	6.5
귀하가 그/그녀에게 성적으로 끌린다고 치료가에게 말합니까?	81.5	6.2	5.5	3.0	2.7
치료가에 대한 성적인 환상을 가집니까?	65.5	8.0	12.8	7.0	5.2
치료가에게 분노를 느낍니까?	13.3	9.5	12.8	7.0	5.2
귀하의 치료가가 귀하에 대해 관심을 갖고 있지 않다고 느낍니까?	49.5	13.0	19.0	12.3	5.5
자살하고 싶은 느낌이 듭니까?	70.0	8.5	9.5	8.3	3.0
자살 시도를 합니까?	95.5	2.5	1.0	0.0	0.0
임상적 우울이라고 특징짓는 것을 느낍니까?	38.5	15.8	16.0	16.5	12.5

[주] 드물게 : 2-4번, 때때로 : 5-10번, 자주 : 10번 이상

[출처] K. S. Pope & B. G. Tabachnick(1994). "Therapists as patients: A national survey of psychologists' experiences, problems, and beliefs". *Professional Psychology: Research and Practice*, 25, 247-258.

이러한 민감한 주제들과 개인적 반응에 대해 배우는 것은 우리의 정서적 능력을 개발하고 활동 기간 내내 능력을 유지하기 위한 자원들을 개발하는 데 중요하다(치료가들과 내담자들에게 상처를 주는 금기사항들을 더 심도 있게 논의하기 위해서는 Pope et al., 2006을 보라).

우리의 동료들은 실수를 피하거나 수정해 주고, 때로는 압도적인 스트레스나 개인적 딜레마를 규명해 주며, 새로운 아이디어와 새로운 관점, 제2, 제3의 의견들을 제공해 주는 데 도움을 주는 많은 자원들을 만들어 냈다. 실제로 심리학자들에 대한 조사는 치료가들에게 동료간의 비공식적인 연결망이 효율적이고 적절하며 윤리적인 실습을 위한 가장 효과적인 자원으로 간주되었음을 보여주고 있다(Pope,

Tabachnick, & Keith-Spiegel, 1987). 비공식적인 연결망은 법, 윤리 위원회, 연구, 보수 교육 프로그램, 또는 공식적인 윤리원칙보다 윤리적인 실제를 촉진시키는 데 더 가치가 있다. 우리의 동료들은 우리를 지탱해 주고, 새 힘을 공급해 주며, 삶을 풍요롭게 하고, 다음 장의 주제인 자기 돌봄에서 중요한 역할을 하도록 도와줄 수 있다.

5 장 자기 돌봄을 위한 전략의 수립

이 책의 가장 주된 주제는 바로 개인의 책임이다. 우리는 우리의 윤리적 의사결정과 행동을 비롯하여 조용히 아무것도 안 하는 것을 선택할 시기에 대해 개인적으로 책임을 가지고 있다. 우리는 우리가 하고자 하는 행동이나 실패한 행동에 대해서, 윤리적 규약이나 동료, 정부, 고용주, 보험사, 보호단체, 전문 학회나 다른 어떤 외부 요인에 책임을 돌릴 수 없다. 윤리는 지속적인 지각과 질문을 요하는 활동적인 과정이다. 만약 우리가 개인적으로 힘들고 난처한 상황이거나 비도덕적인 상황에 처해 있다면 우리들 중 소수만이 이 과정에 효율적으로 몰두할 수 있다. 그렇기에 자기 돌봄은 중요한 일이다.

우리는 자기 돌봄을 수립하는 전략을 교육에서, 훈련에서, 실습에서 가능한 한 빨리 세우도록 강력히 주장한다. 어린 시절에 자기 돌봄을 무시하는 것은 한 사람의 활력, 즐거움, 활기뿐만 아니라 직업에서 얻을 수 있는 의미를 빼앗아 갈 수 있으며, 때로는 윤리적으로 치료하려고 하는 치료가의 권한을 방해할 수 있다. 이것은 낙담과 피로와 탈진을 낳기도 한다.

자기 돌봄이 무시당할 때 어떤 일이 발생하는가?

자기 돌봄을 무시하는 것은 치료가와 치료에 있어서 유해한 결과를 가져온다. 모든 심리학자는 각자 중요한 면에서 특별하고, 각자 중요한 방법으로 특별하게 일을 하며, 개인적으로 자기 돌봄을 무시하는 데서 발생하는 영향에 대해 경험한다. 그러나 어떤 주제들은 공통적으로 자주 나타난다. 다른 원인들도 있겠지만 다음의 내용들은 자기 돌봄을 무시한 결과들이다.

내담자 무시

일에 지친 치료가들은 내담자들을 무시하고, 내담자들의 기분을 상하게 하는 말을 하며, 기본적인 예의가 부족해지기 시작한다. 그들은 내담자들이 의욕이 없고, 고마워하지 않고, 이기적이고, 무감각하고, 정직하지 않고, 게으르고, 대체로 탐탁지 않다고 말하는 데 시간을 허비하기 시작한다. 내담자들에 대하여 판단적이고 비판적이 되어, 감정과 친절함과 유대관계를 잃게 된다. 그들은 내담자를 이름이 아닌 별명만으로 부름으로써(예를 들면, '그 정신분열자') 비인격화시킨다. 그들은 내담자들의 재산이나 다른 것들에 관한 농담을 한다.

자신의 일에 대한 무시

자기 돌봄의 부족으로 인해 지치고 낙심한 치료가들은 그들의 직업을 하찮게 여기고, 비웃고, 과도하게 자기 비판적이 된다. 그들은 치료에 관해서 속임수나 사기, 또는 농담이라고 비하한다. 그들은 치료를 공허한 것이며 비효율적이고 의미 없다고 여기게 된다. 그들은 반복해서 상담 시간에 늦게 들어가고, 같이 정했던 시간을 빠뜨리며,

내담자들의 전화에 답변하는 것을 잊어버린다.

더 많은 실수의 발생

노력에도 불구하고 우리는 실수를 한다. 실수에 관해서 모니터링하고, 인식하고, 실수의 결과에 관해서 말을 하고, 그에 따른 책임을 지는 것은 치료가들의 기본적인 책임이다. 그러나 자기 무시는 일을 하는 권한을 해치는 것으로 이끌 수 있으며, 일하는 데 더욱더 많은 실수를 낳는다. 두 명의 내담자의 예약을 겹치게 잡거나, 약속시간에 늦거나, 내담자의 이름을 잘못 부르거나, 내담자의 차트를 잘못 두거나, 자신의 사무실에 열쇠를 두고 나오는 실수를 하게 된다.

에너지의 부족

자기 스스로를 돌보지 않는 치료가들은 에너지를 잃어 가고, 적절한 휴식이나 재충전을 하지 못한다. 그들은 피로가 쌓여 겨우 일어나서 출근하고, 치료 시간 중에 잠과 싸우고, 하루를 어떻게 버틸까에 대해서 힘겨워 하다 마침내 퇴근해서, 그 어떤 재미있는 일을 하거나 사회적 활동을 하기에는 너무 지쳐서 다시 또 침대로 들어가는 기진맥진한 과정을 반복한다.

걱정과 두려움의 증가

우리가 스스로를 돌보는 데 실패하게 되면 과장된 두려움이나 걱정의 희생양이 된다. 우리는 더 이상 불확실성, 도전, 요구, 그리고 일의 스트레스를 대처하지 못한다고 느끼게 된다. 만약 의뢰가 끊어지고 현재 모든 내담자들이 끊긴다면? 지난 치료를 망치고 잘못된 진단을 내리고 내담자의 중요한 증상을 놓쳤다면? 만약 자살의 위기에 제대로 대처하지 못해서 다음 치료 시간 전에 그 내담자가 자살한다면? 만약 그 떠들썩한 환자가 다음 시간에 또 폭력적으로 돌변한다면? 만약 어떤 사람이 진료 태만이나 불만으로 소송을 건다면?

불행과 아픔, 불만족을 막기 위해 일을 이용하기

만약 자기 돌봄이 무시당하고 우리의 일이 더 이상 의미 있거나 삶에 즐거움을 가져다주지 않는다면, 자기 파괴적인 반응은 우리 자신 스스로와 일에서 얻는 불편한 기분을 잊으려 하는 것이다. 더 많은 내담자, 과제, 그리고 책임을 떠맡아, 우리 스스로를 돌아보거나 일 이외의 다른 것을 할 시간이나 자신이 얼마나 공허하고 비도덕적으로 비참한지를 느낄 시간이 없게 만든다. 어떤 치료가들이나 상담가들은 오랜 시간 일하고, 일과 싸우고, 그로부터 큰 기쁨과 성취감을 얻지만, 이 경우는 다르다. 일로만 시간을 채우는 것은 만족스럽지 않은 삶에 대한 관심을 돌리는 것 외에는 개인에게 긍정적인 영향을 끼치지 않는다. 일은 음식, 술, 약물과 더불어 무시되는 자기 돌봄의 결과를 막기 위한 하나의 수단에 불과할 뿐이다.

흥미의 상실

자기 돌봄의 무시는 더 이상 즐겁거나, 기쁘거나, 성장하거나, 의미 있거나, 성취감이 없는 텅 빈 삶으로 이끌 수 있고, 그 결과로 우리는 일에서 얻는 흥미를 잃을 수 있게 된다. 우리는 더 이상 일에서 흥미를 느끼지 못하고, 내담자들과의 연결고리를 찾지 못하게 된다. 우리는 겉으로는 일을 잘 수행하고 있다고 우리 자신을 강요하지만, 더 이상 일에 마음을 담지 않게 된다.

전략이 적합한지 확인하기

자기 돌봄 전략에서 적합함이란 옷이 딱 맞는 것만큼이나 중요하다. 우리의 친구들에게 딱 맞는 옷을 구입하거나, 일반적으로 보통 사람들에게 맞는 옷을 사거나, 가장 인기 있는 사이즈를 구입하는 것은 나에게 맞는 옷을 구입하는 방법으로는 적합하지 않다. 나의 동료들에게는 삶의 구원이 되었던 자기 돌봄의 방법을 나에게 사용하는 것은 끔찍한 일이 될 수도 있다. 한 개인을 지탱해 주고, 채워 주고, 의미를 부여했던 것은 주류에서 한참 벗어난 것이 될 수도 있다. 가난한 고요함을 맹세한 고독하고 은둔적인 삶에서 행복과 중요성과 만족감을 얻은 사람에게 "당신은 세상으로 나와서 좀 사교적으로 살아야 하고, 당신을 먹여 살릴 수 있는 돈을 버는 방법을 찾아야 합니다. 그러면 당신은 당신과 당신의 삶에 대해서 더 만족하게 될 겁니다."라고 말할 사람은 거의 없다. 우리 자신에게 귀 기울이고, 실험해 보고, 무엇이 가능하고 무엇이 불가능한지 솔직해지는 것은 우리 자신에게 맞는 자기 돌봄 전략을 찾는 데 중요한 부분이다. 비록 어떤 사람에게도 딱 맞는 자기 돌봄 전략이 없다고 하더라도 많은 치료가들이 자기 스스로를 돌볼 때 싸우는 몇 가지 도전 분야들을 다음에 제시하였다.

고독

혼자 하는 것은 그 특성상 매우 고독해질 수 있다. 우리는 사무실에게 계속해서 내담자를 돌보는 데 하루를 보낸다. 특히 오래 근무할수록 우리는 친구들과 동료들과 회사 너머의 세상을 멀리하게 된다. 심지어 내담자와 예약이 되어 있지 않은 시간에도, 항상 업데이트해야 할 차트가 있고, 준비해야 할 영수증이 있고, 일과 관련된 전화 등의 업무가 있다. 어떤 치료가들은 그들이 사무실에서 보내는 시간과 그들을 고립으로부터 구해 줄 공식적인 활동 사이에 엄격한 제한을 두는 것으로 도움을 얻는다. 다른 사람들과의 연결고리를 잃지 않는 것은 많은 치료가들에게 있어 가장 기본적이고, 중요하고, 도움이 되는 자기 돌봄 전략 중의 하나이다.

지루함

우리가 내담자와 보내는 시간을 일주일에 30-35시간으로 제한한다고 할지라도 내담자를 보는 데 너무 많은 시간을 보내는 것은 치료가가 감당하지 못하는 일이 될 수 있다. 어떤 사람들은 그들의 일상을 탈피하고 다양함을 부여하기 위해서 다른 종류의 일을 찾는다. 강의를 하고, 상담을 하고, 수퍼비전(supervision, 지도 감독) 그룹을 이끌고, 지역이나 국가 전문기관에서 활동하는 등의 일을 찾는다.

피로

내담자를 돌보는 사이에 어느 정도의 시간이 필요한가. 5분, 10분, 15분? 적어도 한 시간 정도의 휴식시간이 없이 얼마나 많은 내담자를 연속해서 볼 수 있나? 하루 동안 지치지 않는 범위 내에서 몇 명의 내담자를 대할 수 있을까? 이는 치료가에 따라 많이 다르다. 어떤 사람들은 연속적으로 50분 치료하고 10분 쉬는 형식의 시간을 갖고, 한 시간 동안 점심을 먹고 다시 돌아와서 그들의 즐거움이나 수행력이 떨어지지 않고 그대로 네 번의 치료 시간을 더 갖는다. 어떤 사람들은 하루에 내담자 5명 미만이 가장 적당하다고 하기도 한다. 우리자신의 한계를 알고 존중해 주는 것은 매우 중요하다. 어떤 사람들은 일주일에 25-30명의 내담자를 최대라고 여긴다. 그 외의 시간은 내담자 치료 기록을 정리하고 전화를 하는 등의 일을 하는 데 필요하기 때문이다. 이 분야에서 자기 돌봄은 우리가 할 수 있는 업무량에 대해서 현실적으로 생각하고, 우리의 권한에 맞는 스케줄을 잡는 것에 관한 내용이다. 여기서 중요한 것은 우리가 해야 한다고 느끼는 일의 양이 아니고, 우리가 이전에 할 수 있었던 일의 양이나 다른 동료들이 하는 일의 양도 아니며, 우리가 잘할 수 있는 범위 내에서의 일의 양에 초점을 두고 있어야 한다. 때때로 우리가 일을 할 수 있는 가장 최적의 시간과 우리 수입을 충족시킬 수 있는 시간, 능력을 향상시킬 수 있는 시간, 고용주를 만족시킬 만한 시간 사이에 갈등이 생길 수도 있다. 효율적인 자기 돌봄 전략은 단지 우리 휴식의 패턴(치료 시간 사이의 휴식에서부터 휴가까지)에 영향을 끼칠 뿐만 아니라 우리를 피로에서부터 회복시켜 줌으로써 에너지를 보충해 주고 새롭게 하는 활동, 태도와 방법을 강조해 주고 있다.

앉아 있는 생활

심리적인 평가와 치료에서 항상은 아니지만 대부분의 시간 동안 내담자는 앉아 있거나 누워 있고, 심리학자도 앉아 있어 둘 중 누구도 크게 움직이지 않는다. 많은 치료가들에게 자기 돌봄은 하루 동안에 움직이고, 스트레칭하고, 육체적인 운동을 할 수 있는 기회를 만드는 것을 포함하고 있다. 육체적인 운동은 단지 육체적인 혜택과 가만히 앉아 있는 삶에서의 전환뿐만 아니라 심리적인 혜택을 주기 때문에 가장 중요한 자기 돌봄 전략이다.

의기소침한 삶

만약 심리적인 행동이 많은 치료가들에게 충분한 육체적인 움직임이나 운동을 제공하지 않는다면, 그것은 또한 많은 사람들로 하여금 정신적인 삶을 적절하게 공급하는 데 실패하게 할 것이다. 명상, 기도와 다른 정신적이거나 종교적인 활동을 위하여 적절한 시간을 남겨 두는 것은 어떤 치료가들에게 있어서 중요한 자기 돌봄의 방법이 된다. 어떤 사람들은 이런 다양한 활동으로 독서를 하거나, 시를 쓰거나, 숲 속에서 하이킹을 하거나, 음악을 듣거나 연주하거나, 강가에 앉아 있거나, 연극을 하거나 보거나, 석양을 보는 것으로 그들의 정신적인 삶을 풍족하게 한다.

지지받지 못한 삶

대학원과 인턴십은 교수들, 지도 감독자, 행정 담당들과 다른 학생들과의 많은 네트워크를 형성하게 해준다. 어려움에 직면했을 때 우리는 선생님이나 동료들과 이야기할 수 있다. 우리의 임상 활동은 자세히 모니터링되고, 긍정적이거나 부정적인 피드백과 아이디어와 제안과 지도를 받게 된다. 우리가 독립적인 치료를 시작했을 때, 도움의 네트워크를 형성할 책임은 우리 자신이 갖게 된다. 지원 네트워크에서 몇 가지 중요한 요소들은 무엇일까?

지도 감독, 자문, 부가적인 훈련

지식이나 기술을 확장시키고 심리학자로서 계속 성장하면서 귀하의 일에 대해 이야기할 수 있는 자원들을 확인하고 만들어 내라. 귀하에게 지도 감독이나 자문을 주기 위해 채용하고 싶은 사람이 있는가? 정기적으로 만나는 또래-수퍼비전 그룹을 만들고 싶은가? 어떤 보수 교육 과정, 워크숍이나 활동들이 지식을 확장시키고 갱신시키며 기술을 증진시키는 데 도움이 되는가? 효과적으로 치료하는 데 필요한 지지의 다른 원천들이 무엇이 있는지 생각하라.

회계사

우리는 모든 개업 치료가들이 믿을 수 있는 회계사를 찾아서 함께 일하기를 권한다. 그들은 귀하의 사업 계획을 점검하고, 현재 재정적 자원들을 살펴보며, 세금 문제를 조언해 줄 것이다. 회계사는 법인 설립의 장단점은 무엇인지, 어떤 비용을 삭감할 것인지, 세금용 기록과 영수증 보관하는 것, 별도의 사무실과 재택 사무실과의 재정적 장점을 비교하는 것과 같은 주제들에 대해 토의할 수 있다.

청구서 발송/부기

많은 개업 치료가들은 청구서 발송과 부기를 나름대로 한다. 귀하가 이 길을 택한다면 아마 이러한 업무를 도와줄 소프트웨어 프로그램을 살펴볼 것이다. 다른 임상가들은 이러한 부가적인 행정 업무를 더 맡지 않는 것을 선호한다. 대신에 그들은 부기와 청구서 발송을 하기 위해 개인이나 업체를 고용한다. 어떤 지역에서는 심리치료가들이나 더 넓게는 건강관리 제공자들을 위한 이러한 분야의 전문적인 서비스를 가지고 있다. 동료들이 어떤 방법을 사용하고 추천하는지 확인해 보라.

신경정신 약리학 자원들

귀하가 약을 처방할 수 없다면 귀하와 귀하의 내담자들과 협력해서 일할 신경정신 약리학 분야의 전문적인 사람을 찾아라. 물론 어떤 환자들은 향정신성 약이 필요 없을 수도 있고 어떤 환자들은 다른 사람이 처방한 약물을 이미 복용하고 있을 수도 있다. 또는 약물 복용이 유익한지 아닌지를 보기 위한 하나의 평가로서 기관에 있는 신경정신 약리학자에서 의뢰하기를 원할 수도 있다.

응급실과 입원 자원들

응급실이나 입원, 낮 진료와 귀하의 지역사회에서 가능한 이와 유사한 정신건강 서비스는 무엇인가? 비용은 얼마이며 입원 규정은 무엇인가? 그들을 방문해서 직원과 행정실에 귀하를 소개하라. 그들의 방침은 무엇이며 절차가 어떻게 되는지, 귀하가 직원의 자격이 있는지 알아내라. 귀하의 내담자 중 한 명이 입원이 필요하거나 다른 위기 서비스가 필요하다면 귀하는 어떤 선택들이 가능한지, 어떤 조치가 필요한지에 익숙해질 것이다. 어떤 임상가들은 전화 응답기에 응급 서비스 전화번호를 남겨 두며, 어떤 임상가들은 동의서에 그 전화번호를 적어 놓는다.

의무적인 혹은 임의적인 보고 자원

의심스러운 아동학대나 노인학대와 같은 문제를 의무적이거나 임의적으로 보고하기 위한 기록을 남겨 둘 기관의 접속 정보를 찾아라. 보고서를 남겨 두어야 할 의무가 있는지 아닌지 확신이 서지 않을 때도 있다. 귀하가 어느 때나 꺼내 볼 수 있는 자문의 원천 중의 하나는 보고서를 남겨 둔 기관이다. 관련된 실제 인물에 대한 정보를 밝힐 필요 없이 전화를 걸거나 그 기관에게 가설적 상황을 제공할 수 있으며, 그러한 사실 유형이 (그 자문을 귀하가 보고할지 말지를 결정하기 위해 취한 조치 중 하나로 문서화하여) 보고할 의무에 들어맞는지 아닌지를 물어볼 수 있다. 귀하는 또한 가이드라인을 위해 귀하의 변호사나 전문적인 채무 담당자에게 전화할 수도 있다.

변호사

우리는 가능한 한 빨리 법적으로 정신건강 문제에 경험이 많은 변호사를 찾아보도록 강력하게 권한다. 변호사는 귀하의 양식과 정책, 절차 등을 살펴보고 법적인 요구조건이나 생각하지 못한 함정에 대해 답해 줄 수 있다. 또한 귀하가 시급한 상황에 대응하거나 법적인 자문을 필요로 하는 중이라면 멀리까지 전화를 할 수 있도록 해준다.

소홀히 취급된 건강

학생 건강 서비스를 제공하던 대학원이라는 환경에서 나와서 독립적으로 개업을 하거나, 건강 서비스를 전혀 제공하지 않거나 거의 의료보험을 보장해 주지 않는 기관에 들어가게 되면 우리의 건강이나 의료적 필요에 대해 소홀히 하기 쉽다. 각자의 필요에 잘 맞는 의료보험과 믿을 수 있는 유능한 의사를 알아 두는 것은 우리의 책임이 된다. 의료보험은 전문기관, 전국 자기고용협회(National Association for the Self-Employed, NASE)와 같은 단체, 지역 상공회의소와 같은 지역 협회 등으로 다양하게 가입할 수 있다. 동료나 지역의 보험설계사들은 좋은 정보원이 될 수도 있다.

스트레스에 시달리는 생활

치료가들은 극도의 불행과 고통의 시기를 경험할 수도 있다. 4장의 주제를 다시 한 번 돌아볼 필요가 있다. 치료가들에게 자신이 치료를 받은 환자로서의 경험을 조사한 연구에서(Pope & Tabachnick, 1994) 치료를 받았던 84%의 치료가 중에서 61%가 적어도 한 번은 임상적 우울의 경우를 경험했으며 29%는 자살하고 싶은 생각이 들었고 4%는 자살을 시도한 것으로 보고하였다.

개업은 매우 스트레스가 심할 수 있다. 개업 치료가들을 대상으로 연구한 또 하나의 조사에서(Pope & Tabachnick, 1993) 97%는 내담자가 자살하는 것에 대해 두려움을 느꼈으며, 91%는 내담자가 더 나빠질까 봐 두려워했고, 86%는 가능하지 않은 임상적 자원들을 필요로 하는 것에 두려움을 느낀다고 보고했다. 또한 89%는 내담자가 제 삼자를 공격할까 봐, 88%는 동료들이 자신의 일에 대해 환자에게 비난할까 봐, 83%는 환자에게 공격을 받을까 봐 겁이 난다고 보고하였고, 18%는 환자에게 공격을 받았다고 보고하였다. 절반 이상이 내담자에 대한 걱정으로 섭식, 수면이나 집중력에 영향을 받았다고 보고하였다. 약 12%는 내담자가 공식적으로 불만을 제기(예를 들면 치료상의 문제나 면허 문제)하였으며 3% 이상은 환자로부터 보호하기 위해 무기를 구입했다고 보고하였다.

분노는 연구의 또 다른 주요 주제이다. 예를 들면 81%는 거친 언어를 쓰는 내담자에게 화가 났고, 83%는 내담자가 치료비를 지불하지 않아서 화가 났으며, 46%는 환자에게 화가 나서 나중에 후회하게 될 일을 하였다고 보고하였다.

효과적인 자기 돌봄 전략은 치료를 한다는 것이 얼마나 스트레스가 심한 일이며 얼마나 시달리게 되는지를 현실적으로 고려하고 있다. 우리의 스트레스를 해소하기 위해서 우리는 어떤 자원들을 계발할 수 있으며 활용할 수 있는가? 우리는 어떻게 우리의 고통을 설명할 수 있으며, 필요할 때 전문적인 도움을 구할 수 있고, 너무 힘들거나 지쳐서 일을 더 이상 효율적으로 하기 힘든 지점에 다다랐는지를 알 수 있을까?

변화를 위한 필요

지지해 주고, 힘을 주고, 깊이를 더해 주며, 생기를 보충해 주고 활력을 주는 자기 돌봄 전략은 1년이 지나지 않아서 눈치 없는 의무나 주의 산만, 시간 낭비가 될 수도 있다. 내담자의 삶에서 미묘하고, 전면적이며, 심원한 변화에 초점을 둔 치료가는 때때로 자신의 삶에서의 변화와 이러한 변화들이 어떻게 자기 돌봄의 필요와 전략에 영향을 미치는지는 간과하기 쉽다. 효과적인 자기 돌봄은 자기 돌봄에 대한 우리의 욕구가 시간이 지나면서 변할 수 있도록 모니터링하고 있으며 새로운 전략들을 창조해 낼 수 있도록 우리를 부르고 있다.

6 장 전문적 유서 만들기

치료가가 취약하지 않고 영원히 사는 것이 아니라면, 전문적인 유서를 마련하는 것이 바람직하다. 이 책의 하나의 초점은 인간으로서의 치료가이다. 도덕성과 취약성은 인간성의 일부이다. 생각하기에 유쾌한 일은 아니지만, 우리 모두는 예상치 않은 것들에 취약하다. 음주운전, 중풍, 강도, 심장마비, 화재, 비행기 추락, 그 외에 헤아릴 수 없이 많은 불행들이 우리의 삶에 예기치 않은 갑작스러운 종말을 언제라도 가져올 수 있다. 유한성과 취약성을 계획에 고려하는 것이 개인적인 또 전문적인 책임윤리이다.

전문적인 유서는 귀하가 갑자기 죽을 경우에, 또는 경고 없이 무능력해지는 경우에(예를 들어, 혼수상태에 빠진다든지) 일어나는 일들에 대비하는 계획이다. 그것은 귀하의 내담자의 필요나 귀하의 사업상 미해결 과제를 귀하가 지정한 사람들이 효과적으로 신속하게 처리하는 데 도움이 된다. 그것은 충격이나 애도의 시기 동안 갖기 힘든 기본적인 정보나 안내를 사람들에게 제공한다.

치료가들이 그들의 직업 경력에서 가능하면 빨리 전문적 유서를 준비할 것을 권장한다. 우리는 개인적 불행을 예상할 수 없으며, 사고들이 더 늦게 일어나도록 연기할 수 없다. 우리의 전문적 책임은 우리에게 언제든지 경고 없이 일어날 수도 있는 가능성들 — 적절하게 기능할 수 있는 권한의 상실 — 에 대해 미리 준비하는 것을 포함한다.

모든 치료가나 상담가, 모든 종류의 임상, 모든 상황에 맞는 하나의 전문적 유서란 없으며, 단지 여기서 우리가 제공하는 것은 유용한 몇몇 항목과 주제들이다.

중요한 책임을 수행할 사람 지정

귀하가 갑자기 죽거나 무능력하게 되는 경우, 누가 효과적으로 대응할 것인가? 거대한 스트레스 시기에는 누가 조정할 것인가? 누가 일들을 민감하게 효율적으로, 또는 효과적으로 처리할 것인가? 중요하지 않은 일들을 간과하도록 누가 확신할 것인가? 귀하의 내담자들에게 말하기에 가장 적임자는 누구인가?

훌륭한 전문 유서는 전문 유서의 실행을 수행할 자격이 되는 사람을 명백히 지정하고, 그가 유서에 명시된 과제를 수행하도록 확실히 위임한다.

귀하가 갑자기 죽거나 무능력하게 되는 경우 어떻게 지정인과 연락이 닿을지에 대해 적절한 정보를 제공하는 것이 유용하다. 그 사람의 전화, 팩스, 휴대전화 번호는 무엇인가? 그 사람의 사무실과 이메일 주소는 무엇인가? 만일 그 사람에게 연락이 안 될 경우 그가 어디 있는지 알 만한 사람은 누구인가?

뒷감당할 사람들

삶은 놀랄 만한 일들로 가득하고 종종 우리의 계획대로 되지 않을 때가 있다. 중요한 책임을 맡도록 지정한 사람이 개입하여 책임을 지어야 할 경우에 그 사람이 마침 회의나 휴가로 외국에 있을 수도 있고, 가족이 응급 상황에 처해 있을 수도 있고, 심각하게 아프거나 다른 이유로 여의치 않을 수가 있다. 필요할 때 개입할 준비가 되어 있는 제2, 제3의 인물을 지정하여 두는 것이 중요하다.

협동 계획

협동 계획은 전문적 유서를 훨씬 유용하게 만들며 수행자가 실행하는 일을 훨씬 쉽게 만들 수 있다. 귀하는 어떤 일이 되기를 원하는지, 어떤 일이 되어야 할 필요가 있는지, 지정인이 어떤 정보를 필요로 할지에 대한 윤곽을 잡기 위하여 귀하의 후견인을 함께 만날 수 있다. 어떤 사람은 다른 사람들이 간과하는 것을 생각할 수 있고, 유서를 작성하는 치료가에게는 '언급하지 않고 넘어가도' 될 것 같은 것들("여러분 모두는 나의 예약 책이 놓여 있는 서고를 알고 있죠?")이 유서를 실행할 사람들에게는 명료화될 필요가 있을 수 있다.

만일 지정인들이 중요한 것들이 어디에 있는지 말로 언급된 것에 의존하기 어려울 때 그것들을 찾을 수 있어야 한다. 함께 일하게 될 사람들(예를 들어, 귀하의 비서, 유서의 집행인, 변호사, 사무실 임대인)에게 지정인들을 소개하여 그들과 계약 정보를 교환할 수 있도록 한다. 지정인이 임무를 수행할 때, 그 사람이 귀하의 전문 유서에 명시된 상세한 지침과 정보를 갖고 각 단계에 맞는 합당한 근거(계획된 과정에 포함되어 있는)를 이해하고, 함께 작업할 핵심 인물들을 알고, 기록이나 다른 자료들이 어디에 있는지 알 것이다.

사무실, 열쇠, 보안 조치

사무실 주소를 제시하는 것 외에도 사무실 열쇠를 어디서 찾을 수 있는지에 대한 자세한 설명이 도움이 된다. 이를테면, "사무실 열쇠는 4개가 있다. 하나는 내가 항상 갖고 다니는 열쇠고리에 있다. 파란색 플라스틱이 붙어 있는 열쇠이다. 내 파트너도 사무실 열쇠를 갖고 있으며 그의 연락처는 …, 건물 매니저도 열쇠를 갖고 있으며 그 외는 응급 시에 …로 연락 가능하다."

각 상담실, 창고, 파일 캐비닛, 책상, 컴퓨터, 건물 문마다 각각의 열쇠가 있을 수 있다. 귀하의 전문 유서에 나열된 책임을 만족시키는데 꼭 필요한 열쇠를 빠뜨리기 쉽다. 어떤 사무실은 코드를 요구하는 보안 체계를 지니고 있다. 그 체계가 놓여 있는 위치와 필요한 코드, 지침을 반드시 명시하여야 한다.

일정

귀하의 일정을 저장하는 곳, 즉 귀하가 갖고 다니는 일과표, 사무실의 예약 기록, 컴퓨터나 개인 디지털 기기 등이 있다. 일단 일정 예약이 기록되면 거기에 접근하기 위해 부가적 정보가 필요한가? 예를 들어, 만일 귀하가 일정을 컴퓨터에 저장한다면, 저장된 파일을 열기 위해 사용하는 비밀번호가 무엇인지, 어느 드라이브에 일정이 저장되어 있는지, 관련된 파일명은 무엇인지, 만일 컴퓨터 복사가 손상되거나 컴퓨터 자체에 문제가 있을 때(예를 들어, 도둑맞거나 사무실 화재나 지진으로 못쓰게 되는 경우) 백업이 있는지 등등.

내담자나 동료와의 의사소통 수단

내담자나 동료가 귀하와 연락할 수 있는 방법, 즉 응답기, 전자 우편 등이 있다. 귀하의 전문 유서를 실행할 사람이 어떻게 메시지에 접근할 수 있는지 각각을 명확히 설명하여야 한다. 응답기에서 메시지를 들을 수 있는 번호가 무엇인지? 메일을 주고받기 위한 아이디, 비밀번호, 서버 주소 등과 함께 관련된 전자우편 계정의 이름이 무엇인지?

내담자 기록과 연락 정보

귀하가 선택한 통지 방법에 따라, 귀하의 전문 유서를 실행할 사람은 귀하의 내담자와 연락을 해야 할 필요가 있을 것이다. 실행자는 응답 번호가 누락된 내담자에게 응답 전화를 해야 할 경우도 있을 것이다. 전문 유서는 내담자의 기록과 연락 정보가 어디에 있으며 어떻게 접근 가능한지 명백한 지침을 포함하여야 한다. 치료가의 돌발 사망이 어떤 내담자에게는 위기를 초래할 수 있으므로 진료기록을 바로 저장하는 것은 특별히 중요하다. 전문 유서는 일을 할 수 없게 되거나 사망한 치료가의 내담자 기록을 그것을 실행하는 사람이 혹은 다른 사람이 보유할 것인지 아닌지를 지정하여야 한다. 이런 정보는 지역신문에 공지될 수도 있으며, 주립 심리학 면허 위원회나 주립 심리학회나, 아니면 양쪽 모두에 공지될 수 있다.

내담자에게 알림

치료가는 치료가의 사망을 내담자에게 공지하는 하나 이상의 방법을 택할 수 있다. 각 내담자에게 전화를 걸거나, 지역신문에 공지를 내거나, 응답기의 메시지를 통해서 알리거나, 전문 유서를 실행하는 임상가에게 전화하도록 응답 메시지를 바꾸거나, 편지를 보내거나 하는 등의 예를 들 수 있다. 각 방법들이 미칠 잠재적 영향력에 대해서 고려해 보아야 한다. 우리는 치료가의 사망에 대해 신문을 통해서 알기를 원하는지, 아니면 응답기에 녹음된 공지를 통해서 알기를 원하는지, 황금률의 관점에서 생각해 볼 가치가 있다. 그리고 우리의 현재나 과거의 내담자들은 어떻게 반응할 것인지에 대해서 생각해 볼 가치가 있다. 이러한 상황에서 내담자들에게 도움이 되는 자원(예를 들어, 귀하의 내담자가 당면한 결과를 처리하는 데, 그리고 내담자가 선택하는 경우 후속 치료가를 지정하는 데 도움을 줄 수 있도록 약속을 잡을 수 있는 지정된 동료)이 있을까? 어느 방법이 귀하 개인의 진료나 내담자와의 관계에 있어서 최선인지 잘 알 수 있을 것이다.

각 내담자의 사생활을 존중하는 방법으로 공지하는 것이 중요하다. 편지나 전화 메시지가 조심스럽게 다루어지지 않을 경우 한 개인이 치료가를 만나고 있다는 것이 제삼자에게 무심코 알려질 수도 있다. 가족 구성원이나 다른 사람들이 우편의 프라이버시를 존중하지 않는 경우도 있을 수 있고, 자기 것이 아닌 우편물을 '우연히' 열어서 읽을 수도 있다. 때로 응답기에 남겨진 메시지를 다른 사람이 들을 수도 있다. 이렇게 무심코 알려진 것이 종종 내담자를 커다란 위기에 몰아넣을 수도 있다. 예를 들어 매 맞는 여성 내담자의 폭력적인 배우자가 편지나 전화 메시지를 가로채게 되는 경우 내담자가 도움을 청하고 있는 것을 알게 되어 격노하여 어쩌면 치명적으로 폭력적인 반응을 할 수도 있다.

동료에게 알림

어떤 동료에게 즉각 알려야 할까? 귀하는 치료가 그룹의 한 구성원인가? 사무실을 동료와 함께 쓰는가? 자문이나 감독을 정기적으로 제공하는 임상가가 있는가, 혹은 귀하로부터 그런 서비스를 받는 임상가가 있는가? 귀하는 집단 치료나 가족 치료를 누군가와 공동으로 이끌고 있는가? 귀하가 정기적으로 참석하는 협회나 워크숍이 있는가? 즉시 알려야 할 동료가 전문 유서 목록에서 (연락 정보와 함께)

빠지지 않도록 하기 위하여 수개월 간의 수첩의 목록을 살펴보는 것이 도움이 될 것이다.

전문적인 책임보험 적용 범위

전문적인 책임보험을 제공하는 회사명, 연락 정보, 정책 번호, 회사가 치료가의 사망이나 무능력에 대해 즉각 고지하는 지침 등을 포함하는 것이 유용하다.

전문적 사건을 다룰 변호사

많은 치료가들은 전문적 사건에 대하여 변호사와 상의해 왔다. 변호사는 치료가가 사용하는 사무 양식(자세한 정보에 근거한 동의, 정보 유출 등등)이 주정부의 법령이나 사례에 필요한 법적 요구에 부응하는지에 대하여 검토해 왔을 것이다. 변호사는 치료가의 정책이나 처리 과정, 특히 모호한 법적 의문을 일으키는 골치 아픈 사례들이나 기록 보관 양식에 대하여 의논해 왔을 것이다. 치료가는 소환장이나 임상 사고 소송에서 법적 진술을 어떻게 할 것인지에 대하여 법적 자문을 받아 왔을 것이다. 치료가가 임상적 사건을 자문하는 변호사에 대한 연락 정보를 제시하는 것이 유용하다.

경리 기록, 처리 절차, 지침

전문 유서의 책임을 부여받은 사람은 경리 기록이 어디에 있는지, 그것들에 어떻게 접근할 수 있는지(예를 들어, 그것들이 컴퓨터에 저장되어 있는 경우), 누가 경비를 준비하고 처리하는지(예를 들어, 경리과, 회계사, 사무실 직원), 미결 요금은 어떻게 처리할 것인지에 대하여 알아야 한다.

보험회사로부터 만기가 되거나 만기가 지나 지불이 제외되어 내담자가 지불하여야 할 아직 계산되지 않은 경비의 일부 혹은 전부를 재정적으로 면제할 수 있거나(빚이 별로 없거나, 재정적으로 의지할 만한 자금이 있거나) 면제하고자 하는 치료가들이 종종 있다. 어떤 치료가들은 전문 유서를 수행하는 임상가가 내담자와 상황을 논의하고, 당면한 필요를 평가하고, 앞으로의 치료에 대한 선택을 모색하기 위하여 함께 작업하는 동안 사망한 치료가의 경비로 각 내담자에게 치료를 제공하고자 하기도 한다. 전문 유서는 이러한 바람에 대하여 명백한 지침을 포함하여야 할 것이다.

소요 경비

전문 유서와 그것을 실행할 사람을 지정하고자 하는 치료가는 실행자에게 어떻게 보상할 것인지를 결정해야 한다. 가장 쉬운 방법은 실행자가 통상적으로 받는 시간당 임금이며, 그 외에 균일가, 내입금, 친구에게 봉사로 어떠한 보수도 거절하는 실행자, 실행자의 자선금 등의 다른 예도 들 수 있다.

전문 유서는 업무상 비용이 어떻게 지불될 것인지에 대하여 명확한 지침을 포함하여야 한다.

개인적 유언

의도되지 않은 문제나 갈등을 피하기 위하여, 귀하의 전문적 유서가 귀하의 개인적인 유서와 일치되는지를 확인할 필요가 있다. 예를 들어 만일 개인 유서가 모든 자산이 어떤 특정한 방식으로 지출되도록 지시하고, 전문 유서 실행자에게 지불할 자금에 대하여 언급이 되어 있지 않으면 문제가 일어날 수 있다. 개인적, 전문적 각 유서가 서로에 대하여 명확한 참조를 제시하는 것이 유용하다.

법적 재고

정신건강법에 대하여 숙련된 경험이 있는 변호사가 전문 유서를 재고하는 것은 수많은 문제를 방지할 수 있다. 전문 유서 실행인은 치료가가 사망한 지 며칠, 몇 주, 몇 달 내에 어떤 법적 곤경에 처할 수 있는지에 대해 변호사에게 자문할 수 있다.

변호사는 주정부법이나 판례에 따라 전문 유서가 이해관계가 없는 증인의 서명이나 공증이나 다른 방법에 의해서 법적으로 인증될 수 있는지에 대해서 조언할 수 있다.

전문 유서 사본

전문 유서 사본을 잠재적 실행인과 변호사에게 보낼 수 있다. 어떤 치료가들은 전자우편이나 응답기의 비밀번호 등의 극비 정보가 유서의 여러 복사본에 의해서 타인들에게 유포되는 것을 방지하기 위해 자신들의 사후에만 확인할 수 있도록 특별 조처를 고안하기도 한다.

재고와 갱신

사람들, 임상, 시대, 상황은 변화한다. 우리가 작성할 당시에는 우리에게 완벽하던 전문 유서가 오래되어 변경된 연락처, 한두 해가 지나면서 잘 맞지 않는 면이 생기게 된다. 정기적으로 — 1년에 한 번 — 전문 유서를 재고하여 상황에 의미 있는 변화가 생길 때마다 바로 갱신하는 것이 유용하다.

7 장 여러 가지 규정과 불평들:

역사적, 경험적, 통계적 맥락에서

    심리치료가나 상담가로서 우리는 정신건강과 관련된 직업인이다. 우리가 하고 있는 일은 시작부터 논쟁적인 주제였다. 우리가 하는 일을 정의하는 데도 어려움이 많았고 오랜 기간이 걸렸다.

    초기에는 학회에서 심리치료의 개념을 규정하려고 노력한 결과로 치료가나 상담가에게 효과적으로 이해시킬 수 있었다. 1947년에 미국심리학회 회장이었던 로저스(Carl Rogers)는 심리치료를 정의하고 가르치기 위한 위원장으로 샤코우(David Shakow)를 임명했다. 1947년 미국심리학회에서 채택된 샤코우 보고서는 2년 후에 기초위원회를 낳게 하였다. 1949년 8월 28일에 심리치료를 정의하려는 노력과 적절한 징계에 대한 기준을 설정하기 위한 기초 과업을 다음과 같이 요약하고 있다. "치료는 예측할 수 없는 결과를 가진 구체적이지 않은 문제들에 적용되는 정의되지 않은 기법으로서 남아 있었다. 이러한 기법을 활용하기 위해서 우리는 엄격한 훈련을 받았다."(Lehner, 1952, p.547)

    기초위원회를 비롯해서 다른 위원회와 다양한 그룹들이 심리치료와 심리학의 진료를 정의하려고 노력해 왔다. 예를 들면 『2002 교육회의: 직업 심리학에서 교육과 자격의 방향(*2002 Competencies Con-*

ference: Future Directions in Education and Credentialing in Professional Psychology)』(Kaslow et al., 2004)에서는 직업 심리학에서 교육을 정립하고 이런 교육을 가르치고 평가하기 위한 효과적인 전략을 토의했다(Kaslow, 2004).

직업 외적 노력도 진료하는 데 영향을 끼쳐 왔다. 예를 들면 보험회사들은 구체적인 매뉴얼로부터 진단을 요구하고, 평가와 치료시기를 제한하거나 거절하고, 치료가 의학적 요구라는 기록을 치료가들에게 요구하고, 특정 정신증에 대한 구체적인 관여를 요구하기도 하고, 회사에 의해 규정된 제한된 수적 기준을 사용하여 결과가 산출될 것이라는 요구를 하기도 했다. 종종 비용 삭감의 근거가 되는 이러한 척도들은 보험회사와 치료가들 간의 갈등을 야기하기도 했다(Reed & Eisman, 2006). 특정 진단에 사용된다고 보험회사가 요구하는 어떤 규제는 직업 내에서 분쟁의 초점이 되었다. 심리치료의 정의와 실천은 중재안을 지지하는 연구에 의해 제한되어야 할까? 그렇다면 어떤 종류의 연구가 충족되어야 하는가? 지지하는 연구는 무작위 검사에서 랜덤식 평가를 하고, 동료 검토를 하도록 저널에 출판되어야 하고 다른 연구자들에 의해 독자적으로 인용되어야 하는가? 웨스텐과 브래들리(Westen & Bradley, 2005)는 "증거를 바탕으로 하는 진단은 구성된 것(다시 말하면 아이디어, 추상적 관념, 이론적 실체)이기에 조작되어야 한다(다시 말하면 그것을 정의하게 되는 창조된 형식으로 변환된다). 조직화된 방식은 그것의 연결 효과들이 긍정적, 부정적, 혹은 혼합된 것으로 증명되는지와 관련되는 것은 아니다."(p.226)라고 하였다(Westen, Novotny, & Thompson-Brenner, 2004 참조). 심리치료 연구자들인 크리츠-크리스토프 등(Crits-Christoph, Wilson & Hollon, 2005)은 "무작위로 통제된 시험은 매개 원인의 검사 개념에 가장 강력한 영향을 받는다."(p.412)고 믿는다. 한편 심리과학협회 저널인 『심리과학의 오늘날 방향(*Current Directions in Psychological*

Science)』의 전 편집인 카즈딘(Kazdin, 2006)은 "심리치료 연구 성과는 무작위 통제 실험에 의해 주도되어 왔지만 이런 시도들의 주요 특징들은 임상실습을 적절하게 하는 것은 아니다."(p.170)라고 하였다(Goodheart, 2006; Sternberg, 2006 참조).

미국심리학회(2006)가 주재하는 증거를 기반으로 하는 실습 과제에서는 임상실습 전문가의 필요와 임상 가설 평가의 한계에 주목했다.

아직 임상 가설 평가는 한계가 있다. 그래서 최선의 가능한 연구를 할 수 있는 임상전문가를 보강하는 것이 필요하다. 아마 이 과제 보고서의 중심 메시지는 과학자, 임상전문가, 과학자 겸 임상전문가들로 이루어진 다양한 그룹들 중에서 이루어진 합의점이다. 증거 기반의 심리 진료가 과학적 증거의 다양한 소스들의 가치를 인식하기를 요구한다는 다양한 관점에서 취해진 것이다. 주어진 임상 환경에서 훌륭한 신념과 훌륭한 판단을 하는 심리학자들은 증거의 여러 형식들에 얼마나 비중을 두어야 하는지에 대하여 동의하지 않을 수도 있다. 시간이 지남에 따라 체계적이고 폭넓은 경험적 탐구가 가장 좋은 증거를 모으는 데 있어서 최선의 실천 방안이라는 것을 지적할 것이다. 그러나 이러한 기록(미국심리학회가 주재한 증거 기반 실습의 과제에 대한 보고서)은 한 세기 동안 심리학자들이 어떻게 알려져 왔는지를 재론하는 것이다. 과학적 방법은 체계적으로 생각하고 관찰하는 방식이다. 이것은 인간에게 작용하는 것에 대하여 학습하기 위해 우리가 취해 온 최선의 도구이다(p.282).

책임의 메커니즘

정밀하게 심리치료와 심리학적 진료를 정의하는 것이 어렵다고 해서 윤리적 주요 책임으로부터 자유로워지는 것은 아니다. 직업의 특징은 그 일을 수행하는 멤버들에게 그 일이 내담자들의 삶에 영향을 미친다는 것을 인식하는 데 있다. 이러한 영향력의 강력한 특징은 시장의 관례("사는 사람이 주의하라."는 원칙의 변이들에 의지하는)들을 부적절하게 만든다(3장 참조). 사회는 직업인들이 의지할 만하다고 동의하는 직업 강령을 만들 것을 요구한다. 이 강령은 직업인들을 보호하고 내담자들의 복지를 촉진시키고 내담자에게 해를 끼치면서 자기 이익을 추구하는 것을 막도록 요구하고 있다. 게다가 기본적 윤리규정에는 관리의료기관(manages care organizations) 같은 전문 기구에서 적용 가능한 것으로서 윤리나 환자의 권리를 내세우고 있다.

아마도 사회는 직업 스스로 기준을 강화할 것이라고 믿을 수 없는 데다, 직업인들은 그들 자신의 행동을 다루는 데 양심이 부족하다는 것을 보여 왔기 때문에, 사회는 직업 수행에서 최소한의 기준을 준수하는 것을 확보하기 위한 부가 수단을 만들어 왔다. 이렇게 함으로써 무능력, 태만 같은 직업적 불충에 의한 피해로부터 벗어날 수 있기 때문이다.

심리치료가와 상담가들이 직업적 기준으로 공식적으로 고려해야 할 것에 대하여 네 가지 주요 기관들(직업윤리위원회, 국가자격심사위원회, 시민심의위원회, 법원)이 영향을 주고 있다. 이들 각 기관들은 하위 부분별로 겹치는 경우가 있더라도 서로 다른 기준을 사용하고 있다. 행위가 분명히 비윤리적이지만 아직 범죄 행위라고 볼 수 없는 경우도 있다.

어떤 경우에는 심리치료가와 상담가들이 이들 다른 기준들이 충돌하고 있음을 발견하기도 한다. 예를 들면 이들은 법이 내담자의 복지와 치료인의 도덕감을 위반하는 방식으로 행위하도록 강요한다고 느낄 때도 있다. 심리학자들의 조사는 응답자의 다수(57%)가 법이나 유사한 규범들을 심하게 어긴다는 것을 발견했다. 그 이유는 그렇게 하지 않으면 내담자에게 상처를 주거나 더 큰 가치를 어길 것이라 생각하기 때문이다(Pope & Bajt, 1988). 응답자들에 따르면 아동학대 (20%), 불법적 정보 누설(21%), 환자와의 성관계(9%), 이중 결혼 약속(6%), 위급 환자에 대한 법적 요구 거절(6%) 등의 행동을 보고하지 않은 것으로 나타나고 있다.

응답자의 열 명 중 하나는 환자의 복지나 우리 자신의 개인행동의 윤리성 여하를 평가하는 모호함, 어려움, 위험에 초점을 둔 심층 도덕 가치를 이론적 근거로 활용해서 내담자와 성관계를 했다고 했다 (13장 참조). 포프와 바이트(Pope & Bajt, 1988)는 철학자들과 법조인들이 법에 반하여 결정하는 개인들의 이슈를 알리기 위해 리뷰를 했다. 예를 들면 한편으로 미국 연방 대법원은 미국에서 아무도 법을 넘어서서 고려할 수 없었다는 것을 강조했다. "정의로운 정부에서는 지위 고하, 동기의 정당성, 인종, 피부색, 정치, 종교에 관계없이 아무도 자신의 사건을 판단할 수 없다."(Walker v. City of Birmingham, 1967, pp.1219-1220)

다른 한편으로는 법정은 소로(Henry David Thoreau, 1849/1960)가 만일 법이 "다른 사람에게 부정을 저지르도록 한다면 법을 어겨라." (p.242)라고 한 경고를 받아들이고 있다. 캘리포니아 최고법원은 시민 불복종의 원리에 따라 일시적으로 법을 어기는 것이 가능하다고 본다. 즉 "만일 비폭력 시민 불복종에 가담하는 모든 사람들이 … 직업을 가질 권리를 거부한다면, 높은 도덕적 용기를 가진 질 높은 사람들의 서비스를 공동체에서 제거하는 결과가 될 것이다."(Hallinnan v. Committee of Bar Examiners of State Bar, 1966, p.239)

우리 각자가 직접 법에 따르거나 버크(Edmund Burke, 1790/1961)의 공리를 시인해야 하는 중요한 결정에 직면하는 것이다. "시민사회의 기본 규칙이 되는 첫 번째 동기의 하나는 어느 누구도 스스로 죄인으로 판단해서는 안 된다."(p.71) "법이나 직업적 의무에 따르는 것이 해롭고, 불공정하거나 잘못된 것일 수 있다고 믿는 것을 심리학자들이 받아들일 것 같지는 않다. 단지 내담자의 정신세계를 따르는 절대적인 순응은 너무 쉬워서 규칙과 규제의 불완전한 체계에서 인간의 가치와 내담자의 복지를 희생하지 않을 수 없다는 것을 암시한다. 선택적 불복종은 복종하고자 하는 법적 의무와 조직된 기준을 다소 넘어섬으로써 스스로 신의 부름을 받은 자라고 생각하는 사람들의 집단이 있음을 내포하고 있다."(Pope & Bajt, 1988, p.828)

포프와 바이트가 보여준 것처럼 시민 불복종(Gandhi, 1948; King, 1958, 1964; Plato, 1956a, 1956b; Thoreau, 1849/1960; Tolstoy, 1894/1951)은 이런 딜레마를 해결하기 위해 여러 맥락에서 유용하다. 개인적으로 법을 어길 때는 부정한 것인지 해가 될지를 고려하지만 법에 대한 존중을 표하는 것이나 부정한 법에 대한 사회적 관심을 불러내기 위해 법적 처벌을 받아들이는 것은 아니다. 그러나 상담가들과 치료가들은 종종 무용하더라도 비밀보장의 요구 때문에 이러한 길을 찾는다(16장 참조). 만일 우리가 개인적으로나 직업적으로 내담자의 법과 복지 간의 갈등을 전하려면 첫 단계 중의 하나는 이슈에 대해서 개방적이고 정직하게 토의를 자주 하는 것이다. 토픽은 물론 대학원 과정, 인턴십 프로그램, 사례 토의, 직업적 모임, 동료들과의 토의를 통해서 전해질 것이 틀림없다.

그들의 행동에 의해 심리치료가들과 상담가들이 그들의 행위를 설명할 수 있는 다양한 메커니즘은, 이러한 메커니즘에 대한 정보가 부족한 내담자에 대한 혼동의 근원이 될 수 있다. 예를 들면 그들은 직업윤리위원회가 면허를 취소할 권위를 가지고 있거나 면허국이 미국심리학회 같은 직업단체로부터 문을 닫도록 할 수 있는 힘을 가지고 있다고 잘못 알고 있는 경우도 있다. 다음에서는 고려해야 할 네 가지 주요 메커니즘을 서술하고자 한다.

윤리위원회, 규정, 불평 사항들

치료가나 상담가의 직업단체들은 자발적 조직이다. 직업 활동을 하기 위해 회원 가입을 해야 하는 주나 정부의 요구가 없다. 예를 들면 누구든지 주로부터 허가를 받을 수 있고 심리학자로서 미국심리학회나 다른 단체에 회원으로 가입하지 않고도 활동할 수 있다. 단체들은 강령에 제시된 윤리규정들에 따라 회원들이 생각할 수 있도록 윤리위원회를 통해서 규정을 발전시켜 왔다. 이런 규정들이 어떻게 발전되어 왔는지를 분명히 하기 위해 미국심리학회와 캐나다 심리학회가 얼마나 도전해 왔는지를 서술할 것이다. 미국심리학회에는 오늘날 약 15만 명 회원(정회원 9만 명, 학생 가입자 5만 2천 명, 국제적 가입자 4천 명, 교사 가입자 2천 9백 명)이 있고(APA Membership Office, 개별 면담, 2006. 5. 22), 캐나다 심리학회에는 오늘날 약 5,458명 회원(정회원 3,888명, 학생회원 1,346명, 명예회원 228명, 기타 334명)이 있다(CPA, 2006).

미국심리학회 윤리규정에 대한 접근

1892년에 설립되었고 1925년에 법인화된 미국심리학회(American Psychological Association, APA)는 1938년에 처음으로 연구와 직업 윤리에 대한 위원회를 만들었다. 불평 요소들이 관심을 끌게 되자 이 위원회는 사적, 비공식적 기반에서 해결책을 펴냈다. 공식적, 명시적 윤리규정이 없어서 위원회의 모든 작업은 합의와 설득을 바탕으로 이루어졌다.

1년 후 위원회는 조직을 위해 공식적 윤리규정이 유용할지를 결정하는 책임을 맡았다. 그리고 1947년에 공식적 윤리규정이 유용할 것이라는 결정을 했다. "현재 문서화되지 않은 규정은 빈약하고, 만족

118

스럽지 않다."("A Little Recent History", 1952, p.425) 운영위원회에서는 규정을 구성하는 데 유용한 방법을 결정하기 위한 윤리적 기준에 관한 위원회를 설치했다. 톨만(Edward Tolman)을 의장으로 해서 위원회 회원들은 플래내건(John Flanagan), 기셀리(Edwin Ghiselli), 홉스(Nicholas Hobbs), 사르겐트(Helen Sargent), 엡센(Lloyd Yepsen)이었다(Hobbs, 1948).

어떤 회원들은 명백한 윤리규정을 설정하는 데 강하게 반대했는데, 그들의 논증은 『미국심리학회지(*American Psychologist*)』에서 잘 나타나고 있다. 예를 들면 홀(Calvin Hall, 1952)은 아무리 잘 갖춰진 규정도 "갈고리로 된 손처럼 작동할 수밖에 없다. 갈고리를 작동하는 자가 빠져나갈 방안을 찾아낼 것이다. 어떤 규정은 모호하고 누락된 것이 많아서 비윤리적인 행동을 합리화할 가능성이 있다. 누군가는 규정을 지적하면서 '규정을 봐라. 이것을 못하도록 하지 않고 있다. 나는 이것을 할 수 있다는 의미로 받아들였다'는 등" 문제가 있을 것이라고 했다(p.430). 홀은 책임감을 중시했지만 정교한 규정 없이도 책임감이 강화될 수 있다고 믿었다. 그는 미국심리학회 회원이 되기 위한 신청서에 다음과 같은 말을 넣도록 추천했다. "심리학자로서 나는 학회 회원들이 내가 규칙을 위반했다고 결정한다면 회원 자격을 박탈당하는 데 동의하고, 일반적 예의범절과 규칙에 따라 직업적으로 행동할 것이다."(pp.430-431) 홀은 대학원 과정에 책임감의 대부분을 부과했다. 그는 "심리학자가 될 자격을 결정할 힘을 가진 대학원 심리학과는 윤리규정의 필요성이 생기지 않도록 하는 방식으로 이러한 힘을 행사해야 한다."(p.431)

윤리규정 준비위원회는 경험적 연구는 주로 심리학적 방법이기 때문에 규정 그 자체는 이런 조사를 바탕으로 하고, 미국심리학회 회원들의 경험을 바탕으로 만들어져야 한다고 결정했다. 홉스(Hobbs, 1948, p.84)의 글에서 알 수 있듯이 방법은 "심리학에 정말 새로운

윤리규정을 만들어 살아남게 할 것이다." 운영위원회는 이러한 추천
을 받아들였고 새 위원회는 조사를 해서 규정을 만들기로 약속했다.
홉스(Nicholas Hobbs)를 의장으로 한 새 위원회 멤버들은 쿡(Stuart
Cook), 에저턴(Harold Edgerton), 퍼거슨(Leonard Ferguson), 크루그
먼(Morris Krugman), 사르겐트(Helen Sargent), 수퍼(Donald Super),
엡센(Lloyd Yepsen)이다(APA Committee on Ethical Standards for
Psychology, 1949).

1948년에 미국심리학회 회원 7천 5백 명은 각 회원에게 "누군가가
윤리적으로 중요한 결정을 하는 구체적인 상황을 서술함으로써 윤리
적 문제를 해결하는 데 있어서 경험을 나누기 위한" 편지를 보냈다
(APA Committee on Ethical Standards for Psychology, 1949, p.17).
그 위원회는 천 건 이상의 비판적 제보를 받았다. 다음 해 동안 코멘
트와 제보는 주의 깊게 분석되었고, 범주화시켜 규정을 개발하였다.

실례가 있는 비판적 사건들에 따라 만들어진 규정들은 『미국심리
학회지』(1951a, 1951b, 1951c)에 실렸다. 그 규정들은 6개 주요 분야
로 나누어지고 있다.

1. 윤리규정과 공공 책임
2. 직업관계에서 윤리규정
3. 고객관계에서 윤리규정
4. 연구에서 윤리규정
5. 저작과 출판에서 윤리규정
6. 교육에서 윤리규정

초안은 상당한 논의를 불러일으켰고 몇 번이나 수정되었다. 결국
1952년에 심리학자들의 윤리규정으로 공식적으로 채택되었고, 1953
년에 출판되었다.

1954년에 과거 수년 동안(공식적인 윤리규정이 없던 시기 동안) 위원회가 다루어 온 불평에 대한 정보는 『미국심리학회지』에 실렸다 ("Cases and Inquiries", 1954). 이 시기 동안에 다음과 같은 윤리원칙들은 자주 지켜지지 않았다.

-- 직업 자격에 타당하지 않은 표현(44번)
-- 미성숙하고 비상식적인 직업관계(23번)
-- 비전문적인 광고나 발표(22번)
-- 편지로 제공된 보증할 수 없는 검사나 서비스(22번)
-- 무책임한 공적 의사소통(6번)

심리학자의 윤리규정과 행동강령의 최신 버전(APA, 2002)은 열번째 버전이다. 이전 버전들은 1953, 1959, 1963, 1968, 1977, 1979, 1981, 1990, 1992년에 있었다. 2002년 버전은 소개, 서문, 다섯 가지 일반원리, 구체적 윤리규정으로 구성되어 있다. 선행과 악행 금지, 성실성과 책임성, 정직성, 정의와 인간의 권리와 존엄성에 대한 존중을 포함하는 서문과 일반원리들은 심리학자들에게 심리학의 높은 이상을 안내하는 포부를 나타낸 것이다. 구체적 윤리규정들은 행동을 강화하기 위한 규칙들이다.

캐나다 심리학회의 윤리규정에 대한 접근

캐나다 심리학회(Canadian Psychological Association, CPA)는 1939년에 조직되어 1950년 5월에 캐나다 법인 법령 II항에 따라 법인화되었다. 20세기 중반에 캐나다는 상대적으로 큰 나라인데도 소수의 심리학자만 있었다. 이들 심리학자들이 윤리규정을 만들기 위해 모인다는 것이 어려웠기 때문에 "캐나다 심리학회는 1959년에 3년 동안 시

험적으로 미국심리학회 규정을 채택하기로 결정했다. 이것은 1963년
에 몇 구절만 수정해서 채택되었고, 1977년에 미국심리학회의 수정
된 규정을 채택했다."(Sinclair & Pettifor, 2001)

이후 미국심리학회 규정이 캐나다 심리학회에 적합하지 않다는 것
을 알고 만족하지 못하여 캐나다 심리학회 자체의 규정을 만들게 되
었다.

자체 규정을 만들기 전에 캐나다 심리학회 회원들이 미국심리학회
규정에 만족하지 못하던 시기가 있었다. 예를 들면, 「캐나다 심리학회
의 윤리규정을 바꾸기 위한 대안적 전략」이라는 1976년 기록에는 "10
개의 미국심리학회 윤리규정은 현재 미국 사회와 도덕적 풍토에서 설
계된 것으로 미국 전통과 법에 맞도록 되어 있다."고 하였다. 그러나
불평은 1977년에 미국심리학회의 개정 버전이 나오고 나서야 더 심각
하게 되었다. 미국 연방 대법원의 직업 활동에 대한 독점금지법 신청
에 반응하여 미국심리학회는 광고에 대한 제한의 일부를 제거해 버렸
다. 많은 캐나다 심리학자들은 그런 독점금지법의 신청은 신용계약에
서 상업적 계약으로 직업관계의 성질을 바꾸는 위험이 있다고 믿었다
(Sinclair, Simon, & Pettifor, 1996, p.7).

윤리규정을 만들기 위해 캐나다 심리학회는 37개의 윤리적 딜레마
를 살펴봄으로써 시작했다(Truscott & Crook, 2004). 심리학자들은
그런 상황에서 어떻게 행동할지 질문을 받고 그들의 생각을 서술하
는 것을 중요시했다. 대응들은 네 가지 기본적 윤리원칙으로 나타났
다(CPA, 1986).

1. 인간의 존엄성에 대한 존중
2. 책임 있는 배려
3. 관계에서 정직성

4. 사회에 대한 책임

최초의 캐나다 심리학회 윤리규정은 윤리원칙뿐만 아니라 윤리적 의사결정의 모델까지 제공했다(9장 참조, Sinclair, 1998; Sinclair, Poizner, Gilmour-Barrett, & Randall, 1987 참조).

심리학자들을 위한 캐나다 윤리규정의 세 번째 판은 2000년 6월 캐나다 심리학회 운영위원회에서 승인되었다(CPA, 2000). 서문과 네 가지 윤리원칙이 윤리적 의사결정에서 고려되고 조정되었다. 각각의 원칙에는 각 원칙들을 정의하는 가치 진술이 더해졌고, 심리학자들의 활동에 대한 원칙과 가치를 예증하는 기준의 리스트들이 더해졌다(CPA, 2000).

윤리적 불평의 유형

캐나다 심리학회 윤리위원회는 2001년 이래로 회원들에게 조치를 취하지 않았다. 규제 조직이 불평 사항을 조정하는 것을 기다리기로 공식적인 합의가 있었다. 결과적으로 불평들은 드물게 캐나다 심리학회 윤리규정위원회로 보내졌다(J. Service, 개별 면담, 2006. 5. 26).

제기된 불평들은 미국심리학회 윤리규정의 주요한 초점이 되었다(APA 윤리위원회, 1997-2006). 미국심리학회 부칙은 윤리위원회가 불평이 얼마나 많고, 어떤 종류의 것인지 해마다 보고할 것을 요청하고 있다. [표 7.1]은 미국심리학회 윤리위원회 보고 자료로부터 만든 데이터(2000-2004)를 제공하고 있다.

이러한 수치들은 2001년 2월 대표자 회의에서 프로그램을 토의하고 윤리적 프로그램의 치밀한 리뷰 후에 만들어진 판결의 개정 사건 건수가 줄어들고 있다는 것을 보여준다(Behnke, 2005). 다음과 같은 변화들이 있었다.

[표 7.1] 미국심리학회 윤리위원회 집계 주요 사건 범주: 2000-2004

범 주[a]		2000		2001		2002		2003		2004		계	
		P	M	P	M	P	M	P	M	P	M	P	M
기타 사법기관에서 판결된 사건들	중죄 판결	2	2	2	2	1	1	2	2	1	1	8	8
	면허 취소	25	25	10	10	19	19	20	20	18	18	92	92
	국외 추방												
	배임												
	기타	3	3	5	5	4	4	1	1	0	1	13	14
이중관계	성적 비행 (성인 대상)	1	17	5	10	3	18	1	8	0	6	10	59
	성적 비행 (미성년자 대상)			0	2					0	1	0	3
	성희롱	1	1			0	1					1	2
	성과 무관한 이중관계	1	7	4	7	0	3	0	4	0	3	5	24
부적절한 직업 행위	자녀 양육권	5	7	9	14	2	2	0	1	0	1	16	25
	입원							0	1	0	1	0	2
	최면술												
	외부의 힘			0	2	1	2			0	3	1	7
	내담자 통제					0	1					0	1
	위기에 대한 부적절한 대응			0	1	1	2	11[b]				2	3
	기밀 유지	0	3	2	3	0	2			1	2	3	10
	부적절한 동료관계 유지/청산			0	1	1	2			0	1	1	4
	검사 오용			1	1	0	1	0	1			1	3
	보험/재정 문제	0	3	0	2	0	2	0	8	0	3	0	18
	부적절한 직업관계	1	2									1	2
	기타	0	3	1	2	1	2	0	2	0	2	2	11

범주	하위 범주	P	M	P	M	P	M	P	M	P	M	P	M
부적절한 연구, 교육, 행정 행위	출처 논란/반박			0	1							0	1
	부적절한 연구기법					0	1					0	1
	표절	1	1	1	1							2	2
	편파적 자료 활용												
	학생들의 권리 침해/위반												
	종료/감시			0	2					0	1	0	3
	적시적(適時的) 평가의 부재			1	1							1	1
	차별												
	연구대상 동물의 복지												
	기타	0	1									0	1
부적절한 공개 진술	미디어의 오용												
	허위, 사기, 오인			0	1					0	1	0	2
	잘못을 수정하지 않음												
	동료에 대한 공적 혐의	1	1									1	1
	기타	0	1									0	1
직업 기준의 지지 실패	윤리위원회에 대한 반응	2	3	1	3	1	1					4	7
	기준에 대한 집착												
	기타	0	1									0	1
전체 사건[c]		43	81	42	71	34	64	35	48	20	45	164	309

[주] 'P'는 주요 요소로 범주화할 수 있는 사건의 수를 말하며, 'M'은 여러 요소로 범주화할 수 있는 사건의 수를 말한다. 이 표를 작성할 수 있도록 도와준 미국심리학회 윤리사무실의 직원들께 감사드린다.

a) 이 카테고리는 윤리위원회의 보고서에서 '미국심리학회 윤리위원회에 대한 대응'으로 바뀌었다(APA 윤리위원회, 2002).

b) 수정안은 데이터의 출판 후에 만들어졌다(S. Behnke, 개별 면담, 2006. 6. 12).

c) 원문에서 전체 사건의 총계가 실제 합산 결과와 달라서 후자의 기준에 따라 정리함.

-- 모든 대응자들에게 윤리조사에 의해 해고될 수 있다고 알림(그래서 윤리적 문제의 주체나 미국심리학회에서 해고되기를 원하는 심리학자에게는 전 재판 과정을 겪도록 요구하지 않았다).

-- 미국심리학회에서는 대응자들이 그들의 사건을 검토하도록 요구하지 않는 한 대응자들은 미국심리학회에서 자동적으로 탈퇴되었다.

규정의 개정은 2001년 10월 1일에 있었다. 그 구체적인 내용은 다음과 같다.

-- 2005년 11월 14일 윤리조사에 따라 40명의 심리학자들이 해임되거나 해임 과정에 있었다.

-- 2005년 11월 14일에 7명의 심리학자들이 미국심리학회에서 자동 탈퇴되거나 자동 탈퇴 과정에 있었다.

연차보고에서 윤리조사 하에 해임되거나 자동 탈퇴한 심리학자들의 이름을 모든 회원들에게 보냈다.

[표 7.1]은 윤리위원회의 다섯 번의 보고에서 알려진 우선적 카테고리와 여러 카테고리의 수를 제공하고 있다(APA 윤리위원회, 2001, 2002, 2003, 2004, 2005).

윤리위원회는 주 면허국에서 취합한 행동들에 대한 여러 부차적 사건들을 조사해 왔다(APA 윤리위원회, 2005). 면허 상실은 불평자들이 제기하는 불평의 가장 흔한 이유(5년에 걸쳐서 하나의 요인으로 면허를 상실한 사건이 22건이 있고, 여러 요인으로 면허를 상실한 사건이 92건이 있다)인데, 계속되고 있다.

보고된 혐의당 복수의 쟁점들은 중요하다. 왜냐하면 첫째 카테고리는 미국심리학회가 행동의 기초보다는 사건을 진행하고 있다는 것을 바탕으로 진술되기 때문이다. 성적 비행(13장 참조)은 '면허 상실' 카테고리에 있는 사례의 62개에서 행동의 첫 번째 기초가 된다. 비성적 이중관계(우선적 카테고리 요소로서 5개 사례와 복합 요소로서 24개 사례), 자녀 양육권(우선적 카테고리 요소로서 16개 사례와 복합요소로서 25개 사례)은 더 많은 수의 사례들을 가진 범주에 있다. 기밀 유지(우선적 카테고리 요소 3개 사례, 복합 요소 10개 사례) 또한 많은 사례들을 가지고 있다. 보험 및 재정 문제들은 비록 5년 동안 우선적 카테고리 요소로서 들어 있지는 않지만 복합 요인의 하나로는 자주 목록에 오르고 있다(우선적 카테고리 요소가 된 사례는 없지만 복합 요소로서 18개).

2000년에서 2004년에 드러난 사례들의 보고는 해마다 전체 사례에서 의미 있는 감소가 있다는 것을 반영한다. 2000년에 164, 2001년에 130, 2002년에 102, 2003년에 91, 2004년에 75건이었다(APA 윤리위원회, 2005). 흥미롭게도 미국심리학회 회원의 극소수(2004년 0.08%)는 미국심리학회 윤리위원회를 통해서 불평을 제기하고 있다.

반세기 후 경험적 접근

미국심리학회에서 여러 개척자들은 윤리규정을 구축하는 데 경험적 접근이 유용하다는 근거를 제공했다. 그러나 미국심리학회 회원을 대상으로 한 사건 조사는 다른 목적으로 쓰일 수도 있었다. 윤리위원회, 면허국, 법원의 실제 데이터는 윤리나 법적 위반의 경향을 드러낼 수 있는 반면에 경험적 사건 연구는 심리학자들의 광범위한 일상적 진료에 직면함으로써 윤리적 딜레마와 관심을 드러낼 수 있다(즉, 공식적 불평을 드러내는 주체는 아니다).

1940년대에 수행된 미국심리학회 사건 연구는 1990년대에 다시 재현되었고 『미국심리학회지』에 실렸다(Pope & Vetter, 1992). 이 연구에서 무작위로 추출된 1,319명의 미국심리학회 회원들에게 윤리적으로 도전받거나 문제가 되었던 사건들을 묘사하도록 요구되었다. 679명의 심리학자들이 [표 7.2]에서 보여주는 것과 같이 23개 범주에서 703건의 사건을 서술하였다.

[표 7.2] 미국심리학회 회원들에 의해 보고된 윤리 문제들

범 주	수	백분율
기밀 유지	128	18
이중관계	116	17
의료비 출처, 계획, 세팅, 방법	97	14
학술적 위치, 수업 딜레마, 훈련 관심	57	8
법정 심리학	35	5
연구	29	4
동료들의 행동	29	4
성적 이슈들	28	4
평가	25	4
해로운 개입	20	3
능력	20	3
윤리와 관련된 강령과 위원회	17	2
학교 심리학	15	2
출판	14	2
재정적 파산 지원	13	2
감독	13	2
광고와 표시	13	2
산업 조직 심리학	9	1
의학적 쟁점들	5	1
결말	5	1
민족성	4	1
치료 기록	4	1
기타	7	1

[출처] K. S. Pope & V. A. Vetter(1992), "Ethical dilemmas encountered by members of the American Psychological Association: A national survey". *American Psychologist*, 47, 397-411.

익명의 조사에서 심리학자들이 서술한 윤리 관련 사례는 다음과
같다.

기밀 유지

-- "내가 고용된 정신건강 클리닉의 정책국 실장은 그의 지위를 이
용해서 그의 교회의 교인이었던 내담자의 임상치료 파일을 손에 넣
었다. 그는 교회에서 이 비밀 정보가 그의 성직 역할을 하는 데 도움
이 될 것으로 생각했다."

-- "나에게 윤리적 위반을 해왔다고 말한 내담자인 심리학자가 있
는데 비밀 유지 때문에 나는 보고할 수 없다."

-- "나의 내담자 중에 강간당한 사람이 있었다. 경찰은 그녀의 정
신경력 때문에 그녀가 성관계를 거절했다는 것을 믿지 않았다. 나의
또 다른 내담자는 그가 앞에서 말한 여자를 어떻게 강간했는지 설명
했다."

이중의 갈등적 관계

-- "나는 시골에서 사생활을 유지하며 살고 있다. 나는 또한 이곳
을 기반으로 하는 정신적 공동체의 구성원이다. 보수적인 사람들이
신뢰를 느낄 만큼 좋은 치료 훈련의 맥락에서 초월적, 전체적, 여성
주의적 원칙을 가지고 일하는 다른 치료 전문가는 근처에 거의 없다.
내담자들은 이미 나를 알고 있고 다른 서비스에 만족하지 못하기 때
문에 자주 나에게 온다. 그들은 그들의 영적 실천을 이해하는 사람과
일하기를 원하고 원리들을 영적으로 교류하면서 변화하고 치유할 수
있기 때문이다. 이중관계에 대한 맹비난은 내가 윤리에 높은 감수성
과 그런 상황(남용이나 혼동할 수 있는 잠재성을 가진)을 유지하도록
돕는다. 그러나 내가 실천할 수 있는 실제 환경에서 내가 일하는 것
을 돕지는 않는다. 나는 뒤바뀐 원리들이 이러한 관심을 전해 줄 것

을 희망하고 있다!"

-- "6개월 전에 3년 동안 상담해 온 한 환자가 나의 가장 친한 오래된 친구와 로맨틱한 관계가 되었다. 이 사실의 복잡함에 대해서 적어도 책을 한 권 쓸 정도다! 나는 법적, 치료적 상담을 계속해 왔다. 최근에 그들은 함께 살게 되었고 나는 친구에게 그가 환자(화를 잘 내는 환자라는 말을 하려다 그만두었다)임을 언급했다. 나는 그 환자를 연결시켜 주기 위해서 몇 달 동안 다른 심리학자와 함께 일했다. 나는 최근에 어떤 조건 아래서 우리의 우정이 지속될 수 있을지 생각하려고 노력하고 있다." [이 사례는 많은 심리학자들이 환자의 복지를 확보하기 위해 극단적으로 치닫는 것을 보여주는 예의 하나다.]

의료비 출처, 계획, 세팅, 방법

-- "7세의 소년이 심하게 성학대를 당해서 좌절하고 있었다. 나는 이 사건을 진단해서 6개월 치료를 추천했다. 나의 추천은 보건당국의 평가에 의해서 7세 소년에게 열 번 만에 수행될 수 있는 치료 프로그램이 알려져 있지 않다는 사실에도 불구하고 비전문가들에 의해서 열 번의 치료를 받도록 승인되었다."

-- "내가 하는 일의 다수는 일반적으로 매우 좋은 치료시설을 갖춘 사설 병원에서 이루어진다. 그러나 사설 병원의 이윤 추구 동기가 너무 강해서 종종 환자들을 해치더라도 돈을 위해 결정들이 이루어진다. 환자들이 불평을 했을 때 그것은 정신병리학의 일부로서 해석되고, 그래서 기능장애적인 것으로 재규정된다. 나는 이렇게 할 수도 없고 나의 입장에서 다른 사람이 그렇게 하는 것도 허락하지 않으며, 문제를 완화하려고 노력한다. 그러나 솔직하게 나의 환자들에게 말할 수 없고 나는 끊임없이 비윤리적임을 느끼는 어떤 것과 공모하게 된다."

-- "관리의료회사는 이익이 계속되지 않으면 환자들이 나를 만나는

것을 그만두게 하고 낮은 임금을 받는 치료가를 추천해 준다.”

학술적 위치, 수업 딜레마, 훈련에 대한 관심
-- “나는 6백 명 이상의 심리학자들을 고용하고 있다. 나는 권한과 윤리적 한계를 가진 그 심리학자들이 대학원에서 정체성을 갖고 있고 아무도 그것에 대해서 무어라 하지 않는다는 사실에 혼란스러워하고 있다.”

법정 심리학
-- “내 분야에 있는 한 심리학자는 내담자, 심리학자들, 법정에서 요청되는 것은 무엇이든 증언해 주려는 법 단체들에게 폭넓게 알려져 있다. 그는 지휘하는 입장에 있고, 그렇게 하고 있다. 그는 보수를 받기 위해서 어떤 것이든 단호하게 말할 것이다. 내담자/변호인들은 만일 다른 쪽에서 그를 활용한다면 그 편에서 소송에 승리할 것이기 때문에 지속적으로 그를 활용한다(그는 비록 거짓말을 하더라도 매우 설득력이 있기 때문에).”

-- “법정 사건에서 다른 심리학자의 보고나 증언은 심리학에서 알고 있는 것이나 데이터가 지지하는 것을 넘어서는 방식으로 나아간다. 나는 어디까지 답을 해야 하나?”

-- “나는 법정에서 내담자에 대한 민감한 정보를 제공하기 위해 선서를 하거나 증언을 하는 데 어려움을 느낀다. 비록 이러한 정보를 제공하도록 허락되어 있다 하더라도 그렇게 하는 것이 불편할 때가 있다.”

연구
-- “나는 자금을 지원받는 공동 연구자이다. 비서의 책상을 지나가다가 자금 출처가 적혀 있는 주연구자가 작성한 중간 보고서를 보았

다. 중간 보고서에는 지원 자금이 실제로 받는 것보다 두 배로 많이 책정되어 있었다."

-- "나는 유명한 의과대학에서 프로젝트를 연구하는데 약물 연구를 위해 대상을 '무작위로 추첨'하는 것은 매우 좋지 않다고 조언을 했다. 나는 곧 해고되었다."

-- "노출되지 않은 사기, 본인(청중)의 동의 없이 공적 발표에서 자료 테이프 사용, 학생들에게 알리지 않고 실험적 자료로서 학생들의 과제를 사용"

동료들의 행동

-- "학생들로부터 동료 교수에 대해 수많은 불평을 듣고 같은 멤버로서 동료들을 다루는 것은 어렵다."

-- "나는 한 어린이를 가까운 시설에 입원시켜야 한다고 말했다. 어머니는 전문적인 정신과 의사를 원한다고 했다. 사례를 논의하기 위해 정신과 의사에게 전화했을 때, 그는 공인된 전문가이기 때문에 사례에 대해 완전한 책임을 질 것이라고 말했다. 그는 그가 활용하기 좋은 심리학자들을 그의 사무실에 얼마나 모시고 있는지에 대해서도 조언을 했다."

-- "나는 아이들의 삶에 대해 거의 통제를 하지 않고 양육하고, 사건을 다루는 데 거의 시간을 들이지 않는 사건 담당자를 알고 있다. 나는 사람들이 의무를 다하지 않는 이들과 어떻게 좋은 직업적 관계를 유지할 수 있을지 의문이 든다."

-- "내가 일했던 정신건강센터장은 감정적으로 방해를 했고, 센터 전체 ― 내담자에 대한 서비스의 질, 직원의 도덕감 등 ― 에 영향을 끼쳤다. 그는 직업적인 도움도 직원들의 발전적 지원도 하지 못했다."

-- "나와 동료들이 이 소도시에서 겪게 될 가장 거친 상황은 이 지역에 있는 다른 심리학자나 전문가들에 의한 분명한 윤리적 위반과

관련되어 있다. 작은 공동체에서 동료 집단으로부터 받는 압력 때문에 다른 사람들을 피하거나 가볍게 무시하고 부인한 지역 사건에 관련되었고 개인적으로 세 번이나 맞서게 되었다. 이것은 내가 나의 현실을 의심하게 만들었고, 왜 내가 그런 도덕적 가책을 받아야 하는지 의아하게 했고, 동료들을 신뢰할 수 없도록 나를 고립시켰다."

성적인 문제

-- "한 학생이 학기 중에 치료를 위해 내담자를 만난 후 학기말에 계획대로 치료를 끝냈다. 그러고 나서 내담자와 성관계를 갖기 시작했다. 나는 미국심리학회가 이 문제에 대해 더 강한 태도를 취해야 한다고 생각한다."

-- "나는 환자와 6년 동안 불륜에 빠져 있는 정신과 의사를 알고 있다. 그는 그 관계를 끝내고 싶어 하지만 결과를 맞는 것이 두렵다고 한다."

-- "나의 심리학 조교는 이전 상관에 의해 성적 착취를 당해 왔는데, 그 상관은 그녀가 그의 욕구를 만족시켜 주지 않는다면 그녀가 일하는 것을 인정하지 않겠다고 위협했다."

면허국

미국의 50개 주와 캐나다 9개 재판 관할권은 심리치료가나 상담가로서 활동하기 위한 자체 요구와 기준을 가지고 있다. 일부 행정적 기준은 윤리적 원리를 구현하고 있다(예를 들면, 일부는 해마다 면허세를 지불해야 하는 세속적 의무를 만들기도 했다). 공식적 면허 활동은 치료가들과 상담가들이 이러한 실천 기준을 얼마다 따르는가에 달려 있다. 이러한 기준의 위반은 활동가들의 면허나 자격에 대한 정지나 철회로 이끌 수 있다.

면허 징계 처분에 관하여 여기서 검토된 데이터는 회원들에 의해 ASPPB 징계 데이터 시스템에 보고된 것으로 주와 지방 심리학회 위원회(Association of State and Provincial Psychology Boards, ASPPB)에 의해 모은 것이다([표 7.3]은 1983년 8월에서 2005년 11월까지 ASPPB에 보고된 것에서 추출한 것이다. [표 7.4]는 1983년 8월에서 2006년 5월까지 캐나다의 주(州)에 보고된 데이터이다).

다음에서 제시되는 퍼센트는 적어도 두 가지 중요한 이유 때문에 징계 처분의 원인을 대략적으로 제시하고 있다고 볼 수 있다. 첫째, 1988년에 ASPPB 회장인 브리클린(Pat Bricklin)은 보고서에 나타나지 않을 수도 있는 면허 불평에 대한 해결책과 데이터의 퍼센트를 처음으로 제시할 때 공인받을 것을 강조했다. 면허를 받은 사람이 위원회에 의해 공식적 행동을 피하기 위해 면허에 일방적으로 굴복될 수도 있기 때문이다(개별 면담, 1988. 9. 8). 둘째로, 다른 주나 지방은 징계 처분의 바탕을 다른 방식으로 범주화하고 있고 일부는 다른 것들(예를 들면 '윤리적 위반'이나 '비직업적 행동')보다 모호하다. 간부들은 각각의 징계 처분을 한 번으로 헤아린다. 행동의 원인이 하나 이상일 때 가장 두드러진 것을 선택하려 했다. 비록 [표 7.3]에서 [표 7.5]까지에 포함된 모든 징계 처분이 이중관계가 본질적으로 성적인 것인지를 나타내지는 않을지라도 이중적 관계의 위반은 성적 친밀함과 관련된다는 것은 분명하다.

캐나다 온타리오 주 심리학부의 조사 청문관인 갱(Barry Gang, 개별 면담, 2006. 6. 14)은 범주가 그해 동안 불평의 변화 유형을 보고하기 위해 사용된다는 데 주목했다.

면허에 대한 불평은 심리학자들을 가장 신경 쓰이게 한다(8장을 보라). 몽고메리 등(Montgomery, Cupit, & Wimberley, 1999)은 불평과 위기관리와 관련된 인지, 경험, 활동을 탐구하기 위해 텍사스 심리학자들을 조사했다. 참가자들의 보고는 심리학자들이 실제보다 더 높게

[표 7.3] 미국 심리학자에 대한 징계 처분: 1983. 8-2005. 11

징계 처분에 대한 근거	징계 받은 수
환자와 성적/이중 관계	866
비직업적/비윤리적/과실 행동	845
유죄 판결	265
사기 행위	175
부적절한 기록 유지	155
계속 교육 요구에 부응하지 못함	135
비밀 누설	129
부적절한 감독	124
불공정성	113
면허신청 사기	51
총계	2,858*

[주] * : 징계 처분 총계(3,471)와 표의 총계(2,858)가 차이가 나는 것은 일부 사법기관이 이유를 보고하지 않았거나 보고된 이유라도 분류 범주의 하나에 맞지 않았기 때문이다. 미국 심리학자의 총수는 2006년 1월 기준 98,833명이었다.
[출처] ASPPB 정책국장 데머스(Stephen T. DeMers)로부터 2005. 11. 11 입수.

위기를 만든다고 결론을 도출했다. 72%는 면허국 불평의 주체였던 동료들을 알고 있었다. 반면에 10% 약간 넘게 그들 자신에게 불평을 가졌다고 했다. 비록 경험이 네 명 중에서 세 명은 불쾌했거나 매우 불쾌했다고 했을지라도 74%는 불평이 만족할 정도로 해결되었다고 했다. 오직 6%만이 법을 어겼고 심리학자들의 25%만이 그들의 일이 불리하게 영향을 받았다고 보고했다.

호르네(Van Horne, 2004)는 심리학자들에 대한 징계 불평과 심리학 면허국 행위에 대한 조사 정보를 검토했다. 그녀의 결론은 면허국은 지나치게 열성적이거나 공공을 보호하는 데 느슨하다는 관점에 대안적인 전망을 제시했다. 실제 파일에 불평자들은 거의 없고 그들의 다수는 조사되지 않았다. 비공식적 행위는 ASPPB 징계 데이터

[표 7.4] 캐나다 심리학자들에 대한 징계 처분: 1983. 8-2006. 5

징계 처분에 대한 근거	징계 받은 수
비직업적/비윤리적/과실 행동	39
환자와 성적/이중 관계	35
비밀 누설	5
악행	4
유죄 판결	4
입후보 조건 충족에 실패	3
치료의 부적절한 중단	3
기준 준수 실패	3
부적절한 기록 유지	2
면허 신청 사기	2
사기 행각	2
부적절한 실험 조치	2
불공정성	1
주기적 아동학대 보고 실패	1
경계 위반	1
부적절한 감독	1
관할구역 밖의 행위	1
총계	109*

[주] * : 징계 처분 총계(142)와 표의 총계(109)가 차이가 나는 것은 일부 행위들
은 징계 조치의 근거로 제시된 것이 없기 때문이다.
[출처] ASPPB 정책국장 데머스(Stephen T. DeMers)로부터 2005. 11. 11 입수.

시스템에 거의 보고되지 않았을 뿐만 아니라 오직 일부 공식적 행위
들만 심리학자들의 면허에 대하여 취해졌다. 대부분은 징계로 이어지
지 않는다. 조사를 위해 반드시 공개될 필요는 없을지라도 실제 불평
이 접수된 수는 면허가 있는 심리학자들의 2% 수준이다(1996-2001).
　불평의 20% 이하가 심리학자들의 징계로 나아가고, 징계의 대다수
는 보고되지 않은 비공식적 행동으로 이루어지고 있다. ASPPB 징계
데이터 시스템에 보고된 공식적 징계 처분은 면허받은 심리학자 수

[표 7.5] 캐나다 각 지역의 면허법 시행연도, 심리학자 수, 보고된 행위 수

법 관할구역	면허법 시행연도	면허받은 심리학자 수 (2006년 1월 기준)	보고된 행위 수
앨버타	1960	2,489	6
브리티시컬럼비아	1977	1,007	33
매니토바	1966	195	9
뉴브런즈윅	1967	202	0
뉴펀들랜드	1985	182	1
노바스코샤	1980	380	9
온타리오	1960	2,870	49
퀘벡	1962	7,020	34
서스캐처원	1962	470	1
전체 보고기록		14,815	142

[출처] ASPPB 정책국장 데머스(Stephen T. DeMers)로부터 2005. 11. 11 입수.

대비 0.13%도 안 된다. 호르네는 모든 면허국은 공중을 보호하기 위해 활동의 폭넓은 변인에 관련되어 있다고 결론을 내렸다.

ASPPB의 정책국장 데머스(Stephen T. Demers)는 ASPPB는 발전 과정(개별 면담, 2005. 11. 11)에 있다면서 몇 가지 프로젝트를 설명했다. 직업자질자격증(CPQ)은 심리학자들이 관할구역에서 면허를 얻는 데 편의를 제공하고 유동적 문제들을 피할 수 있게 한다. ASPPB는 대면식 워크숍을 대신하기 위해서 온라인 코스를 개설하고 있다. 게다가 법적 권한 실무 증명서(Interjurisdictional Practice Certificate, IPC) 신임장은 단기간 제한된 방식으로 법적인 일에 개입할 산업, 조직, 법심리학자들을 돕기 위해 설계되었다.

시민법과 판례

각 주와 지방은 심리치료가들과 상담가들에 대한 의료 소송의 기초로서 사용할 수 있는 법률과 축적된 판례를 가지고 있다. 주와 지방은 법적 기준이 다르기 때문에 한 재판부에서 요구하는 행위가 다른 사법부에서의 법적 기준을 위배할 수도 있다. 게다가 재향군인 행정 의료 센터(Veterans Administration Medical Center) 같은 연방기관에서 일하는 어떤 임상가들은 연방 기준에 따라야 하는 대상일 수도 있다. 캐나다 심리학회의 정책국장인 서비스(John Service)에 따르면(개별 면담, 2006. 5. 26), 캐나다는 미국만큼 소송하기 좋아하는 국가는 아니다. 캐나다 심리학자들은 거의 소송당하지 않는다.

미국에서 임상가들이 소송당하는 주요 이유는 무엇일까? 미국심리학회의 보험신탁에 의해 제공된 우리가 검토한 데이터는 가장 최근 사건을 이용한 데이터이다. 다음의 리스트는 10년 동안 보험신탁 직장 편의 프로그램에서 주장된 주요 분야에서 손실 백분율을 나타내고 있다(B. Bennett, 개별 면담, 2005. 12. 19; 2006. 6. 13).

-- 비효율적인 조치/상담 실패/참조 실패 29%
-- 진단 실패/부적절한 진단 16%
-- 구류 논쟁 10%
-- 성적 친밀성/성희롱/성적 비행 9%
-- 비밀 누설 8%
-- 자살 4%
-- 감독 이슈, 이익 갈등이나 부적절한 다자관계, 그 밖의 1% 이하의 손실 3%
-- 명예훼손/중상, 성적 학대를 보고할 때 갈등, 면허 논쟁, 무담보 신청 2%

-- 포기, 기본 책임, 억압된 기억, 감시 실패, 벌금 논쟁으로 인한 반대 소송, 살인을 포함하여 내담자가 다른 사람을 해치는 것, 사업 논쟁, 잡다한 책임 주장, 차별/괴롭힘   1%

한 보험신탁회사 CEO인 베네트(Bruce Bennett, 개별 면담, 2005. 12. 19)는 이들 데이터에 대해서 다음과 같은 설명을 더하고 있다.

1. 이것은 2003년 9월 기준으로 요약한 것이다.
2. 데이터는 처음의 주장을 대략 검토해서 보험회사에서 훈련되지 않은 직원들에 의해 수집되고 분류되었다. 직원들은 사례를 분류하는 데 전문적인 훈련이 되어 있지 않았다.
3. 특별한 범주에 분류된 것은 소송 제기된 리스트를 바탕으로 하고 있다. 그러나 이것은 단지 가정일 뿐이다.
4. 대부분의 소송은 피고인에 반대하는 것이다. 보험신탁은 이런 현황을 적절하게 검토하지 않았다. 따라서 신탁에서 주장하는 숫자는 정확한 것이라고 할 수 없다.
5. 의료과실 소송은 사법기관을 통해 진행되기 때문에 자주 새로운 숫자를 더하거나 어떤 숫자를 제거하도록 수정된다. 이들 데이터는 그런 수정, 지속적 보완, 최종 상태를 반영한 것이 아니다.
6. 심리학자들에 대한 여러 소송들은 피고인들이 여러 가지 의료과실로 기소되는데, 비록 과실의 일부가 재판 이전이나 재판하는 동안에 누락될 수 있을지라도 빠르게 진행된다. 과실에 대한 증언과 상관없이 소송은 상담 실패, 참조 실패, 진단 실패, 부적절한 진단 같은 비효과적 조처를 할 것이다. 그래서 첫 번째 두 카테고리는 다른 진술과 상관없이 주장의 45%로 계산되었다. 이것은 강조되는 주요 이슈가 부적절한 재정 교류나 성적 비행 같은 어떤 것이 될 때 특히 사실일 것이다.

7. 심리학자들은 여기서 제공되는 데이터와 같은 것에 큰 신뢰를 두는 경향이 있다. 여러 경우에 숫자가 적절한 것 이상으로 중요한 의미를 얻는 경우가 있다.

이런 생각으로 베네트(개별 면담, 2005. 12. 19)는 이전에 제시했던 것들과 이런 데이터들을 비교하여 이슈들을 지적했다.

  -- 관할권 논쟁에 대한 주장의 비율은 3%에서 10%로 증가하였다.
  -- 성적 비행에 대한 주장의 비율은 20%에서 9%로 낮아졌다.
  -- 자살과 관련된 주장의 비율은 5%에서 4%로 낮아졌다.
  -- 감시는 의료행위와 관심의 주요 영역이 되어야 한다(2에서 3%).
  -- 자금 모금과 관련된 소송은 4%에서 1%로 감소하였다. 아마 심리학자들이 자금 모집 행위가 위험하다는 것을 알고 이전이나 지금의 환자들이 그런 소송을 제기하지 않도록 노력한 것 같다.
  -- 눈에 띄는 한 분야가 있다. 면허국 불평의 수는 크게 증가되었다. 사실 심리학자들에 대해 제기된 주장들의 30% 이상이 면허 불평이고 관할 영역에서 수사 활동을 한 것과 관련된다.

형사법

각 주와 지방은 일반적으로 법조문에 명시된 자체의 형법을 가지고 있다. 비록 심리학자들이 범죄를 저지른 믿을 만한 관련 데이터를 제시할 수는 없지만 가장 자주 언급된 것은 제삼자 지불 같은 사기와 관련된 분야이다. 미국심리학회 변호인인 베르소프(Donald Bersoff)는 공적, 사적 지불 행위와 관련된 모든 규칙과 규제를 수행하는 것의 중요성을 강조하고, 치료가들이 감옥에서 보낸 시간은 이들 규칙과 규제의 중요성을 증명할 수 있다고 밝혔다(APA 윤리위원회, 1988

참조).

치료가들이 형사처벌을 받을 수 있는 다른 분야는 환자와의 성관계에 있다(13장 참조). 법률의 다수는 시민법이나 규제완화법이지만 2005년 10월 기준으로 25개 주에서 심리치료가와 환자의 성관계에 관한 형법을 제정했다(Pope, 1994; Pope, Sonne & Greene, 2006).

결론

실제 윤리위원회, 면허국, 법정의 데이터를 분석하고 비교하고 일반화하려는 이 장의 시도는 특별히 주목할 만하다. 연구에서 지적하고 있는 것처럼 다양한 행위 위반의 유형은 형사법정, 민사법정, 면허국, 윤리위원회에 대해 공식적 불평으로는 극히 드물게 제기하게 된다. 위반의 어떤 유형들은 입증하기 어려울 수 있다. 공식적 불평이 비공식적으로 해결될 수도 있고, 기록 데이터로 나타나지 않을 수도 있다. 알려진 바처럼 불평을 분류하는 다양한 방식들이 있다.

그런데도 여기서 검토한 중요한 사건 연구로부터 얻은 데이터뿐만 아니라 기록 데이터에 나타난 일반적인 경향은 유용할 수 있다. 이것들은 향상의 여지가 있는 우리 자신의 행위에 관심을 불러일으킬 수 있다. 이것들은 또한 우리가 지속적으로 교육과정에서 다루고자 하는 가능한 화제를 제기한다. 이런 데이터는 우리가 봉사하고자 하는 사람들에게 가능한 한 해를 최소화하고 일의 높은 기준과 위엄을 유지하고자 하는 우리들에게 자원을 제공한다.

특별히 주목할 점은 또한 윤리적 행위에 대한 관심과 책임을 확실히 보증하는 것이다. 우리들의 대부분은 어떤 수준의 윤리적 행동에서 혼란스러워 한 경험이 있을 것이다. 우리는 대략 훑고 지나가다 최악의 시나리오에서는 윤리적 탐색을 꺼리거나 책임을 회피하게 된다.

1장에서 주목한 바처럼 우리의 직업, 면허국, 민법과 형법에 의해 표현된 원리들은 사려 깊은 의사결정과 개인적 책임을 대체하는 것으로서 윤리적 배려나 기능을 억제하는 데 활용되어서는 안 될 것이다. 그런 원리들은 우리의 지각을 넓히고 우리의 생각을 전하는 것을 도울 수 있는 틀을 제공한다. 그 원리들은 윤리적 투쟁과 치료가와 상담가로서 우리가 해야 하는 피할 수 없는 역할에 대한 끊임없는 의문의 과정에서 우리를 지지할 수 있다.

8 장 윤리, 면허, 의료과실 불평에 대한 대응

다른 주제로 나아가기 전에 우리가 이것을 논의하는 것은 당연하다. 내담자나 이전의 내담자, 혹은 누군가가 귀하에 대해 공식적 불평을 제기할 수 있다. 귀하가 한 행위가 어떤 잘못이 있는 것과 상관없이 생길 수 있는 일이다. 어떤 경우에는 귀하가 어떤 잘못된 일을 하는 것을 거절했다고 해서 불평을 제기할지도 모른다.

윤리학과 치료에 대한 접근을 통한 사고의 한 부분으로써 이러한 가능성을 고려하고 일찍감치 대응하는 것이 좋다고 생각한다. 이것이 우리가 이 장을 이 책의 끝에 두지 않는 이유다. 준비를 하는 것은 치료가들이 불평에 철저하고 유능하게 대응할 수 있게 한다. 윤리적 불평, 면허 행위, 과실 소송은 준비되지 않은 치료가를 쓰러지게 할 수도 있다. 처음의 쇼크, 패닉, 혼란은 종종 치료가의 경력, 명성, 미래 전망에 큰 피해의 원인이 될 수 있는 충동적 기분으로 이끌 수 있다.

현실적 고려와 준비는 또한 치료가들이 불평의 가능성을 적절히 어우르게 할 수 있다. 어떤 치료가들은 소송으로 인한 분노를 테러나 강박관념으로 키우기도 한다. 법적 소송이나 다른 공식적 불평을 피하기 위한 결정은 그들의 의료행위의 본래 초점에 과부하를 일으킨다. 내담자 돕기, 자신과 사랑하는 사람들을 재정적으로 지원하기, 그들의 시간을 의미 있는 일을 함으로써 보내는 것, 그들이 즐기고 잘할 수 있는 일을 하는 것 등이 본래 초점을 두고 있는 것들이다. 위기관리를 넘어서게 되면 그들의 일은 더 이상 치료를 하는 것이 아니다. 지혜로운 위기관리는 훌륭한 의료행위의 한 부분이지만 전부는 아니다. 일단 치료가가 불평을 두려워하면서 살고 일하기 시작하면 생기를 잃게 된다.

여기에 공식적 불평에 대응할 때 도움을 줄 수 있는 몇 가지 고려사항이 있다.

패닉 상태에 빠지지 마라

패닉 상태에 빠지지 않고는 어쩔 수 없는 상황이라면 잠시 동안만 그렇게 해야 문제가 없다. 깊은 호흡을 하고 나서 스스로를 다독이고, 생각해야 하는 것은 무엇이든 명료하게 해야 한다. 여기서 하고자 하는 것이나 피하고자 하는 것을 결정하는 것은 매우 중요하다. 패닉 상태를 그대로 두는 것을 피하고 취할 수 있는 단계를 결정해야 한다.

우선적으로 대리인 상담하기

많은 치료가들이 이 단계를 잊어버리거나 행동을 하는 데 있어서 주체할 수 없는 충동을 경험한다는 것은 매우 놀라운 일이다. 면허당국에서 보내온 공식적 불평들을 보기 위해 봉투를 열면서 심리학자는 스케줄, 관련된 기록과 분명한 설명을 추정할 수도 있다. 이러한 불행한 오해는 즉시 해결될 수 있다. 오진 소송이 제기되었다는 통보를 받으면서 심리학자는 내담자에게 자유로운 토의를 위해 만나

자고 요구하는 희망을 가질지도 모른다. '변호인들 없이' 생각할 수 있는 모든 가능한 해결에 도달하는 것이 최선의 방책이고 소송을 하는 내담자는 결코 처음으로 소송을 제기한 것이 아니라는 확신 때문이다.

대리인을 상담하기 전에 공식적 불평에 대해 대응하는 것은 불필요한 재앙으로 이끌 수 있다. 대리인은 공식적 불평의 지뢰밭을 비껴갈 수 있도록 도움이 될 수 있다. 좋은 대리인들은 복잡한 법률, 사례법, 치료과실 행동에 적용되는 법정의 관습에 대한 지식을 가지고 있다. 면허와 윤리적 경청의 경험이 있는 대리인들은 심리학자가 이제 주 면허국의 규범과 관습과 윤리위원회의 대상이라는 여러 규칙들과 절차를 해석할 수 있다. 대리인은 불평의 대상이 아니기 때문에 심리학자들보다 다른 전망을 가진다는 것이다. 그 전망은 결정적일 수 있다.

대리인은 다른 사람들이 상식으로 여길 수 있는 어떤 행위의 함정을 보여줄 수 있다. 대리인과 상담하지 않은 심리학자는 동료들에게 그 사건에 대해서 말할 수도 있고 반대편 대리인에게 말할 수도 있다. 그 사건에 대해 여러 사람들에게 편지를 쓸 수도 있고 사건에 대하여 다른 사람에게 울분을 토로할 수도 있다. 이러한 말과 글로 흘러나온 것들은 증거를 통해서 검증된 것이 아니다.

대리인은 때로는 행하거나 행하지 말아야 할 것에 대해 믿을 수 있는 강력한 충고를 줄지도 모른다. 그러나 대리인의 좋은 역할은 선택을 전체적으로 구성하고 그 세부 선택 사항에 대해 알아야 할 것과 그렇지 않은 것을 말해 주는 것이다. 귀하가 하고자 하는 것과 대리인이 했으면 하는 것을 결정할 수 있는 정보를 귀하가 알 수 있도록 하는 것이다. 예를 들면, 대리인은 귀하가 상황을 알게 할 수 있고 귀하는 사건을 친구, 상담자, 동료, 가족, 누군가와 토의할 수 있다. 토의된 내용은 비밀에 부쳐질 것이다.

귀하의 직업적 책임을 통지

귀하의 직업적 책임에 관한 정책은 귀하가 기소되었거나 기소될 것이라고 믿는 이유가 있다면 회사에 즉각 통지할 것을 요구하는 것을 포함할 수 있다. 그러나 그런 요구가 제시되어 있는 것과 상관없이, 만일 귀하가 공식적인 실제 불평이나 그 가능성을 알게 되었다면 그 직무 수행자가 알도록 하는 것은 상식이다. 그는 비록 소송이 아직 귀하에게 제기되지 않았더라도 어떤 상황 아래에서 귀하에게 특별한 안내를 하고 대리인을 제공할 것이다.

귀하의 대리인의 의뢰인은 누구인가?

대답은 분명할 것 같다. 귀하는 대리인의 의뢰인이다. 그러나 만일 대리인이 귀하의 보험 사업자에 의해 비용을 지불받았다면 보험회사의 이윤이 귀하의 이익에 얼마나 영향을 미치는지 평가할 수 있다. 예를 들면, 만일 보험회사가 매우 제한된 발견만 승인한다면 비용을 줄이기를 희망하는 것이다. 만일 사업자가 귀하의 관점에서 그것이 재정적으로 상식이라고 믿는다면 (즉 그것이 보험 사업자의 재정이윤 안에 있다) 귀하의 관점에서 적극적으로 방어될 수 있을까? 특히 귀하의 업무 시간의 상당 부분이 증언을 하는 데 소비되고 있다면 그런 사건의 해결은 공식적으로 될 만한 문제이다.

만일 귀하나 대리인이 사건 해결보다 소송을 하려는 사업자를 설득할 수 없다면, 사업자와 함께 귀하의 주장을 억압하기 위해 귀하 자신의 자금을 가진 대리인과 분리하여 고용하는 것을 고려할 가치가 있다.

불평은 타당한가?

누군가가 귀하에 대한 공식적 불평을 제기했을 때 상처받고 공격당한 느낌을 받는 것은 당연하다. 더욱이 의료과실 소송은 서로 적대 관계에서 진행되기 때문에 분노와 감정이 고조되는 것이 일반적이다. 과정이 너무 멀리 진행되기 전에 고소당한 행동이 귀하가 실제 행한 것인지 생각할 시간을 갖는 것이 필요하다. 변호, 합리화, 반격, 책임이 상당히 과대평가되고 세부적인 면에서 잘못될 수 있다는 사실은 차치하고, 귀하가 해서는 안 되는 어떤 것을 했거나 해야만 하는 어떤 것에 실패한 혐의에 어떤 사실이 있는지 질문해 볼 필요가 있다.

이러한 상황에서 귀하 스스로 냉정하게 정직하다는 것은 쉬운 것이 아니다. 귀하 자신에 대한 인식, 귀하가 잘못된 어떤 것을 했을지 스스로 인정하는 것은 자기 파괴적인 것 같다. 귀하의 명성과 경력을 구하기 위하여 귀하 스스로를 추스르는 데 몰두해야 한다. 그러나 가능한 한 실제 일어난 것 — 기억이 창조하는 자기 정당화가 아닌 현실성을 확고하게 가지는 것 — 은 귀하가 불평에 대하여 효과적으로 대응할 수 있게 할 뿐만 아니라 자기 파괴적인 것과 반대 방식으로 그 과정에서 살아남을 수 있게 할 것이다.

공식적 불평을 더 그럴듯하게 만들었는가?

귀하가 기소된 혐의가 귀하가 행한 것이건 행하지 않은 것이건 간에 귀하는 불평을 더 그럴듯하게 만드는 어떤 일을 했는지 스스로 물어볼 필요가 있다. 예를 들면 귀하가 인간의 실수를 불법적이거나 비윤리적인 것이 아니라 단순한 실수 정도로 평범하게 간주하지는 않았는지, 내담자를 만났을 때 실수를 인정하지 않거나 미안하다는 말을 하지 않았는지 스스로 물어볼 필요가 있다. 내담자가 귀하가 잘못

한 것으로 오해하고 있는데도 분명하게 바로잡기를 거부하지는 않았
는지 질문해 볼 필요가 있다. 다른 말로 하면 이익이라는 가늠자를
가지고 어떤 사건의 전후를 검토하듯이, 귀하의 태도나 행동이 불평
이 일어날 수 있는 기회를 증진시키지는 않았는지 질문해 볼 필요가
있다.

우리의 경험상 여러 공식적 불평들은 치료가의 법적, 윤리적 위반
의 중대함과는 관련이 적은 것 같다. 오히려 치료가와 내담자의 관계,
즉 치료가가 존중, 배려, 경청을 함으로써 효과적으로 의사소통을 하
는 정도와 더 관련이 많다. 내담자들과 위와 같이 질적 의사소통을
하는 치료가들도 종종 온갖 종류의 실수, 오판, 불평을 없애는 기준
의 위반을 하는 것 같다. 반면에 이런 질적 의사소통에 실패하는 치
료가들은 그들이 높은 기준을 고수했을 때조차도 불평을 참아야 한
다. (물론 이것이 우리의 실수, 오판, 이런저런 상황에서 위반한 것을
실수로 넘어간다는 것을 함축하는 것은 아니다. 우리가 잘못한 것을
정당화하고, 배제시키고, 합리화하려는 것도 아니다.) 공식적 불평들
은 이따금 치료가의 관심을 붙들려는 마지막 시도를 나타내는 것 같
다. 그렇게 하지 않으면 반응하지 않을 치료가들에게 도달하기 위해
서 말이다.

사과와 책임의 수용

귀하가 직면한 하나의 중요한 결정은 불평이 타당하다면 귀하가
한 것을 인정하고, 책임지고, 사과할 것인가 하는 문제이다. 누군가에
게 상처를 줬을 때 실수를 인정하는 것이 어려운 것은 우리 인간들의
특성인 것 같다. 그것이 기록으로 남게 될 때 실수를 인정하는 것은
더 어렵고, 불평의 타당성을 세우는 데 영향을 주게 된다. 상황이 어
떻든 불평과 맞서고 불평을 한 사람을 무시하라고 귀하에게 충고를

하는 사람이 동료나 친구일 수도 있다.

우리는 타당한 공식적 불평을 받은 치료가와 상담가들이 심각하게 고려할 것을 주장한다. 그들의 대리인과 의논을 해서 올바른 노력을 하면서 사과하고 책임을 질 것을 주장한다. 이런 단계들은 대리인의 충고와 상담과 함께 취해질 수 있다. 이런 접근을 선호하거나 혐오하는 강한 이유가 있을 수 있다. 이런 방법을 취하거나 그렇게 하지 않았을 때 어떤 결과가 나올지 예측하는 것은 불가능하다. 각각의 심리학자는 개인적으로 그에게 옳은 선택을 시도해야만 한다.

귀하가 기꺼이 하려고 하는 것은 무엇인가?

만일 귀하가 책임 떠맡기에 저항할 계획이 있다면 적대적 논쟁이 시작되기 전에 귀하의 사건을 변호하는 것을 기꺼이 허락할지 허락하지 않을지 고려해 봐야 한다. 극단적 가정을 검토하기 위해서 귀하가 의료과실로 매우 예민한 싱글맘에 의해 기소되었다고 상상해 보자. 귀하가 그녀를 어떻게 보든지, 그녀가 기소한 주장은 귀하의 명성과 경력을 위협하게 된다. 만일 귀하에 대한 재판이 계속된다면 새로운 환자들이 더 이상 오지 않고, 면허국에서는 조사를 시작하고 치료의 기준에 대한 전문가적 입증으로서 귀하의 일은 위기에 처할 것이다.

이런 위태로운 상황에서 귀하는 기꺼이 귀하의 대리인이 그녀를 재판에서 반대심문하고 그녀의 정직성에 대한 의문을 제기하는 방식을 택하겠는가? 그녀가 자기 아이에게 소홀하고 학대를 한 부적절한 어머니라는 거짓 인상을 받도록, 귀하는 대리인이 기꺼이 귀하의 차트를 사용하도록 하겠는가?

혹은 귀하의 차트를 없애는 것을 생각해 보겠는가? 서둘러 작성된 그런 차트들은 행해진 모든 것을 기록하지 않을 수도 있고, 기록된 방식 때문에 잘못 인식될 수도 있다. 귀하가 처음에 소홀히 했던 자료들을 다시 사용하기 위해 그런 차트를 복사하는 것은 좋은 방안이 아닐까? 상대적으로 중요하지 않은 부분과 함께 있는 의도하지 않은 모호성을 제거하기 위해서 법정에서 활용되지 않을까? 다른 말로 하면 구실을 없애기 위해서 귀하는 실제 기록을 숨기고 귀하의 변호에 더 호의적인 가짜 차트를 제출할 것인가?

명성과 경력을 유지하기 위한 투쟁은 이해할 수 있을 만큼 강력하다. 과정이 너무 많이 지나기 전에 질문해 봐야 할 것은, 내가 비용 면에서 이길 것인가, 그렇지 않다면 어느 선까지 나아가야 하는가, 변호할 때 이기기 위해서 내가 무엇을 해야 하는가 등이다.

불평이 귀하에게 얼마나 영향을 주는지 인식하라

공식적 불평은 파괴적인 경험이 될 수 있다. 진료 과실 소송이나 다른 공식적 불평은 치료가나 상담가에게 다음과 같은 결과를 가져올 수 있다.

-- 갑작스럽게 명성과 경력이 위태로울 수 있는 충격
-- 우리가 돕고자 했던 사람이 우리에게 저항할 때 느끼는 배반감
-- 기억 속에 저장된 불확실성과 공포에 대한 두려움
-- 우리가 어떤 나쁜 것을 해야 한다는 것을 가정하면서 하는 반성적 자기 비난
-- 우리의 동료들이 우리를 나쁘게 생각한다는 상상을 하는 혼란스러움
-- 자기 의심 : 법정에서 흥분한 환자를 야박하게 대하면 다른 환자들이 우리를 기소하지 않을까?
-- 기분 저하

-- 다른 환자(그들이 우리를 기소하지 않을까?)와 동료(우리가 믿고 대화할 수 있는 사람은 누구일까?)에 대한 의혹

-- 무엇이 일어날지에 대한 두려움, 알려지지 않은 것, 증언하고 반대심문 하는 것, 재판 중에 누가 법정에 있을 것인가? 등

-- 강박관념과 주제넘은 생각, 그 밖의 어떤 것에 대하여 생각하기 어렵다는 것의 발견

-- 불면증, 조울증, 끊임없이 무엇이 일어났는지 또는 일어날 것인지에 대한 생각

-- 천재지변이 일어나 가장 두려운 상황이 펼쳐지는 것을 보는 것

-- 식욕 상실, 혹은 음식, 술, 다른 것들을 스트레스에 대응하기 위해서 과하게 먹는 것

우리는 어떤 치료가들에게 기소는 심리적 외상 후 스트레스와 같은 반작용을 가져올 수 있다고 믿는다. 만일 공식적 불평을 접했을 때 반응에 대해 우리가 정직할 수 있다면 우리는 그런 반작용을 건설적이고 현실적으로 전하기 위해 더 나은 입장에 있을 것이다.

귀하에게 필요한 도움과 지지를 얻어라

귀하가 불평 과정에 대한 귀하의 반응을 모니터한다면 도움이 될 것을 현실적으로 평가하고 이들 반응을 다룰 필요가 있다. 어떤 상담가들은 치료에 의지하거나 처음으로 치료가를 찾는다. 어떤 사람은 친구, 동료, 가족에게 도움을 청한다. 귀하가 다른 사람에게 말한 것이 귀하를 기소하는 사건의 한 부분이 될 수 있다는 것을 알려 주는 대리인의 안내도 매우 소중할 수 있다. 귀하 주위에 있는 윤리 전문가들도 귀하와 귀하의 대리인에게 부가적 상담을 제공할 수 있다.

귀하가 배울 수 있는 것은 무엇인가?

재판 과정이 펼쳐짐에 따라, 이것으로부터 배울 수 있는 것이 있다면 무엇인지 물어볼 필요가 있다. 사실 아무도 공식적 불평을 바라지 않는다고 말하는 것이 정확하다. 이것은 기회를 가져옴에도 불구하고 환영받을 만한 과정은 아니다.

우리는 우리의 정책, 절차들, 임상 직업에 접근하는 방식에 있어서 단점들을 발견할 것이다. 우리는 더 주의 깊게 우리의 진료에 경고 신호를 인식하는 법을 배울지도 모른다. 우리는 의지할 수 있는 동료와 피해야 하는 동료들이 있다는 것에 대해서 배울 수도 있다. 우리는 논쟁적 절차 동안에 우리 일과 의견에 반대하는 주장이 어떻게 평가되어야 하는지에 대해서도 배울 수 있다. 그리고 우리의 반응과 결정에서 우리는 우리 자신에 대해서도 배울 수 있다.

9 장   윤리적 의사결정의 단계

이 장에서는 윤리적 딜레마에 어떻게 대응하고, 행동을 취하며, 우리의 반응에 대한 개인적 책임을 가정해 봄으로써 생각하는 데 도움이 되는 몇 가지 단계들을 제공할 것이다. 이러한 단계들은 상황의 중요한 측면들을 분명히 하는 데 도움이 되고, 우리가 반응하는 방식의 긍정적인 혹은 부정적인 결과를 고려하고 더 나은 접근을 발견하는 데 도움이 될 수 있다.

캐나다 심리학회는 윤리규정 일곱 가지(1986)를 제시함으로써 이런 단계들의 가치와 중요성을 강조했으며, 이후 개정판에서는 열 가지로 늘렸다(1991, 2000). 다음 리스트에서 별표(*) 표시를 한 단계들은 캐나다 심리학회 규정에 나타난 버전들이다.

비록 열여덟 단계들이 여기에 나열되었지만 모든 단계들이 모든 상황과 관련되는 것은 아니고, 단계들은 적절한 특수 상황에서 채택될 필요가 있다.

단계 1: 윤리적 고려와 의사결정을 요구하는 상황을 분명히 하라

윤리적 질문, 주제, 딜레마를 분명히 하는 진술은 무엇인가? 이러한 상황을 정의할 수 있는 다른 타당한 방법이 있는가? 정의의 영역, 전망, 가정, 혹은 의미가 귀하가 상황을 이해하고 무엇을 해야 할지 결정하는 것을 어렵게 하는가? 그것들은 중요한 측면을 숨기거나 왜곡하는가?

단계 2: 귀하의 결정에 영향을 받을 사람이 누구인지 기대하라*

아무도 빈 공간에서 살지는 않는다. 우리의 윤리적 결정이 단지 한 명의 내담자나 동료에게만 영향을 주는 경우는 드물다. 내담자는 만취한 상태로 나타날 수도 있다. 어떻게 귀하의 책임을 정의하는가는 그 내담자가 음주운전을 할지 보행자를 치어 죽일지에 영향을 줄 수 있다. 어떤 동료는 치매의 증상을 보일 수도 있다. 귀하가 하는 선택이 동료와 동료의 환자의 안전과 복지에 영향을 줄 수 있다. 내담자는 연금기금 횡령에 대해서 말할지도 모른다. 치료가와 환자 간의 기밀유지법은 귀하에게 아무에게도 말하지 말라고 지시하고, 의뢰인은 그에 대해 토의하는 것을 거절할지도 모른다. 귀하가 어떻게 대응할지 결정하는 것은 수많은 가족들이 그들의 연금을 계속 유지할지 가난에 빠질지에 영향을 끼칠 것이다. 보험회사 직원은 아내와 아이들을 죽이고 나서 자살할 위험에 있다고 귀하가 믿는 의뢰인을 위해 추가 회기를 승인하는 것을 거절할 수도 있다. 귀하의 상관은 더 이상의 회기는 필요하지 않다는 보험회사 직원과 의견을 같이할 수도 있다. 귀하가 어떻게 가장 윤리적 길을 결정하는가는 그 가족이 살지 죽을지를 결정하는 것을 도울 수 있다.

단계 3: 누가 내담자인지 생각하라

누가 내담자인지에 대한 모호성, 혼동이나 갈등이 있는가(상황이 치료가-내담자 관계와 관련되어 있다면)? 만일 한 사람이 내담자이고 그 밖의 누군가가 귀하에게 돈을 지불한다면 충실성이 나누어지고 귀하의 판단에 영향을 주는 어떤 갈등이 일어나는가?

단계 4: 이 상황과 관련되는 측면에서 귀하가 놓친 지식, 기능, 경험, 전문성과 능력 있는 관련 분야를 평가하라

이 상황을 다루기 위해 준비를 잘하고 있는가? 어떤 단계에서 귀하 스스로를 더 효과적으로 만들 수 있는가? 모든 관련 요인들의 관점에서 일을 더 잘할 수 있는 누군가가 있는가?

단계 5: 관련된 공식적 윤리규정을 검토하라

윤리규정은 이 상황에 대해서 직접적으로 혹은 간접적으로 말하고 있는가? 이 상황에 적용할 때 윤리적 기준이 모호한가? 이 상황은 윤리적 기준 내의 갈등이거나 윤리적 기준과 다른(예를 들면 법) 요구나 가치들과의 갈등과 관련되는가? 어떤 면에서 윤리적 기준들은 이 상황에 적용했을 때 도움이 되거나 무관하거나 잘못 방향이 지어진 것 같은가?

단계 6: 관련된 법적 기준을 검토하라

법률과 판례법은 이 상황에 대해서 직접적, 간접적으로 말하는가? 법적 기준은 이 상황에 대해서 분명하게 말하는가? 법 기준 안에서 또는 법과 다른 요구나 가치들 간에 갈등이 있는가? 관련법은 그 상황에 대하여 가장 윤리적 대응을 지지하는가? 그러지 않으면 가장 윤리적 대응에 반대하는 작용을 하는가? 대리인에게 상담하는 것은 도움이 되는가?

단계 7: 관련된 연구와 이론을 검토하라

그 상황을 개념화하거나 이해하고 대응하기 위해 귀하에게 도움을
주는 새로운 연구나 이론이 있는가? 이러한 다양한 접근들— 인지적,
심리역학적, 행동적, 여성주의적, 생물사회적, 가족적, 다문화적, 실존
적 등— 을 가진 분야의 직업적 해이는 우리 자신의 이론적 정향 밖
에서 생겨난 연구와 이론과 접하는 것을 잃는다는 것이다.

단계 8: 모든 경우 귀하의 개인적 느낌, 편견, 자기 이익이 귀하의
윤리적 판단과 사유에 얼마나 영향을 끼치는지 고려해 보라*

어떤 상황은 귀하를 화나게 하고, 슬프게 하고, 두렵게 하는가? 귀
하 자신이 다른 사람(또는 조직)을 기쁘게 하려고 하는 것을 찾을 수
있는가? 귀하는 필사적으로 갈등을 피하기를 원하는가? 귀하는 믿는
것을 행하는 것이 가장 윤리적이라는 것이 귀하를 난처하게 하고, 다
른 사람을 미치게 만들고, 귀하에게 동의하지 않는 동료들에 의해 비
판받게 되거나 법이나 윤리규정과 맞아떨어지기 어려울 것이라는 것
과 자신이 관련되는 것을 발견하는가? 시간, 돈, 추천, 특권, 승진, 귀
하의 직업이나 면허에 비용을 들이는 무엇을 하는 것이 윤리적으로
귀하에게 옳을 것 같은가?

단계 9: 사회적, 문화적, 종교적, 혹은 유사한 요소들이 윤리적
대응과 상황을 분명히 하는 데 어떤 영향을 끼치는지 고려해라

똑같은 행동이 다른 사회, 문화, 종교에서는 매우 다른 의미를 가

질 수 있다. 한 가지 맥락에서 윤리적일 것 같은 것이 다른 사회, 문화, 정신적 전통에서는 기본적 가치를 위배한 것일 수 있다. 관련된 맥락을 못 보고 지나가고 있는가? 상황은 사회, 문화, 종교나 유사한 갈등을 포함하고 있는가?

단계 10: 상담을 고려하라

이러한 특수한 상황에 대해 유용한 상담을 제공할 것 같은 누군가가 있는가? 관련된 분야에서 인정받는 전문가가 있는가? 유사한 상황에 직면해서 잘 해결한 사람이 있는가? 어떤 것이 하지 말아야 할 일이고, 어떤 것이 피해야 할 함정인지를 알려 줄 사람이 있는가? 귀하가 믿을 수 있는 판단을 하는 사람이 있는가?

단계 11: 행동의 대안 과정을 개발하라*

이러한 상황에 대응하는 어떤 가능한 방식을 귀하는 상상할 수 있는가? 귀하가 창조할 수 있는 대안적 접근은 무엇인가? 귀하에게 일어난 최초의 가능성은 '나쁘지 않은' 혹은 '충분히 좋은'처럼 귀하를 달랠 수 있지만, 귀하가 계속 찾아보면 더 나은 대응법이 귀하에게 일어날 것이다.

단계 12: 행동의 대안 과정을 평가하라*

귀하의 결정에 의해 영향 받을 각자에 대해서 귀하가 상상할 수 있는 가장 최선의 가능성과 최악의 가능성 하에 각자가 가질 수 있는 충격은 어떠할 것인가? 귀하 자신을 포함해서 각자에게 관련된 조직, 분야, 사회에 대해 직접적인 혹은 시간을 두고 생길 수 있는 결과와 함축점은 무엇인가? 어떤 중요한 행동은 의도되지 않은 결과를 갖는다. 그들 각자에게 가능한 행위 과정은 무엇인가?

단계 13: 영향 받을 각자의 전망을 채택하기 위해서 노력하라

귀하의 결정에 영향 받을 수 있는 사람들을 살피는 것은 귀하의 이해를 변화시킬 수 있고 귀하가 믿는 것이 어려운 상황에 가장 윤리적 대응이 될 것이라는 것을 발견하는 데 도움이 될 것이다. 각자가 가장 윤리적 대응이라고 생각하는 것은 무엇인지 스스로에게 질문해 보라. 이런 식으로 귀하는 자신의 관점으로 보는 것에서 생길 수 있는 왜곡된 것에 대해 보상하기 위해 노력할 수 있다. 하나의 예는 존스(Jones, 1979; Gawronski, 2003; Gilbert & Malone, 1995; Weary, Vaughn, Stewart, & Edwards, 2006 참조)가 말한 "호응하는 편견(correspondence bias)"이라는 것이다. 비록 우리는 종종 우리 자신의 행동을 특별한 상황에서 외부적 요소로써 설명할 수 있을지라도 다른 사람의 행동을 그들의 성향의 탓으로 돌리는 경향이 있다. 다른 예는 밀(Meehl, 1977)이 "도덕적 이중 기준"(p.232)이라고 부른 것이다: 우리는 우리 자신의 설명을 위해 활용하는 것보다 더 과학적으로나 논리적으로 엄격한 기준에 따른 다른 사람에 의해 제공된 설명에 의지하는 경향이 있다.

단계 14: 무엇을 해야 할지를 결정하고 그리고 나서 그것을 검토하거나 재고하라*

일단 귀하가 행동 과정에 대해 결정하면, 시간이 허락한다면 그것을 재고할 수 있다. 때때로 하나의 옵션을 선택하기 위해 모든 것을 제외하고 단지 결정을 하는 것은 그때까지 알려지지 않고 지나간 옵

션에 있는 흠집을 갑작스럽게 알 수 있게 한다.

단계 15: 귀하의 결정에 대한 개인적 책임을 가정하고 행동하라*

어떤 경우에 윤리적 옵션, 윤리적 갈등 조정, 가장 윤리적인 대응 발견에 비중을 두려는 노력 — 행동을 취하는 단계로 이끄는 — 은 어려운 부분이다. 일단 결정이 이루어지면 행동은 상대적으로 쉽다. 다른 경우에 상황을 통한 생각하기는 상대적으로 쉬워 보이지만 행하기는 어렵다. 가장 윤리적인 대응은 개인적 위험이나 비용을 압도할 수 있는 데서 오는 것 같다. 위험이나 비용이 우리를 압도할 때 개인적 책임을 회피하고자 하는 자연적인 유혹이 있다.

단계 16: 결과를 평가하라*

귀하가 행동할 때 무슨 일이 일어났는가? 어느 정도까지 귀하의 행동은 기대했던 결과를 이끌어 냈는가? 어느 정도까지 예측하지 못했던 결과가 있었는가? 이제 귀하가 알고 있는 것을 안다면 같은 방식으로 행동할 것인가, 아니면 상황에 대해 다른 대응을 선택할 것인가?

단계 17: 귀하의 행동의 결과에 대한 개인적 책임을 가정하라*

그 상황에 대한 귀하의 대응이 잘못되었거나 부정적 결과를 가져 왔다면 귀하의 결정과 행위의 결과를 알리기 위해 취할 필요가 있는 단계는 어떤 단계인가? 만일 불완전하다면 상황을 전하기 위해 행해질 필요가 있는 것은 무엇인가? 귀하의 행동과 그것의 결과가 새로운 윤리적 도전을 야기하는가?

단계 18: 준비, 계획, 예방에 대한 함축성을 고려하라*

이러한 상황과 그것에 대한 귀하의 대응의 효과는 준비, 계획, 예방의 영역에서 어떤 유용한 가능성을 제안하는가? 미래 문제를 가로막거나 귀하나 다른 사람에게 그것들을 더 효과적으로 알리게 할 수 있는 실천적 단계가 있는가? 정책, 절차, 실천에서 변화는 도움이 될 것인가?

10장 도입과 종료, 부재와 접근 가능성

심리치료가들은 내담자와의 관계 설정을 명확하게 해야 하는 근본적인 의무를 지닌다. 여기서 가장 중요한 두 가지 경계선은 상담의 도입과 종료이다. 도움을 필요로 하는 개인들은 그들이 내담자인지, 또 특정한 임상가가 치료가로서의 의무를 제대로 수행할 수 있는지 알 필요가 있다.

치료의 도입과 종료뿐만 아니라 치료 도중 서비스의 접근 가능성에 대한 정보도 중요하다. 내담자가 치료에 동의하는 결정을 내리는 데 있어서 상당한 역할을 하기 때문이다. 11장에서는 사전 설명된 동의를 내담자로부터 받아 심리치료와 관련 과정에 참여하도록 하기 위한 윤리적인 요구사항에 대해 좀 더 구체적으로 다루어 보겠다.

장애인들을 위한 접근 가능성

우리가 구성하는 체계와 서비스에 장애인들이 어떻게 접근할 수 있도록 하는가의 문제는 윤리적인 가치를 반영한다(Pope, 2005). 이 문제는 다른 많은 이들에게도 영향을 미친다. 이에 대해 심리학자인 뱅크스(Martha Banks, 2003)는 다음과 같이 기술하였다.

미국인 중 약 5분의 1이 장애를 가지고 있다. 이 비율은 남성과 남아(19.8%)의 장애 비율과 비교했을 때 여성과 여아(21.3%)가 좀 더 높다. 여성 중에서 인디언 출신 여성과 흑인 출신의 여성이 가장 높은 장애 비율을 보인다. … 사용할 수 있는 재원(財源)이 한정되어 있기 때문에, 운동장애를 가진 3분의 1 이상의 여성과 40% 이상의 고도 운동장애 여성들이 빈곤에 시달리고 있다(p.xxiii).

휠체어를 사용하는 사람들이 귀하에게 치료를 받기 위해 상담실로 올 때 어떤 장벽에 마주칠 것인가(Pope & Vasquez, 2005)? 청각 장애인이 첫 상담을 위해 귀하와 연락하려 할 때 어떤 어려움에 처할 것인가? 시각 장애인이 귀하에게 올 때 어떤 불필요한 어려움을 겪을 것인가? 만일 여러분이 홈페이지를 운영하고 있다면, 과연 그것을 장애인과 보조 기술을 사용하는 사람들이 쉽게 이용할 수 있는가? (이 문제에 대한 글과 다른 자료를 원한다면, http://kpope.com의 『심리 훈련과 연습에서의 접근 가능성 및 장애 정보 자료(*Accessibility and Disability Information and Resources in Psychology Training and Practice*)』를 참조하라.)

명확성

심리치료가들은 발생 가능한 혼란의 소지를 잘 인지하고 있어야 한다. 어떤 사람이 전화를 걸어 처음 상담 시간을 예약한다. 심리치료가는 이번 예약이 최초 평가 중 한 단계이며 이는 향후 대응 가능한 여러 단계 중 하나라고 여길지 모른다(예를 들어, 만일 내담자에게 어떤 느낌을 준다든지, 혹은 어떤 상황에서 어떤 치료의 양식이 도입되는 것이 가장 희망적이라든지 하는 것). 그러나 이 내담자는 임상가가 자신의 최초 예약을 수락함으로써 자신의 심리치료가가 되었다고 여러분과 다르게 여길 수도 있다. 이와 비슷하게 몇 달 간의 치료에서 내담자는 심리치료가에게 화가 날 수도 있지만 이를 직접적으로 표현하지 못할 수도 있다. 따라서 내담자는 갑자기 상담에 적극적으로 참여하지 않거나 5주 연속 예약된 시간에 나타나지 않을 수도 있다. 내담자는 심리치료가의 전화도 받지 않는다. 그렇다면 과연 이 내담자는 계속 내담자라고 보아야 할까, 아니면 실제적으로 종료된 관계로 보아야 할까?

도입과 종료에 관한 불필요한 오해를 방지하기 위한 행동은 임상가의 좀 더 일반적인 윤리적 의무이며, 이는 치료 자원의 접근 가능성과 이에 대한 접근을 명확하기 하기 위함이다. 이런 의무 중 좀 더 직접적인 양상 중 하나는 심리치료가와 내담자 모두가 언제 그리고 어떤 상황에서 상담을 진행할 수 있는지, 또는 전화 연락이 가능한지, 또 심리치료가가 부재중이거나 연락이 닿지 않을 경우 내담자는 어떤 대안을 선택할 수 있는지 등을 명확하게 이해하는 것이다. 명확성은 여러 가지 이유에서 중요하다.

첫째, 명확성은 심리치료가가 치료 과정 중에 내담자의 전화 통화 요구를 면밀히 고려할 수 있도록 한다. 예를 들어 친구가 많지 않은 내담자가 충동적이고 우울한 상태에서 한밤중에 치료가에게 전화를 건 것일 수도 있고, 아니면 자살을 막기 위해 전문가에게 전화를 건 것일 수도 있기 때문이다. 명확성은 심리치료가가 이러한 우발적 상황에 대처할 수 있도록 한다.

둘째, 예를 들어 응급 상황에서 내담자가 심리치료가에게 전화로 연락할 수 없을 경우, 명확성을 통해서 심리치료가는 구체적인 대안을 세울 수 있다. 이런 노력은 심리치료가가 예측이 어렵거나 불가능한 치료상의 노력을 가능하게 한다. 예를 들어, 다소의 처치가 필요한 내담자가 규칙적으로 1, 2년 동안의 치료 과정 동안 상담에는 참석하지만 상담 사이사이에는 심리치료가에게 연락을 전혀 하지 않을 수도 있다. 그러나 심리치료가가 심하게 병이 나서 치료에 응할 수 없는 일정 기간 동안, 이 내담자는 실직이나 자녀의 사망과 같은 여러 가지 충격을 받아, 실제적인 자살 충동에 빠져 치료 자원에 즉각적으로 접근할 필요가 있을 수도 있다. 심리치료가가 세심하게 계획을 세우는 것은 바로 이런 특정 내담자에게 일어날 수 있는 예측 불가능한 사태에 적절히 대응할 수 있도록 한다.

셋째, 내담자가 심리치료가 또는 다른 치료적인 자원에 접근할 수 있도록 하는 명확성은 심리치료가가 내담자를 치료하는 과정에서 심리치료가의 대응 가능성과 불가능성에 대한 영향에 대해 신중하게 생각하게끔 한다. 예를 들어 일부 내담자들은 심리치료가가 휴가 중일 경우 극도의 슬픔, 분노 또는 자포자기 심정을 경험할 수도 있다. 또 다른 내담자들은 심리치료가가 세운 명확한 경계선을 매우 불편하게 여기고 이에 분노해서, 지속적으로 심리치료가와의 경계선을 시험하려 들지도 모른다. 이런 내담자들은 예약되지 않은 시간에 빈번하게 나타나거나 긴급하게 애매한 내용의 메시지("치료를 그만두겠습니다. 희망도 없고, 삶이 너무 고달파서 살 수가 없습니다.")를 심리치료가의 자동응답기에 발신 번호도 없이 남겨 두거나, 끈질기게 심리치료가의 집 주소와 집 전화번호를 알려고 할지도 모른다(만일 심리치료가가 의례적으로 이를 비공개로 할 경우에).

넷째, 치료가가 즉시 대처할 수 없는 경우에 대한 응급 상황을 심리치료가와 내담자가 함께 설정해 두면, 내담자가 현실적으로 의존할 수 있는 방법과 자신의 요구사항에 접근하도록 도울 수 있고, 위기 상황에서 환자가 자기 스스로를 돌볼 수 있을 정도의 실제적인 책임까지를 예상하도록 하는 데 도움이 된다. 예를 들어, 심리치료가가 내담자에게 가장 근거리에 있는 24시간 운영하는 병원에 대해 물어보거나, 응급 상황에 그 병원에 가는 방법을 알아두는 것이다. 이런 위기 상황에 대처하는 과정을 통해서 내담자는 자신을 쓸모 있는 사람이라고 느껴, 실제적인 상황에서의 자기 의존성을 높이며, 치료가 수동적인 과정(심리치료가가 모든 '일'을 할 경우)만은 아니라고 느끼게 되서, 급작스러운 위기 상황이나 향후 심리치료가의 부재에 직면하더라도 공황 상태나 무력감에 덜 빠지게 된다. 이런 점에서 계획은 환자를 위한 강화 과정이 된다.

다섯째, 명확성을 위한 과정은 심리치료가가 자신의 휴가와 즉각성을 요구하는 일의 책임을 신중하게 고려해 보도록 한다. 이런 과정은 심리치료가가 지나치게 일의 요구에 짓눌려 기력이 쇠진해지는 상황을 방지하도록 도와준다. 이러한 경계선을 긋는 것은 또한 심리치료가가 의미, 즐거움, 만족감과 같은 자원에 참여하여 심리치료가가 내담자를 자신의 개인적인 욕구 충족의 대상으로 보지 않도록 도와준다(5장 참조). 이는 심리치료가가 감정 적합성을 유지하는 데 중요한 요소이다(4장 참조).

모든 심리치료가들은 중요한 영역의 접근 가능성을 명확하게 해야 할 필요가 있다. 이 접근 가능성은 자기 자신의 욕구와 내담자를 다루는 방식, 그리고 개별 내담자의 임상적인 요구와 관련이 있다. 일부 임상가들은 정확한 시간 경계선을 가지고 있다. 이런 심리치료가들은 거의 예외 없이 상담 시간의 시작과 끝을 명확히 한다. 내담자가 돌파구를 찾거나 눈에 드러나는 고통을 경험하더라도 심리치료가들은 치료 시간을 연장하지 않는다. 어떤 경우에는 즉시 상담을 마감하는 것이 실제적으로 필요하기도 하다. 심리치료가가 다른 내담자와의 상담이 바로 예정되어 있을 수도 있기 때문이다. 또 다른 경우에는 엄격하게 시간을 지키는 것이 이론적인 방침으로 요구된다. 시간 초과는 치료의 구조를 무너뜨리는 것으로 여겨질 수 있고, 혹은 심리치료가와 내담자가 사이에 발생하는 무의식의 충돌이 부지불식간에 행동으로 나타내는 것을 의미할 수도 있기 때문이다.

심리치료가들은 상담의 시간 범위를 신중하게 고려하여 자신의 이론적인 방침과 개인의 요구에 가장 적합하게 접근해야 한다. 이런 방침은 개별 내담자에 미치는 영향을 고려할 필요가 있으며, 내담자도 그 방침을 이해해야 한다.

치료가 접근 가능성

언제 어떤 상황에서 내담자는 심리치료가와 이야기할 수 있는가? 일부 심리치료가들은 이해할 만한 시간대(예를 들어 오전 9시부터 오후 9시)에 내담자로부터 오는 비응급 전화를 상담치료 중이 아닐 경우 받는다. 소수의 심리치료가들은 심리치료 중에도 비응급 전화를 받기도 한다. 우리는 이런 관행에 반대하는데, 이는 상담이 진행 중인 내담자에게 결례이며 그 내담자의 추후 치료 과정에 수많은 잠재적 악영향을 끼칠 수 있다. 왜냐하면 그 내담자의 상담이 지급을 요하지 않는 전화 같은 것으로 인해 방해받을 수 있기 때문이다. (혹은 그 내담자는 심리치료가에게 오는 그런 전화 때문에 자신의 치료가 언제든 방해받을 수 있음을 인지하기 때문이다.)

심리치료가는 비응급 전화가 왔을 때 상담의 시간을 명확하게 할 필요가 있다. 예를 들어 주말 또는 노동절, 현충일, 마틴 루터 킹 목사의 날과 같은 국경일에 전화가 온다면 받을 수 있는가?

명확성을 위해 무엇보다 중요한 점은 응급 전화가 아닌 경우 심리치료가가 내담자에게 전화로 간단명료하게 말할 수 있는가이다. 일부 내담자들은 이전 상담 시간 내에서 해결되지 않은 문제에 대처하기 위해, 꿈이 뚜렷할 때 이를 공유하기 위해, 또는 직장에서 발생한 문제 해결을 위해 전화를 이용할 수도 있다. 일부 심리치료가들은 이런 전화 상담을 일부 내담자들에게는 치료 목적으로 필요하다고 여길지도 모른다. 이런 시간은 특히나 예민하고 도움이 필요한 내담자들에게 도움이 될 수도 있다. 이런 내담자들은 외래 진료 또는 일정 기간의 입원 치료가 필요하지만, 상황이 여의치 못해 일주일에 1, 2회 외래 진료를 받는 사람들이다. 이들은 일부 내담자들이 상담치료 시간 내에서 습득한 적응 기술을 어떻게 사용하고 일반화할 수 있는지에 도움이 될 수도 있다. 전화 상담은 실제 상담치료 시간과 내담자에 의한 독립적인 기능 간의 가교 역할을 하기 때문이다.

다른 심리치료가들은 일부 응급 상황을 제외하고 이런 전화가 치료에 도움이 되지 않는다고 믿는다. 예를 들어 이런 심리치료가들은 상담과 상담 사이의 전화 연락이 본질적으로 또 그 영향 면에 있어서 상담 시간이 종료되었음에도 이 종료의 경계를 일시적으로 넘어서는 것으로 여기기도 한다. 다른 심리치료가들은 상담소 밖에 있을 경우에 일종의 자기 방어의 수단으로 걸려오는 응급 전화를 제한하기도 한다.

다시 한 번 언급하지만, 심리치료가가 상담치료를 특별한 경우 전화로 진행하거나 하지 않는 것은 다음 사항에 비하면 그다지 중요하지 않다. (1) 심리치료가는 지속성의 관점에서 자신의 치료 방침과 개인적인 접근의 연관성을 신중하게 생각한다. (2) 심리치료가는 자신의 방침이 내포하는 바가 내담자 개개인에게 미치는 영향을 신중하게 고려한다. (3) 심리치료가와 내담자 모두 기본 원칙을 명확하게 이해한다.

또한 명확하게 해야 할 중요한 문제는 어떤 상황 하에서 심리치료가가 이메일을 이용할 것인가, 그리고 이로 인해 발생하는 개인적인 문제에 어떻게 대처할 것인가이다. 예를 들어 제삼자가 심리치료가 또는 내담자의 이메일에 접근 가능한가와 같은 문제이다. 일부 심리치료가들은 예상치 못한 이메일을 내담자로부터 받고 놀라기도 한다. 내담자들이 인터넷에서 치료가의 '개인' 이메일 주소를 찾아내어 메일을 보내기 때문이다. 심리치료가와 내담자 모두 명확하게 이해해야 하는 것은 이메일이 상담의 일정을 잡거나 취소하는 데 사용 가능한

지, 치료 기간 사이에 규칙적으로 이메일을 확인하는지, 또는 인터넷을 통해 치료나 상담이 제공되는지이다.

많은 기준, 가이드라인, 규정이 [부록 G]에 제시되어 있으며 여기에는 내담자와의 전화, 이메일 또는 다른 전자적 수단을 이용하여 의사소통을 해결하는 방안이 포함되어 있다. 일부는 전자적 수단에 의한 의사소통에만 중점을 두고 있다(예를 들면, 전국 공인 상담가 위원회(National Board for Certified Counselors)의 「인터넷 상담 관행 (The Practice of Internet Counseling)」과 미국심리학회의 「전화, 화상회의, 인터넷에 의한 서비스와 관련된 성명서(Statement on Services by Telephone, Teleconferencing, & Internet)」 등).

가장 뛰어난 자료는 최근에 발행된 윤리 딜레마 연구에 대한 것으로 심리학자들이 전화 상담에서 부딪히는 문제를 다루고 있다(Dalen, 2006). 이런 딜레마에는 '기밀과 전문인의 비밀 엄수'가 있는데 이것이 이 연구에서 가장 빈번하게 보고되고 있다(p.240). 성실성에 대한 딜레마도 자주 보고지만, 반면 권한을 둘러싼 딜레마는 드물게 언급되었다.

휴가와 다른 예측 가능한 부재

예약된 일정과 일정 사이가 길어지고 때로 짧은 중단이라 하더라도 내담자는 절실하고 때로는 혼란스럽고 심지어는 감당할 수 없는 느낌을 받을 수 있다. 중요한 것은 심리치료가가 내담자에게 자신의 예측 가능한 부재에 대해 적절히 알리는 것이다. 심리치료가가 매년 같은 기간에 2주의 휴가를 갖는다면 이를 새로운 내담자에게 밝히는 것이 반드시 필요하다. 어떤 심리치료가가 내년에 6주간의 크루즈 여행을 갈 생각이라면 신중하게 고려해야 하고 예약을 마친 즉시 내담자들에게 이를 알려야 한다. 심리치료가의 부재에 대해 즉각적으로 내담자들에게 알림으로써 이로 인해 발생할 수 있는 내담자의 심리적 충격을 최소화할 수 있으며, 내담자에게 최대한의 시간을 주어 심리치료가의 부재 시 발생하는 문제에 대응할 수 있는 자원을 활용할 수 있도록 도움을 줄 수 있다. 이는 내담자가 독립성을 기르도록 격려하고, 내담자가 상담 기간 동안 부재에 대한 반응과 여기에 대응하는 방법을 알게 함으로써 이를 통해 심리치료가의 부재 전후에 대처할 수 있도록 하는 것이다.

심각한 질병과 다른 예측 불가능한 부재

치료가와 내담자 모두가 쉽게 빠지는 오류는 바로 심리치료가는 병도 안 걸리고 영원히 살 것 같다는 점이다(Pope, Sonne, & Greene, 2006). 심리치료가는 정력적인 느낌과 완벽하게 타인을 돌본다는 느낌을 즐길지도 모르지만 이는 환상이며, 이것이 때로 무의식적인 수준으로 나타나기도 한다. 내담자들은, 자신들은 전능하고 불멸의 어버이와 같은 존재의 보살핌을 받게 될 것이라는 환상을 통해 진정시킬 수도 있다.

아직 우리가 지금까지 생존하는 모든 심리치료가들에 대한 심도 있는 연구를 다 마치지는 못했지만, 우리가 내린 잠정적인 결론은 불멸의 심리치료가는 없었다는 점이다. 우리 모두의 인생은 유한하고 병에도 걸리기 때문에 갑작스럽게 내담자들을 맞지 못하는 예상치 못한 때를 준비하는 것이 중요하다(6장 참조).

위기 상황에 도움이 되는 접근 가능성을 기르는 단계

내담자가 규칙적으로 예약된 시간 사이에 전화로 연락하는 방법을 명확하게 이해했다면, 치료가와 내담자는 이 체계가 통용되지 않는 상황에 대해 대처하는 방안을 의논해야 한다. 내담자가 예상치 못한 위기 상황에 처했는데, 예를 들어 심리치료가의 통화가 길어져서 전화로 즉시 연락이 되지 않는다거나, 심리치료가의 메시지 서비스가 내담자의 전화를 제대로 처리하지 못한다거나, 심리치료가가 위기 상황에 있는 다른 내담자와 상담 중에 있다거나, 다른 전형적인 또는 일생에 한 번 있을 만한 지연이 발생한다거나, 기계의 고장 또는 사람의 실수로 연락이 닿지 않을 수 있다. 이 장의 초반에 인용한 다섯 가지 이유 때문에 이러한 '예상치 못한' 통신 결함에 대한 계획은 위기 상황에서 즉각적으로 의료 서비스에 접근할 수 있도록 하며 좀 더 세심한 치료 계획을 세울 수 있도록 한다.

만일 내담자가 급하게 도움을 필요로 하는데 심리치료가가 즉각 대응하지 못한다면 이 심리치료가를 대신할 만한 동료 심리치료가가 있는가? 일부 조직, 예를 들어 민간 건강관리기구나 지역 정신건강센터의 경우 정책과 절차에 의해서 즉각 대응할 수 있는 치료가 순번을 정해 두어 어떤 환자를 담당하는 임상가가 대응하지 못할 경우 항상 위기 상황에 대처할 수 있도록 한다. 하지만 많은 심리치료가들, 특히 혼자서 독립적으로 진료하는 경우, 자신만의 계획을 만들어서 대응이 어려울 경우에 대처할 필요가 있다.

특정한 내담자를 위한 대체 수단을 마련하는 결정은 복잡하다. 어쩌면 이에 있어 가장 먼저 해야 할 질문은 내담자의 어떤 정보를 대체 치료가에게 제공해야 하느냐이다. 또한 대체 심리치료가가 관련 정보를 완전히 숙지해서 내담자의 상황, 치료 계획, 치료 과정 등을 주기적으로 갱신해 줄 것인가? 대체 심리치료가가 내담자의 차트에 접근하도록 할 것인가? 대체 심리치료가가 원래의 심리치료가가 제공한 정보에 대해 별도의 노트를 보관하도록 할 것인가? 어느 정도까지 대체 심리치료가가 내담자에 대한 독립적인 정보 동의를 확보할 필요가 있을 것인가? 내담자가 즉각적인 개입을 필요로 하는 심각한 위기를 겪을 수 있는 위험성이 더 많이 예견되고 예견된 위험성이 더 클수록, 원래의 심리치료가가 대체 심리치료가에게 정보를 제공할 때 신중하고 철저하게 해야 하는 이유가 더 강조된다.

일단 심리치료가가 특정 내담자에 대한 정보를 어느 정도 제공하는 것이 적절하다고 결정하면, 그 다음 질문은 이런 대체 심리치료가의 등장이 내담자의 상태나 치료에 어떻게 영향을 미칠 수 있는지를 가늠해 보는 것이다. 일부 내담자들은 재차 삼차 자신의 심리치료가가 책임을 수행하고 있는지, 그리고 심리치료가가 (그럴 가능성이 없을 수도 있지만) 발생할 수 있는 치료에 대한 요구를 심각하게 생각하는지 등을 진지하게 고민한다. 다른 내담자들은 마치 위기 상황이 일어날 것이라고 치료가가 예고하고 있는 것처럼 느끼거나 경계할 수도 있다. 또 다른 내담자들은 일부러 더 이상 앞으로 나아가려 하지 않을 수도 있다. 이런 경우 엄격한 사생활 보호와 치료에 대한 기밀 준수가 필수적이다. 그리고 원래의 치료가가 대체 치료가와 상담의 내용을 공유하게 될 것이라고 알려 주는 것이 내담자가 어떤 주제나 느낌을 탐색하는 권한을 방해하기도 한다. 많은 경우 치료가와 내담자 간에 특정한 대체 심리치료가 도입에 대해 논의해 보는 것은 치료에 있어 유용하다.

만일 이런 특정한 대체 치료가의 제공이 결정되었다면 원래의 치료가가 던져 보아야 할 세 번째 질문은, 대체 치료가와 사전 설명된 동의의 정보를 공유하는 것에 있어서 무엇이 내담자의 권리를 최대한 보호할 수 있는가, 그리고 그러한 대체 심리치료가의 도입을 위해 무엇을 준비해야 하는가이다.

네 번째 질문은 대체 임상가의 선택에 대한 것이다. 원래 심리치료가가 대체 인력을 선택함에 있어서 태만이라는 법률적 (다시 말하면 의료과실) 문제가 발생할 수 있다. 예를 들어 만일 대체 임상가가 위기 상황에 적절히 대처하지 못하거나 부적절한 행동이나 실수에 대한 조치를 제대로 취하지 못해서 내담자에게 해를 끼쳤다면, 원래 심리치료가는 적절한 임상가를 선별하고 선택하지 못했다는 책임을 질 수도 있다. 하지만 윤리적인 치료적 주제는 훨씬 더 미묘하다. 잘 훈련된 임상가를 선택하는 것은 무엇보다 중요한데, 이는 내담자의 요구에 부합하는 종류의 치료를 제공해야 하기 때문이다. 원래의 치료가는 전문성을 바탕으로 혼자서 (그리고 어쩌면 부적절하게) 대체 임상가를 임시로 고용하게 될 수 있다. 원래의 치료가는 대체 임상가가 능숙하지 못하고 전문인으로서의 태도가 미숙한 점을 알게 될 수 있다. 나아가 원래의 치료가는 그 자신이 치료하는 환자 전반을 대체 심리치료가가 효과적으로 다루지 못한다는 점을 깨달을 수도 있다. 그럼에도 불구하고 원래 심리치료가는 이러한 불편한 사실을 무시할 수밖에 없을지 모른다. 자신이 선택한 대체 임상가가 다루기 쉽고, 적절하고 신뢰할 만한 대체 인력을 찾는 일은 상당한 노력이 필요하기 때문이다. 이 책에서 다루어진 여러 다른 예에서 보듯이, 기본 원칙을 세우는 일은 매우 중요하다. 만일 우리가 내담자이거나 우리의 부모, 배우자, 아이가 절박하게 위기 상황에서 도움을 필요로 하는데 원래 심리치료가가 대응하지 못한다면, 만일 이 위기 상황에 신중하게 대처하는 것이 죽느냐 사느냐의 문제라면, 우리가 대체 임상가를 선택하는 데 있어서 어느 수준의 대처를 우리는 적절하다고 믿을 것인가? 예를 들어 우리의 부모가 대체 임상가로부터 적절하지 못한 조치를 받아 낙담해서 자살했다면, 원래의 치료가 측의 편의가 대체 임상가를 선택함에 있어서 충분한 명분이 될 수 있을까?

만일 대체 임상가를 구하지 못했거나 선택한 대체 임상가가 어떤 이유에서 대처하지 못하면, 내담자는 원래 심리치료가가 대처 불가능한 위기 상황에서 누구에게 가야 할까? 내담자는 정신병원, 정신과가 있는 종합병원 또는 다른 응급 정신 서비스를 제공하는 기관을 정해 두는 것이 유용할 수 있다. 이때 최소한 다섯 가지 중요한 사항을 확인해 보아야 한다.

첫째, 그 기관이 근처에 있는가?

둘째, 24시간 서비스가 가능한가? (만일 한밤중, 주말, 또는 국경일에 위기 상황이 발생하면, 내담자가 도움을 청할 수 있는가?)

셋째, 내담자가 그 시설을 이용할 여력이 있는가? 일부 시설은 상당히 비싼 요금을 청구하며, 일부는 예를 들어 가입한 보험이 유효할 경우처럼 지불 여력을 증명해야만 서비스를 제공하는 경우도 있다.

넷째, 내담자가 그 시설의 위치와 전화번호를 아는가? 특히 위기 상황에서는 기본적인 정보(병원 이름과 같은)라 할지라도 기억이 어려울 수도 있다. 심리치료가와 내담자 모두가 위기 상황이 발생할 위험이 높다고 여길 때, 내담자는 병원명, 주소, 전화번호를 적어서 가지고 다니거나 집 전화기 옆에 두는 것이 도움이 될 수도 있다. 때로는 가까운 친구나 가족이 위기 상황에서 내담자를 돕는 핵심 역할을 하기도 한다. 상황이 허락한다면 내담자는 가까운 친구나 친지의 정보를 제공할 수도 있다.

다섯째, 치료가와 내담자 모두가 이런 시설이 적절한 도움을 줄 것이라는 자신감을 가져야 한다. 기준에 미치지 못하는 치료는 위기를 더 악화시킬 수 있다. 어떤 경우에는 부적절한 반응보다는 차라리 아무것도 하지 않는 것이 더 나을 수도 있다.

원래의 치료가, 대체 인력, 지정된 시설 이용이 어떤 이유에서건 위기 상황에서 모두 접근이 불가능하다면, 적절한 핫라인이나 24시간 전화 서비스가 있어서 최소한 임시방편의 대응을 해줄 수 있고 내담자에게 즉각적으로 전문적인 도움이 닿도록 해줄 수 있는가? 일부 지역은 24시간 자살 방지 핫라인을 가동하고 있다. 개인의 특정 종류의 문제에 도움을 제공하는 24시간 위기 지원 전화가 있기도 하다. 최소한 이러한 전화 서비스는 내담자가 위기 상황을 견뎌내도록 도움을 줄 수 있다. 일부 내담자에게는 (예를 들어 자신의 집에서 전화를 이용할 수 없는 사람들의 경우) 위기 상황에서 이용할 수 있는 전화기의 위치를 알려 주는 것은 이런 대처 방안 중 중요한 일부이다.

내담자가 이런 모든 자원에 접근할 수 없다면, 내담자는 어쩔 수 없이 911이나 이와 유사한 일반적인 위기 대응을 위한 곳에 전화를 걸어야 할지도 모른다. 이를 통해 내담자는 도움을 받을 수 있는 곳을 안내받거나, 만일 가능하다면 구급차나 다른 응급 구조대가 출동할 수도 있다.

치료가가 내담자의 위기 상황 대처를 위한 상황을 평가할 때, 전문적인 여건뿐만 아니라 내담자가 속해 있는 지역의 여건도 고려하는 것이 중요하다. 친구나 가족이 내담자를 위기 상황에서 구해 내는 데 핵심 역할을 할 수 있다. (물론 친구나 가족이 이런 위기 상황에 관련되어 이후 관련되는 정도가 심해지거나, 지속적으로 위기 상황에 휘말릴 수 있지만 말이다.) 어떤 경우에는 알코올 중독자를 위한 금주 모임과 같은 비전문가 단체가 실제적인 24시간 지원을 제공할 수도 있다. 이러한 사회적 지원의 존재는 내담자가 전문가적인 도움을 받기 어려울 때 상대적으로 중요성을 발휘한다. 예를 들어 일부 내담자는 (특히 전화를 사용할 수 없는 사람들) 한밤중에 위기 상황에 닥치면 전화에 쉽게 접근할 수 없는데, 많은 내담자들은 이럴 경우 사회적 지원이 있다는 사실을 인지하면 고립감을 덜 느끼게 되므로 견딜 수 없는 위기 상황에 닥쳤을 때 덜 당황하게 된다.

때로 치료의 시작은 어떤 사람의 위기 상황에서 시작됨을 인식하는 것이 중요하다. 그리고 이 사람이 치료가 그룹이나 조력자들에게 다가갈 수 있다는 것을 인지시키는 것이 유용할 수 있다. 『미국심리학회지(*American Psychologist*)』는 다음과 같은 사례를 제시하였는데, 이는 즉각적인 위기 대처 팀 창설이 한 사람이 자금이나 대체 수단이 필요한 경우 유용하다는 점을 증명했다.

인생의 중요한 시기에 매일의 치료가 필요한 한 여성의 예이다. 이 여성을 담당하는 치료가의 동료들은 각 분야를 아우르는 팀을 결성하여 이 여성에게 무료로 치료를 제공하기로 하고, 담당 치료가에게 구체적인 매일의 상담, 주기적인 정신과적 평가, 임상 인터뷰를 제공하였다. 이 여성과의 만남은 다양한 분야의 전문가들과 이루어졌는데 이를 통해 이 여성은 많은 이들이 자신을 돌보고 있다는 것을 알게 되었다. 이들이 돌본 이 여성은 신체적 상처를 입고, 수차례 성폭력을 당했으며, 무일푼에 집도 없이 차에서 스토커를 피해 생활하고 있었다. 이 여성과 담당 치료가와의 만남은 위기 개입 차원에서 매일 이루어졌다. (이후에는 점차 일주일 단위로 줄였다.) 이들이 최우선으로 여긴 것은 이 여성의 안전이었다. 담당 치료가는 이 여성에게 다른 주에 사는 자신의 오랜 친구의 전화번호를 알려 주었다. 그 친구는 즉시 이 여성에게 5백 달러를 보내 음식과 주거 문제를 해결하도록 하였고 출발일자가 지정되지 않은 비행기 티켓을 보내 스토커로부터 위험을 느낄 때 언제든지 사용할 수 있게 했다. 그 친구는 이 여성에게 이 돈을 자신에게 직접 갚지 말고 나중에 자신처럼 도움이 필요한 사람에게 주라고 했다. 1년 내에 이 여성은 스토커에 대한 법률 절차를 밟기 시작했고, 자기 스스로를 부양할 만큼 회복되었다("Biography", 1995, p.242).

종료

치료적 관계를 종료함에 있어 간과되기 쉬운 책임은 일정한 조건 하에서 치료가가 내담자와의 치료적 관계를 종료해야 한다는 것이다. 미국심리학회 윤리규정(APA, 2002) 10.10a 조항은 적절한 때에 치료적 관계를 종료하는 책무에 대해 다음과 같이 명시하고 있다. "심리학자는 합당한 이유로 내담자/환자가 더 이상 서비스를 필요로 하지 않게 되면 치료를 종료한다."(p.1073) 캐나다 심리학회 윤리규정(CPA, 2000) II.37 조항에 따르면, 심리학자는 "(치료) 활동이 최소한의 위험보다 더 많은 위험을 지닐 때, 득보다 실이 많을 때, 또는 활동이

더 이상 필요하지 않다는 사실이 명백하면 활동을 종료한다."(p.24)

이상적으로는 심리치료가들은 서비스가 필요하고 이것이 유익한 한 이를 계속해서 제공하는 것이다. 하지만 일부 보험이나 관리의료 계획은 이에 대해 이의 제기를 할 수도 있다. 예를 들어 어떤 보험회사는 환자의 지속적인 상담치료에 대한 비용 지급을 거부할 수도 있다. 물론 치료가는 전문적인 판단에 근거해서 치료를 중단하는 것이 환자에게 해로울 수 있고 심각한 경우 환자가 자살에 이를 수 있다고 해도 말이다. 관리의료회사는 환자에게 연간 4-6회만의 상담을 제공할 수 있다. '의학적 필요'가 있을 경우를 예외로 규정해 두기는 했지만 사실상 이런 예외는 결국 자살이나 살인의 위험이 임박했음을 의미할 뿐이다. 의학적 필요라는 관련 항목에 부합하지 않는 일부 환자들은 4-6회의 상담으로 적절하게 증상이나 위기 상황을 해결할 수 없어 고통 받을 수도 있다. 물론 관리의료회사의 방침과 절차에 따라 이루어지는 것이기는 하지만 이런 일부 환자들에게 있어 치료 중단은 환자를 자포자기로 몰고 갈 수 있다.

치료가와 환자는 어떻게 치료를 종료해야 할까? 중요한 심리치료적 전략은 때때로 현재의 걱정거리, 목표, 진행 상황을 검토하는 것이다. 이는 얼마나 진척이 있었는지를 명확히 하는 데 도움을 줄 뿐만 아니라 어떤 문제를 해결해야 하고 환자와 심리치료가가 모두 치료를 지속하기를 원하는지를 확실히 하도록 도와준다. 일부 내담자들은 치료를 중단할 준비가 되었다고 하거나, 자신의 고용주가 보험회사를 변경했다거나 하는 내용을 편하게 이야기하면서 이런 이유로 그들이 다른 심리치료가를 소개받고 싶다고 하기도 한다. 반면 다른 내담자들은 적절한 준비 없이 치료를 중단하겠다고 고지하면 혼란에 빠지기도 한다.

이 문제가 복잡해지는 경우는 심리치료가는 치료가 잘 진행되고 있다고 느끼는데, 내담자 또는 환자는 얼마나 계속해야 할지 확신하지 못하거나 또는 계속할 의사가 없는 경우이다. 때문에 이런 환자들은 종종 상담을 중단하기도 한다. 이들은 전화로 다음 예약을 하겠다고 하거나 예약을 취소하고는 다시 일정을 잡지 않는다. 또한 많은 사람들은 심리치료를 마치 할부처럼 사용하여 잠시 동안 '사라졌다가' 나중에 같은 임상가에게 돌아오거나 새로운 치료가와 상담치료를 시작한다. 성공적으로 심리치료에 임하고 있는 듯 보이는 내담자들이 오지 않기 시작하면 메모를 남기거나 전화를 걸어서 선택 가능한 대안과 유용할 만한 정보를 제시하는 것이 도움이 될 수 있다. 이런 대안에는 확인 또는 종료 상담에 참석을 권유하거나, 전화 또는 메모로 종료를 알리거나, 심리치료에 다시 참여해 달라고 하겠다는 것이 포함된다.

종료가 가까워지면 심리치료가들은 적절한 대처가 필요하다. 미국 심리학회의 윤리규정과 행동강령(2002, p.1073) 10.10c 조항은 치료가가 종료 과정에 참여해야 한다고 기술하고 있다. "내담자/환자나 제3의 지불자의 행동에 의한 방해를 제외하고는, 심리학자는 치료 종료 전 적절하게 대체 서비스나 종료 상담을 제공해야 한다." 새로운 미국심리학회 윤리규정 기준에 의하면 우리는 내담자/환자 혹은 내담자/환자와 관련 있는 다른 사람으로 인해 위협에 느끼는 경우 심리치료를 종료할 권리가 있다(10.10b). 이는 치료가의 보호에 대한 중요성과 환자에 대한 의무 사이에서 균형을 잡기 위한 노력이다. 하지만 내담자가 위기 상황에 있을 때 종료하는 것은 적절하지 않을 수 있다.

결론

지속적인 인식, 특히 세심하고 상상력을 바탕으로 한 인식과 개인적인 책임에 대한 인식은 내담자가 그들이 필요로 하는 도움을 적절하게 받고 있다고 확신하는 데 중요한 역할을 한다. 특히 내담자가 위기 상황에서 치료가와 즉각적으로 연락할 수 없을 때 그러하다. 병원이나 병원과 유사한 조직적인 환경에서, 직원의 수가 많은 것이 오히려 책임감을 약하게 해서 위기 상황에 처한 환자가 도움을 필요로 할 때 아무도 나서지 않을 수 있다. 레벤슨과 포프(Levenson & Pope, 1981)의 사례 연구에서 정신과 인턴이 외래 병동의 위기 대응 서비스 부서로부터 즉각적인 자살 위험에 처한 한 사람에게 연락하라고 지시를 받고 입원 평가를 시행하라는 임무를 부여받았다. 하지만 그 인턴은 입원 평가를 위한 회의에 출석하지 않았다. 인턴을 지도하는 레지던트도 이 회의에 출석하지 않았으며 오히려 이 레지던트는 담당 인턴을 다른 기관에서 열리는 이틀짜리 교육 프로그램에 참석시켰다. 며칠 후 위기 상황에 처했던 그 사람은 자살했다.

이 병원의 사망 위원회는 위기 대응 서비스 팀이 외래 환자 부서에 연락해 그 상황에 적절히 대응해야 했다고 결론 내렸다. 외래 환자 부서는 사후(死後) 조사에는 참여하지 않았는데, 병원의 절차에 따라 입원 심사를 위해 잠재적 환자에게 외래 환자 부서가 연락하기 전까지 그 부서는 관여하지 않기 때문이다. 담당 인턴 자신도 이 상황에 대처하기 위해 나름대로 노력했다. 하지만 그가 이를 위해 내린 결론 중에는 자신은 "주관화된 조직적 관점을 가지고 있으며 이에 대해서는 누구도 책임지지 않아도 된다."(p.485)는 것이었다.

내담자가 겪을 수 있는 위기의 형태와 내담자가 필요로 하는 자원에 시의적절하게 접근하려는 노력을 할 때 상상력을 발휘하면 있을 수 있는 어려움을 인식하기 쉽다. 이 시나리오에 대한 논의를 위해 이 장의 마지막 부분에 예를 제시해 두었다.

치료가가 최악의 상황을 염두에 두는 것은 노력에도 불구하고 피할 수 없는 난관에 봉착했을 때 이를 해결하는 데 도움이 될 것이다. 창의적인 관점에서 되돌아본다면 우리는 다음과 같이 자문할 수 있다. 만일 최악의 상황이 발생했다면 이를 방지하고 영향을 최소화하고 또는 이 일이 애초에 발생하지 않도록 우리가 무엇을 했어야만 했는가?

완전무결한 치료가는 없다. 환자가 겪을 수 있는 잠재적 위기에 대해 아무리 신중하고 자신 있는 평가를 했다고 해도 이는 수많은 이유로 빗나갈 수 있다. 하지만 치료가는 자신의 판단 착오를 유념하고 예상치 못한 상황에 대한 계획을 수립해야 한다.

유사한 방식으로, 창의적인 접근 또한 필요한 자원의 접근성을 높일 수 있다. 예를 들어 한 치료가가 극심한 고독감, 분노와 경제적 어려움에 처한 여성을 무료로 치료한다고 하자. 때로 이 내담자는 분노로 폭발 직전이 되어 실제로 자살 충동을 느끼고 있었다. 하지만 이 여성은 실제적으로 입원 치료를 받을 형편이 아니었다. 열악한 재정 상태, 재정적 여력이 없는 사람을 받아 줄 만한 충분한 병상의 부재 또는 의료보험 미가입 때문이었다. 이와 비슷한 경우 한 치료가는 내담자가 심각한 기능 장애와 자살 위험에 처해 있는 동안 내담자의 믿을 만한 친구와 함께 머물도록 권유했다. 그러나 이 내담자는 친구도 없이 사회적으로 너무나 고립되어 있었다. 그래서 그 치료가는 위기 상황에서 함께 있어 줄 지역 교회나 병원 자원봉사자 또는 기관 등에 이 내담자를 맡기려 했지만 그럴 수 없었다. 내담자가 위기에 처해 있지만 심리치료가가 돕지 못할 경우 어떤 방법이든 이 내담자의 안전과 보호를 위해 고민해 보기로 하고, 이 심리치료가는 내담자와 함께 고심한 끝에 내담자가 지역 병원의 대기실에 가는 것을 고려해 보았다. (응급실에 붙어 있는 대기실은 24시간 열려 있었다.) 이 치료가는 병원 직원과 연락해 언제든 병원에 가도 되고, 또 대기실에서 있고 싶은 만큼 있어도 된다는 허락을 받았다.

이 계획은 남은 치료 기간 동안 적중했다. 내담자에 따르면 단순히 자신이 언제든 갈 곳이 있다는 사실을 아는 것이 외부 상황이나 자신의 감정에 의해 완전히 압도되지 않는 데 도움이 되었다고 했다. 이 내담자가 자신이 위기에 처해 자신의 목숨을 끊을지 모른다고 느꼈을 때 그녀는 이 병원의 대기실을 찾는 것이 도움이 되었다고 했다. 대기실에 가면 자신이 좀 더 적극적인 사람이라고 느끼게 되었고, 자기 자신을 위해 무언가 할 수 있다는 것을 깨달을 수 있었다고 했다. 어두침침하고 폐쇄공포증을 불러일으키는 자신의 아파트에서 나와 '깨끗하고, 조명이 좋은 곳'에 다른 사람들과(이 사람들은 생면부지의 사람들이었기 때문에 그녀의 말을 빌리자면 자신에게 '요구'하지 않을 것 같았다고 한다) 함께 있는 것이 그녀의 기분을 전환시키는 데 도움을 준 요소들이었다. 근처에 그녀가 충동적으로 자살을 시도해도 개입할 의료 전문가들이(물론 그녀와 이들 사이에 접촉은 없었지만) 있다는 사실을 아는 것이 큰 도움이 되었고, 그녀가 자신의 치료가와 함께 개발한 '치료 계획'을 수행하고 있다고 인식하여 차분한 마음으로 고립감을 덜 느끼고, 위기 상황에서 안정감을 느끼는 데 도움이 되었다. 초기 치료 동안 치료가와 개별 상담가 모두의 판단은 외래 치료가 부적절하다는 것이었지만 당시 입원은 불가능했고 내담자가 기타 자원을 활용할 수 없었음에도 불구하고 이 대기실 전략을 통해 자살 가능성이 높은 내담자를 안전하게 치료할 수 있었다. 상상력을 통해 공동체에서 즉시 활용할 만한 자원을 발견하고 내담자가 이에 접근할 수 있었다.

개별 임상가와 정신건강기관들이 어느 정도 접근 가능한지, 그리고 도움이 될지 이해하는 것은 환자의 사전 설명된 동의의 양상에 있어 핵심 요소이며, 이는 다음 장에서 다루어 보겠다.

[토론거리]

이 책의 10장부터 18장의 마지막 부분에는 토의해 볼 만한 질문을 모아 놓은 시나리오가 있다. 이러한 방법은 『심리치료에서의 성적인 감정들: 치료가 및 훈련 중에 있는 치료가를 위한 탐색(*Sexual Feelings in Psychotherapy: Explorations for Therapists and Therapists-in Training*)』(Pope, Sonne, & Holroyd, 1993)에서 사용된 것이다. 이 책의 다른 장에 등장하는 시나리오는 우리가 구성한 것이지만 아래의 시나리오와 질문은 『심리치료에서의 성적인 감정과 치료가들이 말하면 안 되는 것들과 그 이유: 우리 자신과 우리의 내담자들에게 상처를 줄 수 있는 금기사항에 대한 이해(*Sexual Feelings in Psychotherapy and What Therapists Don't Talk About and Why: Understanding Taboos That Hurt Us and Our Clients*)』(Pope, Sonne, & Greene, 2006)에서 가져왔다.

귀하는 정확히 오후 2시에 새로운 내담자와 만나기로 약속이 되어 있으며 대기실에는 아무도 없다. 전화가 울린다. 새 내담자로부터 온 전화다. 이 내담자는 여성이며, 여러분에게 입구로 나올 수 있겠느냐고 묻는다. 귀하는 당황스러웠지만 "곧 나가겠습니다."라고 말한다. 입구에 나가 보니 새로운 내담자는 휠체어를 타고 입구 계단 앞에 있다.

1. 귀하는 어떤 느낌이 드는가?
2. 귀하의 마음에는 무슨 생각이 떠오르는가?
3. 우선 무슨 말을 할 생각인가?
4. 귀하는 어떤 행동을 하려고 하는가?
5. 귀하가 하려는 행동에 대해 어떤 생각이 드는가?

귀하는 공항에 늦게 도착해서 비행기를 놓칠 상황에 처해 있다. (휴가 기간이라서 다른 비행기의 좌석을 구하기가 어려울 것 같다.) 이때 귀하는 지역 병원으로부터 응급 전화를 받는다. 귀하가 치료 중인 환자 중 한 명이 자살을 시도하여 병원에 입원 중이다. 이 내담자는 절박하게 귀하와 개인적으로 통화를 하려고 시도하지만 전화로 이야기하는 것을 거절당했다. 이 내담자가 귀하에게 하고자 하는 말은 끔찍한 비밀을 발견했다는 것이다. 하지만 귀하는 이 '비밀'이 무엇인지 알 길이 없다.

1. 귀하는 어떤 느낌이 드는가?
2. 환자, 귀하에게 전화를 건 응급실 직원, 또는 확실히 알기 어려운 그 상황에 대해 어떤 감정이 있는가?
3. 귀하에게는 어떤 대안이 있는가?
4. 귀하가 하려는 행동에 대해 어떤 생각이 드는가?
5. 의료과실 소송에 대한 걱정이 귀하의 판단에 어느 정도 영향을 미치는가?

새로운 내담자가 첫 번째 상담을 시작하며 "저는 실직했고, 3년간 함께 살았던 애인이 저를 버리고 다른 사람에게 가버렸기 때문에 치료가 필요합니다. 저는 자살을 할지도 모르고, 직장 상사 또는 그냥 아무나 죽일지도 모릅니다. 어쩌면 목을 맬지도 모르고, 제게 남은 건 어린 아이밖에 없습니다."라고 말한다.

1. 귀하는 어떤 느낌이 드는가?
2. 귀하는 이 사람의 위협이 심각하다는 사실을 배제하지 못한다고 가정하자. 그러면 귀하는 어떤 단계를 취해 이 첫 번째 상담을 마치고 내담자가 떠나기 전에 귀하나 다른 수단에 접근하는 것을 명확하게 할 것인가?
3. 귀하는 즉각적이고 적합한 도움을 위해 이 사람을 적절하게 접근시키려 할 때 어떤 점이 우려되는가?
4. 이 사람이 귀하에게 언제 연락할 수 있는지, 또는 다른 사항에 대한 언급을 하기 전에 이 사람에게 특별히 말하고 싶은 점이 있는가?

귀하는 대형 관리의료회사에서 근무하며 개인 및 가족에게 전일제로 치료를 제공하고 있다. 귀하는 금요일 오후 늦게 상사를 만나 회사가 새로운 소유주에게 넘어갈 것이며 이 회사는 여러 회사를 합병한 적이 있다는 이야기를 듣는다. 지금 치료가가 너무 많아서 구조조정을 하게 되는데 그렇게 되면 귀하는 더 이상 이 회사에서 근무할 수 없다는 이야기를 상사로부터 듣는다. 그리고 오늘이 귀하가 근무하는 마지막 날이다. 귀하의 내담자는 재배치된다. 귀하는 경비원을 동행해야 사무실로 돌아갈 수 있으며 책상을 정리하는 데는 30분밖에 주어지지 않는다. 그리고 귀하는 전화번호, 다른 정보를 복사할 수도 없고 차트도 가지고 나올 수 없다.

1. 귀하는 어떤 느낌이 드는가?
2. 귀하에게는 어떤 대안이 있는가?
3. 귀하는 어떤 단계를 취할 생각인가?
4. 귀하가 만나던 내담자들과 연락을 취하려 노력할 생각인가? 그렇다면 어떻게 그리고 무엇을 이들에게 이야기하겠는가?

귀하에게 3년 동안 치료를 받았던 이전 내담자가 위기 상황에 전화를 걸어왔다. 이 여성은 직장 변동에 따라 보험회사가 바뀌어 새 보험 정책을 적용받으므로, 다른 치료가와 심리치료를 시작했다고 말했다. 귀하는 관리의료회사와 계약을 맺고 있지 않다. 하지만 이 여성은 위기 상황에서 새로운 치료가와 연락이 닿지 않는다. 게다가 이 여성은 귀하를 더 편하게 여긴다.

1. 귀하는 어떤 느낌이 드는가?
2. 귀하는 이전 내담자에게 어떤 법률적 또는 윤리적 의무를 가지고 있는가? 만일 있다면 어떤 것인가?
3. 만일 귀하가 이 내담자와 전화로 잠시 이야기하거나 한 번 또는 그 이상의 위기 대처 상담에서 만나기로 동의했다면, 귀하는 어떤 법률적, 윤리적, 치료적 책임이 이 내담자의 현재의 치료가와 귀하의 일을 조정하는 데 참여하겠는가?
4. 이 전화 통화를 차트에 기록하겠는가?
5. 귀하는 전 내담자의 연락에 대해 명확한 방침을 가지고 있는가? 만일 그렇다면, 내담자들은 이 사실을 종료 전에 인지하고 있는가?

11장 사전 설명된 동의와 거부

　　사전 설명된 동의에 대한 권리는 개인의 자유, 자율, 그리고 존엄성에 대한 존중을 반영한다. 이는 치료와 상담 윤리에 있어 근본적인 문제이다. 미국심리학회 윤리규정([부록 A] 참조)은 사전 설명된 동의에 대해 구체적인 기준을 설정하고 있다(3.10, 10.01, 10.02, 10.03, 10.04). 트러스코트와 크룩(Truscott & Crook, 2004)은 "캐나다 심리학회 윤리규정에서 사전 고지에 입각한 동의는 가장 상징적인 가치이다."(p.55)라고 하였다([부록 B] 참조).

　　이 근본적인 개념은 우리가 주의를 기울이지 않으면 실수할 수 있는 부분이다. 어떤 것도 이런 중요성을 지닌 사전 설명된 동의에 환자가 접근하려는 노력을 막지 못한다. 우리는 10장에 기술된 문제들에 성공적으로 대처해 왔을지 모른다. 우리 사무실과 병원의 문은 활짝 열려 있다. 모든 것이 잘 준비되어 있다. 하지만 인내심이 뛰어난 환자라 하더라도 위협적으로 느껴질 수 있는 문서 작성 과정(접수 직원이 초진 시 환자에게 들이미는)을 거쳐야 하고, 유익하지 않은 정보라 하더라도 들어야 하며, 건강보험 휴대와 책임에 관한 법안(Health Insurance Portability and Accountability Act)과 같은 외부의 법률적 요구사항에도 부합해야 한다. 이 상황을 수습하기 위한 첫 번째 단계는 사전 설명된 동의가 정적인 의식이 아니라 유용한 과정이라는 것을 깨닫는 것이다.

사전 설명된 동의 과정

캐나다 심리학회 윤리규정에 의하면, 심리학자들은 "사전 설명된 동의는 단순히 서명한 동의서가 아니라 공동작업 수행을 위한 동의를 얻기 위해 겪어야 하는 과정에서 나타난 결과임을 인지해야 한다."([부록 B] 참조) 사전에 설명된 동의 과정을 통해 환자와 치료가 모두가 앞으로의 모험에서 공동 운명체임을 적절하게 확인한다. 이는 의사소통과 명확성의 과정이기도 하다. 치료가는 환자가 도움을 청하는 이유를 처음에 충분히 이해하고 있는가? 치료가는 환자가 기대하거나 바라거나 두려워하는 바를 평가와 치료를 통해 알고 있는가? 환자는 임상가가 평가와 문제 해결을 위해 사용하려는 접근 방법을 적절하게 이해하고 있는가? 환자는 자신의 문제에 대한 이런 접근법과 대안을 사용함에 있어서 나타나는 일반적인 효과를 알고 있는가?

사전 설명된 동의에는 결정 역시 포함된다. 환자는 이 평가와 치료의 과정을 수행할 것인가, 지금, 아니면 나중에 시작할 것인가, 그리고 이 과정을 대체할 것인가, 또는 다른 치료가에게 맡길 것인가를 결정해야만 한다. 치료가는 환자가 설명된 동의를 수행할 권한이 있는지를 판단해야 한다. 예를 들어, 아주 어린 아이들, 금치산자, 그리고 지적 능력에 문제가 있어 사전 설명된 동의에 임할 수 없는 사람들과 같은 경우이다. 사전에 설명된 동의가 불가능하다면 치료가는 완전히 사전 설명된 동의 없이도 그 상황에 개입하는 것이 적절한지 결정해야 한다. 치료가는 또한 사전에 완벽하게 동의한 환자라 하더라도 치료를 위한 결정을 내리기 위한 관련 정보를 환자가 제공하는지, 그리고 그 정보를 충분히 이해하고 있는지를 판단해야 한다. 그리고 그 환자가 자신의 의지에 의해서 동의를 했는지도 판단해야 한다.

캐나다 심리학회의 전 회장인 오닐(Patrick O'Neill)은, 사전 설명된 동의는 협상의 형태를 띤다고 한다. "대부분의 치료가들은 협상이 내담자의 오해를 풀어 줄 수 있다는 사실을 알고 있지만, 협상은 또한 치료가의 오해를 풀어 주는 역할도 한다는 사실을 아는 이들은 그리 많지 않다. 열린 대화는 심리학자가 환자의 특징을 심리학자 자신의 모델과 경험에서 벗어나서 인지하게 하므로 이는 표상성과 편견 발생 가능성을 바로잡는 역할을 한다."(1998, p.176)

마지막으로 사전 설명된 동의는 재현 과정이기도 하다. 환자는 최초의 심리학적, 신경심리학적, 그리고 의학적 평가와 최초의 시험적인 치료 과정에 기초한 개인의 심리치료 계획에 대해 동의를 할 수 있다. 치료가 들어가고 몇 달 후, 치료 계획은 평가의 결과, 환자의 다양한 치료 계획 구성 요소에 대한 다양한 반응, 그리고 환자의 요구 변화에 따라 대대적으로 수정될 수도 있다. 치료 과정이 눈에 띄는 발전을 거듭함에 따라 환자는 이러한 변화를 적절하게 이해하고 자발적으로 이에 동의해야 한다.

사전 설명된 동의의 기초

사전 설명된 동의는 환자가 요구하는 신뢰가 진정으로 정당화되도록 하는 노력이며, 심리치료가의 권한이 의도적이건 그렇지 않건 간에 남용되지 않으며, 심리치료가의 치료가 환자가 확실히 이해하고 동의한 방식으로 표현되는 것이다. 판례법은 명확한 분석의 기초와 사전 설명된 동의가 기능을 발휘할 수 있도록 한다. 이런 판례법의 상당수는 의료행위에 대한 것이지만 치료의 평가와 심리치료 원칙과의 관련성(항상 완벽하지는 않지만)이 암시되기도 한다.

역사적으로 의료직은 환자의 요구에 대해 상당히 거만하고 권위적인 자세를 취했다. 히포크라테스 선서에는 사전 설명된 동의가 들어 있지 않다. 환자에게는 치료를 위해 어떤 단계를 거쳐야 하는지 결정하기 위한 충분한 훈련과 지식뿐만 아니라 객관성도 없다.

이런 권위주의적 접근법이 획기적으로 바뀐 사건이 뉴욕에서 일어났다. 1914년, 이후 미국 연방 대법원 판사가 된 카르도조(Benjamin Cardozo) 판사는 "모든 건전한 정신을 가진 성인들은 자신의 신체에 무엇을 할 것인지 결정할 권리가 있다."고 판시했다(Schloendorf v. Society of New York Hospital, 1914, p.93). 이 판례는 의사들이 해오던 일에 대한 관행적 행태를 바꾸라고 했다기보다, 특정한 치료를 받을 결정을 내릴 권리는 의사가 아니라 환자에게 있다는 원칙을 명확히 천명한 것이라 할 수 있다. 하지만 이 원칙이 암시하는 바는 수십 년 동안 잘 알려지지 않았다.

뉘른베르크 재판과 이후 '의학적 개입과 실험에 대한 뉘른베르크 강령'은 종료된 동의 문제에 있어 전문가와 대중의 관심에 중점을 두었다. 뉘른베르크 재판에서 '치료'와 '연구'라는 미명하에 제2차 세계대전 중에 의료인들이 끔찍하고 비인간적인 의료행위를 했다는 사실이 밝혀졌다(Cocks, 1985; Gallagher, 1990; Koenig, 2000; Lifton, 1986; Muller-Hill, 1988; Pope, 1991; Proctor, 1988; Spitz, 2005). 뉘른베르크 재판과 강령은 치료 또는 연구 참여를 위한 사전 설명된 동의 또는 거부에 대해 개인의 근본적인 권리를 강조하고 있다. 오닐(O'Neill, 1998)에 의하면, "대중을 치료가로부터 보호하는 두 가지 방법은 감독과 동의이다. 치료의 역사에서 핵심은 감독이었다. 다시 말해 전문인의 활동을 전문가 단체, 규정 단체 또는 법원이 모니터하는 것이다. 뉘른베르크 선언은 새로운 독보적인 위치를 내담자에게 부여하여, 내담자가 주도권을 갖도록 하였다."(pp.13-14)

슈스터(Shuster, 1998)는 사전 설명된 동의 또는 거부권이 간과되면, 얼마나 쉽게 자신도 모르는 사이에, 동의도 없이, 끔찍한, 때로는 치명적인 '치료'가 정당화되며, 이로 인해 사람들이 해를 입는지 다음과 같이 기술했다.

냉전 시기 이온화 방사선 연구가 활발했는데 국가 안보를 위한 목적으로 미국 정부가 이를 지원했다. 병원에 있는 입원 환자들, 어린이, 정신질환자, 장애인, 임산부, 근로자, 군인, 그리고 많은 다른 사람들이 자신 또는 자신의 가족이 모르는 사이에 실험 대상이 되었다. 많은 이들은 자신의 병이 치료되고 있다고 믿었다(p.976; Advisory Committee on Human Radiation Experiments, 1995 참조)

또 다른 기념비적인 사건은 1960년 캔자스 주에서 있었던 나탄슨 대 클라인(Natanson v. Kline)의 소송이다. 법원은 카르도조 판사의 원칙을 재천명했다. "미국 법은 개인 스스로가 내린 결정을 전제로 만들어졌다. 이에 따라 각 개인은 자신의 신체는 자신이 통제한다." (p.1104) 법원은 이 재판에서, 환자는 필요한 관련 정보를 요구할 수 있지만 무엇이 관련 정보인지에 관해서는 전적으로 의사 공동체의 판단에 따라 결정된다고 판시했다.

정보 공개 의무는 분별 있는 의사의 몫이다. 의사는 같은 또는 비슷한 상황 하에서 정보를 공개한다. 정보 공개가 사전 설명된 동의를 이끌어 낼 정도로 충분하다면 의사의 향후 치료 과정에 이의를 제기해서는 안 된다. 만일 이의가 제기되었다면 모든 상황을 고려해서 의사는 환자의 이익을 최우선에 두고, 정당한 권한을 가진 의료인으로서 상황에 대처해야 한다.

이 경우는 '공동체 기준' 원칙을 예로 보여준다. 사전 설명된 동의를 위한 단계는 반드시 일반적인 의사 사회의 관례를 원칙으로 해야 한다. 이는 또한 서구 법과 정치, 윤리적 의사결정에서 강조하는 자율성과 자기 결단력을 반영한다.

1972년, 워싱턴 D.C. 연방법원과 캘리포니아 최고법원의 판결에서 카르도조 판사의 원칙이 실현되었다. 슐렌도르프 대 뉴욕 병원 협회(Schloendorf v. Society of New York Hospital) 공판을 재확인하며 실현되었으며 여기서 환자가 얻을 수 있는 관련 정보는 의사가 제공한 것이어야 한다는 것을 강조했다.

미국 법체계의 전제는 "모든 건전한 정신을 지닌 성인들은 자신의 신체에 무엇을 할지 결정할 권리가 있다. …" 자신의 신체에 어떤 일이 일어날지에 대해 동의하는 것은 사전 설명된 내용을 알고 이를 기초로 선택하는 것이며 여기에는 선택 가능한 방안과 각각에 따르는 위험성을 평가하는 기회가 수반된다. 일반적인 환자는 의학에 대한 지식이 거의 없거나 또는 전혀 없기 때문에 대체로 환자들은 자신의 주치의가 이성적인 판단을 내릴 것이라고 기대를 한다. 의사가 환자에게 주는 합리적인 정보 공개를 통해 환자가 판단을 내릴 수 있으므로 이런 의사에 대한 환자의 기대는 거의 자명하다 할 수 있다(Canterbury v. Spence, 1972, p.780).

최종 판단은 의사가 아니라 환자가 내려야 하며 이 의미 있는 결정은 의사가 제공한 적절한 수준의 정보에 기초해야 한다. "결정은 의사의 특권이 아니라 환자의 특권이며 이는 환자 본인이 자신에게 이익이 된다고 믿는 방향으로 움직인다. 환자가 자신의 치료 과정을 올바르게 결정하도록 하려면, 다른 치료 수단과 그에 따르는 위험을 숙지하도록 하는 것이 필수이다."(Cobbs v. Grant, 1972, p.514)

이성적 사고의 선은 특별한 신뢰와 의료가 지니는 고유의 의존성을 강조한 것이다. 이런 신뢰와 의존성은 약한 수준의 신뢰와 의존성과는 차별화되는 것이며, 종종 매입자 위험 부담 원칙을 다룰 때 이용되는 것으로 시장에서 덜 집중적이고 덜 구체적인 거래의 특징이다.

이런 관점에서 합리적인 정보 공개는 우리가 그것을 보는 것처럼 불가결한 것일 뿐 아니라 의사의 의무의 문제라 할 수 있다. 정보 공개는 의사가 제안한 치료에 도사리고 있는 잠재적인 위험을 경고하는 의무이자 올바른 치료의 일면이다. 이 의무는 또한 환자가 기대하는 모든 권리를 알리는 것이다. 환자가 의사에게 의존하는 것은 전통적으로 공정한 거래를 넘어선 의무이며 일종의 신뢰이다. 예상되는 치료의 관점에서 환자가 의사에게 환자의 안녕에 영향을 미치는 정보를 얻기 위해 의존하는 것은 절대적이다(Canterbury v. Spence, 1972, p.782).

이 기념비적 판례는 의사들이 자신들의 '공동체 기준'에 의해 환자가 가져야 하는 또는 갖지 말아야 하는 정보의 정도를 판단하는 생각을 특히 부인했다. 의사들 개인 또는 집단적으로 통상적인 기준을 간접적으로 세워 사전 설명된 동의에 관련한 환자의 권리를 결정하는 것은 의사가 아니라는 것이다. 환자들은 설명을 듣고 결정을 내릴 권리가 있으며 법원은 환자들이 결정을 내리기 위한 관련 정보를 갖는 것을 보장하였다. 법원은 캔터베리 대 스펜스(Canterbury v. Spence) 사건을 다음과 같이 보았다. "우리는 환자들이 행동의 원인이 관련 직업 전통의 존재와 이것의 불이행에 의존하는 것에 동의하지 않는다. 특정 치료에서 환자 스스로 결정을 내릴 권리에 대해서는 법이 의사에 대한 기준을 세우는 것이지, 의사들이 그 자신들에게 부여하거나 또는 부여하지 않을 기준을 세우는 것이 아니다."(1972, pp.783-784)

이 판례는 의사들이 환자가 적극적으로 이 분야에 대한 '권리'에 대해 질문을 하지 않더라도 적절한 관련 정보를 제공해야 할 필요를 명시하고 있다. 따라서 의사들은 환자가 묻지 않았다고 해서 관련 정보 제공을 늦추거나 무시해서는 안 된다. 의사들은 명확하게 완전한 정보 공개를 해야 할 적극적인 권리를 갖고 있는 것으로 여겨졌다.

우리는 의사 자신이 정보 공개를 하기 전에 환자가 정보 공개 요구를 할 수 있다는 사실을 망각한다. 공정한 거래는 의료 서비스를 받는 소비자를 위한 기준이 아니다. 정보 공개 의무는 단순히 환자가 요청해 이에 대하여 이야기하거나 질문에 대답하는 것을 넘어서서 환자의 이성적인 판단을 위해 필요한 정보를, 필요하다면, 자발적으로 제공해야 하는 의무이다. 환자가 무지하거나, 혼란스러워 하거나, 의사 때문에 위압감을 느끼거나, 병원에 와서 겁을 먹었을 수도 있고, 심지어는 질문 자체를 수치스럽게 여길 수도 있다. 어쩌면 소수의 환자들은 의사가 이전에 설명을 하지 않았기 때문에 어떤 질문을 해야 하는지 그 자체를 모를 수도 있다. 의사들과 병원은 광범위한 사회경제학적 배경을 가진 환자들을 접하게 된다. 또한 의사들과 병원은 복잡한 규정을 가지고 있지만, 많은 사회 구성원들은 이 규정을 갖고 있지 않아서 총체적인 불평등을 야기할 수도 있다(Canterbury v. Spence, 1972, p.783).

일부 환자들은 특정한 평가 또는 치료 과정을 선택하지 않을 수 있음을 깨닫고, 법원은 적절한 평가나 치료를 받지 않아 발생할 수 있는 일들을 이해하는 것이 평가나 치료 과정 그 자체를 이해하는 것만큼이나 관련 있다고 강조했다. 따라서 1980년에 캘리포니아 최고법원은 이전에 캔터베리 대 스펜스 사건과 콥스 대 그랜트(Cobbs v. Grant) 사건에서 세운 원칙들을 재천명했을 뿐만 아니라 환자는 치료에 대해 사전 설명된 동의와 거부를 할 권리를 확인했다. "이 판결은 치료를 위한 것이든 진단 검사 과정이든 상관없이 적용된다. 만일 환자가 안전한 검사 또는 치료를 거부할 의향을 표명하면, 의사는 환자의 이런 판단에 대해 부가적으로 조언을 할 의무가 있다. 이는 합리적인 사람이 거부할 결심을 하기 전에 관련 정보를 제공하여 치료 거부가 갖는 위험을 알리는 것이다. 반면 만일 권유한 검사나 치료가 위험하다면, 의사는 향후 권유하는 일련의 행동을 거부함으로써 야기될 수 있는 잠재적인 결과에 대해 항상 설명해야 한다."(Truman v. Thomas, 1980, p.312)

요약하면, 1970년대에는 법원은 의사결정의 중심을 명확히 환자에게 넘기는 경향을 보였고, 충분한 관련 정보를 바탕으로 내린 환자의 결정을 확인하는 책임은 명백히 의사에게 넘겼다. 캘리포니아 최고법원은 사전 설명된 동의라는 개념의 기초를 다음과 같이 명시했다.

우리는 몇 가지 가정을 적용한다. 첫째는, 환자들은 예외적인 경우를 제외하고 일반적으로 의학에 대해 충분한 지식이 없기 때문에 환자와 의사의 의학적 지식은 같지 않다는 가정이다. 두 번째는, 자신의 신체에 대한 통제권을 행사할 경우 올바른 정신을 가진 성인은 법률이 인정하는 의학적 치료를 받을지 결정할 권리를 갖는 것이다. 세 번째는, 환자의 치료에 대한 동의가 유효하려면 사전 설명된 동의가 있어야 한다는 점이다. 그리고 네 번째는, 의학에 대해 잘 알지 못하는 환자는 의사결정과정에 필요한 정보를 전적으로 자신의 의사에게 의존하고 이를 신뢰하므로, 공정한 거래가 아니라고 느낄 때 의사에게 이의를 제기할 수 있다는 것이다. 앞서 말한 자명한 구성 요소들은 불가결하며, 환자의 중요한 의사결정과정과 관련한 모든 정보는 의사가 공개해야 한다(Cobbs v. Grant, 1972, p.513).

이러한 원칙들은 판례법에서 시작하여 명문화되었다. 인디애나 주의 1984년 의회 등록 법안(Indian's House Enrolled Act of 1984)은 다음과 같이 명시하였다. "모든 환자들이나 내담자들은 치료의 본질 또는 재활 프로그램 제안, 그러한 치료 또는 재활 프로그램을 받거나 받지 않을 경우에 대해 알려진 결과, 그리고 만일 있다면, 대체 치료 또는 대체 재활 프로그램에 대해 정보를 제공받을 권리가 있다. 자발적인 성인 환자 또는 내담자는 금치산자가 아니라면 치료나 재활 프

로그램을 거부할 수 있으며 이 권리에 대한 정보를 제공받을 권리가 있다."(Section F)

사전 설명된 동의의 중요성이 나날이 증가하는 것은 미국심리학회 윤리규정 최근 개정판에도 반영되어 있다. 포드햄 대학 윤리교육센터 장이자 마리 도티 대학 심리학과 학장인 피셔(Celia Fisher)는 다음과 같이 기술했다.

많은 이들은 사전 설명된 동의는 심리학자들과 함께 작업하는 사람들에게 있어 자신을 보호하는 기초적인 수단이라고 여기고 있다. 1992년 윤리규정에서 동의에 의해 확보한 정보는 연구와 치료 목적에 제한된다고 규정되었다. 2002년 윤리규정에서 대부분의 심리학적 활동을 위한 더 넓은 의미의 고지에 입각한 동의 요구는 온정주의적 관점에서 자율에 기초한 전문가적이고 과학적인 윤리로 바뀐 사회의 엄청난 변화를 반영하고 있다(2003, p.77).

적절한 정보

동의 과정에서 제공된 정보는 전문 서비스와 다른 요소들에 따라 (예를 들면, 평가, 치료) 달라질 수 있다. 그러나 어떤 동의 과정이라 하더라도 그것이 충분히 대응되는지에 대한 관점에서 다음의 질문을 바탕으로 평가해 볼 수 있다. 이 목록은 계획과 동의 절차의 동시 검토 시 어떤 상황에서도 유용할 것이다.

-- 내담자는 누가 서비스를 제공하는지 임상가의 자격(예를 들어, 면허 상태)에 대해 이해하고 있는가? 만일 한 명 이상이 연관된다면 (예를 들어, 치료가와 임상 수퍼바이저, 18장 참조) 이 환자는 이 상황의 본질과 함의를 이해하는가?

-- 내담자는 최초 상담이 필요한 이유를 이해하는가? 많은 경우 내담자들이 자신들의 의지와 상당히 분명한 이유로 최초 예약 일정을 잡겠지만, 다른 경우에서 내담자들은 다른 사람들에 의해 (어쩌면 내과 의사나 법원에 의해) 오게 되므로 최초 회기의 이유를 명확하게 이해하지 못할 수도 있다.

-- 내담자는 임상가가 제공하고 있는 서비스의 본질, 정도, 그리고 결과를 이해하는가? 내담자가 임상가가 다른 대체 서비스를 제공할 수 있다는 것을 어느 정도까지 이해하는가?

-- 내담자가 서비스의 실제적인 또는 잠재적인 제한(예를 들어 관리의료회사가 치료를 8회로 제한한다거나 보험 약관에 의해 특정 금액까지만 보험이 제공된다거나 하는) 또는 임상가에 대해 제한이 있다는 사실(예를 들어, 치료가가 석 달에 한 번 교대되기 때문에 그 이후로 환자가 같은 치료가에게 치료를 받을 수 없는)을 이해하는가? 내담자가 서비스가 종료되는 방식을 이해하는가?

-- 내담자가 임상가에 대한 비용 정책과 임상가, 담당 임상가의 대체 인력, 또는 응급 서비스에 대한 절차를 이해하는가? 예를 들어 어떤 경우에 치료가가 (또는 이 치료가를 대체하는 인력이) 진료 시간 중, 밤 또는 주말 동안 상담이 없는 도중에 전화로 대응 가능한가? (10장에서 이 문제를 다루고 있다.)

-- 내담자가 기밀 준수, 면책 특권 또는 사생활의 예외적인 상황을 이해하는가? 예를 들어 어떤 경우에 임상가가 이 내담자에 대한 정보를 보험회사, 경찰 또는 법원에 공개할 수 있다는 사실을 내담자가 이해하는가? 이 내담자가 어떤 경우에 같은 장소에 있는 다른 사람들 (예를 들어 사무원, 임상 관리자 또는 컨설턴트, 행정 관리자 또는 다른 행정직원, 품질 관리 직원, 설비 검토 위원회, 감사, 연구원)이 내담자와 내담자에게 제공하는 서비스에 대해 토론(회의, 감독, 컨설턴트) 또는 서면(차트 기록, 치료 요약본, 행정 기록) 등을 통해 알 수도

있다는 점을 이해하는가? 16장에서 이 문제와 예외에 대해 다루고
있다.

사전 설명된 동의를 할 경우 고려할 사항

합법적으로 내담자의 사전 설명된 동의를 확보하는 불변의 그리고
부동의 방법은 존재하지 않는다. 우리 앞에 있는 상세 내용에 대해
어떻게 반응하는 것이 올바른 방식인지 알 수 없다. 치료가 또는 상
담가인 우리 모두는 독특하고 개인적인 방식을 고안해 왔다. 내담자
각각이 다 독특하기 때문이다.

사전 설명된 동의는 임상가와 내담자 사이의 관계에서 발생하는
주기적인 과정으로 고정된 일련의 형식적 행위가 아니다. 때문에 이
는 반드시 상황과 조건에 부합해야 한다. 이는 미국심리학회 또는 캐
나다 심리학회와 같은 단체가 제시한 명시적 기준뿐만 아니라 관련
주법, 연방법 그리고 변화하는 판례법에도 부합해야 한다. 이는 내담
자가 관련 문제를 이해할 수 있는 능력(내담자가 심각한 장애를 앓고
있는 발달 장애 어린이인가?)과 내담자의 상황(내담자가 위기 상황에
처해 있어서 법원의 의무 치료 명령에 의해 본인의 의지에 반해서 정
신병원에 수용되어 있는가?)에 신경을 써야 한다. 인간의 감수성과
전문가적 판단이 필요하다.

사전 설명된 동의 확보의 실패

내담자의 사전 설명된 동의권을 어떻게 보장할 것인지를 고려할
때, 우리는 이 권리가 자주 침해되고 있다는 사실을 유념해야 한다.
우리는 내담자의 사전 설명된 동의를 보장하기 위해서가 아니라 우
리 자신의 결정을 정당화하기 위해서 이렇게 할 수도 있지만, 우리는

권리 침해의 경우를 내담자의 관점에서 생각하는 기회로 삼을 수 있다. 만일 우리가 자신에게 사전 설명된 동의권이 있는 것도 모르는 내담자라면 어떤 느낌이겠는가?

사전 설명된 동의권을 보장하지 않았던 예는 수백 명의 미국인들에게 제공되는 무료 의료 지원 조항에서 찾아볼 수 있다(J. H. Jones, 1981; Rivers, Schuman, Simpson & Olansky, 1953; U.S. Public Health Service, 1973 참조). 이 프로그램은 1932년에 시작되어 1972년까지 시행되었다. 미국 공중보건 서비스(U.S. Public Health Service)를 통해 만일 우리 모두가 정부에서 제공하는 통합 의료 서비스를 받게 된다는 이야기를 듣는다면, 우리는 어떤 느낌이 들까? 대단하다고 느낄까? 경제적인 부담에서 벗어나게 되어 다행이라고 느낄까? 정부 예산으로 지원되는 최신의 의료 서비스를 받을 수 있어서 기쁠까? 우리 중 누가 이런 드문 기회를 외면할까?

프로그램의 수혜자들은 자신들이 매독을 치료하지 않을 경우 나타나는 결과에 대한 실험에 이용될 것이라는 점을 알지 못했다. 모든 참가자들에 대한 매독 치료는 사실상 중지되었다. 치료는 사실상 연구 절차였다. 예를 들어 실험 대상에 대한 고통스러운 척수천자는 특별한 치료라고 설명했다. 의료 서비스 관계자들은 이 연구에서 어떤 종류의 인종적 관점도 투영되지 않았다고 주장했지만, 이 프로그램 참가자는 흑인 남성으로 제한되었다.

이와 비슷한 예는 최근에도 많이 있다. 예를 들어 에이즈 실험을 하는 병원들은 실제적으로 환자의 인지 또는 허락 없이 시행하고, 때로는 간접적으로 주(州) 법을 위반하기도 한다(Pope & Morin, 1990). 또 다른 예로, 스티븐스(Stevens, 1990)는 한 연구소가 학생들을 적합한 학급에 배치하기 위해 실시한 스탠포드-바이넷 지능검사(Stanford-Binet Intelligence Scale)를 언급하였다. 학교가 받은 정보는 어린이의 부모에게 보낸 결과와 모순되었다. 학교에 보낸 보고서에는 "데이비드는 평균적 학생들을 위한 학급에 배치할 것을 권고합니다."라고 되어 있었고, 부모에게 보낸 보고서에는 "데이비드는 우수 학생을 위한 학급에 배치되어야 합니다."(p.15)라고 되어 있었다. 이를 두고 연구소는 자신들의 정책에 대해 다음과 같이 설명했다. "우리가 학교에 보낸 보고서가 더 정확하다. 부모들에게 보낸 보고서는 좀 더 완곡하고 긍정적이다."(p.15)

만일 정부와 의료계 전문가들이 우리에게 제공하는 무료 의료 서비스가 사실 치료하지 않을 경우 나타나는, 심각하게 고통스럽고 위험하고 치명적인 질병의 결과를 관찰하기 위함이라면 우리는 어떤 느낌일까? 우리가 병원에 도움을 받으러 갔는데 우리에게 알리지도 않고 또 허가도 없이 에이즈 검사를 받았다면 어떤 느낌일까? 만일 우리가 지능검사 결과에 대해 부정확한 정보를 받았는데 누군가 이것이 좀 더 '완곡하기' 때문이라고 했다면 어떤 느낌일까?

사전 설명된 동의의 장점

사전 설명된 동의라는 문제에 접근하면서, 우리는 임상가로서 충분한 정보를 내담자에게 제공하고 내담자들의 동의를 얻는 것이 치료를 방해할 것이라고 두려워할 수도 있다. 그리고 이렇게 공개적으로 내담자들에게 동의를 얻는 것이 어쩌면 치료를 실패로 이끌지도 모르고 사실상 이로 인해 환자에게 심각한 정신적 문제를 야기할지도 모른다. 하지만 연구 결과는 이런 우려를 해소하고 있다. 사전 설명된 동의의 과정은 유익하다고 여겨진다. 사전 설명된 동의의 절차는 내담자들의 긴장을 덜어 주어 치료 계획을 잘 따르게 해서 회복이 더 빨라질 수 있으며, 내담자들이 의도하지 않은 부정적인 치료의 결과를 더 빨리 알아챌 수 있게 한다(Handler, 1990).

동의의 한계

사전 설명된 동의는 비윤리적이거나 위법 행위를 할 때 임상가들을 책임에서 벗어나게 해주는 전략이 아니다.

최소한 하나의 예는 환자의 동의가 법적으로 유효하도록 하는 데에 한계가 있다는 점을 제시한다. 이 예에서, 몇몇 성인들은 심리치료의 형태로 치료를 받았는데, 여기에는 신체적인 폭력이 포함되어 있었다. 변호인들은 원고들이 그 치료에 동의했기 때문에 기소가 부당하다고 주장했다. 하지만 항소 법원은 이를 동의라고 받아들이지 않았다. 이 판결은 환자의 동의는 그것이 동의된 것이라 하더라도 행위가 불법적이거나 공공정책에 모순된다면 합법적이라고 볼 수 없다는 것을 내포한다(예를 들어, 치료가와 환자 사이의 성관계)(Caudill & Pope, 1995, pp.553-554).

가족들과 다른 복수의 내담자들을 위한 동의

개별적인 심리치료는 서비스 제공의 한 가지 모델에 불과하다. 때때로 임상가들은 커플, 가족 또는 집단에게 치료를 제공한다. 치료가들은 사전 설명된 동의와 거부에 대한 사항이 각각의 개인에게 제공되는지 확인해야 하고, 이에 의한 동의가 한 명 이상의 내담자가 참가하는 특정한 치료에 대응하는지도 확인해야 한다. 예를 들어 비밀 유지의 기준과 다수의 내담자 중 한 명에게 알려지는 내용의 예외의 한계가 무엇인가? 치료가가 다른 가족 구성원에게 얻은 기밀을 유지해야 할까? 만일 커플 치료를 받는 한 내담자가 기밀 유지를 하지 않기로 한다면, 이 커플 치료에 참여하는 또 다른 사람에게도 이것이 적용되는가?

이러한 주제들은 치료의 시작 단계에서 명확히 하는 것이 최선이며 치료 과정 중 발생할 수 있는 충돌 또는 잠재적인 충돌은 지속적으로 명백하게 해야 한다. 미국심리학회 윤리규정(APA, 2002)에 포함되어 있는 새로운 10.03조항 집단 치료 항목에 의하면 "한 그룹에 있는 여러 명의 사람들에게 서비스를 제공하는 상황에서, 심리학자들은 모든 당사자들의 역할과 책임 그리고 기밀 유지 등을 시작 단계에서 설명해야 한다."(p.1073) 따라서 심리학자들은 집단 치료의 초기 단계에서부터 여기에 참여하는 치료가들과 내담자들 모두의 독특한 역할과 책임에 대해 설명해야 한다. 그리고 이 설명에는, 그룹에 참여하는 사람들이 집단 내 다른 구성원에 대한 비밀을 지키도록 권고받지만, 그들은 법적 구속력이나 행동에 대한 윤리적 규정을 지킬 의무는 없다는 사실도 포함된다. 반드시 요구되는 사항은 아니지만 집단 구성원들이 집단의 규칙과 지침을 포함해 고지에 의해 동의한다는 문서에 서명하도록 하는 것이 도움이 될 수 있다.

사전 설명된 동의에 대한 불공평한 기회

편견과 선입견을 바탕으로 내담자들에게 사전 설명된 동의에 있어 불공평한 기회를 제공하지 않는 것은 중요하다(15장 참조). 이런 불행한 경우가 적어도 간헐적으로 일어나서 일부 내담자들의 사전 설명된 동의권을 박탈한다는 연구가 있다. 예를 들어 사전 설명된 동의를 얻어 실시하는 실험에서 벤슨(Benson, 1984)은 중요한 정보가 선별된 의사들에 의해 공개되는 것이 체계적으로 환자의 인종, 사회경제적 지위와 연관이 있는지를 찾아낸 바 있다.

인지 과정

임상가들은 사람들이 인지 과정에 따라 결정을 내리는 것과 관련

하여 나날이 진화하는 연구와 이론에 대해 최신의 지식을 보유해야
한다(Arbuthnott, Arbuthnott & Thompson, 2006; Bell, Raiffa &
Tversky, 1989; Bursztyajin, Feinbloom, Hamm, & Brodsky, 2000;
Evans, 1989; Goleman, 1985; Janis, 1982; Janis & Mann, 1977;
Kahneman, Slovic & Tversky, 1982; Kahneman & Tversky, 2000;
Langer, 1989; Plous, 1993; Pope, Butcher, & Seelen, 2006; Rachlin,
1989 참조). 이 연구와 이론은 임상가들이, 내담자들이 평가 또는 치
료 과정에 참가해야 할지를 결정하는 데 영향을 미치는 요소를 이해
하는 데 도움을 준다.

하버드 대학 병원에서 맥닐 등(McNeil, Pauker, Sox, & Tversky,
1982)은 폐암 환자에 대한 실제적인 데이터에 기반을 둔 두 가지 선
택권을 사람들에게 제시했다. 이 데이터는 환자가 수술 치료를 선택
했는지 아니면 방사선 치료를 선택했는지, 그리고 그 결과가 어떠했
는지를 보여주었다. 수술을 선택한 사람들 중 10%가 수술을 받다가
사망했고, 22%는 수술 후 1년 내에 사망했으며, 나머지 34%는 5년
내에 사망했다. 방사선 치료를 선택한 사람들 중에는 아무도 방사선
치료 과정 중에 사망하지 않았고, 23%가 1년 내에 사망했고, 나머지
55%가 5년 후에 가서 사망했다.

만일 귀하가 이러한 실제적 데이터를 갖는다면, 어떤 치료 방법을
선택할 것인가? 이러한 데이터가 제공되자 이 실험에 참가한 42%의
참가자가 방사선을 선택했다. 이 데이터가 환자가 사망하는 비율, 즉
사망률이라는 관점에서 제시되었다는 점을 유념하자. 동일한 정보를
각 단계별로 생존한 환자의 비율이라는 관점에서 제공했을 때, 방사
선 치료에서 100%가 치료 당시에 생존했고, 73%가 최초 1년, 그리
고 22%가 5년 동안 생존했다고 했을 때, 단지 25%만이 방사선을 선
택했다. 사망률에서 생존율로의 변화가 사람들이 인지적으로 정보를
처리하고 결정을 내리는 방식에 변화를 일으켰다.

우리의 개입이 내담자들과 그들이 치료를 시작할지 그리고 어떤 종류의 치료적 접근을 시도하는 것이 중요한지에 대한 결정을 내릴 때 근본적인 영향력을 미칠 수 있기 때문에, 우리는 중요한 윤리적 책임을 가지고 이러한 결정과 관련해 우리가 제시하는 정보의 형식에 주의를 기울여야 한다.

동의서의 문제

우리 중 대다수가 치료에 너무나 열정적이어서 동의 문제에 관해 내담자와 이야기하는 것을 피하려고 한다. 우리는 이런 책임을 동의서라는 형태에 미뤄 두고, 이 동의서가 우리의 이 일을 대신하기를 바란다. 개인 상담소나 병원에서 일하는 우리들은 이러한 동의서를 다루지 않을 수도 있다. 최초 예약에 내방하는 내담자는 직원의 안내에 따라 동의서를 읽고 서명하고 치료가를 만나기 전에 이것을 제출한다. 이 동의서는 상담소 또는 병원의 고문 변호사가 작성하므로 임상가가 검토해 보지 않았을 수도 있다. 동의서는 위협적인 느낌을 주는 난해한 법률 용어와 관료주의적 전문 용어로 가득 차 있을 수 있다. 이러한 동의서는 내담자가 자신에게 도움이 되는 합리적인 결정을 내리기 위한 선택권을 위한 것이기보다 병원이나 상담소와 같은 기관을 잠재적인 법적 소송에서 보호하기 위한 것일 수도 있다.

서면으로 정보를 제공하는 것은 내담자가 자신들에게 필요한 정보를 갖도록 하는 데 핵심적인 요소가 될 수 있다. 그러나 동의서는 사전 설명된 동의를 이끌어 내기 위한 적절한 과정을 대체할 수 없다. 최소한 임상가는 내담자와 정보에 대해 논의해야 하고 전문가적인 판단을 내려서 내담자가 관련 정보를 적절히 이해하도록 해야 한다.

동의서를 사용하는 임상가들은 내담자가 필수적인 독해 능력을 보유하고 있는지 확인해야 한다. 문맹은 미국에서 중요한 문제이므로 임상가들은 모든 내담자들이 글을 읽을 줄 안다고 단순하게 생각해서는 안 된다. 또한 일부 내담자들은 영어가 익숙하지 않아 제2 또는 제3 외국어로서의 기본적인 능력만 보유하고 있을 수 있다.

내담자들이 글을 읽을 수 있어야 할 뿐만 아니라, 동의서 그 자체도 해독 가능해야 한다. 그룬드너(Grundner, 1980)는 "동의서 형태가 법적으로 유효하게 하는 데 많은 노력을 들이지만 일반적인 사람들이 이를 읽고 이해하기 위해서는 많은 노력을 하지 않는다."(p.900)라고 밝혔다. 그는 두 가지 표준화된 가독성을 가진 다섯 가지 동의서를 분석하고 "5개의 동의서가 대략 대학교 3, 4학년 또는 대학원생들이 소화 가능한 자료의 가독성에 상응한다. 5개 동의서 중 4개는 전문 과학 저널 수준으로 작성되었고, 나머지 하나는 학술 잡지 수준이었다."(p.900)는 점을 발견했다.

동의서를 읽는다고 내담자가 자료를 이해하거나 이후 단기간 동안 그것을 기억했다고 확신할 수 없다. 로빈슨과 메라브(Robinson & Merav, 1976)는 동의서를 읽고 서명한 후 치료를 받고 있던 20명의 환자를 4개월에서 6개월 후에 면담했다. 이들은 모든 환자들이 진단, 잠재적인 합병증, 그리고 대체 관리 방법을 포함한 모든 관련 정보에 대해 기억하지 못하는 것을 발견했다. 카실레스 등(Cassileth, Zupkis, Sutton-Smith, & March, 1980)은 동의서를 읽고 이에 서명한 후 하루가 지난 다음, 단 60%의 환자들만이 절차의 목적과 본질을 이해했다는 사실을 발견했다. 형식적으로 이해했다고 하는 환자들은 신뢰할 수 없다(Irwin et al., 1985). 임상가들은 내담자들이 정보를 이해했는지 확인해야 하는 의무를 지닌다.

문제점을 이런 연구 초반에 알아내서 효과적으로 대처할 수 있는 방법을 찾아냈다고 믿으면 마음이 편할지도 모른다. 불행히도 이런 문제들은 최근의 연구에서도 지속적으로 나타나고 있다. 예를 들어 아카드 등(Akkad, Jackson, Kenyon, Dixon-Woods, Taub, & Habiba,

2006; Commons et al., 2006; Dixon-Woods et al., 2006 참조)은 "동의 과정이 행정적, 법률적 요건에 부합하더라도 환자의 요구에 부합하지 않고, 일부 환자들이 [원치 않는 절차에] 동의한다 하더라도 … 환자들이 동의 과정의 몇몇 중요한 장점들을 발견했음에도 동의서에 서명 또는 서명하지 않음으로써 나타나는 관련 문제들에 대한 실제적인 불확실성이 있을 수 있다. … 많은 환자들이 자신들의 이익을 대변하는 데 있어서 기본적인 역할을 하며 자신들의 알 권리를 충족시켜 주는 서면 동의서를 보지 못했다. 이전에 연구가 보여주듯이, … 많은 사람들이 동의서의 기본 역할은 병원을 보호하는 것이라고 생각했다. … 이러한 발견은 의료 전문가들과 환자를 모두 혼란스럽게 하고 현재의 동의 과정이 자율성과 환자의 권리 보호라는 자신들의 목표를 충족시키는지에 대해 문제를 제기한다."(p.529)

부가 자료

http://kspope.com/consent/index.php의 웹 페이지(Informed Consent in Psychotherapy & Counseling: Forms, Standards & Guidelines, & References)는 고지에 입각한 동의에 관해 유용한 자료들을 제공한다. 이 사이트의 자료는 세 분야로 나뉘어 있다.

1. 미국심리학회 보험신탁(APA Insurance Trust)에서 제시하는 사전 설명된 동의서의 예를 제시하는 링크, 로체스터 대학 상담 센터(University of Rochester Counseling Center), 웨스트버지니아 대학 캐러스 상담 및 심리학 서비스 센터(West Virginia University Carruth Center for Counseling and Psychological Services), 미국 심리전문위원회(American Board of Professional Psychology, ABPP)의 브라운(Laura Brown) 박사, 윤리 실천 센터(Center for Ethical Practice)

2. 전문인 협회의 기준과 방침에서 (원문 링크를 포함하여) 제공하는 사전 설명된 동의가 요구사항들을 담고 있는 초록. 미국 결혼 및 가족치료협회(American Association for Marriage and Family Therapy); 미국 기독교 상담가협회(American Association of Christian Counselors); 미국 척추 손상자들을 위한 심리학자와 사회복지사 협회(American Association of Spinal Cord Injury Psychologists and Social Workers); 미국 집단 심리치료협회(American Group Psychotherapy Associations); 미국 정신건강 상담가협회(American Mental Health Counselors Association); 미국 정신분석협회(American Psychoanalytic Association); 미국심리학회(American Psychological Association); 집단 작업 전문가 협회(Association for Specialists in Group Work); 영국 상담 및 심리치료협회(British Association for Counselling and Psychotherapy); 브리티시컬럼비아 임상상담가협회(British Columbia Association of Clinical Counsellors); 캘리포니아 행동과학이사회(California Board of Behavioral Sciences); 캐나다 상담협회(Canadian Counselling Association); 캐나다 정신과협회(Canadian Psychiatric Association); 캐나다 심리학회(Canadian Psychological Association); 유럽연합 심리학회(European Federation of Psychologists' Associations); 아일랜드 상담과 치료협회(Irish Association for Counseling and Therapy); 전국 사회복지사 협회(National Association of Social Workers); 전국 공인 상담가 위원회(National Board for Certified Counselors); 아일랜드 심리학회(Psychological Society of Ireland)

3. 기사, 서적, 연구 논문에서 나온 인용구와 정보

[토론거리]

귀하는 관리의료기관(HMO)에서 전일제로 일하고 있으며 이 기관은 임상가에게 심리치료를 제공하기 전에 모든 환자들에게 서면으로 고지에 의한 동의를 받도록 요구하고 있다. 관리의료기관 의사 중 한 명이 귀하에게 심리치료를 위해 환자를 의뢰한다. 그 환자와의 최초의 면담에서, 귀하는 그 환자가 최근에 폭발로 인해 영구적인 시각 장애를 입었으며 이런 특정한 상황에서 일상생활로 돌아가기 위해 도움을 필요로 한다는 사실을 발견한다.

1. 귀하는 어떤 느낌이 드는가?
2. 귀하가 생각하는 최초의 동의 문제는 무엇인가?
3. 어떤 동의 과정이 시각 장애인들을 위해 특별하게 고안된 치료적인 접근을 확실하게 가능하게 하겠는가?
4. 귀하가 점자에 익숙하지 않고, 관리의료기관은 동의서를 점자로 제공하지 않으며 이 기관의 누구도 점자를 쓸 수 없다면, 의료 서비스를 제공하기 전에 어떻게 그 기관에서 요구하는 서면 동의를 얻을 수 있을까?
5. 만일 이 환자가 귀하가 사용하려고 계획한 개입이 시각 장애인에게도 유효한 것인지 질문을 한다면 귀하는 어떻게 대답할 것인가?
6. 만일 이 환자가 귀하가 시각 장애를 가진 환자들을 위한 훈련과 관리 경험이 있어서 이러한 사람들에게 서비스를 제공하는 것이 합법적인지 묻는다면, 귀하는 어떻게 대답할 것인가?

귀하는 관리의료기관에서 근무하고 있으며, 이곳에서는 특정 기간 동안 외래 환자에게 8회까지의 심리치료를 제공한다. 새로운 내담자가 최초 면담에서 삶을 방해하는 놀라운 기억들을 이야기했는데, 이는 어릴 적 근친상간 경험에 대한 것이었다. 이 내담자는 자신에게 근친상간을 자행한 부친(또는 모친)이 몇몇 손자들을 성적으로 학대하고 있다고 생각한다.

1. 귀하는 어떤 느낌이 드는가?

2. 이 환자의 정식 평가에 관해 이 최초의 면담에서 귀하가 생각하는 사전 설명된 동의와 거부의 문제는 무엇인가?
3. 이 사람을 위한 잠재적인 임상적 개입에 관해 이 최초의 면담에서 귀하가 생각하는 사전 설명된 동의와 거부의 문제는 무엇인가?

귀하는 대학 상담센터에서 상담가로 근무를 시작했다. 상담센터 소장과의 첫 번째 만남에서 귀하는 이 센터에 동의서가 있는지 묻는다. 소장은 "이 문제를 제기해 줘서 정말 기쁩니다. 우리는 이 문제를 상담가 개인들에게 맡겨 두었지만, 공용으로 사용할 수 있는 동의서가 필요합니다. 이력서를 살펴보니 귀하가 공용으로 사용할 동의서를 작성할 적임자인 것 같습니다. 공용 동의서를 다음 목요일까지 작성해 주셨으면 좋겠군요."라고 말한다.

1. 귀하는 어떤 느낌이 드는가?
2. 이 업무를 귀하가 피할 수 없다고 가정하고, 귀하는 이 동의서를 작성하기 위해 어떤 과정을 이용하겠는가?
3. 사전 설명된 동의서에서 다루어야 하는 문제나 요소에는 무엇이 있는가?

귀하는 음주 문제를 가지고 있는 청소년에게 심리치료를 제공하기로 했다. 이 청소년의 부모는 귀하의 윤리적 책임을 감안하여 상담이 기밀로 유지되는 것에 동의했다. 그러나 부모는 자녀가 대마초를 피우고 있다고 생각하여 귀하에게 상담 기록을 보여 달라고 요구한다.

1. 귀하는 어떤 느낌이 드는가?
2. 귀하가 생각하는 법적 그리고 윤리적인 요소는 무엇인가?
3. 귀하는 부모에게 말해야 한다고 생각하는가?
4. 귀하는 이 내담자에게 말해야 한다고 생각하는가?
5. 귀하의 서면 동의서가 이 사례가 제기하는 문제들을 어느 정도까지 적절하게 다루고 있는가?

귀하는 관리의료회사의 서비스 제공자 중 하나이다. 추가적인 상담을 제공하기 전에 단계별 심사가 요구된다. 귀하는 심사에서 성적 인식이 동성애자인 내담자에게 중요하고 여기에 중점을 두어야 한다고 생각하지만, 귀하는 이 정보가 심사자에게 제공될 수 있다고 내담자에게 알리지 않았다.

1. 귀하는 어떤 느낌이 드는가?
2. 이 상황과 연관되는 동의의 문제에는 무엇이 있는가?
3. 이 상황을 해결하기 위해 어떤 가능한 접근 방법을 생각하고 있는가?
4. 이용 심사, 동료간 검토, 비슷한 검토 과정과 관련하여 사전 설명된 동의와 거부를 위한 적절한 형식에 포함되어야 하는 정보는 무엇인가?

12장 평가, 검사, 진단

평가, 검사, 진단은 내담자의 삶을 바꾸어 놓을 수 있다. 그 결과는 내담자의 취업, 보호, 평판, 비자발적인 입원이나 감옥에 갈 것인지의 여부까지 예측하게 만드는 등 결정적인 영향을 미친다.

기관에서 상담하는 사람들은 평가를 하기 위한 시간을 내거나 다른 자원들에 대해 외적으로 부과되는 제한을 가질 수 있다. 개인 상담가들은 최신 연구 및 이론들에 부합하고, 윤리적이고 정확하며, 유용한 평가를 일관되게 해내야 하는 도전에 직면하게 된다. 많은 상담실과 병원에서 이루어지는 내부 실습 프로그램, 전체 회진, 사례 회의, 프로그램 평가를 통하여 제공되는 준비된 전문적인 지원, 교육적인 자료들, 동료의 검토가 개인 상담가에게는 부족하게 된다.

다음의 사항들은 윤리적 함정을 정의하며, 진단, 검사, 평가가 의사와 내담자 모두에게 최대한 타당하고 유용하게 이루어지도록 돕기 위해 유용한 것이다.

기준과 지침의 인식

미국심리학회와 캐나다 심리학회는 검사, 평가, 진단에 관련된 여러 문헌을 출판한다. 그 문헌들을 기간마다 참고하면 이 영역의 작업을 최상의 수준으로 수행하는 데 도움이 된다. 예를 들어, 미국심리학회에는 윤리규정과 행동강령에서 평가에 관한 장이 있는데 '전문적 맥락의 평가, 진단, 개입', '평가와 개입의 역량과 적합한 사용', '검사의 구조', '일반적인 평가와 특수 대상 평가', '평가 결과의 해석', '자질이 없는 사람들', '낙후된 검사와 뒤떨어진 검사 결과들', '검사 점수와 해석 서비스들', '평가 결과 설명', '검사 보안 유지', '법적 평가', '심리적 서비스의 본질과 결과 기술' 등이다. 캐나다 심리학자 윤리규정은 이와 관련된 기술을 하고 있다. 즉 심리학자는 "정보 제공의 경우, 요청을 받는다면 평가, 사정, 혹은 연구 결과에 대한 적절한 정보를 관련된 사람들에게 제공하라. 이 정보는 이해할 수 있는 언어로 의사소통되어야 한다."(III.15)고 되어 있다. 그리고 심리학자는 "심리학에 대한 기술, 지식, 해석이 잘못 사용되거나 부적절하게 사용되거나 불필요하게 사용되지 않도록 보호해야 한다(예를 들면 타인에 의한 평가 기술 보호의 상실)."(IV.11)

미국심리학회와 캐나다 심리학회가 출판한 이 분야의 유용한 다른 문헌들은 다음과 같다. 「노인 집단에 대한 심리적 실제에 대한 지침(Guidelines for Psychological Practice with Older Adults)」(APA, 2004); 「심리학자들을 위한 다문화 교육, 훈련, 연구, 실천과 조직적 변화에 대한 지침(Guidelines on Multicultural Education, Training, Research, Practice, and Organizational Change for Psychologists)」(APA, 2003b); 「아동 보호의 심리적 평가를 위한 지침(Guidelines for Psychological Evaluations in Child Protection Matters)」(APA, 1999); 「연령 관련 인지 쇠퇴와 치매의 평가를 위한 지침(Guidelines for the Evaluation of Dementia and Age-Related Cognitive Decline)」(APA, 1998a); 「이혼 과정에서 아동 보호 평가를 위한 지침(Guidelines for Child Custody Evaluations in Divorce Proceedings)」(APA,

1994); 「인종적, 언어적, 문화적으로 다양한 사람들에 대한 심리학적 서비스 제공자를 위한 지침(Guideline for Providers of Psychological Services to Ethnic, Linguistic, and Culturally Diverse Populations)」(APA, 1993); 「심리학적 서비스 종사자를 위한 일반 지침(General Guidelines for Providers of Psychological Services)」(APA, 1987b); 『심리학적 서비스 제공자를 위한 실천적 지침(Practice Guidelines for Providers of Psychological Services)』(CPA, 2001a); 『검사 실시자의 권리와 책임: 지침과 기대(Rights and Responsibilities of Test Takers: Guidelines and Expectations)』(APA, 1998b); 『교육적, 심리학적 검사를 위한 기준(Standards for Educational and Psychological Testing)』(미국교육연구학회, 미국심리학회, 교육측정위원회, 1999). (이 내용은 http://kspope.com/ethcodes/index.php에서 볼 수 있다.)

권한의 범위에 머물기

심리학 학위, 인턴십, 자격증만으로는 심리검사를 실시하고 점수를 측정, 해석하는 등의 작업의 질을 보장해 주지 않는다.

홀과 헤어-머스틴(Hall & Hare-Mustin, 1983, p.718)은 미국심리학회의 윤리 사례를 제시했다. "심리학자가 다른 심리학자를 고소했는데, 이유는 부적격자이며 특히 검사에 있어서 그렇다는 것이다. '과학적이고 전문적인 윤리행동위원회'(CSPEC: 미국심리학회 윤리위원회의 과거 명칭)는 주 위원회의 보고를 검토했다. 위원회는 조사를 실시하여 그 해당자가 심리검사 원칙에 대한 훈련이나 교육을 받지 않았는데도 아동 보호 논쟁과 관련된 아동의 평가를 일상적으로 실시하고 있었음을 알아냈다. 위원회는 조항 2a인 검사 권한을 위반했다고 밝혔고, 그 회원이 1년간 임상심리사의 감독 하에 일할 것을 요구하였다." 심리검사는 권한을 요구한다. 이 권한은 단순히 개인이 주장하는 것이 아니고, 정규 교육, 훈련, 경험을 통해 개발되었음을 증명하여야 한다. 이 점은 진단, 평가의 과정 혹은 검사가 포함되지 않더라도 일반적으로 평가에 관련되어 있다. 예를 들어 면접과 관찰에 기초하여 진단할 때는 해당 평가 방법에 대한 훈련과 감독받은 경험이 필수적이다.

측정, 타당성, 연구의 이해

실질적인 교육 내용을 문서화하는 것, 감독 훈련, 그리고 노인층을 신경심리학적으로 평가하거나 아동 지능검사, 성인 성격검사 등 검사에 대한 넓은 경험은 윤리위원회 청문회, 자격 청문회, 부정 치료 고소 시 검사에서 역량을 쌓는 데 유익하다. 그러나 권한에 대한 증거를 넘어서, 측정, 타당성, 연구에 대한 기본 이해를 가지고 있는가가 중요한 이슈이다.

샌더스와 키스-슈피겔(Sanders & Keith-Spiegel, 1980)은 미국심리학회의 윤리 사례를 제시하였다. 심리학자가 다른 자료들과 함께 MMPI를 사용하여 내담자를 평가하였다. 평가받은 내담자는 검사 결과 특히 MMPI 결과가 정확하지 않다고 느꼈다. 검사 결과와 기초 데이터를 포함한 모든 자료는 결국 미국심리학회 윤리위원회에 제출되었다. 자료들은 다시 두 명의 독립 검사 전문가에게 평가를 위해 전달되었다.

위원회는 그 심리학자가 측정, 타당성, 추론에 대한 적합한 이해를 나타내지 않았다고 결론지었다. "해당 심리학자가 사용한 검사 중 성격장애라고 규정할 타당성을 가지고 있는 유일한 검사는 MMPI였고, MMPI의 결과라고 주장하는 결론들은 정확한 것이 없다. 해당자의 결론들은 과거의 정신과적 지식과 정신과 컨설턴트로부터의 정보에 의존한 것이라고 의심된다. 컨설턴트의 결론들을 비판 없이 받아들인 것처럼 보인다. 해당자의 보고서는 위원회의 판단으로는 완전히 비전 문적으로 실행된 것이다. 대부분의 대학원생들도 그보다 잘할 것이 다."(Sanders & Keith-Spiegel, 1980, p.1098)

내담자가 검사를 이해하고 동의하게 하기

내담자가 주어진 검사 도구의 본질, 목적과 기술을 완전히 이해하 도록 하면, 평가나 치료의 어떤 단계에서 동의하거나 보류할 수 있는 내담자의 권리를 성취하도록 돕게 된다. 내담자가 검사를 이해하도록 결정하는 것은 단지 정보를 읽어주거나 문서로 제공하는 것과는 다 른 것이다. 어떤 내담자들은 불안하고 산만하고 선입견을 갖거나 혹 은 검사자를 만족시키고 싶어서 정보를 이해 못하거나 조금만 이해 했더라도 마치 설명을 이해한 것처럼 고개를 끄떡인다. 어떤 내담자 들은 검사자가 당연시하는 전문 용어와 개념에 익숙하지 않다. 종종 이러한 의사소통의 부재는 검사자의 검사하려는 바람과 내담자가 무 지하게 보이기 싫은 두려움을 결합시켜 버린다.

검사자는 완전히 이해할 수 있는 설명을 제공하기 위해 필요한 노 력을 기울이고, 내담자가 이해하고 동의하였는지에 대해 전문적인 의 견을 취할 책임이 있다. 내담자는 적절하게 알기 위해서 누가 검사 결과를 알게 되는지 정확하게 인식하고 그에 동의하거나 검사를 보 류하여야 한다. 이는 건강보험의 편의성과 책임성(Health Insurance Portability and Accountability, HIPAA), 그리고 다른 법령에 의해 영 향을 받을 수 있다. 이 이슈들은 결국 평가가 이루어지면 검사 결과 와 관련된 자료를 받을 다양한 사람들과 연관된 것이지만, 평가를 시 작하기 전에 내담자에게 알려 주어야 한다. 그래서 내담자가 정확하 게 알고 동의하거나 보류하는 결정을 할 수 있도록 해야 한다. 아래 장들은 이 이슈들을 명확히 하는 문제를 토의하고 있다.

검사 보고와 기초 데이터 접근을 명확히 하기

치료가는 검사 정보를 임의로 또 의무적으로 알리는 법적이고 윤리적인 기준의 복잡한 틀 내에서 일한다. 1974년 미국 민법, 캘리포니아 '검사 안의 진리' 법령, 디트로이트 에디슨 대 국가노동관련위원회, 1996년 HIPAA, 캐나다 2000 개인정보 보호와 전자문서법(PIPEDA)은 평가 문헌의 접근에 영향을 미치는 법률과 사례들이다. 미국심리학회의 윤리규정(APA, 2002)은 검사 자료에 대한 정의와 그 제공에 대한 지침을 밝히고 있다.

(a) 검사 자료(test data)라는 용어는 수정되지 않은 환산점수를 참고한 것으로, 내담자/환자의 검사 질문이나 자극에 대한 반응이나, 검사하는 동안 심리학자의 노트나 내담자/환자의 발표와 행동을 고려한 기록이다. 내담자/환자의 반응을 포함한 이러한 검사 재료의 비율은 검사 자료의 정의에 포함해야 한다. 내담자/환자의 반응에 따라 심리학자는 내담자/환자, 혹은 다른 공개에 관련된 사람에게 검사 자료를 제공해야 한다. 심리학자는 검사 자료를 제공함에 있어 내담자/환자나 다른 사람을 실질적인 피해나 오용, 검사나 자료의 허위 진술로부터 보호하기 위해 검사 자료의 공개를 제한할 수 있다. 법에 의해 특정 환경 아래서의 비밀 정보의 공개가 규정된 사례가 많이 있다는 것을 인지해야 한다. (9.11 검사 비밀 유지 참조)
(b) 내담자/환자에 대한 검사 자료의 공개가 없을 경우, 심리학자는 검사 자료를 법이나 법정 요구 시에만 제공해야 한다(pp.1071-1072).

다음에 나오는 그럴듯한 이야기는 평가의 정보를 보류하거나 제공할 책임에 있어서 치료가가 결정해야 할 복잡한 판단들을 설명해 주고 있다.

17세 소년이 귀하의 사무실에 와서 종합 심리 평가를 요청한다. 그는 두통, 불안, 우울을 경험하였다. 고등학교 중퇴자로 결혼한 지 1년이 되었고 한 살 난 아이가 있다. 그는 아내와 아이를 떠나 부모님 집으로 돌아와 살고 있다. 자동차 수리공으로 일하고 검사 과정에 대한 보험을 가지고 있다. 귀하는 검사를 마쳤다. 그해 귀하는 많은 사람들로부터 검사에 대한 정보 제공을 요청받는다.

-- 소년의 의사, 내과 전문의
-- 소년의 우울증을 염려하는 그의 부모
-- 직원의 보상 청구와 관련하여 소년의 고용주
-- 직원 보상 청구를 논쟁하는 보험회사 변호사
-- 이혼과 아기 양육 소송을 하는 소년의 아내의 변호사
-- 검사 결과를 좋게 여기지 않아 소송을 고려 중인 소년의 변호사

각각은 완전한 형식의 보고서, 최초 검사 자료, 귀하가 실시한 각 검사의 복사본(예를 들어, MMPI-2의 지침과 모든 문항)을 요청한다.

이 사람들 중 누구에게 귀하는 윤리적으로나 법적인 책임을 가지고 모든 정보, 부분 정보, 보고서의 요약을 제공해야 하거나 제공하지 말아야 하는가? 어느 요청에 대하여 소년이 관련된 정보 제공에 대하여 알고 자필로 쓴 동의가 필요한가?

이 복잡한 질문에 대하여 일반적으로 적용되거나 대부분의 독자에게 해당되는 정해진 답은 없다. 각 주와 도시, 관할 지역에는 고유하게 발전되어 온 법률과 사례가 있는데 때때로 미완성되거나 혼란스러운 방식으로 치료가의 책임에 대해 기술한다. 그러나 위 질문들은 윤리규정, 치료 감독과 컨설팅, 스태프 회의, 워크숍에 대한 토의를 위한 기초를 제공하고 있다. 답변은 특정 영역과 관련되어 찾을 수 있다. 치료가는 최근의 법적인 요구사항에 대한 명확한 지침을 개발하기 위하여 해당 지역의 전문가 연합을 통하여 일하기를 원할 수 있다.

검사 실시의 표준 과정을 준수하기

웨슬러(Wechsler) 아동 지능검사 개정판(WISC-R) 혹은 할스테드 (Halstead) 검사의 지시사항을 끝없이 낭독하고 있을 때, 우리는 단조로움을 깨고 생기를 찾고 자신의 독창성을 드러내고 싶은 충동을 느낄 수도 있다. 특히 급할 때 그 지시사항을 줄이고 싶어 할 수 있다. 우리는 결국 내담자는 검사가 진행되면서 따라올 것이라고 가정한다.

표준화된 검사에서 강조되는 가정은 검사 상황과 과정이 모든 사람에게 가능한 한 동일해야 한다는 것이다. 누군가가 규범으로 된 과정을 떠난다면 표준화된 규범은 직접적인 적용성을 잃고 그 규범에서 이루어진 '기준' 추론은 의문시된다. 장애우들을 평가하기 위해 합리적인 환경을 만들려면 때로는 검사를 실시하는 방법을 바꾸어야 한다. 리 등(Lee, Reynolds, & Wilson, 2003)은 다음과 같이 말한다.

1999년 교육심리검사의 기준은 미국심리학회 등이 채택하였는데, 장애우에게 심리검사를 실시할 경우 합리적인 환경을 만들 것을 실시자에게 요구하고 있다. 검사 실시에 변화가 요구될 수 있으나 그 기준은 또한 실시자가 그 변화된 환경으로 검사 점수를 해석하는 타당성 있는 증거를 제시해야 한다고 요구한다. 검사 실시 동안 기준 과정을 변형하는 것은 검사 점수의 의미를 변화시킬 수 있다. 기준 과정에 기초한 규범에서 산출되는 점수가 적합하지 않을 수 있기 때문이다. 즉 오류를 가진 용어나 비율 등에 영향을 받을 수 있기 때문이다(p.55).

미국심리학회의 관련 위원회는 내담자가 MMPI 같은 검사를 집에 가서 하도록 하는 것은 '표준 절차'를 벗어난 것이라는 내용을 출판하였다. 「심리학적 서비스 제공자들을 위한 사례집(Casebook for Providers of Psychological Services)」(APA, 1984)이 소개하는 한 경우에서는, 내담자가 MMPI를 집으로 가져가도록 심리학자가 허락하였다. 미국심리학회에 불평이 가득하자 관련 위원회는 말하기를, 심리학자가 "검사가 실시되는 조건에 대해 직접적이고 일차적인 정보를 가지고 있지 않을 때마다, 그들은 검사에 대한 반응은 검사가 실시되는 일반적 상황에 의해서 왜곡되지 않는다고(위의 경우, 불필요하게) 가정하게 된다(예를 들어 내담자가 검사에 대한 반응에 대해 다른 사람들과 의논하는 경우). 실제로는 정말 그 검사가 완전히 내담자에 의해 답해지는지 심리학자는 확신할 수 없다. 소송 과정에서 그 검사 결과가 자료로서 소개되는 경우에는 뜬소문 같은 신뢰성 없는 증거로 취급하여 즉석에서 처리될 것이다."(p.664)

과정이 주의 깊게 검토되지 않는 한, 내담자가 답안지를 작성하고 다른 검사 문항들을 완성한 상황을 알 수 있는 방법은 없다. MMPI의 전문가인 그레이엄(Jack Graham)은 입원 환자에게 MMPI가 실시된 흥미로운 경우를 묘사하고 있다(Pope, Butcher, & Seelen, 2006). 그는 많은 환자들이 모여 있는 것을 관찰하였다. 1분에 여러 번씩 환자 몇 사람이 손을 들곤 했다. 그레이엄은 호기심이 생겨 그들 중 한 사람에게 무슨 일이냐고 물었다. 그 환자는 설명하기를 한 심리학자가 MMPI를 환자 한 사람에게 주면서 완성해서 그 심리학자의 사무실로 갖다 달라고 했다는 것이다. 그 환자는 다른 환자들에게 도움을 청하였다. 환자는 MMPI의 각 문항을 큰 소리로 읽어 주고 다른 환자들은 내용이 맞는지 틀리는지 결정하기 위해 손을 들었던 것이다. 역시 MMPI 전문가인 심리학자 버처(Jim Butcher)는 한 환자가 심리학자의 사무실 밖에서 그의 아내와 함께 앉아 MMPI를 하고 있는 것을 보았다. 때때로 환자가 답을 쓰면 그의 아내가 함께 읽다가 틀렸다고 답을 고치라고 했다. 답은 환자 당사자가 작성해야만 하는 것이었다(Pope, Butcher, & Seelen, 2006).

녹음과 제3 관찰자의 자료 읽기

제삼자가 평가에 참석하는 경우나 혹은 녹음, 녹화나 유사한 녹음이 있다면 검사자는 이 요소가 평가에 미치는 영향에 대한 연구를 알고 있어야 한다. 예를 들어 콘스탄티누 등(Constantinou, Ashendorf, & McCaffrey, 2002)은 "녹음기가 있는 경우 기억력 검사에서 참가자들의 실행이 감소하였다. 반면 운동신경검사(motor tests)에서는 녹음의 영향을 받지 않았다."(p.407)고 한다. 가베트 등(Gavett, Lynch, McCaffrey, 2005)은 "제3 관찰자가 있으면 집중의 측정, 언어 기억, 언어 유창도, 인지 증상 타당도에 대한 신경심리검사 수행에 중요한 영향을 미친다고 발견되었다."(p.49)고 한다(Constantinou, Ashendorf, & McCaffrey, 2005; Lynch 2005; Yantz & McCaffrey, 2005 참조).

검사자는 관련된 정책 내용과 유사한 조사들을 알고 있어야 한다. 만일 신경심리적 기능이 평가에서 이슈가 되는 경우를 예로 든다면 다음을 알고 있어야 한다. 미국 임상 신경심리학회의 「신경심리적 평가에서 제삼자의 존재에 대한 정책 조항(Policy Statement on the Presence of Third Party Observers in Neuropsychological Assessment)」(2001); 액슬로드(Alexlrod)와 동료들의 「신경심리적 검사에서 제3 관찰자의 존재: 전국 신경심리학회의 공식 입장(Presence of Third Party Observers During Neuropsychological Testing: Official Statement of the National Academy of Neuropsychology)」(2000); 더프와 피셔(Duf & Fisher)의 「제3 관찰자의 윤리적 딜레마(Ethical Dilemmas with Third Party Observers)」(2995); 린치와 매카프리(Lynch & McCaffrey)의 「제삼자가 있는 신경심리적 평가: 윤리적 이슈와 문헌 고찰(Neuropsychological Assessments in the Presence of Third Parties: Ethical Issues and Literature Review)」(2004); 맥스위니(McSweeny)와 동료들의 「임상 신경심리적 평가에서 제3 관찰자

의 존재에 대한 윤리적 이슈들(Ethical Issues Related to the Presence of Third Party Observers in Clinical Neuropsychological Evaluations)」(1998).

기본 가정의 인식

기본 가정들과 이론의 틀은 우리의 평가에 중대한 영향을 미칠 수 있다. 랭거와 아벨슨(Langer & Abelson)의 고전 연구 「다른 이름으로 된 환자 ⋯(A Patient by Any Other Name ⋯)」(1974)는 예를 들어 행동주의 치료가와 정신분석적인 치료가는 동일한 사람을 봐도 다를 수 있다는 점을 설명했다.

행동주의와 분석적인 두 개의 학파를 대표하는 치료가들이 최근에 새로운 일을 하게 되었는데, 그 저자 중 한 사람과 인터뷰하는 것을 녹화한 비디오테이프를 보았다. 각 그룹의 절반은 면접을 본 사람이 '구직자'라고 들었고, 다른 절반은 그가 '환자'라고 들었다. 비디오를 본 후 모든 치료가들은 피면접자를 평가하는 질문지에 답하게 되었다. 행동주의 치료가들은 미리 들은 명칭에 상관없이 피면접자들이 매우 잘 적응하고 있다고 기술했다. 그러나 더 전통적인 분석 치료가들은 그렇지 않았다. 피면접자들이 '구직자'라 칭해지기보다 '환자'로 명명되었을 때 더 산만한 것으로 묘사하였다(p.4).

여기서 중요한 것은 이 두 가지 학파 중 어느 쪽이 더 타당하고 신뢰 있고 존중할 만하고, 경험에 기초하고 있거나 유용한가의 문제가 아니다. 오히려 명백한 것을 설명하려는 것이다. 기초 이론이 다르면 매우 다른 평가를 할 수 있다는 것이다. 평가를 하고 진단을 하는 치료가들은 그들의 이론의 배경에 대해, 그리고 그 이론이 평가에 영향을 미칠 수 있음을 지속적으로 인식하고 있어야 한다. 랭거와 아벨슨

(Langer & Abelson, 1974)은 명확하게 말한다. "분석적 치료가 그룹이 이번 연구에서 보인 의문시되는 관점에도 불구하고, 행동주의 치료가들도 분석 치료가들만큼이나 어떤 오류에 빠지도록 조건이 형성된 것은 아닌지 의심하게 된다. 임상 훈련에 있어서는 어떤 종류의 이론도 모든 종류의 편견이나 사각지대를 피하는 것 같지 않다."(p.9)

잘못된 진단으로 이끄는 개인적 요소의 인식

우리의 기본 가정과 특정 영역에 대한 가정을 인식하지 못하는 것에 더하여, 자신의 개인적인 반응과 역학에 대해 충분히 주의하지 못함으로써 잘못된 평가를 내릴 수 있다. 레이저와 레벤슨(Reiser & Levenson)의 탁월한 논문 「경계선 진단의 남용(Abuses of the Borderline Diagnosis)」(1984)에서는 경계선 성격장애 진단이 흔히 남용되는 여섯 가지 경우에 초점을 맞추고 있다. "역전이 된 혐오를 표현하고, 부정확한 사고를 위장하고, 치료의 실패를 변명하고, 치료가의 행위를 정당화하고, 성적인 임상 자료들을 방어하고, 약물과 의료 치료의 개입을 피하기 위해서다."(p.1528) 우리 내부에 있는 이 이슈들에 대해 열린 마음을 가지고 동료들과 자주 토론한다면 이런 오용을 방지할 수 있고 우리의 평가가 최상의 윤리적 기준에 맞도록 하는 데 도움이 된다.

잘못된 진단으로 이끄는 재정적 요소의 인식

제삼자 보상제는 매우 널리 퍼져서 치료가 대부분이 어떤 진단 범주가 '해당'되고 안 되는지를 민감하게 알게 되었다. 보험회사들과 광범위한 관리의료기관들은 단지 매우 제한된 범위의 진단들만 인정해 준다. 예를 들어 성격이나 인격 장애는 거의 보상해 주지 않는다.

유감스럽게도, 보상받지 못하는 진단을 거짓으로 꾸며서 보상받는 진단으로 대체하려는 유혹은 오래되고 존경받는 치료가들에게까지 영향을 미친다는 것이 전국적인 연구에서 드러났다(Pope & Bajt, 1998). 코바츠(Kovacs, 1987)는 보험 청구 비용에 대한 강한 어조의 논문에서 엄하게 경고하였다. "보험 청구를 어려워하거나 보험업자보다 조금 빠르거나 늦는 사람들은 자살을 감행하기도 한다. 보험업자는 이제 투자자들을 위해 필요한 펀드를 사용하려고 준비한다. 또한, 자신의 환자들을 위해 서류를 완성하는 윤리적, 법적 책임을 이해하지 못하는 동료들에 대해 범죄로 고소하게 될 변호사들을 위해 펀드를 사용하려고 한다."(p.24)

APA Monitor 에 실린 「내담자 청구비 윤리에 대한 충고(Advice on Ethics of Billing Clients)」(1987)라는 논문은 "피해야 할 임상을 청구하기", "보상 범주에 맞추기 위한 진단의 변화"(p.42) 중에서 리스트를 만들었다. 미국심리학회 윤리규정과 행동강령(APA, 2002), 6.06 '비용 지불자와 재정 지원자에 대한 보고서의 정확성'에서는 이렇게 말한다. "연구 재정 지원자나 업무 비용 지불자에 대한 보고서에 있어서 심리학자는 합당한 단계를 거쳐서 수행된 연구나 제공된 업무, 보수, 비용, 적용 가능한 곳, 제공자의 신분, 결과, 진단 등에 대한 특징을 정확히 보고해야 한다. (4.01 비밀 유지, 4.04 사생활 침해 최소화, 4.05 정보의 공개 참조)"(p.1068)

잘못된 진단을 하도록 이끄는 재정 요소의 문제는 중요하다. 그로스(Gross, 2004)는 이렇게 말한다. "보험의 남용은 실무 치료가들이 저지르는 가장 흔한 윤리적 법적 위반의 하나이다. 그것은 자격증 기관과 범죄 선고에 의해서 부과되는 제재를 초래한다. … 그 직업에서는 유감스럽게도, 보험의 남용은 너무 일반화되어 많은 실무자들은 그렇게 하는 것이 정상이거나 수용될 수 있다고 믿게끔 자신을 속이고 있다."(p.36)

낮은 기초 비율 인정[2]

평가가 조건, 권한, 적성, 질, 혹은 거의 발견되지 않는 다른 어떤 것과 연관되면, 낮은 기초 비율을 간과하는 것은 문제가 될 수 있다. 심리검사 자체가 정확하다 해도, 낮은 기초 비율의 통계적 도구는 커다란 실수를 초래할 수 있다. 판사 임용 후보자들을 점검하기 위해 귀하가 부정직한 판사를 알아내기 위한 평가 과정을 개발하도록 의뢰받았다고 상상해 보라. 그것은 어려운 도전인데, 단지 5백 명의 판사 중 한 명만이(가설적으로 말해서) 부정직하기 때문이다.

귀하는 모을 수 있는 모든 실질적인 데이터를 수집하고, 다양한 성품, 개인 이력, 검사 결과에 기초하여 부정직성을 점검할 검사를 개발할 수 있음을 알았다. 귀하의 방법은 90% 정확하다.

귀하의 방법으로 다음 5천 명의 판사들을 평가하려고 하는데, 그중에는 부정직한 열 명이 있을 것이다(왜냐하면 5백 명 중 한 명이 부정직하므로). 90%로 정확한 평가 검사는 이 열 명의 정직하지 못한 사람 중 아홉 명은 알아내고 한 명은 정직하다고 할 것이다.

지금까지는 좋다. 문제는 4,990명의 정직한 후보자들이다. 평가의 10%는 오류이므로 정직한 후보자들을 잘못 평가할 경우만이 틀린 것을 알아낼 수 있다. 정직한 후보들 중 10%를 부정직하다고 할 것이다. 따라서 이 평가 방법은 4,990명의 정직한 후보 중 499명을 부정직하다고 분류할 것이다.

그래서 90%로 정확한 검사는 평가받은 5천 명의 후보 중 508명을 부정직하다고 분류한 것이다. 9명의 정말 부정직한 사람과 499명의 정직한 사람이 된다. 검사 방법이 부정직하다고 나타낸 508번 동안 단지 9%만이 옳았던 것이다. 검사는 499명의 정직한 후보들을 부정

---

2) 「심리평가의 오류와 허점」, Copyright 2003, K. S. Pope.

직하다고 한 것이다.

이중의 높은 기초 비율 인정하기[3)]

다음의 사례는 이중의 높은 기초 비율을 인정하는 것이 왜 중요한
가를 보여주고 있다.

재난 대응팀의 일원으로, 귀하는 심각한 지진을 경험한 도시의 정신
건강센터에 차출된다. 그 센터에서 작성한 기록을 신속히 살펴보니, 지
진 후속 업무를 하기 위해 온 2백 명 중 162명은 특정 종교 신자이고
그 지진과 관련하여 외상 후 스트레스(Post-Traumatic Stress Disorder,
PTSD)로 진단받았고, 18명은 그 종교 신자이면서 외상 후 스트레스
진단을 받지 않았다. 또 그 종교를 믿지 않는 사람들 중에서 18명은
외상 후 스트레스로 진단받았고, 2명은 무관했다.

그 특별한 종교와 외상 후 스트레스의 발병 간의 밀접한 관계는 거
의 자명한 것 같다. 봉사를 하러 왔던 사람들 중 81%는 그 종교 신자
였고 외상 후 스트레스가 발병했다. 아마도 이 신앙으로 사람들이 외
상 후 스트레스에 잘 걸리는 듯하다. 또는 더 미묘한 연관이 있는 것
같다. 이 종교는 외상 후 스트레스에 걸린 사람이 정신건강 서비스를
쉽게 찾도록 하는지 모른다.

그러나 어떤 관련성의 추정은 잘못된 생각이다. 여기에서 종교적인
신앙과 외상 후 스트레스의 발병은 독립적인 요소이다. 이 센터에서
봉사 업무를 하고자 하는 모든 사람들 중 90%는 그 특정 종교 신자이
고, 지진 후속 봉사를 하러 온 모든 사람들 중 90%는 외상 후 스트레
스에 걸렸다. 그 두 요소들은 높은 기본 비율을 가지므로 연관이 있는
것처럼 보인다. 하지만 통계적으로 관계가 없다.

---

3) 「심리평가의 오류와 허점」, Copyright 2003, K. S. Pope.

회고 정확성과 예측 정확성 간의 혼란을 피하기

평가 도구가 갖는 예측상의 정확성은 우선 최상의 결과에 초점을 맞추어, 조건부 확률에서 표현하는 것같이, 이러한 결과를 나타내는 사람이 특별한 조건, 권한, 적성 또는 자질을 갖출 가능성은 얼마인가라고 묻는다. 평가 도구의 회고적인 정확성은 우선 특별한 조건, 권한, 적성 또는 자질에 초점을 맞추어, 조건부 확률에서 표현하는 것같이, 이러한 특별한 조건과 능력을 갖춘 사람은 이러한 검사 결과를 나타낼 가능성이 얼마인가라고 묻는다. 많은 문제는 추정의 방향성을 혼동하는 이러한 일반적인 실수에서 비롯된다.

회고와 예측 정확성을 혼동하는 이러한 실수는 종종 그 결과로 발생하는 논리적인 오류를 확인하는 것과 유사하다(2장 참조).

X 조건을 가진 사람들은 이러한 특정 검사 결과를 나타낼 가능성이 압도적으로 많다.

Y라는 사람은 이러한 특정 검사 결과를 나타낸다.

따라서 Y는 X의 조건을 가질 가능성이 매우 높다.

법적 문제의 의식

우리 사회는 더욱더 소송을 하려고 하고, 우리는 우리 자신들이 과거보다 더 흔히 법정에 치료가로서 등장하거나 법적 소송의 일부가 되는 서류를 준비하는 것을 보게 된다. 법적인 환경은 특별한 요구사항을 설명하고, 실무자들은 그것을 의식할 필요가 있다. 예를 들어, 재정적인 요소는, 어떤 상황에서, 평가를 수행하고 보고할 때, 편견을 만들어 낼 수 있다. 이러한 이유로, 법적 문헌은 그 어느 심리학자도 부수적인 수수료를 인정하지 않을 것을 요구한다. 블로(Blau, 1984)

는, "심리학자는 사례의 결과를 기초로 수수료를 받지 말아야 한다." (p.336)라고 하였다. 샤피로(Shapiro, 1990)는, "전문 증인은 어떤 상황에서도 부가 수수료를 기초로 전문의에서 의뢰하지 말아야 한다." (p.230)고 하였다. 전국 조사에서 응답자들 중 단지 15%만이 이러한 경험에 참여했다고 보고했고(Pope, Tabachnick, & Keith-Spiegel, 1987), 대략 같은 비율(14%)은 대부분의 경우 그것이 좋은 경험이거나 또는 훌륭하다고 생각한다(Pope, Tabachnick, & Keith-Spiegel, 1988).

법적인 업무에서 다른 문제성 있는 영역은 아동 보호 평가 수행에 관한 것이다. 예를 들어, 샤피로(Shapiro, 1990)는 "그 어떤 상황에서도 아동 보호에 관한 보고서가 그 분쟁에 관한 일방 당사자만의 평가를 기초로 법원에 제시되어서는 안 된다."(p.99)고 진술한다. 「이혼 과정에서 아동 보호 평가를 위한 지침(Guidelines for Child Custody Evaluations in Divorce Proceedings)」(APA, 1994)은 이 영역에서 심리학자들을 위한 안내를 한다. 이 지침에 따르면, 아동의 최대 이익이 평가의 주된 목적이며 가장 중요한 것으로 생각된다.

잠재적인 의학적 원인에 주목하기

특히 증상의 유형이 잘 알려진 심리적인 진단에 적합한 경우, 고통 또는 장애에 대해 가능한 의학적인 원인을 무시하기 쉽다(예를 들어, 통증, 체중 감소 또는 몸의 상처에서 출혈). 그러나 종합적인 평가는 가능한 의학적인 원인을 규명하거나 또는 확인해야 한다. 한 상담 관련 단체의 의장인 임버트(Rick Imbert)는 "만일 어떤 신체상 문제의 징후가 있을 때는 전체적인 검사를 해야 한다."는 점을 강조했다; 예를 들어, "정신분열증 같은 어떤 증상은 사실상 뇌손상에 의해 발생할 수 있다."(개별 면담, 1988. 4. 18)

예전 기록과 병력의 의식

예전의 평가와 치료의 기록은 종합적인 심리 평가의 일부로서 귀중한 자료가 될 수 있다. 법원은 이러한 자원을 인식, 취득하고 활용하는 노력을 소홀히 하면, 어떤 경우에 보호 기준을 위반한다고 판결했다. 예를 들어, 연방 사건인 야블론스키 사례(Jablonski v. United States, 1983)에서, 미 연방 순회 항소 법원(U.S. Ninth Circuit of Appeals)은 "과거의 의료기록을 확보하는 데 실패하는 것은 의료과실이라는 지방법원 판사의 판결"을 확정했다.

예전의 기록이 존재하는지 또는 취득 가능한지의 여부에 관계없이, 적절한 병력의 취득은 적절한 평가에 결정적일 수 있다. 심리학자인 브라운(Laura Brown, 1994b)은 예를 들어, 간과된 병력이 표준화된 검사를 신뢰할 때 오류 진단을 초래할 수 있는 방식을 입증하면서 개인 상담자인 로즈워터(Lynne Rosewater)와 조지 워싱턴 대학 교수인 듀턴(Mary Anne Dutton)의 선도적인 연구에 대해 논의했다:

그들의 연구는 수많은 구타당하는 여성들에 대한 자료의 수집과 검사에 관한 일반적인 응답의 유형 확인과 연관된다. 실제로, 그들은 MMPI에 대한 표준적인 주 교재와 전산 채점 제도는 그 검사를 받는 사람이 현재 그의 배우자 또는 애인으로부터 구타를 당하거나 당한 적이 있는 여성일 가능성을 고려하지 않는다는 점에 주목했다.

로즈워터가 처음에 지적했듯이, 그러한 맥락이 없으면, 폭력의 존재, 구타를 당하는 여성들의 확인은 MMPI 상 정신병 또는 결정하기 어려운 성격처럼 보인다. 그러한 검사의 결과의 해석을 명시적으로 계획하는 폭력의 상황에서, 검사에서 나타나는 고통의 유형은 검사를 받는 사람의 생활에서 나타나는 사건에 대한 적당한 반응이라는 점에 주목할 수 있다. 즉, 어떤 여성의 애인이 그녀를 구타하는 경우, 그는 침울하고, 혼란을 느끼고, 감정에 압도당한다는 것은 이해할 만하다. 생활에 위협적인 폭력에 대한 이러한 반응의 상태가 문제의 여성에게 도움이 되거나 또는 심리 병인적인 징후의 성격이 있다는 것은 항상 사실인 것은 아니다(Brown, 1994, p.187).

신뢰성과 타성성에 관한 모든 조건의 표시

흐린 조명, 낮은 개입, 시끄러운 환경 또는 투약과 같은 어떤 상황이 심리적인 검사의 결과에 영향을 미칠 수 있거나, 또는 검사를 받는 사람이 그 기준이 적용되는 준거 집단과 모든 해당 특성을 공유하는 경우, 이들 요소들은 검사 자료를 해석할 때 고려되어야 하고 정식 보고서에 포함되어야 한다.

이러한 책임이 암시하는 것은 심리학자들은 타당도와 신뢰도에 영향을 미칠 수 있는 다양한 요소들의 배열에 주의해야 한다는 것이다. 예를 들어, 모국어가 영어가 아닌 사람들을 검사하는 심리학자들은 영어로 된 그 검사가 적절한지를 판단할 어려운 국면에 처한다. 종종 내담자를 내담자의 언어에 능통한 정신건강 전문가에게 의뢰하는 것은 중요한 일이다. 통역이 필요한 경우, 심리학자들은 평가의 타당도나 개입의 효율성을 위협하는 것을 피하기 위해, 이중 역할을 할 수도 있는 통역자들 또는 비전문가들의 서비스를 활용하지 않는다.

적절한 피드백의 제공

피드백은 검사 또는 기타 평가 형식의 결과와 내용을 평가를 받는 사람과 공유하는 동적이고 상호작용적인 과정이다(Pope, 1992). 많은 요소들은 이 과정에 방해가 될 수 있다. 우선, 관리의료기관과 기타 관리를 받는 보호기관들은 임상가들의 시간에 대해 가혹하고, 종종 비현실적인 요구에 영향을 미칠 수 있다. 시간의 조정으로 내담자와 평가에 대해 논의하고 그의 질문과 관심사에 대해 세심하게 배려할 기회가 거의 없을지 모른다. 유사하게, 연방, 주와 개인의 정신 보험은 가장 최소의 피드백 기간을 제외하고 모두에 대한 보상을 부인할 수 있다. 예를 들어, 특정 심리검사를 시행하기 위해 기본적인 고정 수수료가 발생할 수 있다. 그 지급금은 그 검사를 관리하고 그 결과의 간단한 기록을 하는 데 필요한 시간을 거의(종종 부적절하게) 보상하지는 않을 것이다. 그 임상가는 적절한 피드백을 제공하기 위해 필요한 시간을 무료로 할애해야 할 것이다.

둘째, 광고와 마케팅 문헌은 그들이 시간이 얼마나 부족한지를 강조함으로써 개인의 검사, 검사 버전 또는 종합 검사를 선전할 수 있다. 우리는 종종 빠르게 축약된 검사지를 읽는다. 그러한 선전 자료는 복잡한 평가가 그 임상가의 시간, 기술, 판단력 또는 집중력에 대해 실제적인 요구 없이 단지 수분 내에 수행될 수 있다는 생각을 무의식적으로 조장할 수 있다. 이러한 성급한 판단은 임상가들이 그들의 빠르고 간단하며 짧은 검사를, 빠르고 간단하며 짧은 피드백과 조화를 이루도록 권할 수 있다.

셋째, 개인의 차원에서, 치료가들과 상담가들은 내담자와 평가 결과에 대해 논의할 때 불편할 수 있다. 혹자는 그 내담자가 나쁜 소식으로 들을 수 있지 않을까 하는 내용을 전달하는 사람이 되고 싶지 않을 것이다. 또 혹자는 그 내담자를 위해 그토록 많은 검사 해설 교재, 컴퓨터 자료 해설서, 진단 서적 등을 이해하는 데 불편함을 느낄 수 있다. 또 혹자는 필연적으로 많은 중요한 질문을 하며 분명한 결과를 기대하는 내담자에게 많은 부분 의문 상태로 남아 있는 검사 결과를 갖고 처리하는 데 불편함을 느낄 수 있다.

이런저런 요소들은 임상가들로 하여금 피드백이 더 큰 평가 과정의 한 측면인 동적이고 상호작용적인 과정이며, 그 평가는 종종 소위 피드백 기간 또는 단계 중에 계속된다는 것을 잊도록 만들 수 있다.

그 결과 피드백은 그 '결과'가 내담자(또는 의뢰자 또는 다른 사람)에게 맡겨지는 마무리의 예비적이고(pro forma), 정적인 방법이거나 필수적인 전문용어로 간주될 수 있을 것이다. 이와 같이 피드백에 대한 견해가 너무 회피적이고 비생산적이므로 어떤 임상가들은 피드백을 모두 뒤로 미루는 잘못을 저지를 수 있다. 기계적으로, 수치에 따라서 하는 피드백의 접근법은 그 결과가 무엇이고, 그것이 무엇을 의미하고, 무엇을 의미하지 않는지에 관한 사려 깊은 논의를 그 내담자와 토론하는 것으로 바꾸는 것이 합리적일 수 있다.

[토론거리]

귀하는 지난주에 일하기 시작한 지역 정신건강센터에서 첫 번째 회진을 하고 있다. 감독자는 귀하에게 치료를 의뢰할 내담자에 대해 말한다. 감독자는 그 새 내담자를 MMPI-2와 면접을 사용하여 평가하였다. 평가 결과 성폭행을 당했다는 내담자의 주장은 명백히 오류라고 감독자는 말한다. 귀하가 실시할 치료 계획은 내담자가 자신이 한 말이 사실이 아님을 깨닫도록 도와주는 것이다.

1. 귀하는 어떤 느낌이 드는가?
2. 어떤 선택을 할 수 있나?
3. 감독자에게 무슨 말을 하고 싶은가?
4. 감독자에게 무슨 말을 하리라고 생각하는가?

귀하는 관리의료기관에서 일한다. 새 내담자가 첫 상담을 받으려고 귀하의 사무실에 나타났다. 내담자는 말한다. "한 주 내내 굉장히 힘들었어요. 나에게 무슨 문제가 있는지 모르겠어요. 하지만 다른 사람의 입을 때리고 싶고 총을 가지고 다른 사람의 머리를 날려 버리고 싶어요. 누구에게 그러는지도 모르겠어요. 그런데 무언가가 쌓여 가고 도무지 멈추지 않을 것 같아요."

1. 귀하는 어떤 느낌이 드는가?
2. 그 사람이 말을 멈췄을 때, 귀하는 제일 먼저 무슨 말을 하겠는가?
3. 이 상황에서 평가 계획을 어떻게 세우겠는가? 내담자가 떠나기 전에 꼭 해야 할 평가는 무엇인가? 어떻게 그것을 하겠는가? 이후의 평가 계획은 어떤 것인가? 필요하다면 어떤 사람을 평가에 개입시키겠는가?

귀하는 월, 수, 금요일의 상담 접수를 책임지고 있다. 감독자는 최근의 접수에 대해 토의한 후 말한다. "지금부터, 나는 모든 접수에 대해 기준 검사 데이터를 받고 싶습니다. 모든 접수자에게 ○○(특정 검사 이름)를 실시하세요. 우리의 결정은 검사 데이터를 바탕으로 이루어져야 한다고 생각합니다." 귀하는 그 검사가 임상을 위한 정학한 타당도와 신뢰도를 결여하고 있어서 유용하지 않다고 믿고 있다. 귀하는 검사하는 것에 확신이 없다고 말하지만 감독자는 말한다. "이해합니다. 어떤 방법도 모든 사람이 보증하지는 않아요. 그러나 난 접수에 책임이 있고 이에 대해 책임을 질 것입니다. 귀하는 검사하고, 점수를 매기고, 그것을 해석하기만 하면 됩니다."

1. 귀하는 어떤 느낌이 드는가?
2. 감독자에게 무슨 말을 하고 싶은가?
3. 감독자에게 결국 무슨 말을 하리라고 생각하는가?
4. 귀하의 의견은 무엇인가?
5. 어떻게 하겠는가?

부모 중 한 사람이 귀하와 약속을 정하였다. 부모는 아이와 함께 와서 말한다. "학교 사람들이 말하기를 우리 아이 제스가 커닝을 한다는군요. 선생님이 제스와 이야기해 보시고 그게 사실인지 알아보는 검사를 해주시겠어요?"

1. 귀하는 어떤 느낌이 드는가?
2. 귀하의 의견은 무엇인가?
3. 어떤 윤리 문제가 있는가? 어떻게 그것을 말할 것인가?

귀하가 매우 좋아했던 이전 내담자가 전화해서 그녀와 배우자가 이혼 소송 중이라고 말한다. 내담자는 아이 양육권 논쟁과 관련하여 변호사가 요청한 평가를 받기 위해 돌아오겠다고 요청한다. 그녀는 귀하가 법정에서 그녀 편에서 증언해 주리라고 가정하고 있음을 표현한다.

1. 귀하는 어떤 느낌이 드는가?
2. 귀하의 의견은 무엇인가?
3. 어떤 이슈들을 생각하는가?
4. 귀하는 어떻게 반응할 것 같은가?

변호사가 전화해서 한 의뢰인에 대한 기본 평가를 요청한다. 변호사의 의뢰인은 피난민으로 엄한 감금 상태인데 증거가 제시되지 않으면 추방될 것이라 한다. 청문회는 일주일 안에 열리고 평가할 수 있는 다른 자료들은 전혀 없고 그 평가를 제공하는 병원들은 대기자들이 있다고 한다. 청문회 판사는 연기 신청을 거부했다. 의뢰인은 영어를 할 줄 모르지만 통역할 수 있는 가족이 있다. 귀하는 그 의뢰인의 언어를 모른다. 귀하는 다문화 다양성 워크숍과 교육에 참석한 적이 있다.

1. 귀하는 어떤 느낌이 드는가?
2. 평가를 실시할 것인지 결정하기 위해 생각할 이슈들은 무엇인가?
3. 그 평가를 계획할 때 기준 검사들을 포함하여 어떤 평가 방법을 생각하겠는가?
4. 귀하가 평가에 동의했다고 가정하라. 시작하면서 보니 통역하는 가족이 기초 영어 정도만 알고 있음을 발견했다. 어떻게 하겠는가?

13장 내담자와의 성관계

환자와 성적으로 연관되는 것을 금지하는 것은 건강관리를 위한 직업 세계에서는 오래된 윤리지침의 하나이다. 브로드스키(Annette Brodsky, 1989)는 이 규칙이 2,500년 전의 히포크라테스 선서보다 오래되었다고 한다. 그것은 훨씬 오래된 나이지리아 치유 기술에서 언급되고 있다.

상당수의 치료가들이 이 금지를 깨고 있다는 연구가 밝혀지기까지는 현대의 임상 윤리 규정은 이 주제를 드러내 놓고 언급하지 않았다. 규정은 이 특별한 형식의 환자 학대를 명시적으로 강조하지는 않았으나, 치료가-환자의 성관계는 1970년대 이전 규정에서 다양한 내용을 위반하는 것이었다. 미국심리학회 윤리위원회의 전 의장인 헤어-머스틴(Rachel Hare-Mustin, 1974)은, 미국심리학회의 1963년 심리치료가를 위한 윤리규정에 치료가-환자 성관계를 금지하는 규준이 포함되어 있었다고 한다. 그녀는 "역량에 대한 원칙이라는 관점에서 환자와의 성적 접촉은 윤리적으로 받아들일 수 없다."(p.310)고 하였다. 유사하게, 치료가-환자 간의 성관계에 대한 국가 연구의 주요 저자인 UCLA의 홀로이드(Jean Holroyd) 교수는, 1977년 규정은 환자와의 성행위에 대한 규준의 변화를 표시하지 않았다고 설명한다.

행정법 판사 : 1977년 규정은 이미 행위의 규준인 것을 성문화한 것인가?

홀로이드 : 그렇다. 윤리규정에서 매우 명확하게 명시되었다.

행정법 판사 : 내가 묻는 것은 1977년 윤리규정의 특정 문항이 그 이전 행위 규준에 있었는가, 그 규준이 변경된 것인가?

홀로이드 : 그것은 행위 규준을 변경한 것이 아니다. 행위 규준은 언제나 치료가-환자의 성관계를 막아 왔다.

행정법 판사 : 그것이 윤리규정에 표현되지 않았는데도 그러한가?

홀로이드 : 지그문트 프로이트에 의해 심리치료라는 용어가 시작된 이래, 프로이트는 그의 초기 저서에서 매우 명확히 그것을 금지하였다 (*In the Matter of the Accusation Against: Myron E. Howland*, 1980, pp.49-50).

법정은 치료가-환자의 성관계를 금지하는 오랜 역사를 인정하였다. 1970년대 중반, 뉴욕 최고법원 대판사 마르코비츠(Markowitz)는 프로이트로부터 현재까지 건강관리 직업에서 치료가-환자의 성관계는 환자에게 해가 된다는 점에 동의하였다. 즉 "프로이트 때부터 현대의 치료가들까지 우리는 환자-치료가의 성적 친밀함은 악영향을 미친다고 일반적으로 동의한다."(Roy v. Hartogs, 1976, p.590)

그렇게 오랫동안 그렇게 다양한 문화를 거쳐 이 금지가 유지되었다는 것은 성관계는 환자에게 심각한 해가 되는 위험한 일임을 일정 정도 인정하는 것이다.

상대적으로 최근까지 우리는 치료가-환자 성관계를 주로 이론, 상식, 개인 사례 연구를 바탕으로 이해하고 있었다. 단지 지난 4반세기 동안 상당한 양의 다양한 체계적 연구로 인해 경험적 데이터를 가지고 이해하게 되었다. 이 연구 내용의 일부가 이 장에 요약되었다(이 연구에 대해 좀 더 자세히 알고 싶으면 Gabbard, 1989; Pope, 1993, 1994, 2001 참조).

어떻게 내담자가 상처 입을 수 있는가

마스터스와 존슨(Masters & Johnson, 1966, 1970, 1975)으로부터 시작해서 연구자들은 어떻게 치료가-내담자의 성관계가 내담자에게 영향을 미치는지 살펴보았다(Bouhoutsos, Holroyd, Forer, & Greenberg, 1983; Brown, 1988; Butler & Zelen, 1977; Feldman-Summers & Jones, 1984: Herman, Gartrell, Olarte, Feldstein, & Localio, 1987; Pope & Vetter, 1991; Sonne, Meyer, Borys, & Marshall, 1985; Vinson, 1987). 영향을 살펴보는 방법으로 치료가와의 성관계 후 더 이상 치료를 받지 않은 내담자와 이전 치료가에게 돌아온 내담자를 포함시켰다.

심리치료가와 성적으로 관계한 내담자 그룹을 치료가와 성적 연관이 없는 내담자 그룹과 (치료가가 아닌) 의사와 성관계를 한 내담자 그룹과 그 결과를 비교하였다. 계속 치료하는 치료가(치료를 계속 받는 내담자의 치료가)와 독립 개인 치료가, 내담자 자신들이 영향을 평가하였다. 기준화된 심리 평가 도구들이 임상 면접과 행동 관찰을 보충하였다. 체계 연구를 위해 이러한 다양한 방법들이 개인 환자들의 직접적인 설명을 보충하였다(Bates & Brodsky, 1989; Freeman Roy, 1976; Noel & Waterson, 1992; Plaisil, 1985; Walker & Young, 1986).

내담자가 받은 영향은 10개의 일반적인 범주로 묶을 수 있다. (1) 양가감정, (2) 죄책감, (3) 공허함과 고립, (4) 성적 혼란, (5) 신뢰 능력의 손상, (6) 역할과 경계의 혼란, (7) 감정적 부담, (8) 억압된 분노, (9) 자살 위험의 증가, (10) 인지 기능의 장애. 흔히 집중, 기억 장애. 그리고 종종 환각, 방해하는 사고, 바라지 않는 이미지들, 악몽이 발생함(Pope, 1988b, 1994, 2001).

가해자와 피해자의 형태

금지 조항과 성적으로 학대받은 내담자에게 발생하는 해악에도 불구하고 익명의 조사에서 치료가들의 상당수가 최소한 한 명 이상의 내담자와 성적 관계를 가졌다고 보고하였다. 동료가 검토한 첫 여덟 가지 전국 자기 보고 방식의 설문조사에서 5,148명의 참가자들이 무기명으로 자기 보고를 했다(Akamatsu, 1988; Bernsen, Tabachnick, & Pope, 1994; Borys & Pope, 1989; Holroyd & Brodsky, 1977; Pope, Keith-Spiegel & Tabachnick, 1986; Pope, Levenson, & Schover, 1979; Pope, Tabachnick & Keith-Spiegel, 1987). 세 가지 직업 종사자(정신과 의사, 심리치료가, 사회복지사)가 다양한 연도에 최소 두 가지 연구에 의해 조사되었다.

이 공동 데이터에서, 4.4%의 치료가가 내담자와 성관계를 가진 것으로 보고되었다. 성별 차이가 중요하다: 남성 치료가의 6.8%, 여성 치료가의 1.6%가 내담자와의 성관계를 보고한 것이다.

이 연구 데이터처럼 다른 연구들도(예를 들어, 이전 치료가와 성관계를 했던 내담자와 작업하는 치료가의 보고 등) 치료가-환자의 성관계는 강간이나 근친상간과 같은 학대의 다른 형태와 유사하다고 한다. 가해자가 대부분(전부는 아니지만) 남성이고 피해자는 대부분(전부는 아니지만) 여성이라는 것이다(Pope, 1989b). 예를 들면, 부우초스 등(Bouhoutsos et al., 1983)은 치료가-환자의 성관계 사례의 92%는 남성 치료가와 여성 환자였다고 보고하였다. 가르트렐 등(Gartrel, Herman, Olarte, Feldstein, & Localio, 1986)은 정신과 의사와 환자 간 성관계에 대한 첫 전국 자기 보고 연구에서 "정신과 의사와 환자 접촉의 88%는 남성 의사와 여성 환자 간에 발생했다."(p.1128)고 보고하였다.

환자와의 성관계에 대한 치료가의 보고 혹은 이전 치료가에게 성적으로 이용되었던 환자의 치료가가 하는 작업에 기초한 데이터는 치료가와 성관계를 맺은 환자에 대한 전국 설문 자료를 가지고 보충 되었다. 한 연구에서는 남성 약 2.19%와 여성 약 4.58%가 그들의 치료가와 성관계를 가졌다고 보고하였다(Pope & Feldman-Summers, 1992).

그러나 다른 데이터(계속 치료하는 치료가, 치료가의 익명 자기 보고서, 환자의 익명 자기 보고서에 의해 보충됨)는 중요한 성별 차이에 일관성이 있다. 자격증 훈련 행동에서 얻은 데이터는 치료가-환자 사례의 약 86%는 남성 치료가와 여성 환자였다(Pope, 1993).

이와 같은 의미 있는 성별 차이는 오랜 동안 치료가-환자 성관계 연구의 초점이 되었으나 아직도 제대로 이해되지 않고 있다. 홀로이드와 브로드스키(Holroyd & Brodsky, 1977)의 치료가-환자의 성관계에 대한 첫 전국 연구는 아직 해결되지 않은 중요한 이슈로 결론짓고 있다. "언급해야 할 세 가지 직업적 이슈가 있다. (a) 남성 치료가들이 가장 많이 관련되어 있다. (b) 여성 환자가 가장 종종 대상이 된다. (c) 성적 경계선을 넘은 적이 있는 치료가는 반복할 것 같다." (p.849) 홀로이드는 의미 있는 성별 차이는 성역할의 전형과 편견을 반영하는 것이라고 제시한다. "치료가와 환자 간 성적 접촉은 아마 성적 편견을 가진 치료 행위의 전형일 것이다."(Holroyd, 1983, p.285)

홀로이드와 브로드스키의 기념적인 연구(1977)는 두 번째 전국 연구로 이어졌는데 치료가-환자뿐 아니라 교수-학생 간 성관계도 포함하여 이루어졌다(Pope et al., 1979).

심리적 훈련이나 심리치료에서 성적 접촉이 이루어질 경우, 지배적인 형태는 매우 명확하고 단순하다. 연상의 높은 지위의 남성이 연하의 낮은 위치의 여성과 성적으로 관계한다. 높은 지위의 전문 역할(선생, 감독, 관리자, 치료가) 속에서 여성보다 더 많은 비율의 남성이 자신이 전문적으로 책임을 맡은 학생이나 내담자와 성관계를 맺었다. 낮은 지위의 학생 역할에서, 남성보다 훨씬 높은 비율의 여성이 그들의 선생, 관리자, 임상 수퍼바이저와 성관계를 맺었다(p.687; Pope, 1989a, 1994 참조).

동료가 검토한 첫 여덟 가지 전국 자기 보고 연구의 통계 분석이 성별 차이와 연구 연도와 관련된 의미 있는 결과(데이터는 매년 전년도보다 약 10% 적게 치료가-내담자 성관계 자기 보고가 나온다고 제시함)를 밝혔지만, 직업에 따라 의미 있는 차이는 없다. 이 데이터에 따르면, 심리치료가, 정신과 의사, 사회복지사는 거의 같은 비율로 내담자와의 성관계를 보고하였다. 명백한 차이는 연구가 실시된 연도에 따라 변화하였다(직업과 그 직업을 연구한 연도 사이에는 혼란스러운 관계가 있었다).

베이츠와 브로드스키(Bates & Brodsky, 1989)는 한 번 혹은 그 이상 더해진 다양한 위험 요소를 살펴보았다. 내담자가 치료가에 의한 성 이용에 더 취약함을 확인하기 위해서였다. 그들의 분석은 내담자의 개인사나 성격이 아니라 치료가의 과거 행위에 대한 것이었다. 내담자가 치료가와 성관계를 가질 것인가에 대한 가장 효과적인 예측변수는 그 치료가가 이전에 내담자와 성관계를 가졌는가 하는 것이다.

상당히 역사적이고 실질적인 데이터를 가지고 미국심리학회 보험신탁(APA Insurance Trust, 1990)은 "성적 비행의 상습 발생률은 상당하다."(p.3)고 밝혔다. 홀로이드와 브로드스키의 기념적인 연구(1977)는 치료가-환자의 성적 친밀감을 보고한 치료가의 80%는 한 사람 이상의 환자와 관계했다고 보고했다. 캘리포니아 소비자보호과(1997)는 캘리포니아에 있는, 자격증을 가진 모든 치료가와 상담가들에게 문서를 보냈다. 캘리포니아 법에 따라서 과거에 치료가와 성관계를 한 적이 있는 내담자에게는 반드시 치료가에 의해 그 문서를 보여주어야 한다고 하였다. 그 문서는 "성적으로 이용하는 치료가의 80%는 한 사람 이상의 내담자를 이용했다. 다시 말해, 만일 치료가가 내담자를 성적으로 이용한다면, 그들은 이전에도 그랬을 가능성이 높다."(p.14)는 내용이었다.

[표 13.1]은 전국 설문에 기초해서 치료가와 성관계를 가진 958명의 환자에 대한 추가 정보를 제공한다. 이 연구에서는 치료가와 성관계를 가진 환자의 80%가 치료가 종료된 후에야 피해를 입은 것으로 드러났다.

[표 13.1]에서 치료가와 성관계를 가진 환자의 5%는 소수자였다. 이 발견은 치료가-환자 섹스의 중요한 측면을 강조한다. 이 주제에 대한 많은 문헌이 환자가 성인이라고 가정하지만 항상 그렇지는 않다. 치료가와 성관계를 가진 소수 환자는 대부분(56%)이 여성으로 나타났다(Bajt & Pope, 1989). 치료가와 성관계를 한 이 소녀들의 평균 연령은 13세였고, 연령 분포는 3세부터 17세까지에 이르렀다. 남성 소수 환자의 평균 연령은 12세이고 7세부터 16세까지였다.

일반적인 시나리오

치료가가 내담자를 성적으로 이용하는 일반적인 시나리오를 인식하는 것은 치료가에게 유용하다. 포프 등(Pope & Bouhoutsos, 1984, p.4)은 가장 일반적인 10개의 시나리오를 제시하였다.

-- 역할 교환 : 치료가는 '환자'가 되고 치료가의 욕망과 필요가 초점이 된다.
-- 성을 악용한 치료 : 치료가가 거짓으로 치료가-내담자 섹스를 성적인 혹은 이와 관련된 어려움 해결에 타당한 치료라고 제시한다.

[표 13.1] 치료가와 성적으로 관련된 958명 환자의 특성

특 징	숫 자	비 율
환자는 관계할 때 소수자였다.	47	5
환자는 치료가와 결혼했다.	37	3
환자는 근친상간이나 기타 아동 성학대 경험이 있다.	309	32
환자는 치료가와 성관계 전에 강간 경험이 있다.	92	10
환자는 적어도 부분적으로 성관계로 인해 입원이 요청된다.	105	11
환자의 자살 기도	134	14
환자의 자살	7	1
환자는 성관계의 해로운 영향을 완전히 회복하였다.	143	17*
환자는 무료 혹은 치료비 감면	187	20
환자가 정식 불평 제출(예를 들면, 자격, 부정치료)	112	12

[주] * : 해를 입었던 환자 866명 중 17%를 나타낸다.
[출처] K. S. Pope & V. A. Vetter(1991). "Prior therapist-patient sexual involvement among patients seen by psychologists", *Psychotherapy*, 28, 429-438. http://kspope.com. Copyright 1991, Division of Psychotherapy(22) of American Psychological Association.

-- 만일 ~이라면 : 치료가는 적극적인 전이를 치료적 상황의 결과가 아닌 것처럼 다룬다.
-- 남을 완전히 지배하는 사람 : 치료가는 내담자의 한 부분에 과장되게 의존성을 조장하고 이용한다.
-- 약 : 치료가는 유혹의 수단으로 코카인, 알코올 또는 다른 약들을 사용한다.
-- 강간 : 치료가는 육체적 힘, 위협 그리고/혹은 협박을 사용한다.
-- 진실한 사랑 : 치료가는 합리화함으로써 전문적 관계의 임상적/전문적 본질과 의무들을 축소하려고 시도한다.
-- 책임 회피 : 치료가는 치료에서 충분한 주목, 돌봄, 존중을 감정적

으로 친근하게 다루지 못한다.

-- 중간 휴식 : 치료가는 치료 관계가 예정된 시간 사이나 치료실 밖에서도 지속된다는 사실을 인정하고 그 사실을 받아들이지 못한다.

-- 나를 안아 주세요 : 치료가는 내담자의 성적이지 않은 신체 접촉의 욕망과 에로틱한 것과 그렇지 않은 것 사이를 혼동한다.

치료가는 왜 자제하는가?

치료가로서 자신의 동기에 대해 명백히 통찰해도 의문의 여지가 있지만, 다음과 같이 질문할 가치는 있다. 왜 대다수의 치료가들은 환자들을 성적으로 이용하는 일을 피하는가? [표 13.2]는 2개의 전국적인 연구에서 이러한 문제에 대한 치료가들의 답을 제시한다(심리학자의 대답과 사회복지사들의 대답).

일상 문제에 대처하기

치료가와 내담자의 성적인 친밀성의 문제는 이 책의 주제 중 중요한 부분을 차지한다. 내담자는 극히 취약하기 때문에 내담자와 치료가 간의 관계를 특징짓는 치료가의 권한과 신뢰감을 강조한다. 치료가의 배려는 내담자를 이용하고 싶은 유혹에서 벗어나는 데 중요할 수 있다.

치료가-내담자의 성관계의 문제는 이 책의 다른 근본적인 주제를 설명한다: 윤리는 해야 할 것과 하지 말아야 할 것의 목록을 무분별하게 따라하는 것이 아니다. 그것은 항상 적극적인 인식과 사고, 질문을 포함한다. 물론, 분명히 금기사항은 존재한다: 내담자와 성관계는 피한다. 그 어떤 명분, 상황 또는 조건도 내담자와의 친밀성을 정당화할 수는 없다(예를 들어, Gabbard & Pope, 1989 참조). 그 금기

[표 13.2] 치료가가 내담자와 성관계를 피하는 이유

이 유	사회복지사	심리학자
비윤리적	210	289
반치유적/착취적	130	251
비전문적 행위	80	134
치료가의 개인 가치에 위반됨	119	133
치료가는 이미 다른 이중관계를 갖고 있음	33	67
비난/평판을 잃는 두려움	7	48
치료가의 피해	39	43
전이/역전이 대처를 방해	10	28
내담자의 복수가 두려움	2	19
매력이 너무 약함/단기간만 지속	16	18
비합법적	14	13
자기 절제	8	8
상식	7	8
기타	13	3

[출처] K. S. Pope & V. A. Vetter(1991). "Prior therapist-patient sexual involve-ment among patients seen by psychologists", *Psychotherapy*, 28, 429-438. http://kspope.com. Copyright 1991, Division of Psychotherapy(22) of American Psychological Association.

사항은 어떤 합리화에도 불구하고 근본적인 윤리적 명령이다. 그러나 이러한 금지를 심각하게 생각하는 것은 이러한 영역에서 우리의 윤리적인 책임을 다할 때 최종적인 단계가 아니라 시작 단계를 나타낸다. 우리가 대처하고 헤쳐 나가야 할 몇 가지 관련 문제는 다음과 같다.

내담자와의 신체 접촉

윤리적 고소 또는 불법 행위로 소송을 당할 우려와 마찬가지로 치료가-내담자의 성관계라는 주제는 우리 대다수를 매우 불안하게 할 수 있다. 우리는 우리의 내담자와 신체적인 거리를 유지하고 그 어느 상황에서도 잘못 해석되지 않게 그들과 접촉하지 않도록 유의하는 경우까지 갈 수 있다. 유사한 현상은 아동 성학대에 대한 공공의 점차적인 의식 확대에 의해서도 발생할 수 있는 것 같다: 성인들은 보통 일상의 한 부분인, 아이를 안고 성적이지 않은 접촉을 하는 것도 꺼릴 수 있다.

환자들의 비성적 접촉이 치료가-내담자의 성관계와 실제 연관이 있는지 증거가 있는가? 홀로이드와 브로드스키(Holroyd & Brodsky, 1980)는 이 문제를 조사하여 환자와의 신체 접촉이 성적인 접촉에 이를 가능성이 더 많다는 징조를 찾지 못했다. 그들은 남성과 여성 내담자들의 차별적인 접촉 행위(즉, 특정 성의 내담자와의 접촉이 더 많음)는 성적인 친밀성에 관련이 된다는 증거를 분명히 발견했다. "성적인 접촉에 이르지 않는 에로틱한 접촉 행위는, 보통 그들의 내담자들과 특별히 다른 치료가들보다 더 접촉하지 않는 나이 들고, 더 경험 많은 치료가들과 연관된다(상호간에 제안하는 경우는 제외). 내담자들과의 성관계는 동성 내담자들이 아니라 이성 내담자들과의 접촉 행위에 연관된다. 그것은 접촉 그 자체가 아니라 성관계와 접촉에 관계되는, 접촉 행위의 특별한 적용이다."(p.810)

만일 치료가가 개인적으로 환자와 신체 접촉이 편안하고, 치료가-내담자의 접촉을 반대하지 않는 이론적인 방향을 유지하고 접촉을 활용할 능력이 있는 경우(교육, 훈련과 감독을 받은 경험), 특정 내담자와 신체 접촉을 하는가의 여부는 해당 문화 및 기타 상황적인 요소의 맥락에서 그 순간 그 내담자의 임상적인 요구의 세심한 평가에 기초를 두어야 한다. 임상적인 요구와 임상적인 이유에 확실히 근거한다면, 접촉은 특히 배려나 위안이 되고, 치료적이 될 수 있다. 임상적인 요구와 치료적인 근거에 의해 정당화되지 않는 경우에는 성적이지 않은 접촉도 역시 침입적이고, 위협적이거나 품위를 떨어뜨리는 행위가 될 수 있다. 그 결정은 항상 신중하고 치료가의 권한과 내담자의 신뢰감(그리고 취약성)을 완전히 의식하고 이루어져야 한다.

성적이지 않은 접촉의 문제에 민감하고 그들을 탐구해야 할 우리의 책임은 치료가-내담자 관계의 문제에 개념적으로 연관된 기타 치료 문제에까지 확대된다. 치료가-내담자의 성적 친밀성에 관해 해결되지 않은 우려로 인해 우리는 다음과 같이 성적이지 않은 접촉 행위의 가능성에 대해 응대하려는 생각이 들 수 있다. 즉, 내담자와의 어떠한 접촉이나 심지어 신체가 가까워지는 것도 지나친 방식으로 피한다. 혹은 우리가 신체적인 친밀성에 대해 매우 편안하고 성적인 충동을 경험한 적이 없다는 것을 증명하기라도 하는 것처럼 악수와 포옹과 같이 명백하게 성적이지 않은 접촉 행위를 한다. 이러한 해결되지 않은 우려들은 다른 영역에서도 싫거나 또는 싫지 않다는 행위를 유도할 수 있다. 예를 들어, 임상가가 내담자의 임상적인 요구에 필요하지 않은데도 성적인 문제를 제기하거나 또는 그에 초점을 맞추는 경우이다. 그러한 문제에 윤리적이고 진실하고 치료적으로 대응하기 위해, 우리는 내담자들의 성적인 매력에 대해 해결되지 않은 우리의 감정과 타협을 해야 한다.

내담자에게 성적으로 끌림

내담자에게 성적으로 끌리는 것은 부정적인 감정을 불러일으키는 일반적인 경험인 것 같다. 전국 차원의 조사 연구에 따르면 다섯 명 중 네 명 이상의 심리학자(87%)와 사회복지사(81%)가 적어도 한 명

[표 13.3] 심리치료가가 끌리는 내담자의 특성

특 징	사회복지사	심리학자
신체적 매력	175	296
긍정적인 정신/인지 특성, 능력	84	124
성적임	40	88
약함	52	85
긍정적인 전체적 특성/개성	58	84
친절	6	66
치료가의 필요를 채워 줌	8	46
성공적임	6	33
'좋은 환자'	21	31
내담자가 이끎	3	30
독립적임	5	23
다른 인성 특징	27	14
치료가의 삶 속의 누군가를 닮음	14	12
이용 가능함(집착하지 않는 내담자)	0	9
병적인 특성	13	8
오래된 내담자	7	7
사교성(사교적이고 외향적)	0	6
기타	23	15
치료가와 동일한 관심/철학/배경	10	0

[출처] A. Bernsen, B. G. Tabachnick, & K. S. Pope(1994). "National survey of social workers' sexual attraction to their clients: Results, implications, and comparison to psychologist". *Ethics and Behavior*, 4, 369-388. http://kspope.com. Copyright 1994, Lawrence Erlbaum Associates, Inc; K. S. Pope, P. Keith-Spiegel, & B. G. Tabachnick(1986). "Sexual attraction to patients: The human therapist and the (sometimes) inhuman training system". *American Psychologist*, 41, 147-158. http://kspope.com. Copyright 1986, American Psychological Association.

의 내담자에게 성적 매력을 경험했다고 보고한다(Pope et al., 1986; Bernsen et al., 1994). [표 13.3]과 같이, 치료가는 개인에 따라 매력의 원인이 되거나 초점이 되는 내담자들의 다양한 측면에 대해 인지한다. 그러나 단순히 그 매력을 경험하는 것(필연적으로 그에 입각하여 행동할 유혹을 느끼지 않고)으로도 그 매력에 대해 죄책감, 불안감 또는 혼란을 느낀다고 보고하는 치료가들이 대부분이다(심리학자들 중 63%, 사회복지사들 중 51%).

성적인 매력이라는 주제가 그렇게 많은 심리학자들과 사회복지사들에게 불편함을 일으키는 것은 심리학자들이 대학원과 인턴 과정에서 이 영역에 대한 훈련을 소홀히 하는 중요한 이유가 될 수 있다. 이 전국적인 연구에서 심리학자들의 9%, 사회복지사들의 10%만이 졸업과 연수 과정에서 그 주제에 관한 그들의 정식 훈련이 적절했다고 보고했다. 대부분의 심리학자들과 사회복지사들은 매력에 관해 그 어떤 훈련도 받지 않는다고 보고했다.

이러한 불편함은 과학적이고 전문적인 서적들이 이 문제를 소홀히 하는 중요한 이유가 될 수 있다.

인간의 성, 성적인 역동, 성 치료, 비윤리적인 치료가-내담자의 성적인 접촉, 치료가 또는 내담자의 성적 행위의 처리 등의 영역에서 수많은 책에 비추어 볼 때, 내담자들에 대한 성적 매력 자체는 다양한 교재의 주요 핵심 사항에 맞지 않는지 궁금하다. 이에 관련하여 치료가의 감정에 주로 관심을 집중하는 저서를 찾고 있는 교수나 감독자들은 적절한 교재를 선택하는 일이 힘들 것이다. 만일 심리치료에 친숙하지 않은 어떤 사람이 주로 그 주제에 초점을 맞추는 저서를 기초로 치료가들의 성적인 감정의 빈도와 중요성을 판단하는 경우, 그들은 그 현상이 광범위하지도 중요하지도 않다는 결론을 내릴 수 있다(Pope, Sonne, & Holroyd, 1993, p.23).

이 주제와 유사한 요소들은 악순환이 될 수 있다. 성적인 매력에 대한 불편함은 적절한 교재와 대학원 훈련의 부재를 촉진했을지 모른다. 그에 따라, 이 영역에 대한 훈련을 제공하는 적절한 교재와 프로그램의 부재는 그 주제에 관한 불편함을 유지 또는 강화시킬 수 있다(Pope et al., 1993). 그 주제의 회피는 현실적인 영향을 가져올 수 있다. 쿠처(Koocher, 1994)는 이렇게 쓰고 있다. "우리가 이 문제들의 훈련에 신경을 거의 쓰지 않는다면 현존하는 심리치료가 집단은 [이들 문제]를 적절히 다룰 것으로 예상할 수 있을까?"(p.viii)

이들 연구는 어떤 내담자에 대한 성적인 매력을 경험하는 것을 보고한 것에서 상당한 성별 영향을 보여준다. 여성 심리학자의 76%와 여성 사회복지사의 70%에 비해 남성 심리학자의 약 95%와 남성 사회복지사의 92%는 내담자에 대해 성적 매력을 느낀 적이 있다고 보고했다. 그 연구는 남성 치료가들이 그들의 내담자들과 성적으로 연관될 가능성이 상당히 큰 것과 같이, 역시 내담자들에 대한 성적인 매력을 경험하기 쉽다는 것을 제시한다.

이들 전국적인 조사는 상당히 극소수의 치료가들이 — 내담자가 없을 때 — 그 내담자에 대해 성적인 이미지를 떠올리고, 여성 치료가들보다 상당히 더 높은 비율의 남성 치료가들이 그러한 인식을 경험한다는 것을 보여준다. 여성 심리학자 중 14%와 여성 사회복지사 중 13%에 비해, 남성 심리학자 중 약 27%와 남성 사회복지사 중 약 30%는 다른 사람(그 내담자 외)과 성적인 활동에 참여하는 동안 어떤 내담자에 대한 성적인 환상에 빠진 적이 있다고 답했다. 전국적인 조사 연구는 심리학자들 중 46%가 내담자에 관한 성적 환상에 드물게 빠진다고 보고했고(그 경우에 관계없이) 추가로 26%는 이러한 성적 환상을 자주 경험한다고 보고했으며(Pope et al., 1987), 6%는 그들의 내담자들에게 성적인 환상에 대해 이야기했다고 보고했다(Pope & Tabachnick, 1993). 그러한 데이터는 치료가들과 내담자들이 성적

인 감정에 대해 응대하는 방식과 치료가들과 내담자들이 서로 떨어
져 있을 때 서로를 표현하는 방식(예를 들어, 기억하고, 예상하고, 생
각하고, 환상을 가지는 것), 이것이 치료 과정과 결과에 영향을 미치
는 방식을 파악하는 데 도움이 될 수 있다(Geller, Cooley, & Hartley,
1981; Orlinsky & Geller, 1993; Pope & Brown, 1996; Pope &
Singer, 1978b; Pope, Sonne, & Greene, 2006 참조).

내담자에 대한 성적인 매력을 경험하는 우리들 누구나, 연구는 이
것이 흔한 경험이라고 제시한다는 것을 인식하는 것이 중요하다. 내
담자에 대해 매력을 느끼는 것은 비윤리적이 아니다. 그러한 매력을
즉시, 세심하고 적절하게 처리하는 것은 중요한 윤리적인 책임이다.
우리들 중 어떤 사람들에게는, 존경받는 동료와 상담하는 것이 도움
이 될 것이다. 다른 사람의 경우, 그 내담자와 우리 작업에 대해 정식
감독을 받는 것이 필요할 것이다. 다른 사람들에게는 심리치료를 시
작하거나 다시 시작하는 것이 도움이 될 수 있다.

치료가가 무엇을 할 것인가 확신이 없을 때

무슨 일을 할지 모를 때 치료가는 무엇을 할 수 있을까? 『심리학에
서의 성적 감정(*Sexual Feeling in Psychology*)』(Pope et al., 1993)이
라는 책은 그러한 위축되게 하는 상황에 대한 10단계 접근법을 제시
하였는데, 여기에서 그 내용을 요약한다. 그 책의 반복되는 주제는
치료가들이 내담자들에게 느끼는 성적 감정이 무엇을 의미하는지에
대해 쉽고 만병통치의 해답 또는 그 치료에 대한 내용이 부족하다는
것이다. 다양한 이론적인 방향은 그 질문에 대해 다양한, 종종 정반
대의 방식을 제공한다. 각각의 사람과 상황은 특이하다. 치료가들은
자신의 드러나지 않고 일어나는 감정들과, 다음에 무슨 말을 하고 어
떤 행동을 할지 결정할 때 이 감정들이 유익한 역할을 할 수 있는 방

법을 탐색하고 효과적으로 이해해야 한다. 조리법을 따르는 식의 접근법은 이 과정을 촉진하기보다 방해가 될 수 있다.

여기서 요약한 접근법은 자신의 결론을 끌어내기 위해, 적당한 훈련을 받고 다른 사람과 상담을 하는 개인 치료가에 대한 근본적인 신뢰를 가진 것이다. 거의 예외 없이, 치료가들은 처음에 문제가 되는 상황을 조사하는 데 도움을 주는 기본 자료들을 배운다. 상황에 따라 그들은, 이용 가능한 연구와 임상 문헌을 연구하고, 상담하고, 감독을 찾거나 개인적인 치료를 시작하거나 재개할 수 있다. 그러나 종종 탐색을 꾸준히 지속한 후에도, 그 과정은 분명하지 않다. 그 상황에 대해 치료가가 최상으로 이해하여 제시하는 행동은 생산적인 듯이 보이지만 여전히 의문이 있고 아마도 잠재적으로 유해함을 암시한다. 계획된 행동을 자제하는 것은 치료가로 하여금 정당하게 도움이 되는 자발성, 창조성, 직관과 환자의 욕구에 효과적으로 반응하는 능력을 빼앗을 수 있다. 그러나 계획된 행동에 참여하면 큰 실패에 이를 수 있다. 이러한 난국에 빠지면, 치료가들은 다음의 열 가지 고려사항에 비추어 잠재적인 개입을 검토하는 것이 도움이 될 것이다.

기본적인 금지사항

계획된 행동은 치료가-내담자의 성적인 친밀성에 대한 기본적인 금지와 일치하는가? 치료가들은 결코 이러한 특별한 신뢰를 위반해서는 안 된다. 만일 검토된 행동 과정이 어떤 내담자와 성관계의 형식을 포함하는 경우, 그것은 거부되어야 한다.

미끄러운 경사면

두 번째 고려사항은 더 심오한 자각과 자기 탐구를 요구할 수 있다. 계획된 행동 과정은 내담자와 성관계로 이끌거나 그 위험에 빠지게 하는가? 그러한 계획된 행동은 내담자를 성적으로 이용하는 문제와 관계가 없는 듯이 보인다. 그러나 치료가의 인격, 강점과 약점에 따라, 검토된 행동은 미끄러운 경사면을 내딛는 미묘한 첫 발자국이 될 수 있다. 대부분의 경우, 치료가는 혼자 이 고려사항을 정직하게 다룰 수 있다.

의사소통의 일관성

세 번째 고려사항은 임상가로 하여금 처음부터 현재까지 치료의 과정을 검토하도록 초대한다: 치료가는 성적인 친밀성이 발생할 수 없고 발생하지 않을 것임을 일관되고 분명하게 환자에게 알려 주었으며 계획된 행동은 그러한 의사소통과 일치하는가? 계획된 행동은 불필요하게 그러한 의사소통의 명확성을 흐리게 하는가? 인간인 치료가는 환자의 성적인 관심을 자극하거나 내담자의 성에 대해 자기만족의 방식으로 반응하고 싶은 마음이 강하게 들 수 있다. 계획된 행동은, 미묘하게 치료의 정당한 목적에서 벗어나는 것인가?

명료성

네 번째 고려사항은 치료가들이 성적이고 관련된 문제가 분명하게 될 때까지 계획된 행동을 뒤로 미루는 것이 더 나은지를 묻게 한다. 예를 들어, 치료가의 이론적인 방향이 내담자들과의 신체 접촉을 방해하지 않고, 어떤 내담자가 상담 시간을 치료가와 내담자가 격려하는 포옹으로 마무리하기를 요청했다고 하자. 그러한 관례화된 포옹은 내담자에게 가지는 의미, 관계에 대한 영향, 치료의 과정과 효과에 영향을 미치는 방식 같은 복잡한 문제를 야기할 수 있다. 포옹으로

시간을 마무리하겠다고 결정하기 전에 내담자와 그 문제를 분명히
하는 것이 중요하다.

내담자의 복지

다섯 번째 고려사항은 모든 치료에서 가장 근본적인 시금석 중의
하나이다: 계획된 행동은 그 내담자의 복지와 부합하는가? 치료가의
감정이 너무 강력하여 내담자의 임상적인 욕구가 모두 흐려지거나
사라지는 상황을 연출할 수 있다. 내담자는 상당한 힘으로 욕망 또는
감정을 표현할 수 있다. 현대사회에서 광범위한 것처럼 보이는 소송
과 관련된 법적인 상황은 내담자의 복지에 분명한 초점을 맞추기 어
렵게 치료가를 위협할 수 있다. 그러한 상충적인 요소와 복잡성에도
불구하고, 어떤 계획된 행동이 그 내담자의 복지를 지지하고, 그에
부합하고, 무관하거나 반하는가 하는 정도를 평가하는 것이 중요하다.

동의

여섯 번째 고려사항은 치료에서 또 다른 근본적인 시금석이다: 계
획된 행동은 내담자가 기초적인 정보를 알고 동의한 내용에 부합하
는가?

내담자의 시각 채택

일곱 번째 고려사항은 치료가가 내담자와 상상력을 발휘하여 강조
할 것을 촉구한다: 그 내담자는 계획된 행동을 어떻게 이해하고 반응
할 것 같은가?

치료는 이론, 의도와 기법에만 집중하게 되면 정보, 아이디어와 지침 등 기타 재료들을 놓쳐 버릴 수 있는 많은 노력 중의 하나이다. 훈련 중인 치료가들은 불안과 치료 업무에 대한 과도한 책임에 대처할 방법으로 이론, 의도 및 기법을 고수할 수 있다. 경험 많은 치료가들은 조건반사, 습관과 탈진하게 만드는 지루한 과정에서 벗어나 이론, 의도와 기법에 거의 전적으로 의존할 수 있다. 치료가는 항상 고정관념에 머물러 반복적이고 반사적인 반응에 의존할 위험이 있다. 충분한 생각이나 감정 없이, 불안하거나 피곤한 치료가는, 분석적인 사람인 경우, 내담자가 어떤 질문을 한 이유를 물어 내담자의 질문에 답할 수 있다. 만일 내담자 중심 치료가라면, 그 내담자가 바로 말한 것을 간단히 반영하거나 재진술할 수 있다. 게슈탈트 훈련을 받은 경우, 내담자에게 빈 의자에게 무엇인가를 말하도록 요청할 수 있다.

근심, 피로 또는 기타 유사한 요소들에 의해 발생하는 반응을 피하는 데 도움이 되는 방법은 치료가가 자신이 내담자라고 가정하여 어떻게 생각하고, 느끼고, 반응하게 될 것인가 주의 깊게 고찰하는 것이다. 이론적인 논리성, 의도하는 결과 또는 계획된 개입의 기술적인 세심함에 관계없이, 그것은 그 내담자에 의해 어떻게 경험되고 파악될 수 있을 것인가? 치료가는 내담자가 무엇을 느끼고 생각하게 될지 예측할 수 있는가? 치료가가 그들의 상상 속에서, 계획된 행동을 시도하고 그것을 내담자의 관점에서 보려는 태도는 오해, 잘못 전달됨과 감정이입의 실패가 되는 원인을 예방, 수정 또는 적어도 인지하는 데 도움을 줄 수 있다(Pope et al., 1993, pp.185-186).

능력

여덟 번째 고려사항은 능력이다: 치료가는 계획된 개입을 이행할 능력이 있는가? 치료가가 교육, 훈련과 감독을 받은 경험을 그의 업무에 적절하고 적당한 것으로 되도록 하는 것은 근본적인 책임이다.

특이한 행위

아홉 번째 고려사항은 예외적인 행동에 주의하는 것이다: 계획된 행동은 실질적으로 치료가의 일상 행위의 범위를 벗어나는가? 어떤 행동이 특이하다는 것은 물론, 무엇인가가 반드시 잘못되었다는 것을 의미하지는 않는다. 창의적인 치료가들은 종종 창의적인 개입을 시도하고, 가장 보수적이고 전통에 구속을 받는 치료가도 내내 동일한 방식으로 치료를 행하지는 않는다. 그러나 치료가의 일반적인 방법에서 상당히 벗어날 가능성이 있는 행동은 특별한 고찰이 필요하다.

컨설팅

열 번째의 고려사항은 비밀 엄수에 관한 것이다: 동료, 상담사 또는 감독관과 계획된 행동을 논하지 말아야 할 필연적인 이유가 있는가? 치료가들이 다른 사람들에게 어떤 행동을 공개하는 것을 주저하는 것은 아마도 부적절한 행동에 대한 위험 신호이다. 치료가들은 다음의 질문에 비추어 가능한 행동을 고찰해야 할 것이다: 만일 이 행동을 취한 경우, 그들의 전문적인 동료 전부가 그들이 그러한 행동을 한 것에 대해 아는 것을 망설일 것인가? 만일 대답이 '예'라면, 그 주저함에 대한 이유를 조사할 필요가 있다. 대답이 '아니오'인 경우, 우리가 믿을 만한 동료와 그 문제를 논할 기회를 적절히 이용했는지를 고찰할 가치가 있다. 만일 어떤 동료와의 논의가 그 문제를 명확히 하는 데 도움이 되지 않은 경우, 각자가 다양한 견해와 제안을 할 수 있는 기타 전문가들과의 상담이 도움이 될 수 있다.

[표 13.4] 치료가-내담자 성관계의 피해자에 대한 치료가들의 일반적인 반응

1. 불신과 거부 : 적절한 자료를 수집하지 않고 치료가-내담자의 성에 관한 주장에 관련하여 반사적으로 거부하는 경향(왜냐하면, 예를 들어, 설명된 행위가 터무니없고 가능성이 없어 보이므로).
2. 피해의 최소화 : 적절한 자료의 수집 없이, 피해가 발생하지 않았거나, 만일 발생했다면, 그 결과가 미치는 해는 최소한이라고 반사적으로 추정하는 경향.
3. 내담자를 교재에 끼어 맞추기 : 적절한 자료의 수집과 조사 없이 그 내담자는 특별한 경우에 해당한다고 반사적으로 추정하는 경향.
4. 피해자를 비난 : 내담자는 치료가가 내담자와의 성에 관여하는 것을 자제해야 하는 전문적 책임을 가지도록 하는 데 책임이 있다고 하고 치료가의 공격에 대해 책임이 있다고 주장하는 경향.
5. 피해자에 대한 성적인 반응 : 그 내담자에게 성적으로 끌리거나 또는 감정을 느낌. 그러한 감정은 정상이지만 평가 과정을 왜곡하는 원인이 되어서는 안 된다.
6. 프라이버시의 결핍에 대한 불편함 : 특정 상황에서(예를 들어, 부정 치료, 자격증, 또는 공격적인 치료가에 대한 공식 행동. 치료에 대해 보상을 하는 보험회사가 평가와 기타 서비스에 대해 정식으로 검토함) 기초 자료와 평가 결과가 타인에게 노출될 가능성에 대한 임상가(때로는 내담자)의 감정적인 반응.
7. '비밀 준수'의 어려움 : 임상가가 어떤 가해자가 다른 내담자들을 계속 치료하고 피해를 주는 것을 알고 있음에도, 비밀 유지 원칙 또는 기타 제한으로 인해서 개입할 수 없다는 것을 알 때 발생하는 불쾌감(기타 정서적 반응).
8. 침입적인 옹호 : 가해자에 관해 어떤 조치를 취하든지 취하지 않을지에 관해 내담자의 결정을 유도, 지시 또는 좌우하기를 원하는 경향.
9. 대신 느끼는 무기력감(vicarious helplessness) : 정식으로 고소를 한 환자가 부당한 방해, 무관심, 정당한 청문회의 결여 및 기타 그러한 고소를 무시하거나 하찮게 만드는 기타 반응, 가해자로부터 시민을 보호할 수 없게 된 경우에 느끼는 임상가의 불쾌감.
10. 격렬한 감정에 대한 불쾌감 : 내담자가 임상가를 대상으로 표출하는 격렬한 감정(예를 들어, 분노, 빈곤, 양면성)을 경험할 때 임상가의 불쾌감.

[출처] K. S. Pope, J. L. Sonne, & J. Holroyd(1993). *Sexual feelings in psychotherapy: Explorations for therapist and therapist-in-training.* pp.241-261. Washington, DC: APA. Copyright 1993, American Psychological Association.

치료가와 성적으로 연관이 있는 내담자와 일하기

이 책을 읽고 있는 치료가, 상담사 또는 교육생, 그 누구라도 이전의 치료가에게 성적으로 피해를 당한 내담자들과 만나는 것은 흔한 일이다. 전국적으로 1,320명의 심리학자들에 대한 연구 결과 50%가 그 치료가의 전문적인 견해에 의하면, 적어도 한 명의 내담자가 치료가-내담자의 성적인 친밀감의 희생자였다고 보고했다(Pope & Vetter, 1991). 약 4%는 적어도 한 명의 내담자가, 치료가의 의견에 따르면, 이전 치료가와 성관계에 관해 거짓 주장을 했다고 보고했다.

그러한 내담자들을 연구 대상으로 한 임상가들은 이 영역에 관해 진정으로 잘 알아야 한다. 성적으로 이용을 당했던 내담자들은 그들의 임상적인 요구가 인식되지 않을 때 특히 다시 희생을 당하기 쉽다. 치료가-내담자의 성적인 친밀감의 희생자에 대해 치료 서비스를 제공하기 위한 특별한 방식과 고려사항들이 개발되고 있고 계속 발전하고 있다(Pope, 1994). 이 영역에서 능력을 지니는 첫 단계 중 하나는, 예전 치료가와 성관계를 보고하는 내담자를 만나는 것이 이후의 치료가에게 다양하고 때로는 매우 강력한 반응을 일으킨다는 데 대하여 인식하는 일이다. [표 13.4]는 가장 흔한 반응들을 나타낸다.

이러한 반응을 인식하면 치료가가 내담자에게 효과적인 서비스를 제공하는 것을 방해하는 것을 방지할 수 있다. 치료가는 그 반응들이 발생하는 경우 그러한 반응에 주의하고 잘 분류할 수 있다. 어떤 경우에는 치료가가 의견을 구하고 이해를 받기 위해 도움이 되는 컨설팅을 청할 수 있다.

재활의 윤리적인 측면

공교롭게도, 치료가들과 상담사들은 치료가-내담자 간 성의 가해자

가 저지른 피해를 무시하고, 가해자들의 책임을 덮고, 그 가해자들이
— 때로는 중지당한 이후— 내담자들을 다시 괴롭힐 수 있는 방식으
로 행동할 수 있다(Bates & Brodsky, 1989; Gabbard, 1989). 가해자
들이 진정한 치료가로 다시 돌아오는 재활 방법은 이 책의 대부분을
구성하고 있으며, 어려운 윤리적인 딜레마를 안고 있다. 포프(Pope,
1990c, 1990d, 1994)는 재활의 노력과 관련하여 치료가들과 상담사
들이 당면하는 몇 가지 중요하지만 어려운 윤리적인 문제를 살펴보
았다. 그것은 다음과 같이 요약된다.

능력

재활 계획을 실행하는 임상가는 재활 및 치료가-내담자의 성적인
친밀감 영역에서 확실한 능력을 가지고 있는가?

그 임상가가 사용하는 방식은 독립적인 연구를 통해 적합한 타당
성을 갖고 있는가? 분명한 것은, 아동 성욕, 도벽, 난독증, 공황 발작
또는 관련 장애에 대해 효과적인 '치료법'을 요구하는 임상가는 개입
의 효율성에 대한 과학적인 증거의 제시를 요구할지 모른다. 이 영역
에서 증거를 바탕으로 하는 주장에 대한 윤리적인 기준을— 특히 장
래의 내담자들이 접할 수 있는 폐해의 위험을 고려할 때 — 미루어서
는 안 된다. 그러한 증거는 동일 전문가 집단이 검토하는 과학 저널
이나 전문 저널 간행물의 통상적인 요건을 충족시켜야 한다. 포프
(Pope, 1990d, p.482)는 이렇게 간파했다. "새로운 연구 결과, 과학적
인 존엄성, 가치와 신뢰성을 확보하는 데 도움을 주기 위해 만들어진
이러한 공들인 체계적인 검토를 통해 존속하고 그로부터 이익을 얻
는 연구 결과(오직 언론 보도, 대중 강연, 저서, 워크숍과 텔레비전
출연을 통해 전달되는 자료)는 타브리스(Tavris, 1987)가 소위 '사회-
과학 소설'이라고 부른 것에 도움이 되지 않을 듯하다.

사전 설명된 동의

재활 기법이 효율성이 입증된 것이거나(독립적으로 수행된 연구 심의를 통해) 또는 기대되는 연구법을 위한 실험적인 연구 시도로 간주되거나, 피해의 위험에 놓인 사람들은 재활이 100% 효과를 발휘하지 않는 경우에 대해 적절하게 설명을 들었고 그 위험을 떠맡지 않을 수 있다는 선택권이 주어지는가?

평가

재활 방법의 잠재적인 효율성을 연구하는 시도는 적어도 최소한의 전문적인 기준을 충족하는가? 예를 들어, 그 연구는 독립적으로 수행되는가?

더 복잡한 요구사항은, 재활 노력의 경험적인 결과를 수행하고 보고할 때 성적 남용이 발견되는 기본 비율이 적당하게 고려되는지에 관한 것이다. 가해자들은 비록 그들이 감독을 받는다 해도, 재활의 노력 중 (또는 이후) 내담자들과의 성적인 친밀감에 빠지는 일을 계속할 수 있다(예를 들어, Bates & Brodsky, 1989 참조). 그러한 학대는 내담자가 그것을 보고할 때만 알려질 것이다. 그러나 내담자들에 의한 그러한 보고의 비율은 상당히 낮다. 피해자들에 대한 조사 결과 단지 약 5%만이 자격증 위원회에 그 행동을 보고한다는 것이다(Pope & Vetter, 1991 참조). 그 비율은 임상가들(그들이 남용에 관여한 경우를 보고하는)의 익명 조사에서 예측한 남용의 경우를 자격증 위원회, 윤리위원회와 기타 민사 및 형사 법정에 제출된 고소와 비교할 때 상당히 낮은 것 같다. 위의 5%로 보고한 추정치를 사용할 때, 귀하는 자격증 위원회가 재활해야 할 위반자를 귀하에게 위탁하는 연구를 수행한다고 가정하자. 귀하는 그 위반자들을 수년간 다루었고 열 명 모두 완전하게 재활되었다고 확신한다. 귀하는 자격증 위원회에 그 열 명 중 그 누구도 장래의 내담자들에게 위험을 제기하지 않을 것이라는 완전한 확신을 준다. 그러나 귀하의 재활 노력이 비참하게 실패로 끝난다고 가정하자. 열 명의 위반자들은 모두 장래의 내담자와 성에 관련될 것이다. 그 열 명에 의한 피해자들 중에서 고소를 제기할 가능성은 얼마나 될 것인가? 만일 각각의 내담자가 그러한 남용을 보고할 가능성이 단지 5%인 경우, 그 열 명 중 어느 누구도 고소를 제기하지 않을 가능성은 59.9%이다. 따라서 이들 연구에 대한 심의는 별도로 평가되어야 하겠지만, 그 접근법은 사실상 100% 비효과적인 경우인데 실제 그 확률은 60%에 근접한다. 연구를 수행하고 보고할 때 신고하는 기본 비율을 무시하게 되면, 효과가 없는 개입을 완전히 신뢰할 수 있는 것으로 만들 수 있다.

권한과 신뢰

심리치료와 상담의 윤리는 본질적으로 권한과 신뢰에 관련된다. 이들 요소들은 어떻게 재활의 딜레마와 연관되는가?

만일 판사가 뇌물을 받아 재판관의 지위에 내재하는 권한과 신뢰를 남용한 것으로 유죄 판결을 받는 경우, 수많은 형사와 민사 제재가 따를 것이다. 그러나 비록 그 판사가 권한과 신뢰의 남용으로 사회에 진 빚을 갚는 경우라도, 그 판사는 어떤 '재활'에도 불구하고 재판관의 직을 재가받는 것이 허용되지 않을 것이다.

유사하게, 만일 한 유치원 원장이 성적으로 학생들을 학대한 것으로 밝혀진 경우, 그들은 민사 및 형사 처분을 받을 수 있다. 그 원장은 그가 앞으로 아동의 학대에 관여할 위험성을 줄이기 위해 광범위한 재활 노력을 할 것이다. 그러나 재활 노력의 효율성에 관계없이, 국가는 그 개인에게 다른 유치원을 설립하고 관리할 새로운 자격증을 발부하지 않을 것이다.

이들 두 위반자들 중 어느 누구도 그들의 직업에 종사하는 것이 반드시 방해받지는 않을 것이다. 판사와 유치원 원장은, 일단 재활을 받으면, 법적, 교육적인 분야에서 연구하고, 상담하고, 발표하고, 강의하거나 다른 직업을 찾을 수 있다. 그러나 판사로 재직하거나 또는 유치원 원장으로 재직하는 것은 사회와 개인들이 그들의 능력의 영향을 받는 신뢰에 관련되는 직책이다. 그들은 신뢰(그리고 능력)의 남용에 대해 그렇게 중요하고 분명한 금지를 위반했기 때문에 법과 교육 분야에서 특별한 직책을 맡을 기회가 제한되는 것이다.

도움을 주는 전문가들은 위반자들이 그들이 남용한 특별한 신뢰가 요구되는 지위를 다시 맡도록 허락되거나 가능하게 하는 윤리적, 실제적, 정책적 내용을 생각해야 할 것이다. 심리치료와 상담은 개인 내담자나 더 일반적으로는 사회로부터 요구되는 위반할 수 없는 신뢰와, 법적이고 교육적인 영역에 있어서 판사나 유치원 원장 같은 지위에 해당하는 윤리적 존엄성과 동등할 정도로 책임을 요구하고 있는가?

고용, 심사와 감독

관리의료기관, 병원, 기타 임상가들을 고용하는 조직에서 일하는 사람들은 직원이 성적으로 내담자들을 이용할 수 있는 위험에 대해 세심한 관심을 기울일 책임이 있다. 주의 깊게 구성되고 종합적인 형식과 절차(교육, 감독, 자격 수여, 고용, 자격증 취득 또는 윤리 제소 등을 확인)는 잠재적인 직원의 심사, 내담자와 성관계를 금지하는 정책을 수립하고 감시하기 위해 직원이 성적으로 내담자를 이용하는 위험을 최소화하는 데 중요한 것으로 옹호되어 왔다(Pope & Bouhoutsos, 1986; Pope, 1994). 최근에 그러한 과정과 정책 이행의 심사를 규정하는 형태와 절차의 유용성은 병원과 상담소, 그룹 진료소와 유사한 환경에서 부정 진료의 위험을 관리하는 중요한 요소로 인정되었다. 변호사인 카우딜(Brandt Caudill, 1993)이 진술하듯이, "현재의 법 상태를 고려하면, 심리학자들은 동료, 직원 또는 피감독자가 내담자와 성관계에 빠지는 경우 소송을 당할 수 있다는 점을 가정해야 한다는 것이 분명해 보인다. 왜냐하면 법원은 치료가와 내담자 간의 성관계는 사용자-피용자 관계의 범주 내에 있는 것으로 인정할 수 있는 고용의 위험이 있다는 입장을 취하는 것처럼 보이기 때문이다."(pp.4-5)

고용주와 행정적 또는 임상적인 감독 책임을 가진 사람들이 피감독자 또는 직원과 관련된 성관계는 고용의 범위에 속하지 않는다고 주장하기는 매우 어려운 일이다. 한 법원이 판결했듯이, "우리는 심리치료가가 행하는 상담의 본질은 놀이방 교사, 경비원 또는 의사의 일과는 상당히 다르다고 본다."(St. Paul Fire & Marine Insurance Company & Downs, 1993, p.344)

일리노이 주는 어떤 심리치료가-직원이 내담자와 성적인 접촉에 관여했다는 것을 알거나 마땅히 알아야 하는 경우, 고용주에게 책임이 있는 것으로 보는 입법을 제정하였다(일리노이 개정법, 1991, 70장, 803항).

구직자를 심사할 때 이 문제를 다루는 데 유용한 것으로 제시되었던 몇 가지 단계가 존재한다(Pope & Bouhoutsos, 1986; Pope, 1994).

-- 지원자는 임상가와 내담자의 성적인 감정을 인식하고 다루는 영역에서 공식적 또는 비공식적인 훈련을 받은 적이 있는지 논의한다. 그러한 훈련을 제공하였고 정보를 얻기 위해 연락할 수 있는 수업의 교사, 실무 감독자 또는 이전의 고용주가 있는가?

-- 현재부터 대학 졸업까지 충분히 자세하게 조사하는 고용 신청

양식을 활용한다. 서면으로 분명하게 설명되지 않은 교육 또는 고용 상의 차이가 없게 한다.

-- 장래의 고용주가 이전 훈련 고용 또는 경험의 상황을 각각 확인할 수 있게 하는 정보 공개 양식을 제공한다.

-- 지원자가 대학원 훈련을 받은 기관에서 감독자와 확인한다.

-- 지원자가 신청 양식에서 주장하는 모든 학위를 수여받았는지를 증명한다.

-- 인턴십, 실습, 또는 박사 후 연구 과정을 성공적으로 이수했는지를 확인한다. 각 과정의 감독자와 확인한다.

-- 임상 자격증을 부여한 각 주에서 정보를 확인한다. 자격증이 취소된 적이 있었는지, 지원자가 훈련 과정에서 금지된 행동을 한 적이 있었는지 확인한다.

-- 모든 중요한 자격증 사본을 획득한다.

-- 지원자의 이력서와 경력서 사본을 확인한다. 위의 두 번째 항목에 기술된 지원 양식에 대한 지원자의 답변과 일치하는지 확인한다.

-- 내담자에 대한 금지 행동에 관하여 기관의 명백한 정책을 지원자가 완전히 이해했는지 확인하고, 그에 대해 그들이 동의서에 서명했는지 확인한다.

내담자와 성관계를 가지는 것이 반드시 금지되어야 한다면 성적이지 않은 관계는 어떠한가? 다음 장은 이러한 성적이지 않은 이중적이고 다양한 관계들에 초점을 맞춘다.

[토론거리]

굉장히 힘든 한 주를 보내고 귀하는 애인과 함께 새로 나온 영화를 보러 왔다. 극장은 만원이고 귀하는 화면에 너무 가깝지 않은 복도 쪽 자리에 앉는다. 사무실의 일을 떠나 시내에서 연인과 저녁을 보내고 있어서 기분이 매우 좋다. 조명이 꺼질 때 귀하는 애인에게 열정적인 키스를 하려고 기댄다. 키스하는 동안 우연히 귀하는 눈을 뜨고, 애인 옆자리에 치료받는 내담자가 앉아서 귀하를 지켜보고 있음을 알게 된다. 그 내담자는 바로 그 오후에 귀하에게 강하게 성적으로 끌리고 있다고 말한 바 있다.

1. 귀하는 어떤 느낌이 드는가?
2. 귀하가 그 치료가라면, 이 상황에서 만일 무엇인가 말한다면, 뭐라고 할 것인가? 다음 치료 시간에는 무슨 말을 할 것인가?
3. 내담자가 있다는 사실이 극장에서 귀하의 이후 행동에 어떤 영향을 미치겠는가?
4. 이 사건은 치료 그리고 귀하와 내담자와의 관계에 어떤 영향을 미칠 것인가?
5. 만일 애인에게 무슨 일이 일어났는지를 말한다면, 극장 안에서나 나중에 무엇이라고 할 것인가? 예정된 다음번 치료 시간 이전에 내담자에게 전화해서 이 문제에 대해 토의할 어떤 상황이 있겠는가?
6. 다음번 치료 시간에 내담자가 귀하에게 극장에서 함께 있던 사람이 누구였는지 묻는다고 가정하라. 어떻게 느끼겠는가? 뭐라고 할 것인가?
7. 만일 내담자가 귀하의 애인의 사업상 고객이라면(혹은 다른 관계로 아는 사람), 그리고 그들이 영화 전에 이야기하기 시작했다면 어떨 것인가? 이 사실을 알게 되면, 귀하에게는 어떤 느낌이 든다고 보는가? 이 문제를 어떻게 처리할지 결정하기 위해 무엇을 고려할 것인가?
8. 치료가는 어느 정도까지 개인으로서 자유로워야 한다고 믿는가? 공공장소에서 어느 정도까지 마치 내담자가 자신을 지켜보고 있는 것처럼 행동해야 하는가?

새 내담자와의 첫 상담 시간에 그는 항상 자신의 페니스가 너무 작은 것 같아 걱정해 왔다고 귀하에게 말한다. 갑자기 그는 바지를 내리고 귀하가 (특정 부위가) 너무 작다고 생각하는지 물어본다. [동일한 시나리오로 자신의 가슴 사이즈가 너무 작다고 걱정하는 새 내담자의 경우를 생각하라.]

1. 무엇을 느끼는가? 무슨 생각을 하는가? 이 시나리오에 대한 귀하의 환상은 무엇인가?
2. 치료가로서 우선 무슨 말을 하고 싶은가? 왜 그런가? 귀하는 무슨 말을 할 것 같은가? 왜 그런가?
3. 만일 이 내담자가 새 내담자가 아니고 1년 이상 치료해 온 사람이라면 어떻게 다를 것 같은가?
4. 입원 환자인지 외부 환자인지에 따라 귀하의 감정과 행동은 달라질 것인가?
5. 내담자의 성에 따라 귀하의 감정과 행동은 달라질 것인가?
6. 시나리오의 내담자가 15세라고 가정하라. 시나리오는 어떤 감정을 발생시키는가? 귀하는 무엇을 하는가? 시나리오에서 묘사된 사건 이후에 일어날 일에 대해 어떤 환상이 일어나는가?

내담자가 그녀의 문제 많은 결혼에 대해 말한다. 그녀의 남편은 화가 나서 그녀를 때리곤 하였다. ― "너무 세게는 아니고요."라고 그녀는 말한다. 그는 상당히 극복하고 있다. 그들의 성생활은 좋지 않다. 그녀의 남편은 항문 삽입을 좋아하지만 그녀는 그것이 두렵고 고통스럽다. 그녀는 치료에서 그녀가 이 성 체위에 대해 저항하는 것에 대해 알고 싶다고 말한다. 그녀의 목표는 그 행위를 편안하게 하게 되어 남편을 기쁘게 해주고, 그와의 성관계를 즐기고, 행복한 결혼생활을 하는 것이다.

1. 내담자가 그녀의 남편이 "화를 내며 그녀를 때렸다."고 말할 때 어떻게 느꼈는가? 무슨 생각이 들었는가?
2. 그녀가 항문 삽입이 두렵고 고통스럽다고 말할 때 어떻게 느꼈는가? 무슨 생각이 들었는가?

3. 치료에 대한 그녀의 목표를 말할 때 무엇을 느꼈는가? 무슨 생각이 들었는가?

4. 이 내담자와 치료를 해나갈 때 귀하의 감정이 어떤 식으로 영향을 미친다고 생각하는가?

귀하가 이끄는 치료 집단이 8개월째 매주 만나고 있다. 회원 한 사람이 흐느끼기 시작하며 극심하게 우울한 감정을 말하다가 끝내 "나를 안아 줄 누군가가 필요해요!" 하고 호소하며 끝맺는다.

집단의 다른 회원인 밥이 자발적으로 벌떡 일어나 서 있는 다른 회원에게 간다. 그들이 껴안으면서 밥이 발기하는 것이 명확해진다. 그는 포옹을 계속하는데 그것은 다른 회원을 위로해 주기도 하면서 자신에게도 다른 사람을 문지르는 자극을 주는 것 같다.

1. 이 시나리오를 상상하면서 어떤 느낌이 드는가?

2. 치료가로서 무슨 일이 일어나고 있는지 주의를 줄 것인가? 그런다면 어떤 식으로 할 것인가?

3. 귀하가 치료가라면 이 일이 귀하를 자극하거나 두렵게 하거나 당황하고 화나게 하거나 혼란스럽게 할 것인가?

4. 다음의 사항들 중 어떤 것이 이 시나리오에 대한 귀하의 느낌에 변화를 가져올 것인가?

   -- 귀하의 감독자가 일방경(one way mirror)을 통해 이 장면을 보고 있다.

   -- 밥과 회원의 성별이 같을 경우

   -- 밥이 정신분열증을 앓고 있는 경우

   -- 밥이 어린이에게 성욕을 느끼는 사람인 경우

   -- 포옹을 받고 있는 회원이 성적으로 자극된 것 같을 때

   -- 밥이 어릴 때 성적 학대를 받은 경우

   -- 이것이 입원 환자 집단일 때

   -- 이 집단 회원 전체가 말기 병에 걸려 있는 경우

   -- 포옹을 받고 있는 회원이 어릴 때 성적 학대를 받은 경우

   -- 포옹을 받고 있는 회원이 성 문제를 잘못 다뤘다고 이전 치료가를 고소한

적이 있을 때

귀하는 바쁜 정신건강센터에서 일하고 있는데, 상담실의 방음 상태가 완벽하지는 않다. 치료가와 내담자가 보통의 음성으로 대화하면 문 밖에서는 아무것도 들을 수 없다. 그러나 큰 소리로 말하면 대기실에 들릴 수 있다.

살(Sal)이라는 내담자는 상담 시간 첫 5분간 침묵하고 앉아 있다가 마침내 말하기를 "오늘은 집중하기가 어렵네요. 저는 소리들이 들리고 귀에서 울리는 것 같아요. 그 소리들은 두려워요. 소리가 무엇과 같은지 말하고 싶지만 그러기가 두려워요."

귀하가 소리에 대해 말해도 괜찮다고 하며, 귀하와 살이 함께 그 소리의 원인과 의미를 알아내고 귀하가 그 소리에 대해 조치를 취하겠다고 안심하라는 말을 충분히 한 후에 살은 귀하에게 말할 용기를 내는 것 같다.

마침내, 살은 의자에 기대면서 소리들을 흉내 낸다. 소리는 금방 매우 높고 큰 소리로 된다. 그것은 정확히 누군가가 성적으로 자극되며 강렬한 오르가슴을 경험하는 것처럼 들린다.

이 소리들은 대기실 담당자, 귀하의 동료들, 대기실에서 기다리는 환자들, 그리고 병원 인사위원회에서 파견되어 귀하의 클리닉이 재인가를 받을 만한지 평가하는 방문자에게 들릴 것이라고 생각된다.

1. 이 시나리오는 귀하에게 어떤 느낌을 불러일으키는가?
2. 그 장면을 상상할 때 내담자는 남성이었나, 여성이었나? 내담자의 성이 귀하의 느낌에 차이를 가져오는가?
3. 만약 살이 그 소리를 다시 낸다면 그만두게 하거나 좀 조용하게 해달라고 할 것인가? 왜 그런가?
4. 그 소리를 들은 사람 중에 아무도 귀하에게 그에 대해 언급하지 않는 경우, 귀하는 무슨 일이 있었는지 설명하려고 할 것인가?
5. 살이 그 소리를 내는 것을 그쳤을 때 누군가가 문을 세게 두드리면서 "안에서 무슨 일이요?" 하고 묻는다면 귀하는 무슨 말이나 행동을 할 것인가?
6. 만일 그 소리들이 오르가슴보다도 매 맞는 소리였다면 귀하의 느낌이나 행동

이 달라질 것인가?

7. 귀하의 기록장에 이 상담 시간을 어떻게 기술할 것인가?

8. 귀하가 감독을 받고 있다면 이 상담 시간을 감독자와 토의하는 게 염려되는가?

9. 내담자가 상담실 밖에서 들릴 정도로 큰 소리를 내는 것에 대해 보통 귀하는 어떤 식으로 반응하는가?

14장 비성적 다중관계와 경계선 문제들

이중관계, 다중관계, 그리고 경계선 문제들이 단순한 것이라는 잘못된 생각에 사로잡힌 사람들은 1980년대와 1990년대로 이어지는 시기에 걸친 문헌들을 볼 필요가 있다. 그 시기는 강력한 의문이 제기되고 건전한 토론이 이루어졌던 떠들썩한 시기였다. 신중한 논문과 단행본들이 사실상 가능한 모든 관점에서 경계선 문제를 탐색하였다. 오래된 생각들은 도전받았고 새로운 주장들이 제기되었다. 필자들은 상대적으로 간과되어 왔던 중요한 요소들에 주목하였다. 기존의 모든 표준, 지침, 접근들은 장점과 약점, 그리고 의도하지 않은 결과들에 대해 조심스럽게 검토하였다.

예를 들어 1981년에 롤과 밀렌(Samuel Roll & Leverett Millen)은 「심리치료에 있어서의 금지 명령 위반에 대한 안내: 환자를 아는 사람으로 생각하는 것(A Guide to Violating an Injunction in Psychotherapy: On Seeing Acquaintances as Patients)」을 발표하였고, 키스-슈피겔과 쿠처(Patricia Keith-Spiegel & Gerald Koocher)의 1985년판 『심리치료의 윤리: 전문적 기준과 사례들(Ethics in Psychology: Professional Standards and Cases)』은 교과서로도 널리 쓰이고 있다. 그들은 윤리적 치료와 상담에서의 경계선 침범(boundary crossing)이

불가피해지는 방식을 검토하였고, 다양한 이중관계와 경계선 문제의 윤리적 측면 평가에 대한 접근법을 제공해 주었다. 키치너(Karen Kitchener)가 1988년 발표한 영향력 있는 논문 「이중역할 관계(Dual Role Relationships)」는 독자들로 하여금 부정적인 결과를 낳을 수 있는 상담자-내담자의 관계와 그렇지 않은 상담자-내담자의 관계를 분류하는 데 도움을 주었다. 키치너는 이중적 관계는 "(1) 역할간 기대가 상호 일치하지 않을 때, (2) 상이한 역할과 관련된 책임들이 엇갈려서 객관성의 상실 가능성을 증가시킬 때, (3) 전문가와 소비자(내담자) 사이의 권력 및 권위가 강화되어 착취의 가능성이 높아질 때"(p.217) 문제를 일으킬 가능성이 더 많아진다고 제시하였다.

라이더와 헤프워스(Robert Ryder & Jeri Hepworth, 1990)는 미국 결혼 및 가족치료협회(AAMFT)의 윤리규정에서 이중관계를 금지해서는 안 된다고 진지하게 주장하고 있다. 소네(Janet Sonne, 1994)는 과거와 현재의 미국심리학회 윤리규정이 다중관계를 다루고 있는 방식을 검토하고 일부 조항들은 '후퇴'를 나타내고 있다고 하였다. 리넬라와 거스틴(Vincent Rinella & Alvin Gerstein, 1994)은 "이중관계를 금지하는 데 대한 근본적인 도덕적, 윤리적 이유는 더 이상 지지되지 않는다."고 말하였다. 구테일과 가바드(Tom Gutheil & Glen Gabbard, 1993)는 "경계선 교차는 득이 될 수도 있고 해가 될 수도 있다."고 주장하면서 그 효과에 영향을 미치는 요소들을 탐색하였다.

호스트(Elisabeth Horst, 1989), 스톡맨(Amy Stockman, 1990), 제닝스(Floyd Jennings, 1992)는 농촌 지역과 같은 환경(rural settings)이 이중관계와 경계선 문제에 특별한 도전이 될 수 있다는 점을 지각하고 평가하는 데 도움을 주었다. 브라운(Laura Brown, 1989)은 「귀하가 하지 않는 것을 넘어: 레즈비언 치료에 대해 윤리적으로 생각하기(Beyond Thou Shalt Not: Thinking About Ethics in the Lesbian Therapy Community)」에서 레즈비언 치료기관에서 이중관계와 경계선 문제를 단순하게 금지하는 것에 대해 반대하였다. 게예르(Melanie Geyer, 1994)는 농촌 지역에서의 다중관계와 경계선 문제를 고려하는 구체적인 지침들의 일부를 채택하고, 그것을 개신교 상담자들(및 다른 종교적 신념이 임상 실제의 주요 기본과 관심이 되는 상담자들)이 직면한 딜레마에 적응시킬 것을 제안하였다. 샤르킨과 비르키(Bruce Sharkin & Ian Birky, 1992)는 치료가와 내담자 간에 계획되거나 기대하지 않은 만남이 이루어지거나 뜻밖의 만남에서 경계선 유지가 어렵다는 점에 주의를 기울였다.

애들먼과 바레트(Jeanne Adleman & Susan Barrett, 1990)는 여성주의 원칙들에 의해 다중관계, 경계선 문제를 새롭게 고려하는 데 개척자 역할을 하였다. 클락슨(Patruska Clarkson, 1994)은 「이중관계의 인식(In Recognition of Dual Relationships)」에서 '신화적인 단일관계'의 존재에 대한 믿음이 가져다주는 시사점을 파악하고 '모든 이중관계를 피하려고 하는 비현실적인 시도'에 대해 치료가와 상담가들에게 경고하였다. 베이더(Ellen Bader, 1994)는 이중적 역할의 존재 여부에 초점을 맞추는 대신 각 경우가 한쪽으로 쏠리지 않는지 고려해야 한다고 주장하였다.

1994년에 『윤리와 행동(Ethics and Behavior)』이라는 학술지에서는 주요 학자들이 치료에서의 경계선 문제에 대한 논의를 하였다.

1980년대와 1990년대의 연구들은, 특별한 다중관계 또는 특수 상황에서의 특정 내담자와의 경계선 침범 문제가 도움이 되는지 해가 되는 것인지에 대해 고려해 봄으로써, 치료가와 상담자로 하여금 무조건 규칙에 따르기보다는 이러한 결정의 복잡성을 인정하고 조심스럽게 의문시해 볼 수 있다는 점을 생각할 때 많은 요소들(예를 들어, 상황적 장면, 문화, 기대, 이론적 지향 등)이 고려되어야 한다는 점에 주목하고 있다. 이는 코틀러(Jeffrey Kottler, 2003)의 솔직한 조사가 보여주고 있는 바와 같이 치료가 또는 상담자의 감정 또한 포함하는 과정이다.

> 이중적인 관계를 해결하는 것은 우리 시대 가장 중요한 윤리적 이슈가 되었다. … 우리의 가족이나 친구들은 끊임없이 우리에게 조언을 구한다. 우리는 변명을 하며 거절하기 위해 최선을 다할 수도 있지만, 문제의 진실은 그들이 우리를 필요로 하고 있다는 것을 즐길 수도 있다는 것이다. 나는 사람들이 어떻게 해야 하는지 물어보는 그 순간이 좋다. 다른 사람이 볼 때 내가 그들이 알지 못하는 무언가를 알고 있다고 생각한다면 내가 너무 소중한 것처럼 느껴진다. 아이들을 어떻게 다루어야 하고, 직장 상사에게 어떻게 맞서야 하는지, 삶을 어떻게 해결해야 하는지 나에게 물어보는 사람들에 대해 조금은 성가신 것처럼 가장하기도 한다. 그러나 그들이 나를 뭔가 물어볼 만한 사람으로 생각하고 있다는 사실을 즐긴다(p.4).

무엇이 이 문제를 어렵게 만드는가?

이것은 개인으로서 또는 전문가로서 우리 모두에게 사실상 그렇게 어려운 문제인가? 이에 대한 그럴듯한 다섯 가지의 잠재적 원인은 다음과 같다.

첫째, 대부분의 경계선 딜레마들은 종종 방심하고 있거나 준비되지 않은 상태에서 발생한다. 그 문제들은 우리를 친숙하지 않고 기대하지 않은 곳으로 몰고 갈 수도 있고, 우리는 그때 중요한 의사결정을 재빠르게 해야 한다. 아마도 그것은 치료에 결정적인 영향을 줄 것이다. 자살 위험에 대한 반응을 다루고 있는 17장에서 우리는 경계선 교차에 관련된 급작스러운 결정이 획기적인 치료 효과를 근본적으로 가져올 수 있는 예를 제시하고 있다. 이 예에서 스톤(Stone, 1982)은 정신질환으로 병원에 있던 젊은 한 여성에 대해 기술하고 있다. 이 여성은 자신을 돌보아주지 않는다는 이유로 치료가를 끊임없이 비방

하였다. 사전에 아무런 말도 없이 그녀는 병원에서 탈출하였다.

치료가는 그 소식을 듣자마자 차를 몰고 그 환자가 자주 가는 것으로 알려진 그리니치빌리지의 모든 바와 클럽을 샅샅이 뒤졌다. 자정쯤 되어 환자를 발견하고 차에 태워 병원으로 데리고 왔다. 그날 이후부터 환자는 점점 조용해지고, 충동성이 사라졌으며, 치료에서도 놀랄 만한 진전이 있었다. 어느 정도 회복이 이루어진 후에 환자는 치료가에게 병원에서의 처음 몇 주 동안 이루어진 모든 조치는 자신에게 거의 의미가 없었다고 말하였다. 그러나 '자정 구출 작전'이 있은 후에, 치료가가 처음부터 얼마나 관심을 가지고 있었고 진지했는지 분명히 알게 되었다고 이야기하였다(p.271).

흥미 있는 것은, 이 예와 또 지금 경계선 교차라고 명명되는 긍정적인 치료 가능성에 대한 관련 설명들은 15년 전 이 책이 처음 출판되었을 때부터 있었고, 그것은 독자들의 논평이 가장 많이 이루어지는 주제 중 하나였다는 사실이다.

두 번째, 경계선 교차의 기회는— 코틀러가 용기를 내어 솔직하게 인정하였던 바와 같이— 우리의 가장 기본적인 욕구와 강한 바람을 반영하는 것이다. 추론하고 판단하는 데 있어 오류를 범하기 쉽고 또 우리 자신의 관심을 마치 내담자의 욕구였던 것처럼 잘못 받아들이기도 한다(2장 참조). 우리 자신의 욕구와 바람은 우리가 원하는 방식으로 행해지는 우리가 원하는 경계선 교차가 유일하게 의미 있는 임상적인 중재이자 유일한 인간적인 접근이며 내담자를 돕는 유일한 기대라고 간주하게끔 이끈다. 우리가 원하는 것은 윤리적인 의무라는 것을 확신하게 되었다. 가바드(Glen Gabbard, 1994)는 다음과 같이 이야기하고 있다.

설리번(Harry Stack Sullivan, 1954)은 환자의 요구를 다루는 서비스에서 치료가 자신의 요구를 제쳐둘 것이 요구되는 유일한 전문직이 심리치료라는 것을 관찰하였다. 그는 더 나아가 이러한 요구는 대부분의 사람들에게 있어서 평범하지 않은 도전이라고 하면서 실제 심리치료가의 역할에 적합한 사람은 거의 없다고 결론지었다. 심리치료가 자신의 욕구 또한 치료 방식에 개입될 수 있기 때문에 정신건강을 다루는 전문가들은 종종 경계선으로 언급되는 문제에 대한 지침을 세워 치료가들이 자신의 만족을 위해 환자를 이용하는 가능성을 최소화하도록 하는 지침을 세워 왔던 것이다(p.283).

세 번째, 경계선과 관련된 명료성에 대한 요구는 반영적으로 적용되는 고정된 경계선에 대한 필요성으로 잘못 이해될 수 있다. 각 내담자에 있어서 경계선 문제를 명확하게 생각해 보는 것은 중요하다. 고정된 경계에 관한 일련의 엄격한 규칙을 반영적으로 적용하는 것은 개인 내담자에 대한 경계선 문제를 명료하고 신중하게 생각해 보는 것에 대한 대체물로 받아들일 수는 없다. 경계선에 관한 결정은 잠재적인 득과 실, 내담자의 욕구와 복지, 기존의 동의와 거절, 치료가의 동기, 지식과 능력에 관해 최대한으로 분명하게 이루어져야만 한다. 이 장에서는 후속적으로 치료가가 이 부분에 대해 진지하고 분명한 결정을 할 수 있도록 돕는 방법들에 대해 다루고 있다.

네 번째, 경계선 결정은 걱정과 두려움까지도 불러일으킬 수 있다. 예를 들어, 임상심리학자, 범죄심리학자인 윌리엄스(Martin Williams)는 어떤 사람들은 고소당할 위험성을 최소화하기 위해 전적으로 그 문제를 피하려고 할 수도 있다고 지적한다. 그는 소송과 윤리성 고소에 대한 공포가 임상가들로 하여금 정당화할 수 있는 경계선 교차조차도 어떻게 피하게 만드는지에 대해 기술하였다. 그는 예로서 이 책의 저자 중 한 사람의 연구를 사용하였는데, 이 예는 원래 『미국심리학회지(*American Psychologist*)』("Biography", 1996)에 실렸던 것으로, 저자 자신의 경계선 교차에 대한 경험 중 하나로 그것이 어떻게 되었는지에 대한 내용을 포함하고 있다. 질병에 걸리고 폭력 속에서 살아남은 경험이 있으며, 위태로운 삶을 살고 있는 부랑인 여성에 대한 심리적인 서비스 제공을 그 예에서 볼 수 있다. 윌리엄스는 그 저자가 내담자를 어떻게 다루었는지에 대해 주목하였다.

구테일과 가바드(Gutheil & Gabbard, 1993)가 경계선 교차(비록 경계선 침범(boundary violation)은 아니라 할지라도)라고 하였던 예이다. … 포프(Pope)가 행한 처치는 상담료를 받지 않고 매일 내담자를 만나고 환자에게 돈을 빌려 주고 그녀에게 비행기표와 숙소를 제공해 주도록 자신의 친구에게 부탁하는 일들을 포함하였다. 특별한 경우의 상황에서 이러한 경계선 탈선(excursion)은 인간적이고 사려 깊은 것처럼 보인다. 그러나 위기관리를 위하여 임상가들은 이와 비슷하게 변화하는 것을 피해야 한다.

다섯 번째, 강의실에서 또 임상 입문서에서는 현실세계에서의 경계선 교차에 대한 결정에 대한 지침이 상대적으로 거의 다루어지지 않고 있다. 게다가 대다수의 경계선 교차는 잘못 해석되기 쉽다. 미국 심리학회 회장인 쿠처(Gerry Koocher, 2006)는 자신이 학생들에게 경계선 교차에 대해 설명하자 학생들이 숨막혀했다고 말하고 있다.

나는 학생들과 전문적 지식을 가진 청중들에게 내가 아주 조용하고 어두컴컴한 방에서 26세의 여성과 손을 잡고 치료 시간을 보낸 적이 있다고 말하였다. 그 말을 하는 순간 충격과 찡그린 표정 이상의 반응이 나왔다. 50분의 시간이 끝나고도 내가 나가지 않고 30분가량 더 그 여성과 계속 손을 잡고 있었다고 이야기하고 그 추가 시간에 대해 치료비용을 받지 않았다는 사실을 이어서 말하자 눈들이 휘둥그레졌다.
그러고 나서 그 젊은 여성은 심각한 폐질환과 호흡곤란을 유발하는 공포증을 가지고 있는 방광섬유증 환자였다고 설명하였다. 그녀는 한 문장을 이야기하기 위해서 산소 호흡기를 세 번 들이마셔야 하는 상황이었다. 나는 방으로 들어가서 그녀가 누워 있는 침대 옆에 앉아 내가 어떻게 그녀를 도울 수 있는지 물어보았다. 그녀는 내 손을 잡더니 "가지 마세요."라고 이야기하였다. 다른 약속이 있었지만, 나는 간호사에게 대신 가라고 하였다. 내 이야기가 이쯤 진행되자, '손을 잡는 행동'에 의해 기분상해 하고 나를 비난했던 대부분의 청중들은 성적인 부적절성에 대한 전제로부터 공감과 동정심으로 옮겨 갔다. 그러나 이러한 일화가 주는 진정한 메시지는 강의실 내에서 이러한 행동에 대해 배운 적이 없다는 사실이다. 그와 같은 중재에 대한 기술은 경험에 바탕한 심리치료에 대한 어떤 처치 매뉴얼이나 학술서적에도 나와 있지 않다는 것이다(p.xxii).

윤리규정의 변화를 요구하는 연구

7장에서 우리는 제일 처음에 만들어진 미국심리학회 윤리규정은 회원들에게 직면하게 되는 윤리적인 딜레마가 무엇인지 물어본 조사 결과에 실증적으로 근거하고 있다는 점에 주목하였다. 또한 반세기가 지난 후의 주요 연구들에서도 그것은 반복이 되고 있다. 『미국심리학회지』에 실린 1992년 판에서 두 번째로 가장 자주 언급되는 윤리적 딜레마는 '모호하고, 이중적이거나, 갈등적인 관계'와 관련된 부분에서 나타난다. 자신들의 연구 결과에 근거하여 포프와 베터(Pope & Vetter)는 이중관계, 다중관계, 경계선 문제에 대한 미국심리학회 윤리규정들이 바뀌어야 한다고 하면서 예를 들면 윤리규정은 다음과 같아야 한다고 보았다.

-- 이중관계를 좀 더 신중하게 정의하고, 치료적 측면에서 보았을 때 바람직하고 받아들여질 수 있는 상황들을 분명하게 구체화한다.
-- 작은 마을, 시골 공동체, 멀리 떨어진 지역, 비슷한 상황(그 시절의 장소에 해당하는 강령도 아니고 그러한 상황을 적절하게 설명할

수 있거나 전적으로 인정할 수 있었던 시절을 고려한 개정 작업도 아니라는 점을 강조하면서)에서 사람들이 경험하는 상황을 명확하고 현실적으로 다룬다.

-- 이중관계와 우연한 치료 외적인 접촉(예를 들어, 식료품점에서 환자를 만나거나 파티에서 내담자를 우연히 만나게 되었을 때 등)을 구분하고, 가장 세심한 치료가조차도 빠져들 수 있는 어설프게 얽힌 관계를 현실적으로 다룬다.

「미국심리학회 회원들이 직면하게 되는 윤리적 딜레마: 전국 조사 (Ethical Dilemmas Encountered by Members of the American Psychological Association: A National Survey)」라는 논문에서 발췌된 다음의 내용들은 조사 참여자들이 보여주고 있는 예를 포함하여 자세한 결과와 권고 사항을 제시해 주고 있다.

애매모호한, 이중적, 또는 갈등적인 관계

두 번째로 가장 자주 언급하게 되는 경우는 전문가로서 내담자와 맺게 되는 관계에서 분명하고 합리적이며, 치료적인 경계선을 유지하는 것을 포함한다. 어떤 경우에 응답자들은 자신들이 "치료가인 동시에 수시간에 걸쳐 환자나 수퍼바이저(superviser)의 결혼, 가족, 자녀 문제에 대한 상담 수퍼바이저"의 역할을 하게 되거나 또는 "자신이 속한 기관에서 자신의 내담자를 고용할 때" 문제를 가진다. 또 다른 경우에서 이중관계는 "치료에 대한 역할 모델, 돌봄과 보살핌의 특징을 제공해 주는 데" 유용하다고 응답자들은 말하고 있다. 예를 들어 한 응답자는 자신과 사회적인 친분관계가 있고 자신이 다니는 작은 교회의 교인인 부부를 치료하는 것은 "이 사람들이 집단의 맥락 내에서 어떻게 상호작용하는지를 볼 수 있기 때문에" 의미가 있다고 믿는다. 다른 경우에, 응답자들은 이중관계나 중요한 갈등을 이루고 있는 것이 무엇인지 때때로 알기 어렵다고 이야기하고 있다. 예를 들면 "나는 이전에 내담자였던 사람을 고용하거나 수퍼바이저로 삼고 있는 경우가 있는데, 이것이 이중관계인지 잘 모르겠다."는 것이다. 비슷하게 또 다른 응답자는 환자의 어머니에 대한 사랑의 감정과 그와 긍정적인 관계를 유지해야 하는 책임감 사이에서 갈등을 느낀다.

"나는 한 아이를 치료 중이었고 그때 나와 그 아이의 엄마가 서로에게 끌리고 있다는 것을 알게 되었습니다. 내가 사용한 전략과 그 아이와의 공감대 형성은 긍정적이었습니다. 그럼에도 불구하고, 이중관계를 피하기 위해 (그때까지 이루어졌던 치료 효과를 희생하면서도) 다른 곳에 의뢰하는 것이 필요하다고 생각하였습니다."

대체적으로 이 경우는 우선 윤리적 원칙들이 이중관계를 더 세심하게 정의할 필요가 있고 만약 그 관계들이 치료적으로 바람직하거나 받아들일 수 있는 것일 때 명확하게 기록하는 것이 필요하다는 점을 보여주고 있다. 예를 들어 "최소한의 관계나 가깝지 않은 관계는 이러한 기준을 위반할 가능성이 적다."와 같은 진술은 너무 애매모호할 수 있다. 심리학자들이 1년에 몇 번 점심 식사에서 가볍게 만나게 되는 사람, 1년에 한 번 세금 서식을 쓰는 지극히 일상적인 문제(그런 사업상의 일들은 모두 메일로 이루어진다)로 만나게 되는 사람, 고용주의 남편(사업상 전혀 관계가 없고 심리학자도 전혀 교류가 없는), 여행사(1년에 한두 번 정도 심리학자에게 책자를 보내주는)와 심리학자의 관계는 상대적으로 최소한의 또는 전혀 가깝지 않은 관계일 수 있다. 그러나 최소한의 관계나 가깝지 않은 관계가 기준에 위배될 가능성이 없다는 형식적인 강령들은 위 네 가지 경우의 개인 모두에게 치료가로서의 역할을 담당하는 심리학자에게 윤리적으로 심사숙고할 수 있도록 명확하고, 실제적이며, 타당하면서도 유용한 원칙을 제공해 줄 것인가? 비성적인 이중관계에 초점을 둔 연구와 전문 서적들은 그러한 행동을 하게 되거나 피하게 되는 결정의 중요성과 의미를 과소평가하고 있다.

두 번째, 원칙들은 작은 마을, 시골의 공동체, 다른 멀리 떨어진 지역에서 임상 활동을 하고 있는 사람들의 상황도 분명하고 현실적으로 다루어야만 한다. 현재의 강령과 수정안 모두 그러한 지역적인 상황을

274

적절하게 다루거나 명료하게 인정하지 않고 있다. 41개의 이중관계는 그러한 지역적 문제를 포함하고 있다. 규모가 작거나 자신이 포함되어 있는 공동체 내의 특정한 상황들에 대해서는 무시하고 있는 것처럼 보인다고 많은 응답자들이 암묵적으로, 명시적으로 불평하고 있다. 예를 들면 다음과 같다.

"나는 시골에서 개인 사무실을 가지고 생활하고 있다. 나는 이곳에 뿌리를 두고 있는 종교 조직의 한 구성원이기도 하다. '관습적인' 사람들이 자기 확신을 느낄 수 있는 훌륭한 임상적 훈련이라는 맥락에서, 변형적, 전체주의적, 여성학적인 시각을 가지고 일하고 있는 다른 치료가는 가까운 곳에 거의 없다. 내담자들은 이미 나를 알고 있고, 또 다른 가능한 서비스에 만족하지 않기 때문에 또는 그들의 종교적인 관습을 이해하고 그것의 원칙과 실제를 변형, 치료, 변화에 통합시킬 수 있는 누군가와 함께 일하고 싶어 하기 때문에 가끔 나에게 온다. 이중관계에 대한 제한은 내가 그런 상황에 대한 윤리(학대나 혼란의 가능성)에 대단히 민감할 수 있도록 도와주었지만 나의 실제 상황에서 일하는 데는 아무런 도움을 주지 못하였다. 개정된 원칙들이 이러한 문제를 다루어 주었으면!"

세 번째, 원칙은 이중관계와 치료 외적으로 우연히 접촉하게 되는 경우를 구분하고, 가장 세심한 치료가조차도 빠져들 수 있는 어설프게 얽힌 관계를 현실적으로 다루어야 할 필요가 있다. 예를 들어 치료가는 이웃에 거주하는 아주 소란스러운 주민에 대한 공식적인 불평을 기록에 남겨 두었다. 그렇게 했을 때, '그의 환자가 집주인'이라는 사실을 알고는 놀란다. 다른 예로서 응답자는 다음과 같이 이야기하고 있다.

"3년 동안 나의 환자였던 어떤 사람이 6개월 전부터 나의 가장 절친하고도 오래된 친구와 사랑에 빠지게 되었다. 나는 이 복잡한 사실에 대해 책 한 권의 이야기를 쓸 수 있다. 나는 계속 법적, 치료적인 자문을 해왔으며 계속해서 그렇게 하고 있다. 최근에 그들은 함께 살고 있고 나는 그 환자를 다른 기관에 의뢰하였다(그는 내가 이렇게 했다는 사실에 분개하였고 버림받았다고 생각했다). 나는 그 환자를 의뢰하기 위해 다른 심리학자와 7개월 동안 함께 일하였다. 나는 우리의 우정은 여기까지라고 친구에게 이야기했다. 나는 우리가 우정을 다시 시작할 수 있을지, 그리고 어떤 상황에서 그럴 수 있을지 이해하려고 지금 노력 중이다."

후자는 대부분의 심리학자들이 환자의 복지를 보장하고자 어떤 일이라도 하려고 한다는 것을 입증해 주는 많은 예 중의 하나이다. 다중관계의 모든 패턴을 기대하거나 생활의 복잡성과 모든 변화를 설명하는 것은 불가능하지만 심리학자들이 전문적으로 판단할 수 있도록 명료하고, 유용하며, 실제적인 지침을 제공해 주는 공식적인 원칙들은 반드시 필요한 것이며 가치가 있다(Pope & Vetter, 1992, pp.400-401).

미국심리학회 및 캐나다 심리학회 윤리규정에 정의된 다중관계

소네(Janet Sonne, 2005)는 다중관계에 대한 관심이 다중관계 자체와 윤리적인 기준에 대한 정확한 이해에 근거하지 않고 있다는 점에 주목하여 왔다.

귀하는 내담자를 끌어안고, 내담자에게 선물을 하며, 내담자와 사무실 이외의 다른 곳에서 만난 것이 곧 다중관계를 만들어 내는 것이며, 이는 윤리규정에 또는 전문가 자격위원회가 유지하고 있는 보호 기준에 의해 금지되고 있다는 것을 워크숍에서 들은 적이 있거나 책 또는 학술지에서 읽은 적이 있을 것이다.

귀하는 자신에 관한 개인적인 이야기를 내담자에게 하는 것이나, 사교적 모임에서 우연히 내담자를 만나게 되는 것도 비전문적인 다중관계의 예라는 것을 들었거나 읽은 적이 있을 것이다. 다시 한 번, 이는 정확하지는 않지만.

비성적 관계를 생각하는 데 있어서 부정확성이나 실수는 우리를 혼동과 논란으로 몰아넣는다.

미국심리학회와 캐나다 심리학회가 이 개념을 어떻게 정의하고 있는지 알기 위해 규정을 한 번 들여다보는 것은 의미가 있다. 미국심리학회 윤리규정은 다중관계를 2002년 개정판에서 처음으로 정의하고 있다. 3.05a에 따르면 "다중관계는 심리학자들이 전문적인 역할을 개인과 수행할 때 (1) 동일한 사람과 다른 역할을 수행할 때, (2) 심리학자들과 전문적인 관계를 갖고 있는 개인과 밀접히 연관된 사람이 심리학자와 관계가 있을 때, (3) 혹은 그 사람과 밀접히 연관된 사람과 미래에 다른 관계를 갖기로 약속한 경우에" 발생한다고 정의하고 있다. 대부분의 경우에 주로 부가적인 역할은 사회적, 재정적이거나, 사업상의 또는 직업상의 역할이다.

3.05a에서는 모든 다중관계가 문제가 되는 것은 아니라고 하고 있고, 부적절한 다중관계를 피해야 하는 경우에 대한 지침을 제공하고 있다. 즉 "심리학자는 다중관계가 심리학자로서의 객관성, 능력, 심리학자로서의 임무 수행에 있어서의 효율성을 해칠 것이라고 판단되는 경우, 혹은 전문적인 관계가 존재하는 사람에게 피해를 주거나 악용할 경우가 있다고 판단될 경우에 다양한 관계를 맺는 것을 삼가야 한다." 따라서 부가적인 역할이 치료에 있어서 심리학자들의 객관성, 능력, 또는 효과를 방해할 가능성이 있다면 이중 또는 다중 역할을 피해야 한다.

캐나다의 윤리규정도 비슷한 경고를 하고 있다. III.33에서 "이해관계 또는 다중관계(내담자와 연구 참여자, 고용인, 감독관, 학생들 또는 훈련생들)를 피하고 이익 분쟁이 나타날 수 있는 다른 상황이나 또는 객관적으로 볼 수 있는 능력을 감소시키는 것과 다른 사람에게 최선의 이익이 될 수 있게 하는 선입관에 영향을 주는 것은 피하라."고 나와 있다.

III.34에서는 어떤 다중관계는 피할 수 없는 것이라는 것을 인정하며 그것이 가져다줄 위험을 피하는 방법을 제시하고 있다. "이중관계 또는 다중관계에 잘 대처하라. 이것은 모면하거나 피할 수가 없다. 왜냐하면 문화적인 규범이나 편견, 객관성 부족, 개발 부족이 최소화되었기 때문이다. 이것은 이중관계 또는 다중관계의 지속기간에 대한 혹은 관련된 제삼자에 대한 동의를 얻기 위해 감독이나 상담이 포함될 수 있다(예를 들면 연구 참여자 되기에 대한 내담자나 고용인 접근)."

다중관계의 세 가지 예

부분적으로 심리학자들이 자신의 내담자와 다중관계를 맺을 수 있는 다양하고도 미묘한 방식을 간과하는 것은 다중관계에 대한 정의가 상대적으로 단순하고 추상적이기 때문일 수도 있다. 추상적인 정의보다는 구체적인 예들이 이런 관계가 어떻게 발생할 수 있는지에 대한 유용한 지식을 제공해 줄 수 있다. 다음의 가상적인 시나리오들은 비성적 다중관계를 묘사하고 있다.

기회

빌은 개인 상담소를 이제 막 열었고 두 명의 고객이 있다. 그 중 한 사람인 라이트푸트 씨는 대단한 성공을 거둔 투자 분석가로서, 심리치료에서 좋아진 모든 부분에 대해 빌에게 감사하고 있다. 라이트푸트 씨의 우울 증세는 최악인 상태에서 벗어나고 있는 것처럼 보이며 지금 빌과의 관계에서 중요한 것은 그가 담당하고 있는 재정적 문제이다. 빌은 진심으로 라이트푸트 씨를 좋아하며, 그가 새로운 투자 기회에 대해 이야기할 때 특히 자신이 귀를 기울이게 된다는 것을 알고 있다. 우연한 기회에, 라이트푸트 씨는 지금 계획하고 있는 어떤 프로젝트에 투자하면 많은 돈을 벌 수 있을 것이라고 빌에게 이야기하였다. 빌은 생각하면 할수록 그만큼 좋은 기회는 없을 것 같았다. 라이트푸트 씨의 입장에서도 그것은 자신이 항상 빌로부터 도움을 받고 있다는 느낌보다는 빌을 도울 수 있는 위치에 있다고 느낌으로써 자존감을 높일 수 있는 기회이다. 라이트푸트 씨에게 어떤 것도 손해될 것이 없다. 결국 그것은 빌이 개인 사무실을 계속 유지할 수 있게 하고, 다른 사람들을 계속해서 돕는 일을 할 수 있게 만들 수 있다. (빌의 사무실 경비는 생각보다 많이 들었고, 기대했던 만큼의 환자가 오지 않았으며 마지막 남은 만 달러의 저축까지 깨야 할 정도로 경제적으로 힘들었다.) 그는 투자를 위해 자신이 저축해 놓은 것을 라이트푸트 씨에게 건넸다.

피고용인이 가지는 혜택

앨리 박사는 자기 소유의 정신과 클리닉을 운영할 정도로 성공한 심리치료가이다. 그는 최근 들어 비서가 일을 잘 하지 못하고 있다는 사실을 알아챘다. 밀러 씨는 실수가 많아 그 중의 일부는 클리닉의 재정에 엄청난 손실을 가져왔다. 앨리 박사는 참아 보기도 하고, 격려도 해 보았으며, 판단이 섞이지 않은 지적을 해보기도 했지만 그것이 비서의 수행 능력을 향상시키지는 못하였다. 그는 상황에 대해 솔직하고 진지하게 상의해 보는 것이 필요하다고 결심하였다. 앨리 박사가 업무 능력의 저하에 대해 비서와 이야기하기 시작했을 때 밀러 씨는 업무 집중을 어렵게 만드는 개인적인 경제적 스트레스에 대해 말했다. 앨리 박사는 비서가 현재 업무를 제대로 할 수 없는 상황이고, 그렇다고 밀러 씨 정도의 비슷한 수준과 능력을 가진 새로운 비서를 고용하는 일은 매우 어렵다는 것도 알았다. 새로 좋은 비서를 찾는다 해도 오랜 기간 동안 훈련시키려면 그동안은 앨리 박사가 기대하고 있는 수입을 계속해서 잃어야 할 판이었다. 그는 현실적으로 가능하고 모든 문제를 독창적으로 해결할 수 있는 유일한 조치는 밀러 씨가 자신의 문제를 해결할 수 있을 때까지 일주일에 두세 시간 그를 환자로 대하는 것이라고 생각하였다. 밀러 씨는 비서로 계속 일할 수 있고 되었고 치료에 대해 비용을 물지 않아도 되었다. 앨리 박사는 '피고용인이 가지는 혜택'의 일부로 비용을 받지 않고 치료를 제공하는 것이다.

친구로서 돕기

변호사인 로사는 인생에서 가장 최악의 시간을 경험하고 있다. 몇 주 동안 그는 배가 조금씩 불편했는데, 그녀는 그것이 조깅할 때 근육이 뭉친 것이거나 아니면 주정부 최고법원에 처음으로 나가게 되어 준비해야 하는 사건에 대해 신경이 날카로워져서 그렇다고 결론을 지었다. 고통은 점점 더 심해져서 결국 병원을 찾았더니, 다소 무뚝뚝한 레지던트가 난소에 큰 혹이 하나 있다고 알려 주었다. 그 의사는 그녀에게 종양이 악성일 수도 있으므로 전문적인 검사를 해보도록 약속 날짜를 잡아야 한다고 조언하였다.

로사는 무서웠다. 검사 날짜가 앞으로 이틀 후로 다가왔다. 그녀는 신체적 고통뿐 아니라 검사 결과가 어떨지 하는 불확실성을 견뎌 내는 것도 힘들었다. 그녀는 곧바로 가장 친한 친구인 심리치료가 준의 집으로 달려갔다. 준은 고통과 걱정을 이겨 내는 데 도움이 되는 자기 최면과 상상 요법을 로사에게 권하였다. 자기 최면과 상상 요법을 동원하니 로사는 안심하고 안정하게 되었다. 그러나 혼자서 그 기술들을 사용해 보려고 했을 때 그것은 아무런 효과가 없었다. 준은 의학적인 위기가 해결될 때까지 하루에 두세 번 그녀에게 자기 최면과 상상 요법을 실시하는 데 동의하였다. 네 번째 치료 때 아주 고통스러운 상상 장면이 저절로 떠올랐다. 로사는 그것에 대해 이야기하기 시작하였고 어린 아이였을 때 일어났던 일들과 관련이 있는 것으로 느껴졌다. 그녀는 준과 함께 그것에 대해 자세히 의논하였고 여섯 번째 치료 끝날 때 준은 강렬한 전이가 일어나게 되었음을 알게 되었다. 그녀는 로사에게 다른 치료가에게 도움을 받으라고 권했지만, 로사는 이 문제에 대해 믿고 의논할 사람은 아무도 없으며, 치료를 끝내면 스스로 배신당하고 버림받았다고 느끼게 되어서 자살하게 될까 봐 두렵다고 말했다.

선행 연구의 검토

성적인 다중관계에 대해서는 상당한 연구가 축적되어 있으나(13장 참조), 비성적 다중관계에 대한 연구는 드물다. 톨맨(Tallman, 1981)이 아마도 비성적 다중관계를 제일 처음으로 연구한 사람일 것이다. 그는 조사에 참여한 38명의 심리치료가 중 약 33%는 적어도 환자와 일부 사회적인 관계를 맺고 있다고 하였다. 그 결과의 흥미 있는 측면은 참가자의 절반이 남성이었는데, 환자와 사회적 관계를 발전시킨 심리치료가 모두가 남성이라는 점이다. 이러한 유의미한 성차는 심리치료의 성적, 비성적 다중관계 측면에서뿐 아니라 교수와 수퍼비전을 포함하는 다중관계의 측면에서도 뚜렷한 일관성을 보인다.

보리스와 포프(Borys & Pope, 1989)는 지난 12년 정도 동안 축적된 연구를 다음과 같이 요약하고 있다.

첫째, 치료가와 교육자(교사, 클리닉 수퍼바이저, 행정가)들의 성적인 다중관계를 특징지었던 유의한 성차(즉, 남성 심리치료가가 여성보다 더 많다)는 사회적/경제적 개입과 전문가로서의 다중역할 영역에서 치료가들의 비성적 다중관계에 대해서도 마찬가지 특징으로 나타나고 있다. 남성 응답자들은 사회적/경제적 개입과 전문가로서의 다중역할을 더 윤리적인 것으로 평가하는 경향이 있고, 여성 응답자들에 비해 내담자들에게 더 많이 개입하는 것으로 보고하고 있다. 둘째, 남성 치료가들은 남성 내담자들보다는 여성 내담자들과 더 많은 비성적 다중관계를 유지하는 경향이 있다는 것이 자료에서 나타나고 있다. … 셋째, 이러한 경향은 심리치료가, 정신분석가, 임상 사회복지사 모두에게 나타난다. 이러한 통계적 분석은 대부분의 치료가들이 남성이며 대부분의 환자들이 여성이라는 사실을 고려해야 한다는 점에 주목하라(p.290).

포프 등(Pope, Tabachnick, & Keith-Spiegel, 1987)은 1천 명의 임

상심리학자들의 윤리적 신념과 실제에 관한 조사(회수율은 46%였다)에서 비성적 다중관계에 관해 몇 개의 측면, 즉 '내담자로부터 비용을 받지 않는 서비스를 받아들이는 것', '자신의 친구에게 치료를 제공하는 것', '이전 내담자와 함께 사업을 하는 것'을 포함시켰다. 그들의 연구 결과는 다중관계에 초점을 맞춘 대규모의 학제적 연구 결과와 일치한다.

1,600명의 정신분석가, 1,600명의 심리학자, 1,600명의 사회복지사를 대상으로 한 조사 연구(회수율은 49%였다)에서 다중관계의 범위에 관한 신념과 행동을 검토하였다(Borys & Pope, 1989). 그 조사 결과는 다음과 같은 세 가지 측면을 포함한다.

-- 종결 전 또는 후의 내담자와의 성적인 친밀감(13장 참조)에서 또는 관계 전문가로서의 비성적인 다중역할, 환자에 대한 사회적/재정적인 개입의 측면에서 전문직 간의 유의한 차이는 없었다.

-- 치료가들이 대부분의 또는 모든 상황에서 발생할 수 있는 각각의 다중관계 행동을 윤리적인 것으로 간주하는 비율은 한정된 일부 또는 드물게 발생하는 상황에서 일어나는 각각의 다중관계 행동 비율보다 낮다.

-- 전반적으로 정신분석가들은 심리학자나 사회복지사보다 그런 관계를 덜 윤리적인 것으로 보는 경향이 있다.

이 연구는 경계선 문제에 관한 다양한 신념과 행동들이 다음과 같은 요인들과 유의미하게 관련되어 있음을 밝혀냈다.

-- 치료가의 성별
-- 직업(정신분석가, 심리학자, 사회복지사)
-- 치료가의 연령

-- 치료가의 경험

-- 치료가의 결혼 상태

-- 치료가의 거주 지역

-- 내담자의 성별

-- 실제 활동 환경(단독 또는 집단 치료와 같은)

-- 치료 지역(공동체의 규모)

-- 치료가의 이론적 관점

이 자료를 따로 분석하면서 보리스(Borys, 1988, p.181)는 "성적, 비성적 다중역할 행동 간의 분명한 연관성"을 발견하였다. 그녀는 비성적, 성적인 다중관계의 관련성을 조사하기 위해 체계론적인 관점을 사용하였다.

근친상간과 마찬가지로, 치료가와 내담자 간의 성적 개입은 비성적 수준에서 시작된 관계의 경계선과 역할이 전반적으로 무너지면서 최고 절정에 이르게 된 것이다. 이러한 관련성은 체계론적인 관점에 의해 예측 가능한데, 이 관점에 의하면 분리된 역할과 행동이라고 해도 이들은 관련된 체계 내에서 상호 연관되어 있다는 것이다. 한 부분에서의 변화는 행동의 또 다른 부분에 영향을 미칠 것으로 기대된다. 현재 연구 결과는 가족 내에서처럼, 치료가 진행되는 관계에서도 역할 경계와 규범들이 착취를 방지하는 보호 기능을 하는 것으로 제시하고 있다 (p.182).

베어와 머독(Baer & Murdock, 1995)은 보리스와 포프(Borys & Pope, 1989)가 보고한 치료 관행 조사(Therapeutic Practices Survey)의 수정판을 이용하여 전국 조사를 행하였다. 결과는 다음과 같다.

대부분의 치료가들은 비성적인 이중관계 행동은 기껏해야 제한된 상황에서만 윤리적일 수 있다고 생각한다. … 치료가들은 사회적/재정적으로 내담자에 개입하는 경우가 비성적인 이중관계의 세 가지 종류 중가장 덜 윤리적인 것으로 판단한다. … 심리학자들은 내담자로서가 아닌 위치에서의 사람들을 통해 자신의 사회적/재정적 요구(치료비용의지불이라기보다)를 충족시키는 것이 중요하고 가망성이 있다는 점에대해서는 분명한 것처럼 보인다(p.143).

램과 칸탄자로(Lamb & Catanzaro, 1998)는 치료가, 수퍼바이저,교수들을 인터뷰한 결과, 내담자, 수퍼바이지(supervisee), 학생과의성관계를 인정하는 사람들이 비성적인 다중관계를 가질 가능성이 높다는 사실을 발견하였다. 그들은 또한 성적인 경계선 교차를 행하지않았던 참가자보다 비성적 다중관계를 덜 부정적인 것으로 평가하였다. 연구자들은 유용한 지침을 제공하였으며 이는 이 장 후반부에서인용되고 있다.

램 등(Lamb, Catanzaro, & Moorman, 2004)은 "사회적 상호작용과현상을 포함하는 새로운 관계는 심리학자들이 아주 빈번하게 만날수 있는 새로운 관계 유형처럼 보인다. 물론 그것을 최대한으로 명료하게 하는 것이 필요할 수도 있다. 그러나 심리학자들도 다른 새로운관계(예를 들면, 새로운 동료 또는 전문적인 관계)를 알 필요가 있다.새로운 관계에 대한 논의는 이전의(현재와 반대되는 개념으로서) 내담자, 수퍼바이지, 또는 학생, 특히 과거의 수퍼바이지와 가장 빈번하게 일어나는 것으로 보고되고 있다."(p.252)고 하였다.

심리치료에 있어서 비성적 다중관계에 대한 이러한 연구들은 현상에 대한 이해를 넓히고 흥미를 불러일으키는 가설을 제공하는 데 있어 최초의 실증적인 자료를 제공해 준다. 그러나 놀라운 것은 그러한연구의 희소성이다. 다중관계의 발생과 영향에 대한 자료의 체계적인수집을 포함한 결정적인 자기 연구가 필요하다.

교환(bartering)

미국심리학회는 일부 조건하에서의 교환을 허용하며 "교환은 심리적인 서비스에 대한 보답으로 내담자나 환자들이 돈이 아닌 물건, 서비스의 형태로 보답하는 것을 받아들이는 것이다."라고 말하고 있다. "심리학자들은 교환이 (1) 임상적으로 금기시되지 않을 경우, (2) 결과로 나타난 야기된 결과가 착취적이지 않을 경우에만 일어날 수 있다고 보았다(3.05의 다중관계와 6.04의 비용과 재정적 문제 참조)." (APA, 2002, p.1068; Sonne, 1994 참조)

다른 분야에서는 경계선 문제에 대해 다른 시각으로 바라보는 경향이 있다. 예를 들어 전국 조사에서는 정신과 의사들이 심리학자나 사회복지사보다 다양한 경계선 교차 문제를 덜 윤리적인 것으로 간주한다고 나타났다(Borys & Pope, 1989). 그리고 이는 교환에 대해서도 마찬가지다. 치료가로서 활동하고 있는 심리학자들의 신념과 행동에 대한 전국 조사에서는 대부분이 내담자와의 사이에서 일어나는 교환을 비윤리적인 것으로 보거나 또는 대부분의 상황 하에서 비윤리적인 것으로 간주하고 있는 것으로 나타났다(Pope, Tabachnick, & Keith-Spiegel, 1987; Baer & Murdock, 1995 참조). 그러나 자격증을 갖춘 상담자들에 대한 유사한 조사에서는 내담자가 제공하는 물건에 대해서는 63%가, 내담자가 제공하는 서비스에 대해서는 53%가 윤리적인 것으로 간주하였다(Gibson & Pope, 1993).

캠벨 등(Campbell, Vasquez, Behnke, Kinscherff, 미출간)은 미국심리학회의 윤리규정이 교환을 지불 수단의 하나로 허용하고 있는지에 대해 기술하고 있다. 심리학자들은 주로 내담자의 경제적 능력의 한계나 치료가가 활동하고 있는 그 공동체의 가치나 문화적 측면에서 교환을 고려한다. 무료 서비스는 때때로 좋은 선택 사항이기도 하지만, 무료 서비스를 받게 되는 환자의 불편한 마음, 부담감, 또는 치료가에게 가해지는 경제적인 압박이라는 문제 때문에 항상 가능하지 않을 수도 있다. 그러나 비용과 관련된 합의에 대한 치료적 영향은 관계의 질에 영향을 미칠 수도 있다.

많은 요소들이 교환에 관한 의사결정에 영향을 미칠 수 있다.

-- 내담자의 강점, 약점, 욕구, 기대
-- 문화적인, 여타 관련 있는 맥락과 역사
-- 심리적 서비스의 특징, 지속 기간, 강도
-- 가능한 이점과 가능한 부정적 영향
-- 알려져 있는 합의와 거절
-- 치료가의 이론적 접근, 능력, 동기
-- 가능한 교환 협정(batering arrangement)의 특징

캐나다 윤리규정(CPA, 2000)에서는 교환의 문제를 직접 다루고 있지는 않지만, 많은 부분들이 의사결정에 적용될 수 있다. 예를 들어 I.15에서는 치료비(상담비)는 공정해야 한다고 되어 있고, IV.12에서는 경제적인 보상을 전혀 바라지 않거나 거의 바라지 않는 역할을 제공함으로써 심리학자들은 사회의 복지에 기여할 수 있어야 한다고 격려하고 있다.

많은 치료가들은 교환에 반대하고 있다. 예를 들어 우디(Robert Woody, 1998)는 윤리적, 법적 문제에 관해 통찰력 있게 검토하면서 "주요 결론은, 교환은 좋지 못한 생각이며 피해야 할 것이다."(p.177)라고 쓰고 있다. 그러나 내담자와의 교환을 선택하는 이들을 위해 우디는 다음과 같은 지침을 제공하고 있다.

1. 유일한 비용적 합의는 최소화되어야 한다. 즉, 교환을 포함하여 보상 관련 측면이나 조건들은 가능한 한 기존에 제정되어 있는 관행에

가까워야 하고, 직업윤리와 일치해야 한다.

2. 교환을 포함한 보상 결정에 대한 근거는 반드시 기록으로 문서화되어야 한다.

3. 비용 문제에 대한 논의는 상세히 기록되어야 하고, 심리학자와 내담자가 말하는 것을 똑같이 강조해야 한다.

4. 만약 교환이 일어난다면 서비스보다 물건이 더 좋다. 왜냐하면 이것이 부적절한 개인적 상호작용의 가능성을 최소화할(없애지는 않을지라도) 것이기 때문이다.

5. 물건(또는 서비스)의 가치는 객관적인 자료에 의해 검증될 수 있어야 한다. 그러나 이는 추가적인 비용을 포함할 수도 있다.

6. 겉으로 보이는 부적절한 영향력에 대처하기 위해서는 양쪽 모두 교환에 의한 보상에 대해 기록된 동의서를 가지고 있어야 한다.

7. 교환에 의한 보상에 관한 어떤 새로 견해나 의견, 또 잠재적으로 관련된 견해나 의견은 이미 이전에 이루어진 동의가 있다고 하여도 반드시 내담자의 기록의 일부가 되어야 한다.

8. 동의서에는 가치 평가를 어떻게 결정할 것이며 이후에 일어나는 갈등들은 어떻게 해결할 것인지(예를 들어, 중재자)에 대한 조항이 반드시 포함되어야 한다. 그러나 이는 추가적인 비용(과 확실성에 대한 우려)이 발생될 수 있으며, 이러한 추가적 비용은 심리학자에 의해 이루어져야 한다. (즉, 추가된 비용이 내담자에게 이미 정해져 있는 서비스료를 넘어서게끔 해서는 안 된다.)

9. 만약 오해나 의견 불일치가 발생하기 시작한다면, 그 문제는 지정되어 있는 갈등 해결 방안(예를 들어, 중재자와 같은)에 의해 다루어져야 하며, 이를 심리학자나 내담자가 다루어서는 안 된다. 위에서 이미 기술된 추가 비용과 불확실성에 대한 우려의 문제를 다시 한 번 생각해 보라.

10. 개별화된 치료 계획을 검토하는 과정에서 보상 처리에 잠재적으로 영향을 미칠 수 있는 부정적인 측면이 발견된다면 이는 재수정되든지 또는 그 치료관계의 적절한 종결이 있어야만 한다(p.177).

소규모 공동체에서의 다중관계와 경계선 문제

공동체의 규모와 특징은 경계선 문제에 대한 중요한 맥락을 제공해 준다. 유용한 다양한 문헌에서 서로 밀접하게 연관되어 공동체에서 일하는 치료가들에 대한 경계선 문제를 다루고 있다. 예를 들어, 레즈비언, 게이, 양성애자 및 트랜스젠더들의 공동체(Brown, 1989; Greene, 1997a, 199b; Greene & Croom, 1999; Kessler & Waehler, 2005), 일부 소수민족 공동체(Comas-Diaz & Greene, 1994; Landrins, 1995; Pack-Brown & Williams, 2003; Ridley, Liddle, Hill, and Li, 2001; Sue & Sue, 2003, Vasquez, 2005; Vasquez, Arellano, & McNeil, 2004), 몇몇 시골 공동체(Barnett & Yutzrenka, 1995; Brownlee, 1996; Campbell & Gordon, 2003; Faulkner, 1997; Gripton & Valentich, 2004; Harowski, Turner, Levin, Schank, & Leichter, 2006; Jennings, 1992; Schank & Skovholt, 1997; Simon & Williams, 1999)들이 포함되어 있다.

이 책의 주요 주제는 우리의 책임을 반영적으로 적용되는 일련의 규칙에 전가할 수는 없다는 것이다. 각 내담자들은 각 치료가들과 마찬가지로 어떤 방식으로든 고유하며, 각 상황은 어떤 측면에서는 나름대로 고유하다. 그리고 상황들은 계속해서 변화한다. 우리가 경계선 교차의 잠재적인 영향을 평가하고, 또 가장 윤리적이고 의식적으로, 창의적인 방법으로 최선의 노력을 기울여야 하는 개인적인 책임감을 어떤 것도 덜어 줄 수는 없다. 왜냐하면 경계선 교차의 잠재적인 영향력은 소규모의 공동체에서 더 자주 일어나는 경향이 있기 때문이다.

여성주의 치료기관(The Feminist Therapy Institute)의 여성주의 윤리규정과 미국심리학회의 다문화 지침(Multicultural Guidelines)은 지지 노력과, 공동체 개입, 실천주의를 권장하고 있다. 이러한 활동은 치료가와 내담자 간의 다중관계를 만들어 낼 수도 있기 때문에 이러한 관계는 정보에 근거한 동의, 프라이버시 및 비밀 보장 문제, 권력의 차이, 드러나지 않는 함정에 대한 주의가 요구된다.

바스케즈(Vasquez, 2005)는 우리가 일하는 데 있어서 경계선 문제는 양분된 특징을 가지는 것이 아니라 연속선상에 있는 것으로 생각하는 것이 종종 더 유용할 수 있다는 생각을 소규모 공동체와 다른 맥락들이 어떻게 끌어내는지를 기술하고 있다. 예를 들면 어떤 소규모 공동체에서 치료가들은 치료 상황 이외의 어떤 곳에서 거의 매 순간에 내담자와 그들의 가족, 친구들을 만나기도 한다. 바스케즈는 자기 노출, 비성적인 접촉(비성적인 접촉에 대해서는 13장 참조), 선물 주고받기, 내담자에 중요한 어떤 사건(예를 들어, 결혼식이나 장례식), 기타 영역에 있어서 의사결정을 강조한다. 문화가 중요할 수 있다(15장 참조). 예를 들어 선물을 거절하는 것은 어떤 문화권에서는 수치스러운 경험이 될 수도 있는 것이다.

지침 자료들

9장에서 윤리적인 문제를 숙고하고 윤리적인 의사결정을 내리는 데 대한 유용한 단계들을 제공하기는 했지만, 특히 다중관계에 초점을 둔 의사결정에 대한 통찰력 있고도 널리 사용되고 있는 지침들이 있다. 다음에 의사결정에 널리 사용되고 있는 6개의 지침들이 제시되어 있다. 이는 다중관계와 다른 경계선 문제를 고려할 때 독자들에게 도움을 줄 수 있다.

-- 고틀리브(Gottlieb)의 『착취적 이중관계 피하기: 의사결정 모델(Avoiding Exploitive Dual Relationships: A Decision Making Model)』(1993, http://kspope.com/dual/index/php)

-- 포크너와 포크너(Faulkner & Faulkner)의 농촌 지역에서의 치료 실제에 대한 지침 「농촌 지역에서 다중관계를 다루는 방법: 중립성과 경계선 교차(Managing Multiple Relationships in Rural Communities: Neutrality and Boundary Violations)」(1997)

-- 램과 카탄자로(Lamb & Catanzaro)의 모델 「심리학자, 내담자, 수퍼바이지, 학생들을 위한 성적/비성적 경계선 교차: 전문적인 실재를 위한 함의(Sexual and Nonsexual Boundary Violations Involving Psychologists, Clients, Supervisees, and Students: Implications for Professional Practice)」(1998)

-- 영그렌(Younggren)의 모델 「윤리적 의사결정과 이중관계(Ethical Decision-Making and Dual Relationships)」(2002, http://kspope. com/dual/ index.php)

-- 캠벨과 고든(Campbell & Gordon)의 농촌 지역에서 다중관계를 고려하는 5단계 접근 「불가피성을 인정하기: 시골의 치료 실재에서 다중관계를 이해하기(Acknowledging the Inevitable: Understanding Multiple Relationships in Rural Practice)」(2003)

-- 소네(Sonne)의 「비성적 다중관계: 임상가를 위한 실제적 의사결정 모델(Nonsexual Multiple Relationships: A Practical Decision Making Model for Clinicians)」(2005, http://kspope.com)

그 외에도 포프 등(Pope, Sonne, & Greene, 2006)은 우리가 곤경에 빠져 무엇을 해야 할지 모를 때를 위한 의사결정 모델을 제시하였다. "어떤 상황에 대해 우리가 가장 잘 이해하는 것이 생산적이기는 하지만, 여전히 의문시될 수 있고 또 잠재된 부정적 영향이 있는 것처럼 보이는 일련의 행위들을 만들어 낼 수 있다. 심사숙고하지 않고 행동하는 것은 우리의 자발성, 창의성, 직관, 다른 사람을 돕는 능력에 대한 출구를 막아 버릴 수도 있다. 그것은 또 환자의 회복을 방해할 수 있고, 회복을 더디게 할 수도 있다. 그러나 심사숙고하고 행동하는 것도 피해를 가져올 수 있다." 그들은 이러한 곤경을 헤쳐 나가는 방법을 치료가와 상담가들이 찾을 수 있도록 돕는 8단계를 제시하고 있다.

부리안과 슬림프(Burian & Slimp)는 인턴십 상황에 대해, 「인턴십에서 발생하는 사회적 이중 역할관계: 의사결정 모델(Social Dual-Role Relationships During Internship: A Decision-Making Model)」(2000)에서 의사결정에 대한 통찰력 있는 접근을 제공하고 있다.

부가 자료

http://kspope.com/dual/index.php의 웹 페이지(Dual Relationships, Multiple Relationships, & Boundary Decisions)는 있을 수 있는 이중관계, 다중관계, 그 외의 경계선 문제를 숙고해 보는 데 도움이 되는 자료들을 제공하고 있다. 자료는 세 가지 범주로 나누어질 수 있다.

1. 널리 사용되고 있는 의사결정 지침들(소네의 「비성적 다중관계: 임상가를 위한 실제적 의사결정 모델」(2005); 영그렌의 「윤리적 의사결정과 이중관계」(2002); 고틀리브의 「착취적 이중관계 피하기: 의사결정 모델」(1993))
2. 미국 결혼 및 가족치료협회(American Association for Marriage and Family Therapy); 미국 기독교 상담가협회(American Association of Christian Counselors); 미국 목회자 상담가협회(American Association of Pastoral Counselors); 미국 성교육자, 상담가, 치료가 협회(American Association of Sex Educators, Counselors and Therapists); 미국 임상사회사업 조사위원회(American Board of Examiners in Clinical Social Work); 미국 상담학회(American Counseling Asso-

ciation); 미국 정신건강 상담가협회(American Mental Health Counselors Association); 미국 음악치료협회(American Music Therapy Association); 미국 정신분석협회(American Psychoanalytic Association); 미국심리학회(American Psychological Association); 미국 학교상담가협회(American School Counselor of Association); 미국 주와 지방 심리위원회(Association of State and Provincial Psychology Boards); 호주 사회복지사협회(Australian Association of Social Workers); 호주 심리학회(Australian Psychological Society); 영국 상담 및 심리치료협회(British Association for Counselling and Psychotherapy); 영국 사회복지사협회(British Association of Social Workers); 브리티시컬럼비아 임상상담가협회(British Columbia Association of Clinical Counsellors); 캘리포니아 상담발달협회(California Association for Counseling and Development); 캘리포니아 결혼과 가족 치료가협회(California Associations of Marriage and Family Therapists); 캐나다 상담협회(Canadian Counseling Association); 캐나다 심리학회(Canadian Psychological Association); 캐나다 정신 외상 스트레스 협회(Canadian Traumatic Stress Network); 유럽 신체-심리치료협회(European Association for Body-Psychotherapy); 유럽연합 심리학회(European Federation of Psychologists' Associations); 여성주의 치료연구소(Feminist Therapy Institute); 아일랜드 상담과 치료협회(Irish Association for Counseling and Therapy); 전국 사회복지사 협회(National Association of Social Workers); 최면심리협회(National Council for Hypnotherapy); 아일랜드 심리학회(Psychological Society of Ireland)

3. 미국의 심리 전문 학술지(*American Psychologist*; *Professional Psychology*), 다른 학술지에 실린 이중관계, 다중관계, 그 이외의 경계선 문제들에 대한 논문들

[토론거리]

공동체 전문대학협회의 교양과목 학위 프로그램의 일부로 기초 정신병리학 과목을 가르치기로 하였다. 귀하는 첫 번째 강의 시간에 열 명의 수강생들을 만나게 되었고, 그 중 두 명은 귀하가 현재 치료를 하고 있는 내담자이다.

1. 귀하는 어떤 느낌이 드는가?
2. 그들의 존재가 첫 번째 강의 시간에 귀하가 가르치는 방식을 변화시키는가?
3. 이 문제를 처리하게 위해 어떤 선택이 있는가?
4. 귀하는 어떻게 해야 한다고 생각하는가?
5. 이 두 내담자에 대한 기록지에 이 문제를 어떻게 다룰 것인가?

귀하는 아주 소규모 공동체에 살고 있다. 그 지역 의료 체제하에서 심리치료 서비스를 제공하고 있는 사람은 귀하뿐이다. 어느 날 수십 년 동안 알고 지내 왔던 귀하의 가장 절친한 친구 중 한 사람이 치료를 위해 사무실에 나타났다.

1. 귀하는 어떤 느낌이 드는가?
2. 귀하는 치료하는 동안 느낀 그 내담자에 대한 관심이나 감정을 다른 누구와 공유할 것인가? 만약 그렇다면 무엇이라고 말할 것인가?
3. 이 사람과 가까운 친구라는 측면에서 귀하가 치료가로서의 역할을 할 수 있을 것이라고 생각하지 않는다고 가정해 보자. 그러나 그 내담자는 지역 의료 체제하에서 치료가는 귀하가 유일할 뿐 아니라 내담자가 중요하다고 생각하는 측면에서(이 사람은 환자의 성별, 인종, 성적 지향성에 잘 맞을 수 있는 사람만이 자신의 문제를 이해할 수 있을 것이며, 도움을 줄 수 있다고 믿고 있다) 내담자에게 잘 맞는 사람은 이 조그만 공동체 근처의 어디를 찾아보아도 귀하가 유일하기 때문에 귀하 말고는 실제로 도움을 받을 수 있는 사람은 없다고 지적한다. 귀하는 이 문제를 어떻게 다룰 것인가? 귀하의 선택은 무엇인가? 귀하는 어떤 절차를 따를 것인가?

귀하는 경제적인 손실로 힘들어하고 있고 거의 파산에 이르렀다. 집이 팔리지 않으면 모든 것을 잃을 위기에 있다. 집을 팔려고 내놓았지만 2년 동안 그 집을 사겠다는 진지한 제의를 받아 본 적이 없다. 귀하는 여전히 집을 내놓고 있는 상태이다. "너무 멋진 집이에요! 이 집을 사고 싶어요. 어떻게든 이 집을 산다고 해도 결국에는 귀하를 더 이상 도울 수 없을 것 같아요."라고 말하며 나타난 유일한 사람이 귀하가 맡고 있는 심리치료 환자 중 한 사람이다.

1. 귀하는 어떤 기분이 드는가?
2. 귀하는 무엇이라고 이야기할 것인가?
3. 귀하가 생각하는 선택안은 무엇인가?
4. 귀하는 무엇을 끝내야 한다고 생각하는가?

귀하의 친한 친구들인 한 커플이 귀하가 추수감사절 휴가를 혼자 보내야 할 것 같다는 것을 알고 있다. 그들은 오후에는 숲으로 한가로이 산책을 하러 가고, 돌아와서는 가볍게 저녁을 같이하자고 하면서 귀하를 초대했다. 귀하는 그들이 귀하 몰래 그날 누군가를 함께 초대해 깜짝 데이트를 하게 하려고 한다는 사실을 알게 되었다. 그런데 그 사람은 바로 2년 동안 귀하에게서 심리치료를 받고 있는 내담자이다.

1. 귀하는 어떤 느낌이 드는가?
2. 귀하의 선택안은 무엇인가?
3. 귀하는 어떻게 해야 한다고 생각하는가?
4. 그 사람이 귀하의 과거 내담자라면 감정이나 선택안, 또는 가능한 행동 방식들이 변화하겠는가?
5. 만약 다른 손님이 내담자라기보다 귀하의 치료 수퍼바이저라면 어떻게 되겠는가?
6. 만약 다른 손님이 귀하 자신의 심리치료가라면 어떻게 하겠는가?

치료가 이루어지는 동안 한 내담자가 자신은 직업상 콘서트나 연극, 다른 문화

행사의 공짜표가 많이 생긴다고 이야기한다. 그녀는 의사들이 열심히 자신을 치료해 주어서 대단히 고맙기도 하고, 또 공짜표이기 때문에 여러 명의 의사들에게 그 표를 주고 싶어 한다. 그저께 그녀가 귀하에게 콘서트 티켓 2장을 우편으로 보냈다고 이야기했다. 왜냐하면 예전에 귀하가 그 연주가의 팬인데 이 지역에서는 한 번도 콘서트가 열린 일이 없다고 우연히 말한 적이 있기 때문이었다. 마침 귀하는 무척이나 그 콘서트에 가고 싶어 하는 딸을 데려가기 위해 티켓을 구하고 있는 중이었다. 그런데 티켓은 이미 매진이 되었고, 어떤 가격에도 살 수 없는 상황이었다.

1. 귀하는 어떤 느낌이 드는가?
2. 귀하는 어떤 문제를 고려해 볼 것인가?
3. 귀하는 어떻게 할 것인지 결정하기 전에 원하는 다른 어떤 정보가 더 있는가? 만약 그렇다면 귀하는 어떤 정보를 찾아볼 것인가?
4. 어떤 조건하에서 귀하는 그 티켓을 받을 것인가?
5. 치료가 끝난 후에 귀하는 이 상황을 상담 기록부에 어떻게 기술할 것인가?

귀하는 스스로가 속해 있는 공동체에 매우 많이 관여하고 있으며 매우 가치 있다고 생각하는 위원회의 활동 위원으로 임명되었다. 첫 번째 위원회에 나갔을 때 귀하의 새로운 내담자 중 한 사람도 그 위원회의 위원이라는 것을 알게 되었다. 그 내담자는 한숨에 달려오더니 귀하와 생각이 비슷하고 함께 일하게 되서 기쁘다고 이야기한다.

1. 귀하는 어떤 느낌이 드는가?
2. 귀하의 내담자는 어떤 기분일 것이라고 생각해 볼 수 있는가?
3. 귀하가 생각해 보아야 할 문제는 무엇인가?
4. 내담자에게 귀하는 뭐라고 이야기할 것인가?
5. 귀하는 위원회의 위원으로 계속 남아 있을 것인가? 이러한 결정에 대한 명분은 무엇인가?
6. 이러한 상호작용에 대해 귀하는 어떻게 기록할 것인가?

15장 문화, 맥락, 그리고 개인차

우리는 다양성이 풍부한 나라에서 살고, 일하고 있다. 각기 다른 집단들은 때때로 놀랄 만한 양상으로 다른 맥락에서 발달한다. 미란다(Jeanne Miranda, 2006)는 그 예로 다음과 같이 이야기한다.

멕시코에서 태어난 멕시코계 미국인들의 우울증과 약물남용 이상의 비율은 낮고, 미국에 이민 온 멕시코 여성들이 일생 동안 우울증을 경험하는 비율은 8%로 이는 본토 멕시코인들의 비율과 비슷하다(Vega et al., 1998). 그러나 미국으로 이민 온 지 13년 정도 지나고 나면 멕시코 여성들의 우울증 비율이 갑작스럽게 증가한다. 미국에서 태어난 멕시코계 미국인 여성들이 일생 동안 우울증을 경험하는 확률은 미국의 백인 집단과 거의 비슷하며, 이는 이민자 집단의 거의 두 배에 달한다. 이러한 결과는 다른 건강지표에서도 그대로 반영되고 있다. … 빈곤율이 높음에도 불구하고 이민 온 멕시코 여성들은 신체적, 정신적 건강 문제를 가지고 있는 비율이 낮고, 이민 온 중국 여성들이 일생 동안 우울증을 경험하는 비율은 약 7%로 이는 백인 여성의 절반 비율이다(Takeuchi et al., 1998). 이러한 결과는 문화의 어떤 측면들은 다른 문화에 대해 보호 기능을 할 수도 있다는 점들을 시사해 주고 있다 (pp.115-116).

우리는 또한 다양한 언어 속에서 살고 있다. 플로레스(Glenn Flores, 2006)는 "4,960만 명의 미국인들은(미국 거주자의 18.7%) 집에서 영어 이외의 다른 언어를 사용하고, 2,230만 명(8.4%)은 자기 보고에 따르면 영어를 '매우 잘한다'기보다는 영어 말하기 능력에 제한이 있다. 1990년과 2000년 사이에 집에서 영어 이외의 다른 언어로 이야기하는 미국인의 수는 1,510만 명 정도로 증가하였고(47% 증가), 제한된 영어 능력을 가지고 있는 사람의 수도 730만 명으로 증가하였다(53% 증가). 어떤 지역에서는 그 숫자가 특별히 더 높기도 한데, 2000년에 캘리포니아 거주자의 40%와 마이애미 거주자의 75%는 집에서 영어 말고 다른 언어로 이야기하며, 캘리포니아 거주자의 20%와 마이애미 거주자의 47%는 유창한 영어 실력을 가지고 있지 못하다."고 말하고 있다. 비슷한 맥락으로, 캐나다 통계국(2006)에 의하면 "토론토와 밴쿠버에 살고 있는 18세 이하의 아이 중 약 한 명은 최근에 이민 왔거나 또는 최근에 캐나다로 이민 온 부모들에게서 태어났다. 이 아이들의 대부분은 부모들이 주로 이야기하는 언어가 영어도 아니고 프랑스어도 아닌 가정에서 생활하고 있다."고 보고하고 있다.

이와 같은 다양한 문화, 언어, 또 다른 요인들은 치료가들과 상담가들에게 윤리적인 시사점을 준다. 미국심리학회(APA, 2002)와 캐나다 심리학회(CPA, 2000)는 사회계층이라든지, 문화적인 또는 다른 집단간 차이의 중요한 상황에 대한 윤리규정에 있어 도움을 주는 지침을 제공하고 있다. 치료가들은 또한 캐나다 심리학회의 「비차별적인 실천을 위한 지침(Guidelines for Nondiscriminatory Practice)」 (2001c), 미국심리학회의 「심리학자들을 위한 다문화 교육, 훈련, 연구, 실천과 조직적 변화에 대한 지침(Guidelines on Multicultural Education, Training, Research, Practice, and Organizational Change for Psychologists)」(2003b), 미국심리학회의 「노인 집단에 대한 심리적 실제에 대한 지침(Guidelines for Psychological Practice with Older

Adults)」(2004), 미국심리학회의 「동성애자 및 양성애자 대상 심리치료에 대한 지침(Guidelines for Psychotherapy with Lesbian, Gay, and Bisexual Clients)」(2003a), 미국심리학회의 「인종적, 언어적, 문화적으로 다양한 사람들에 대한 심리학적 서비스 제공자를 위한 지침(Guidelines for Providers of Psychological Services to Ethnic, Linguistic, and Culturally Diverse Populations)」(1990b)과 같은 유용한 자료들을 찾아볼 수 있다.

맥락, 능력, 그리고 개인적 책임감

이 영역에 있어서 우리의 개인적인 책임감은 특정 상황에 대한 우리 자신의 능력을 솔직하게 평가해 보는 것으로 시작된다. 캐나다 심리학회의 윤리규정 II.10에서는 능력과 자기 지식 영역에서 "심리학자들 자신이 가진 경험, 태도, 문화, 신념, 가치관, 사회적 맥락, 개인차, 구체적인 훈련, 타인과의 상호관계에 있어서의 스트레스 영향, 타인에게 해가 되고 이익이 되는 모든 노력에 대한 상호작용을 평가하도록"(CPA, 2002, p.22) 격려하고 있다. IV.15에서는 "심리학자들은 어떤 상황에서 일을 시작하기 전에 그 문화, 사회구조, 사회관습 등에 대한 적절한 지식을 습득할 것을"(p.35) 요구하고 있다.

미국심리학회 윤리규정 2.01b '능력의 범위'에서는 다음과 같이 이야기하고 있다.

나이와 성별, 성 정체성, 인종, 민족, 문화, 국가적 전통, 종교, 성적 취향, 장애, 언어 혹은 사회 경제적인 위치와 관련된 요소의 이해에 대한 과학적이고 전문적인 지식이 그들의 연구나 업무의 효과적인 성취를 위해 필수적인 요소가 되는 곳이 심리학 영역이기 때문에, 심리학자들은 자신들의 업무의 능력을 확고히 하는 데 필수적인 훈련을 받고, 경험을 쌓고, 상담을 하거나 관리를 한다. 또 그들은 2.02조항(비상 상황에서의 업무 제공)에서 제시된 것을 제외하고는, 상담한 환자를 적절하게 전문의에게 보낸다(APA, 2002, pp.1063-1064).

권한이라고 하는 것은 개인차와 집단차에 대한 적절한 지각을 포함한다. 한편으로, 임상가들은 내담자들의 문화적, 사회경제적인 맥락에 대해 적절한 지식을 가지고 존중할 수 있어야 한다. 자기 자신과 다른 문화적 가치, 태도, 행동을 무시하는 치료가들은 중요한 정보를 놓칠 수도 있고 내담자들에게 자신의 세계관과 가정을 강조함으로써 그들을 잘못된 방향으로 그리고 해로운 방향으로 이끌 수도 있다. 또 한편으로는 임상가들은 문화적 또는 사회경제적 맥락에 근거하여 단순화시키거나 근거 없는 가정을 하는 것을 피해야만 한다. 문화적, 사회경제적 맥락에 대한 지식은 내담자들을 정형화하는 획일적인 집단 특성이라는 착각으로 이끌기보다는 정보를 주는 탐색 사항이 되어야 한다. 집단간 또는 집단 내에서의 다양성이 간과되거나 무시되어서는 안 된다.

어떤 독자들은 임상가와 내담자가 전혀 다른 문화적, 사회경제적 배경을 가진 임상 상황에서 이런 이중적인 윤리적 책임성을 분명하게 제지하는 것에 대해 반대할 수도 있다. 내담자의 어떤 배경 또는 맥락도 이해해야 하고 집단의 일정한 특징에 의해 개인을 어떤 방식으로 요약하는 가정을 피해야 하는 것이 과연 어떤 임상적인 노력에 있어서도 필수적인 윤리적 책임감이 되는지 반론을 주장할 수 있다. 우리는 페더슨 등(Pedersen, Draguns, Lonner, & Trimble, 1989, p.1)이 『다양한 문화에서의 상담(*Counseling Across Cultures*)』이라는 책에서 강조했던, "다문화적 상담은 멀리 떨어진 지역에 적용되는 이국적인 주제가 아니라, 어떤 내담자든지 그들에 대한 훌륭한 상담을 하기 위한 핵심이다."라는 견해에 동의한다.

그러나 때때로 치료와 상담의 기본적인 원리를 대다수 문화의 가치관과 관점을 넘어서서 어떻게 적용할 수 있을 것인지를 가르치는 훈련이 종종 실패하기도 한다. 예를 들어 그린(Greene, 1997a)은 때때로 실증적 문헌들이 문화적 차이나 다른 차이를 고려하지 않고 있다고 이야기한다.

동성애자에 대한 실증적인 연구들은 압도적으로 백인 중산층을 대상으로 행해져 왔다. 비슷하게, 소수 인종 집단에 대한 연구는 집단 구성원들의 성적 지향성의 차이를 거의 인정하지 않고 있다. 성적 지향성과 민족 정체성 간의 복잡한 상호작용에 대한 탐색이 거의 없었고, 민족 정체성과 관련한 동성애자 정체성 형성의 요소인 실제 사회적 과업과 스트레스 요인에 대한 고려도 거의 이루어지지 않았다. 동성 커플의 인종 내적-인종간 민족 정체성이나 인종주의의 변화와 커플 관계에 대한 민족 정체성의 영향에 대한 논의도 무시되어 왔으며, 이는 소수민족 내담자들에 대한 문헌에서 찾아볼 수 있는 이성관계라는 좁은 초점에 맞추어져 있다. 동성애자들에 대한 문헌도 똑같이 백인 커플이라는 협소한 시각을 완강하게 고수하고 있다(pp.216-217).

또한 문화적 차이나 다른 차이에 대한 복합적인 틀에서조차도, 각자를 일련의 고정된 특징을 가진 사람으로 간주하려고 하는 실망적인 모습도 나타나고 있다.

정체성은 심리학적, 사회학적인 견해에서 볼 때 유동적인 개념임에도 불구하고 우리는 정체성을 고정된 시각으로 이야기하는 경향이 있다. 특히, 인종이나 성과 같은 관찰 가능한 물리적 특성은 변하지 않는 불변의 귀속적 특징으로 인식된다. 이러한 예는 중국계 여성, 한국계 미국 여성, 또는 더 넓게는 유색인종 여성과 같은 용어로 동일시하는 것을 포함하며, 이는 미국 내에서 지배적인 '백인종'이 아닌 개인을 모두 집단화하는 방식이다. 우리의 이러한 정체성 구성방식은 신체적인 외모와 정체성에 대한 개인적 선포에 뿌리를 두고 있다. 그러나 이런 외관성의 분명한 구분이 전부가 아니다. 예를 들어, 아시아 인종의 민족적 배경을 가진 여성으로서 나는 민족적/인종적 소수집단에 속해 있기 때문에 나 스스로를 유색인종 여성이라 선언할 수 있다. 그러나 나의 (생물학적) 여동생은 자신이 비록 중국인 조상을 가진 사람이라 할지라도 그 집단의 목표에 친화감을 전혀 느끼지 않기 때문에 자신은 유색인종 여성이 아니라고 주장할 수도 있다. 그녀가 친화감을 느끼지 않는 것이 유색인종 집단으로부터 그녀를 구분하는가? 또는 스스로의 자기 동일시에도 불구하고 뚜렷한 신체적인 특징을 가지고 있기 때문에 그대로 유색인종으로 남아 있는가? 일반적으로 인종적, 신체적 특징에 근거한 정체성 맥락에서 정체성은 그것이 옳든 그르든 간에 계속해서 타인들에 의해 개인에게 부여된다. 자신의 정체성을 주장하고, 처음 보았을 때 외형적으로 보이게 되는 집단에 자신이 속하는지 그렇지 않은지를 타인에게 주장하는 것은 개인 자신에게 달려 있게 되는 것이다(Chan, 1997, pp.240-241; Wyatt, 1997 참조).

문화적 맥락이나 다른 맥락에 관해 우리가 알고 있는 그것에 대해 우리가 어떻게 생각하는지에 대한 측면들은, 우리가 그것에 대해 어떻게 느끼고 있는지에 의해 영향을 받을 수 있다. 우리 중의 누군가에게 있어서 다양한 문화적, 인종적, 민족적, 정치적, 종교적 집단이나 또는 이러한 집단과 관련된 주제는 감정적인 반응을 불러일으킬 수 있으며, 그 반응은 미묘한 것일 수도 있고 강력한 것일 수도 있다. 우리는 그것에 대해 수치스러워할 수도 있고 또 중요한 것으로 생각할 수도 있다. 우리는 그것을 사람들에게 말하는 데 있어 주저할 수도 있고, 또 감정적으로 맞지 않는 만큼 정치적으로도 맞지 않는 것으로 ― 우리 대다수에게는 금지된 장벽으로 ― 볼 수도 있다(Pope, Sonne, & Greene, 2006). 이러한 심리적인 반응은 어떤 이슈나 어떤 집단과 일하는 데 있어 우리의 권한을 차단하기도 하고 감소시키기도 한다. 우리의 지적인 능력뿐 아니라 포프와 브라운(Pope & Brown, 1996)이 이름 붙인 '치료를 위한 정서적인 능력(emotional compe-tence for therapy)'을 평가하는 것이 중요하다.

내담자의 문화나 맥락에 대한 지각은 우리 자신의 문화나 맥락에 대한 지각과 균형을 맞출 필요가 있다. 이론적으로 인식하기는 쉽지만, 우리의 문화와 맥락이 가지는 영향력은 실제에서는 때때로 평가하기가 힘들 수 있다. 유명한 책,『정신이 당신을 따라잡으면 당신은 쓰러진다(The Spirit Catches You and You Fall Down: A Hmong Child, Her American Doctors, and the Collision of Two Cultures)』에서는 관여된 모든 사람들의 문화와 맥락의 영향력을 간과함으로써 오는 잠재적인 비용을 이야기하고 있다. 이 책은 미국인 의사에 의해 간질 발작으로 진단받은 먀오족(Hmong) 어린이를 돕기 위한 캘리포니아 병원 직원들과 라오스 이민자 가족의 노력들에 대해 기술하고 있다. 관련된 모든 사람은 그 소녀를 돕기 위해 최선을 다하고 열심히 일하지만 문화적인 차이에 대한 부족은 끔찍한 결과를 낳게 된다. 그 책에서 의료인류학자인 클라인만(Arthur Kleinman)은 다음과 같이 인용하고 있다. "이 경우 먀오족 환자와 그 가족이 가지고 있는 문화적 영향력이 매우 강력한 것처럼 생물의학의 문화 또한 똑같이 강한 영향력을 가진다. 만약 귀하 자신의 문화가 그 고유의 관심, 감정, 편견 등을 가지고 있다는 점을 알지 못한다면 어떻게 귀하가 다른 누군가의 문화를 성공적으로 다룰 수 있으리라고 기대할 수 있겠는가?"

「우리가 훈계한 것을 우리가 실천하는가? 다중문화 심리치료의 능력에 대한 탐색적 조사(Do We Practice What We Preach? An Ex-ploratory Survey of Multicultural Psychotherapy Competencies)」에서 한센(Nancy Hansen)과 그 동료들은 "전반적으로, 그리고 개별적 항목의 86%에 있어서는 참가자들은 그들이 설득하는 바, 즉 다문화적인 능력의 필요성에 대해 강조하는 바에 있어서 실천하지는 못했다."(2006, p.66)라고 하였다. "심리치료가들이 유능하게 임상을 수행하기 위해서는, 그들이 알고 있는 바를 실행하기가 쉽지 않다는 점을 인식할 필요가 있고, 또 창의적으로 문제를 해결할 필요가 있다."고 그들은 결론짓고 있다. "이러한 점에서 귀하의 개인적인 장애물을 확인해 보는 것이 필요할 것이다. 인종적으로/민족적으로 다른 내담자와, 내담자와 관련하여 어떤 문제가 일어나는 것에 대해 걱정되는가? 어느 정도로 개입하는 것에 대해 확신이 서지 않는가? 이러한 문제들을 연구하는 데 '머리가 아플까 봐' 걱정되는가? 심리치료와 관련된 일에 있어서 인종적/민족적인 측면에 더 민감해지기 위해 이러한 장애물들을 어떻게 바꾸어 나갈 수 있을 것인가?"(p.72) 다음에서 이러한 장애물들을 인식하고 그것을 극복하는 데 초점을 맞추어 보자.

윤리적 서비스에 대한 장애물 극복

다음 단계에서는 윤리적 서비스에 대한 장애물을 인식하고 극복하는 데 도움이 될 수 있는 접근법들을 예로 들어 보고자 한다.

사회경제적 차이를 인정하기

차이의 문제에 대한 윤리적 접근에 있어 시작 단계는 우리 사회에 존재하고 있는 사회경제적인 차이를 적극적으로 인식하는 것이다. 우리가 살고 있는 환경에 의해 대표될 수 있는 세계 지도의 90% 정도를 머릿속으로 떠올리는 것은 지극히 쉬운 일이다. 우리는 많은 사람들이 우리와는 의미 있게 다른 맥락 속에서 살아가고 있다는 것에 대해 적극적으로 인식하지 않는다. 우리는 차이를 최소화하고 그 차이와 차이가 주는 시사점을 잊어버린다. 『뉴잉글랜드 의학 저널(New

England Journal of Medicine)』에 실린 뉴욕 시에 대한 한 인식론적인 연구에서는 미국 시민에 대한 극단적인 조건의 예들을 제시하고 있다. 분석에 의하면 뉴욕 시의 353개 건강 지표 중 54개는 65세 이하의 인구에 대하여 적어도 두 배의 기대 사망률을 나타내고 있다. 이 54개의 영역 모두는 하나의 예외를 제외하고는 모두 미국 내 흑인 집단이나 히스패닉 집단에 관련된 것이다. "분석 결과는 할렘 가에 있는 흑인 남성이 방글라데시에 있는 남성보다 65세까지 살 가능성이 적다는 것을 보여주고 있다."고 하면서 저자들은 그 결과가 자연재해 부분에 대해서도 비슷하다고 지적하고 있다.

나와 같은 시민이 그러한 상황에 살고 있다는 점은 치료가와 상담가로서 우리에게 무엇을 의미하는가? 가장 최소한으로는, 치명적인 환경과 우리 자신과는 분명하게 다른 상황으로부터 그들을 벗어나게 하기 위해 전문적인 서비스를 제공할 때 그런 상황의 현실을 인정하고 그것에 대해 정확하게 아는 것이 필요하다.

그러나 그런 상황은, 환경이 내담자들을 그런 상황으로부터 우리 사무실에까지 데리고 오게 되었는지에 관계없이, 우리가 개인적으로 또는 전문가로서 이러한 상황들을 다루는 데 어느 정도 책임이 있는지에 대해 피할 수 없는 윤리적인 질문에 직면하게 한다. 다양한 관점에서 이러한 질문들을 탐색해 보는 광범위한 문헌들을 볼 수 있다.

평가 도구의 잠재적인 문제들

차이의 문제를 다루는 데 있어서 두 번째 유용한 단계는 표준화된 검사와 다른 평가 도구들이 편견을 나타낼 수도 있다는 가능성에 대해 유의하는 것이다. 미국심리학회 윤리규정 9.06 '평가 결과 해석'에서, 심리학자들은 자신의 판단에 영향을 미칠 수도 있고 자신의 해석 정확성을 감소시킬 수도 있는 상황적, 개인적, 언어적, 문화적 차이를 포함한 다양한 요소들을 고려해야 한다고 상기시키고 있다.

예를 들어 라프롱부아즈와 포스터(LaFromboise & Foster, 1989)는 사용된 지능검사의 편향성 때문에 미국 내 흑인 학생을 특수 학급에 배치한 것은 법에 어긋난다는 래리 대 라일(Larry P. v. Riles)의 경우에 대해 논의하고 있다. 그들은 능력 평가에서 인종적 또는 문화적 편견을 피하기 위해 특수하게 개발된 두 개의 도구들, 즉 적응 행동 척도(Adaptive Behavior Scale)(American Association on Mental Deficiency, 1974)와 다문화 평가 체계(System of Multicultural Pluralistic Assessment)(Mercer, 1979)에 대해 기술하고 있다.

잠재적인 편견에 관해 문제를 불러일으킨 표준화된 인성검사의 예는 MMPI(MMPI-2로 개정되기 이전의 검사)이다. MMPI를 처음에 개발할 때, 미국 내 흑인, 원주민, 히스패닉, 아시아인들은 표본에서 제외되었다. 이러한 제외는 그 검사가 윤리적으로 사용되는 데 대한 어떤 함의를 주고 있는가? 파스친바우어(Faschinbauer, 1979)는 생생하게 기술하고 있다. "처음 미네소타 집단은 1980년대에는 부적절한 준거 집단인 것으로 생각되었다. 그 집단에 있어서의 중간값을 가지는 개인은 8학년의 교육수준을 가지고 있고, 기혼이며, 작은 마을이나 농장에서 살고 있거나, 하류층의 서기나 숙련된 장인으로 고용되어 있는 사람이었다. 16세 이하나 65세 이상은 아무도 포함되지 않았고 모두 백인이었다. 임상가로서 나는 케케묵은 집단에 어떤 누군가를 비교하여 정당화하는 것이 어렵다는 것을 알게 되었다. 휴스턴의 가난한 5수용소에 살고 있는 14세 멕시코계 노동자에게 그 검사를 한다는 것은 죄를 범하는 것처럼 여겨졌다."(p.385)

차이의 오류

차이의 문제를 다루는 또 다른 유용한 단계는 집단차, 개인차를 해석하는 데 있어 보편적인 오류를 관심 있게 지각하는 것이다. 캐나다 심리학회 전 회장인 오닐(Patrick O'Neill, 2005)은 특수한 차이와 문제 간의 상관관계를 그 문제를 야기하는 차이로 잘못 해석하는 보편적인 오류에 대해 논의하고 있다. "1970년대 초반 당시 지역 공동체 심리학 전공 대학생들인 우리는 라이언(William Ryan, 1971)의 『희생자 비난하기(*Blaming the Victim*)』를 읽었다. 라이언은 개인차로 환원되는 사회적 문제 이후에 발생할 수 있는 문제들을 제시하였다. 전략은 고통을 받고 있는 사람이 다른 사람과 어떻게 차이가 있는지 알아내고, 그리고 문제의 원인으로서 차이를 간주하는 것이었다고 라이언은 이야기하고 있다. 그는 이를 '야만인(savage) 발견의 기술'이라고 명명하였다."(p.13)

임상적 관계에서의 잠재적 문제

내담자와 우리의 관계에 영향을 주는 차이의 문제의 미묘한 방식에 대해 적극적으로 인식하는 것은 함정을 피할 수 있는 필수 단계가 될 수 있다. 우리가 평가를 행하든 치료나 상담을 하든 간에 내담자와 우리의 상호작용은 매우 중요하다. 존스(J. M. Jones, 1990b)는 인종과 같은 요소들이 신중하게 다루어지지 않으면 치료 과정을 해칠 수 있는 정도를 입증해 주는 다양한 연구들을 검토하였다. 예를 들어 그러한 요소들을 고려하지 못하면 정신건강 서비스를 찾는 소수집단의 비율이 아주 초기에 탈락하는 데 기여할 수 있다는 것이다.

워드 등(Word, Zanna, & Cooper, 1974)에 의해 행해진 일련의 연구는, 평가를 행하는 개인에 의한 미묘하고도 의도하지 않은 차별이 평가받고 있는 대상의 수행 능력을 손상시킬 수 있다는 점을 입증하였다. 이 연구의 전반부에서, 백인 조사자들은 미국 내 백인과 흑인에게 질문하였으며, 인터뷰의 행동에는 의미 있는 차이가 있었다. 즉,

백인 응답자들에 대해 평가를 실시할 때 시간이 더 많이 걸렸으며, 인터뷰 시간의 많은 부분을 직접 눈을 맞추고, 응답자들과 물리적인 거리가 멀지 않았으며, 언어적인 실수도 더 적은 것으로 났다.

반면 연구의 후반부에서 백인 조사자들은 인터뷰의 두 가지 방식에 대해 지각하고 두 가지 모두를 사용하도록 훈련받았다. 그러고 나서 다수의 백인들을 인터뷰하였다. 백인 응답자들 중 절반에게 조사자는 백인 응답자들을 위한 스타일(예를 들어, 물리적 거리를 좁히고 인터뷰를 더 오래하는 것 등)로 인터뷰를 실시하였으며, 나머지 절반의 백인 응답자들에게는 흑인 응답자들을 위한 스타일(더 짧은 인터뷰와 물리적 거리를 멀리 두는 것)로 실시하였다. 후자의 경우는 인터뷰 평가 동안 객관적인 일련의 평가에서 수행 능력이 훨씬 더 떨어졌다. 따라서 평가나 평가 도구 자체가 상대적으로 편향된 것은 아니라 할지라도, 인터뷰를 하는 사람의 행동이 수행 능력에 손상을 주는 차별적인 방향으로 평가 대상자에게 영향을 미칠 수 있다.

도비디오 등(Dovidio, Gaertner, Kawakami, & Hodson, 2002)은 「우리는 왜 혼자일 수 없는가? 개인간의 편향성과 인종간의 불신(Why Can't We Just Get Along? Interpersonal Biases and Interracial Distrust)」에서 현대의 인종차별주의가 미묘하고도 의도하지 않은 방식으로 지각 수준을 저하시킬 수 있음을 보여주는 일련의 연구들을 검토하였다. 인종에 대한 편견 ─ 무의식적으로 작용하고 있는 ─ 이 두 사람(예를 들어, 치료가와 내담자) 사이의 상호작용에 영향을 미칠 수 있는 방식은 인종에 근거한 자기 충족 과정을 만들어 낼 수도 있고 강화시킬 수도 있다. 도비디오와 그 동료들, 그리고 이 주제를 연구하는 다른 학자들에 의한 연구 결과를 고려해 보는 것은 이러한 주제를 좀 더 직접적으로 인정하고 다루는 능력을 기르는 데 도움이 될 수 있다.

상황에 대한 이해

차이의 문제를 다루는 것은 의미 있는 차이를 인정하고 편견과 고정관념을 피하는 것 이상을 포함한다. 즉, 이는 내담자들의 생활과 그들이 스스로 자신의 생활을 이해하는 상황에 대해 능동적으로 올바르게 판단하는 것을 포함한다. 웨스터마이어(Westermeyer, 1987)는 이러한 판단의 예를 다음과 같이 보여주고 있다.

48세의 중국 여성이 정신질환 우울증으로 항정신성, 항우울성 약물 치료를 받고 있었다. 이 과정에서 환자는 체중이 많이 감소하였고 많은 희망을 상실하게 되었으며, 더 무기력하게 되었다. 이 정신질환 진단에서 중요한 요소는 그 여성의 죽은 어머니가 꿈에 나타나 환자의 죽음을 유도하고 그녀를 저승으로 데려가는 등 죽음의 장소로 여행을 하고 있다는 믿음이었다. 우리는 이러한 증상에 대해 망상적 신념(delusional belief)이 아니라, 최근에 자신의 어머니를 꿈에서 보기 시작한 우울증에 걸린 여성에 대한 문화적인 믿음(일부 아시아인 환자들의 꿈에서 나타나는 죽음의 전조)으로 해석하였다. 이 환자는 항정신성 처방을 끊어도 잘 적응해 갔으며, 항우울성 처방도 복용량을 줄여 갔고, 일주일 단위의 심리치료를 시작하였다(pp.471-472).

이와 비슷하게, 아마로 등(Amaro, Russo, & Johnson, 1987)의 연구는 다른 맥락에 대해 주의를 기울여야 하고 또 정보에 근거하여 평가해야 하는 중요성을 입증해 주고 있다. 히스패닉 및 흑인 전문직 여성의 강점과 스트레스 원인을 비교하면서 긍정적인 정신건강과 관련이 되어 있는 가족과 일의 특징들을 발견하였다. 수입은 심리적 복지감의 모든 측정 지표를 통틀어 가장 일관성 있는 인구학적인 요인이었다. 이 외에도 히스패닉 여성의 심리적인 복지감은 차별 경험과 관련이 있었는데, 표본의 82% 이상이 차별을 경험한 것으로 보고하고 있다. 일상생활에서 차별과는 거리가 먼 우리들로서는 편견으로부터 야기되는 스트레스와 역기능을 잘못 해석하거나 잘못 취급하기 쉽다.

어떤 경우에 문화적인 차이 및 다른 형태의 차이는 치료가와 상담자들의 서비스 제공에 대한 기본적 능력을 평가하는 데 적절하다.

도움을 필요로 하는 사람들에게 접근할 때, 치료가들은 문제가 자신들의 유능함 또는 전문성의 영역 안에 부합되는지 평가할 필요성이 있다. 극단적인 예를 들자면 영어로만 이야기할 수 있고 학대의 희생양에 대해 배운 적이 없거나 또는 임상적인 경험이 없는 흑인 치료가는, 영어를 거의 할 수 없고 어린 시절의 성적 학대에 대한 기억으로부터 최근에 회복한 히스패닉계의 환자를 대하는 데 있어 자신이 가장 적절한 사람인지 조심스럽게 평가해 보아야 한다. 치료가와 내담자가 기본적으로 동일한 언어를 사용할 때조차도, 어떤 의미 혼동이라는 잠재된 문제를 야기할 수 있는 지역적 문화 차이나 언어 차이에 주의를 기울이는 것이 중요하다. 한 예로, 푸에르토리코에서 태어난 한 여성이 누군가가 사무실로 들어와서 자신의 지갑을 훔쳐 가는 것을 발견하였다. 어느 누구도 그의 신경을 건드리지 않았지만, 도둑은 감정적 대치 속에서 도주하였다. 이후에 그 여성은 이 사건을 스페인어로 쿠바 출신의 사회복지사에게 설명하였다. 그녀는 '대치'를 뜻하는 'asalto'라는 단어를 사용하였다. 그러나 그 사회복지사는 이 단어를 신체적 공격을 의미하는 것으로 이해하였다. 왜냐하면 그 단어는 푸에르토리코 사람들의 스페인어와 쿠바 사람들의 스페인어에서 달리 사용되고 있기 때문이었다(Pope & Brown, 1996, pp.179-180).

창의성

또 하나의 단계는 인간의 다양성에 대한 창의적이면서도 면밀한 접근을 포함한다. 하버드 대학에서 실시된 일련의 연구에서 랭거 등

(Langer, Bashner, & Chanowitz, 1985)은 아동들에게 주류와는 다른, 즉, 신체적 장애를 가지고 있는 개인들을 생각해 보도록 하였다. 한 연구에서, 실험집단의 아동에게는 장애인들이 직면할 수도 있는 특별한 도전에 대해 가능한 한 다양한 방식으로 생각해 보도록 하였고, 통제집단의 아동에게는 장애인들이 도전 상황에 맞닥뜨릴 수 있는지 여부에 대해 단순하게 물어보았다. 예를 들면, 아동들에게 휠체어에 타고 있는 한 여성의 사진을 보여주고, 그 여성이 어떻게 운전을 할 수 있을 것인지 또는 운전을 할 수 있을지의 여부를 물어보았다. 또 다른 연구에서, 실험집단의 아동들에게 장애인 — 예를 들면, 시각 장애인 같은 — 이 어떤 특정한 직업은 잘 수행하지 못하는 이유뿐 아니라 잘 수행할 수 있는 이유를 여러 가지로 대답하도록 물어보았다.

이 연구와 다른 연구에서 랭거(Langer, 1989)는 인간이 가지고 있는 차이에 대한 반응의 창의성은 교육될 수 있는 것이고, 그 창의성은 어떤 방식으로든 주류와는 다른 개인들에 대해 더 현실적이고 편견이 적은 반응을 이끌 수 있다는 것을 발견해 냈다.

아이들은 장애가 구체적인 기능에 관련된 것이지 인간 전체에 관련된 것은 아니라는 점을 배울 수 있다. 사려 깊은 구분을 할 수 있도록 훈련받은 사람은 편견 없이 구분하도록 학습된다. 이러한 집단은 통제집단에 비해 장애인들을 회피하는 경향이 줄어들었다. 본질적으로 아이들은 특성이라는 것은 상대적인 것이지 절대적인 것이 아니며, 어떤 것이 장애인가 그렇지 않은가의 여부는 상황에 달려 있다는 점을 배우게 되었다(pp.169-170).

우리가 개인 사무실, 관리의료기관, 병원, 클리닉, 지역 공동체의 정신건강센터, 대학 내 기구, 또는 다른 어떤 곳에서 일하든 간에, 우리는 일하고 있는 상황과, 우리의 도움을 필요로 하는 사람들에 관해 창의적이어야 하고 주의를 기울일 필요가 있다. 우리의 환경은 휠체어를 사용하는 사람들, 영어에 낯선 사람들, 의사소통을 하기 위해 제스처나 몸짓을 사용하는 사람들, 시각 장애인들의 요구에 반응적인가? 우리의 환경은 그들에게 개방되어 있고, 그들을 맞을 준비가 되어 있으며, 그들이 쉽게 찾을 수 있고 진정한 의미에서 도움이 되는가? 우리는 우리가 일하는 환경적 현실에 대해 어느 정도의 책임감을 인정해야 하고 또 생각해야 하는가?

개방적이고 솔직하고, 직접적으로 이야기하기

인종, 문화, 또 다른 집단 차이는 우리를 불편하게 만들 수 있다. 포프 등(Pope, Sonne, & Greene, 2006)은 어떤 주제가 솔직한 논의 없이 무성해지기만 한 금기사항이나 신화가 되고, 그럼으로써 수반되는 부정적 측면에 대해 이야기하였다. 관련 주제는 개방적이고 솔직하게 다루어지는 것이 중요하다. 이러한 과정은 침묵과 회피를 정치적으로 올바른 (또는 심리적으로 올바른) 진부한 표현으로 대체하는 것이 아니라 그 문제에 솔직하게 접근하는 것을 의미한다. 인종, 종교, 문화가 노인을 대상으로 하는 임상에 어떻게 영향을 미칠 수 있는지에 대해 힌릭슨(Hinrichsen, 2006)은 다음과 같이 이야기하고 있다.

특정 민족 또는 소수집단을 위한 서비스 제공자들은 백인 노인 내담자들에 의해 어떻게 인식이 되고 있는가? 내가 수퍼비전을 하였던 20대 중반의 흑인 인턴은 점점 더 나빠지는 건강 문제로 우울증이 생긴 70대 남성 노인에 대한 심리치료를 시작하였다. 그 인턴은 나이든 내담자들이 제2차 세계대전 때 군대의 '흑인 동료'에 대한 이야기를 계속해서 한다는 점을 언급하였다. 그 이야기가 강조하는 것은 그가 얼마나 흑인 동료 병사를 좋아했고, 또 그들이 군대에 얼마나 많은 기여를 했는지 하는 것이었다. 이 문제를 어떻게 다루었는지 그 인턴에게 물어보자, 그녀는 노인 내담자에게 "당신은 내가 흑인이라는 점을 유심히 보았군요."라고 말했다고 하였다. 이러한 진술은 그 노인이 인턴의 기분을 상하게 할 수도 있는 인종과 관련된 어떤 것을 말하지 않을까 걱정하는 부분과 흑인 서비스 제공자가 그의 경험을 이해할 수 있을지 하는 걱정에 대한 다양한 관심사에 대해 생산적으로 토론할 수 있게 해준다. 때로, 노인 클리닉에 갔을 때, 선견지명이 있는 내담자는 "나는 백인 의사를 원해요." 또는 "유대인 의사였으면 좋겠어요."라고 솔직하게 말할 것이다. 임상 노년 심리학자들은 때때로 일부 노인들은 젊은이들이 만들어 놓은 민족적 또는 인종적 무시에 거의 신경을 쓰지 않는다는 것에 주목하였다. 부분적으로, 이러한 의견을 공개적으로 표현하는 것은, 현재 노인 세대가 인종차별이 정부에 의해 제도적으로 인정되던 시기에 성인기로 진입하였기 때문에 인종적, 민족적 소수집단에 대해 우호적이지 않게 공개적으로 묘사하는 것은 순환논리에 의해 사회적으로 받아들여질 수 있다는 점을 반영한다(p.32).

[토론거리]

귀하는 지금 관리의료기관에서 입사 시험을 보고 있다. 내담자가 귀하에게 처음 건네는 말은 다음과 같다. "지금 내 성정체성에 약간의 문제가 있어요. 내가 어디 출신인지를 이해해 주고, 똑같은 문제에 직면해 본 경험이 있으며, 이 문제가 어떤 것인지를 잘 아는 사람하고만 이야기할 수 있을 것 같아요."

1. 귀하는 어떤 느낌이 드는가?
2. 이 내담자에게 반응하는 데 있어 귀하는 어떤 목표를 명심해야 하는가?
3. 어떤 상황에서, 귀하는 자신의 성적인 정체성을 그 내담자에게 노출해야 하는가?

4. 귀하가 받았던 훈련은 성정체성과 관련된 연구와 이론을 어느 정도 포함하고 있는가?

귀하는 다른 몇 명의 치료가들과 같은 빌딩 내에 사무실을 가지고 있다. 각 치료가의 이름은 각자의 사무실 문에 표시되어 있다. 어느 날 아침 사무실 문 중 하나가 부서져 있고 사무실이 엉망으로 되어 있는 것을 발견하였다. 벽, 책상, 마루, 책꽂이에 페인트로 나치 문양과 모멸적인 문구가 잔뜩 써 있는 그 사무실 문에는 유대인 치료가의 이름이 있었다. 그 행동을 누가 했는지 명백한 증거는 없지만 아마 귀하의 환자 중 한 명이었던 누군가 — 치료 시간 동안 강한 반유대인 감정을 표현하였고, 나치의 유대인 학살은 사실이 아니라고 강하게 믿으며, 유대인 집회를 파괴해 버리는 환상을 이야기하였던 — 라고 생각된다. 그러나 그 사람이 귀하 동료 사무실의 파손과 관련 있는지에 대해 다음 번 치료 시간에 물어본다면 그는 부인할 것이다.

1. 귀하는 어떤 기분이 드는가?
2. 귀하는 어떻게 하고 싶은가?
3. 귀하는 실제 어떻게 행동할 것인가?
4. 귀하는 그 사람이 동료 사무실을 파손했을지도 모른다는 의구심을 그 동료, 경찰, 또는 다른 누군가에게 이야기할 것인가? 만약 그렇다면 귀하는 내담자의 프라이버시와 비밀 보장의 문제를 어떻게 다룰 것인가?
5. 귀하는 내담자에게 그 의구심에 대해 이야기할 것인가? 만약 그렇다면 어떻게 할 것인가?
6. 내담자의 반유대 감정을 치료에서 어떻게 다룰 것인가?

귀하는 스페인어를 조금 할 줄 하는 라틴계 치료가이다. 귀하의 방침은 스페인어만 할 줄 아는 사람들은 모두 유창한 스페인어 실력을 가진 사람에게 의뢰해 주는 것이다. 어느 날 영어와 스페인어 모두 유창한 실력을 가지고 있는 라틴계의 내담자가 귀하를 만나게 된다. 왜냐하면 그녀의 관리의료기관 리스트에서 유일하게 라틴어가 가능한 사람이 바로 귀하이기 때문이다. 첫 번째 시간에 그녀는 귀하가 스페인어를 잘하지 못하는 것에 대해 부끄러워해야 하고 교양 있는 사람이 못 된다고 주장한다.

1. 귀하는 어떤 느낌이 드는가?
2. 이 내담자에 대한 귀하의 생각과 감정은 어떠한가?
3. 이 내담자에게 귀하는 어떻게 반응할 것인가?
4. 어떤 상황에서 귀하는 이 내담자를 계속 만나거나 또는 만나기를 거절할 것인가?

귀하는 대규모의 정신건강기관에서 집단 치료를 이끌고 있었다. 치료 시간이 시작되자, 집단의 한 사람이 귀하 이야기를 가로채서 말한다. "선생님에게 뭔가를 물어보고 싶습니다. 청소부를 제외하고 여기 있는 의사들 중에 흑인이나 남미 사람은 아무도 없다는 것을 아시나요? 그 사실이 우리 환자에게 어떤 영향을 준다고 생각하지 않나요?"

1. 귀하는 어떤 기분이 드는가?
2. 귀하가 고려하고 있는 가능한 대답은 어떤 것들인가?
3. 무엇이라고 이야기해야 한다고 생각하는가?
4. 그러한 시스템은 내담자에게 어떤 영향을 주는가?

귀하는 사무실로 꽉 찬 대형 빌딩에서 일하고 있다. 치료를 받으러 오는 시크교도 내담자가 막 귀하 사무실을 떠나려 할 때 경찰관이 문 앞에 나타나더니 그에게 수갑을 채우고 조사할 것이 있어 경찰서로 데리고 가야 한다고 이야기한다. 그들이 떠날 때 회계사가 복도를 가로질러 오더니 누군가가 귀하의 내담자를 로비에서 보고 그의 행동이 의심스럽다고 생각하여 아랍 테러리스트로 보이는 사람이 있다고 경찰에 전화를 했다고 이야기한다.

1. 귀하는 어떤 느낌이 드는가?
2. 귀하는 무엇을 고려하는가?

3. 귀하는 무엇을 하고 싶은가?

4. 귀하가 어떻게 해야 한다고 생각하는가?

5. 이것이 치료에 어떻게 영향을 줄 수 있는가?

6. 귀하는 이것을 어떻게 기록할 것인가?

귀하는 자신과 수퍼바이저와 다른 인종, 다른 성적 지향성을 가진 내담자를 다루고 있다. 하루는 그 내담자가 치료 시간에 15분 늦게 왔고, 귀하는 왜 정해진 시간에 오지 못했는지에 대해 내담자와 이야기하느라 시간의 일부를 할애했다. 귀하가 그 문제를 수퍼바이저에게 가지고 갔을 때 "오, 늦었다는 사실 자체는 심리적인 어떤 것을 의미하는 것이 아닙니다. 단지 그 사람들의 방식인 것이지요."라고 반응한다.

1. 귀하는 어떤 느낌이 드는가?

2. 수퍼바이저의 대답에 대해 어떤 가능한 반응들을 고려해 볼 수 있는가?

3. 수퍼바이저에게 실제로 무엇이라고 이야기하리라 생각되는가?

4. 이러한 시나리오를 상상해 볼 때, 그 내담자의 인종과 성적 지향성은 무엇이라고 생각되는가? 그 이유는 무엇인가?

결혼한 부부가 상담을 하러 왔다. 두 사람은 모두 결혼에서 당연히 리더는 남성이어야 하고 여성에게 알맞은 지위는 남편에게 순종하는 것이라 믿고 있다. 그러나 그들은 가끔 남편이 부인에게 의존하거나 또는 부인이 남편의 결정을 받아들이기 힘들 때를 '착오 또는 잘못된 것'으로 묘사한다. 그들은 이런 '착오나 잘못된 것'을 제거하는 데 도움을 받으려고 부부 상담을 받고 있는 것이다.

1. 귀하는 어떤 느낌이 드는가?

2. 이 아내에 대해서 어떤 생각과 기분이 드는가?

3. 이 남편에 대해서 어떤 생각과 기분이 드는가?

4. 그들이 가치 있게 생각하고 선택한 부부관계에 대해 귀하의 생각과 감정은 어떠한가?

5. 귀하는 어떻게 반응해야 한다고 생각하는가?

귀하는 내담자가 사전에 연락 없이 두 번의 약속을 어기게 되면 그 치료는 자동적으로 끝나는 것이라는 방침을 가진 기관에서 일하는 치료가이다. 대중교통을 이용하고 전화도 없고 예고 없이 나타나지 않는 베이비시터 때문에 종종 스트레스를 받으며 살아가는 한 여성 내담자가 두 번째로 약속을 어겼다. 귀하의 수퍼바이저는 내담자 대기자가 많다고 하며 그녀의 치료를 끝낸다는 편지를 귀하에게 쓰라고 한다.

1. 귀하는 어떤 기분이 드는가?
2. 내담자가 나타나지 않은 데 대해 귀하는 어떻게 생각하고 있는가? 그녀에 대한 진단은 어떤 방식으로 적절하게 이루어질 수 있는가?
3. 이와 같은 내담자들에 대한 방침이 적절한가에 대해 어떻게 생각하고 느끼는가?
4. 수퍼바이저에 대한 반응의 방안들에는 어떤 것들이 있는가? 기관의 방침에 대해서는? 그 내담자에 대해서는?

16장   비밀 유지

비밀 유지는 심리치료가에게 있어서 많은 위험이 도사리고 있는
영역이다.[4] 그 위험 중 대부분은 이 책의 일곱 가지 기본 가정 중 첫
번째와 관련 있는 것으로 보인다. 윤리적 의식은 지속적이고 능동적
인 과정이다. 피로, 스트레스, 판에 박힌 일은 우리의 의식을 무디게
하고, 윤리적인 수면을 취하게 하며, 우리가 놓치고 있는 것에 대해
자각할 필요가 있는 경우에도 무의식적이게 한다. 그러므로 우리가
하고 있는 일이 지닌 윤리적 함의에 대해 지속적으로 주의를 기울이
는 것은 매우 중요하다.

주의력의 부족은 아주 빈번하게 비밀 유지를 저버리게 한다. 우리

---

4) 국가 차원의 한 연구에 따르면 심리치료가의 절반 이상(62%)이 의도하지 않
게 환자의 비밀을 지키지 못한다고 한다(Pope, Tabachnick, & Keith-Spiegel,
1987). 국가 차원의 또 다른 연구는 가장 빈번하게 보고되는 선임자와 저명한
심리치료가에 의한 법 내지 윤리 기준의 의도적인 위반은 비밀 유지 문제를
포함하고 있음을 밝혀냈다(Pope & Bajt, 1988). 사례 가운데 21%의 심리치료
가가 비밀 유지를 위반한 것은 법의 위반에 해당된다. 사례 가운데 또 다른
21%의 심리치료가는 아동학대에 관해 법적으로 요구되는 보고를 위해 비밀
유지를 위반하는 것을 거부했다. 심리치료가는 자신이 환자였을 때 비밀 유지
의 위반을 경험했을지도 모른다. 국가 차원의 한 연구에 의하면, 10%의 심리
치료가들은 (과거) 치료를 받는 과정에서 자신의 심리치료가가 비밀 유지의
권리를 위반했다고 보고했다(Pope & Tabachnick, 1994).

는 비밀 유지를 규정하는 국가 및 지방 법률과 판례법을 정리하는 어려운 일을 수행하고, 관련 윤리규정과 전문 직업적 지침을 살펴보며, 변호사에게 자문을 구하고, 변화하는 치료(돌봄)의 기준을 따라간다. 그러나 일상적인 관행이라는 판에 박힌 익숙한 일은 피할 수 있는 많은 위험들을 가려 버린다. 이 장에서는 비밀 유지의 위반을 초래하는 간과하기 쉬운 위험에 대해 살펴보고자 한다.

환자를 소개해 준 사람

우리는 환자들을 우리에게 소개해 준 동료, 친구 등에게 매우 고마워하는 경향이 있다. 그러나 우리는 (그들이 소개해 준) 어떤 특정한 사람이 진찰 약속을 했는지, 그 사람이 첫 번째 진찰 약속을 지켰는지, 또는 내담자가 자신의 비밀 이야기를 허락하지 않을 경우 무엇이 논의되고 결정되어야 하는지를 (그들을 소개해 준) 사람들에게 말해 주어야 할까? 불행하게도 심리치료가들은 무심코 환자를 소개해 준 사람들에게 구체적인 환자를 언급하고, 일어난 일에 대해 세부적인 사항들을 제공하는 감사 편지를 보냄으로써 비밀 유지를 위반할 수도 있다.

공적인 자문

최고 수준의 윤리적, 법적, 임상적 기준을 충족시키는 데 자문만큼 소중한 자원은 거의 없다. 자문은 새로운 정보, 지지, 비공식적인 동료 평가, 다양한 관점에의 접근을 용이하게 한다. 국가 차원의 한 연구에서 심리학자들은 '동료 상담'을 일상적 업무를 위한 가장 효과적인 지침으로 평가했다(Pope, Tabachnick, & Keith-Spiegel, 1987). 연구의 참여자들은 그러한 상담이 가령 대학원 프로그램, 인턴제도, 주정부의 면허인가위원회, 지속적인 교육 프로그램 등과 같은 그 밖의 14가지 다른 요소보다 훨씬 효과적이라고 평가했다.

그러나 그러한 상담은 심리치료와 같은 동일한 비밀 유지를 요하는 것이다. 우리는 바쁜 삶을 살아가기에 우리의 시간을 최대한 선용하고자 한다. 우리가 수행하고 있는 심리치료에 대한 동료의 자문을 얻기 위한 가장 손쉬운 방법은 진찰 대기실을 걸어가면서 혹은 회의를 기다리는 동안 큰 테이블에 함께 앉아서, 또는 점심시간 음식점에서, 혹은 그 밖의 다른 공적인 장소에서 자문을 의뢰하는 것이다. 그렇게 분주하게 자문을 구할 때 문제가 되는 것은 비밀을 요하는 정보를 들어서는 안 되는 사람들이 들을 수 있는 곳에서 자문이 이루어진다는 점이다. 우리 중 대다수가 아마도 진찰실 복도나 엘리베이터 안에서 그러한 자문 내용을 우연히 엿들어 보았을 것이다. 때때로 우리는 이야기되고 있는 당사자를 (사회적으로) 알고 있을지도 모른다. 한 사례에서 어느 심리치료가는 사람 많은 엘리베이터 안에서, 자기 바로 뒤에 문제의 환자가 강한 관심과 당혹감으로 듣고 있는 것도 모른 채, 매우 '까다로운' 환자에 대해 동료에게 자문을 구했다.

자문을 구할 때, 적절하게 프라이버시를 보장하는 것은 중요한 윤리적 책무이다.

잡담

심리치료가 쉬운 일이라고 말하는 사람은 거의 없다. 때때로 그 일은 상당한 스트레스를 동반하기에 쌓인 감정을 해소할 필요가 있다. 이는 종종 점심시간에, 직원 휴게실에서, 라켓볼 경기장에서, 파티에서 우리의 업무와 관련하여 다른 사람과 말하고 싶은 충동을 불러일으킨다. 그러한 경우에, 우리의 내담자 중 한 사람의 신상이나 비밀을 요하는 정보 일부를 무심코 발설하기가 쉽다.

우리의 내담자 중 어떤 사람은 뉴스거리가 될 수도 있고 혹은 우리에게 흥미로운 정보가 될 수도 있다. 우리가 그러한 사실을 알고 있다는 것을 다른 사람에게 말하고 싶은 충동이 거의 극에 달할 수 있다. 우리 중 많은 이들은 입소문을 통해 누가 어떤 심리치료가와 치료 중이며, 어떻게 심리치료를 받게 되었는지에 대해서까지도 알 수 있다. 입소문을 조장하는 정보는 대체로 내담자에 의해서라기보다는 상담가나 심리치료가에 의해서 제공되는데, 그것은 명백한 윤리적 위반이다.

사례 기록과 환자 서류

귀하는 스스로 보아서는 안 될 환자의 차트를 본 적이 있는가? 대다수는 아닐지라도 이 책의 독자 중 몇 사람은 환자의 이름과 비밀을 요하는 정보가 담긴 서류를 우연히 보았을 것이다. 어떤 기관이나 개인은 비밀을 요하는 기록의 비밀을 유지해야 하는 자신의 책무를 충족시키는 데 어려움을 지닐 수도 있다. 저명한 대학과 교육을 제휴하고 있는 병원을 방문하였을 때, 필자들 중 한 사람이 병원 복도를 걸어가면서 정신건강 진료실의 내담자 차트가 벽을 따라 쌓여 있는 것을 발견했다. 그 복도는 관리되어 있지 않았다. 내담자의 이름이 선명하게 보였기에, 만일 그가 어느 차트를 열어 보았다 하더라도 상당한 양의 비밀을 요하는 정보를 읽을 수 있었을 것이다. 그가 나중에 복도에 방치되어 있는 차트에 대해 물어보았을 때, 이런 상황은 일시적인 것임을 확인했다. 그러니까 부족한 기금으로 인해 추가적인 보관 장소를 확보하고 있지 못하기 때문에, 이러한 '서류 쌓기' 방식이 사무 담당 직원에게 가장 편리한 것이었다.

이와 비슷하게, 우리 중 어떤 사람은 자신의 책상 맨 위에 차트와 환자의 정보를 올려놓고 있는 동료를 방문했을 수도 있다. 환자의 이름뿐만 아니라 다른 정보가 한눈에 보일 수도 있다.

여기에는 적어도 두 가지 중요한 사안이 놓여 있다. 하나는 내담자에 대한 정보를 그러한 정보에 대한 접근이 허락되지 않은 사람들의 시야로부터 보호하는 일이다. 서류는 차트(혹은 어떤 다른 방지용 덮개) 안에 있고, 차트의 폴더는 접혀 있고, 내담자의 이름은 차트 외부에 보이지 않도록 하는 것(부호화 시스템은 편리한 파일 작업과 수정에 기여할 수 있다)은, 차트가 잘 관리되어 있으나 일반인이나 다른 내담자에게 개방된 곳에 놓였을 때 취할 수 있는 유용한 조치이다. 내담자의 이름까지 보호하라는 것은 어떤 사람에게는 과도한 것으로 보일 수 있지만 어떤 사람이 심리치료가에게 의뢰하고 있다는 사실 자체도 비밀을 유지해야 할 가치가 있는 것이다.

두 번째 중요한 사안은 관리되지 않은 곳에 놓인 차트의 보안에 관한 것이다. 승인되지 않은 사람은 누구도 차트를 볼 수 없도록 차트 사이에는 잠금 장치가 있어야 한다. 적절한 비밀 유지를 보장해야 하는 다른 많은 상황과 마찬가지로 차트의 보안과 관련하여 황금률은 유용한 지침이 될 수 있다. 만일 그것이 우리의 차트이고, 그 안에 우리의 중요한 비밀과 개인사, 우리의 고민, 진단 내역, 복용하고 있는 약물, 질병의 예후가 담겨 있다면, 우리는 심리치료가가 어떠한 조치를 취하기를 원하겠는가? 우리는 비밀을 요하는 이러한 정보의 일부 내지 전부가 어떤 이유로 우연하게 지나가는 누구에게든지(다른 환자나 우리의 고용주나 고용인 혹은 이웃이나 친척 내지 동료) 접근 가능하지 않도록 보장하기 위해 우리의 심리치료가가 어떤 조치를 취하기를 원하는가? 우리는 우리 자신의 심리치료가가 이러한 서류를 다루는 데 얼마만큼의 관심을 갖기를 원하는가?

전화, 팩스, 메시지

이 책의 독자들 중 몇몇은 내담자의 이름, 전화번호, 전화를 건 용건이 언급된 전화 메시지가 방치되어 있어 그러한 정보에 합법적으로 접근할 수 없는 사람들에게도 보일 수 있는 진찰실을 방문한 적이 있을지 모른다. 어떤 이들은 마침 어떤 환자의 팩스가 들어와 누구로부터 왔는지, 그리고 무엇에 관한 것인지를 바로 볼 수밖에 없는 동료의 사무실을 방문했을지도 모른다. 어떤 독자는 어느 심리치료가가 내담자로부터 걸려온 전화를 받고 있는데, 양쪽의 대화 모두를 들을 수 있는 상황에 있었을 수도 있다. (그리하여 내담자의 목소리를 알아듣고는 놀랐을 수도 있다.)

부재중 전화 자동응답기는 비밀 유지에 대한 중대한 위험을 초래할 수 있다. 점심시간에, 근처 레스토랑에 함께 갈 동료나 친구가 기다리고 있는 동안— 어떤 내담자의— 녹음된 메시지를 재생하고픈 유혹을 받는다. 이와 유사하게, 자동응답기가 집에 있다면, 가족이나 친구 혹은 다른 사람이 메시지가 녹음되거나 재생될 때 엿듣지 못하도록 특별한 조치를 취해야 할지 모른다. 또다시 황금률은 일어날 수 있는 문제들을 예상하고, 지속적으로 주의하고, 유의하며, 긴장하고 있어야 할 필요성을 인식하는 데 유용한 지침을 제공할 수 있다.

컴퓨터

데스크톱 컴퓨터와 그 외의 컴퓨터(예를 들면, 랩톱, 노트북, 개인 휴대용 정보 단말기)는 비밀 유지에 대한 특수한 도전을 야기한다. 다음의 물음이 도움이 될 수 있을 것이다.

컴퓨터가 어디에 있는가?

몇몇 독자들은 진료실 컴퓨터 화면 위에 뜬 내담자에 관한 비밀을 요하는 정보를 보았을지 모른다. 묻고자 하는 첫 번째 물음 중 하나는 언제 이 컴퓨터가 켜졌는가, 누가 그 화면을 볼 수 있는가이다. 화면상의 환자 이름이나 다른 민감한 정보를 볼 권한이 없는 사람 누구라도 볼 수 있는가? 이러한 문제는 비행기 안이나 터미널, 혹은 대기실이나 다른 공공장소에서 이동용 컴퓨터를 가지고 비밀을 요하는 정보를 다루는 사람에게서 일어날 수 있다.

다만 몇 분이든 밤새든, 컴퓨터가 무관심하게 방치되어 있을 때, 그 컴퓨터에 접근하거나 그것을 훔치고자 하는 사람과 컴퓨터 사이에 안전장치가 있는가? 그럴 일은 없겠지만 귀하가 승인 없이 컴퓨터에 접근하거나 그것을 훔치기 위해 어떤 사람에게 상당한 액수의 돈을 제공한다면, 귀하는 스스로 돈을 낭비하지 않을 것이라고 확신할 수 있겠는가?

컴퓨터가 해커로부터 보호되고 있는가?

컴퓨터가 인터넷에 접속되어 있을 때, 소프트웨어나 하드웨어 방어벽은 승인 받지 않은 접근에 대해 방어할 수 있다. 어떠한 보호책도 확실하지는 않다. 모두가 강점도 있지만 취약점 역시 가지고 있다. 보호조치를 좀 더 다층적으로 사용할 때, 비밀을 요하는 자료는 더 안전할 것이다. 하나 또는 두 겹의 안전장치가 해커의 출입을 막지 못하더라도 또 다른 안전장치가 효과적일 수 있다. 보안이 확실한 컴퓨터는 많은 잠금장치와 다양한 형태의 보안이 마련된 집처럼 단단히 벼르는 능숙한 해커라도 거의 좌절시킬 수 있다.

컴퓨터가 비밀을 요하는 정보에 접근할 수 있는 악성 코드로부터 보호되고 있는가?

컴퓨터가 인터넷에 접속되어 있을 때, 컴퓨터는 위험에 노출된다. 하드웨어와 소프트웨어 보안장치가 위험을 낮출 수는 있지만 그것을 제거하지는 못한다. 각종 바이러스, 트로이목마 바이러스, 웜 바이러스, 그리고 다른 악성 코드는 끊임없이 컴퓨터의 보안장치를 무력화시키기 위한 더 우회적인 길을 찾는다. HTML 형식으로 작성된 이메일은 악성 코드를 숨길 수 있다. 이메일 첨부 파일은 첨부 파일이 열리기 전에 컴퓨터를 감염시킬 수 있다. 어떤 웹사이트를 한 번 방문했는데 사용자도 모르는 상황에서 악성 프로그램이 컴퓨터에 다운로드 되는 상황이 발생하기도 한다. 이러한 프로그램은 컴퓨터의 가장 민감한 파일들(예를 들면, 사회보장번호, 신용카드번호, 패스워드, 재무제표의 패턴을 알아맞힐 수 있는 파일들, 또는 '프라이버시', '비밀', '진료', '진찰'과 같은 단어가 포함된 파일들)을 찾아낼 수 있다. 악성 프로그램은 이러한 파일을 다른 나라의 일회적인 임시 계정으로 전송할 수 있고, 익명의 웹사이트에 유포할 수도 있으며, 귀하의 컴퓨터 메모리에 있는 온갖 이메일 계정으로 발송할 수도 있다.

컴퓨터에서 비밀을 요하는 정보를 보호하기 위한 하나의 방법으로 2단계 절차를 들 수 있다. (1) 컴퓨터의 방어벽을 여러 겹으로 쳐라. (2) (외장 하드, CD, DVD와 같은) 이동 가능한 매체에 정보를 암호화하여 보호하라. 이동 가능한 매체는 항상 보안이 유지될 수 있으며, 심리치료가가 그 매체를 사용할 때만 컴퓨터에 접속될 것이다.

좀 더 강력한 방어를 제공하는 방법으로 인터넷과 접속하고 공개해도 문제가 되지 않는 자료들을 저장하기 위한 한 대의 컴퓨터와, 인터넷이나 다른 네트워크와 접속하지 않고 비밀을 요하는 정보를 보관할 수 있는 별도의 컴퓨터를 구별하여 사용하는 것을 들 수 있다. 비밀을 요하는 정보가 전적으로 분리되고 독립된 컴퓨터에 저장되므로 그 컴퓨터로부터 다른 컴퓨터로 연결된 유무선 링크가 없으며, 그 컴퓨터는 승인되지 않은 수취인에게 정보를 전송할 수도 없다.

패스워드가 안전하게 관리되고 있는 컴퓨터인가?

만일 어떤 사람이 컴퓨터가 관리되고 있지 않다는 것을 발견하거나 그 컴퓨터를 훔친다고 할지라도, 설정해 둔 패스워드는 비밀을 요하는 정보로의 접근을 어렵게 할 수 있다. 컴퓨터를 켤 때 시스템을 작동시키고, 일련의 파일 경로를 찾고, 개별적인 파일을 여는 것은 패스워드에 의존한다.

단어는 가장 안전한 패스워드가 되지 못한다. 사전 프로그램(dictionary program)은 쉽게 해커에게 이용될 수 있다. 해커들은 사전 프로그램을 사용하여 패스워드가 걸린 컴퓨터에 접근할 수 있다. 소문자, 대문자, 기호의 조합으로 이루어진 패스워드나 적어도 12음절 길이의 패스워드는 패스워드 해제 소프트웨어를 막아 낼 수 있다.

귀하의 컴퓨터에 접근하고자 마음을 먹은 사람이 어딘가에 패스워드가 기록된 것을 본다면 어떤 패스워드라도 쓸모가 없다. 귀하의 컴퓨터에 앉아 불법적인 접근을 시도하는 사람은 패스워드가 메모되어 있는지를 알아내기 위해 (귀하의 키보드 아래와 모니터를 포함하여) 귀하의 책상 위나 안에 있는 서류들을 샅샅이 살펴볼 것이다.

비밀을 요하는 정보는 암호화되어 있는가?

누군가가 귀하의 패스워드 방어벽을 뚫었다 하더라도, 개인의료기록 보호를 위한 의료보험법(Health Insurance Portability and Accountability)에 약술되었듯이 건강 정보가 암호화되어 있다면 그들은 하나의 강력한 보안장벽에 직면하게 된다. 가령 PGP와 같은 보안 관련 회사(http://www.pgp.com)뿐만 아니라 애플사, 마이크로소프트사, 그 밖의 다른 주요 컴퓨터 제조사들은 파일을 암호화할 수 있는 소프트웨어 프로그램을 제공한다.

비밀을 요하는 파일은 어떻게 삭제되고 있는가?

파일을 제거하기 위해 딜리트(Delete) 키를 사용할 경우, 대부분의 컴퓨터 하드 디스크 상에는 제거한 파일이 모두 남아 있어서, 저렴한 데이터 복구 프로그램에 의해 쉽게 복구될 수 있다. 비밀을 요하는 파일을 처리하고자 할 때, 제거하고자 하는 이전 파일 위에 임의의 글자를 반복하여 덮어쓰는 방식과 같이 확실한 제거 방식을 사용하는 것이 유용하다.

컴퓨터 디스크(기억장치)는 어떻게 폐기되고 있는가?

때때로 뉴스에서는 누군가가 컴퓨터를 팔거나 버렸는데 그 컴퓨터에서 비밀을 요하는 정보가 발견되었다는 것과 같이 일상적인 이야기가 되어 버린 것을 보도한다. 컴퓨터 디스크나 다른 전자 저장 매체에 비밀을 요하는 정보가 담겨 있다면 확실하게 자기(磁氣)를 손상시키거나 물리적으로 부서뜨려야 한다.

가정용 사무실(진료실)

이 책의 2판과 『심리치료가로서의 삶과 번영(How to Survive and Thrive as a Therapist)』(Pope & Vasquez, 2005)이라는 책에서 논의되었듯이, 가정용 사무실(진료실)은 그곳에 다른 사람이 살고 있다면 비밀 유지와 프라이버시에 특별한 문제를 야기한다. 내담자들 중 몇몇은 자신이 진료를 받는 것에 대해 다른 사람이 알기를 원치 않을 텐데, 내담자들이 진료실에 도착하거나 예약 순번을 기다릴 때, 혹은 진료실을 떠날 때, 그곳에 거주하는 심리치료가의 가족과 맞닥뜨릴 가능성이 있지 않겠는가? 진료 받는 시간에 어린아이들이 방해할 가능성이 있지 않을까? 심리치료가의 가족이 진료실에 들어온다고 했을 때, 기록 자료, 예약 일지, 메모지, 그 외 서류의 보안이 확보될 수 있을까? 그 가족이 내담자와의 전화 통화 내지 다른 상담 내용을 엿들을 수 있지 않을까? 내담자의 통화 내용을 수신하는 부재중 자동응답기 기능이 있는 전화를 다른 가족 구성원도 사용하는가? 만일 그렇다면 내담자들이 남겨 둔 부재중 메시지가 다른 가족에 의해 우연히 재생되는 것을 어떻게 방지할 수 있을까? 가족이 있을 때 내담자의 메시지를 재생시킨 적이 있는가?

연인과의 나눔

어떤 심리치료가는 어떤 비밀도 배우자나 연인에게 숨기지 않을지 모른다. 그들에게 있어서 일과 중 일어난 일들을 연인과 나누는 것은 친밀함을 표현하는 중요한 행위일지도 모른다. 내담자의 비밀 유지를 위반하지 않으면서 연인과 일과를 나눈다는 것은 윤리적 과제이다.

집단 치료 및 가족 치료의 의사소통

집단 치료와 가족 치료처럼 한 사람 이상이 치료 과정에 참여할 경우, 내담자는 사전 설명된 동의 과정의 일환으로, 한 명 이상의 내담자가 함께하기 때문에 영향 받을 수 있는 프라이버시, 비밀 유지 혹은 기본적 권리에 대한 제한 조건에 대해 사전에 알 권리를 지니고 있다. 한 심리치료가가 가족 치료를 진행하고 있다고 가정해 보자. 그 심리치료가는 작은아들과의 전화 통화를 통해 알게 된 그의 약물 복용 사실을 다른 가족에게 비밀로 할 것인가? 혹은 작은딸과의 전화 통화를 통해 알게 된 그녀의 임신 사실을, 또는 아버지와의 전화 통화를 통해 알게 된 그의 혼외정사와 현재 아내와의 이혼 계획을, 또는 어머니와의 전화 통화를 통해 알게 된 그녀의 가족 계좌의 은밀한 인출과 도박을 한 사실을 다른 가족에게 비밀로 할 것인가?

한 명 이상의 내담자가 포함된 심리치료에서는 이 책의 중요한 주제인 신뢰가 강조된다. 심리치료가와 그룹 치료를 받는 구성원들은 참여한 모든 사람이 신뢰할 수 있다고 생각할지 모른다. 그러나 그러한 생각이 그릇된 것이라면 어떻게 될까? 예를 들어, 구성원 중 한 명이 가짜 진료 그룹이라고 간주하는 것을 들추어내거나 혹은 문제의 심리치료가를 폭로하거나 또는 그 폭로자가 '의존성의 문화(culture of dependency)'를 취재하기 위해 정보를 수집하는 신문이나 잡지의 기자라면 어떻게 될까? 또는 그룹 구성원 중 한 명이 나중에 회고록을 써서 집단 치료의 체험이 어떠했는지에 대해 잡지나 책으로 발표하게 된다면 어떻게 될까? 그룹 구성원 중 몇몇이 다른 그룹 구성원에 대해 알게 된 것을 무심코 그들의 가족이나 친구들에게 전하게 된다면, 그리고 그 정보가 그 그룹 구성원 당사자를 알고 있는 사람들에게 퍼져 나간다면 어떻게 될까? 그룹 및 가족 심리치료가들은 프라이버시, 비밀 유지, 명예에 대한 합법적인 권리와 이에 대한 한계를 알 권리를 존중하는 방식으로 이상의 어려운 문제에 대해 고심해야 한다.

한 명 이상의 내담자를 포함하는 심리치료는 문서 기록에 있어서도 어려움이 있다. 가령, 심리치료가가 '그 가족' 또는 '그 그룹'의 심리치료 기록을 하나의 묶음으로 보관한다면, 그리하여 그 가족 혹은 그 그룹의 한 구성원이 그 기록의 사본을 요구한다면 어떻게 될까?

어떻게 한 명 이상의 내담자의 이름이 언급된 진료 기록을 문제의 내담자들의 사전 설명된 동의나 법적 권리의 포기 없이 넘길 수 있겠는가? 몇몇 심리치료가와 상담가가 활용하는 접근법 중 하나는 가족 혹은 그룹의 개별 내담자에 대해 차트를 별도로 보관하는 것이다.

서면 동의

불필요한 문제를 발생시키는 일반적인 이유는 비밀을 요하는 정보를 공개할 수 있다는 사전 설명된 서면 동의를 확보하고 있지 못하다는 점이다. 「심리학적 서비스 종사자를 위한 일반 지침(General Guidelines for Providers of Psychological Services)」(APA, 1987b)은 법에 의하여 정당화되지 않는 한, "심리학자는 관련된 내담자 혹은 그 내담자의 법적 대리인, 보호자 내지 그 내담자의 권한 대행자의 서면 동의와 함께, 다만 내담자가 정보 공개가 함의하는 바를 (주변의) 도움을 받아 이해하게 된 후를 제외하고는, 비밀 정보를 공개하지 않는다."(p.717)는 점을 강조하고 있다.

서면 동의를 확보하는 것은 오해로 인한 심각한 결과가 초래될 수 있는 상황에서 심리치료가와 내담자 간의 의사소통의 명료성을 증진시키는 데 기여할 수 있다. 심리치료가나 내담자 모두 심리치료가가 어떤 정보를 공개할 것인지를 이해할 필요가 있다. 심리치료가는 내담자의 개인사, 상황, 수행한 치료법의 어떠한 측면이라도 논의하는 데 자유로운가? 심리치료가는 진료 파일 전부 혹은 일부 기록을 제공할 권한이 있는가? 언제 내담자의 권한 위임이 종료되는가? 비밀을 요하는 정보를 얻고자 하는 사람이 다음 달, 다음 해 또는 몇 년 후에 추가적인 정보 요청을 위해 심리치료가를 만난다면, 서면 동의는 갱신될 필요가 있는가, 혹은 서면 동의는 명시적으로 그러한 미래의 요구를 포괄하는가?

보험 서식

보험사에 의해 충분하게 보장되거나 보장되지 않을 정보와 관련하여 보험이 어디까지, 얼마나 적용되는지를 승인하는 데 필요한 정보의 유형을 내담자가 적절하게 이해하지 못할 수 있다. 키스-슈피겔과 쿠처(Keith-Spiegel & Koocher, 1985)는 보험의 적용 범위에 관하여 심리치료가가 내담자에게 말할 수 있는 일상적인 진술의 가상적인 사례를 다음과 같이 기술하고 있다.

"만약 귀하가 가입한 보험을 이용하고자 한다면, 저는 언제 진료 예약이 있고, 제가 행한 의료 서비스가 무엇인지(예를 들어, 심리치료, 상담 혹은 평가)를 언급하는 서식을 보험사와 함께 기록으로 보관해야 합니다. 저는 또한 진단을 명확하게 해야 하며 보험사에 통지해야 합니다. 보험사는 이러한 정보를 비밀로 할 것을 요구합니다. 비록 저는 그 정보가 일단 이 진료실을 떠나면 그것에 대해 어떤 통제도 할 수 없지만 말입니다. 만약 귀하가 이에 대해 의문사항이 있으시다면 보험 적용 범위에 대해 보험사와 의논할 수 있습니다. 만일 귀하가 원하신다면 진료 서비스에 대해 현금으로 지불하고 보험은 전혀 사용하지 않도록 선택할 수 있습니다."(p.76)

관리의료기관

비밀 유지에서 가장 간과하기 쉬운 측면 중 하나는 관리의료기관 및 다른 관리의료시설 내에서 비밀을 요하는 정보가 어떻게 유통될 수 있는가이다. 많은 환자들은 자신들의 심리치료 기록이 관리의료기관의 일반 의료 건강 기록의 한 부분이 되거나 제삼자의 손에 들어간 것을 발견할 때 배신감을 느낀다. 한 여인은 그녀가 받은 치료 내용이 그녀가 일한 종업원 관계 게시판에 언급된 것을 알고는 충격을 받았다. 경영자와 노동조합은, 병가와 건강보험 비용 둘 다 줄이기를 원하기 때문에, 종업원이 이용하게 될 모든 건강보험 계획을 게시하기로 결정했다. 노사가 협상하여 맺은 계약 조건하에서, 이용한 진료 날짜와 이유가 건강보험기관에 의해 노동조합과 경영진 임원에게 제공된다.

관리의료기관들이 의료 자원의 배분과 자격 기준의 준수를 모니터하기 위해 전통적으로 사적인 것으로 간주되었던 정보를 훨씬 더 많이 요구하게 되었기 때문에 비밀 유지의 사안은 훨씬 더 복잡하게 되었다.

관리의료회사들은 대개 제삼자가 전통적으로 의료인에게 요구해 왔던 것보다 훨씬 더 많은 정보를 요구한다. 그러한 요구에 대해 주어진 윤리학적 설명은 대체로 두 가지 범주로 구분되어 왔다. 하나는 정보의 형식을 왜곡한 것으로 알려진 몇몇 심리치료가의 과거 사실에 근거한다. … 그리하여 관리의료회사들은 몇몇 심리치료가들이 제공하지도 않거나 승인되지도 않은 진료 시간에 대해 청구했다는 것을 알게 되었다. 모든 심리치료가에게 해당되는 더 일반적인 이유는 계획된 치료가 제삼자의 이익으로 일컬어지는 의학적 필요의 기준을 충족시키는지를 확실하게 하기 위한 것이다. 치료 계획 이외에, 관리의료회사들은 종종 환자에 대한 기록의 사본을 요구할 것이다. 그 회사들은 종종 병원의 차트에 대한 현장 조사를 하고, 때에 따라서 정보의 진실성을 검증하기 위해 심지어 환자와 직접 대화한다(Moffic, 1997, p.97).

치과학, 의학, 간호학, 안과학, 정골의학(整骨醫學, osteopathic medicine), 족부의학(podiatric medicine), 심리학, 사회사업, 수의학을 포함하는 국가의료협회위원회(The Council of the National Academies of Practice)는 「관리의료 환경에서 전문 의료를 위한 윤리지침 (Ethical Guidelines for Professional Care in a Managed Care Environment)」(1997, [부록 F] 참조)을 채택했다. 비밀 유지는 주요 사항으로 제시된 다섯 가지 지침 중 하나이다. 국가의료협회는 활용 및 (의료 서비스의) 품질 평가가 건강 의료 체계에서 적절한 기능이라는 점을 인정하면서도, 환자 정보의 프라이버시와 비밀 유지를 보호하고, 의료인의 진료 자료를 보호하기 위한 안전장치의 중요성과 내담자의 동의를 확보하는 것의 중요성을 지적한다. 그들은 다음과 같이 주장한다. "이러한 입장에 대한 근본적인 이유는 민감한 개인정보를 통제할 수 있는 환자의 자율권에 근거한다. 더 나아가 환자-의료 제공자 관계에서 상호 신뢰와 존중을 제고하기 위해 비밀 유지를 견지하는, 수세기에 걸쳐 확증된, 히포크라테스 선서의 역사적인 인식에 기초한다."(p.5)

건강보험기관들은 누가 사례 연구에 참가하는지를 언제나 확인할 수는 없으며, 환자의 상태에 대한 논의는 이와 무관한 사람이 무심코 엿듣게 될지도 모른다. 누가 치료 계획과 실행, 그리고 평가에 관여하는지는 소규모의 지역에서는 특히 흥미를 끄는 사안이 될 수 있다. 하나의 예를 들면, 건강보험 총괄 행정 담당자(chief health care administrator)가 심리학자에 의해 수행되어야 하는 진료 중인 환자들에 대한 정기적인 사례 보고를 제출했다. 1만 명도 안 되는 이 지역에서 심리학자들은 환자들의 다양한 사회적, 직업적 역할에 대해 많은 것을 알고 있을 것이다. 환자들은 이러한 보고에 대해 사전 설명된 동의를 하지 않았다. 이러한 비밀 유지 문제는 다루기가 쉽지 않다. 한 가지 해결책은 다른 지역에서 활동하고 있어서 그 병원에서 진료를 받고 있는 주민을 모르는 심리학자가 한 달에 한 번 병원을 방문하여 사례를 보고하는 방식의 고용을 행정 담당자가 승인하고, 환자들이 이러한 보고 절차를 이해했는지를 확인하는 것이다.

법률이 요구하는 범위 내에서의 의무적인 보고서를 위한 비밀 정보의 공개

각 관할권의 법의 입안과 판례법은 법적으로 의무가 있는 보고서를 작성하는 데 있어서 공개할 수 있는 정보의 한계를 규정한다. 예를 들면, 어떤 어머니가 한 심리학자에게 연락을 취했다. 그녀는 의붓아버지인 남편이 의붓딸과 성적 관계를 가졌다고 말했다. 그녀는 이와 관련하여 자신의 딸과 남편이 그 심리치료가를 만나 보도록 진료 예약을 하기를 원했다. 그 심리학자는 그 의붓아버지를 만나기로 승낙했으며, 곧바로 아동학대 의심자라는 공식적인 보고서를 작성했다.

다음 날 한 경찰이 그 심리학자에게 정보를 요구해 왔다. 그는 자신이 그 딸을 만났으며, 이후에 의붓아버지를 만날 것이라는 것에 대해 정보를 제공했다. 그 후 보안관은 심리학자에게 전화를 걸어 왔고, 아동학대 신고법을 들려주면서, 그 의붓아버지와 만났을 때 알게 된 정보를 요구했다. 그 심리학자는 마지못해 정보를 제공했다.

그 의붓아버지는 법정에서 그 심리학자가 최초의 공식적 보고를 한 뒤, 어떤 추가적인 정보도 공개해서는 안 된다고 주장했다. 캘리포니아 최고법원은 다음과 같이 의붓아버지의 주장에 동의했다. "심리학자는 동일한 활동에 대해 제2의 보고를 할 어떤 법적 구속도 없다. … 우리는 정신의료직의 현대적 가치를 인정하며, 정서적 혼란의 해소와, 복잡한 현대사회에서 발생하는 불가피한 긴장의 해소에 대한 그 가능성을 인정한다. … 그 가치는 비밀을 요하는 관계성에 기초한다. 그러나 환자는 전혀 제한받지 않는 분위기에서 자신의 생각과 행동, 자신의 두려움과 공상, 자신의 강점과 약점을 자유롭게 말할 수 있을 때에만 의사가 도움이 될 수 있다."(People v. Stritzinger, 1983, p.437)

심지어 법원이라는 무대일지라도 비밀을 요하는 정보를 공개하는 심리치료가는 내담자(환자)에 의해 고소를 당할 수 있다. 예를 들어 캘리포니아 주는 법적 절차의 일환으로 행해진 어떤 진술에 대해서도 개인이 법적 소송을 당하지 않도록 보호하는 일반 법안을 가지고 있다. 그럼에도 불구하고 항소 지방법원(district court of appeal)은 심리학자는 "재판 절차상 자신이 알게 된 정보를 공개한 것이 헌법에 규정된 프라이버시에 대한 환자의 권리를 침해할 때, 그는 고소를 당할 수 있다."(Chiang, 1986, p.1)고 규정했다.

사례 연구의 출판

내담자에 관한 사례 연구나 비밀을 요하는 다른 정보를 출판할 경우 특별한 주의가 요구된다. 내담자의 이름과 다른 세부사항의 일부를 변경하는 것만으로는 충분하지 않다. 예를 들어 포프 등(Pope, Simpson, & Weiner, 1978)은 뉴욕에서 한 심리치료가가 어떤 환자의 치료 과정을 묘사한 책을 출판한 것에 대해 실제로 고소당한 사례에 대해 다루고 있다. 그 환자는 심리치료가가 그녀의 치료 과정에 대해 집필하는 것에 그녀의 동의를 받지 않았으며, 그녀의 개인사를 적절하게 변조하여 제시하지 않았다고 주장했다.

미국심리학회의 『심리학자의 윤리원칙에 관한 사례집(Casebook on Ethical Principles of Psychologist)』(1987a)에는 어떤 심리학자가 (사례) 평가에 대한 책을 쓰고자 하는 상황을 제시하고 있다.

심리학자 G는 선정적이며 널리 알려진 사건으로 고소된 살인자에 대한 전문적인 평가를 수행했다. 그 후 16개월 이상 사라졌던 16세 소녀들이 그 도시의 황량한 강기슭 부근에서 칼에 찔려 죽은 채로 발견되었다. 그 섬뜩한 범죄의 진상이 국가 전체에 알려졌다. 그리고 그 소식은 도시의 행정과 경찰력에 대해 근무태만이라는 주장들이 강하게 제기됨에 따라 확산되었다. 심리학적 원인 분석의 개요를 작성하기 위해, 심리학자 G는 피의자와 인터뷰 및 심리 측정을 수행하면서 여러 날을 보냈다. 그는 법정에서 피의자의 전적인 동의를 받고 자신이 발견한 사실들을 제시했다.

6개월 후, 이제 살인자가 유죄선고를 받음에 따라 심리학자 G는 그 살인자와 범죄 이면의 심리학에 관해 쓰고 싶다는 결심을 했다. 그는 이러한 책을 쓰는 것이 수지맞는 일이 될 것이라고 예상했다.

심리학자 G는 그가 그러한 책을 쓰는 것이 윤리적으로 문제가 되지 않는지를 문의하는 글을 윤리위원회에 보냈다. 유죄를 선고받은 살인자는 그 정보가 법정에서 증거물로 받아들여졌기 때문에, 이제 공공연한 일의 일부로 간주되었다는 사실에도 불구하고 심리학적 평가 결과를 책으로 출판하도록 승인하기를 거부했다.

윤리위원회의 의견 : 윤리위원회는 계획한 책을 출판하는 것은 합법적이겠지만 비윤리적인 일이 될 것이라고 심리학자 G에게 답했다. 자료가 공공연한 일이 되거나 암묵적인 동의의 포기가 있었다는 사실이 윤리원칙 중 원리 5.b의 의무, 즉 직업 활동의 과정에서 획득한 개인적 정보를 공적인 토론회에서 발표하기 전에 사전 동의를 얻어야 한다는 의무로부터 심리학자를 자유롭게 하지 못한다. 이러한 경우, 윤리규정은 법이 요구하는 것보다 더 높은 수준으로 제정되어 있다. 심리학자 G는 윤리위원회의 충고에 감사를 표현했고, 책을 집필하고자 했던 구상을 접었다(p.72).

주의 산만

이 장은 이 책의 근본 주제 중 하나인 능동적이며 지속적인 주의와 각성의 중요성을 환기하며 시작했다. 순간의 방심이 문제를 유발할 수 있다. 우리의 지위가 아무리 상관이라 할지라도, 우리가 받은 훈련이 아무리 광범위하다 할지라도, 우리가 아무리 천부적으로 재능이 있다 하더라도, 우리 중 누구도 완전하지는 않다. 우리 모두는 피곤하고, 당황하며, 성급하거나 부주의할 때가 있다. 경계선 성격장애(borderline personality disorders)에 관한 광범위한 집필을 한 저명한 심리치료가인 마스터슨(James F. Masterson)은 그 자신의 삶에서 혼란스러운 일 때문에 환자(내담자)의 신뢰를 배반한 사례를 글로 쓰는 용기를 보여주었다. "어느 날 아침, 나는 늦게 출근했고, 게다가 주차장에 주차를 잘못하여 차가 찌그러졌다. 그 사건으로 인해 다소 기진맥진한 채로 급히 진료실로 들어가서 첫 번째 내담자를 들어오게 했다. 그런데 그는 나의 다른 여성 환자의 이름을 부르며 그녀가 잘 지내고 있는지를 나에게 물었다. 그들의 진료 예약이 매우 다른 시간대에 있었기 때문에 당혹스러웠다. 그들이 사회생활을 하면서 만났을까, 아니면 그가 그녀와 데이트를 하고 있을까 생각했다. 그런데 나는 무슨 일이 벌어졌는지를 깨닫게 되었다. 찌그러진 자동차 범퍼를 염려한 나머지 나는 부주의하게 서랍에서 그의 서류 대신에 그녀의 서류를 꺼냈고, 그는 폴더에 적힌 그녀의 이름을 읽었다. 나의 주의산만이 역전이적 실수로 내담자에게 적절한 주의를 기울이지 못했다.5) 나는 차트를 잘못 꺼낸 것에 대해 사과하고, 내가 그 사고로 인해 주의가 산만했다는 점을 그에게 말했다."(Masterson, 1989, p.26)

---

5) [역주] 역전이(逆轉移, countertransference)는 심리치료가가 무의식중에 자신의 감정을 내담자에게 돌리는 것을 의미한다.

[토론거리]

귀하가 2년간 복합적인 문제를 지닌 한 내담자와 상담을 해왔고, 그 내담자는 귀하에게 매우 민감한 정보를 공개했다. 보험회사는 추가적인 치료가 보험 처리가 되는지, 만일 그럴 경우 어떤 형태가 될지를 결정하기 위해서, 차트 기록 전부와 심리학적 평가에 대한 원 자료 전부를 포함한 일체의 서류를 요구하는 편지를 귀하에게 보낸다. 귀하가 그 문제에 대해 논의하기 위해 보험회사에 전화를 걸자, 보험의 지불 청구에 대한 평가(claims review)를 담당하는 부서장이 (그는 정신건강 전문가는 아니며 그의 이전 직업은 클립 회사의 품질 관리관이었다), 귀하에게 그들은 5일 이내에 이 모든 자료를 받아 보아야 하며, 그렇지 못할 경우 치료는 중단될 것이라고 말한다.

1. 귀하는 어떤 느낌이 드는가?
2. 귀하는 어떤 선택을 고려하는가?
3. 만약 귀하가 그 자료를 보내는 것에 내담자가 동의하지 않는다면, 치료에 대해 비용 지불을 할 수 있는 어떤 재원도 없다는 것을 의미하고, 그 정보를 제삼자에게 넘기기보다는 차라리 치료를 종결하기로 결심한다는 것을 의미할 텐데, 귀하는 어떻게 할 것인가?

귀하는 14세의 내담자와 몇 달간 상담을 해왔다. 한 번은 그 내담자가 갑자기 지난 4년간 한 부모와 성관계를 가졌다는 것을 털어놓았다. 그 내담자는 만성적으로 우울한 상태에 있으며 "만일 선생님이 이것에 대해 누군가에게 말한다면 나는 자살을 선택하겠다."고 위협한다. 귀하는 이것이 하찮은 위협이 아니라고 생각한다.

1. 귀하는 어떤 느낌이 드는가?
2. 어떤 조건하에서, 만일 가능하다면, 귀하는 내담자가 한 부모와 성관계를 맺고 있다는 주장에 대한 정보를 다음의 누구에게 공개할 수 있다고 생각하는가? (1) 아동보호시설 또는 아동학대 의심자 신고를 받을 수 있는 다른 정부

기관, (2) 귀하의 임상 관련 수퍼바이저, (3) 가족 구성원, (4) 그 밖의 누구?

3. 어떤 목표 내지 우선순위가 귀하의 개입을 구체화하게 할 것인가?

4. 만일 그렇다 하더라도 귀하 자신의 잠재적인 법적 책임(부담)이 이러한 상황에 대한 귀하의 정서적 반응과 행동의 방식에 어느 정도까지 영향을 미칠 것인가?

귀하는 다양한 상대와 안전하지 않은 성관계를 맺고 있는 한 내담자와 상담을 하고 있다. 두 달 전에 그 내담자는 HIV(인간면역결핍바이러스)에 감염되었다. 최근 상담에서는 많은 주제들에 대해 집중적으로 다루었는데, 그 중 하나는 성관계를 하는 동안 피임을 하지 않고, 어떤 상대에게도 HIV 감염 사실을 알리지 않겠다는 환자의 결심에 대한 것이다. 환자는 이러한 결심을 돌이킬 가능성이 없어 보인다.

1. 귀하는 어떤 느낌이 드는가?

2. 환자의 결심은 어떤 식으로든 공감시킬 수 있는 귀하의 능력에 영향을 주는가?

3. 어떤 조건하에서, 만일 가능하다면, 귀하는 환자의 요구에 반하여 행동하며, 환자의 HIV 감염 상태와 제삼자와의 성관계에 대한 정보를 알리겠는가? 어떤 정보를 공개할 것인가, 누구에게 그것을 공개할 것인가? 예상 가능한 결과는 무엇일까?

귀하는 관리의료기관의 편의시설에서 하루에 4시간씩, 주 3일을 외래 환자에게 치료를 제공하고 있다. 네 명의 다른 심리치료가도 동일한 진료실에서 진료를 한다. 건강관리의료단체의 정책에 따르면 그 진료실을 사용하는 모든 심리치료가들의 환자들의 차트 전부는 그 진료실 모퉁이에 있는 하나의 서류함에 넣어 두어야 한다. 심리치료가들은 각자 그 서류함의 열쇠를 가지고 있다. 귀하는 환자 중 몇몇이 다른 심리치료가와 사회적 관계가 있다는 것을 알고 있다. 귀하 또한 그들의 차트에는 그들에 대한 매우 민감한 정보가 담겨 있다는 것을 알고 있다.

귀하는 친구들 중 2명의 이름이 다른 심리치료가들의 차트에 있는 것을 발견했다. 건강관리의료단체는 환자들의 차트 전부를 한 서류함에 보관하는 정책을 바꾸길 거부한다.

1. 귀하는 어떤 느낌이 드는가?
2. 귀하는 어떤 행동을 취하고자 하는가?
3. 환자들은 이러한 관리에 대해 알 권리가 있는가? 그렇다면 어떤 점에서 환자들은 그것에 대해 알아야 하는가?
4. 만약 귀하가 그러한 상황에 처한 환자라면 귀하는 이러한 관리에 대해 알 권리가 있다고 생각하는가?

귀하는 한 내담자와 치료상의 난관에 직면했다. 몇 주 동안 치료가 지연될 것으로 보였다. 그러나 귀하는 무엇이 문제인지를 이해하지 못했다. 지난 몇 번의 수퍼비전 시간 동안 귀하는 이 내담자가 귀하의 내면의 어떤 강렬한 감정을 자극했다는 점을 알게 되었다. 귀하는 자신의 개인사에서 부끄럽고 당혹했던 몇몇 고통스러운 사건들을 귀하의 수퍼바이저에게 털어놓았다. 하지만 귀하는 그 밖의 누구와도, 심지어 자신의 심리치료가와도 이 사건들을 논의해야 한다. 어느 날 오후 귀하는 직원 휴게실로 들어가다가 문 앞에서 멈추었다. 출입문을 통해서 귀하의 수퍼바이저가 귀하가 수퍼비전에서 털어놓았던 고통스러운 사건에 대해 다른 사람들과 말하는 것을 듣게 된다.

1. 귀하는 어떤 느낌이 드는가?
2. 다음 선택지 중 어떤 것을 선택할 것으로 생각하는가? 그리고 그 이유는 무엇인가? (1) 어떤 사람도 귀하를 보지 못하길 바라며 곧바로 떠난다. (2) 좀 더 듣기 위해 문 앞에서 기다린다. (3) 아무것도 듣지 못한 것처럼 휴게실로 들어간다. (4) 휴게실로 들어가서 그들이 말한 것을 귀하가 들었다고 말한다. (5) 그 밖의 어떤 것?
3. 어떤 조건하에서, 만일 가능하다면, 수퍼바이저들은 그들의 수퍼비전을 받는 사람들이 그들에게 말한 것을 언급해야 한다고 생각하는가? 귀하의 경험상,

비밀 유지의 이러한 한계는 명시적이며, 수퍼비전을 받는 사람과 수퍼바이저에 의해 잘 이해되고 있는가? 귀하의 경험상 수퍼바이저들은 이러한 한계를 존중하는가?

4. 귀하가 알고 있는 수퍼바이저들은 수퍼비전 시간 동안 기록을 하거나 다른 방식으로 서류를 쓰는가? 어떤 윤리적, 법적, 혹은 다른 고려사항들이 수퍼비전 기록물의 프라이버시와 비밀 유지를 침해하는가? (예를 들어, 수퍼비전의 기록은 법적으로 책임이 면제된 의사소통인가?)

17장 자살 위험에 대한 대응

자살 위험에 대응하는 것만큼 무겁고 위협적인 책임은 거의 없다. 매우 신중한 판단이 요구된다. 자살은 미국 내 사망 원인의 상위 열두 가지 중 하나이며, 어떤 집단에서는 두 번째 원인이기도 하다. 살인은 대중적인 관심을 끌고 있지만 남을 죽이는 것보다 더 많은 사람들이 자신을 죽이고 있다. 이 분야의 권위자들 대부분은 신고되는 수치가 신고 절차상의 문제 때문에 실제보다 훨씬 축소되어 있다는 주장에 동의한다.

자살 위험에 대해 평가하고 대응하는 것은 많은 심리치료가들에게 있어서 과도한 스트레스의 한 요인이다. 이러한 직업상의 특징은 이 책을 관통하는 모든 어려운 사안들, 가령 심리치료가의 영향력, 책임, 효능, 역량, 오류 가능성, 과도한 개입 내지 부족한 개입, 책임, 삶과 죽음에 대한 의사결정의 능력에 실질적으로 초점을 맞추고 있다. 2백명 이상의 심리치료가(또는 임상심리사)를 대상으로 한 리트먼의 연구(Litman, 1965)에 의하면 심리치료가들은 그들의 내담자가 자살한 직후 거의 악몽과 같은 경험을 한다. 그들은 강한 슬픔과 상실감을 느끼며 때때로 전문가든 비전문가든 그 밖의 누군가가 자신이 돌보던 어떤 사람의 죽음에 대해서 그런 것처럼 우울증을 보이기도 한다.

그러나 그들은 심리치료가라는 전문가적인 역할에 결부된 감정, 가령 죄책감, 부족함, 자기 비난, 고소되어 조사받을 것이라는 두려움이나 언론에서 비방 받을 것이라는 두려움도 갖는다. 이와 유사한 연구에서, 내담자의 자살이 심리치료가에게 미치는 단기적, 영구적 영향이 강렬하기 때문에 골드스타인과 부온조르노(Goldstein & Buongiorno, 1984)는 내담자의 자살을 겪고 난 심리치료가에게 지원 조직을 제공할 것을 제안했다.

단독으로 개업한 심리치료가는 자연스러운 지원 체계를 지닌 기관의 맥락 안에서 일하는 동료보다 훨씬 더 상처를 입기 쉽다. 훈련 중인 사람들은 상처를 가장 입기 쉬운 집단 중의 하나일지 모른다. 클레스피스 등(Kleespies, Smith, & Becker, 1990)은 "내담자의 자살을 접한 교육생은 상실감을 지닌 내담자의 실례에서 발견되는 것과 동등한 수준의 스트레스를 호소하며, 전문적인 심리치료가가 내담자의 자살을 접했을 때 겪는 것보다 더 높은 수준의 스트레스를 보고했다."(p.257)는 점을 확인했다. 그들은 모든 훈련 프로그램이 내담자의 자살을 접한 교육생을 지원하기 위한 공식적인 규정을 가져야 한다고 다음과 같이 권고한다. "학생들이 상처받는 것을 방지하고, 고립을 최소화하도록 직접적이고 지지하는 대응이 필요하다. 그리고 학생들이 자신의 감정을 표출할 수 있게 하고, 그 경험으로부터 긍정적인 배움을 얻게 되었음을 확신하게 하며, 학생들이 그 경험을 고도의 위험성을 지닌 내담자를 만나게 될 미래의 자신의 직업으로 건설적으로 통합할 수 있도록 기여할 수 있는 안전한 좌담회(safe forum)가 필요하다."(pp.262-263)

자살하려는 내담자를 돕고자 도전하는 것은 많은 심리치료가에게 있어서 극도의 불편한 감정을 야기함에도 불구하고, 그러한 도전은 심리치료가들이 자신의 내담자를 살아가도록 돕고자 기울인 엄청난 노력도 보여준다. 예를 들어, 데이비슨과 닐(Davison & Neale, 1982)

은 다음과 같이 묘사한다. "자살 충동을 지닌 사람을 치료하는 심리 치료가(임상심리사)는 심지어 정신병 환자에 대해 쏟아 붓는 것 이상 의 많은 정력과 시간을 헌신할 준비가 되어 있어야 한다. 환자의 집에 밤늦게 전화를 걸거나 방문하는 일이 빈번하게 있을 수 있다."

디트로이트 자살예방센터(Detroit Suicide Prevention Center)의 전임 소장이자 미국자살학회(American Association of Suicidology)의 전임 회장인 단토(Bruce Danto)는 다음과 같이 언급했다. "이러한 문제에 대해 귀하는 단순히 의자에 눌러 앉아서 수염을 쓰다듬으며, '이곳 나의 사무실에서 나의 마법과 같은 귀와 혀를 가지고서 모든 일이 잘 진행되었다.'고 말할 수는 없다. 귀하가 방법을 바꾸고 실천가가 되어야 할 때가 반드시 있다. (환자에 대한 심리치료가의) 지원에는 환자가 직업 구하는 것 돕기, 졸업식에 참석하기, 혹은 경기에 참석하기, 병원 방문하기, 심지어 자택 방문하기가 포함될 수 있다. 나는 전화번호부에 등재되지 않은 심리치료가에게는 사람을 결코 보내지 않을 것이다. 전화 연락을 받을 수 있도록 하는 것이 부담이 된다고 느끼는 심리치료가가 있다면, 그들은 적합하지 않은 분야에 있거나 나쁜 환자를 다루고 있는 것이다. 심리치료가들은 오로지 사람으로 잘 대해야 한다. 일단 귀하가 누군가를 돕기로 결심했다면 귀하는 전폭적으로 책임을 떠맡아야 한다."(Colt, 1983, p.50)

자살 충동 내담자의 처치에 있어서 탁월한 개척자들 중 하나인 파브로우(Norman Farberow)는 "종종 어떤 사람을 살 수 있도록 하는 데 요구되는 특별한 조치들의 사례로" 심리치료가가 심각한 자살 충동을 지닌 내담자에게 매우 자주 그리고 매우 오랜 시간(거의 하루 종일)을 할애하는 상황을 묘사했다. "내담자에 대한 이러한 접근 가능성의 정도는 삶이 보람되고 살 만한 가치가 있다는 점을 확신시키는 데 절대적으로 필요한 순간에 내담자에게 배려(caring)의 증거를 제공한다고 할지라도, 매우 심각한 태도만이 배려를 전달하는 데 효과적일 것이다. 그러한 상황에서 의존, 전이, 역전이 등과 같은 다른 모든 고려사항들은 이차적인 것이 된다. 지배적인 우선순위는 내담자를 살아 있도록 돕는 것이다. 이차적인 사안, 가령 위기의 상황에서 '보류 상태로(on hold)' 두는 것은 일단 내담자가 처한 위험이 더 완화된다면 직접적이고 효과적으로 해결될 수 있다."(Farberow, 1985, p.C9)

스톤(Stone, 1982)은 한 심리치료가가 효과적이고 치료적인 방식으로 위기에 처한 내담자에게 배려를 전달하기 위해 어디까지 갈 수 있는지에 대한 생생한 사례를 기술한다. 정신분열증으로 고통 받는 한 젊은 여성이 병원에 입원했는데, 정신병 증상이 나타나는 동안 자신을 '돌보지 않았다'고 심리치료가를 계속해서 욕했다. 통고도 없이 그녀는 병원을 탈출했다. "그 소식을 듣자마자 그 심리치료가는 차를 끌고 그녀의 환자가 단골로 갔던 그리니치빌리지의 모든 술집과 클럽을 샅샅이 뒤졌다. 한밤중에 그녀는 자신의 환자를 발견했고, 병원으로 데려왔다. 그날 이후로 환자는 점차 안정을 되찾았고, 덜 충동적이며, 치료에 있어서 큰 진전이 있었다. 확실하게 회복된 후에 그녀는 자신의 심리치료가에게 병원에 있던 처음 몇 주 동안 (그녀의 언행에 대한) 모든 해석은 그녀에게 거의 어떤 의미도 주지 못했다고 말했다. 그러나 '한밤중의 구출 작전' 이후, 그녀의 심리치료가가 처음부터 얼마나 관심이 많고 진실했는지가 그녀에게도 명확하게 되었다."(p.271)

자살 충동 위험에 대한 판단

심리치료가(임상심리사)가 자살 충동 행동을 평가할 때 다음의 21가지 요인에 대한 인식이 유용할 것이다. 네 가지 조건은 특히 중요하다. 첫째, 각 요인에 관한 설명은 지극히 일반적이며, 예외도 종종 있다. 많은 경우, 두 가지 또는 세 가지가 상호작용을 할 수 있다. 예를 들어, 개인적인 요인으로 간주될 수 있는 결혼한 상태와 젊은 나이는 자살에 대한 더 낮은 위험과 결부되는 경향이 있다. 그러나 결혼한 십대들은 매우 높은 자살률을 보여준다(Peck & Seiden, 1975). 둘째, 수치는 정태적이지 않다. 새로운 연구는 명백한 변화를 반영할 뿐만 아니라 자료에 대한 우리의 이해를 개선하고 있다. 예를 들어, 여성들의 자살률이 증가하여 남성의 자살률에 근접하고 있다. 셋째, 목록이 포괄적이지 않다. 넷째, 이들 요인들은 일반적인 지침으로서 유용할 수 있지만 분별없이, 기계적이며 확정적인 방식으로 적용될 수는 없다. 어떤 개인은 이들 요인들 각각에서 가장 낮은 위험의 범주에 위치한다고 할지라도 자살할 수도 있다. 이들 요인들은 단일한 사람의 자살 충동 위험에 대한 포괄적이고 인간적이며 개인적인 평가에 대한 보조적 지침으로서 정당하게 기능하는 것이지, 이러한 평가를 대체하는 것은 아니다. 다시 한 번 이 책의 윤리학적 접근이 견지하는 핵심 주제를 강조할 필요가 있다. 윤리적 행위에 대한 가장 빈번한 위협은 아마도 심리치료가의 무관심일 것이다. 우리가 각각의 내담자에 대해 그러한 요인들을 확실하게 고려한다면 무관심에서 기인하는 윤리적 일탈을 방지할 수 있다:

1. **말을 통한 직접적인 예고** 자살을 하겠다는 직접적인 언급은 가장 유용한 단일 예측기 중 하나이다. 그러한 언급은 어떤 것이든 심각하게 받아들여라. '관심을 끌기 위한 병적으로 과도한 시도', '경계선 조작(a borderline manipulation)', '부정적인 전이의 명확한 표현', '심리치료가를 신경질 나게 하려는 시도', 혹은 '심리치료가와의 싸움에서 권력을 얻기 위한 또 다른 잡아채기'와 같은 그런 예고로 반사적으로 넘겨 버리려는 유혹을 거부하라. 그러한 언급들 중 어떤 것이나 모든 것은 여전히 자살을 예고하고 있다.

2. **계획** 어떤 계획이 있다는 것은 위험을 가중시킨다. 그 계획이 더 상세하고, 더 구체적이며, 더 치명적이고, 더 실행 가능할수록 그 위험은 더 크게 제기된다.

3. **과거의 시도들** 자살자의 대부분, 아마 80%는 그 이전에 자살을 시도한 적이 있다. 슈나이드만(Schneidman, 1975)은 최고의 자살률을 나타낸 내담자 집단은 적어도 한 번은 자살을 시도한 과거를 지닌 채 치료를 시작했던 사람들이었다는 것을 밝혀냈다.

4. **간접적인 언급과 행동상의 징후** 목숨을 끊고자 계획하고 있는 사람들은 말과 행동을 통해서 간접적으로 자신의 의도를 전달할지 모른다. 예를 들면, '떠남'과 죽음이 어떠한 것인지에 대한 생각에 대해 말하면서 자신이 가장 소중하게 생각하는 물건을 준다거나 치명적인 기구를 구입한다.

5. **우울증** 임상적으로 우울증이 있는 사람들의 자살률은 그렇지 않은 사람보다 약 20배 정도 높다. 구즈와 로빈스(Guze & Robins, 1970; Vuorilehto, Melartin, & Isometsa, 2006 참조)는 주요 정서장애에서 사망한 것과 관련된 17편의 연구를 검토하는 가운데, 정서장애로 고통을 당한 사람의 15%가 자살했다는 것을 발견했다. 우울증을 효과적으로 다룬다면 자살의 위험을 낮출 수 있다(Gibbons, Hur, Bhaumik, & Mann, 2005; Mann, 2005).

6. **절망** 절망감은 우울증의 다른 어떤 측면보다도 자살하고자 하는 의도와 더 밀접하게 결부되어 있는 것으로 보인다(Beck, 1990; Beck, Kovaks, & Weissman, 1975; Maris, 2002; Petrie & Chamberlain, 1983; Wetzel, 1976; Nimeus, Traskman-Bendz, & Alsen, 1997 참조).

7. **중독** 모든 자살의 25-33%는 이를 부추기는 요인으로서 알코올과 결부되어 있다. (알코올이 자살 과정과 치명적인 결과를 유발하는 것에 대한 명확한 지표는 없지만) 자살에 있어서 훨씬 더 높은 비율

이 알코올의 섭취와 결부되어 있는 것 같다. 모시치츠키(Moscicki, 2001; Kõlves, Värnik, Tooding, & Wasserman, 2006; Sher, 2006 참조)는 아마도 자살하는 사람들의 절반 정도가 자살하는 그때에 취해 있다고 주장한다. 헨딘 등(Hendin, Haas, Maltsberger, Koestner, & Szanto)의 연구, 「자살 충동 환자에 대한 심리치료상의 문제점(Problems in Psychotherapy with Suicidal Patients)」(2006)에서는 "자살 충동 환자들의 약물남용, 특히 알코올 남용을 다루고 치료하는 것이 항우울 약물 치료에 대한 반응의 결핍을 포함한 다른 문제를 효과적으로 치료하는 데 있어서 결정적으로 중요하다."(p.71)는 점을 강조했다.

8. **임상적 증후군** 우울증 내지 알코올 중독으로 고통 받는 사람들은 훨씬 더 높은 자살의 위험에 처해 있다. 다른 임상적 증후군들 역시 위험의 증가와 결부되어 있다. 아마도 자살한 사람의 90%는 「정신장애에 관한 진단 및 통계 지침서(Diagnostic and Statistical Manual of Mental Disorders)」(American Psychiatric Association, 1994; Moscicki, 2001)에 입각하여 진단을 받는다. 크레이머 등(Kramer, Pollack, Redick, & Locke, 1972)은 기질적 뇌증후군(organic brain syndrome)과 정신분열증을 가진 사람 가운데서도 높은 자살률을 보이는 것과 함께, 주요 기분장애와 정신신경증을 가지고 있는 것으로 진단을 받은 내담자들 가운데 가장 높은 자살률이 나타난다는 점을 발견했다. 팔머 등(Palmer, Pankratz, & Bostwick, 2005)은 정신분열증을 가진 사람들 가운데 자살에 대한 위험은 5%가량 된다는 점을 밝혀냈다. 드레이크 등(Drake, Gates, Cotton, & Whitaker, 1984)은 극히 주관적인 기준을 가진 정신분열증으로 고통 받는 사람들은 특히 높은 위험에 처해 있다는 점을 발견했다. 추앙(Tsuang, 1983)의 장기간 연구에서는 정신분열 환자 및 조울증 환자와 근친 관계에 있는 사람들의 자살률이 통제집단인 외과수술 환자들의 친척들의 자살

률보다 현저하게 더 높았다. 게다가 자살한 내담자의 친척들은 자살을 하지 않은 내담자들의 친척들보다 더 높은 자살률을 보였다. 해리스와 배러클러프(Harris & Barraclough, 1997)는 메타 분석 기법을 사용하여 "사실 정신지체와 치매를 제외한 모든 정신장애는 자살의 높은 위험을 지니고 있다. 자살의 위험은 기능적인 장애의 경우가 가장 높고, 기질적인 장애의 경우가 가장 낮다."(p.205)는 점을 시사하는 결과를 얻었다.

9. **성** 남성의 자살률은 여성의 자살률의 4배 정도가 된다(Joiner, 2005). 청년의 경우, 그 비율은 5 대 1에 거의 근접한다(Safer, 1997). 자살 시도 비율은 여성이 남성의 3배 정도가 된다.

10. **나이** 50대 중반부터 60대 중반에 이르는 10년간은 가장 높은 위험을 보이는 연령 구간이 포함된 생애 주기인데, 이때 자살의 위험이 증가하는 경향이 있다. 노인의 자살 시도는 훨씬 더 치명적인 것으로 보인다. 65세까지의 노인들의 경우, 자살 시도 대비 자살 성공 비율은 7 대 1이다. 한편 65세 이상 노인들의 경우, 자살 시도 대비 자살 성공 비율은 2 대 1이다. 자살 위험의 판단은 내담자가 성인인지 아니면 미성년자인지에 따라 다르다. 미성년자의 자살 위험 판단은 특별한 도전을 제기한다. 사퍼(Safer, 1997)는 "성인과 미성년자의 자살을 결합하여 자살 행위의 원인을 발견하는 흔히 있는 관행은 오도된 결론을 이끌어 낼 수 있다."(p.61)고 한다. 자멧킨 등(Zametkin, Alter, & Yemini, 2001)에 의하면, "청소년의 자살률은 지난 30년간 현저하게 증가해 오고 있다. 미국에서 1998년 한 해 15-24세의 젊은이 4,153명이 자살했다. 하루 평균 11.3명이 자살한 것이다. 자살은 같은 연령대 사망 원인 중 세 번째이며, 모든 사망자 가운데 13.5%에 해당된다. … 10세 이하의 아동은 자살을 실행할 가능성이 덜하지만, 10-12세의 아동들에서 점차 그 위험이 증가하는 것으로 보인다. 한 해 평균 10세 이하의 아동 170명이 자살한다."(p.3122)

11. **인종** 일반적으로 미국에서는 코카서스 인종이 가장 높은 자살률을 보이는 인종 중 하나이다. 깁스(Gibbs, 1997)는 명백한 문화적 역설을 다음과 같이 논의한다. "인종차별의 유산, 지속되는 빈곤, 사회적 고립, 공동체의 재원 결핍에도 불구하고 아프리카계 미국인의 자살률은 전통적으로 백인의 자살률보다 더 낮다."(p.68) 에코호크(EchoHawk, 1997)에 의하면, 아메리카 원주민(인디언)의 자살률은 "특히 15-24세의 나이에 있어서, 미국 내 다른 어떤 인종 집단의 자살률보다 더 높다."(p.60)

12. **종교** 기독교도의 자살률은 유대교도와 가톨릭교도의 자살률보다 더 높아지는 경향이 있다.

13. **독거** 만일 홀로 살고 있지 않다면 자살의 위험은 감소하며, 배우자와 함께 살고 있다면 그 위험은 훨씬 더 감소되고, 자녀들이 있다면 자살의 위험이 한층 더 감소되는 경향이 있다.

14. **사별** 브런치 등(Brunch, Barraclough, Nelson, & Sainsbury, 1971)은 그들의 연구에서 자살한 사람들 중 50%가 지난 3년 이내에 자신의 어머니와 사별했다는 점을 발견했다. (이는 나이, 성, 결혼 상황, 지리적 위치가 대등한 통제집단 내의 자살률 20%와 대조되는 것이다.) 게다가 자살자의 22%는 지난 5년 이내에 아버지와 사별했다. 통제집단의 9%와 대조된다. 크룹닉(Krupnick, 1984)은 관련 연구들을 검토하는 가운데 "아동기 때 겪은 사별과 성인기의 자살 시도 간의 연관성", 즉 부모의 죽음을 경험하지 않은 우울증 환자와 비교하여 부모와 사별을 경험한 우울증 환자의 경우, 자살 위험이 배가된다는 점을 밝혀냈다. 클러먼과 클레이턴(Klerman & Clayton, 1984; Beutler, 1985 참조)은 홀아비가 된 사람들(특히 중년의 남성들 가운데)의 자살률은 결혼한 사람보다 더 높다는 점과 여성들 가운데 과부의 자살률은 이혼하거나 별거한 사람의 경우만큼 높지 않다는 점을 발견했다.

15. **실직** 실직은 자살의 위험을 증가시키는 경향이 있다.

16. **건강 상태** 불안이 수면과 음식 섭취의 방식에 있어서 그러한 것처럼, 질병과 신체적 병고는 자살 충동의 위험을 증가시키는 것과 결부되어 있다. 예를 들어, 에이즈 환자를 돕고 있는 심리치료가(임상심리사)는 이러한 위험에 민감할 필요가 있다(Pope & Morin, 1990).

17. **충동** 충동에 대한 빈약한 통제력을 가진 사람들은 자살에 대한 점증된 위험에 처해 있다(Patsiokas, Clum, & Luscumb, 1979).

18. **경직된 사고** 자살 충동이 있는 사람들은 종종 경직되고, 전부 아니면 아예 포기하는 사고방식을 보인다(Maris, 2002; Neuringer, 1964). "다음 주 내에 직업을 얻지 못하면, 유일한 현실적 대안은 자살이다."와 같은 진술이 전형적인 것이 될 것이다.

19. **스트레스 받는 일** 부정적인 결과가 나온 바람직하지 않은 일들이 과도하게 일어나는 경우, 자살 충동의 위험이 증가한다(Cohen-Sandler, Berman, & King, 1982; Isherwood, Adam, & Homblow, 1982). 바글리 등(Bagley, Bolitho, & Bertrand, 1997)은 7-12세의 여자아이 1,025명을 대상으로 한 연구에서 "성폭력을 경험하지 않은 824명의 아이 중 2%에 비해, 종종 원치 않는 성적 접촉을 경험한 38명의 아이 중 15%가 '자주' 자살하고 싶은 태도를 보이거나 이전 6개월 사이에 자살 시도를 했다."는 것을 밝혔다(p.341; McCauley et al., 1997 참조). 최근 몇 가지 유형의 사건은 내담자를 극도의 높은 위험에 처하게 할 수 있다. 예를 들어, 엘리스 등(Ellis, Atkeson, & Calhoun, 1982)은 성폭력이라는 복합적인 사건의 희생자들을 표본으로 하는 연구에서, 그들 중 52%가 자살을 기도했다는 점을 밝혔다.

20. **퇴원** 벡(Beck, 1967)에 의하면, "자살 충동의 위험은 병원의 주말 휴가 기간 동안, 그리고 퇴원 직후가 가장 크다."(p.57)

21. **소속감 결핍** 조이너(Joiner, 2005)는 선행 연구와 본인의 연구들을 검토하면서 다음과 같이 결론을 내렸다. "소속에 대한 채워지지

않는 필요는 자살하고 싶은 욕구의 한 원인이다. 다시 말해서 자살 충동이 있는 사람들은 소속하고자 하는 자신의 필요가 충족되지 않는 상호작용(예를 들면, 유쾌하지 못하고, 불안정하며, 드물고, 또는 친근함이 없는 관계), 혹은 타인과 연결되어 있다고 느끼지 못하고, 관심을 받고 있다고 느끼지 못하는 상호작용을 경험할 수 있다." (p.97)

특별한 고려사항

내담자의 자살 위험은 일련의 특별한 책임감을 불러일으킨다. 이 책 전체를 통해 강조되는 주제들, 즉 심리치료가가 필수적인 조치들을 취하지 못하면 사실상 내담자에게 치명적일 수 있다는 것은 특별한 중요성을 갖는다. 이 책의 주제들을 확장하거나 보완하는 다음의 조치들은, 어떤 내담자가 자살의 위험에 처해 있을지 모르는 우연한 상황을 규명하고 대처하는 데 도움이 될 것이다.

1. **최초의 만남 때 모든 환자들에 대해 자살 충동의 위험이 있는지 확인하라.** 그리고 전 치료 과정을 통해 이러한 문제에 대해 경계를 늦추지 말라. 심각하게 자살을 고려하고 있는 내담자들조차도 우울증을 환기시키는 전형적인 모습을 보이지 않을 수 있으며, 자살 충동이 있는 사람들의 특징으로 묘사되는 정형화된 (그리고 때로는 거짓된) 끔찍한 결정을 공공연하게 내보이지 않을 수 있다. 자살 충동이 있는 어떤 내담자들은 최초 진료 시 온화하고 침착하며, 외견상 사소하게 보이는 문제로 고민하는 것으로 보인다. 초기 단계에서 자살 충동이 없는 내담자들과 상대적으로 사소한 문제에 대해 치료받고자 하는 내담자들도 치료를 하는 과정에서 자살 충동을 갖게 될 수 있다. 자살 충동 위험의 증가는 예를 들어 실직이나 실연과 같은 외부적 사건

때문일 수도 있고, 혹은 심리학적 방어(기제)의 포기나 알츠하이머병으로 보이는 징후와 같은 내부적 사건 때문일 수도 있다. 중요한 것은 적절한 간격으로 내담자의 자살 가능성을 판단하는 것이다. 몇몇 사례에서 자살의 위험을 평가하기 위해 개발된 포괄적인 심리검사나 표준화된 척도를 사용하는 것이 유용할 수 있다(예를 들면, Beck, Resnick, & Lettieri, 1974; Butcher, Graham, Williams, & Ben-Porath, 1990; Lettieri, 1982; Neuringer, 1974; Nugent, 2006; Schulyer, 1974; Weisman & Worden, 1972를 참조하라). 랑게와 노트(Range & Knott, 1997)는 20가지의 자살 평가 도구의 타당도와 신뢰도에 대해 평가했다. 그들의 분석에 의거하여, 그들은 다음의 세 가지 척도를 강력하게 추천했다: 벡의 자살에 대한 이미지 척도 시리즈(Beck's Scale for Suicide Ideation Series), 라인한의 살아야 할 이유들의 목록(Linehan's Reasons for Living Inventory), 자살 충동 행동 질문지(Suicidal Behaviors Questionnaire)로 불리는 라인한(Linehan)의 구조화된 인터뷰에 대한 콜(Cole)의 자기 통제적 적응.

2. 내담자가 자살하기 위해 사용할 수 있는 기구들로의 접근을 용이하지 않도록 하는 환경을 조성하기 위해 자살 충동이 있는 내담자와 협력하라. 권총이나 다른 무기를 구입했거나 그것에 대해 관심을 기울인 자살 충동이 있는 내담자는 위기 상황이나 극도의 위험한 기간이 종료될 때까지는 접근할 수 없는 곳에 무기를 보관하도록 하는 데 동의할 수 있다. 현재 향정신성 약제나 다른 약을 복용하고 있는 자살 충동이 있는 환자들은 약의 과다복용을 계획하고 있을지도 모른다. 정신건강 전문가들에 의해 처방되고 복용되어야 할 약물의 사용은 내담자에게 커다란 상징적 의미를 지닐 수 있다. 내담자가 자살 계획을 실행할 정도로 충분한 약을 얻지 못하도록 하라.

3. 적극적으로 지원하는 환경을 조성하도록 내담자와 함께 일하라. 가족, 친구, 그리고 공동체 기관과 같은 다른 자원이나 집단 및 가족

치료는 자살 충동을 지닌 환자를 위기의 상황에서 어느 정도까지 도울 수 있을까?

4. 내담자의 문제와 죽고 싶은 욕구를 거부하거나 경시하지 않으면서도 내담자의 힘과 (일시적으로 미약해질지라도) 살고자 하는 욕구도 인정하고 이것들과 더불어 일하라.

5. 실제적인 희망을 전달하고 정당화할 수 있도록 모든 노력을 하라. 내담자의 문제에 대한 실천적인 접근에 대해 논의하라.

6. 내담자가 자살에 관하여 가질 수 있는 모든 공상들을 탐색하라. 자살이 무엇을 성취하게 될 것인가와 무엇을 성취하지 못할 것인가에 대한 비현실적인 믿음들을 재평가하는 것은 살기를 원하는 내담자에게는 중요한 조치이다.

7. 의사소통이 명확하도록 하며, 어떤 개입이든 그것이 미칠 수 있는 영향을 평가하라. 모호하고 혼란스러운 메시지는 도움이 되지 않으며, 상당한 해악을 유발할 수 있다. 연구 보고서에는 역설적 의도와 같은 기법을 사용하는 것의 위험성을 제시하고 있다. 좋은 의도를 지닌, 확실히 분명한 메시지도 위기 상황이라는 스트레스 속에서 왜곡될 수 있다. 벡(Beck, 1967)은 다음과 같은 예를 들고 있다. "그녀 자신이 쓸모없다고 생각함에도 불구하고 심리치료가에 의해 그녀의 자녀들도 그녀를 필요로 한다는 점을 납득하게 된 한 여인은 '엄마 없이 자라는 고통으로부터 벗어나게 하기 위해' 자기 자신뿐 아니라 자녀들까지 죽이기로 결심했다. 그녀는 곧 자신의 계획을 실행했다." (p.53)

8. 하나의 선택으로서 입원을 고려할 때, 장점만큼이나 충분하게 그 문제점을 비롯하여 이러한 개입의 장기적이며 직접적인 영향을 검토하라. 로스앤젤레스 자살예방센터의 공동 창설자이자 전임 소장인 파브로우(Norman Farberow)는 다음과 같이 경고했다. "우리는 환자를 입원시킴으로써 문제를 해결했다고 생각하는 경향이 있다. 그러

나 정신병동은 공동체 속에 있는 것보다 35% 이상 높은 자살률을 보이고 있다."(Colt, 1983, p.58 참조)

9. **내담자의 행위에 대한 부정적인 반응에 민감하라.** 추(James Chu)는 보스턴 근교의 정신병원인 맥린 병원(McLean Hospital)의 코드먼 병동(Codman House)을 책임지고 있는 정신과 의사인데, 다음과 같이 의견을 개진한다.

귀하가 날이면 날마다 자살 충동 환자를 다루는 경우 틀림없이 지치게 된다. '좋아, 그 귀찮은 일을 끝내 버리는 거야'라는 감정에 이르게 된다. 피로감, 지루함, 부정적인 전이의 가능성이 매우 크므로 우리는 끊임없이 우리가 그러한 어려움을 겪기 시작했다는 징후에 대해 경계해야 한다. 말츠버거와 부이(Maltsberger & Buie)는 그러한 감정들로 인한 심리치료가의 억압에 대해 논의한다. 어떤 심리치료가는 자주 자신의 시계를 흘깃 쳐다보고, 졸음을 느끼거나 공상을 할 수도 있다. 또는 내담자를 다른 전문가에게 보내는 것이나 조기 진료 종료를 정당화하거나 그 내담자와의 관계를 마무리 짓기 위한 입원을 합리화할 수도 있다. (많은 연구는 자살 충동 환자들에 대한 의도하지 않은 포기에 대해 자세히 묘사하고 있다. 예를 들어, 32가지 자살 건에 대한 1967년의 사례 보고에서, 블룸(Bloom)은 "각각(의 자살)은 … 심리치료가의 거부 태도 뒤에 일어났다."고 하였다.) 때때로 심리치료가는 좌절 속에서 최후 선언을 하게 될 것이다. 말츠버거는 상습적으로 손목을 긋는 내담자를 치료하면서 그것을 참기 어려워 끝내 "만일 귀하가 그런 자해를 멈추지 않는다면 치료를 중단하겠다."고 말했던 한 심리치료가를 기억한다. 그 내담자는 또다시 자해를 했고, 그녀는 치료를 중단했다. 그러자 그 여성 내담자는 자살을 하고 말았다(Colt, 1983, p.57).

10. **배려를 전달하는 것은 아마도 가장 중요한 것이다.** 심리치료가들은 그들이 이러한 배려를 표현하는 방식에 있어서 상이하다. 한 심리치료가는 자신의 이력의 초기에 영향력 있는 사건 하나를 다음과

같이 자세히 언급한다.

나는 병원에서 근무하던 첫해에 몸에 상처를 내 자해하는 사람을 만났다. 그녀는 유리, 철사 등 무엇이든 손에 잡히는 것으로 자신의 몸을 난도질했다. 누구도 그녀를 말릴 수 없었다. 간호사들은 매우 성나게 되었다. … 나는 어떻게 해야 할지 몰랐고 매우 당황하고 있었다. 그래서 나는 학장님을 찾아가서 하버드 의과대학 출신답게 그 사건을 매우 지적인 방식으로 설명하기 시작했다. 당혹스럽게도 나는 계속 말할 수가 없었고, 울기 시작했다. 멈출 수가 없었다. 학장님이 말했다. "나는 자네가 나에게 보여준 것을 환자에게 보여주었다면 자네가 배려해 준 것을 그 환자가 알 것이라 생각하네." 그래서 나는 그렇게 했다. 나는 그녀에게 내가 배려하고 있으며, 그녀가 자해하는 것이 나를 고통스럽게 하고 있다고 말했다. 그녀는 자해를 중단했다. 그것은 중요한 교훈이었다(Colt, 1983, p.60).

어떤 심리치료가들은 가정방문, 오랜 그리고 잦은 치료 시간, 심리치료가가 밤늦게 도망간 내담자를 찾는 일, 그리고 이미 언급된 다른 특별한 조치들이 배려를 전달하는 데 유용한 방법이라고 생각한다. 물론 그러한 접근 방법이 모든 심리치료가, 모든 내담자, 혹은 모든 이론적 정향에 명백하게 부합하는 것은 아니다. 배려의 전달을 위한 가장 기본적인 측면 중 하나는 기꺼이 내담자가 말해야 하는 것을 진지하게 경청하고 들을 수 있는 심리치료가의 자발적 태도이다. 파브로우(Farberow, 1985)는 다음과 같이 잘 표현하고 있다. "어떤 사람이 진실하게 그가 얼마나 불행한지 혹은 그의 특수한 문제들을 전달하고자 노력하고 있다면, 귀하는 가장 중요한 일들 중 하나가 그의 메시지를 들을 수 있다는 것이라는 점을 이해할 수 있을 것이다. '네, 나는 귀하의 말을 들었어요. 그래요. 나는 이 일이 사실 얼마나 힘든 상황인지를 이해해요. 들을 수 있어서 즐거웠어요. 만일 내가 어떤

것도 할 수 없다면, 귀하를 도울 수 있는 사람을 우리가 찾을 수 있을 겁니다.' "(p.C9)

피할 수 있는 함정들: 전문가의 충고

부주의나 경계의 미흡은― 그것이 가장 큰 위반은 아닐지라도― 임상상의 책임과 환자의 신뢰에 대한 심리치료가의 위반에 있어서 주된 원인이라는 것이 이 책의 핵심적 주제 중 하나이다. 우리는 자살 위험을 판정하고 대응하는 데 있어서 전문성을 지닌 수많은 저명한 심리치료가들에게 잠재적으로 자살 충동을 가진 내담자를 다룰 때 심리치료가의 부주의나 경계를 유발하는 요인들에 대해 언급해 주도록 요청했다. 이러한 요인들에 대한 신중한 주의는 심리치료가로 하여금 더 반응적이고 더 책임감 있게 자신의 업무를 수행할 수 있게 한다.

파브로우(Norman Farberow) 박사는 로스앤젤레스 자살예방센터의 공동 창설자이자 전임 소장이다. 그는 네 가지 주요 문제 영역이 있다고 생각한다. 첫째, 심리치료가들은 그 문제(자살 충동 위험)에 대해 불편함을 느끼는 경향이 있다. 그들은 자살 충동 위험을 탐구하며 규명하는 것이 어렵다는 것을 알고 있다. "우리는 그것에 대해 듣기를 원하지 않는다. 우리는 그것을 무시한다. 그러나 (자살 충동에 대한) 위험 혹은 의도의 어떤 징후라도 언급되어야 한다." 둘째, 각각의 내담자는 유일한 사람이라는 점을 이해해야 한다. 그러니까 "각각의 사람은 자신의 틀에서 자살 충동을 갖게 된다. 각 사람의 관점이 중요하다." 셋째, 우리는 예방할 수 있는 요소들을 망각하는 경향이 있다. 가령 "심리치료가는 자살이라는 생각에 쓸데없이 놀란다. 그들은 참된 자산을 인정하지 못한다." 넷째, 우리는 자문을 구하지 못한다. 사실 "외부의 의견이 매우 소중하다."

라인한(Marsha Linehan) 박사는 심리학 교수이며, 미국 심리전문 위원회(ABPP)에서 활동하고 있다. 그녀는 워싱턴 대학 정신의학 및 행동과학 분야의 초빙교수이며, 행동 연구 및 치료 클리닉(Behavioral Research and Therapy Clinic) 소장이다. 그녀의 주요 연구로는 자살 행동, 약물남용, 경계선 성격장애에 대한 효과적인 치료법의 개발을 들 수 있다. 그녀는 다음과 같이 생각한다.

자살 충동을 지닌 환자를 다루는 데 있어서 단일한 가장 큰 문제는 대부분의 심리치료가들이 자살 행동에 대한 평가와 처치에 있어서 미숙한 훈련과 경험을 지니고 있다는 점이다. 그보다 훨씬 더 씁쓸한 것은 현장에서 활동하는 심리치료가들로부터 그러한 훈련을 요구하는 강한 요청이 없다는 점이다. 자살 충동과 무관한 내담자들로 자신의 진료 영역을 제한하는 것은 해결책이 아니다. 왜냐하면 내담자들은 치료를 시작한 후 정말로 자살 충동을 갖게 될 수 있기 때문이다. 두 번째 문제들은 다음과 같다. (1) 고도의 자살 위험을 유발하는 장애(예를 들어, 우울증, 경계선 성격장애, 양극성 장애)를 다루는 심리치료가들은 일상적이고 흔히 하는 방식으로 자살의 관념과 계획에 대해 묻지 않는다. 자살을 결심한 내담자들에 따라서는 직접적이든 간접적이든 최초에 위험을 말하는 것이 치명적인 실수가 될 수 있다. (2) 법적 책임에 대한 두려움은 환자의 복지에 집중할 수 있는 심리치료가의 능력을 종종 흐리게 한다. 즉 두려움은 건전한 임상적 판단을 방해한다. 많은 외래 환자를 다루는 심리치료가들은 자살 충동이 있는 자신의 환자를 응급실이 있고 입원 환자를 위한 시설에 단지 '내던진다.' 그들은 이렇게 하는 것이 자살 충동을 지닌 환자들의 위험을 제거시켜 줄 것으로 생각한다. 응급실이나 입원 치료가 자살 위험을 조금이라도 감소시킨다는 어떤 경험적 자료도 없다. 또한 믿을 만한 연구는 입원 치료가 오히려 자살 위험을 증가시킨다는 가정을 지지한다. (3) 심리치료가들은 고도의 자살 충동을 지닌 내담자를 다룰 때, 전화를 이용해야 하며 일과 후 다른 방식을 사용해야 한다는 점을 종종 인식하지 못한다. 즉

고도의 자살 충동을 지닌 내담자를 치료하는 것은 개인적으로 관여된 임상적인 돌봄을 필요로 한다.

카슬로우(Nadine J. Kaslow) 박사는 미국 심리전문위원회(ABPP)에서 활동하고 있으며, 에모리 대학 의과대학 교수이자 최고의 심리학자이다. 그녀는 학대받고 자살 충동을 가진 아프리카계 미국인 여성에 대한 평가 및 치료에 대해 풍부한 기금을 지원받고 있다. 또한 그녀는 미국심리학회에서 수여하는 2004년도 교육 및 훈련 특별공로상 수상자이기도 하다. 그녀는 우리에게 다음과 같이 언급했다.

자살 충동을 지닌 사람에 대한 평가와 개입은 문화적으로 적절하고, 성별에 민감하며, (자살 충동의) 발달에 따른 충분한 정보를 지닐 필요가 있다. 자살 충동이 있는 환자에 대한 우리의 접근법은 적절한 증거 토대와 환자의 독특한 고통, 힘, 사회문화적 맥락에 민감한 관심 모두에 대해 고려하는 것을 필요로 한다. 우리는 동정심을 가지고, 또 왜 그들의 고통이 그렇게 참을 수 없으며, 그리하여 자살이 고통을 해소할 수 있는 유일한 방식을 제공한다고 생각하는지를 알고자 하는 열망을 가지고 그 환자들과 상호작용을 할 필요가 있다. 자살에 대한 관심을 심각하게 받아들이고, 그 내담자가 처한 어려움에 대해 이해했다는 것을 전달하며, 협력적인 절차를 밟아 가는 것이 언제나 중요하다. 자살 충동이 있는 사람은 종종 사회적으로 고립되어 있다고 느끼고 사회적 지지는 자살 행위를 막을 수 있는 방패로 생각하기 때문에 우리가 자살 충동이 있는 사람들로 하여금 사회적 지지망을 조직할 수 있도록 지원하는 것은 필수불가결한 것이다. 우리는 사람들의 용기를 신뢰하며, 그들로 하여금 의미와 희망을 찾도록 돕고, 그들을 격려하여 삶은 살 만한 가치가 없다고 생각하게 하는 시련과 고난을 극복하도록 해야 한다. 심리치료가들로서 우리는 우리 자신의 역전이 반응이 위험 평가, 치료 계획과 치료 전략의 실행과 관련하여 매우 유용한 지침이 될 수 있다는 것을 알게 될 것이다. 그것이 우리 자신의 자살 충동이든지, 사랑하는 사람의 자살로 인한 상실감이든지, 혹은 이전 환자의 자살로 인한 죽음이든지, 자살과 관련한 우리 자신의 개인사는 우리가 자살에 대해 적극적으로 생각하고, 자신의 목숨을 끊을 수단을 강구하며, 혹은 실제로 자살하는 사람들에게 어떻게 접근하며 대응해야 하는지에 대해 큰 영향을 미칠 것이다. 우리의 개인사와 반응은 또한 자살 충동을 지닌 사람들로 하여금 그들의 고통을 치유하도록 돕는 데 기여함으로써 그들은 인생이 살 만한 가치가 있다는 것을 발견하게 된다. 이는 우리 자신의 삶을 풍요롭게 하기도 한다.

무뇨스(Ricardo F. Muñoz) 박사는 캘리포니아 대학 샌프란시스코 캠퍼스의 심리학 교수이자 영어, 스페인어, 중국어를 말하는 인구가 포함된 우울증 예방 연구 프로젝트(Depression Prevention Research Project)의 연구 책임자이다. 이 연구 프로젝트는 국립정신보건원(National Institute of Mental Health)에 의해 지원받았다. 다음은 그의 견해이다.

첫째, 심리치료가는 자살 충동이 있는 내담자가 무엇에 대하여 고민하는지, 무엇에 대하여 책임을 져야 하는지, 무엇을 위해 살아갈 수 있는지를 규명하지 못하는 경우가 많다. 동물, 캠페인, 프로젝트, 종교적 가치를 포함시켜라. 둘째, 특히 경험 없는 자유주의적 심리치료가들은 중대한 위기에 처해 있는 내담자를 상담하는 동안 죽을 권리와 자살의 합리성 내지 합당성에 관한 자신들의 철학을 성취하고자 하는 함정에 빠질지 모른다. 이러한 사안들은 세심한 고려를 요구하지만 위기가 고조될 때까지 이 사안을 유예하는 것은 누구에게도 도움이 되지 않는다. 우리는 심각한 우울증 증상이 나타나는 가장 암울한 시기는 살 것인지 죽을 것인지를 결정하기에 적절한 때가 아니라는 점을 내담자들이 확신하도록 노력한다. 이와 동일한 맥락에서 심리치료가들은 심각한 자살 충동을 지닌 환자가 살아 있도록 노력하는 동안은 복잡한 철학적 물음을 해결하기 위한 적절한 시기가 아니다. 셋째, 다른 언어를 말할 수 있는 귀하의 능력을 과대평가하지 말라. 최근 자살 충동을 지닌 스페인어를 말하는 한 여성이 약을 복용한 채 응급실에 들어왔다. 제한적인 스페인어를 구사하는 내과의사는 자살을 기도하지 않겠다는 그녀의 약속이라고 생각되는 말을 듣고서, 그녀를 요양원으로 돌려보냈다. 그녀는 자신이 이미 치사량의 약을 복용했다고 말하고 있었으며, 도움을 구하고자 했다는 사실은 뒤늦게 알려졌다.

다니엘(Jessica Henderson Daniel) 박사는 미국 심리전문위원회(ABPP)에서 활동하고 있으며, 정신의학과 내 심리학 훈련 책임자이자 보스턴 소아병동 내 청소년 의학과의 청소년 건강훈련 프로그램의 리더십 교육 부책임자이다. 그녀는 다음과 같이 말한다.

어떤 십대들은 쉽게 극단적일 수 있기 때문에, 다시 말해서 그들은 의도하지 않은 것을 말하기 때문에 자살에 관해서 심각하게 언급하는 것을 주저할 수 있다. 십대 청소년은 자살을 실제 감행하기 전에 몇 가지 언급을 할 수 있다. 십대는 그러한 언급이 사실 매우 심각하게 받아들여지고, 그들의 심리치료가에 의한 추적 검사, 응급실에서의 평가, 그리고/또는 입원 조치 등이 취해질 수 있다는 점을 알 필요가 있다. 십대들 또한 어른들에게 사소한 것으로 보일지 모르는 문제들에 대해 매우 당혹해 할 수 있다. 심리치료가들은 내담자의 관점이 자신들의 입장을 이긴다는 점을 알고 있다. 십대들이 좌절 상태에 있을 때, 걱정, 상처, 절망을 극소화시키는 것은 문제가 있을 수 있다. 어떤 심리치료가들은 삶이 실제로 그렇게 나쁠 수 없다고 느낄 수 있다. 그렇다면 부모가 중요하다. 십대들과 관련하여 주 법규(state regulations)는 부모의 법적 역할을 규정할 수 있다. 이러한 정보를 아는 것이 중요하다. 부모가 십대 자녀들에 대한 법적인 책임을 져야 한다면, 그들의 자녀가 자살 충동이 있을 수 있다는 생각을 견딜 수 없어 하며, 심리치료가를 집으로 오도록 요구하는 부모의 의사결정을 심리치료가들이 거부하는 데 주저할 수 있다. 환자가 어린 나이거나 십대일 때, 그 부모들은 그런 사안을 처리하는 결정적인 요소이며, 그 부모들 역시 그들 자신의 심리치료가를 필요로 할지 모른다. 끝으로 개별적인 상황에서 최선의 치료 제공을 충분히 생각하는 데 있어서 자문(상담)이 매우 중요하다.

러드(M. David Rudd) 박사는 텍사스 공과대학 심리학과 교수이자 학과장이며, 미국자살학회(American Association of Suicidology) 전 회장이자 미국심리학회 제12분과 제7섹션인 응급 상황(Behavioral Emergencies)의 회장으로 선출되었다. 그는 다음과 같이 말한다.

자살 위험 평가에서 너무나 자주 간과되는 영역 중 하나는 급성 위험과 만성 위험 간의 차이점을 인식하고, 논의하며, 구분하는 것이다. 급성 위험의 평가만이 압도적으로 다수의 심리치료가들이 그 문제에 접근하는 방식이다. 지난 10년에 걸친 과학적 증거에 대한 관심은 내담자의 지속적인 혹은 '만성적인' 자살 충동을 다루는 것이 중요하다는 점을 시사한다. 좀 더 상술하자면 두 번 이상 자살 시도를 했던 사람들은 아마도 그들의 (자살과 관련한) 관념에 '만성적인' 측면을 지니고 있는 듯하다. 급성 위험은 당연히 해소된다 할지라도 심리치료가들은 내담자의 지속적인 취약성과 계속되는 자살 위험을 염두에 두는 것이 중요하다. 이는 다음과 같이 간단하게 정리해 볼 수 있다. "급성 위험이 해소됐다고 할지라도 그 내담자는 이전에 세 번의 자살 기도를 했으며, 자살에 대한 만성적인 위험을 시사하는 임상적 시나리오의 측면이 있다. 좀 더 구체적으로 말하자면 성적 학대, 일시적인 알코올 및 마리화나 남용과 같은 내담자의 과거 이력 모두는 이러한 만성적인 위험 요인에 더 효과적으로 대처하기 위해 장기간 지속적인 치료가 필요하다는 점을 시사한다."

발로우(David H. Barlow) 박사는 임상심리학 전문의이자 보스턴 대학 불안관련장애센터(Center for Anxiety and Related Disorders)

소장이다. 그는 미국심리학회의 임상심리학회 전 회장이며, 개인 상담소를 운영하고 있다. 그는 잠재적인 자살 충동이 있는 내담자를 맞이한 젊고 또 경험이 부족한 심리치료가들과 함께 일하면서 자주 만나게 되는 두 가지 공통된 문제가 있다고 생각한다.

첫째, 새로운 내담자와 협력관계를 형성한 후, 어떤 심리치료가들은 전문적이고 객관적인 임상적 자세로부터 벗어나 일과 후 친구와 술 한 잔을 한 후에나 혹은 대학 기숙사에서나 일어날 법한 가벼운 대화처럼 살고 싶지 않다는 것에 관해 겉으로 보기에 즉각적인 언급을 하기 시작한다. 이렇게 그들은 동정적이지만 전문가답지 않게 연구 보고서를 경시함으로써 다음과 같이 반응할지 모른다. "때때로 나 역시 그렇게 느낍니다. 나는 귀하가 그 장소에 어떻게 갔는지 이해할 수 있습니다." 물론 사람은 이러한 생각이 떠오르면 언제나 물러서 있어야 하고, 의도와 수단 등에 대한 적절한 검사를 행해야 하며 적절한 조취를 취해야 한다. 둘째, 어떤 심리치료가들은 내담자가 "글쎄요 … 선생님이 내가 그렇게 하리라 원한다 할지라도 나는 나의 말에 어떠한 가치가 있는지 몰라요."와 같은 말을 종종 하기 때문에 (심리치료가와 내담자 간) 계약의 효력을 과소평가한다. 물론 반대되는 사례가 있음에도 불구하고, 건전한 심리치료적 관계의 맥락에서 계약은 매우 효과적인 것이 사실이다.

고(故) 프롬(Erika Fromm) 박사는 임상심리학 및 임상 최면술 분야의 전문가이자 시카고 대학의 심리학 명예교수였으며, 『국제최면치료학회지(*Journal of Clinical and Experimental Hypnosis*)』 임상 편집자였다. 1985년 미국심리학회 제39분과(심리 분석) 특별공로상을 수상하였다. 그녀는 다음과 같이 언급했다.

아마도 이러한 직업이 갖는 역전이 혹은 과도한 스트레스이겠지만, 그러나 어떤 심리치료가들은 자살 충동이 있는 내담자들에게 최소한의 안정 이상의 어떤 것을 제공하는 데 주저하는 듯이 보인다. 우리는 자살을 하려고 하는 사람들이 절규하고 있으며, 어떤 사람도 실제로 관심을 기울이지 않는 그들의 감정을 전달하려고 한다는 점을 이해할 필요가 있다. 그들은 그들이 알고 있는 유일한 방식으로 호소하고 있는 것이다. "선생님이 정말로 염려하고 있다는 것을 나에게 보여 달라." 우리가 그들을 염려하고 있다는 점을 전달하는 것이 매우 중요하다. 나의 내담자들이 자살 충동을 느낄 때, 나는 그들에게, 내가 진심으로 그들을 염려하고 있으며 그들에 대한 애정을 지니고 있음을 말해 준다. 나는 내가 그들로 하여금 이 점을 이해하도록 할 수 있는 모든 것을 하고자 한다.

후앙(Larke Nahme Huang) 박사는 캘리포니아 대학 버클리 캠퍼스의 교수였으며, 현재는 워싱턴 D.C.에서 독자적인 연구 및 임상 관련 고문으로 활동하고 있다. 그녀는 정신분열증을 지닌 사람들을 치료하는 것과 관련된 문제점들을 강조한다.

특히 치료 과정이 수년에 걸쳐 진행되기 때문에 덜 민감해지고, 그들의 삶이 얼마나 고통스러운 것인지를 망각하는 경향이 있다. 이러한 태도는 내담자가 계속 호전되기 때문에 심리치료가가 이전보다 더 높은 목표를 설정할 때 문제를 야기할 수 있다. 어떤 내담자는 이러한 목표를 참기 어려운 압력으로 경험할 수 있다. 종종 내담자는 그러한 압력을 회피하려고 매우 심각한 자살 기도를 감행할 수 있다. 심각한 장애를 지닌 내담자와 상담을 할 때, 심리치료가는 위기의 순간에 입원이라는 카드를 사용할 수도 있다. (그런데) 전문 분야 간에 입원 환자에 대한 치료 문제, 권력 투쟁이나 경쟁관계 등은 내담자의 위기를 악화시킬 수 있다. 귀하가 어떤 위기의 순간에 함께 있다면 이러한 실제 상황들에 대해 알고, 귀하의 내담자의 고통을 가중시키는 것을 방지하는 데 있어서 마지막 순간까지 기다리지 말라.

쇠너(Gary Schoener)는 임상심리학자이며, 미니애폴리스 방문상담 센터(Walk-In Counseling Center in Minneapolis) 실행 책임자로서 33년 이상 북미 지역에서 전문직업적 영역과 임상 수퍼비전과 관련하여 상담하고 교육하며, 이를 입증해 왔다. 그는 다음과 같이 언급한다.

가장 치명적인 네 가지 실패는 다음과 같다. (1) 모든 고통 받는 내담자들에게 총기 소지를 확인하지 못함('무기'에 대해 물어보는 것으로 충분하지 않다), (2) 급성 자살 충동이 만성적인 것으로 될 때, 다이어렉티컬 행동치료(DBT: dialectical behavior therapy) 프로그램이나 만성적 자살 충동 사례를 위한 적합한 심리치료가를 적절하게 연결시키지 못함, (3) 도피자와 타자, 특히 자살이 심각한 죄악이며 자살에 관한 생각을 직접적으로 질문을 받아서는 안 되는 무슬림에 대하여, '묻고 설득하고 관련시키는 기법(QPR: question, persuade, refer)'에 대한 의존, (4) 그 약속들이 효과가 없다는 사실에도 불구하고 '자살하지 않겠다는 약속'에 대한 과도한 신뢰(임상적으로 이러한 약속을 활용하는 데에 어떤 문제도 없지만 그 약속들을 의지하지 말라).

크레이그(Marla C. Craig) 박사는 심리학자이며, 텍사스 오스틴에 있는 세인트 에드워즈 대학 상담센터의 공동체 서비스 및 특별 프로젝트 책임자이다. 또한 그녀는 캠퍼스 단위의 자살 예방 프로그램의 강사이자 조정자이다. 그녀는 다음과 같이 보고했다.

대부분의 심리치료가들은 자살이 대학생의 사망 원인 중 두 번째로 높다는 것을 알지 못할 수 있다. 이러한 정보가 심리치료가들에게 중요한 이유는 대학생들이 표명하는 관심사를 그들이 충분히 심각하게 고려하지 못하기 때문이다. 학업이나 인간관계의 어려움과 같은 관심사를 표명하는 것은 우울증의 근거가 되는 조건을 감출 수 있다. 또한 대학생은 요동하는 기분과 상황에 따라 과도하게 극적이고 감정적이라는 고정관념은 자살에 대해 철저하게 평가해야 하는 심리치료가의 판단을 방해할 수 있다. 또한 심리치료가들은 대학생들은 여전히 청장년으로 이행하는 청소년이라는 점과, 내면적으로 혹은 정서적으로 무엇이 일어나고 있는지를 그들이 말로 규명할 수 있다거나 혹은 할 수 없다는 점을 쉽게 망각할 수도 있다. 이런 연유로 특정 대학생이 우울한 것으로 보이지 않을지라도 자살에 대해 평가를 하는 것이 중요하다. 끝으로 비밀 유지 문제와 대학생들의 나이가 18세 혹은 그 이상이 되었다는 이유로 심리치료가들은 부모가 개입되는 것을 주저할지 모른다. 만약 부모가 지지의 근원이라면 부모를 관여시켜 대학생과 협력하는 데 주저하지 말라.

겔러(Jesse Geller) 박사는 예일 대학 심리학 클리닉(Psychological Services Clinic) 및 코네티컷 정신건강센터 심리치료 분과의 전 소장이며, 현재는 개업하여 심리치료기관을 운영하고 있다. 그는 우리에게 다음과 같이 말했다.

자살 충동이 있는 환자를 다루는 데 있어서 두 가지 주된 문제점들 중의 하나는 우리의 심리치료적 노력에 대해 긍정적으로(아마 감사하는 태도로) 반응하지 않는 어떤 사람을 만나게 되었을 때 우리 자신의 분노와 방어적 태도이다. 그것은 우리 안에 매우 원초적이며 유아적인 감정을 불러일으킬 수 있다. 예를 들어, 우리는 복수심, 도움의 철회, 적대감을 느낄 수 있다. 해법은 이러한 잠재적인 반응들을 이해하고 그것들이 내담자와 우리의 관계 속에 표출되지 않도록 하는 것이다. 또 다른 주된 문제는 초보 심리치료가에게 더 만연된 것으로 보인다. 경험이 미숙한 경우에 우리는 최초 인터뷰에서 자살에 관한 언급에 관해 매우 소심하게 될 수 있다. 우리는 수동적으로 내담자가 문제를 제기하기를 기다리고, 우리는 무의식적으로 그 문제는 '금기사항'이라고 말할지도 모른다. 만일 그 주제가 정말 나온다면, 우리는 "자살해라" 혹은 "권총으로 네 머리를 쏴버려라" 같은 '위험한' 언어 사용을 피한다. 명확하고 직접적인 의사소통을 우리가 회피한다는 것은, 즉 완곡한 어법에 대한 우리의 집착은 내담자에게 우리는 내담자 자신의 파멸적인 충동에 대처할 수 없다는 것을 암시한다.

히로토(Don Hiroto) 박사는 개업을 했으며, 브렌트우드 재향군인 행정의료센터(Brentwood Veterans Administration Medical Center)의 우울증 연구소(Depression Research Laboratory) 소장이자, 로스앤젤레스 임상심리학자협회(Los Angeles Society of Clinical Psychologists) 회장을 역임했다. 그는 문제의 중요한 측면은 알코올 섭취를 포함한다고 생각한다.

알코올 중독자들은 극단적인 죽음에 있어서 최상위-위험 그룹에 해당된다. 알코올 중독자들 가운데 자살 가능성은 현저하게 높다. 적어도 자살자의 85%는 일정 수준 혈액 속에 알코올이 존재하고 있음을 보여준다. 심리치료가는 두 가지 측면에서 문제점을 지닌다. 첫째, 우리가 우리의 내담자 모두를 평가할 때, 하나의 사안으로 알코올 소비량을 부정하거나 최소화하는 경향이 있다. 둘째, 특히 알코올 중독자와 연결되어 있는 자살 위험 요인들, 예를 들어 일시적인 음주, 충동성, 인간관계에서의 점증된 스트레스(특히 고립), 소외, 그리고 무력감과 같은 요인들에 대해 충분히 경계하고 있지 않다.

고(故) 루이스(Helen Block Lewis) 박사는 뉴욕과 코네티컷에서 개업을 했던 임상심리학 전문의였다. 또한 그녀는 예일 대학의 명예교수였으며, 미국심리학회 심리 분석 분과 회장이자 『정신분석심리학(Psychoanalytic Psychology)』 편집자였다. 그녀는 심리치료가들은 그들의 내담자가 경험하는 수치심과 죄책감에 대해 충분한 관심을 기울이지 못하는 경향이 있다고 생각했다. 예를 들어, 내담자들은 심리치료를 요청하고, 심리치료가에 관련하여 (자신이) '곤궁한' 상태에 있음에 대해 수치감을 경험할 수 있다. 수치심은 종종 분노를 유발하며, 내담자는 분노가 정당화되는지를 확신하지 못하기 때문에 그 분노는 이제 죄책감을 유발한다. 루이스에 따르면 '수치심/분노'의 합성 혹은 '수치스러운 분노'는 내담자 자살의 주된 요인이 될 수 있다.

내담자들은 그들 삶의 많은 영역에서 수치심-분노-죄책감의 진행을 경험한다. 심리치료가는 내담자로 하여금 그것은 현재의 사건 '거기(out there)'에 관련될지 모를 뿐만 아니라 심리치료 기간에도 발생한다는 점을 이해하도록 돕는 것이 중요하다. 더 나아가 수치심과 죄책감의 경험은 그들의 삶에서 중요한 사람들에 대한 애정을 유지시키고자 하는 내담자 자신들의 시도를 표현할 수 있다는 점을 이해하는 것은 격앙된 자살 충동 상황에 있는 내담자들에게 도움이 된다. 이러한 일련의 결과를 이해하는 것은 내담자에게 뿐만 아니라 심리치료가에게도 중요하다. 우리가 우리의 내담자들에 대해 선의의 감정을 유지하는 것은 필수불가결하다. 내담자가 분노하고, 자살 충동을 느끼며, 자살을 실행할 때, 우리는 종종 환자에게 선의의 감정을 갖는다는 것이 어렵다. 내담자에 의한 그러한 감정과 행위는 어떤 관계를 유지하기 위한 필사적인 몸부림을 표현한다는 점을 우리가 이해한다면, 심리치료가로서 우리가 효과적으로 기능하며 진실한 배려로 내담자를 접촉하는 데 도움이 될 수 있다.

펙(Michael Peck) 박사는 로스앤젤레스 자살예방센터 고문이었으며, 임상심리학 전문의로서 개업을 했다. 그는 다음과 같이 말했다. "많은 심리치료가들은 상담에 실패한다. 심리치료가나 로스앤젤레스 자살예방센터와 같은 기관에 전화를 걸어 보라. 상황을 검토하고 외부의 의견을 구하라. 심리치료가들은 또한 어떤 내담자의 개선(예를 들면, 학교나 직장으로의 복귀)에 의해 그들 자신을 무감각하게 할 수도 있다. 분위기가 좀 더 밝다고 해서 자살 충동 위험이 사라질 것이라고 가정하지 말라." 그는 적어도 증상을 포함하여, 심리치료가의 반응, 상담 내용과 질문에 대한 충분한 기록의 중요성을 강조한다. 펙은 "십대들을 다루는 데 있어서 특별한 사안이 있다."고 덧붙여 말한다. "내담자가 16세 이하이면 (상담 내용을) 부모에게 알리도록 하라. 만약 (부모보다는 오히려 내담자가 권리를 갖게 되는) 17세 혹은 그 이상이지만 여전히 부모와 함께 살고 있다면, 귀하는 그들의 생명을 구하기 위한 경우만큼은 비밀 유지를 위반하게 될 것이라고 내담자에게 말하라. 거의 모든 사례에서, 치료 과정 중 부모의 협력은 매우 중요하다."

고(故) 스트럽(Hans Strupp) 박사는 임상심리학 전문의이며, 밴더빌트 대학의 저명한 심리학 교수이자 임상 훈련 책임자였다. 그는 가장 심각한 함정 중 하나는 자살 가능성을 최초 상담 시 포괄적으로 평가하지 못하는 데 있다고 생각했다. 또 다른 흔한 실수는 위기 상황에 있는 자살 충동을 지닌 내담자들을 위한 적절한 서비스망을 적소에 두지 못하는 실패가 너무 자주 있다고 그는 말했다. "개별적인 개업 심리치료가이든, 대학교에서 운영하는 훈련 프로그램이든 … 소규모의 … 병원이거나 그룹으로 영업을 하는 [심리치료가이든], 다른 정신건강 분야의 동업자들이나 자살 관련 응급 상황을 대처할 수 있도록 갖춰진 시설들과의 밀접하고 효과적인 협력이 필요하다. 나는 형식상의 협력을 말하는 것이 아니라 진실되고 효과적으로 기여하는 관계성에 대해 말하고 있다. 자살 위험과 관련한 모든 사례에서 자주 자문을 구할 수 있고, 적절한 병원에 대해 용이하게 접근할 수 있어야 한다."

[토론거리]

귀하는 다소 우울한 내담자와 4개월 동안 상담을 해왔다. 귀하는 충분한 신뢰
형성이 되었다고 생각하지만 치료 계획은 아주 좋은 효과를 나타낼 것으로 보이
지 않는다. 상담 일정 사이에 부재중 자동응답기를 확인하였는데 다음과 같은
내담자의 메시지를 발견하였다. "저는 선생님이 저를 도와주시려고 노력한 것에
대해 감사를 드립니다. 그러나 지금 저는 어떤 것도 저에게 도움이 되지 않을
것이라는 점을 깨달았어요. 사실 저는 선생님이나 그 밖의 누군가를 다시는 만
나지 않을 겁니다. 저는 집을 떠났으며, 다시 돌아가지 않을 겁니다. 저는 말해
야 할 어떤 것도 없기 때문에 어떤 메모도 남기지 않았습니다. 거듭 저를 도와
주고자 하셨던 것 감사드립니다. 안녕히 계세요." 귀하의 다음 내담자가 2분 후
에 귀하를 만나기로 예약되어 있다. 귀하는 다음 4시간 동안 내담자들을 만나야
한다.

1. 귀하는 어떤 느낌이 드는가?
2. 귀하는 무엇을 하기 원하는가?
3. 귀하의 선택은 무엇인가?
4. 귀하가 무엇을 할 수 있을 것이라고 생각하는가?
5. 귀하가 하기를 원하는 것들이 있지만 하지 않았다면 왜 귀하는 이러한 선택
   을 거부했는가?
6. 귀하의 윤리적, 법적 책임이 무엇이라고 생각하는가? 귀하의 법적 책임 및
   제약과 귀하가 생각하기에 윤리적인 것 간에 어떤 모순이 있는가?
7. 귀하가 받은 교육과 훈련은 이러한 상황에 귀하가 대처할 수 있도록 얼마만
   큼 준비시켰다고 생각하는가?

귀하가 관리의료체제 내에서 한 내담자와 상담을 해왔다. 귀하는 그 내담자가
상당한 자살 위험에 처해 있다고 생각한다. 그 사례의 (보험) 심사관은 승인된
횟수의 상담이 제공되었다고 말하면서, 귀하의 완고한 항의에도 불구하고 추가적
인 상담 시간의 승인에 동의하지 않고 거절한다.

1. 귀하는 어떤 느낌이 드는가?
2. 귀하의 선택은 무엇인가?
3. 내담자에 대한 귀하의 법적 책임은 무엇이라고 생각하는가?
4. 내담자에 대한 귀하의 윤리적 책임은 무엇이라고 생각하는가?
5. 귀하는 무엇을 할 것인가?

귀하는 부모와 세 명의 십대들에 대해 4회 규모의 가족 치료를 실행하고 있다. 네 번째 시간 후에, 귀하는 십대 중 한 아이가 귀하의 책상에 메모를 남겨 놓은 것을 발견했다. 내용은 다음과 같다. "아빠는 지난 2년간 저를 성적으로 괴롭혔어요. 그는 다른 사람이 이 사실을 안다면 엄마와 저를 죽이겠다고 협박했어요. 선생님이 다른 누군가에게 알린다면 저는 고통을 견딜 수 없을 거예요." 지난 4회에 걸쳐 귀하가 알게 된 것에 근거할 때, 귀하의 임상적 판단에 따르면 그 십대 아이는 그러한 상황에서는 거의 자살할 것으로 보인다.

1. 귀하는 어떤 느낌이 드는가?
2. 좀 더 구체적으로, 귀하에게 메모를 남겨 놓은 그 내담자에 대한 귀하의 감정은 어떠한가? 그 아버지에 대한 귀하의 감정은 어떠한가? 그 어머니에 대한 귀하의 감정은 어떠한가? 다른 두 십대 아이들에 대한 귀하의 감정은 어떠한가?
3. 귀하의 법적 책임이 무엇이라고 생각하는가?
4. 귀하의 윤리적 책임이 무엇이라고 생각하는가?
5. 귀하는, 만일 있다면, 어떤 갈등을 경험하겠는가? 귀하는 이러한 갈등에 관해 행할 바를 어떻게 고려하고 결정하겠는가?
6. 귀하는 무엇을 할 것이라고 생각하는가?

귀하가 2년간 외래 환자 치료 때 봐왔던 한 내담자가 약속시간에 나타나지 않았다. 그 내담자는 우울한 상태이며, 최근에 개인적인 아픔과 직업적인 좌절을 겪었다. 그러나 귀하가 측정한 자살의 위험은 매우 낮은 수준에 있었다. 귀하는 그 내담자가 약속을 잊었거나 다른 일정과 중복되었는지를 알아보기 위해 그 내담자의 집으로 전화를 걸었다. 귀하는 가족 중 한 사람과 연결이 되었다. 그는 그 내담자가 자살했다고 귀하에게 말한다.

1. 귀하는 어떤 느낌이 드는가?
2. 밝히거나 말하기 어려운 어떤 감정이 있는가?
3. 귀하는 어떠한 선택을 고려하는가?
4. 귀하는 그 가족에게 귀하가 (자살한) 내담자의 심리치료가라고 말하겠는가? 왜 말하는가? 또는 왜 말하지 않는가? 귀하는 그 가족에게 무슨 말을 하겠는가?
5. 귀하는 조화를 보낼 것인가? 왜 그런가, 혹은 왜 그렇지 않은가? 귀하는 장례식에 참여할 것인가? 왜 그런가, 혹은 왜 그렇지 않은가?
6. 가족 중 한 사람이 자살은 귀하의 실수였음에 틀림없다고 말한다면, 귀하는 어떻게 생각하겠는가? 귀하는 무엇이라고 할 것인가?
7. 귀하는 친구들이나 동료들 중 누군가에게 (이 사건을) 말하겠는가? 왜? 만일 있다면 귀하는 무슨 염려를 하고 있는가?
8. 귀하의 사례 기록과 서류는 그 내담자의 자살 위험을 정확하게 평가하지 못한 귀하의 실패를 보여주는 것인가? 왜 그런가, 혹은 왜 그렇지 않은가? 귀하의 서류에 대해 어떤 염려를 하고 있는가?

귀하는 임상 수퍼바이저와 외래 환자 서비스 책임자와 함께 그간 세 번의 외래 환자 상담 시간에 만났던 관리의료기관 새 내담자에 대해 의논을 했다. 서비스 책임자는 그 내담자가 실질적으로 자살 위험에 처해 있다고 심각하게 생각하지만 임상 수퍼바이저는 어떤 실제적인 위험도 없다고 확신한다. 귀하는 둘 사이의 중간에 끼어 있다. 이제 귀하는 이미 보고한 내담자에 대해 두 사람의 상충되는 견해에 비추어 분별 있는 치료 계획을 수립하고자 한다. 귀하가 사무실에 도착한 어느 날 아침, 귀하의 임상 수퍼바이저가 자살했다는 소식을 들었다.

1. 귀하는 어떤 느낌이 드는가?
2. 특별히 확인하고, 인정하며 혹은 분명하게 말하기 어려운 어떤 감정이 있는

가?

3. 이 일은 다른 내담자들과의 상담 업무에 어떤 영향을 미칠 것이라고 생각하는가?

4. 첫 번째 상담 시간에 귀하는 상담 내용이 내담자의 차트 기록을 확인해 온 개별 임상 수퍼바이저와 논의되는 것에 대해 내담자의 사전 설명된 서명 동의를 받았다고 가정해 보자. 귀하는 수퍼바이저의 자살에 관해, 그리고 임상 진료가 이제 새로운 수퍼바이저와 논의될 것이라는 사실에 관하여 무엇을, 어느 정도까지, 내담자에게 말할 것인가?

5. 귀하의 대학원 과정의 훈련 및 인턴십에서 심리치료가(임상심리사) 자신의 자살 관련 관념(심상), 충동 혹은 행위에 관한 사안을 얼마나 다루고 있는가?

18장 수퍼비전 관계

책을 마무리하는 이번 장에서는 이 책 전체를 관통하는 많은 주제들을 분명하게 해주는 핵심적인 임무, 즉 수퍼비전(supervision: 지도 감독)을 다루고자 한다. 우리 모두는 수퍼바이지(supervisee)로서 임상 경력을 시작한다. 우리의 수퍼바이저(supervisor)는 중요한 방식으로, 그 중 어떤 부분은 무의식적인 방식으로 우리의 발전에 영향을 미친다고 생각하는 것은 어렵지 않다. 수퍼비전 관계는 상당한 권력, 신뢰, 배려를 포함한다. 물론 이러한 것들이 심리치료 내지 상담 관계와는 다른 형식을 띤다고 할지라도 말이다.

명확한 임무, 역할, 그리고 책임

수퍼비전은 적어도 세 사람, 즉 내담자, 수퍼바이지, 수퍼바이저를 포함하기 때문에 관계 및 의제가 쉽게 혼동될 수 있다. 수퍼바이저는 임무와 역할과 책임을 명료화시킬 윤리적 책임을 지니고 있다. 예를 들어, 수퍼바이지가 수퍼바이저의 심리치료 대상이 되도록 조장되어서도 안 되고, 그렇게 허용되어서도 안 된다. 수퍼비전의 어떤 형식은 심리치료의 어떤 형식과 공통적인 측면을 공유할 수 있다. 때때로 수퍼바이지는 수퍼비전의 과정에서 개인적인 관심사, 심리학적 문제, 혹은 심리치료로부터 도움을 받을 수 있는 행동상의 어려움들을 알게 된다. 만약 그 수퍼바이지가 심리치료를 받고자 결심한다면 그(또는 그녀)는 독립적인 심리치료가의 상담을 받아야 한다.

수퍼바이저는 내담자의 치료 및 수퍼바이지의 전문성 성장에 책임을 지지만, 내담자의 복지가 최우선이 되어야 한다. 수퍼바이저는 훈련의 어떤 측면도 내담자를 부당한 위기에 처하게 해서는 안 된다는 점을 명확히 해야 한다. 수퍼비전은 종종 병원이나 임상진료실에서 이루어지며, 심리치료가-수련의들(therapist-trainees)은 인턴십 내지 (예를 들면, 6개월씩, 혹은 대학의 학사 일정에 따른) 순환 근무를 결정해야 할지 모른다. 내담자의 복지를 생각할 때, 그러한 시간 순서와 영역은 고려되어야 한다. 잦은 종결과 이동은 어떤 내담자에게는 심각한 문제를 유발할 수 있다. 사전 설명된 동의 절차에는 한 심리치료가가 몇 달 동안 도움을 줄 것인지에 대해 내담자에게 알려 주는 것을 포함해야 한다.

한 심리치료가-수련의가 면허를 받고 교육받던 환경을 떠나게 될 때, 내담자들은 거기에 남아 있어야 하는가, 아니면 새로 면허를 받은 심리치료가를 따라가야 하는가? 누가 결정하는가? 누가 심리치료 기록을 하는가? 이러한 사안들은 교육이 시작되기 전에 가장 잘 다루어질 수 있으며, 문서 계약으로 명백하게 해두어야 한다. 그렇지 않으면, 의견이 불일치할 때 공식적인 불평과 소송이 초래될 수 있다(Pope, 1990a).

수퍼바이저는 수퍼바이지가 제공하는 임상 서비스에 대해 궁극적으로 윤리적이며 법적인 책임을 진다. 수퍼바이저와 수퍼바이지는 치료 접근법에 대한 어떤 갈등도 신속하게, 정직하게, 그리고 포괄적으로 언급해야 한다. 둘 다 불편한 갈등에 대해 언급하거나 심지어 인정하는 것을 회피할 수도 있다(Pope, Sonne, & Greene, 2006). 수퍼바이저와 수퍼바이지 사이의 해소되지 않은 갈등은 거의 언제나 심리치료와 수퍼비전을 방해한다. 이러한 갈등은 종종 행동으로 표출되거나 수퍼바이지와 내담자 간의 관계에서 다시 제기된다. 이와 유사하게 수퍼바이지와 내담자 간의 관계의 역학은 종종 수퍼바이저-수퍼바이지 관계에서 재현되거나 되풀이된다. 정상적인 수련의 과정에서 해소되지 않은 갈등이 심리치료와 수퍼비전에 영향을 끼치는 방식을 접하게 된다. 그런 갈등 때문에 심리치료가 심각하게 오도되었다거나, 대학원 과정을 철회하고 다른 사람을 주변에 개입시키지 않는 직업을 구할 필요가 있다거나, 수퍼바이저가 타당성(adequacy)이라는 망상으로 괴로워하는 괴물인 것은 아니다. 그러한 갈등이 신호하는 것은 수퍼바이저-수퍼바이지-내담자 간 3자 관계의 중요한 역학 관계가 다루어질 필요가 있다는 것이다.

성적인 것과 무관한 이중적인 관계는 역할을 명확히 해야 할 수퍼바이저의 윤리적 책임을 뒤얽히게 할 수 있다. 수퍼바이저가 수퍼바이지와 다양한 사회적 관계를 맺어야 하는가? 우리의 직업에서 흔히 주어지는 답변은, 그것은 상황에 달려 있다는 것이다. 이 책을 관통하고 있는 기본 주제는 규약, 법, 규준은 윤리적 고려의 종착점이 아니라 출발점이라는 것이다. 어떤 것도 고유한 상황에 처해 있는 고유한 사람과 관련된 복잡한 문제와 씨름해야 하는 우리를 면책해 줄 수는 없다. 부리안과 슬림프(Burian & Slimp, 2000; Slimp & Burian, 1994도 참조)는 인턴 기간의 사회적인 이중적-역할 관계(social dual-role relationships)에 대해 충분히 고려한 사려 깊은 모델을 제시한다. 그 모델은 다양한 수퍼비전 상황에 적용될 수 있다. 그들의 의사결정 모델은 수퍼바이저들이 관계성의 근거, 수퍼바이저와 수퍼바이지 간의 권력 차이, 사회적 활동의 성격, 다른 수퍼바이지들에 대한 영향과 같이 유익하고 다양한 사안들을 고려하는 데 기여할 것이다.

키치너(Kitchener, 2000) 또한 수퍼비전에서의 복합적인-역할 관계

(multiple-role relationships)를 다루고 있으며, 역할 갈등 속에 배태된 모호성에 대한 이해를 제고하기 위해 사회 역할 이론을 사용하고 있다. 수퍼비전은 수련생의 발전을 돕고, 수퍼바이지를 평가하며, 부적절하거나 서투른 치료로부터 일반인을 보호하며, 내담자가 적절한 수준의 치료를 받을 수 있도록 보장하는 것을 포함하여 복합적인 책임을 암묵적으로 내포하고 있다. 키치너(Kitchener, 2000)는 상담, 공동 논문의 작성 혹은 발표, 사회적 행사의 공동 참여를 포함하여 수퍼바이지가 수퍼바이저와 다양한 역할로 관계를 맺을 수 있다는 점을 지적한다. 내담자들과는 차단되는 것일 수 있는 (수련생의) 개인적인 비밀들이 공개될 수 있다는 점을 감안한다면, 수퍼바이지들은 교사-학생 관계에 있는 사람들보다 훨씬 더 많이 개인적으로 상처를 받을 수 있기 때문에 이러한 다차원적인 역할은 복잡 미묘하다. 그러나 부분적으로는 수퍼비전에서의 평가적 요소 때문에, 부분적으로는 수퍼비전에서의 비밀 유지가 심리치료 및 상담에서 그런 것만큼 동일한 지위를 갖는 것은 아니기 때문에, 수퍼비전은 심리치료와는 다른 것이다.

능력

심리치료처럼 수퍼비전은 명백한 능력을 요구한다. "수퍼바이저는 임상 수퍼비전의 실행에 있어서 잘 훈련되어 있고, 박식하며, 정통해야 한다는 점은 매우 중요하다."(Stoltenberg & Delworth, 1987, p.175) 어떤 사람이 교육, 훈련, 수퍼비전을 받은 경험이 부족한 채로 즉흥적인 수퍼비전을 한다는 것은 적절한 준비 없이 최면요법, 단계적 둔화(systematic desensitization: 체계적 탈감각) 또는 신경심리학적 평가를 즉흥적으로 하려고 하는 것보다 더 윤리적이지 않을 것이다. 팔렌더와 샤프란스케(Carol Falender & Edward Shafranske,

2004)는 수퍼비전에 대해 다음과 같은 정의를 내리면서 수퍼비전을 고유한 전문직업적 활동으로 강조한다.

수퍼비전은 과학에 근거한 실천력을 개발하는 데 목표를 둔 교육과 훈련이 협력적인 대인관계적 절차를 통해 촉진된다는 점에서 고유한 전문직업적 활동이다. 수퍼비전은 관찰, 평가, 피드백, 수퍼바이지의 자기 평가 촉진, 그리고 교수, 모델링, 상호 문제 해결에 의한 지식 및 기능의 습득을 포함한다. 게다가 수퍼비전은 수퍼바이지의 장점과 재능에 대한 인식에 기초하여 자아 효능감(self-efficacy)을 고양시킨다. 수퍼비전은 내담자, 전문직, 일반 사회의 복지를 증진하고 보호하기 위해 윤리적 기준, 법적 규정, 전문직업적 경험이 활용되는 적절한 방식으로 임상적인 자문이 수행되어야 한다는 것을 보장한다.

전문적 직업의 다른 측면들에 있어서처럼 수퍼비전 역시 발전하고 있는 연구 및 이론에 근거할 수 있도록 끊임없이 수퍼비전에 관한 지식이 갱신되어야 한다.

수퍼비전에 있어서 능력을 증진시킬 뿐만 아니라 수퍼비전을 수행하는 심리치료가는 내담자를 치료하고 평가하는 데 활용되는 접근법에 유능해야 하며, 수퍼바이지가 내담자에게 서비스를 제공할 수 있도록 적어도 최소한도의 능력을 갖추도록 해야 한다. 일부 수퍼바이저들이 갖는 하나의 유혹은 자신이 그 임상기법에 대해서 다만 피상적이거나 시대에 뒤떨어지는 지식을 가지고 있는 임상기법 과정을 이수한 장래가 촉망되는 수퍼바이지와의 관계를 형성하고자 하는 것이다. 그러한 수퍼바이저는, 그들이 주도면밀하게 신중하지 않을지라도, 그들 자신이 어떤 명백한 능력도 지니지 않는 수퍼비전에 관여하고 있음을 발견할지 모른다. 예를 들어, 자신의 경험이 오로지 정신분석학에 관계되고 인지-행동 기법에는 어떤 훈련도 받지 않은 수퍼바이저가 내현적 조건화(covert conditioning, 내잠적 조건화)6)를 활용하는 학생들을 수퍼비전하고 있는 자신을 발견할지도 모른다. 성인에 대해서만 상담치료를 했던 수퍼바이저들이 아동 심리치료에 대해 수퍼비전을 하고 있는 자신을 발견할지도 모른다. 실존적-인간주의적 접근법을 취하기 때문에 표준화된 검사를 활용할 수 없는 수퍼바이저들이 MMPI-2를 해석하도록 수퍼바이지를 돕고자 하는 자신을 발견할지도 모른다.

부단한 문제 제기는 이 책을 관통하는 하나의 주제이다. 수퍼바이저들은 다음과 같이 스스로 반복하여 자문해 보는 것이 중요하다. "비록 내가 수퍼비전에서 확고한 능력을 지니고 있고 내담자를 평가하며 돕는 데 사용된 접근법을 지니고 있다고 할지라도 나의 능력이 결여된 다른 관련된 사안들이 있는가? 예를 들어, 내담자, 수퍼바이지, 그리고 나 사이의 배경, 문화, 언어, 종교 또는 가치 중에 우리가 서로 이해하고, 서로 협력하는 것을 어렵게 하는 어떤 사안들이 있는가? 만일 그렇다면, 그것은 능력에 관련된 사안인가? 어떻게 그것이 가장 잘 다루어질 수 있는가?" 캐나다 심리학회의 「다양한 사람들의 윤리적 관행을 위한 지침(Guidelines for Ethical Practice with Diverse Populations)」(캐나다 심리학회의 「비차별적인 실천을 위한 지침(Guidelines for Nondiscriminatory Practice)」(2001b)의 일부)과 미국심리학회의 「인종적, 언어적, 문화적으로 다양한 사람들에 대한 심리학적 서비스 제공자를 위한 지침(Guideline for Providers of Psychological Services to Ethnic, Linguistic, and Culturally Diverse Populations)」(1993)과 「심리학자들을 위한 다문화 교육, 훈련, 연구,

---

6) [역주] covert conditioning은 카우텔라(Cautela)가 개발한 것으로, 정신적 예행 연습과 같이 이미지 사용 능력에 기반한 행동 수정의 원리를 활용하는 정신건강 치료의 한 접근법이다. 상상으로 주어진 보상은 실제적인 보상만큼이나 효과적이며, 문제행동을 유발하는 연쇄적 상상을 차단함으로써 사고 중단의 상상, 이완, 끝으로 즐거운 장면을 상상하게 할 수 있다. 이 치료법은 혐오스러운 자극을 문제행동에 결부시킴으로서 문제행동을 제거하는 기법이기도 하다.

실천과 조직적 변화에 대한 지침(Guidelines on Multicultural Educa-tion, Training, Research, Practice, and Organizational Change for Psychologists)」(2003b) 등을 참조할 수 있다.

수퍼바이지에 대한 평가

수퍼바이저는 내담자에게 제공되는 임상 서비스와 수퍼바이지의 전문성 개발을 지속적으로 평가해야 한다. 이렇게 중대한 책임 때문에 많은 수퍼바이저들은 마음이 편치 않다.

평가를 받는다는 것은 수퍼바이지들을 불편하게 할 수도 있다. 대학원 훈련 프로그램, 인턴 과정, 개업 인가(면허)의 필요조건으로서 축적되는 수퍼비전을 받는 시간 조정(배치), 많은 제도적 환경 가운데 수퍼바이저는 수퍼바이지의 장점, 약점, 발전에 대한 평가를 제삼자에게 보고해야 한다. 이러한 보고는 수퍼바이지가 훈련 프로그램에 계속 참여하거나 미래의 구직을 위한 기회에 심대한 영향을 끼칠 수 있다.

수퍼바이저는 수퍼바이지들에게 그들의 장점, 약점, 발전에 대한 평가를 명확하고 정직하며 신속하게 전달해야 한다. 키스-슈피겔과 쿠처(Keith-Spiegel & Koocher, 1995)는 수퍼비전에 관한 윤리적 불평 중 가장 공통된 요인이 적절한 피드백의 결핍이라고 지적한다.

어떤 경우에, 수퍼바이저는 수퍼바이지가 일시적이건 더 지속적이건 임상 업무를 수행할 수 없다고 결정할 수도 있다. 그 수퍼바이저는 문제의 수퍼바이지가 왜 업무를 수행할 수 없는지를 규명하고자 해야 한다. 어떤 수퍼바이지들은 과로, 개인적인 실패, 환경적인 압박에 의해 스트레스를 받을 수도 있다. 다른 이들은 심리치료나 상담을 실행할 때 인정하거나 해결해야 할 필요가 있는 개인적인 갈등이나 발달상의 문제점이 표면에 드러나게 된다는 것을 발견한다. 다른 이들은 사고 장애, 우울증, 불안을 매우 심하게 겪어서 일을 효과적으로 하지 못할 수도 있다. 그리고 여전히 어떤 이들은 상대적으로 오랜 기간 발달 혹은 인격 장애로 고통을 겪고 있는 것으로 보일 수 있다.

그러한 상황에서 수퍼바이저의 책임은 확실하고 피할 수 없는 것이다. 훈련 프로그램에 대한 미국심리학회의 정책은 개별 수퍼바이저들에게도 더 일반적으로 타당하다. 미국심리학회 인증위원회(The Committee on Accreditation for the American Psychological Association, 1989)는 모든 프로그램이 "각각의 학생의 성장을 지속적으로 평가해야 하는 특별한 책임을 지니고" 있으며, "지속적으로 심각한 어려움을 보이고 학업 또는 개인간의 상황에서 효과적으로 기능하지 못하는 학생들은 조기에 상담을 받아야 하고, 다른 직업에 대해 안내받을 수 있어야 하며, 필요하다면 그 프로그램에서 탈락되어야 한다."(p.B-10)고 진술하고 있다.

상황이 적절할 때, 수퍼바이저는 적합하지 않고 자격이 없는 개인들은 심리치료가나 상담가가 될 수 없다는 점을 확실하게 해야 하지만— 이것이 무능하거나 부도덕한 치료 행위에 의해 해를 입게 될지 모르는 미래의 내담자에 대한 책임감이다— 우리는 수퍼바이지가 불필요하게 상처 입지 않을 방식으로 그렇게 해야 한다.

사전 설명된 동의

수퍼바이저들은 수퍼바이지와 내담자 모두에 대해 적절하게 사전 설명된 동의를 구할 윤리적 책임을 진다. 수퍼바이지들은 그들이 어떻게 평가되는지, 예를 들어 수퍼바이저가 의견서를 작성하기 위해 어떤 종류의 정보를 사용할 것인지, 그 정보를 평가하는 데 어떤 기준이 활용되는지를 알 권리가 있다. 그들은 그들에게 무엇을 기대하느지, 그리고 그들에게 어떤 자원들이 이용 가능한지를 명확하게 이해해야 한다. 그들은 어느 정도로 혹은 어떤 조건하에 그들이 수퍼바이저에게 공개하는 것이 비밀로 유지될 것인지를 알 필요가 있다. 예를 들어 수퍼바이지들은 수퍼비전의 과정에서, 그들이 심리치료를 받고 있으며, 12단계 프로그램7)의 참가자이며, 혹은 유년 시절 성적 학대를 받았다는 것을 공개할 수도 있다. 그들은 그러한 정보를 제삼자와 공유할 것인지의 여부를 명확하게 이해해야 한다.

수퍼비전을 받는 심리치료가들의 내담자들 역시 수퍼비전 계획에 대한 사전 설명된 동의의 윤리적 권리를 지니고 있다. 물론 첫 단계는 그들이 받고 있는 임상 서비스가 공식적으로 수퍼비전 되고 있다는 점을 그들이 확실히 알게 하는 것이다. 1984년 1월 30일에, 미국 심리학회의 과학 및 전문직 윤리와 행위 위원회(일반적으로 윤리위원회로 불리는)는 수퍼비전에 관한 다음과 같은 공식적인 진술을 제시했다.

내담자와 직업적 관계를 맺기 시작한 시점에서 내담자는 심리학자의 예정된 수퍼바이저/자문의사(consultant)의 활용에 대해 고지 받아야 한다. 그리고 수퍼바이저/자문의사에게 공개될 사례에 관한 정보의 일반적인 성격도 고지 받아야 한다. 이는 (상담) 관계에 수반되는 비밀 유지의 한계에 대한 내담자의 이해와 더불어 심리학적 서비스에 관하여 충분한 정보에 근거한 내담자의 의사결정을 가능하게 한다. 그러한 한

---

7) [역주] 12단계 프로그램(twelve-step program)은 중독, 강박충동, 또는 다른 행위상의 문제들로부터 회복을 위한 지침적 원리 세트이다. 원래 알코올 중독으로부터 회복을 위한 방법으로 익명의 알코올 중독자에 의해 제안되었다. 미국 심리학회에 따르면 이 프로그램은 다음과 같은 절차를 포함하고 있다. 통제할 수 없는 자신의 중독이나 강박충동을 인정하기, 힘을 줄 수 있는 보다 큰 힘을 인정하기, 경험 있는 후원자의 도움으로 과거의 오류를 검토하기, 이러한 오류를 개선하기, 새로운 행위 규칙으로 새로운 삶 살기, 동일한 중독이나 강박충동으로 고통 받는 타인을 돕기 등.

계를 내담자에게 제공하지 않는다는 것은 내담자도 모른 채, 심리학자가 내담자/환자와 그/그녀의 원인 진단과 치료 혹은 수퍼바이저/자문의사의 조언을 논의할 때, 내담자에 대한 비밀 유지를 위반하는 것이다. 위원회는 내담자/환자와 직업적 관계를 개시한 시점에서 내담자/환자는 명확하게 그 관계성에서 비밀 유지의 한계에 대한 정보를 제공받아야 한다고 판단한다.

그 후 미국심리학회(APA, 2002)의 심리학자 윤리규정과 행동강령 10.01c에서는 다음과 같이 언급하고 있다. "치료가가 교육생이고 제공된 치료에 대한 법적 책임이 수퍼바이저에게 있을 때, 내담자/환자는 사전 설명된 동의 절차의 일환으로 치료가가 훈련 중에 있고 수퍼비전을 받고 있다는 내용을 고지 받고 수퍼바이저의 이름도 알아야 한다."(p.1072)

캐나다 심리학자 윤리규정(CPA, 2000) III.22는 심리학자가 교육생의 신분을 숨기고자 하는 어떤 시도도 해서는 안 되며, 어떤 교육생이 직접적으로 내담자에게 서비스를 제공하고 있다면 그 내담자는 그러한 사실에 대한 정보를 제공받게 해야 한다고 요구한다(p.25).

어떠한 경우, 주의 법 혹은 조례는 수퍼바이지들이 자신의 신분을 공개해야 할 의무를 상세히 기술할 수도 있다. 캘리포니아 주의 전문직 행동규정(Rules of Professional Conduct) 16장 1396.4절은 다음과 같이 언급하고 있다. "심리학 보조자(psychological assistant)는 고용과 관련된 어떤 심리학적 활동에 관여하는 경우, 항상 모든 상황에서 자신의 고용주 혹은 책임 있는 수퍼바이저의 심리학 보조자로서의 자신의 신분을 환자나 내담자에게 밝혀야 한다."

수퍼바이저와 수퍼바이지 모두 내담자가 수퍼바이지의 자격 사항과 학력을 알 수 있도록 해야 할 윤리적 책임을 갖는다(Pope, 1990a).

임상심리사들은 아직 달성하지 못한 훈련의 수준을 마치 수퍼바이지가 지닌 것으로 부정하게 소개하는 것에 관하여 광범위하게 합리화하는 데 개입할 수도 있다. 예를 들어 많은 병원에서 심리학 인턴들은 아직 박사학위를 받지 못했음에도 불구하고 환자들에게 '박사'로 소개될지도 모른다. 내담자들은 자신의 심리치료가가 박사학위와 개업을 할 수 있는 면허를 지니고 있는지에 대해 기본적인 알 권리를 지니고 있다.

성적 문제

내담자에 대한 성적 끌림은 심리치료가들에게 종종 일어나는 일이다. 수퍼바이저들은 수퍼비전 관계를 통해 그러한 감정을 인지할 수 있게 하고, 적절하게 대처할 수 있게 하는 안전하고 지지해 주는 기회의 제공을 보장해야 할 중요한 윤리적 책임이 있다.

수퍼바이저들 또한 수퍼바이저와 수퍼바이지 간의 성관계가 발생하지 않도록 해야 할 윤리적 책임이 있다. 가령, 미국심리학회 윤리규정(APA, 2002)은 7.07(학생 및 실습생과의 성관계)에서 다음과 같이 적시하고 있다. "심리학자는 자기 부서, 사무소, 훈련 센터에 있거나, 이후에 이들에 대해 평가 권한을 가질 개연성이 있는 학생이나 실습생과 성관계에 연루되어서는 안 된다."(규정 3.05 다중관계도 참조) 캐나다 심리학회 윤리규정(CAP, 2000) II.28에 의하면 심리학자들은 자신과 평가적 관계 혹은 직접적인 권위 관계에 있는 학생이나 교육생(훈련생)과의 성적 교감에 관여해서는 안 된다(규정 III.31도 참조).

익명의 조사들은 심리학자와 그들의 교육생 간의 성적인 연류에 관한 정보를 수집했다(Glaser & Thorpe, 1986; Harding, Shearn, & Kitchener, 1989; Pope, Levenson, & Schover, 1979; Robinson & Reid, 1985). 자료는 남성과 여성 수퍼바이저들과 남성과 여성 수퍼

바이지들의 상대적인 수치가 조정된 경우조차도 여성 교육생이 남성 교육생보다 훨씬 더 많이 그러한 성관계에 말려들었다는 점을 강하게 제시하고 있다. 한 연구는 지난 6년간 심리학 박사학위를 받은 여성 4명 중 1명꼴로 그녀의 심리학 교육자 중 적어도 1명과 성관계를 맺었다는 것을 밝혀냈다(Pope et al., 1979; Pope, 1989b도 참조). 글래서와 토르프(Glaser & Thorpe, 1986)는 대부분의 경우(62%), 학생이 교육자와 함께 작업하는 관계 이전 혹은 함께 일하는 동안 성관계가 발생했다는 것을 발견했다.

수퍼바이저들은 그러한 성적 친밀감이 발생하지 않도록 해야 할 뿐만 아니라 치료 과정 중에 일어나는 성적 문제들이 솔직하고 민감하게, 그리고 존중하는 태도로 다루어질 수 있도록 보장해야 할 책임을 지니고 있다. "학생들은 그들의 성적 감정에 관한 논의가 유혹하거나 자극하는 것으로, 혹은 그들의 교육자와의 성관계를 유도하거나 정당화하는 것으로 받아들여지지 않을 것이라고 생각할 필요가 있다. … 교육자들은 성적 끌림에 관하여 그들의 학생들이 본받기를 기대하는 동일한 솔직함, 정직함, 성실성을 보여주어야 한다. 심리학자들은 그들이 내담자뿐만 아니라 학생에게서도 성적 매력을 느낄 수 있다는 것을 인정할 필요가 있다. 그들은 이러한 감정들의 적절한 그리고 부적절한 취급에 관하여 윤리적이고 전문적이며 명백한 기준을 명료하게 정립하고 일관성 있게 유지할 필요가 있다."(Pope, Keith-Spiegel, & Tabachnick, 1986, p.157; Pope, Sonne, & Greene, 2006도 참조)

수퍼바이저의 비윤리적인 행동에 대한 수퍼바이지의 인식

수퍼바이저들은 수퍼바이지들에 대해 윤리학 멘토이자 모델로 기여한다. 어떤 경우 그들은 비윤리적인 행위의 모델이 될 수도 있다.

노이펠트(Susan Neufeldt, 2003)는 대부분의 수퍼바이지들은 그들의 수퍼바이저들이 적어도 하나의 윤리적 위반을 범했다고 생각한다는 사실을 제시하는 연구를 보고했다. 그녀는 다음과 같이 기술하고 있다. "수퍼바이저로서 귀하는 특히 수퍼바이지들에 의해 목격되는 가장 흔하게 위반하는 지침에 유의해야 한다. 그러한 지침의 예로 적절한 수행 평가, 수퍼비전에 대한 비밀 유지, 협력할 수 있는 능력, 적어도 다른 관점들을 존중할 수 있는 능력을 들 수 있다. 귀하는 수퍼바이지들이 그들의 불만을 귀하에게 알려 주는 것을 강제할 수는 없다. 만약 귀하의 수퍼바이지들이 편안하게 자신들의 감정과 생각, 그리고 특히 수퍼바이저로서의 귀하에 관한 그들의 부정적인 감정을 표출할 수 있는 안전한 환경을 조성할 수 있다면, 귀하는 성공적인 수퍼비전 관계를 맺게 될 것이다."(p.215)

시작과 종료, 부재 시와 접근 가능성

수퍼비전의 시작부터, 수퍼바이지는 언제 수퍼바이저와 면담할 수 있는지와 없는지를 명확하게 이해해야 한다. 내담자가 위급할 경우, 수퍼바이지는 수퍼바이저에게 빠르게 연락을 취하는 법을 알아야 하는가? 수퍼바이저는 예정된 시간 사이에 전화를 통한 수퍼비전을 할 수 있을까? 수퍼바이저는 늦은 밤, 주말, 혹은 공휴일에 연락을 받을 수 있을까? 계획된 것이든, 예기치 못한 것이든 간에 수퍼바이저의 부재 시 적절한 대비책이 있는가? 위기 상황에서 수퍼바이저의 도움을 받을 수 없는 경우, 수퍼바이지는 필수불가결한 도움을 확보할 수 있는 몇 가지 선택권을 가지고 있는가?

수퍼비전 절차의 시작과 종료에 관한 사안들은 적절하게 다루어져야 한다. 수퍼비전의 종료는 다양한 감정을 유발할 가능성이 있다. 수퍼바이저와 수퍼바이지 모두 내담자와의 상담 종료와 관련된 사안들을 회피하는 데 공모하고픈 감정을 지닐 수도 있다. 그들은 또한 수퍼비전의 종료에 관련된 사안들을 회피하는 것이 쉬울 것이라고 생각할 수도 있다. 그 절차가 기대된 것만큼 잘 진행되지 않는다면 수퍼바이저와 수퍼바이지 모두 모든 일이 끝났다는 전망에 따른 좌절감, 유감, 분노, 상실감을 느낄지도 모른다.

문제가 어떻게 발생했고, 왜 그 문제들이 더 효과적으로 해결되지 못했는지에 대한 개방적이고 정직한 논의는 어려울 수 있다. 만약 그 절차가 잘 진행된다면 수퍼바이저와 수퍼바이지 모두 즐거움, 긍지와 유쾌함을 느낄 수도 있겠지만 잦은 만남과 공유되고 긴장되며 생산적인 일이 종료된다는 상실감과 아쉬움도 경험할지 모른다.

그러한 반응들은 부정되거나 간과되어서는 안 된다. 수퍼비전 과정에서 하나의 중요한 측면, 즉 종료 시에 특히 현저하게 나타나는 측면은 수퍼바이저와 수퍼바이지가 서로에 대한 그리고 공동 작업에 대한 그들의 반응을 정직하게 직면하도록 하는 것이다. 각각은 상대방으로부터 무엇을 얻었는가? 어떤 면에서 서로 놀랐고, 실망했으며, 분노하거나 상대방을 상처 입게 했는가? 어떤 면에서 그 관계는 관심, 경청, 지지, 창의성을 보였는가? 어떤 면에서 그 관계는 부정직, 배반과 완고함을 보였는가? 환경적 요인은 그 관계에 어떻게 영향을 미쳤는가? 수퍼비전 기간 수퍼바이저와 수퍼바이지 간의 권력, 신뢰, 배려가 어떻게 나타났는가?

수퍼비전 과정의 성실성은 우리가 그러한 문제들을 인정하고 직면하는 정도에 달려 있다. 우리는 수퍼바이지들로서 우리의 임상적 활동을 시작했고, 우리가 특별하게 두려움이 없거나 부주의하지 않다면 심리치료가 및 상담가로서 직업에 몸담고 있는 동안 우리의 성장과 발전은 계속될 것이다. 만일 우리가 수퍼비전을 지속하지 않는다면 우리는 이러한 과정을 길러 줄 수 있는 대안을 강구해야 한다.

우리는 다른 사람과 진지하고 친밀한 관계를 수반할 수 있는 직업을 선택했다. 이것은 매우 중요한 영향력을 지닌 일일 뿐만 아니라 커다란 상처를 입을 수도 있는 일이다. 우리가 내담자들 및 수퍼바이지들과 맺는 관계가 도움이 되거나 해가 되는지는 권력, 신뢰, 배려에 관한 우리의 윤리적 책임을 완수하는 것에 상당 부분이 달려 있다.

[토론거리]

심리학 박사학위를 받은 후, 귀하는 이전에 한 번도 가보지 않은 시골 지역에 살고자 결심한다. 오랜 조사 끝에 귀하는 조그마한 지역의 유일한 클리닉에 일자리를 얻게 된다. 여기서 면허를 받는 데 필요한 박사 후 수퍼비전 과정의 1년 동안의 시간을 가질 수 있을 것이다. 귀하는 짐을 꾸려 이사를 한다. 그리고 귀하는 새로운 마을과 클리닉의 일을 좋아하게 된다. 10개월이 지났을 무렵, 귀하의 수퍼바이저가 다음과 같이 말한다. "좋지 않은 소식이네. 클리닉에서 심리학자들을 해고하기로 결정했다네. 그래서 우리 둘 다 이번 주말에 실직하게 될 것이네. 나는 퇴직한 후 1년가량 여행을 떠나기로 결심했어. 나는 이 마을에 자네를 위한 다른 직장이 없다는 것을 알고 있네. 그것은 자네가 면허를 따는 데 필요한 수퍼비전 시간이 부족하다는 것을 의미하지. 그러나 자네는 훌륭한 수퍼바이지였고, 나는 기꺼이 자네에게 남은 두 달에 대한 이수 학점을 부여하고자 하네. 나는 1년간 나의 수퍼비전 하에 자네가 일했다고 서식에 기입하려고 하네."

1. 귀하는 어떤 느낌이 드는가?
2. 귀하는 그 가능성을 어떻게 평가하는가?
3. 귀하는 수퍼바이저에게 무슨 말을 하고 싶은가?
4. 귀하는 수퍼바이저에게 무엇을 말할 것이라고 생각하는가?

귀하는 다섯 식구가 참여하는 가족 치료를 수행하고 있다. 어머니는 31세이며,

카프카스 인이다. 그녀의 파트너는 54세이며, 히스패닉이다. 세 자녀들은 사춘기 직전이다. 귀하는 그 가족 구성원이 겪고 있는 긴장과 그 긴장의 원인에 관한 귀하의 생각을 수퍼바이저와 논의한다. 귀하의 수퍼바이저는 다음과 같이 말한다. "내가 생각하기에 아마도 당신은 [그들과 같은 인종이거나 같은 민족성을 지녔기 때문에] 그런 식으로 바라보는 것 같습니다."

1. 귀하는 어떤 느낌이 드는가?
2. 귀하는 수퍼바이저에게 무엇을 말할 것이라고 생각하는가?
3. 귀하는 수퍼바이저에게 무엇을 말하고 싶은가?
4. 귀하의 수퍼바이저의 인종 혹은 민족성이 이러한 상황에 대해 귀하가 느끼거나 반응하는 방식에 있어서 어떤 차이를 갖게 하는가? 만일 그렇다면 그것은 어떤 차이점을 만드는가? 그리고 왜 그런가?
5. 귀하는 그 어머니의 파트너가 남성이라고 상상했는가, 아니면 여성이라고 상상했는가? 귀하가 상상한 그 사람이 남성인지 여성인지에 대해 무엇이 영향을 미쳤다고 귀하는 생각하는가?

귀하는 극도로 두려워하며, 환청을 듣고, 사고 장애를 지닌 것으로 보이는 사람과 상담을 시작하는 만남을 방금 끝마쳤다. 다음 번 진료 때 조사해 볼 다른 가능성들도 있지만 귀하의 잠정적인 진단은 정신분열증의 어떤 형태이다. 귀하는 자신의 수퍼바이저와 만나 상담에 대한 기록을 보고하고, 정신분열증적 경과가 수반되는 어려움이 예상된다는 귀하의 의견을 진술하고, 다음 상담 때 묻고자 하는 질문 목록을 만든다. 귀하의 수퍼바이저의 첫 번째 논평은 다음과 같다. "이런, 그런 정신분열증 환자는 정말 흥미로워! 그렇지 않은가!"

1. 귀하는 어떤 느낌이 드는가?
2. 귀하는 이러한 논평에 어떠한 답변을 할 것이라고 생각하는가?
3. 이러한 논평에 실제적으로 귀하는 어떻게 응답했을 것이라고 생각하는가?
4. 만일 이 수퍼바이저가 비판에 극도로 민감하고 이를 싫어한다는 평판을 듣고 있는 사람이라면, 그리고 이 수퍼바이저가 귀하의 훈련에 상당한 권력을 가

진 사람이라면, 이는 응답에 대한 귀하의 결정에 어떻게 영향을 미칠 것인가?

귀하는 매우 도발적인 수퍼바이지를 훈련시키는 수퍼바이저이다. 예를 들어 그 수퍼바이지는 환자에게 품위가 떨어지고 수동적-공격적인(passive-aggressive)[8] 언행을 하며, 그들에 대해 잔인하고 경멸스러운 농담을 종종 한다. 귀하는 이러한 시도와 그러한 효과(혹은 효과 없음)에 대해 논거를 제시하면서 수퍼비전 내내 피드백을 주고자 했다. 그 수퍼바이지는 추가적인 시간을 잡아 놓고, 다음과 같이 말한다. "나는 나에 대한 평가서를 보고 있습니다. 나는 당신이 나에 대해 매우 불공평하다고 생각합니다. 나는 몇몇 다른 사람과 상의해 보았으며, 그들은 나에게 동의했습니다. 공정하고 편견 없는 평가가 되기 위해서는 이들 평가 중 몇 개를 고쳐 주시는 것이 중요합니다. 만일 당신이 그렇게 하지 않는다면, 그것은 나의 경력에 지속적으로 해악을 끼치게 될 것입니다. 나의 변호사는 나의 명예가 훼손되지 않도록 내가 공정한 평가를 받을 법적 권리가 있다고 생각합니다."

1. 귀하는 어떤 느낌이 드는가?
2. 귀하의 감정은 수퍼바이지의 성, 인종, 나이 또는 다른 인구학적 요인에 따라 어떻게 달라지겠는가?
3. 답변에 대한 귀하의 선택지는 무엇인가?
4. 귀하는 어떻게 답변하고 싶은가? 귀하는 어떻게 답변할 것이라고 생각하는가? 이 두 물음에 대한 귀하의 답변들 간에 어떤 차이점이 있다면 무엇이

---

8) [역주] '수동적-공격적'은 '수동적-공격적 성격장애(passive-aggressive personality disorder)'를 의미한다. 이러한 성격장애를 가진 사람은 자신의 공격성을 수동적인 형태로 위장하여 저항한다. 가령, 건망증을 구실로 하여 마감 시간을 지키지 않으며, 원치 않는 일을 하라는 요청을 받을 때에는 퉁명스럽게 화를 내며, 의도적으로 일을 지연시킨다. 자신이 한 일은 과대평가하지만 타인의 생산적인 의견에 대해서는 이유 없이 화를 낸다. 한마디로 수동적-공격적 성격장애의 본질적인 특징은 자신에게 주어진 사회적, 직업적 책무 이행 요구에 수동적으로 저항하는 데 있다.

그러한 차이를 만드는가?
5. 그렇다면 귀하가 답변하는 방식은 수퍼바이지의 성, 인종, 나이, 또는 다른 인구학적 요인에 의해 어떻게 영향을 받게 될 것인가?

귀하는 복합적이고 심각한 문제들로 인해 치료가 절실하게 필요한 한 내담자와 상담을 하고 있다. 치료가 없다면, 편부모인 그 내담자는 대상부전으로 치달을 가능성이 있고,[9] 아마도 자녀들을 위험에 노출시킬 것으로 보인다. 자살할 가능성도 있다. 그런데 불행하게도, 그 내담자는 현재의 증상과 보험의 적용 범위를 고려해 볼 때 치료받을 자격이 없다. 귀하의 수퍼바이저와 귀하는 모든 대안을 논의하는데, 그 대안들 중 어떤 것도 받아들일 수 없는 것 같다. 마침내 귀하의 수퍼바이저는 다음과 같이 말한다. "자, 이 내담자가 절대적으로 필요한 도움을 받을 수 있는 유일한 길은 그 보험이 적용될 수 있는 조건을 충족시킬 수 있는 어떤 진단을 내려야 한다는 것입니다." 그런데 그 수퍼바이저가 제안한 진단은 보험 적용은 가능하겠지만 어떤 면에서건 그 내담자에게 부합한 것은 아니다.

1. 귀하는 어떤 느낌이 드는가? 인정하고, 공개하고 또는 고려하기 어려운 어떤 감정들이 있는가?
2. 귀하의 감정을 배제한다면 귀하는 수퍼바이저의 제안에 대해 어떻게 생각하는가?
3. 수퍼바이저의 제안에 관해 귀하는 어떤 행동 방침을 고려하는가? 각각의 방침에 관한 귀하의 감정은 어떠한가?
4. 귀하는 결국 어떻게 할 것이라고 생각하는가?
5. 그렇다면 귀하의 수퍼바이저의 제안에 의해 귀하의 진단 기록은 어떻게 영향을 받겠는가?

귀하는 귀하를 다소 불편하게 만드는 성적 공상을 생생하게 묘사하는 내담자와

---

9) [역주] 대상부전(代償不全)은 몸에 필요한 혈액을 심장이 제대로 공급하지 못하는 상태를 말한다. 심장에 과부하가 걸리거나 심장 혈관계에 질환이 있어서 심장 기능이 상실될 때 발생하게 된다.

상담을 하고 있다. 귀하의 다음 번 수퍼비전 시간에, 귀하는 그 상담과 그 공상에 대한 귀하의 불편함에 대해 수퍼바이저에게 말한다. 귀하의 수퍼바이저는 다음과 같이 말한다. "당신은 그런 종류의 성적 공상에 대해 불편하군요. 그렇다면 당신은 어떤 종류의 성적 공상이면 편안하겠어요?"

1. 귀하는 어떤 느낌이 드는가?
2. 귀하는 수퍼바이저에게 무엇을 말하고 싶은가?
3. 귀하는 결국 수퍼바이저에게 무엇을 말할 것이라고 생각하는가?
4. 2번과 3번의 물음에 대한 귀하의 답변들 간에 어떤 차이점들이 있다면, 왜 그러한 차이점이 있는가?
5. 귀하의 수퍼바이저의 성, 성적 취향, 나이 또는 인종은 귀하가 경험한 감정이나 귀하가 하게 될 혹은 하고 싶은 답변에 어떤 차이를 만드는가?

귀하와 수퍼바이저는 내담자의 진단과 치료 계획에 대해 실질적으로 불일치했다. 귀하는 수퍼바이저와의 의견 차이를 광범위하게 논의한다. 그러나 어느 쪽도 상대방을 설득하지 못한다. 어느 수퍼비전 시간에 귀하의 수퍼바이저는 다음과 같이 말한다. "나는 당신이 이러한 사례를 개념화하는 데 그리고 효과적인 치료 계획을 수립하는 데 있어서 겪고 있는 것으로 보이는 어려움에 대해 우려합니다. 나는 당신의 임상적 판단을 방해하는 어떤 개인적 요인이 있다고 생각해요. 나는 이 문제에 대해 주임이자 임상 훈련 책임자와 논의를 했어요. 우리는 당신이 이러한 문제를 해소하기 위해 심리치료를 받아 볼 필요가 있다고 생각합니다."

1. 귀하는 어떻게 생각하는가? 특별히 인정하고, 공개하며 혹은 논의하기 어려운 어떤 감정이 있는가?
2. 수퍼바이저의 의견에 귀하가 답변할 수 있는 어떤 가능한 방식이 있는가?
3. 귀하는 그 의견에 어떻게 답변하고 싶은가?
4. 귀하는 결국 그 의견에 어떻게 반응하게 될 것이라고 생각하는가?
5. 3번과 4번의 물음에 대한 귀하의 답변들 간에 어떤 차이가 있다면 그 차이는 무엇이며, 그 차이의 이유는 무엇인가?

6. 만약 귀하가 수퍼바이저이고, 수퍼바이지가 임상적 판단을 방해하는 개인적 문제를 가지고 있다고 생각한다면, 그 문제에 대해 어떻게 접근할 것인가? 귀하가 이러한 상황을 다룰 때 귀하는 어떤 감정을 느끼게 될 것인가? 그렇다면 귀하의 감정은 이러한 상황을 효과적이고 인간적으로 다룰 수 있는 귀하의 능력에 어떤 영향을 미치겠는가?

7. 만일 귀하가 일찍이 귀하의 임상적 판단이나 임상적 능력을 방해하는 문제들을 겪고 있는데, (정작) 귀하는 그 상황을 모르고 있다면, 귀하는 다른 사람들이 어떻게 반응하기를 원하는가? 귀하는 무엇이 도움이 되고, 무엇이 해가될 것이라고 생각하는가?

[부록 A]
미국심리학회 심리학자의 윤리규정과 행동강령

[차례]

소개 및 적용
서문

일반원칙
    원칙 A: 수혜와 피해
    원칙 B: 성실성과 책임성
    원칙 C: 순수성
    원칙 D: 정의
    원칙 E: 인간의 권리와 순수성에 대한 존중

윤리적 기준

1. 윤리적 문제 해결
    1.01 심리학자의 업무를 오용하는 경우
    1.02 윤리와 법, 규칙, 기타 지배적인 법적 권위가 충돌할 때
    1.03 윤리와 기관의 요구가 충돌할 때

1.04 윤리적 위반에 대한 비공식적인 해결

1.05 윤리 위반의 보고

1.06 윤리위원회와 협력

1.07 부적절한 제소

1.08 불평과 반응에 대한 불공정한 차별

2. 능력

2.01 능력의 범위

2.02 비상 상황에서의 업무 제공

2.03 능력 유지

2.04 과학적이고 전문적인 판정을 위한 기본 원칙

2.05 다른 사람으로의 작업의 위임

2.06 개인적인 문제와 갈등

3. 인간관계

3.01 불공정한 차별

3.02 성희롱

3.03 기타 희롱

3.04 피해 방지

3.05 다중관계

3.06 이해관계의 충돌

3.07 제삼자의 업무 요청

3.08 착취적인 관계

3.09 다른 직업군과의 협력

3.10 사전 설명된 동의

3.11 기관을 통한 심리학적 서비스

3.12 심리 업무의 제한

4. 프라이버시와 비밀

4.01 비밀 유지

4.02 보안상 제한에 관한 논의

4.03 기록

4.04 사생활 침해 최소화

4.05 정보의 공개

4.06 상담

4.07 교육이나 다른 목적상 비밀 정보의 사용

5. 광고와 기타 발표

5.01 잘못되거나 오해의 여지가 있는 발표 회피

5.02 타인에 의한 발표

5.03 워크숍과 무등급 교육 프로그램에 관한 설명

5.04 언론에서의 발표

5.05 증언

5.06 개인적 요청

6. 기록 유지와 보수

6.01 전문적, 과학적 작업의 자료와 기록의 유지

6.02 전문적, 과학적 작업에 대한 비밀 기록의 유지, 보급 및 공개

6.03 비용 미지급에 따른 기록 제한

6.04 비용과 재정적 문제

6.05 내담자/환자와의 교환

6.06 비용 지불자와 재정 지원자에 대한 보고서의 정확성

6.07 전문의에게 소개와 비용

7. 교육과 훈련

7.01 교육과 훈련 프로그램 구상

7.02 교육과 훈련 프로그램 설명

7.03 교육의 정확성

7.04 학생에 의한 개인정보 공개

7.05 개인 또는 집단 치료 필수사항

7.06 학생 평가와 실습생 업무

7.07 학생 및 실습생과의 성관계

8. 연구와 출판

8.01 학회의 승인

8.02 연구에 있어 사전 설명된 동의

8.03 연구에서 음성과 이미지 기록에 관한 사전 설명된 동의

8.04 내담자/환자, 보조 연구 참여자

8.05 연구를 위한 사전 설명된 동의의 면제

8.06 연구 참여자에 대한 동기 부여

8.07 연구의 허위

8.08 사후 브리핑

8.09 연구에 있어서 동물의 인도적인 보호와 이용

8.10 연구 결과 보고

8.11 표절

8.12 출판의 신용

8.13 자료의 복제 출판

8.14 인증을 위한 연구 자료 공유

8.15 검토자

9. 평가

9.01 평가를 위한 기초

9.02 평가의 용도

9.03 평가에 있어 사전 설명된 동의

9.04 검사 자료의 공개

9.05 검사 구성

9.06 평가 결과 해석

9.07 비자격자에 의한 평가

9.08 이전 검사와 구식 검사 결과

9.09 검사 기록과 해석 업무

9.10 평가 결과에 대한 설명

9.11 검사 비밀 유지

10. 치료

10.01 치료를 위한 사전 설명된 동의

10.02 부부나 가족이 포함된 치료

10.03 그룹 치료

10.04 타인에게 치료받은 사람들에 대한 치료 제공

10.05 치료 중인 내담자/환자와의 성적인 친밀성

10.06 치료 중인 내담자/환자의 친척이나 지인과의 성적인 친밀성

10.07 과거 성적 파트너와의 치료

10.08 과거 내담자/환자와의 성적인 친밀성

10.09 치료의 제한

10.10 치료 종료

소개 및 적용

미국심리학회 심리학자의 윤리규정과 행동강령은 소개, 서문, 5개 일반원칙과 구체적인 윤리규정으로 구성되어 있다. 소개는 목적, 조직, 절차적 고려사항, 그리고 윤리규정의 적용 범위를 논의한다. 서문과 일반원칙들은 심리학자들이 심리학의 최고 이념을 향하여 나갈 수 있도록 하기 위한 이상적인 목표이다. 서문과 일반원칙들은 심리학자들을 강제할 수 있는 규정은 아니지만, 심리학자들은 행동의 윤리적 과정에 도달 수 있게 하는 데 있어 서문과 일반원칙들을 고려해야만 한다. 윤리규정은 심리학자에게 있어 행동을 위한 강제적인 규율의 출발점이 된다. 비록 윤리규정의 적용이 사안에 따라 다양하게 달라지지만, 심리학자들의 다양한 역할에 적용하기 위해서 대부분의 윤리규정은 포괄적으로 쓰여 있다. 윤리규정은 모든 사안을 총망라하지는 않는다. 주어진 행위가 윤리규정에 특별히 언급되지 않았다는 사실이 반드시 윤리적 또는 비윤리적이라는 것을 의미하지는 않는다.

이러한 윤리규정은 심리학자로서 과학적, 교육적, 전문적 역할의 일부인 심리학자들의 행위에만 적용된다. 그 범위는 심리학의 임상 및 상담 그리고 학교 실습, 연구, 교육, 훈련생 지도 감독, 공공 행정, 정책 개발, 사회적 조정, 교육 평가 개발, 평가 수행, 교육적 상담, 조직적 자문, 법정

행위, 프로그램 기획과 평가, 행정 및 개입에 제한되지 않는다. 이 같은 윤리규정은 사람, 우편, 전화, 인터넷, 그리고 여타 전자장치와 같은 다양한 형태를 통해 이러한 행위들에 적용된다. 이러한 행위들은 윤리규정 범위가 아닌 심리학자들의 순수한 사적 행동과 구별되어야만 한다.

APA 자격은 회원과 학생들에게 APA 윤리규정의 기준에 부합하여 행동하도록 하고 있으며 그 규칙과 절차를 그들에게 강제적인 것으로 인식하도록 하고 있다. 윤리규정에 대한 인식 부족이나 잘못된 인식은 비윤리적 행동의 명분이 되지 않는다.

비윤리적 행위에 대한 불평을 해소하고 조사하고 정리하는 절차는 현행 APA 윤리위원회 규칙과 절차에 기술되어 있다. APA는 회원들이 윤리규정의 기준을 위반할 경우 제재를 가할 수도 있으며, 회원 자격의 박탈을 포함하여 그러한 행위를 다른 조직이나 개인에게 통보할 수도 있다. 윤리규정의 기준을 위반하는 행위로 인해 그들이 APA 회원이건 아니건 간에 심리학자 또는 학생에 대한 제재를 부과할 수 있다. 국가심리연합회, 다른 전문가 단체, 심리학위원회, 기타 국가 또는 연방 기구, 그리고 건강 서비스 납세자를 포함하여, 이에 부가하여 APA는 회원이 중대한 범죄로 유죄를 받았을 때, 심리학회 회원 자격을 박탈하거나 정지시킬 수도 있으며, 자격 박탈 또는 자격 정지 조치를 취할 수도 있다. APA에 의한 자격 박탈보다 약한 제재가 가해졌을 때는 2001 규정과 절차에 따라 대면 청문의 기회가 보장되지 않으나, 제출된 기록에 근거하여 소원할 수는 있다.

윤리규정은 심리학자들에게 지침을 제공하고, 그 기준들을 채택하고자 하는 APA나 다른 기관에 의해 적용될 수 있는 전문적 행위의 기준을 제공할 것이다. 윤리규정은 민사적 책임의 근거가 되는 것은 아니다. 비록 심리학자가 윤리규정의 기준을 위반하였다 하더라도, 계약이 강제력이 있거나, 다른 법적 결과의 발생 여부에 관계없이 심리학자가 법정에서 법적 책임을 지는지 여부를 결정하는 것은 아니다.

예를 들어서 합리성, 적정성, 잠재성 등과 같은 윤리규정의 기준의 변형은 다음의 사항들을 포함한다. (1) 심리학자의 일부로서 전문적 판단 기준으로 허용하였을 때, (2) 변형 없이 발생한 부정의, 불공정성을 제거하였을 때, (3) 심리학자들에 의해 다양한 범주에 걸쳐 고려가 있었다는 보장이 있을 때, (4) 급속하게 시대적으로 뒤떨어질지 모르는 엄격한 규정 체계를 지킬 수 있을 때 등.

이러한 윤리규정에서 사용되었듯이 합리성이라는 용어는 심리학자들이 관련되는 유사한 상황 하에서 유사한 행위가 이루어져야 하는 심리학자들의 지배적인 전문적 판단의 기준을 의미한다.

이 같은 형태의 윤리규정은 2002년 8월 21일에 미국 심리학회 대표자위원회에서 채택되었고 2003년 6월 1일 발효되었다. 윤리규정에 대한 정보는 APA 웹사이트 http://www.apa.org/ethics에서 확인할 수 있다. 이 윤리규정의 기준은 유효한 일자 이후 또는 유효한 날짜 중에 발생한 것으로 추정되는 행위에 의해 야기된 문제에 대한 재판 시 적용될 것이다. 유효한 일자보다 앞서서 발생한 행위에 대한 문제는 그 행위 시 효력이 있었던 윤리규정에 의해 적용을 받을 것이다.

그들의 전문적 행위에 관한 결정을 하는 과정에서, 심리학자들은 적용 법규와 심리학위원회의 규칙들을 포함하여 이러한 윤리규정을 고려해야만 한다. 그들의 전문적 업무에 이 같은 윤리규정을 적용함에 있어서, 심리학자들은 그들 자신의 양심이 명령하는 대로, 그 분야의 다른 사람들의 조언은 물론 전문적인 심리학 기구와 과학적으로 인정되고 채택된 다른 문건과 가이드라인을 고려해야만 할 것이다. 만약 이 같은 윤리규정이 법에서 요구하는 수준보다 더 높은 수준의 기준을 채택한다면, 심리학자들은 더 높은 수준의 윤리적 기준을 충족시켜야만 한다. 만약 심리학자들의 윤리적 책임이 법, 규칙, 다른 지배적인 법적 권위와 충돌하게 된다면, 심리학자들은 이러한 윤리규정에 의해 행위가 이루어진다는 사실을 알고 책임감 있는 태도로 충돌을 해결할 수 있는 조치를 취해야 한다. 만약 충돌이 그러한 수단에 의해 해결되지 않는다면, 심리학자들은 인권이라는 기본 원칙에 부합하는 다른 기관이나 법, 규칙의 요구에 따라야 할 것이다.

서문

심리학자들은 과학적, 전문적 행위에 대한 인식을 증대시키고, 그들 자신과 타인들에 대한 이해를 증진시키고, 개인이나 기관 그리고 사회를 개선하기 위해 그러한 지식을 활용해야 한다. 심리학자들은 시민의 권리와 인권, 그리고 연구, 교육, 출판에 있어서 표현과 저항의 자유의 핵심적인 중요성을 존중하고 지킨다. 그들은 공중이 공개된 재판을 받을 수 있도록 노력하고, 인간 행동에 관한 선택을 할 수 있도록 지원한다. 그렇게 함에 있어서, 그들은 치유자, 감독자, 상담가, 행정 관료, 사회적 개입자, 그리고 전문적인 증인으로서 역할을 수행한다.

이 같은 윤리규정은 심리학자들이 그들의 전문적이고 과학적 작업을 구축하는 원칙과 기준의 일반적인 체계를 제공한다. 이 같은 윤리규정은 심리학자들이 조우하게 될 대부분의 경우에 적용하게 될 특별한 기준들을 제공하고자 하는 것이다. 심리학자들과 함께 작업하는 개인과 단체의 보호와 복지에 목적이 있으며, 구성원의 교육, 학생, 그리고 규칙의 윤리적 기준에 관련된 공중들의 보호와 복지에 그 목적을 두고 있다. 심리학자들의 작업과 관련된 행위들의 동적인 윤리적 기준의 개발은 개인적 수행과 생애 동안 윤리적으로 행동할 것을 요구한다. 학생, 감독자, 피고용인, 동료들의 윤리적 행위를 장려하고, 윤리적 문제에 관하여 타인들을 상담한다.

일반원칙

윤리적 기준에 대비되는 일반적 원칙들은 본질적으로 이상적이다. 일반원칙들의 의미는 심리학자들에게 전문가로서 최고의 윤리적 이상을 향해 나갈 수 있도록 영감을 불어넣어 주고 안내하는 데 있다. 윤리적 기준과 대비해 볼 때, 일반적인 원칙들은 의무를 나타내는 것도 아니고, 제재를 가할 근거를 제공하는 것도 아니다. 이러한 이유들로 인해 일반원칙에만 의존하는 것은 그 의미와 목적을 왜곡시킬 것이다.

원칙 A: 수혜와 피해

심리학자들은 그들과 함께 작업을 하는 사람들에게 이익이 되도록 노력해야 하며, 어떠한 피해도 입히지 않도록 노력해야 할 것이다. 전문적인 행위에 있어서, 심리학자들은 그들과 전문적으로 상호 교류하거나 기타 영향을 받는 타인들의 권리와 복지를 보장하고 할 수 있도록 노력하고, 연구의 대상이 되는 동물들의 보호에도 노력해야 한다. 심리학자의 의무나 이해 간에 충돌이 발생할 경우, 그들은 피해를 최소화하거나 막기 위한 책임 있는 형태로 이러한 충돌을 해결하기 위해 노력해야 한다. 왜냐하면 심리학자들의 과학적, 전문적 판단과 행위는 다른 사람들의 삶에 영향을 줄 수 있기 때문에, 그들은 그들의 영향력을 오도할 인적, 재정적, 사회적, 조직적, 정치적 요인들에 대해 대응하고 경계해야만 하기 때문이다. 심리학자들은 그들과 작업하는 사람들을 지원할 그들 자신의 육체적, 정신적 건전성의 가능한 효과에 대해 인식해야 한다.

원칙 B: 성실성과 책임성

심리학자들은 그들과 함께 일하는 사람들과 신뢰관계를 형성해야 한다. 그들은 그들이 일하고 있는 특별한 공동체와 사회에 대해 전문적이고 과학적인 책임감을 인식해야 한다. 심리학자들은 전문적 행위의 기준을 지지하고, 그들의 전문적 역할과 의무를 명확히 하며, 그들의 행위에 상응하는 적절한 책임을 수용하며, 타인에게 피해를 입히거나 유익하게 할 수 있는 이해의 충돌을 조정할 수 있도록 노력해야 한다. 심리학자들은 그들과 함께 일하는 사람들의 이익을 최대화할 수 있도록 다른 전문가와 조직과 그러한 문제들에 대해 협력하거나 상담해야 한다. 그들은 그들 동료들의 과학적이고 전문적인 행위들이 윤리적 기준과 일치하는지에 대해 관심을 가져야 한다. 심리학자들은 기여를 무급, 약간의 유급, 또는 개인적 이점에 의하든 간에 그들의 전문적 시간을 주어진 부분에 헌신할 수 있도록 노력해야 한다.

원칙 C: 순수성

심리학자들은 과학적, 교육적, 그리고 심리학 실제에 있어서 정확성, 정직성, 진실성을 증대시키고자 노력해야만 한다. 이러한 행위들에 있어서 심리학자들은 절도를 하거나, 사기를 치거나, 속임수를 쓰거나, 사실에 대해 고의적으로 허위 진술을 해서는 안 된다. 심리학자들은 약속을 지키고 현명하지 않고 불명확한 행위들을 회피하도록 노력해야만 한다. 속임수가 있는 상황 하에서도 이익을 최대화하고 피해를 최소화할 수 있도록 윤리적으로 정당화 시켜야 하며, 심리학자들은 어떠한 행위의 필요성과 가능한 결과를 고려할 중요한 의무를 지며, 그러한 기술로부터 야기되는 다른 유해한 효과나 불신을 교정할 책임을 진다.

원칙 D: 정의

심리학자들은 모든 사람들에게 주어진 공정성과 정의를 인식해야 한다. 심리학자들에 의해 수행되는 서비스, 과정, 절차에 있어서 동등한 질과 심리학적 헌신으로 인한 이익을 향유하거나 접근할 수 있는 권한이 모든 사람에게 주어지는 공정성과 정의의 원칙을 인식해야만 한다. 심리학자들은 잠재적인 불공정성, 경쟁의 범위, 불공정한 관행을 용서하거나 불공정한 관행을 유도하지 않을 전문가로서 한계성을 보완하기 위하여 합리적인 판단과 주의를 요한다.

원칙 E: 인간의 권리와 순수성에 대한 존중

심리학자들은 모든 인간의 가치와 순수성을 존중하고, 프라이버시, 비밀, 그리고 자기 결정권을 행사하는 개인의 권리를 존중해야 한다. 심리학자들은 사회적 약자들의 지위가 자동적으로 불공평한 결과를 초래하게 되는 공동체나 사람들의 복지나 권리를 보호할 필요가 있는 특별한 보장장치가 필요하다는 점을 인식해야 한다. 심리학자들은 문화적, 개인적, 그리고 역할의 차이 — 나이, 성별, 성 정체성, 인종, 민족, 문화, 국가적 전통, 종교, 성적 취향, 장애, 언어, 사회경제적 지위, 그러한 집단의 구성원과 함께 일할 때 이러한 요소들을 고려하는 것 등 — 를 인식하고 존중해야 할 것이다. 심리학자들은 그러한 요소들로 인해 경도된 그들의 작업 효과를 제거하기 위해 노력해야 한다. 그리고 그러한 선입견에 근거한 타인들의 활동을 고의로 용인하거나 참여해서는 안 된다.

윤리적 기준

1. 윤리적 문제 해결

1.01 심리학자의 업무를 오용하는 경우

만약 심리학자가 그들 작업의 오용이나 허위 사실을 알게 되었을 때, 그들은 오용 또는 허위 사실의 최소화 또는 교정을 위해 합당한 조치를 취해야 한다.

1.02. 윤리와 법, 규칙, 기타 지배적인 법적 권위가 충돌할 때

만약 심리학자의 윤리적 책임과 법, 규칙, 기타 법적 권위가 있는 것과 충돌할 때, 심리학자들은 윤리규정에 그들의 업무 수행을 비추어 보고 충돌을 해결하기 위하여 조치를 취해야 한다. 만약 충돌이 그러한 방법에 의해서 해결되지 않을 때는 심리학자들은 법, 규칙, 다른 지배적인 법적 기관의 요구에 따라야 할 것이다.

1.03. 윤리와 기관의 요구가 충돌할 때

만약 심리학자들이 관련된 조직 또는 그들이 일하는 조직의 요구와 이러한 윤리규정 간 충돌이 발생한다면, 심리학자들은 충돌의 본질을 명확히 해야 하고, 그들의 행위를 윤리규정에 비추어 보고, 실행 가능한 범위 내에서 윤리규정에 귀착되는 방법으로 충돌을 해결해야 한다.

1.04. 윤리적 위반에 대한 비공식적인 해결

심리학자들이 다른 심리학자들에 의해 윤리적 위반이 존재한다고 믿을 때, 그들은 개인의 주의 영역으로 문제를 끌고 감으로써 그 문제를 해결

하고자 노력할 것이다. (1.02, 1.03 조항 참조)

1.05. 윤리 위반의 보고

만약 명백한 윤리적 위반이 실질적으로 피해를 입히거나 사람이나 조직에 실질적으로 피해를 줄 것으로 보이면, 1.04 조항에 의해 비공식적인 해결 방안은 적절하지 못하다. 비공식적 해결 형식에 의해 적절히 해결되지 않는다면, 심리학자들은 그 상황에 부합하는 추가 조치를 취해야 한다. 그러한 행위는 전문윤리에 관한 국가나 주 위원회에 위탁된 사람, 국가자격위원회, 합당한 제도 등을 포함할 것이다. 이러한 기준은 개입이 사생활 비밀보호권을 침해하거나 그의 전문적 행위가 문제시되고 있는 다른 심리학자의 작업을 검토할 수 있을 때에는 적용되지 않는다.

1.06. 윤리위원회와 협력

심리학자들은 APA 또는 그들이 속해 있는 주 심리학회 또는 협회의 요구에 의한 윤리 조사, 진행, 결과에 협력한다. 그렇게 함에 있어서, 그들은 유기적인 협력을 하게 된다. 협력의 실패는 그 자체가 윤리적 위반이다. 그러나 윤리적 문제를 재판에 호소하는 경우, 제소의 문제는 비협력적 문제만을 다루는 것은 아니다.

1.07. 부적절한 제소

심리학자들은 주장을 반증할 중대한 과실이나 과실에 의한 윤리적 항의를 제기하거나 제기하도록 해서는 안 된다.

1.08. 불평과 반응에 대한 불공정한 차별

심리학자들은 단지 그들 자신의 주관에 의해서만 자신이 처한 불공정한 차별, 즉 고용, 진급, 학회 등의 가입, 정년, 승진 등을 부정해서는 안 된다.

2. 능력

2.01 능력의 범위

(a) 심리학자들은 그들이 받은 교육이나 훈련, 전문적인 경험, 연구, 관리/상담 경험을 기초로 하여 그들 능력의 범위 내에서 서비스를 제공하고, 교육하고, 지역 주민과 함께 연구하는 임무를 수행한다.

(b) 나이와 성별, 성 정체성, 인종, 민족, 문화, 국가적 전통, 종교, 성적 취향, 장애, 언어 혹은 사회 경제적인 위치와 관련된 요소의 이해에 대한 과학적이고 전문적인 지식이 그들의 연구나 업무의 효과적인 성취를 위해 필수적인 요소가 되는 곳이 심리학 영역이기 때문에, 심리학자들은 자신들의 업무의 능력을 확고히 하는 데 필수적인 훈련을 받고, 경험을 쌓고, 상담을 하거나 관리를 한다. 또 그들은 2.02조항(비상 상황에서의 업무 제공)에서 제시된 것을 제외하고는, 상담한 환자를 적절하게 전문의에게 보낸다.

(c) 심리학자들은 서비스를 제공하거나 교육하거나 인구, 지역, 기술을 포함하는 연구를 수행할 계획이 있어야 한다. 또한 새로운 기술을 제공하거나 연구할 계획이 있어야 한다.

(d) 심리학자들이 적절한 정신치료 업무가 효과를 발휘하지 못하는 환자나, 심리학자 당사자들이 치료에 필수적인 능력을 보유하고 있지 않은 경우에 환자에 대해 서비스를 제공하기를 요청받았을 때, 이와 밀접히 관련된 선행 훈련이나 경험을 가진 심리학자들이 그러한 업무를 제공하게 되는데, 그 이유는 그 업무가 관련 연구나 훈련, 상담, 조사를 사용해서 필요한 능력을 획득하는 데 적절한 노력을 했다면 그 업무가 거부된 것이 아니라는 것을 보장하기 위해서이다.

(e) 선행 훈련 사례에 대해 일반적으로 인식된 기준이 없는 영역에 대한 연구에서도, 심리학자들은 그들 작업의 능력을 확고히 하고 내담자/환자, 학생, 피보호인, 연구 참여자, 조직의 고객, 기타 인원을 보호하기 위해서 합당한 조치를 취해야 한다.

(f) 법적인 역할(법의학)을 가정했을 때, 심리학자들은 합리적으로 그들

의 역할을 규율하는 사법적이고 행정적인 규정들을 숙지해야 한다.

2.02 비상 상황에서의 업무 제공

비상 상황에서, 심리학자들이 다른 정신건강 업무가 이용 가능하지 않은 개인에게 업무를 제공해야 할 때, 혹은 심리학자들이 필수적인 훈련을 받지 못한 상태에서도, 서비스가 거부된 것이 아니라는 사실을 보장하기 위해 서비스를 제공해야 한다. 이러한 업무들은 비상 상황이 끝나거나 적절한 업무가 이용 가능할 때 즉시 중단해야 한다.

2.03 능력 유지

심리학자들은 그들의 능력을 유지하고 개발하기 위해 지속적인 노력을 기울여야 한다.

2.04 과학적이고 전문적인 판정을 위한 기본 원칙

심리학자들의 작업은 이 분야에서 알려진 과학적이고 전문적인 지식을 바탕으로 진행해야 된다. (2.01e 능력의 범위, 10.01b 치료를 위한 사전 설명된 동의 참조)

2.05 다른 사람으로의 작업의 위임

고용인, 관리인, 연구/교육 보조원에게 작업을 위임하는 심리학자들이나 해설가(번역가)와 같은 다른 사람들의 업무를 이용하는 사람들은 합당한 절차를 밟아야 하는데, 이는 (1) 작업의 객관성의 결여나 악용 가능성이 있는 다중적인 관계를 가지고 있는 사람에게 작업을 위임하는 것을 방지하고, (2) 개인적으로든 제공된 관리 단계에 의해서든 자신들이 받은 교육, 훈련, 경험들을 기초로 충분한 책임을 질 수 있을 만한 사람들에게만 위임을 하며, (3) 그러한 사람들이 이러한 업무를 능숙하게 수행하는 사실을 알기 위해서이다. (2.02 비상 상황에서의 업무 제공, 3.05 다중관계, 4.01 비밀 유지, 9.01 평가를 위한 기초, 9.02 평가의 용도, 9.03 평가에 있어 사전 설명된 동의, 9.07 비자격자에 의한 평가 참조)

2.06 개인적인 문제와 갈등

(a) 심리학자들은 자신들 개인의 문제로 인해 작업과 관련된 활동을 함에 있어서 적절한 형태를 취하지 못할 실질적인 개연성이 있다고 판단할 경우 그 활동의 시작을 자제해야 한다.

(b) 심리학자들이 개인적인 문제로 인해 그들의 작업 관련 의무를 적절히 수행하지 못한다는 것을 인지하면, 그들은 적절한 조치 — 전문적 상담이나 조력의 획득 등 — 를 취하여 작업 관련 의무사항을 제한할지, 중지할지, 끝낼지 결정해야 한다. (10.10 치료 종료 참조)

3. 인간관계

3.01 불공정한 차별

심리학자는 그들의 작업과 관련한 활동에서 나이, 성별, 성 정체성, 인종, 민족, 문화, 국가적 전통, 종교, 성적 취향, 장애, 사회 경제적 위치나 법으로 금지된 것에 기초한 어떠한 불공정한 차별에도 개입되어서는 안 된다.

3.02 성희롱

심리학자는 성희롱에 관련되어서도 안 된다. 성희롱은 성적 유혹, 물리적 접촉, 구두상 혹은 비구두상 본질적으로 성적인 행위로서, 이는 심리학자들의 직업 수행 활동이나 역할과 관련하여 발생하며, 둘 중 어떤 것도 환영받지 못하고 불쾌하며 적대적인 작업 환경이나 교육 환경을 조성한다, 그리고 심리학자들은 이러한 것에 관해 충분히 정상인 사람에 대해 가학적이고 심각하다는 것을 스스로 알고 있다. 성희롱은 단편적인 원인으로 발생할 수도 있고, 심한 행위나 다양하고 지속적이거나 만연한 행위들로 발생할 수도 있다. (1.08 불평과 반응에 대한 불공정한 차별 참조)

3.03 기타 희롱

심리학자는 작업 수행 동안 고의로 개인의 나이, 성별, 성 정체성, 인종,

윤리, 문화, 국가적 전통, 종교, 성적 취향, 장애, 사회 경제적 위치 같은 요인들과 관련하여 일체의 희롱이나 품위를 저해하는 행동을 해서는 안 된다.

3.04 피해 방지

심리학자는 그들의 내담자/환자, 학생, 실습생, 조사 참여자, 학회의 고객, 기타 인원들의 피해를 방지하고 피해가 예상되거나 회피할 수 있는 경우 그것을 최소화하기 위해 합당한 조치를 취해야 한다.

3.05 다중관계

(a) 다중관계는 심리학자들이 전문적인 역할을 개인과 수행할 때 (1) 동일한 사람과 다른 역할을 수행할 때, (2) 심리학자들과 전문적인 관계를 갖고 있는 개인과 밀접히 연관된 사람이 심리학자와 관계가 있을 때, (3) 혹은 그 사람과 밀접히 연관된 사람과 미래에 다른 관계를 갖기로 약속한 경우에 발생한다.

심리학자는 다중관계가 심리학자로서의 객관성, 능력, 심리학자로서의 임무 수행에 있어서의 효율성을 해칠 것이라고 판단되는 경우, 혹은 전문적인 관계가 존재하는 사람에게 피해를 주거나 악용할 경우가 있다고 판단될 경우에 다양한 관계를 맺는 것을 삼가야 한다.

불공정하거나 악용의 위험이나 피해가 발생할 원인이 있을 것이라 예상되지 않는 다중관계를 형성하는 것은 비윤리적인 것이 아니다.

(b) 심리학자가 예상하지 못한 요소로 인하여 잠재적으로 해로운 다중관계로 인해 위험한 상황이 형성되었을 때, 이러한 상황을 해결하기 위해 영향을 받은 사람의 최대의 이익을 고려하고, 윤리규정과 최대의 일치를 보이는 선에서 그러한 문제를 해결하기 위한 적절한 조치를 취해야 한다.

(c) 심리학자가 법이나 기관 정책, 혹은 기타 환경에 의해 사법상으로 혹은 행정적 절차상으로 한 가지 이상의 역할을 수행해야 할 경우, 시작부터 예상되는 역할과 신뢰의 범위를 분류해 놓고 변화 상황에 대

비해야 한다. (3.04 피해 방지, 3.07 제삼자의 업무 요청 참조)

3.06 이해관계의 충돌

심리학자는 전문적인 역할을 수행할 때 개인적, 과학적, 전문적, 법적, 재정적, 혹은 다른 이해나 관계가 연루되어 (1) 객관성, 능력, 심리학자로서의 기능 수행에 효율성을 해치거나, (2) 전문적의 관계가 악용될 수 있는 조직이나 개인이 노출될 것이라 판단될 경우 그 일을 자제해야 한다.

3.07 제삼자의 업무 요청

심리학자가 제삼자의 요청에 의해 개인이나 단체에 업무를 제공하기로 동의할 경우, 심리학자는 작업 시작 전 관련된 모든 개인과 조직에게 관계의 본질에 대해 명확히 해야 한다. 여기에는 심리학자의 역할(임상치료가, 상담가, 진단의, 전문적 증인), 누가 내담자이고, 어디에 이 업무나 획득된 자료가 이용될 것이고, 비밀에 따른 제한이 있을 것이라는 사실을 밝히는 것이 포함된다. (3.05 다중관계, 4.02 보안상 제한에 관한 논의 참조)

3.08 착취적인 관계

심리학자는 감독자, 평가자, 기타 내담자/환자, 학생, 실습생, 연구 참여자, 피고용자 등의 권한을 가진 사람을 악용해서는 안 된다. (3.05 다중관계, 6.04 비용과 재정적 문제, 6.05 내담자/환자와의 교환, 7.07 학생 및 실습생과의 성관계, 10.05 치료 중인 내담자/환자와의 성적인 친밀성, 10.06 치료 중인 내담자/환자의 친척이나 지인과의 성적인 친밀성, 10.07 과거 성적 파트너와의 치료, 10.08 과거 내담자/환자와의 성적인 친밀성 참조)

3.09 다른 직업군과의 협력

적절히 인지되고, 전문적 안전하다고 판단될 경우, 심리학자는 다른 직

업군과 협력하여 내담자/환자를 효율적으로 도울 수 있다. (4.05 정보의
공개 참조)

3.10 사전 설명된 동의

(a) 심리학자가 연구를 수행하거나 평가, 치료, 상담, 자문 업무를 직접적
으로, 혹은 전자적인 방법, 혹은 다른 형태의 의사소통 방법으로 제
공할 때는, 법이나 정부 규정 혹은 다른 제공된 윤리규정에 의해 지
시받은 사람을 제외하고는, 그 사람이 이해할 만한 언어를 사용해서
그들에게 사전 설명된 동의를 받아야 한다. (8.02 연구에 있어 사전
설명된 동의, 9.03 평가에 있어 사전 설명된 동의, 10.01 치료를 위한
사전 설명된 동의 참조)

(b) 법적으로 사전 설명된 동의를 제공받지 못하는 사람이 있어도, 심리
학자는 (1) 적절한 설명을 해주어야 하고, (2) 그 개인의 동의를 구하
며, (3) 그러한 개인의 선호와 이익을 고려하고, (4) 법적으로 공인받
은 사람에게 적절한 동의를 얻어야 하는데, 이는 이러한 대리적 동의
가 법으로 승인되고 요구될 때에 한해서이다. 법적으로 공인된 사람
에 의한 동의가 법적으로 요구되거나 승인되지 않을 때, 심리학자는
개인의 권리와 보장을 보호하기 위해 합당한 절차를 밟아야 한다.

(c) 심리학자가 법정 명령이나 다른 지시로 인해 업무를 수행할 경우, 사
전에 그 개인에게 예상되는 업무의 본질을 주지시켜야 하는데, 여기
에는 업무가 법정 명령인지, 다른 지시가 있었는지, 보안상의 제한은
무엇인지 설명하는 것도 포함된다.

(d) 심리학자는 적절히 문서나 구두로 승인 사항, 동의를 증명해야 한다.
(8.02 연구에 있어 사전 설명된 동의, 9.03 평가에 있어 사전 설명된
동의, 10.01 치료를 위한 사전 설명된 동의 참조)

3.11 기관을 통한 심리학적 서비스

(a) 기관이나 학회에 심리 업무를 제공하는 심리학자는 (1) 업무의 목적
의 본질, (2) 의도하고 있는 수용자, (3) 어떤 사람이 내담자인지, (4)

심리학자가 가지게 될 개인이나 조직과의 관계, (5) 제공된 정보나 업무, 획득된 정보에서 이용 가능한 용도, (6) 정보 접근 권한, (7) 보안상의 제한 등의 업무에 직접적인 영향을 받는 사람들에게 이에 대한 정보를 미리 알려 주어야 한다. 가능한 빨리 심리학자는 적절한 요원에게 사전에 업무의 결과에 대한 정보를 제공해야 한다.

(b) 심리학자가 정보를 특정 개인이나 그룹에게 제공하는 것이 법이나 기관의 역할에 의해 제한받을 경우, 심리학자는 그 개인이나 그룹에게 업무 시작 시 이를 공지해야 한다.

3.12 심리 업무의 제한

계약 시에 포함된 사항에 한해서 심리학자는 합당한 노력을 기울여 심리 업무가 심리학자의 질환, 사망, 이용 불가, 전출, 은퇴 혹은 내담자/환자의 전출이나 재정적 문제의 결과로서 제한을 받게 될 경우, 이에 대한 합당한 조치를 강구해야 한다.

4. 프라이버시와 비밀

4.01 비밀 유지

심리학자는 치료를 통해 얻어진 정보에 대해, 이것이 법이나 조직의 규칙, 전문적 혹은 과학적인 관계에 의해 보안상의 제한의 정도가 있음을 인지하고 비밀 정보를 보호하기 위한 합당한 주의를 기울여야 하며 이것은 우선적인 의무이다. (2.05 다른 사람으로의 작업의 위임 참조)

4.02 보안상 제한에 관한 논의

(a) 심리학자는, 실질적인 수준까지, 법적으로는 사전 설명된 동의를 받을 수 없는, 그리고 그들의 대리인들과 그들의 대표권을 줄 수 없는 사람들이나 기관들과 논의를 하는데 그들과는 과학적이거나 직업적인 관계에서 설정된 (1) 보안상의 제한과 관련된 문제, (2) 심리 활동을 통해 생성된 정보의 예상 가능한 용도에 대해 논의해야 한다.

(3.10 사전 설명된 동의 참조)

(b) 실제적이지 않거나 금지된 것일 경우, 비밀에 대한 논의를 관계의 시작부터 형성해서 이후의 새로운 환경에서도 보장해야 한다.

(c) 업무나 결과물, 정보 등을 전자 전송을 통해 제공하는 심리학자는 내담자/환자에게 프라이버시와 보안상의 제한에 따른 위험에 대해 고지해야 한다.

4.03 기록

심리학자들이 상담 업무를 제공하는 사람들의 목소리나 이미지를 기록/녹화하고자 할 경우, 사전에 당사자나 그들의 법적인 대리인으로부터 승인을 얻어야 한다. (8.03 연구에서 음성과 이미지 기록에 관한 사전 설명된 동의, 8.05 연구를 위한 사전 설명된 동의의 면제, 8.07 연구의 허위 참조)

4.04 사생활 침해 최소화

(a) 심리학자는 서면 및 구두 보고서와 상담서에 상담상 필요한 목적에 맞는 만큼의 정보만 포함해야 한다.

(b) 심리학자는 업무상 획득한 비밀 정보에 대해 적절한 과학적 또는 직업적 목적과 이에 관련된 사람들과 오직 논의를 진행할 수 있다.

4.05 정보의 공개

(a) 심리학자는 기관의 내담자/환자, 혹은 법에 의해 금지당하지 않은, 내담자/환자의 대리권을 가진 사람으로부터 적절한 동의를 얻으면 비밀 정보를 공개할 수도 있다.

(b) 심리학자는 법에 의해 위임된 경우 위에서 언급된 개인적 동의를 얻지 않고도 비밀 정보를 공개한다. 혹은 다음과 같은 명확한 목적이 있을 때도 공개를 할 수 있다. (1) 필요한 전문적 업무가 요구될 때, (2) 적절한 전문적 상담을 할 때, (3) 내담자/환자, 심리학자 등을 피해로부터 보호할 때, (4) 업무 목적을 달성하는 데 필수적인 최소한

의 사항에 대한 즉각적인 공개가 제한되는 내담자/환자로부터 업무에 대한 보수를 받아야 할 때.

4.06 상담

동료와 상담을 할 때 (1) 심리학자는 당연히 내담자/환자, 연구 참가자, 혹은 비밀 관계를 가진 기타 개인이나 기관으로부터 사전 동의를 받지 않았거나 정보 공개가 불가피하다는 것을 미리 공지하지 않은 사람에 대한 신원을 노출할 수 있다고 판단되는 비밀 정보를 공개해서는 안 된다. (2) 상담 목적을 달성하는 데 필요한 최소한의 비밀 정보만 공개해야 한다. (4.01 비밀 유지 참조)

4.07 교육이나 다른 목적상 비밀 정보의 사용

심리학자는 자신의 글이나 강의, 혹은 다른 공공 매체에 연구간 얻은 정보와 관련해서 자신의 내담자/환자, 학생, 조사 참가자, 기관의 고객, 혹은 다른 업무의 수용자와 관련해서 비밀이나 개인적인 신분 노출이 가능하다고 보이는 정보에 대해 공개해서는 안 된다. 다만 (1) 그 개인이나 기관을 위장할 수 있는 합당한 절차를 밟았거나, (2) 그 개인이나 기관이 저술을 승인했거나, (3) 그렇게 할 수 있는 법적인 권한이 있을 때는 가능하다.

5. 광고와 기타 발표

5.01 잘못되거나 오해의 여지가 있는 발표 회피

(a) 발표는, 비용 지불 유무에 제한됨이 없이, 광고, 상품 추천, 동의된 용도, 승인된 용도, 다른 증명의 용도, 팸플릿, 인쇄물, 사전 표기, 개인적인 이력서나 수업 실적, 혹은 인쇄매체나 전자매체, 법적 절차에 관한 발표, 강의와 공식적인 구두 성명, 출판된 매체를 모두 포함한다. 심리학자는 고의적 발표를 함에 있어 그들의 연구, 실험, 혹은 다른 작업 활동이나 자신이 관계된 사람이나 기관에 관해서 잘못되고,

오해의 소지가 있거나, 사기성 있는 발표를 해서는 안 된다.

(b) 심리학자는 자신의 (1) 훈련, 경험, 능력이나, (2) 학위, (3) 자격, (4) 관련된 조직이나 관련된 협회, (5) 업무, (6) 업무의 성공 정도나 결과의 과학적, 의료적 기반, (7) 보수, (8) 출판물이나 연구 결과에 대해 잘못되고, 오해의 소지가 있거나, 사기성 있는 발표를 해서는 안 된다.

(c) 심리학자는 건강 업무와 관련한 자신의 자격에 관한 학위에 대해 주장할 수 있는데, 이는 오직 (1) 지역 교육기관에서 인증을 해주는 학위를 취득한 경우와, (2) 그들이 실습한 주에서 심리학 인증을 해준 기반이 있을 때만 가능하다.

5.02 타인에 의한 발표

(a) 심리학자가 그들의 전문적 능력, 전문적 결과, 활동을 증진시키기 위해 지인들과 함께 발표물을 만들거나 발표하도록 하는 경우에도 이러한 발표에 대한 전문적 책임을 져야 한다.

(b) 심리학자는 신문, 라디오, 텔레비전이나 다른 매체에서의 뉴스 소재로서의 광고의 결과에 대해 보상하지 않는다. (1.01 심리학자의 업무를 오용하는 경우 참조)

(c) 심리학자의 활동과 관계된 유료 광고도 명확히 식별 가능한 것이어야 한다.

5.03 워크숍과 무등급 교육 프로그램에 관한 설명

심리학자는 자신이 통제할 수 있는 수준까지, 자신의 발표, 설명서, 팸플릿, 워크숍/세미나 광고, 혹은 다른 등급 없는 교육 프로그램에서 그 프로그램에서 의도된 자신의 정확한 교육적 목표, 발표자, 비용까지를 포함하여 청중에게 명확히 설명해야 한다.

5.04 언론에서의 발표

심리학자가 매체, 인터넷, 혹은 다른 전자매체를 통해 공적인 자문이나 논평을 할 경우, 그 발표가 (1) 적절히 심리학적 학문과 실험에 따른 자신의 전문적 지식, 훈련, 혹은 경험에 기초하고, (2) 그렇지 않으면 그것이 윤리규정과 일치하며, (3) 전문적 관계가 수용자와 설정되어 있다는 것을 인식시켜서는 안 된다는 사항에 주의해야 한다. (2.04 과학적이고 전문적인 판정을 위한 기본 원칙 참조)

5.05 증언

심리학자는 현재 치료 중인 내담자/환자나 다른 사람들로 하여금 자신의 특정한 상황이 부당한 영향을 받을 수 있다는 이유로 증언을 요청해서는 안 된다.

5.06 개인적 요청

심리학자는 직접적이거나 혹은 중개인을 통해서, 잠재적이거나 실제 치료 중인 내담자/환자, 혹은 다른 사람에게 자신의 특정한 상황이 부당한 영향력을 입을 수 있다는 이유로 요청받지 않은 개인적 사업상 요청을 해서는 안 된다. 그러나 (1) 이미 치료와 관련한 내담자/환자에게 이익을 주기 위한 상호 적절한 접촉을 위한 활동일 경우와, (2) 지역 공동체를 벗어나거나 커다란 재난을 줄 경우에는 이러한 금지는 적용되지 않는다.

6. 기록 유지와 보수

6.01 전문적, 과학적 작업의 자료와 기록의 유지

심리학자가 만들어 내는 기록의 유지, 공개, 저장, 보유는 어느 정도 자신의 통제 아래 있으며, 자신의 전문적, 과학적 연구의 기록과 자료의 공개는 (1) 자신이나 다른 연구자의 이후 업무를 촉진하기 위한 준비와 (2) 연구 기획과 분석의 모사를 허용하고, (3) 기관의 요구에 부응하고, (4) 비용의 정확성을 확보하고, (5) 법에 부합하도록 하기 위해서 심리학자가 통제해야 한다.

6.02 전문적, 과학적 작업에 대한 비밀 기록의 유지, 보급 및 공개

(a) 심리학자는 기록을 생산하고, 저장하고, 접속하고, 전송하고, 공개할 때 자신의 통제 하에 비밀을 유지해야 하며, 이는 이것이 인쇄매체든, 자동매체든, 혹은 다른 매체든 모두 적용된다. (4.01 비밀 유지, 6.01 전문적, 과학적 작업의 자료와 기록의 유지 참조)

(b) 심리 업무의 수용자와 관련한 비밀 정보가 수용자가 동의하지 않은 사람이 접속 가능한 기록의 시스템이나 데이터베이스로 넘어가면, 심리학자는 암호화나 다른 기술을 통해 개인 식별을 포함하는 것을 피할 수 있는 방안을 강구해야 한다.

(c) 심리학자가 직위나 실무에서 물러날 경우에는 기록의 비밀을 유지하고 적절한 전환을 유도하기 위해 사전에 계획을 세워야 한다. (3.12 심리 업무의 제한, 10.09 치료의 제한 참조)

6.03 비용 미지급에 따른 기록 제한

심리학자는 내담자/환자의 긴급 치료와 관련해서는 비용이 지불되지 않았다는 이유만으로 필요한 정보나 요청된 정보를 제한해서는 안 된다.

6.04 비용과 재정적 문제

(a) 전문적, 과학적 관계에서 가능한 빨리 심리학자와 심리적 서비스를 받는 수용자는 보상과 비용에 관한 문제에 대해 합의를 이루어야 한다.

(b) 심리학자의 비용 집행은 법에 근거한다.

(c) 심리학자는 비용 계산에 정직해야 한다.

(d) 재정적인 제약 사항으로 인해 업무의 제한이 예상될 경우 업무의 수용자와 가능한 빨리 적정하게 이를 논의해야 한다. (10.09 치료의 제한, 10.10 치료 종료 참조)

(e) 업무 수용자가 합의한 비용을 지불하지 않거나, 심리학자가 보수를 징수하기 위해 법적 절차나 중개소를 이용할 경우, 심리학자는 그 당사자에게 이러한 방법이 행해질 것을 공지해야 하며, 신속한 납부를 위한 기회를 제공해야 한다. (4.05 정보의 공개, 6.03 비용 미지급에

따른 기록 제한, 10.01 치료를 위한 사전 설명된 동의 참조)

6.05 내담자/환자와의 교환

교환은 심리 업무를 받은 내담자/환자로부터 그 대가로 상품, 업무, 혹은 다른 비금전적인 보수를 받는 것을 의미한다. 심리학자는 (1) 의료적으로 금지되지 않고, (2) 결과적으로 악용되지 않을 경우 교환을 할 수 있다. (3.05 다중관계, 6.04 비용과 재정적 문제 참조)

6.06 비용 지불자와 재정 지원자에 대한 보고서의 정확성

연구 재정 지원자나 업무 비용 지불자에 대한 보고서에 있어서 심리학자는 합당한 단계를 거쳐서 수행된 연구나 제공된 업무, 보수, 비용, 적용 가능한 곳, 제공자의 신분, 결과, 진단 등에 대한 특징을 정확히 보고해야 한다. (4.01 비밀 유지, 4.04 사생활 침해 최소화, 4.05 정보의 공개 참조)

6.07 전문의에게 소개와 비용

심리학자가 비용을 한 사람의 고용인-피고용인 관계 이상으로 다른 동료와 나누거나, 동료에게 받거나 지불해야 할 경우 이는 제공된 업무를 기초로 해야 하며(의료상, 상담상, 행정상, 기타) 소개 그 자체에 기초해서는 안 된다. (3.09 다른 직업군과의 협력 참조)

7. 교육과 훈련

7.01 교육과 훈련 프로그램 구상

교육과 훈련 프로그램에 책임이 있는 심리학자는 적절한 절차를 거쳐서 그 프로그램이 적절한 지식과 경험을 제공한다는 것을 확인시켜야 하며, 자격증과 인증, 혹은 다른 목표 등 프로그램이 만들어지면서 요구되는 사항을 충족해야 한다. (5.03 워크숍과 무등급 교육 프로그램에 관한 설명 참조)

7.02 교육과 훈련 프로그램 설명

교육과 훈련 프로그램에 책임이 있는 심리학자는 적절한 절차를 거쳐서 프로그램 내용(필요한 코스, 프로그램 관련 상담, 심리치료, 경험적인 그룹, 상담 프로젝트, 혹은 공동체 업무 등)이나 훈련 목표와 목적, 급료와 이윤, 프로그램의 만족스러운 완성을 위해 충족해야 할 요구사항에 대해 현실적이고 정확한 특징이 있다는 것을 확인시켜야 한다. 이 정보는 모든 관련 당사자를 위해 준비되어 있어야 한다.

7.03 교육의 정확성

(a) 심리학자는 훈련 프로그램이 다루어야 하는 주제, 평가 진행의 기초, 경험의 특징을 고려하여 짜여졌다는 것을 적절한 절차를 통해 확인시켜야 한다. 이러한 기준에서 교육자가 프로그램 내용이나 요구사항을 고려하여 교수법을 변경해야 할 경우, 학생들이 이러한 변경 사항이 요구사항을 충족할 수 있을 것이라는 점을 인식한 상태라면 가능하다. (5.01 잘못되거나 오해의 여지가 있는 발표 회피 참조)

(b) 심리학자가 교육이나 훈련에 참가했을 경우에는 심리학적으로 정확한 정보를 제공해야 한다. (2.03 능력 유지 참조)

7.04 학생에 의한 개인정보 공개

(1) 프로그램이나 훈련 시설이 입학이나 프로그램 소재에 관해 명확히 요구사항을 공개하거나, (2) 개인적인 문제가 이치상 판단해 보았을 때 훈련이나 직무와 관련한 활동에 있어서 권한 내에서 다루어지거나, 학생이나 다른 사람에게 위협이 될 것이라는 예상으로부터 적절히 보호받지 못한다고 판단되는 학생들을 돕는 데 필요한 정보가 있을 때를 제외하고는, 심리학자는 학생이나 실습생으로 하여금 개인적인 정보를 프로그램과 관련한 활동에서 공개하게 해서는 안 되는데, 이는 구두나 문서 형태 모두에 적용된다. 이때 고려해야 할 내용은 성적인 기록, 무시나 학대의 기록, 심리치료, 부모, 동료, 배우자, 기타 중요 인물과의 관계 등이 있다.

7.05 개인 또는 집단 치료 필수사항

(a) 개인이나 집단 치료가 훈련 프로그램의 요구사항일 경우, 심리학자는 학부나 대학원 프로그램에서 이러한 요법을 프로그램과 연계되지 않은 실무자가 선택할 수 있도록 옵션으로 설정할 수 있다. (7.02 교육과 훈련 프로그램 설명 참조)

(b) 학생들의 학업 수행 평가에 관련이 있거나 연관될 개연성이 있는 교수진은 직접 치료를 수행해서는 안 된다. (3.05 다중관계 참조)

7.06 학생 평가와 실습생 업무

(a) 학구적이고 관리적인 관계에서 심리학자는 시기적절하고 특정한 과정을 진행하여 학생과 실습생에게 피드백을 제공해야 한다. 과정을 고려한 정보는 관리의 시작에서부터 학생에게 제공해야 한다.

(b) 심리학자는 학생과 실습생을 평가함에 있어 관련되고 규정된 프로그램 요구사항에 대한 스스로의 실질적인 임무 수행에 근거해야 한다.

7.07 학생 및 실습생과의 성관계

심리학자는 자기 부서, 사무소, 훈련 센터에 있거나, 이후에 이들에 대해 평가 권한을 가질 개연성이 있는 학생이나 실습생과 성관계에 연루되어서는 안 된다.

8. 연구와 출판

8.01 학회의 승인

학회의 승인이 필요할 때, 심리학자는 자신의 연구 제안서에 대한 정확한 정보를 제공하고 연구 시작 전 승인을 받아야 한다. 심리학자는 승인된 연구 규약에 따라 연구를 수행해야 한다.

8.02 연구에 있어 사전 설명된 동의

(a) 3.10에서 요구하는 사전 설명된 동의를 얻을 때, 심리학자는 참여자

에게 (1) 연구의 목적, 예상 기간, 절차를 알리고, (2) 참여 후 변심 시 그들의 참여 거부권, (3) 거부 시 예상되는 결과, (4) 연구에 참여하는 인원들의 의지에 영향을 미칠 것이라 예상되는 잠재적인 위험, 불편, 반대효과 등의 요인에 대해 설명하고, (5) 예상되는 연구의 이익, (6) 보안상의 제약, (7) 참가에 따른 인센티브, (8) 연구에 관한 질문 시 누구와 접촉해야 하며 조사 참여자의 권리는 무엇인지 알려주어야 한다. 심리학자는 연구 참여자로 하여금 질문을 하고 답을 구할 수 있는 기회를 주어야 한다. (8.03 연구에서 음성과 이미지 기록에 관한 사전 설명된 동의, 8.05 연구를 위한 사전 설명된 동의의 면제, 8.07 연구의 허위 참조)

(b) 실험적 치료의 사용을 포함한 중재적인 연구를 수행하는 심리학자는 참여자에게 연구의 시작에 다음 사항을 명확히 해야 한다. (1) 치료의 실험상 특징, (2) (적절한 수준에서) 통제그룹에 이용 가능하고 가능하지 않은 업무, (3) 치료그룹과 통제그룹에서 산출할 과제를 위한 수단, (4) 참여자 개인이 연구 시작 후 참여를 거부할 경우 적용할 수 있는 대체치료, (5) 참여자가 받을 수 있는 보상과 비용 — 제삼자의 보상이나 참여자의 보상도 필요한지를 포함 — 에 관한 사항. (8.02a 참조)

8.03 연구에서 음성과 이미지 기록에 관한 사전 설명된 동의

심리학자는 연구 참여자로부터 데이터 수집을 위해 그들의 음성과 이미지를 기록함에 있어 사전 설명된 동의를 얻어야 하는데, 이는 (1) 그 조사가 공공장소에서의 자연스러운 관찰에 한한 것이 아닐 수 있거나, 기록이 개인적인 신분 노출이나 피해가 갈 것이라는 점이 예상될 수 있고, (2) 조사 기획이 잘못되거나, 기록의 사용 동의가 피드백 간에 확보되지 않을 경우를 대비해서이다. (8.07 연구의 허위 참조)

8.04 내담자/환자, 보조 연구 참여자

(a) 심리학자가 내담자/환자, 학생 혹은 참여자와 연구를 수행할 때는 장

래의 참여자가 참여를 거부하는 것을 방지하기 위해 절차를 밟아야
한다.
(b) 연구 참여가 과정의 요구사항이거나 추가적인 신뢰도를 확보할 수
있는 기회가 될 때, 참여자는 유사한 대체적인 활동을 수행할 선택
권이 주어진다.

8.05 연구를 위한 사전 설명된 동의의 면제

심리학자는 다음과 같은 경우에만 사전 설명된 동의를 면제받을 수 있
다. (1) 연구가 고통이나 피해를 초래하지 않고, (a) 일반적인 교육상의
실습, 교육과정, 혹은 교육상의 설정에서 교실 운영 방법에 관한 연구를
할 때와 (b) 응답의 공개로 인한 기록상의 조사나 자연적인 관찰, 동일한
질문 등으로 인해 참여자를 범죄자로부터의 위험이나 민사상 책임 혹은
참여자의 재정 상태, 고용 능력, 평판, 비밀 유지에 피해를 주지 않을 것
이라 생각될 때, (c) 참여자의 고용 능력에 위험이 없고, 비밀이 보장된
다는 조직적 설정에 의해 수행된, 직업과 조직의 효율성 요소에 관한 연
구를 할 때나 (2) 법적으로 혹은 연방 학회의 규정에 의해 동의되었을
때.

8.06 연구 참여자에 대한 동기 부여

(a) 심리학자는 부적절하거나 과대한 재정적인, 혹은 다른 유인을 연구
참여자에게 제시하여 이러한 유인이 참여를 강압하게 하지 않도록
합당한 노력을 강구해야 한다.
(b) 연구 참여자에게 유인의 일환으로 직무상 업무를 제공할 때는, 업무
의 특징과 위험, 의무, 제한 사항을 명확히 주지시켜야 한다. (6.05
내담자/환자와의 교환 참조)

8.07 연구의 허위

(a) 심리학자는 연구 수행에 있어서 허위적인 기술 적용이 연구의 과학
적, 교육적 중요성에 의해 정당화된다고 결심했을 때나, 적용된 가치

와 효율적인 허위가 없는 대체 과정이 실질적이지 못하다고 생각되었을 때를 제외하고는 연구에 있어서 기만을 해서는 안 된다.

(b) 심리학자는 장차의 참여자를 연구함에 있어서 신체적 고통이나 심각한 감정적 불안을 야기할 것이라 예상될 때 이를 기만해서는 안 된다.

(c) 심리학자는 실험의 수행과 기획에서 어떠한 허위에 관한 일체의 특징을 참여자에게 실질적으로 주지시켜야 하며, 가능한 그들의 참여의 결과 단계에서 알려야 하고, 자료 수집 결과 단계를 넘어서서는 안 되며, 참여자가 그들의 자료를 회수할 수 있도록 동의해야 한다. (8.08 사후 브리핑 참조)

8.08 사후 브리핑

(a) 심리학자는 연구 참여자가 연구의 본질과 결과에 대한 적절한 정보를 얻을 수 있도록 신속한 기회를 제공해야 하며, 심리학자가 알고 있으나 참여자가 잘못 인식할 수 있는 오류를 수정해 줄 수 있도록 절차를 밟아야 한다.

(b) 과학적이거나 인도적인 가치로 인해 정보를 보류하는 것이 정당화될 때에는, 심리학자는 합당한 수단을 사용하여 피해의 위험을 감소시켜야 한다.

(c) 심리학자가 연구 과정 중 참여자에게 피해를 준 사실을 인지했을 경우, 피해를 최소화하기 위한 합당한 절차를 밟아야 한다.

8.09 연구에 있어서 동물의 인도적인 보호와 이용

(a) 심리학자는 동물을 포획, 보호, 이용, 폐기함에 있어 연방, 주, 지방의 현행법과 규정을 따라야 하고, 직무상 기준을 지켜야 한다.

(b) 연구실 동물의 관리에 있어 연구 방법과 경험으로 훈련된 심리학자는 동물이 포함된 모든 과정을 감독하고 동물의 편의, 건강, 인도적인 취급을 적절히 고려해야 할 책임이 있다.

(c) 심리학자는 자신의 감독 하에 있는 동물을 사용하는 개인들이 연구

방법과 관리, 유지, 사용된 종의 취급에 관해 충분히 교육을 받았는지 확인해야 한다. (2.05 다른 사람으로의 작업의 위임 참조)

(d) 심리학자는 동물의 고통, 질병, 감염, 불편을 최소화하기 위한 합당한 노력을 강구해야 한다.

(e) 심리학자가 동물에게 고통, 스트레스, 피해가 가는 절차로 연구를 수행하는 경우는, 오직 대체적인 수단이 이용 가능하지 않고, 연구의 결과가 과학적, 교육적, 적용된 가치상 이를 정당화할 수 있는 목표일 때만 가능하다.

(f) 심리학자가 외과적 과정(수술)을 수행할 때는 적절한 마취와 기술을 사용하여 시술 전후 감염이나 고통을 최소화해야 한다.

(g) 동물의 생명을 죽이는 것이 적절한 경우, 심리학자는 허용된 절차에 따라 고통을 최소화할 수 있도록 신속히 진행해야 한다.

8.10 연구 결과 보고

(a) 심리학자는 자료를 조작해서는 안 된다. (5.01a 잘못되거나 오해의 여지가 있는 발표 회피 참조)

(b) 심리학자가 자신의 출간된 자료에 심대한 오류를 발견했을 경우, 합당한 절차를 거쳐서 오류 수정, 취소, 오자 수정, 혹은 다른 적절한 출판 관련 수단을 사용하여 고쳐야 한다.

8.11 표절

심리학자는 다른 사람의 연구나 자료를, 설령 그 자료가 부분적으로 언급되었다 하더라도, 자신의 것으로 발표해서는 안 된다.

8.12 출판의 신용

(a) 심리학자는 저작자의 신용을 포함한 책임과 신용을 지켜야 하는데, 자신이 실질적으로 작업한 연구나 실질적으로 공헌한 연구 모두에 해당한다. (8.12b 참조)

(b) 주요한 저작자와 다른 출판상의 신용은 정확히 연구에 포함된 개인

의 상대적인 과학적, 전문적 공헌을 반영하는데, 이는 그들의 상대적인 지위와는 무관해야 한다. 단순한 제도상의 지위 — 부서장 등 — 는 저작자 신용을 정당화할 수 없다. 연구나 출판을 위한 저술에 적게 관여한 사람은 적절히 인지되어야 하는데 이는 각주나 소개 발표에서 나타내야 한다.

(c) 특정 예외적인 상황을 제외하고, 학생의 학위논문에 실질적으로 기초한 공동 저자의 글에서는 학생이 중요한 저자로 표기되어야 한다. 교수 고문단은 연구 전반에 걸쳐서, 그리고 출판 과정에 있어서 이에 대해 학생과 실질적으로 논의해야 한다. (8.12b 참조)

8.13 자료의 복제 출판

심리학자는 이미 출판된 적이 있는 원본 자료에 대해서는 다시 출판해서는 안 된다. 이는 설령 적절히 상호 인지된 상태에서 재출판하는 것이라도 불가하다.

8.14 인증을 위한 연구 자료 공유

(a) 연구 결과가 출판된 이후 심리학자는 자신의 결론에 기초하여 그 자료를 보류해서는 안 된다. 이는 다른 능력 있는 학자가 재분석을 통해 다른 대체적인 주장을 입증하기 위한 자료가 될 수 있고, 그 목적을 위해서만 자료를 쓰려는 학자에게도 필요한 것이다. 다만 이는 참여자의 비밀이 유지되고 자료 독점 권한을 가진 사람이 법적 권리를 주장하지 않을 경우 가능하다. 이는 심리학자가 그 개인이나 그룹에게 정보의 제공과 관련한 비용에 대한 책임을 요구하는 것도 포함된다.

(b) 다른 학자에게 자료를 요구해서 재분석을 통해 실질적인 주장을 하려는 심리학자는 사전에 주장한 목적으로만 공유된 자료를 사용해야 한다. 기존에 쓰인 자료의 다른 용도로의 사용을 꾀하는 심리학자는 승인을 얻어야 한다.

8.15 검토자

발표, 출판, 인증, 연구 제안서 비평을 위해 제출된 자료를 검증하는 심리학자는 그 자료를 제출한 사람의 정보의 소유권과 비밀을 보장해 주어야 한다.

9. 평가

9.01 평가를 위한 기초

(a) 심리학자는 자신의 연구 결과를 실제화하기 위해 필요한 기술과 정보에 대해 자신의 추천서, 보고서, 진단적이고 평가적인 발표, 법적 증언에 포함된 사항을 기초로 한다. (2.04 과학적이고 전문적인 판정을 위한 기본 원칙 참조)

(b) 9.01c에서 언급된 것을 제외하고 심리학자는 개인의 심리학적 특징의 선택권을 제시해야 하는데, 이는 자신의 발표나 결론을 입증하기에 적절한 실험을 그 개인에게 실시한 이후이어야 한다. 합당한 노력에도 불구하고 그러한 실험이 실질적이지 못할 경우 심리학자는 자신이 기울인 노력을 기록하고 노력의 결과를 남기며 제시한 선택 사항의 신뢰도와 유효성에 대한 제한된 정보가 주는 예상되는 영향에 대해 명확히 언급해야 한다. 또한 자신의 결론이나 추천, 연구의 본질을 적절히 제한해야 한다. (2.01 능력의 범위, 9.06 평가 결과 해석 참조)

(c) 심리학자가 기록물에 대해 검증하거나 상담, 감독을 할 때, 혹은 개인적 실험이 보장되지 않거나 필수 선택 사항일 경우 심리학자는 이러한 사항과 자신이 결론과 추천을 기초한 정보의 출처를 명확히 설명해야 한다.

9.02 평가의 용도

(a) 심리학자는 어느 정도 기술의 적절한 적용과 연구의 효용성을 입증할 수 있는 자료로서 적절하게 평가 기술, 인터뷰, 검사, 혹은 기구를

관리하고, 적용하고, 기록하고, 해석하고, 사용해야 한다.

(b) 심리학자는 효용성과 신뢰도가 입증되어 검사받은 인원과 구성원들 간에 적용해도 된다고 여겨지는 평가 기구를 사용해야 한다. 이러한 신뢰도와 효용성이 입증되지 않았을 때 심리학자는 검사 결과와 해석의 제한 사항과 강점에 대해 설명해야 한다.

(c) 심리학자가 평가 방법을 사용함에 있어, 대체언어의 사용이 평가 주제에 적절하지 않을 때 개인의 언어적 선호성과 능력에 맞춰 주어야 한다.

9.03 평가에 있어 사전 설명된 동의

(a) 심리학자는 평가나 3.10에서 기술한 진단 업무를 위해 사전 설명된 동의를 얻어야 하는데, (1) 법이나 정부 규정에 의해 지시되었을 때, (2) 사전 설명된 동의가 평상적인 교육적, 학회적, 조직적 활동의 일환으로 수행되어 그 안에 함축되었을 때(예를 들어, 참여자가 자발적으로 연구의 전문적 적용 시 평가에 동의했을 경우), (3) 검사의 목적이 결정적인 능력을 평가하는 것일 때는 예외가 된다. 사전 설명된 동의는 평가, 비용, 제삼자의 포함, 내담자/환자가 질문을 하고 답을 구할 수 있는 효율적인 기회의 제공과 보안상 제약에 대한 목적과 본질에 대해 설명하는 것을 포함한다.

(b) 심리학자는 승인하기에 의심스러운 능력을 가진 사람이나 법이나 정부 규정에 의해 제안된 평가 업무의 목적과 본질을 검사받도록 지시받은 사람에 대해서 평가 대상자가 이해할 수 있는 언어로 이에 대한 사항을 알려주어야 한다.

(c) 통역 업무를 이용하는 심리학자는 통역자의 사용에 대해 내담자/환자로부터 승인을 받아서 검사 결과나 검사의 안전이 보장된다는 것을 확신시켜야 하며, 획득한 자료의 제한 사항에 대한 법적인 증언이나 논의를 포함해서 자신의 추천 사항, 보고서, 진단적이고 평가적인 발표에 포함해야 한다. (2.05 다른 사람으로의 작업의 위임, 4.01 비밀 유지, 9.01 평가를 위한 기초, 9.06 평가 결과 해석, 9.07 비자격자에

의한 평가 참조)

9.04 검사 자료의 공개

(a) 검사 자료(test data)라는 용어는 수정되지 않은 환산점수를 참고한
것으로, 내담자/환자의 검사 질문이나 자극에 대한 반응이나, 검사하
는 동안 심리학자의 노트나 내담자/환자의 발표와 행동을 고려한 기
록이다. 내담자/환자의 반응을 포함한 이러한 검사 재료의 비율은 검
사 자료의 정의에 포함해야 한다. 내담자/환자의 반응에 따라 심리학
자는 내담자/환자, 혹은 다른 공개에 관련된 사람에게 검사 자료를
제공해야 한다. 심리학자는 검사 자료를 제공함에 있어 내담자/환자
나 다른 사람을 실질적인 피해나 오용, 검사나 자료의 허위 진술로부
터 보호하기 위해 검사 자료의 공개를 제한할 수 있다. 법에 의해 특
정 환경 아래서의 비밀 정보의 공개가 규정된 사례가 많이 있다는
것을 인지해야 한다. (9.11 검사 비밀 유지 참조)

(b) 내담자/환자에 대한 검사 자료의 공개가 없을 경우, 심리학자는 검사
자료를 법이나 법정 요구 시에만 제공해야 한다.

9.05 검사 구성

검사와 다른 평가 기술을 구성하는 심리학자는 적절한 심리 측정학적 절
차와 현재의 과학적이고 전문적인 지식을 이용하여 검사 기획, 표준화,
효용화, 불균형 제거 혹은 감소, 용도의 추천 등에 사용해야 한다.

9.06 평가 결과 해석

자동으로 해석된 것을 포함해서 평가 결과를 해석할 때, 심리학자는 자
신의 판단이나 자신의 해석의 정확도를 감소시키는 데 영향을 끼칠 수
있는 다양한 검사 요인, 평가받는 사람의 검사 수행 능력 및 다른 특징
— 상황적, 개인적, 언어적, 문화적 차이 등 — 은 물론 평가의 목적까지
고려해야 한다. 또한 심리학자는 해석에 있어서 발생하는 어떤 중요한
제한 사항도 나타내야 한다. (2.01b, c 능력의 범위, 3.01 불공정한 차별

참조)

9.07 비자격자에 의한 평가

심리학자는 비자격자가 심리학적 평가 기술을 사용하게 해서는 안 된다. 단 이러한 것이 적절한 감독 아래 훈련의 목적으로 수행될 때는 가능하다. (2.05 다른 사람으로의 작업의 위임 참조)

9.08 이전 검사와 구식 검사 결과

(a) 심리학자는 구식 검사의 자료를 기반으로 현재 목적의 평가나 중재, 결심, 추천에 사용해서는 안 된다.

(b) 심리학자는 이러한 쓸모없거나 구식인 검사나 방법과 관련한 결정이나 추천을 현재의 목적에 사용해서는 안 된다.

9.09 검사 기록과 해석 업무

(a) 심리학자가 다른 동료들에게 평가나 기록 업무를 제공할 때는 정확히 그 목적, 기준, 효용, 신뢰도, 절차의 적용과 사용 시 적용해야 하는 어떤 특수한 자격 조건이라도 알려야 한다.

(b) 심리학자가 기록이나 해석 업무(자동 업무도 포함)를 할 때는 다른 적절한 고려사항뿐만 아니라 프로그램과 절차의 효용성에 기초해야 한다. (2.01b, c 능력의 범위 참조)

(c) 심리학자가 스스로 검사에 대한 기록과 해석을 하든, 자동화나 다른 서비스를 이용하든, 적절한 적용, 해석, 평가 기구의 사용에 대한 책임을 진다.

9.10 평가 결과에 대한 설명

심리학자나 고용인, 조수나 자동화 혹은 외부 서비스에 의해 기록과 해석을 했는지 여부와 상관없이, 심리학자는 결과에 대한 설명이 개인과 지정된 대표자에게 제공되었다는 것을 확정하기 위해 합당한 단계를 밟아야 한다. 이는 관계의 본질이 결과 설명의 규정까지 포함했을 때(조직의 상담, 선고용, 혹은 보안심사, 법적인 평가 등) 가능하며, 이 사실은 평가를 받은 사람에게 사전에 명확하게 설명되어야 한다.

9.11 검사 비밀 유지

검사 재료(test material)라는 용어는 설명서, 기구, 규정, 검사 질문이나 자극을 포함하며, 9.04 '검사 자료의 공개'에서 정의한 검사 자료는 포함하지 않는 것이다. 심리학자는 합당한 노력을 기울여 검사 재료와 다른 평가 기술을 법과 계약상의 의무, 윤리규정에서 동의하는 사항에 맞게 비밀과 핵심을 유지해야 한다.

10. 치료

10.01 치료를 위한 사전 설명된 동의

(a) 치료를 위해 3.10 '사전 설명된 동의'에서 요구하는 사항을 획득하려 할 때 심리학자는 내담자/환자에게 예상되는 치료의 과정, 보수, 제 삼자의 참여, 보안상 제한과 내담자/환자가 질문을 하고 답을 구할 수 있는 충분한 기회 제공 등의 본질에 관한 치료상의 관계를 주지 해야 한다. (4.02 보안상 제한에 관한 논의, 6.04 비용과 재정적 문제 참조)

(b) 일반적으로 알려진 기술과 과정이 없는 치료에 대한 승인을 획득하고자 할 때, 심리학자는 내담자/환자에게 치료의 발전적인 본질, 포함된 잠재적 위험, 이용 가능한 대체 치료, 참여의 자발성에 관한 본질에 대해 알려야 한다. (2.01e 능력의 범위, 3.10 사전 설명된 동의 참조)

(c) 치료가가 교육생이고 제공된 치료에 대한 법적 책임이 수퍼바이저에 게 있을 때, 내담자/환자는 사전 설명된 동의 절차의 일환으로 치료 가가 훈련 중에 있고 수퍼비전을 받고 있다는 내용을 고지 받고 수 퍼바이저의 이름도 알아야 한다.

10.02 부부나 가족이 포함된 치료

(a) 심리학자가 배우자, 중요한 관계자들, 부모, 아이 등의 관계를 가진 여러 사람에게 치료를 제공하고자 할 경우, 합당한 단계를 거쳐 치료의 시작부터 (1) 누가 내담자/환자이고, (2) 심리학자가 갖게 될 각각의 개인과 관련성에 대해 명시해야 한다. 이 명시는 심리학자의 역할과 제공되는 서비스의 이용 가능한 용도와 획득되는 정보에 관한 사항을 포함한다. (4.02 보안상 제한에 관한 논의 참조)

(b) 심리학자가 잠재적으로 갈등을 일으킬 수 있는 역할을 요청받았을 경우(가족 치료 담당자이면서 한쪽 당사자의 이혼 절차 시 증인일 경우), 심리학자는 합당한 단계를 거쳐 적절히 그 역할을 중지하거나 수정하거나 명확히 해야 한다. (3.05c 다중관계 참조)

10.03 그룹 치료

심리학자가 그룹으로 이루어진 여러 사람에게 치료를 제공할 경우, 시작부터 모든 당사자의 책임과 역할, 보안상 제약에 관한 사항을 설명해야 한다.

10.04 타인에게 치료받은 사람들에 대한 치료 제공

이미 다른 곳에서 정신건강 서비스를 받은 사람에 대해 치료를 제공해야 할지 결정하는 경우, 심리학자는 신중하게 그 내담자/환자의 문제와 평화를 고려해야 한다. 심리학자는 내담자/환자의 입장에서 그들의 공황이나 갈등에 대한 위험을 최소화하기 위해 법적으로 승인 받은 사람이나 내담자/환자와 이 문제에 대해 논의해야 하며, 가능하면 다른 치료 제공자와 상담하고, 치료 시 주의를 기울이고 민감하게 대응해야 한다.

10.05 치료 중인 내담자/환자와의 성적인 친밀성

심리학자는 현재 치료 중인 내담자/환자와 성적으로 친밀해져서는 안 된다.

10.06 치료 중인 내담자/환자의 친척이나 지인과의 성적인 친밀성

심리학자는 현재 치료 중인 내담자/환자의 친척이나 보호자, 중요한 지인과의 성적인 친밀성을 가져서는 안 된다. 심리학자는 그렇다고 이를 지키기 위해 치료를 중단해서도 안 된다.

10.07 과거 성적 파트너와의 치료

심리학자는 치료 환자로 이전에 성적으로 접촉했던 내담자/환자를 받아서는 안 된다.

10.08 과거 내담자/환자와의 성적인 친밀성

(a) 심리학자는 이전 내담자/환자와 치료 종료 후 최소 2년 동안은 성적 접촉을 해서는 안 된다.

(b) 심리학자는 이전 내담자/환자와 2년이 지난 후라도 성적 접촉을 해서는 안 되는데 특별한 경우는 제외할 수 있다. 이전 내담자/환자와 치료 종료 2년 후 이러한 일에 연루되고 성적인 접촉은 가지지 않은 심리학자는 거기에 어떠한 오해나 관련된 사항이 없음을 증명해야 한다. 이 증명에 포함되는 내용에는 (1) 치료 종료 후 흐른 시간, (2) 치료의 특징, 지속 기간, 강도, (3) 종료의 상황, (4) 내담자/환자의 개인 기록, (5) 내담자/환자의 현재 정신상태, (6) 내담자/환자에게 미칠 수 있는 부작용, (7) 치료 과정 중 치료가가 행한 내담자/환자와의 차후 성적이고 로맨틱한 관계의 중단 가능성에 대한 발표나 행동 등이 포함된다. (3.05 다중관계 참조)

10.09 치료의 제한

고용과 계약상의 관계에서, 심리학자는 내담자/환자의 최대의 편의를 고려하고 합당한 노력을 기울여서 고용과 계약상의 관계가 종료됨에 따라 내담자/환자 보호에 대한 책임도 없어졌음을 적절하게 설명해야 한다. (3.12 심리 업무의 제한)

10.10 치료 종료

(a) 내담자/환자가 더 이상의 치료가 필요하지 않다고 합당하게 판단될 경우, 이로운 점이 없다고 판단될 경우, 계속된 치료로 인해 피해를 입으리라고 판단될 경우, 치료를 종료해야 한다.

(b) 심리학자는 내담자/환자와 관련 있는 사람이나 내담자/환자로 인해 위협을 느끼는 경우 치료를 종료해야 한다.

(c) 내담자/환자나 제3의 지불자의 행동에 의한 방해를 제외하고는, 심리학자는 치료 종료 전 적절하게 대체 서비스나 종료 상담을 제공해야 한다.

캐나다 심리학회의 심리학자를 위한 윤리규정

[차례]

서문
개요
윤리규정의 구성과 기원
원칙이 충돌할 때
윤리적 의사결정과정
규정의 용도
개인 심리학자의 책임
개인 행위와 윤리규정의 관계
지방 규제 단체와 윤리규정의 관계
용어의 정의
재검토 계획

[원칙 I] 개인 존엄성의 존중
일반적 존중
일반 권리
비차별

공정한 치료/의무 절차

사전 설명된 동의

동의의 자유

취약한 사람들을 위한 보호

프라이버시

보안

책임의 확장

[원칙 II] 책임감 있는 치료(배려)

일반적 치료(배려)

능력과 자기 지식

위험/이익 분석

이익 극대화

피해 최소화

과실상계/종료

동물 보호

책임의 확장

[원칙 III] 인간관계에서의 성실

정확성/정직성

객관성/편견 배제

정직성/개방성

불완전한 공개의 회피

이해관계 충돌의 회피

원칙의 유지

책임의 확장

[원칙 IV] 사회에 대한 책임

지식의 발전

이익 활동
사회에 대한 존중
사회의 발전
책임의 확장

서문

개요

조직의 요구, 훈련, 지식 개발, 기준, 방법, 실험에 상대적으로 자율적인 통제를 가진 모든 원칙은 그것이 기능하는 사회계약의 맥락 안에서 작동한다. 이 사회계약은 상호 존중과 신뢰에 기초하는데, 이러한 사회는 사회 구성원이 사회 안에서 원칙에 따라 일을 윤리적으로 수행할 수 있도록 원칙을 수립하고, 이 모든 것을 할 수 있게 하기 위해서 원칙의 자율성에 대해 지지하며 상호 교환하는 사회이다. 특히, 각각의 구성원이 사회의 복지를 누리고 원칙에 따른 복지 이상의 복지를 누리는 사회이다. 이러한 사회계약의 가치로 인해, 심리학자는 일반 사회 구성원들이 서로를 돌보는 일반적인 의무보다 사회 구성원을 돌보는 데 더 높은 의무를 가진다.

캐나다 심리학회는 심리학자의 윤리적인 행동과 태도를 명확히 하기 위한 책임을 인지하고 있다. 윤리적인 행동과 태도를 명확히 한다는 것은 윤리적인 원칙, 가치, 기준을 배양하고 교육과 상담 등을 통해 촉진한다는 것을 의미한다. 그리고 심리학자가 자신의 윤리적인 행동과 태도를 모니터할 수 있도록 돕는 방법을 개발하고 권한을 부여함을 의미한다. 또한 비윤리적인 행동에 대해 처벌하고, 필요 시 교정 활동을 해야 함을 의미한다.

이 윤리규정은 캐나다 심리학회의 모든 구성원의 윤리적 원칙, 가치, 기준을 통합한 것이다. 여기에는 심리학자, 실무자, 연구원, 직접적인 서비스 제공자, 교사, 학생, 실습생, 행정가, 관리자, 고용자, 피고용자, 감독관, 상담가, 논평가, 사회정책 혹은 다른 심리학 원칙에 관련된 역할을 하는 모든 사람이 해당된다.

윤리규정의 구성과 기원

구성과 관련해서는, 윤리적 결정 행위를 균형 있게 하고 고려사항이 될 수 있는 네 가지 윤리적 원칙을 제공한다. 각각의 원칙에 대해서 우선 그 원칙에 포함된 사항에 대한 설명과 뒤이어 원칙의 정의를 내린다. 각각의 원칙에 대하여 심리학자의 활동에 대한 특정 원칙과 가치의 적용을 구체적으로 설명한다. 기준은 최소의 행동적인 예상(예를 들어, I.28, II.28, III.33, IV.27)까지 다룸으로써 더 이상적이고 성취 가능하고 행동적인 것을 예상 가능하게 한다(예를 들어, I.12, II.12, III.10, IV.6).

기원과 관련해서는, 네 가지 원칙을 제공하며, 이는 초기 규정의 제정 시 CPA 윤리위원회에서 보내온 윤리 관련의 가설적인 딜레마를 해결하기 위해 캐나다 심리학자들이 지속적으로 사용해 온 것들이다. 캐나다 심리학자가 제공한 반응에 더해서, 평가 발표와 윤리적 기준은 여러 분야의 국제 윤리규정, 지역적인 임무 수행에 관한 특별 규정, 윤리 저작에서 기원한 것이다.

원칙이 충돌할 때

제시된 네 가지 원칙은 윤리적 결정 시 고려하고 균형을 이루기 위한 것이다. 그러나 윤리적 원칙이 충돌하는 상황이나 원칙을 동일하게 적용하지 못하는 상황이 있을 수 있다. 윤리적 갈등의 복합성은 정확한 원칙을 정하기 힘들게 한다. 그러나 제시한 네 가지 원칙은 갈등 발생 시 비중에 따라 각각 적용할 수 있도록 구성되었다. 그 원칙은 다음과 같다;

원칙 I : 개인 존엄성의 존중. 이 원칙은, 도덕적 권리에서의 중요성에 따라 가장 큰 비중을 가진다. 그러나 분명하고 긴박한 위험이 개인의 신체적 안전에 가해질 때는 예외이다.

원칙 II : 책임감 있는 치료. 이 원칙은 두 번째로 큰 비중을 가진다. 책임감 있는 치료는 능력이 필요하며 개인 존엄성에 대한 존중의 방식에서만 나올 수 있다.

원칙 III : 관계의 성실성. 이 원리는 세 번째 비중을 가진다. 심리학자는 자신의 임무를 수행함에 있어서 최상의 성실성을 입증할 것이다. 그러나 드문 경우, 개방성과 연속성과 같은 가치가 개인의 존엄성과 책임 등에 비해 소홀히 다루어질 수 있다.

원칙 IV : 사회에 대한 책임. 이 원칙은 원칙들이 충돌할 때 가장 낮은 비중을 가진다. 모든 윤리적인 결정에서 사회에 대한 책임을 고려하는 것은 중요하고 필수적인 것이지만, 이 원칙을 고수하는 것은 개인의 존엄성에 대한 존중, 책임감 있는 치료, 관계의 성실성에 의해 인도되기 쉽다. 개인의 복지가 사회의 이익과 충돌할 경우, 종종 개인의 책임감 있는 치료와 존중을 저해하지 않는 선에서 사회의 이익을 위해 일하는 방식을 찾을 수 있다. 그러나 이것이 불가능할 경우, 개인의 위엄과 복지는 사회의 더 위대한 선에 대한 비전에 의해 희생되어서는 안 되며, 개인의 보호와 존중에 더 많이 책임을 지며 중요하게 여겨져야 할 것이다.

이러한 원칙의 순서에서조차, 심리학자는 해결하기 힘든 딜레마에 직면할 것이다. 이러한 상황에서 심리학자는 공식적인 조사를 실시해야 하며 윤리적 의사결정이 이루어지도록 해야 할 것이다. 어떤 경우에 해결책은 개인 양심의 문제일지도 모른다. 그러나 개인 양심에 의한 결정 또한 공공의 조사를 감내하고 윤리적 원칙에 합당하게 일치하는 것에 기반을 둔 결정과정의 결과라고 예상된다. 심리학자가 이 규정의 윤리적 원칙을 적용하기 위해 합당한 모든 노력을 기울였고, 갈등의 해결을 위해 심리학자 개인의 양심에 따랐다는 것을 입증할 수 있다면, 그 심리학자는 이 규정을 지켰다고 볼 수 있다.

윤리적 의사결정과정

윤리적 의사결정과정은 매우 신속히 발생하여 윤리 문제를 쉽게 해결할 수 있도록 할 것이다. 이것은 현존하는 기준이나 명확한 가이드라인이 있는 이슈일 경우 특히 적용되며, 원칙간에 상충점이 없는 이슈일 경우에도 그러하다. 반면에, 어떤 윤리적 문제는 감정적으로 고통스러우며 쉽게 해결되지 않아 오랜 시간의 논의가 필요할 수 있다.

다음에 나오는 기본적인 단계는 윤리적 결정에 대한 전형적인 접근법을 보여준다.

1. 결정에 잠재적으로 영향을 받는 개인과 그룹의 식별
2. 윤리적 문제가 발생하는 상황의 시스템과, 관련된 개인 및 그룹의 이해관계, 권리, 관계된 특징을 포함한, 윤리적으로 관련된 문제와 경험의 식별
3. 개인의 편견, 스트레스, 자기 이익이 행동 과정 간 선택의 발전에 어떻게 영향을 미치는지에 대한 고려
4. 대체 행위 과정의 개발
5. 관련된 개인/그룹의 행위 과정에서 미치는 장단기적, 지속적 위험과 이익 및 관련 있는 분야들(내담자, 내담자의 가족과 피고용인, 소속 학회, 학생, 연구 참여자, 동료, 학문, 사회, 자신 등)에 미치는 영향 분석
6. 현존하는 원칙, 가치, 기준에 대한 성실한 적용 후의 행위의 과정 선택
7. 행위의 결과에 대한 책임을 가정하기 위한 약속이 포함된 행위
8. 행위의 과정의 결과에 대한 평가
9. 부정적인 결과의 수정이나 윤리적인 문제의 미해결 시 결정과정 재시도 등, 행위의 결과에 대한 책임의 가정
10. 차후 딜레마 발생을 방지하기 위한 입증 가능하고 적절한 행위(예를 들어, 문제 해결을 위한 동료와의 의사소통, 절차와 실습에 있어서의 변화)

장기간의 논의가 필요한 일을 하는 심리학자는 윤리적인 문제에 영향을 받는 당사자들과 상의해야 하며, 결정과정에 객관성이나 지식을 더해 줄

수 있다면 고문이나 동료와도 논의해야 한다. 행위에 대한 결정은 개인 심리학자의 몫이지만, 그러한 도움을 찾는 노력은 윤리적 결정을 위한 윤리적 접근법에 해당한다.

규정의 용도

이 규정은 심리학자의 일상적인 업무 수행, 사고, 계획, 윤리적 딜레마에 대한 해결책을 제시한다. 즉, 이 규정은 선행/후행 윤리 모두에 대한 실습을 뒷받침한다. 이것은 또한 다른 더 구체적인 규정의 적용을 위한 규정의 개발을 돕는 전반적인 지침서의 역할을 한다. 예를 들어, 이 규정은 법적으로 처벌받을 수 있는 행위, 잘못된 적용을 할 수 있는 행위를 식별하는 윤리적인 틀을 제공하고, 법적인 측면에서도 이 규정에서 심각한 문제에 대해 관련 기준을 식별함으로써, 적절한 원칙으로 삼을 수 있다. 또한, 원칙과 가치들은 특정한 영역에서의 구체적인 분야를 개발할 수 있도록 돕는 역할을 한다. 이러한 방향에서의 일부 연구는 이미 CPA에서 일어났다(심리학에서 동물을 사용하는 연구의 가이드라인, 비차별적인 실습을 위한 가이드라인 등). 이 규정에 들어 있는 원칙과 가치는 심리학자의 행동을 가이드하기 위한 것이며, 다른 문서에 반영되는 문서의 부조화와 갈등을 감소시킬 것이다.

이 규정의 세 번째 용도는 심리학자에 대한 불평이 발생했을 때 결정을 돕는 데 있다. 이러한 결정을 해야 하는 위치에 있는 사람은 그들의 주장을 조사하고, 부적절한 행위가 일어났는지 판단하며, 어떤 수정 행위가 필요한지 결정해야 한다. 부적절한 행위가 일어났는지 판단할 때, 많은 재판관이 행위 관련 규정을 참조한다. 그러나 어떤 불만은 관련 규정에 직접 명시되지 않은 사항에 관한 것일 수 있다. 이 규정은 그 불만이 심리학자 개인적인 수준에서 혹은 이 직업군 전체에서 충분히 고려된 것인지, 그리고 수정 행위는 어떠한 것인지 결정하는 윤리적인 틀을 제공한다(예를 들어, 개인 심리학자의 행동 원칙, 회원을 위한 일반 교육 활동, 수행 규정과의 조화 등). 개인 심리학자의 수정된 행위를 결정할 때, 판결을 내리는 재판관은 심리학자 개인이 윤리적 결정에 성실히 임하고 좋은 의도를 가졌는지, 혹은 윤리적 원칙에 대한 무시가 있었는지 판단해야 한다. 이 규정의 윤리적 결정과정은 이러한 판단을 위한 지침을 제공한다.

개인 심리학자의 책임

이 분야에서 사회와 맺은 계약은 이 학문 분야와 그 구성원이 도덕적인 공동체로서 행동하여 윤리적 인식과 감성을 발전시키고, 이 원칙의 윤리 아래서 새로운 구성원을 교육하고, 윤리적인 면에서 그 구성원의 일과 구성원을 관리하고, 가능한 한 스스로 수정할 수 있게 하며, 내외부적으로 이를 설명할 수 있어야 한다는 것이다.

그러나 윤리적인 행위의 책임은 우선 개인 심리학자의 성실성에 달려 있다. 즉, 심리학자 개인이 모든 상황에서 최대한 윤리적으로 행동하도록 약속해야 한다. 캐나다 심리학회 회원 인증과 과학적이고 전문적인 심리학자 연합은 그 구성원으로 하여금 다음 사항을 준수하도록 한다.

1. 심리학자로서 모든 활동에서 학회의 규정을 따라야 한다.
2. 새롭게 부각되고 있는 활동 영역에서 이 규정의 원칙과 윤리적 가치를 양심적으로 적용해야 한다.
3. 기본적으로 동료와 윤리적 문제나 행위에 대해 논의하고 평가해야 한다.
4. 새로운 지침이나 기준의 개발이나 명시를 요구하는 협회의 윤리 문제에 대해 관심을 기울여야 한다.
5. 심리학자의 감수성, 지식, 경험 부족에 의해 비윤리적인 행위가 있을 가능성이 있다면, 그 심리학자에게 직접 알려야 하며, 그 문제에 대해 동의를 구하고, 필요할 때 적절한 행동을 취해야 한다.
6. 피해를 배제하거나 중지하거나 그 상황을 조사하기 위해서 최적인 인원에게 미칠 수 있는 더 심각한 종류의 비윤리적 행위에 관심을 가져야 한다(심각한 피해의 원인이 되거나 될 수 있는 행위, 혹은 법적으로 부당한 조치라고 판단되는 행위 등).

7. 스스로 가능한 비윤리적 행위에 대한 다른 사람의 관심을 신중히 고려하고 그 문제에 합의를 도출하도록 유도해야 하며, 필요하다면 적절한 행동을 취해야 한다.
8. 가능한 비윤리적 행위에 대한 관심을 불러오거나, 이에 응할 때, 성실하고 정직해야 한다.
9. 윤리와 윤리적 행위와 관련되어 구성된 협회의 위원회에 잘 협조해야 한다.

개인 행위와 윤리규정의 관계

이 규정은 심리학자들의 활동을 안내하고 조절하기 위한 것이다. 이러한 맥락 외에 다른 의도는 없다. 개인의 행위는 그 행위가 심리학자로서 스스로의 책임을 수행할 수 있느냐 하는 능력에 대한 의문을 불러일으키거나, 전체 심리학 분야의 공적 신용을 침해할 수 있는 특성에 관한 것일 때만, 심리학계의 관심사항이 된다.

지방 규제 단체와 윤리규정의 관계

좋은 구성원이 되고자 하는 사람들을 위해 윤리적 원칙, 가치 기준을 확고히 하기 위한 책임을 이행하는 것과 관련해서, 캐나다 심리학회는 일부 심리학자들이 가지고 있는 다양한 멤버십에 대해 고려하고 있다. 이 규정은 윤리적 원칙들을 잘 조화하고 포용해서 전체적인 원칙으로서 널리 사용되게 하고, 이로 인해 지방/지역 규정이나 지침과의 가변성을 최소화하고자 한다. 심리학자는 본인이 속한 지방/지역 규제 단체의 요구사항을 이행해야 한다. 그러한 요구사항은 규제 단체에 보고할 수도 있고, 원칙에 입각할 수도 있는 특정 행동을 정의하여 잘못된 결과를 낳을 수도 있다.

용어의 정의

a) 심리학자(psychologist)라 함은 캐나다 심리학회의 외국 회원이나 학생 회원, 회원, 동료를 의미하며, 또한 이 규정을 적용하는 심리학 규

제 단체나 자발적인 학회를 의미한다. (지방/지역 관할에서는 해당 관할에서 심리학자라는 용어의 법적인 사용을 제한할 수도 있으며 이는 존중해 주어야 한다.)

b) 내담자(client)라 함은 개인, 가족, 혹은 그룹으로서 심리학자에게 서비스를 받는 사람을 말한다(기관이나 단체 포함).

c) 내담자, 연구 참여자, 학생, 심리학자가 연구과정에서 관계된 사람은, 독립적으로 계약할 수 있다면 스스로 사전 설명된 동의를 받거나 '독립적(independent)'이다. 그런 사람이 사전 설명된 동의를 받거나 계약의 결정이 두 사람 이상의 당사자간에 공유되었을 때는 '부분적으로 의존적(partially dependent)'이다(예를 들어, 부모와 학교 위원회, 노동자와 노동자 보상위원회, 가족의 어른 구성원 등). 그런 사람이 '전적으로 의존적(fully dependent)'인 경우는 활동의 참여 유무나 서비스의 수용 여부에 대해 선택의 여지가 없을 때이다.

d) 다른 사람(others)이라 함은 심리학자의 연구과정에서 관계된 사람을 말한다. 여기에는 개인, 가족, 기관, 직업, 혹은 집단적 문제와 관련해서 도움이 필요한 사람 및 연구 참여자, 피고용인, 학생, 실습생, 관리인, 동료, 고용주, 제3채무자, 일반 대중 구성원도 포함된다.

e) 법률적 또는 시민적 권리(legal or civil rights)는 심리학자가 근무하는 지방/지역의 법에 의해 보호되는 권리이다.

f) 도덕적 권리(moral rights)란 기본적으로 침해할 수 없는 인간 기본권으로서 현행법에 의해 충분히 보호받지 못할 수도 있는 것이다. 예를 들어 심리학자에게 특별히 중요한 것은 분배적인 정의, 합당하고 공정한 절차, 발전적으로 적절한 프라이버시, 자기 결정, 개인적인 자유 등이다. 이러한 권리의 보호는 현행법에 포함되거나 통제되지 않는 현상을 포함하기도 한다. 도덕적 권리는 이 정의에 언급된 사람들에만 한정되는 것은 아니다.

g) 부당한 차별(unjust discrimination or unjustly discriminatory)은 그들의 문화, 국적, 민족성, 피부색, 인종, 종교, 성별, 결혼 여부, 성적 취향, 신체적 혹은 정신적 능력, 나이, 사회경제적 위치, 혹은 다른 기호

나 개인적 특징, 조건, 지위로 인해 편견을 불러일으킬 수 있거나 또는 개인에게 편견을 유도할 수 있는 행위를 의미한다.

h) 성희롱(sexual harassment)은 다음을 의미한다. (1) 성관계를 목적으로 다른 사람을 강압하기 위해 힘이나 권위를 이용하는 것. 이 이용에는 복종에 따른 보상의 약속, 거부에 따른 보복과 관련한 암묵적/명시적 위협이 포함된다. (2) (만약 그 행동이 공격적이고 불쾌하거나, 공격적, 적대적 혹은 억압적인 연구, 학업, 서비스 환경을 조성할 때, 혹은 수용자에게 위험하리라 예상되는 상황 아래서도) 의도적이고 반복적으로 성적인 말, 이야기, 몸짓, 접촉을 할 경우를 말한다.

i) 심리 수련(discipline of psychology)이란 과학적이고 응용된 심리학의 방법과 지식을 말하며, 사회, 사회 구성원, 학생이나 실습생, 혹은 상호 관계에 의한 연구 수행을 위해 그 구성원에 의해 적용된 구성이나 절차를 말한다.

재검토 계획

규정의 정당성과 책임성을 유지하기 위하여, CPA 감독위원회에 의해 이 규정은 정기적으로 재검토될 것이며, 필요 시 수정될 것이다. 심리학자 뿐 아니라, 다른 분야나 공공의 모든 구성원을 포함한 독자들은 발전적 제안이나 의견을 언제든지 CPA 사무소로 보낼 수 있다.

[원칙 I] 개인 존엄성의 존중

심리학자는 그들의 업무를 수행하면서 많은 그룹 및 개인들과 접촉을 하게 된다. 그 대상은 조사 참여자와 개인, 가족, 조직, 산업, 공동체 문제로 도움을 필요로 하는 내담자, 그리고 학생, 훈련생, 고용인, 사업 협력자, 사업 경쟁자, 동료, 고용주, 일반 대중 등을 포함한다.

이런 관계 속에서 심리학자들은 타인의 존엄성을 위해 근본적인 존중의 원칙으로서 이것을 받아들인다. 그것은 개인은 전적으로 한 개인으로 또는 인간으로 다루어져야 하며, 수단 또는 물질로서 다루어져서는 안 된다는 것을 의미한다. 그렇게 함으로써 심리학자들은, 모든 사람은 인간으로서 본질적 가치를 가지는 권리(천부인권)를 가진다는 것을 알게 된다. 그리고 이 권리는 그들의 문화, 국적, 민족성, 피부색, 인종, 종교, 성별, 결혼 여부, 성적 취향, 신체적 또는 정신적 능력, 나이, 사회경제적 지위, 또는 다른 기호, 개인적 특징, 조건, 지위에 구애받지 않는다.

심리학자들은 그들이 심리학자로서 그들의 역할에 있어 접촉을 유지하는 모든 사람들의 존엄성을 존중해야 하는 책임을 가지고 있음에도 불구하고, 그들의 접촉의 본질은 가장 (사회적으로) 취약한 위치에 있는 이들에게 (심리학자로부터) 가장 큰 책임감을 요구한다. 대개 심리학자들의 활동과 직접적으로 연관되거나 영향을 받는 사람들(예를 들면, 조사 참여자, 내담자, 학생)은 이런 위치에 있게 된다. 이 책임감은 거의 간접적으로 연관된 이들(예를 들면, 고용주, 일반 대중들)에게 있는 책임감보다 항상 우선한다는 것이다.

도덕적 권리의 개념의 집착은 인간의 존엄성을 위한 존경의 필수적인 부분이다. 사생활의 권리, 자기 결심, 개인의 자유, 그리고 자연법은 특별히 심리학자들에게는 중요하다. 그들은 그들의 전반적인 활동에 있어 이 권리를 향상시키고 보호해야 하는 책임감을 갖는다. 심리학자들은 사전 설명된 동의, 기밀, 투명한 치료, 그리고 이러한 권리와 일치하는 과정 때문에 그 과정을 따르고 발전시키기 위한 책임감을 갖게 된다.

개인 권리는 타인의 권리와 책임감 있는 배려 속에서 존재하기 때문에 (원칙 II 참조), 자신 또는 타인에게 심각한 손해를 끼치는 결과를 가져올 수 있는 환경에 놓일지도 모른다. 줄어든 능력이 자율적이 되거나 법정 명령, 사생활에 관한 권리의 몇몇 단면, 자기 결정, 개인의 자유를 허락하지 않기도 한다. 실제로 이러한 환경들은 타인을 경고하거나 보호해주는 권리를 창조할 수 있을 정도로 심각할지도 모른다(I.45와 II.39 참조). 그러나 심리학자들은 여전히 그러한 환경 하에서 확장된 가능성과 연계된 사람들의 권리를 존경해야 하는 책임감과 그리고 후에 부정될 수 있는 가능성을 줄이기 위해 무엇을 하는 것이 이성적이고 필요한 것인가에 대한 책임감을 갖게 된다.

심리학자들은 모든 사람들이 도덕적 권리를 가짐에도 불구하고 이러한 권리들이 향상되거나 보호되거나 단련되는 방법들은 문화와 조직에 따라 다양하다는 것을 인지하게 된다. 예를 들면, 무엇이 개인적으로 여겨지는 것은 가족과 다른 조직 구성원들이 각각 개인적 결심을 다르게 하듯이 이것 또한 달라진다. 그들의 일에 있어서 이것은 분명한 도덕적 권리의 침해에 대한 보호이지만 심리학자들은 그런 차이점을 이해하고 존중하게 된다.

더욱이 심리학자들은 개인, 가족, 그룹, 또는 조직원으로서 취약성이 증가하는 것을 안다. 또한 그들의 환경을 통제하기 위한 개인의 권력으로서 심리학자들은 윤리적 조언을 찾거나 개인과 관련된 권리 보호를 위한 안전성을 세우기 위해 증가하는 책임감을 갖는다. 이런 이유로 해서 심리학자들은 자발적 시작의 부족과 그들의 활동에 있어서의 의존 정도와 관련된 개인의 권리 향상과 보호를 위한 안전장치(safe guard)를 증대시키는 것을 그들의 책임감으로 여긴다. 예를 들면 이것은 부분적으로 의존적인 사람보다 완전히 의존적인 사람들의 권리 향상과 보호를 위해 더 많은 안전장치가 있으며, 그리고 독립적인 사람보다는 부분적으로 의존적인 사람을 위해 더 많은 안전장치가 있음을 의미한다.

개인의 존엄성에 대한 존중은 또한 분배적인 정의의 개념을 포함한다. 즉, 모든 사람은 심리학으로부터 동등하게 혜택을 받을 자격이 있고 개인의 성격과 조건, 지위에 관계없이 심리학자에 의해 이루어지는 과정, 절차, 서비스는 동등한 수준을 갖는다는 의미이다. 각 심리학자들은 특정 인구에서 그들의 활동을 전문화하거나 그들의 활동을 조정하거나 또는 경쟁의 제한과 어떤 관계에 있어서는 문제 인식의 제한으로 인해 활동에 참여하는 비율이 감소할 수도 있겠지만, 심리학자들은 차별적인 정당하지 않은 선입견과 변덕에 기초한 사람을 배척해서는 안 된다.

사회와 연계된 규정을 규율화하는 사회적 계약에 의해서 심리학자들은 사회 구성원들이 각각 개인에게 갖는 배려와 관심의 일반적 의무보다는 사회 구성원에 대한 높은 수준의 배려를 갖는다. 그럼에도 불구하고, 그들은 심리학자로서 일을 수행함에 있어 자신의 도덕적 권리(예를 들면,

사생활, 개인의 자유)의 심각한 침해로부터 자신들을 보호하기 위한 자격을 갖는다.

윤리적 기준

인간의 존엄성에 대한 존중 원칙의 고수에 있어서 심리학자들의 의견은 다음과 같다.

일반적 존중

I.1　타인의 지식, 식견, 경험, 의견 등을 존중하라.

I.2　타인의 의견을 깎아 내리는 말이나 문화나 국적, 민족성, 피부색, 인종, 종교, 성별, 혈통 같은 것을 문제 삼는 농담을 공개적으로 하지 말라.

I.3　말이나 문서로 의사소통을 하는 데 있어서 가능한 한 개인의 존엄성을 존중하는 표현을 사용하려고 노력하라.

I.4　성적인 것을 포함해 모든 형태의 문제 있는 행위를 금하라.

일반 권리

I.5　타인의 윤리적 권리를 존중하지 않는 법률과 관습에 관여하는 것을 거절하거나 피하라.

I.6　인권 침해를 위해 지식이나 기술을 사용하려는 사람들에게 정보 제공이나 조언을 하지 말라.

I.7　심리적 지식은 남용되지 않는다는 것을 확신하기 위하여, 일시적으로 또는 우연적으로 인권을 침해하지 않기 위해 모든 합리적인 노력을 하라.

I.8　연구 참여자, 고용인, 감독관, 학생, 훈련인의 존엄성을 위해 권리를 존중하라.

비차별

I.9　정당하지 않은 차별의 형태를 가진 관습에 대해 허용하거나 공조하

지 말라.

I.10 정당하지 않은 차별적인 관행을 고치기 위하여 행동하라.

I.11 개인 또는 그룹의 이익의 정당한 분배에 기여하는 방식에 있어 사업 활동과 연습, 교습, 설계 연구를 찾아라. 취약점이 있거나 불리한 점이 있는 사람을 부정당하게 배제하지 않도록 하라.

공정한 치료/의무 절차

I.12 타인에게 정당한 치유의 정신으로 행동하고 일하라.

I.13 고용, 평가 등의 활동에 있어서 자연스러운 절차와 공정한 과정을 확립하라.

I.14 타인의 시간, 에너지, 지식의 사용에 대한 보상이 먼저 이루어지지 않았다면 공정한 보상을 하라.

I.15 시간, 에너지의 관점과 심리학자의 지식, 그리고 모든 동료, 고용인, 그리고 서비스와 물건의 시장가치에 비추어서 정당한 치료비를 설정하라.

사전 설명된 동의

I.16 타인에게 영향을 주는 결정을 함에 있어 가능한 활동적인 참여를 찾아라. 그리고 그들의 의견과 희망을 가능한 한 통합하고 존경하도록 하라.

I.17 사전 설명된 동의는 단순히 서명된 동의 형태를 가진다는 의미이기보다는 공동으로 일하기 위해 결론에 도달하려는 과정의 결과임을 인지하라.

I.18 타인과 관계를 맺기 위해 사전 설명된 동의에 관한 결정을 함에 있어 타인(예를 들면, 가족 구성원, 조직 구성원)의 표출된 희망사항을 존중하라.

I.19 긴급한 환경(예를 들면, 재앙 등)을 제외하고는 모든 심리적 서비스를 그들에게 제공하기 위해서 전적으로 자율적이고 또는 부분적으로 의존적인 사람으로부터 사전 설명된 동의를 얻어라.

I.20 눈에 띄는 수단, 사생활의 침해, 손해를 입히는 소규모의 위험, 또는 연구 참여자들의 행동을 변화시키기 위한 모든 시도 등 이러한 것보다는 가능한 한 연구 활동을 위해 사전 설명된 동의를 획득하라.

I.21 사전 설명된 동의의 차원을 세분화하거나 이러한 차원을 설명하거나 이해되도록 인지하는 서명된 동의의 형태를 사용하고, 만약 이런 형태가 법적으로 요구되거나 또는 이러한 형태가 심리학자들, 동의를 하는 사람들, 또는 심리학자들과 같이 일하는 조직에 의해서 요구된다면 체계를 설립하라.

I.22 서명 동의의 형태가 문화적으로 받아들여지지 않거나 또는 그것들을 사용하지 않는 다른 이유가 있는 상황에서는 구두 동의를 교부하고 받아들여라.

I.23 많은 정보에 근거한 동의를 획득함에 있어서, 결정을 하거나 활동에 동의하기 전에 정보를 원하는 신중하고 이성적인 사람에게 가능한 많은 정보를 제공하라. 심리학자들은 사람들이 이해하거나 그 정보가 사실이었다는 것을 확신하기 위해 필요한 이성적인 단계가 어떤 것이든 수용할 것이다.

I.24 사전 설명된 동의를 획득하는 과정에 있어서, 적어도 아래 핵심 내용은 이해되어야 한다.

그것은 활동의 본질과 목적, 상호 책임감, 기밀의 보호와 제한, 이익과 위험, 대체, 부작위의 결과, 편견 없이 언제라도 철수하거나 거부할 수 있는 선택, 동의가 적용되는 시간의 초과, 그리고 희망한다면 동의를 어떻게 취소할 것인가가 해당된다.

I.25 정보가 가능하거나 그것이 합리적으로 기원된 것에 관련되거나 정보에 근거한 합의에 의해 진행되는 것에 한해서 적절한 방법으로 새로운 정보를 제공하라.

I.26 만약 서비스 또는 연구가 일정한 요청에 의해서 제공되는 한, 동의를 획득하기 전에 모든 관련된 부분에 있어 다중적인 관계의 본질을 분류하라. 이것은 제한되지 않고 서비스 또는 연구의 목적을 포함하고 합리적으로 종합된 정보에서 생산된 것을 사용할 것이라고

기대된다. 세 번째 부분은 학교와 법원, 정부, 사적 기관, 보험회사, 경찰, 그리고 특수 기금 단체를 포함할 수 있다.

동의의 자유

I.27 강제, 부당한 압력, 부당한 보상의 상황 하에서 이루어지지 않는 동의를 확신하기 위하여 모든 합리적 단계를 취하라. (III.3.2 참조)

I.28 강제, 부당한 압력, 부당한 보상의 상황에서 이루어진 동의라면 어떠한 연구 활동도 행해져서는 안 된다.

I.29 만약 동의가 협박에 의해 이루어진다면 동의가 자유의사에 의해 이루어졌다고 확신할 수 있도록 다시 동의를 획득하기 위한 가능한 합리적인 조치를 취하라.

I.30 항상 서비스 또는 참여를 중지하기 위한 타인의 권리를 존중하라. 그리고 중지하기를 원하는 비구두적 지시에 반응하라. 만약 대화에 어려움을 겪거나(어린아이이거나 언어 장애자) 또는 문화 때문이라면 대화가 언어적으로 잘 이루어질 가능성이 작다.

취약한 사람들을 위한 보호

I.31. 인권에 관한 자율적이고 적합한 윤리적 견해를 찾고 취약한 구성원과 관련된 모든 연구를 위해 보호할 방법을 찾아야 한다. 이것을 진행시키기 위한 결정을 내리기 전에 사전 설명된 동의를 얻기 위해 일부 권한을 제한할 수 있다.

I.32. 만약 그 연구가 사전에 동의를 충분히 한 사람이 동일한 업무를 수행한다면 연구 활동에 있어서 동의를 얻기 위해 권한을 제한하지 말라.

I.33 사전 설명된 동의를 얻기 위하여 장애자, 그리고 대리인의 동의를 얻기 위한 능력과 이해를 최대화하는 방법들을 사용하기 위하여 노력하라.

I.34 사전에 법적인 책임이 있거나 누군가를 대표하는 사람에게는 정보에 근거한 동의를 얻기 위해, 동의 과정을 지명된 사람들과 함께 수

행하라.

I.35 능력이 취약한 모든 사람들에게 정보에 근거한 자율적인 의지와 적절한 의사를 구하라. 그리고 만약 단지 그 서비스 또는 연구 활동이 직접적으로 그 사람에게 이익이 된다면 동의 없이 진행하라

I.36 심리학자들에게 의존적인 관계에 있는 모든 사람들의 자유로운 동의를 얻기 위해서 특별히 주의하라. 이것은 제한되어 있지 않는 한 그들의 교육적 채용의 목표를 성취하기 위해 개별적인 대안적 활동을 포함한다. 또한 이것은 연구의 범위와 타인이 선택할 수 있는 경험의 기회를 제공한다.

프라이버시

I.37. 동의를 얻을 수 있도록 목적에 부합하는 정도의 정보만 수집하고 찾아라.

I.38 연구나 가르침, 서비스 활동에 있어서 개인의 분명한 동의가 있지 않다면 개인적으로 발전적이거나 문화적으로 개인의 사생활 영역으로 정의된 부분에 침해하지 않도록 하라

I.39 지속적으로 합리적인 서비스를 위해 EH는 특정한 연구가 수행되는 목표를 위해 필요한 개인정보를 기록하라. 그렇지 않으면 법적인 제재가 요구될 것이다. (IV.17, IV.18 참조)

I.40 연구 참여자, 고용인, 감독관, 학생, 훈련생 등의 합리적으로 개인의 사생활에 관련된 권리를 존중하라

I.41 그것이 서식화되든 그렇지 않든(예를 들면, 서비스 조항, 서식화된 문서, 이메일, 팩스, 컴퓨터 파일, 비디오테이프 등) 사생활과 보안을 위해 개인 정보를 바꾸고 관리하고 저장하고 수집하라. 이것은 개인의 심각한 질병, 고용의 말기, 죽음의 환경 하에서 기록을 위한 적합한 계획을 가지는 것을 포함한다.

I.42 그들이 수집하거나 법에 의해 정의된 것이나 요구된 연구 프로젝트에서 언급된 이들의 관심이 필요하다면, 그들이 개인적으로 확신할 수 있도록 모든 합리적 단계(예를 들면, 미래의 근거 없는 주장에

대해 자신을 방어하기 위해 가능한 필요한 것들)를 취하라. (IV.17, IV.18 참조)

비밀 유지

I.43 동료, 동료의 내담자, 연구 참여자, 고용인, 감독관, 학생, 훈련생, 조직 구성원에 관한 정보가 새어나가지 않도록 유의하라. 심리학자로서 그들의 활동 과정에서 얻어진 정보는 법적으로 요구될 경우를 제외하고는 이러한 사람들에 의해서 기밀로 다루어질 만한 이유가 있다. (IV.17, IV.18 참조)

I.44 개인, 가족, 그룹, 조직과 함께 연구하거나 근무할 때 기밀을 보호하기 위해 다루어지는 모든 수단과 각 개인의 기밀 보호를 위해 조직 구성원, 그룹, 가족의 책임을 명확히 하라.

I.45 법에 정의되거나 요구되는 경우를 제외하거나 실제 또는 가능한 신체적 피해, 죽음으로까지 갈 수 있는 상황 하에서 개인이 근접할 수 없는 경우와 정보에 근거한 동의는 타인과 기밀 정보를 나누어라. (II.39, IV.17 참조)

책임의 확장

I.46 타인의 존엄성을 존중하거나 자신의 존엄성을 존중받기 위해 지속적으로 타인과 코드를 맞추는 방식으로 그들을 격려하라.

I.47 개인의 존엄성의 존중에 관한 한 훈련생, 감독관, 학생, 고용인, 그들의 보조자의 전문적, 과학적 활동을 위한 책임감을 확신하라

[원칙 II] 책임감 있는 치료(배려)

모든 규율의 기본적 윤리는 그 활동이 사회의 구성원들에게 도움이 되고 피해를 주지 않을 것이라는 것이다. 그래서 심리학자들은 심리학자로서 그들의 역할에 관련된 모든 개인, 가족, 그룹, 조직에게 부(富)를 위한 활

동에 관심을 선보인다. 이 관심은 이들에게 직접 관련된 것과 간접 관련된 두 가지 모두를 포함한다. 그러나 1장에서처럼 심리학자들의 가장 큰 책임감은 가장 취약한 위치에 있는 사람들의 부(富)를 보호하기 위한 것이다. 일반적으로 그들의 활동에 직접적으로 관련된 사람들(연구 참여자, 내담자, 학생)은 이러한 위치에 있게 된다. 이런 사람들(고용주, 제삼자, 일반 대중)과 간접적으로 관련된 심리학자들의 책임감은 대개 부차적인 것이 된다.

개인은 보통 그들의 개인적 결심에 있어서 자신의 부를 고려할 때 그것을 보호할 수 있도록 하는 가장 좋은 방법 중의 하나가 정보에 근거한 동의라고 생각한다. 그럼에도 불구하고 그것은 심리학자들의 개인의 부(富)에 대해 상당한 윤리적 보호가 전제될 때 가능하다. 이것은 잠재적으로 이익이 손해를 능가할 경우 손해를 최소화하고 이익을 최대화하기 위한 방법을 얻기 위해, 연구, 교육, 연습, 사업 활동의 감독자로서 손해를 끼치는 영향을 수정하기 위한 책임을 질 경우 이루어진다. 이런 단계를 수행하기 위하여 심리학자들은 적성과 자기 인지를 위한 필요성을 감지한다. 그들은 적성에 맞지 않는 활동은 이익이 되지 않고 손해가 되는 것으로서 그 자체로 비윤리적인 것으로 여긴다. 그들은 적성이 있거나 감독관이 있는 활동에 종사한다. 또한 그들은 자신의 활동을 가능한 완벽하게 한다. 그들은 관련된 관심사항에 존재하는 지식을 사용하고 획득하고 공헌한다. 그들은 자신의 행동의 영향, 해석, 선택, 추천에 있어서 자신의 가치, 성향, 경험, 사회적 요소(문화, 인종, 피부색, 종교, 성별, 성적 취향, 신체적 또는 정신적 능력, 나이, 그리고 사회경제적 지위)를 어떻게 다루는지에 대한 자기 반영을 한다.

이것은 그들의 증가하는 활동이 심리학자로서 자신의 역할과 관련된 개인, 가족, 그룹, 조직사회에게 이익을 주고 해가 되지 않을 것이라는 가능성이 증가하는 의도와 같이 간다.

심리학자들은 신체적 그리고 심리적 차원 둘 다의 개념에 의해서 손해와 이익을 정의한다. 그들은 이러한 요소들인 사회적 가족적 조직관계, 개인적 문화적 정체성, 자기 가치, 두려움, 굴욕, 상호 신뢰, 냉소, 자기 인지와 일반적 지식, 그리고 육체적 안정성, 평온함, 고통, 상처에 관해 신경을 쓰게 된다.

책임감 있는 치료(배려)는 자신의 힘으로 결정내리거나 자신 또는 타인을 돌보기 위하여 개인의 능력, 가족, 그룹, 그리고 조직의 능력을 인지하고 존중한다(예를 들면, 정보에 근거한 동의를 얻음으로써). 이러한 능력은 감소되거나 교체될 수 없고 타인의 경쟁적 결정에 있어서 다른 사람의 가장 좋은 관심사항에 누군가의 의견으로 대체되지도 않는다. 그럼에도 불구하고 심리학자들은 취약성이 증가하고 자기 삶이 빈약해지는 것을 통제하기 위해 그것을 인지한다. 심리학자들에게는 개인, 가족, 그룹, 조직과 관련된 복지를 보호하기 위한 책임감이 가중되고 있다. 이런 이유로 인해서 1장에서처럼 심리학자들은 개인과 관련된 부분의 자발적 모방의 부족과 의존의 적절한 정도를 증가시키기 위해 자신감으로써 배려를 간주한다. 그러나 2장에서 보호는 개인의 권리라기보다는 개인의 복지 쪽에 더 가깝다. 심리학자들의 치료와 연구에 있어서 동물의 사용과 가르치는 활동은 책임감 있는 배려(치료)의 구성요소가 된다. 동물은 사람처럼 도덕적 권리를 가지지 못하지만 그들 역시 자비롭게 치료받아야 하고, 불필요한 불안감, 고통, 분열에 노출되어서는 안 된다는 것이다. 사회와 심리학자와 연계된 규율을 통한 사회적 계약의 덕택으로 심리학자들은 모든 사회 구성원의 일반적 치료에 대한 의무보다는 사회 구성원을 높은 수준으로 치료해야 하는 의무를 갖는다. 그러나 심리학자들은 심리학자로서 자신의 일터에서 자신의 기본적 복지를 보호하기 위한 권리를 갖고 있기도 하다(예를 들면, 신체적 안정감, 가족관계 등).

윤리적 기준

책임감, 치료에 관련하여 심리학자들은 다음과 같은 윤리적 기준을 갖고 있다.

일반적 치료(배려)

II.1 내담자, 연구 참여자, 고용인, 감독관, 학생, 훈련생, 동료, 기타 인원들의 복지를 증진하고 보호하라.

II.2 내담자, 연구 참여자, 고용인, 감독관, 학생, 훈련생, 동료, 기타 인원들에게 해가 되는 행위를 피하라.

II.3 행동의 결과에 대한 책임을 감수하라.

II.4 심리학자의 결정에 있어서 어떤 누구에게도 조언하거나 훈련하거나 정보를 주지 말라. 이것은 단지 타인에게 피해를 입힐 뿐이다.

II.5 심리적 지식은 남용되지 않고 의도적 또는 비의도적으로 타인에게 해를 입히지 않는다는 것을 확신시키기 위해 가능한 모든 노력을 하라.

능력과 자기 지식

II.6 (누구의 지도 감독 없이) 다른 사람들의 복리를 위해 그들이 능력을 발휘했던 행동만을 제공하거나 수행해야 한다.

II.7 타인의 이익에 도움이 되는 경쟁을 하지 않기 위해 개인의 활동을 조합하지 말라.

II.8 만약 내담자의 문제가 그들의 권한을 넘어선다면 동료 또는 다른 적합한 전문가에게 자문하기 위한 즉시 단계를 밟아라.

II.9 관련된 문서, 동료의 자문, 계속되는 교육활동을 통해서 관련된 지식, 연구 방법, 기술, 개인과 사회의 영향의 광범위한 범위와 맞추어라. 이것은 그들의 활동 또는 서비스가 타인에게 이익을 주고 해를 주지 않게 하기 위해서이다.

II.10 심리학자들 자신의 경험, 태도, 문화, 신념, 가치관, 사회적 요소, 개인적 차이, 구체적인 훈련, 타인과의 상호관계에 있어서의 스트레스 영향, 타인에게 해가 되고 이익이 되는 모든 노력에 대한 상호작용을 평가하라.

II.11 심리적 또는 신체적 조건이 타인에게 해가 되지 않거나 이익을 주는 능력을 감소시킨다면 적절한 도움과 시간에 맞게 전문적 활동을 찾아라.

II.12 나쁜 조건(예를 들면, 마약중독 등)을 피하는 데 도움을 주는 자기 단련 활동에 종사하라. 이러한 것들은 타인에게 해를 주고 이익이 되지 않는다.

위험/이익 분석

II.13 관련된 사람에게 해가 되지 않거나 이익을 줄 수 있는 것을 식별할 수 있도록 그들의 활동과 관련된 조직, 그룹, 가족, 개인을 평가하라.

II.14 개인, 그룹, 조직, 그들의 활동에 있어서 사람들에게 해가 되지 않고 이익이 되는 것을 식별하기 위해 취약점과 문화적 차이점에 관해 감수성 있고 지적인 사람이 되도록 하라.

II.15 그것의 실제 수치를 측정하기에 앞서 모든 새로운 과정과 기술의 영향을 판단하기 위한 준비 조사를 시행하라.

II.16 결심에 앞서 미지의 결과, 고통, 불편함, 손해가 있거나 미지의 결과의 절차와 관련된 새로운 중재와 모든 연구에 있어서 잠재적 이익과 위험을 적절하게 균형을 맞출 수 있도록 윤리적으로 고찰하라.

II.17 가능성 있는 이익이 관련된 위험보다 더 크지 않다면 과학적이고 전문적인 활동을 하지 말라.

이익 극대화

II.18 상반되는 목적에서 일하는 상황이나 복제를 피하기 위하여 맞춰진 시간에 서비스를 제공하라.

II.19 타인과 함께하는 그들의 활동에 적절한 조화와 영속성을 지원하기 위해 관련된 기록을 만들고 유지하라.

II.20 다른 규율의 기술과 지식을 인지하라(예를 들면, 법, 의료, 사업 행정). 그리고 이런 타인의 이익과 관련된 기술과 지식의 사용을 조언하라.

II.21 필요한 심리적 서비스를 찾기 위해 노력하라. 이것은 단지 개입 방법에 제한되지 않는다. 그리고 내담자를 대표해 옹호한다든지 적절한 시기에 심리학자보다 더 전문적인 사항을 추천하는 등 관련된 문화나 믿음 체계를 포함한다.

II.22 그들의 활동의 영향을 판단하고 감시하라. 이것은 관련된 새로운 지식에 대해 의사소통을 한다든지 목표를 기록할 때에 필요하다.

II.23 참여자의 지식이 향상되고 그들이 지식 향상에 공헌할 수 있도록 하라.

II.24 가르침이 시사성이 있고 학술적으로 될 수 있도록 세심하게 준비하여 가르치는 업무를 수행하라.

II.25 사람들이 규율의 윤리적 가정과 가치를 이해시키는 것을 확신함으로써 그리고 적절한 노동 환경을 제공하고 적절한 시기의 판단과 건설적 상담과 경험의 기회를 제공함으로써 피고용인, 감독관, 학생, 훈련생의 전문적 그리고 과학적 발전을 촉진시켜라.

II.26 학생들이 만든 가치 있는 문서가 출판될 수 있도록 도움을 주고 격려하라.

피해 최소화

II.27 치료에 있어 힘의 인간관계를 정확히 인지하라. 치료 기간 동안 내담자와 성적 교감을 하지 말라.

II.28 심리학자와 직접적으로 관련된 학생, 훈련생과의 성적 교감에 참여하지 말라.

II.29 우연히 사람들을 위험에 처하게 할 수 있는 자리에서 활동하지 않도록 주의하라.

II.30 정보의 의사소통과 기록에서 판단의 필요성을 정확히 인지하라. 이것은 정보가 잘못 해석되고 타인에게 손해를 주지 않게 하기 위해서이다. 이것은 단지 잘못 해석되고 오용되지 않도록 정보를 기록하는 데 제한되지 않고, 추측을 피하고 의견을 개진하고 정보 수용에 의해 분명히 이해될 수 있는 언어로 의사소통이 이루어지는 것까지 포함한다.

II.31 만약 개인적으로 필요한 심리학적 서비스와 활동을 위해서 요구사

항을 만족시킬 수 없다면 그것을 보호하기 위해 정당한 도움을 주
어라.

II.32 만약 이것이 내담자에게 적절하게 요구되는 것이라면 제삼자가 지
불하고 내담자가 관련된 수수료를 지불할 수 없는 상황에서 필요
한 서비스를 받게 되는 방식을 찾고 정당한 도움을 제공하라.

II.33 동료 또는 다른 전문적 서비스가 시작될 때까지 적절한 접촉, 지지,
치료의 책임을 유지하라.

II.34 서비스가 단절되기 전에 관련된 정당한 공고를 주고 단절은 내담
자에게 손해를 주지 않을 것이라는 확신을 주어라.

II.35 만약 더 많은 손해의 최소 위험이 몇몇 연구 참여자에게 가능하다
면 연구 참여자와 손해를 보게 될 당사자들에게 이것을 적절하게
보여주어라.

II.36 연구 참여자의 개성, 또는 그들의 신체적, 정신적 성실성에 관한 연
구 활동의 영향을 최소화하기 위하여 활동하라.

과실상계/종료

II.37 (치료) 활동이 최소한의 위험보다 더 많은 위험을 지닐 때, 득보다
실이 많을 때, 또는 활동이 더 이상 필요하지 않다는 사실이 명백
하면 활동을 종료하라.

II.38 개인, 가족, 그룹, 조직의 입장에서 최근 정보, 법 또는 전문가가 자
기 자신 또는 타인에게 신체적, 심리적 손해를 심각하게 야기한다
면 그들을 도와주는 것을 거절하라.

II.39 이런 행위가 심각한 신체적 손해 또는 죽음을 야기할 것 같으면 타
인에 의한 행위의 결과를 멈추기 위하여 가능한 정당한 모든 것을
하라. 이것은 적절한 기관(예를 들면, 경찰)에게 보고하는 것을 포
함할 수 있다. 그리고 여기에서는 의도적 희생, 개입할 수 있는 다
른 지지자, 가족 구성원, 관련된 비밀스러운 인간관계가 이루어질
수 있다

II.40 활동에 관한 정보가 객관성이 있고 이런 활동이 그들의 관심을 그

들 자신과 다른 규율의 구성원 또는 심리학자 사이의 인간관계를 외부로 유도한다면 다른 심리학자나 다른 규율의 구성원에 의해 행해지는 심각하게 손해를 일으킬 수 있는 활동을 종결하라. 이것은 적절한 조직이나 위원회에 보고하는 것을 포함할 수 있다. 그리고 이것은 손해를 멈추기 위해 가장 잘 맞춰진 개인에 대한 심리학자의 판단에 의존하고 비행(misconduct)의 정의와 조절적 요구사항에 의존한다.

II.41 다른 심리학자 또는 다른 훈련생들에 의해 이루어지는 해로운 활동의 결과를 막기 위해 노력하라. 만약 그 결과가 심각하지 않거나 그 활동들이 다소 덜 민감하고 지식이나 경험들이 부족할 때, 그리고 그 활동들이 내담자의 비밀스러운 인간관계와 그들과의 인간관계 이외에 존재할 때 만약 그 해악이 중지되고 고쳐질 수 있다는 확신이 있다면 이것은 다른 심리학자나 훈련생들과 비공식적으로 이야기될 수 있다. 만약 다른 심리학자와 훈련생으로부터 존중을 받지 못한다면 그것은 모임에 참석하기 위해 덜 취약한 지위에 있는 사람을 요구할 수도 있다.

II.42 심리학자로서 그들이 야기할 손해의 개념 인지에 대해 타인과의 인간관계를 열어라. 손해를 야기하는 활동을 금하라.

II.43 기본 서비스가 가능할 때 연구 설계의 조건을 만족시키기 위해 그들에게 서비스를 제공하지 않음으로써 야기되는 심각한 불이익에 서비스를 필요로 하는 개인, 그룹, 가족, 조직을 위치시키지 말라.

II.44 야기된 모든 손해는 이해될 수 있다는 방식을 연구 참여자에게 통고하라. 그리고 모든 결과로서 생기는 손해를 줄이기 위하여 행동하라.

동물 보호

II.45 연구가 구조와 과정의 이해를 도울 것이라는 이성적 기대가 없다면 연구에 동물을 사용하지 말라. 그렇지 않으면 연구에 사용된 특종의 동물의 사용의 이해를 늘리거나 사람과 다른 동물의 건강과 삶의 질에 있어서 결과적으로 이익이 됨을 인지시켜라.

II.46 만약 대체 순서가 가능하지 않고 목표가 장래의 과학적, 교육적, 또는 적용된 가치에 의해 정의된다면 고통, 스트레스, 사생활에 귀속된 절차를 사용하라

II.47 동물의 고통, 병, 불편함을 최소화하기 위하여 노력하라. 이것은 만약 실험용 동물들의 사용이 연구 종결 부분에 사용되고 인도적으로 행해진다면 수술중이거나 수술 후 통증을 최소화하고 감염을 피하기 위하여 적절한 마취 하에서 외과적 수술과정을 포함해야 한다.

II.48 만약 연구가 비디오테이프, 필름, 기타 방법으로 이루어질 수 없다면, 그리고 실험의 방식이 교육적 이익에 의해 보장될 수 있다면 교실의 실험대 안에서 동물을 사용하라.

책임의 확장

II.49 책임감 있는 치료를 위해 이 규정을 가지고 변함없는 방식으로 타인을 격려하라.

II.50 책임감 있는 치료에 관한 한 그들의 보조자, 피고용인, 감독관, 학생, 훈련생의 과학적 그리고 전문적 활동을 위한 전반적인 책임감을 당연한 것으로 여겨라. 그러나 그들 모두는 비슷한 법적인 구속(강제력)을 초래한다.

[원칙 III] 인간관계에서의 성실

심리학에서 공공의 자존심의 유지와 과학적 지식의 발전에 결정적인 성실의 외연적, 내연적 상호간의 기대는 심리학자에 의해서 구체화된다. 정확성과 정직성, 직접성과 개방성, 객관성의 최대화와 편견의 최소화 등의 상황에서 이때 심리학자들은 기대를 충족하고 호혜주의(상호 의존)를 격려하기 위한 책임감을 갖는다. 정확성과 정직성, 사기의 금지에 추

가해서 성실이라는 기대의 만족은 자아 인지와 비판적 분석의 사용에 의해 증가한다. 물론 과학은 가치가 없거나 공정하지 못하다는 주장이 논쟁거리가 될 수 있음에도 불구하고 과학자들은 그렇지 않다. 개인적 가치와 자기 관심은 심리학자들이 묻는 질문에 영향을 줄 수 있다. 어떻게 그들이 이 질문에 대답하는지, 무슨 가정을 만드는지, 그들이 선택하는 방법, 그들이 예측하는 것과 실패하는 것, 그리고 그들의 자료를 어떻게 밝히는지, 심리학자들은 자신의 활동을 수행함에 있어서 전적으로 사리 사욕이 없거나 또는 무가치적으로 보이지 않는다. 그러나 그들은 자신의 배경, 개인적 필요, 자신의 활동과 가치 교류, 그리고 이러한 요소들의 영향에 관해 정직하고 열린 마음을 가져야 하며, 어떠한 환경 하에서도 가능한 한 편견이 없고 객관적이어야 한다.

정직성과 개방성의 가치는 개인의 존엄성의 존중의 맥락과 책임감 있는 치료의 맥락에서 존재한다. 정직성과 개방성이 수그러질 필요가 있는 환경이 있을 것이다. 하지만 완전히 개방적인 공시는 타인에 의해 선호되지 않을 것이다. 그리고 어떤 환경에서는 이것은 그들의 존엄성, 복지를 위협하고 문화적으로 부적절하게 간주되기도 한다. 그러나 이런 환경에서 심리학자들은 서열화된 가치에 의해 완전히 개방되고 정직하지 않은 그들의 결정이 정의되는 것에 책임감을 갖는다. 그리고 그들은 정보에 근거한 동의 과정을 무효화하지 않는다. 심리학자들에게 특별한 걱정은 불완전한 공시의 조항이다. 조사 연구자를 위한 정보에 근거한 동의를 획득할 때 또는 일시적으로 연구 참여자로 하여금 연구 프로젝트가 그 실제 목적과 다른 목적을 갖는다고 믿게 하려 한다. 이런 행위들은 때때로 연구 참여자의 반응에 영향을 미치고 그 결과를 무효화시킬 것 같은 연구에서 발생한다. 이러한 기술력을 사용하는 연구는 이익을 줄 수 있는 지식에 근접할 수 있다. 이런 이익들은 연구 참여자의 자기 결정권과 심리학의 개인적 믿음과 공공의 중요성에 대해 그 가치가 측정되어야 한다. 심리학자들은 이런 연구 절차의 사용을 가능하면 최대한 피하기 위하여 심각한 의무(구속)를 갖고 또한 이것의 사용으로 인해 해가 되는 영향 또는 모든 야기되는 불신을 고치기 위한 책임감, 가능한 결과의 수

요를 고려하여 막중한 의무(구속)를 갖는다. 심리학의 규율(단련)에서 공공적 믿음은 대중 구성원들이 자신의 최고의 이익에 비추어 행동할 것이라는 믿음을 포함하기 때문에 심리학자들에게는 실제적, 잠재적 분쟁이 존재하는 상황이 우려된다. 이런 상황은 왜곡된 판단을 이끌 수 있는 것으로 심리학자들로 하여금 이것은 대중 구성원이 가장 이익이 되는 상황에서 자신의 개인적, 정치적, 재정적 이익을 만족시키기 위한 방식대로 행동하도록 동기화시킬 수 있다. 타인의 잠재적 약탈(개척)과 관심이 모든 분쟁의 이탈을 가능하지 않게 함에도 불구하고 이것은 대중 구성원의 이익을 보호하려는 많은 위험에 처해 있다. 그리고 대중의 믿음은 그들이 결코 받아들여질 수 없는 것으로 여겨진다. 다른 분쟁들의 위험한 수준의 관심(예를 들면, 둘 또는 여러 사람과의 인간관계)은 부분적으로 문화적 요소와 전문적 관계의 특정한 형태에 대해 의존적일 것이다.

가능하다면 관심의 다른 분쟁과 이중 또는 다중의 인간관계를 회피하는 것은 심리학자의 책임이다. 이러한 상황들이 회피될 수 없거나 피하기에 부적절하다면 심리학자들은 조언을 구하고 대중의 가장 큰 이익이 보호될 수 있도록 안전막을 세워야 한다. 인간관계에 있어서 성실은 정직에 관련되어 말하자면, 심리학자들은 그들이 최근 그 분야에서 경험 유무와 관계없이 자신의 능력을 유지하기 위한 책임을 진다.

심리학자들은 활동하기 위해 규율과 안내와 요구에 따르는 책임감을 갖는다.

윤리적 기준

인간관계에 있어 성실 조항의 이행과 관련해서 심리학자의 생각은 다음과 같다.

정확성/정직성

III.1   정직하지 않거나 기만, 허위가 있는 이들과 교제하지 말라.

III.2   정확하게 말로 하거나 글로 쓰이거나 인쇄된 매체를 사용함에 있어서 오해될 수 있는 진술 또는 정보를 사용하지 않도록 주의하면서 자신과 친구의 보증, 자질, 교육, 경험, 적성을 표현하라.

III.3 조심스럽게 타인에 의해 왜곡된 자신과 동료의 허위로부터 발생된 보증에 주의하고, 모든 허위를 고치기 위해 재빨리 행동하라.

III.4 심리적 적성(능력)의 공표된 분야뿐 아니라 최근 활동의 영역에 있어서도 자신의 능력을 유지하라.

III.5 정확히 자신과 동료의 활동, 기능, 공헌, 그리고 활동의 결과물을 표현하라(연구 결과를 표현). 말의 형태든 문서의 형태든 인쇄된 형태든 간에 이것은 서비스나 생산물의 광고, 과정과 토론, 학술적 등급 요구, 연구 발표에 제한되지 않는다.

III.6 자신과 동료의 활동, 기능, 공헌, 그리고 활동의 부산물(예를 들면, 연구 결과)이 타인에 의해 잘못 표현되지 않도록 하고 만약 잘못 표현된다면 즉시 수정하라.

III.7 자신이 실제 행동하거나 발생한 일에 관해서만 보증하라. 그리고 기여한 것에 걸맞게 타인(친구 포함)에 의해 기여된 생각 또는 행한 일에 관한 믿음(신뢰)을 주어라.

III.8 자신과 동료의 지식, 방법, 발견, 개입과 관점의 한계를 인정하라.

III.9 자신과 동료의 관점, 인정하는 대체 가설과 설명의 부당성을 증명하는 증거를 억압하지 말라.

객관성/편견 배제

III.10 개인적 경험, 성향, 가치, 사회적 배경, 개인적 차이, 스트레스가 그들의 활동과 생각에 어떻게 영향을 주는지 평가하라. 이 평가는 그들의 연구, 서비스, 다른 활동에서 편견이 없고 객관적인 모든 시도로 변화된다.

III.11 가능한 완전하고 객관적으로 의사소통하기 위해 요소, 의견, 이론, 가설과 생각을 분명하게 구분하라.

III.12 정보의 발표나 선택에 있어서 편견을 피하면서 정확하게 교육적 정보를 제시하라. 그리고 공식적으로 정보의 발표와 선택에 영향을 주는 모든 개인적 가치와 편견을 인정하라.

III.13 지지자, 내담자, 미디어의 왜곡을 시정하기 위해 즉각적으로 행동
하라.

정직성/개방성

III.14 정보에 근거한 동의 또는 다른 모든 유효한 동의를 얻기 위해 필
요한 모든 정보에 관해 분명하고 직접적으로 접근하라(예를 들면,
수수료, 관련된 사업 정책, 상호 관심, 상호 책임, 심리학자의 윤리
적 책임, 연구 참여를 포함하는 인간관계의 목적과 본질, 경험, 가
능한 다툼과 결과물, 그리고 모든 정보의 공유, 사용, 가공에 대한
기대).

III.15 정보 제공의 경우, 요청을 받는다면 평가, 사정, 혹은 연구 결과에
대한 적절한 정보를 관련된 사람들에게 제공하라. 이 정보는 이해
할 수 있는 언어로 의사소통되어야 한다.

III.16 이 정보가 적절하고 타인에 의해 요청된다면 그들 행동에 의해 영
향을 받는 사람들에게 자신의 행동에 대한 이유를 충분히 설명하
라.

III.17 심각하고 예기치 못한 상황이 발생하지 않는다면 구두, 서식의 형
태를 띤 위임과 약속을 존중하라. 만약 그런 상황이 일어나면 그
때 심리학자들은 관련된 사람에게 진실한 설명을 할 것이다.

III.18 공공 활동에 관련되거나 성명을 발표할 때 활동의 주체가 개인의
자격인지, 그룹 또는 조직의 구성원인지, 조직의 대표자인지를 분
명히 하라.

III.19 연구에 영향을 주는 재정적 이익 또는 모든 연구 목적, 후원자, 사
회적 배경, 개인의 가치를 분명히 하기 위해 정직하게 공개하는
방식으로 연구를 토의하고 일을 수행하라.

III.20 연구 분야의 전문적 기술이 있는 사람에게 기밀이 제한하는 범위
내에서 몇몇 정확한 형태로 된 그들의 연구 성과를 제시하라. 왜
냐하면 그것은 그들의 언급과 판단의 모든 최종 보고서의 준비와
발표(출판)보다 앞서기 때문이다.

III.21 학생, 동료, 대중들과의 심리학적 이론과 지식의 교환에 있어 열린 자세를 취하라.

III.22 교육생이 직접적인 서비스를 제공한다면 교육생의 신분을 숨기기 위한 시도를 하지 말라. 즉 내담자는 사실에 근거함을 확신하라.

불완전한 공개의 회피

III.23 만약 가능한 대체 절차가 있거나 혹은 부정적 영향이 예견될 수 없거나 보상될 수 없다면 불안전한 공개, 연구 참여자들의 일시적인 연구 프로젝트, 또는 몇몇 관련된 점이 다른 목적을 가진다고 믿게 하는 것에 개입되지 말라.

III.24 만약 결정에 분명히 영향을 줄 것 같은 사실이 개인의 이해와 상충되는 것이 있다면 불안전한 공개, 연구 참여자들의 일시적인 연구 프로젝트, 또는 몇몇 관련된 점이 다른 목적을 가진다고 믿도록 하는 문제에 개입하지 말라(예를 들면, 위험, 불편함의 수준에 대한 정보의 보류).

III.25 이런 연구 절차가 사용되었을 때 필요한 최소의 불완전한 공개 또는 연구 참여자들의 일시적인 연구 프로젝트와 몇몇 내용이 다른 목적을 가지고 있음을 믿게 하는 것을 이용하라.

III.26 만약 거기에 불완전한 공개(폭로)와 연구 참여자들의 일시적인 연구 프로젝트, 또는 몇몇 관련된 점이 다른 목적이 있다면 개입(연관) 이후 가능한 빨리 연구 참여자들로부터 보고를 받아라.

III.27 보고를 받는 동안, 연구 참여자에게 연구의 본질을 설명하라. 그리고 참여자들로 하여금 연구 절차가 변덕스럽지 않고 예측이 가능하다고 확신시키면서 모든 미개념화된 것을 제거하기 위해 노력하라.

III.28 연구 참여자와 함께 불완전한 공개, 일시적인 연구 프로젝트, 또는 몇몇 관련된 점이 다른 목적을 가진다고 믿게 하는 것 때문에 잃은 것 같은 모든 믿음을 재구축하라.

III.29 연구 참여자가 불완전한 공개나 일시적인 연구 프로젝트나 다른 목적을 가진다고 믿게 하는 상황을 보고받은 경우, 데이터의 삭제가 연구의 유효성을 나타내지 못할 경우, 그리고 다른 참여자의 참여의 윤리적 가치를 저하시키는 경우에는 그/그녀의 데이터를 제거하는 선택권을 연구 참여자에게 주어야 한다.

III.30 공공이나 개인의 신뢰와 안전 조치 위험에 관한 독립적이고 적절하게 윤리적인 검토를 추구하라. 이것은 불완전한 공개나 연구 참여자의 일시적인 연구 프로젝트나 몇몇 관련된 점이 다른 목적을 갖고 있다고 판단되었을 때, 의사결정을 실행하기 전에 해야 한다.

이해관계 충돌의 회피

III.31 연구 참여자, 학생, 고용인 또는 그 밖의 사람들을 포함해서 심리학자와 개인적이거나 정치적인, 또는 내담자의 이익에 관련된 경비에 관하여 사업적인 이익으로서 만들어진 어떠한 관계도 이용해서는 안 된다.

대표적으로 다음과 같은 사항을 포함한다.

개인 실습에 대한 채용기관의 내담자 청원과 신뢰나 의존성 조장 또는 성적인 관계를 이용하는 경우, 서비스 받는 내담자를 놀라게 하는 신뢰나 의존성을 이용하는 경우, 학생들의 아이디어나 연구, 일을 가로채는 경우, 목적과 상응하지 않는 채용기관의 자원을 사용하는 경우, 소개에 대한 사례금이나 보너스를 주거나 받는 경우, 내담자로부터 대출을 받거나 대출을 수락 또는 투자하는 경우, 개인적인 이득을 이유로 다른 동료에게 편견을 갖는 경우 등.

III.32 활동에 참여하는 개인이나 그룹에게 동기를 부여할 수 있는 충분한 보상을 제공해서는 안 된다. 이것은 그들과 다른 사람들을 위험에 처하게 할 가능성이 있기 때문이다. (I.27, I.28, II.2, II.49 참조)

III.33 이해관계 또는 다중관계(내담자와 연구 참여자, 고용인, 감독관, 학생들 또는 훈련생들)를 피하고 이익 분쟁이 나타날 수 있는 다른 상황이나 또는 객관적으로 볼 수 있는 능력을 감소시키는 것과 다른 사람에게 최선의 이익이 될 수 있게 하는 선입관에 영향을 주는 것은 피하라.

III.34 이중관계 또는 다중관계에 잘 대처하라. 이것은 모면하거나 피할 수가 없다. 왜냐하면 문화적인 규범이나 편견, 객관성 부족, 개발 부족이 최소화되었기 때문이다. 이것은 이중관계 또는 다중관계의 지속기간에 대한 혹은 관련된 제삼자에 대한 동의를 얻기 위해 감독이나 상담이 포함될 수 있다(예를 들면 연구 참여자 되기에 대한 내담자나 고용인 접근).

III.35 만약 실제적이거나 잠재적으로 이익 분쟁이 일어날 경우 모든 부분을 알려라. 인간의 존엄성을 존중하는 방법으로 이러한 상황을 해결하고(원칙 I) 그리고 책임감 있는 보호(원칙 II)와 단계적인 방법으로 문제를 해결하라.

원칙의 유지

III.36 인간의 존엄성이나 책임감 있는 보호에 관한 존중의 규정 안에 명시된 다른 권리나 복지에 심각하게 해로울 수 있는 것 외에는 스스로 준수하라. (분쟁 해결에 관한 가이드라인 IV.17과 IV.18 참조)

III.37 원칙을 유지하기 위해 책무에 정통하고 행동으로 보여주어라.

III.38 동료나 적당한 그룹, 그리고 위원회로부터 상담을 요청하라. 그리고 만약 어려움에 직면했을 때에는 책임감 있는 결정을 하기 위한 조언을 구하라.

책임의 확장

III.39 일관성 있는 태도와 규정으로 관련된 다른 사람들을 진실하게 격려하라.

III.40 체계적이고 전문적인 활동에 대해 관계의 진실성 규칙을 갖고 조교, 고용인, 감독관, 학생과 훈련생들에게 전체적인 책임을 맡겨라. 그러나 누구든 비슷한 의무가 부과된다.

[원칙 IV] 사회에 대한 책임

심리학은 인간사회의 배경 내에서 규율로서 작용한다. 심리학자는 자신의 일에서 그리고 일반 시민으로서 그들이 살고 일하는 모든 인간의 복지, 이웃 같은 사회에 대한 책임감을 갖는다. 학문으로서 그리고 전문 분야로서 합법적인 심리학의 기대 두 가지는 먼저 모든 인간 삶의 복지를 증진하는 것과 그것이 지식을 증가시켜 줄 것이라는 것이다. 토론과 연구의 자유(과학적 그리고 학술적 자유를 포함)는 심리적 교육, 과학, 관습의 기본이다. 사회의 맥락에서 보면 위에 언급된 기대들은, 심리학자들은 윤리적 요구에 상응하는 활동과 방법의 사용을 통해 이 자유를 행사할 것이라는 것을 의미한다. 이 기대들은 또한 사회적 구조와 정책의 발전에 사용될 때 심리적 지식은 실용적 목적에 사용될 것이라는 확신을 하기 위해 그들은 무엇이라도 할 것임을 내포한다. 그리고 규율의 구조와 정책은 이런 실용적 목적을 지지할 것이다. 이 글의 맥락에서 이익을 주는 목적을 갖는 사회적 구조와 정책은 개인의 존엄성의 존중, 책임감 있는 치료, 인간관계의 성실함, 사회에 대한 책임을 반영하고 지지하는 것으로써 정의된다.

만약 심리적 지식 또는 구조가 그 목적에 반해서 사용된다면 심리학자들은 이 남용을 고치고 주의를 집중시키기 위해 윤리적 책임감을 갖는다. 이것이 집합적 책임감이 아님에도 불구하고 심리학자들은 사회의 발전, 이론적 또는 사용된 연구 자료의 기초에 있어 규율의 구조 속에서 직접 연관이 되는데(예를 들면, 연구, 숙련된 증언, 정책 조언) 이들은 정말로 큰 책임감을 갖는다. 다른 심리학자는 스스로 이 집합적 책임감에 상응하는 데 도움을 주는 시간과 능력을 적절하고 건설적으로 사용해야 한다. 자신의 일을 수행함에 있어, 심리학자들은 많은 사회적 구조에서 인간의 필요에 대응하는 시간의 흐름을 끌어내었고, 그들을 발전시킨 사회에 의해 가치가 매겨졌다. 이런 상황에서 심리학자들은 이 사회구조에 대한 존중을 표현하고 불필요하고 보장되지 않은 분열을 피하게 된다. 이 구조들의 상승 또는 변화에 관한 행동과 제안은 민주적 수단을 통하고 이것은 사회 범위 내에서 합의를 달성하기 위해 노력하는 과정을 통해 이루어진다. 반면, 만약 이 구조와 정책이 심각하게 개인 존엄성의 존중, 책임감 있는 치료, 인간관계의 성실성, 사회에 대한 책임감에 반하거나 무시된다면 심리학자들은 이 규정의 원칙을 가지고 변함없는 방식으로 공표할 책임감을 갖게 된다. 그리고 그들은 가능한 한 빨리 발생할 적절한 변화에 대처해야 한다. 사회를 신뢰하고 책임감 있게 하기 위해, 그리고 구조적으로 발전시키기 위해 심리학자들은 타인과 파트너십을 갖고 일하는 게 필요하다. 즉 사회의 심리적 규율의 위치에 관해 외부적 비판과 제안에 열려 있어야 하고 자기 반영적이어야 한다. 그들은 사회의 구조와 정책에 영향 받는 사회적 목표와 설명에 차분해질 필요가 있다. 또한 그들은 변화의 과정, 심리학적 지식과 구조의 효율적 사용을 증가시킬 수 있는 능력을 개발하면서 그것의 남용을 피해야 한다.

그 규율은 그 구성원들을 위해 높은 수준으로 끌어올려질 필요가 있다. 이런 기준에 부합하는 것을 확신하기 위해, 그리고 그 수준을 유지하기 위한 그들의 시도에서 구성원들을 지지하기 위해 다시 한 번 심리학자들은 자기 힘으로 이런 집합적 책임감을 만족시키는 데 도움이 되는 능력과 시간의 효율적 사용을 결정해야 한다.

윤리적 기준

사회에 대한 책임의 원칙에 관하여 심리학자들의 기준은 다음과 같다.

지식의 발전

IV.1 활동이 다른 기본적인 윤리적 요구와 충돌되지 않는다면 연구, 지식, 생각의 표현을 통해 사회의 원칙과 사회 자체, 그리고 인간을 일반적으로 이해하라.

IV.2 생각과 지식의 표현과 자유로운 연구, 습득, 변환에 있어서 기본적인 윤리적 요구와 충돌하지 말라.

IV.3 심리적 활동의 영역에서 진행 사항을 알고, 진행 사항에 기여하도록 노력하라.

이익 활동

IV.4 자신과 동료의 전문적인 과학적 성장과 교육에 계속적으로 공헌하고 참여하라.

IV.5 심리학의 규율에 참가한 이들의 발전에 도움을 줘라. 이는 그들로 하여금 자신의 윤리적 책임감을 충분히 이해시킴으로써 가능하다.

IV.6 사회적 기능과 변화에 도움을 주는 규율에 관한 절차와 구조의 보충과 발전을 위해서 자기 위치를 냉정하게 판단하라.

IV.7 윤리적 문제 또는 비순종의 건설적인 답을 존중하는 표현을 지지하는 작업 환경에 공헌하라.

IV.8 윤리적 관습과 보호막의 정기적 확인, 평가, 보고(동료 평가, 프로그램 평가, 사건 관리 평가, 자기 자신의 연구 보고서)에 관여하라.

IV.9 작업에 관련된 신뢰성 있는 절차와 과정에 있어 도움을 주고 발전시키고 참여하라.

IV.10 규율을 가장 높은 기준으로 올려주고 유지함으로써 사회에 관한 규율의 책임감을 가져라.

IV.11 심리학에 대한 기술, 지식, 해석이 잘못 사용되거나 부적절하게 사용되거나 불필요하게 사용되지 않도록 보호해야 한다(예를 들면, 타인에 의한 평가 기술 보호의 상실).

IV.12 사회에 관한 일반적 복지에 공헌하라(예를 들면, 지불 능력에 상관없이 서비스의 근접성을 향상시키는 것). 그리고 규율의 일반적인 복지에 공헌하라.

IV.13 불성실한 그리고 비윤리적인 행동을 유발함으로써 사회에 관한 규율의 책임감을 보류하라. 이것은 심리적 지식과 기술의 오용을 포함한다. 만약 그 상황의 비공식적인 해답이 적절하지 않거나 가능하지 않다면 이 규정의 방식으로 규제 기구 또는 적절한 기관, 위원회에서 처리할 수 있다.

IV.14 윤리적 원칙과 이 규정의 기준에 맞춰서 행동하도록 하는 계약과 동의에 가입하라

사회에 대한 존중

IV.15 어떤 주요 업무를 시작하기에 앞서 문화, 사회구조, 그리고 사회관습 등에 대한 적절한 지식을 획득하라.

IV.16 이 규정의 모든 윤리적 원칙을 위반하는 것을 전제한다면 우세한 조직을 따르고, 과학적, 전문적 활동에 있어서 사회적 관습, 문화적 기대, 존경심을 전달하라.

IV.17 사회의 법과 규제에 친숙해지도록 하라. 만약 이 법과 규제들이 윤리적 원칙에 심각하게 위반된다면 심리학자들은 윤리적 원칙을 고수하는 행동을 할 것이다. 그리고 만약 고수된 윤리적 원칙이 개인적으로 심각한 결과를 야기하고(예를 들면, 신체적 피해) 최종 행위가 개인의 양식과 관련된 일이라는 결정에 놓인다면 더욱 그러하다.

IV.18 급한 상황이 아니라면, 법과 규제를 지키는 것과 윤리적 원칙을 고수하는 것 사이의 분명한 갈등에 직면했을 때 동료들과 상의하라. 그리고 활동의 가장 윤리적인 행위, 가장 책임감 있고 지적이고 효율적인 방식의 일치를 위해 노력하라.

사회의 발전

IV.19 적절하고 이익이 되는 사회적 변화로부터 손상된 심리학의 규율을 고치기 위하여 행동하라.

IV.20 연구 과제가 요청되는 발전된 서비스, 만족할 만한 가르침, 종합된 정보, 결과의 적절한 해석, 필요한 것, 최근의 이슈, 사회의 문제에 민감하라.

IV.21 만약 일이 사회적 이슈와 관련된다면 그것과 관련된 기삿거리, 동료와의 상담, 지속적인 교육을 통해 사회적 이슈를 잘 인지할 수 있도록 특별히 주의하라.

IV.22 만약 토의되고 학습되는 사회적 이슈에 관한 전문지식을 보유한다면 이 규정에 부합되는 방식으로 공언하라.

IV.23 만약 일이 사회적 정책과 구조에 관련된다면 자료의 제한에 관한 토의를 통해 사회정책을 존중하라.

IV.24 만약 결과 해석의 정확성을 위해서 그리고 오용과 잘못 해석된 것으로부터의 위험을 최소화하기 위하여 그것이 실현 가능하고 적절하다면 그룹, 기관, 조직과 상담하라.

IV.25 최근 사회적, 정치적 기류와 이전의 그리고 가능한 심리적 지식의 사회적 오용을 인지하도록 하라. 그리고 미래의 오용된 실패를 방지하기 위해 심리적 정보에 대하여 의사소통에 신중하라(예를 들면, 연구 결과, 이론적 지식).

IV.26 취약한 그룹에 관해 모든 일의 결과를 보고하는 특정 치료를 행하라. 이것은 사회정책, 성향, 그리고 관습의 발전에서 오용되고 잘못 해석될 것 같지 않은 결과를 장려한다(예를 들면, 취약한 개인의 격려 또는 모든 특정 인구에 대항한 차별을 강화하는 것).

IV.27 국제적 인권 보호를 위반하는 모든 활동 또는 연구에 개입하지 말라. 예를 들면 고문, 사용 금지된 무기, 환경의 파괴 등이 이에 해당된다.

IV.28 만약 사회적 정책과 구조에 관한 전문지식을 보유한다면 대중에게 사회적 정책과 구조를 형성하는 데 있어 대중의 참여와 관련된 심리학적 지식을 제공하라.

IV.29 일하는 범위 내에서 만약 사회적 구조의 정책, 관습, 법, 규제가 이 강령의 원칙을 위배하고 무시한다면 이 강령의 원칙을 가지고 변함없는 방식으로 공언하고 행동하라.

책임의 확장

IV.30 사회에 관한 책임감을 실천하기 위해 이 규정에 맞추는 방식으로 타인을 격려하라.

IV.31 사회의 책임감의 원칙에 관한 보조자, 피고용인, 감독관, 학생, 훈련생에게 전문적 그리고 과학적 활동을 위한 전반적인 책임감을 가정(제공)하라.

[참조]

1. 다음에서 발췌함. Canadian Psychological Association(1985), *Guidelines for the Elimination of Sexual Harassment*, Ottawa.
2. 여기에서 사용된 사회란 의미는 정부나 사회의 한정적인 기능에 제한되지 않고 인간 조직의 구성원으로서 사는 개인의 집단이라는 광의의 의미로 사용됨.

[부록 C]

미국심리학회 법률위원회

내담자의 기록이나 실험 결과에 대한 강요된 증언이나 소환에 대처하는 전략

내담자의 기록, 실험 결과, 기타 법적인 맥락에서 다양한 정보를 공개하는 데 있어 심리학자는 수많은 윤리적, 직업적, 법적인 의무를 가지고 있다. 이러한 법적인 요구나 요청은 내담자에 관한 기록의 비밀 보장, 검사 문제의 안정성과 보존, 평가 기술과 자료들의 오용을 피해야 하는 심리학자들의 윤리적인 책임과 상충되는 경향이 있다. 이 글은 변호사들이 내담자의 기록이나 검사 결과를 증언해야 할 때의 법적인 상황들을 알아보고, 그러한 법적 소환이나 증언이 요구되는 상황에 대처하는 전략을 제안하고자 한다.

이 글은 법적인 의견을 제공하지 않을 뿐만 아니라, 대리인이나 변호사의 의견을 대신하고자 하는 것은 아니다. 왜냐하면 실제로 관련된 법률이 주마다 다르고 상황마다 다르기 때문이다. 소환장이나 법률적 절차를 거치는 과정에서 종종 내담자의 기록이나 검사 결과, 매뉴얼, 조서, 기타 검사 정보를 제공할 것을 요구받고 있는 심리학자들은 관련 법률이나 사실들을 확인해 보고 법적인 도움을 줄 수 있는 법률 상담을 받아볼 것을 제안한다.

이 문서는 1996년에 처음 출판되었다. 수정본은 최근의 윤리규정과 이 문서가 처음 출판된 이후 발효된 법률 등과 같은 업데이트된 자료를 제공하기 위한 것이다. 이러한 수정본이 나오기까지 시간과 노력을 기울여준 다음의 사람들에게 감사함을 전한다. Norman Abeles, Glenn A. Ally, Stephen Behnke, Marianne Ernesto, William E. Foote, Julia Ramos-Grenier, Lisa R. Grossman, Billie Hinnefeld, Daniel A. Krauss, Alan Nessman, Antonio E. Puente, and Mark Zelig.

내담자의 정보와 검사 결과, 매뉴얼, 조서, 기타 검사와 관련된 정보를 제공하는 법적인 증언을 해야 하는 문제에 직면한 많은 심리학자들의 요구에 의해 미국심리학회 법률위원회는 이 문서를 준비하였다. 이 글은 소환장이나 유사한 법적 요구로 인해 야기될 수 있는 법률적 이슈를 명확히 하고, 그러한 소환이나 법적인 요구 시 고려해야 할 전략들을 세우기 위한 것이다. 이 글은 변호사의 행동이나 책임 관리의 기준을 세우고자 하는 것도, APA의 정책이나 기준을 세우고자 하는 것도 아니다. 단지 이는 내담자의 기록, 검사 정보, 검사 매뉴얼, 기타 검사 정보 등을 법정에서 진술해야 하는 상황에서 사용 가능한 일반적이고 전반적인 정보를 제공함이 목적이다.

법의 일반적인 원칙에 따라 모든 국민은 법정에서 결정적인 답변에 필요한 정보를 제공해야 할 필요가 있다. 법적인 관점에서 볼 때 공개적인 정보일수록 판사나 배심원이 더 정확하고 공정한 판단에 도달할 수 있게 해준다. 법률의 규칙들이 그러한 정보를 법정에서 진술하도록 하는 절차를 만들었다. 이러한 정보를 얻기 위해서는 법원이 소환장과 출두 통지서를 발급해야 한다. 대안으로 법정은 진술을 하거나 서류를 제출하라는 법원의 명령을 요구하기도 한다. 소환장은 판사에 의해 서명되지 않았더라도 정해진 기한 안에 법정 진술이나 필요한 서류를 제출하도록 하고 있다. 그러나 기간은 변경되거나 폐지될 수도 있다.

소환에 응하는 것과 비밀 정보를 법정에서 진술, 제공하는 것을 구분하는 것은 매우 중요하다. 대리인 신청이나 법적인 면책 없이는 소환장에 응하는 것이 필수적이며, 그것은 필요한 자료를 가지고 특정 시간에 특정 장소로 출두해야 한다는 것을 의미한다. 그러나 소환에 응하는 것이 내담자의 자료나 정보를 유출하는 것을 의미하는 것은 아니다. 내담자의 정보를 유출하기 위해서 심리학자는 내담자의 동의, 판사의 명령, 기타 법률적인 명령, 그리고 유효한 소환장 등과 같은 조건을 만족시켜야 한다. 따라서 소환장이 소환에 응할 것을 요구한다고 해서 소환장만으로는 내담자의 기밀 정보를 법정에서 진술하기는 충분하지 않다. 그러나 법정이 진술이나 서류들을 법정 명령으로 요구할 때 응하지 않으면 법정 모독죄에 해당하게 된다.

법률적 제도의 청구권(요구, 권리)은 내담자의 기록을 비밀로 유지해야 하는 심리학자들의 책임과 상충되기도 한다. 이러한 심리학자들의 책임감은 좋은 임상실험, 윤리적 기준, 전문직의 면허 교부, 법률, 기타 적용 가능한 법에 기인한다. 많은 상황에서 내담자와 심리학자 사이의 직업적이고 전문적인 관계에서 발생하는 내담자의 물적 증거는 사법적인 검사로부터 정보를 보호하는 증거의 특권 아래에 주어진다. 대부분의 주나 연방 사법권은 심리학자와 환자의 특권을 인식하고 있다. 이것은 내담자가 심리치료 과정에서 심리학자에게 제공한 결정적인 비밀이나 기밀을 법적인 상황에서 다른 사람에게 진술하는 것을 금지하게 하는 것이다. 대부분의 사법기관에서는 이러한 권리는 심리학자가 아니라 내담자에게 속해 있는 것으로 여겨진다. 심리학자는 비밀을 지킬 의무가 있으며 내담자가 명시적으로 그 권리를 포기하지 않는 이상, 법원이 내담자의 정보를 제공하도록 하는 명령 없이는, 즉 특권에 대한 법적인 예외 없이는 심리학자와 내담자의 권리는 유지되어야 한다. 치료 기록, 치료 과정 기록, 내담자 정보, 청구서, 다른 기타 정보들은 주로 내담자나 법원의 명령에 의해 법정에 제출된다. 하지만 심리학자의 검사지의 제출은 좀 더 복잡하다. 왜냐하면 부적절한 정보의 제공은 검사지의 안정성을 심하게 손상시키고, 검사의 타당도를 위협하고, 측정 수단으로서의 그 가치를 위협하기 때문이다.

심리학자들은 내담자의 기록, 검사 결과, 기타 정보를 법적 상황에서 진술할 때 많은 윤리적, 직업적, 법적인 의무를 가지고 있다. 이러한 많은 의무는 특히 모든 국민이 진실하고 완전한 증언을 해야 하는 일반적인 의무 상황에서 타인의 정보를 유출하게 되는 경우가 생기기도 한다. 그러나 종종 증언의 의무와 개인의 정보의 기밀을 유지해야 하는 원칙들

간에 충돌이 생기기도 한다.

이러한 의무는 다음을 포함하고 있다. 첫째, 내담자나 치료 및 공인된 심리검사를 받은 개인에 관한 의무(내담자의 검사에 대한 반응, 답변을 법정에서 증언하도록 강요받지 않을 권리), 둘째, 대중에 대한 의무(실험의 타당도에 영향을 미치는 검사 항목이나 질문, 조서, 기타 검사 정보가 대중에게 보급되는 것을 막기 위한 권리), 셋째, 검사지 출판자에 대한 의무(심리학자와 출판사 간의, 검사와 관련된 정보를 유출하지 않는다는, 계약상의 의무), 넷째, 제삼자와의 의무(고용주 등).

때로는 이런 의무는 다른 의무와 상충하기도 한다. APA의 심리학자들의 의무와 행동에 관한 윤리규정(APA Ethics Code) 아래 심리학자들은 그들의 윤리적, 법적 책임 간의 충돌이 그들의 윤리규정에 대한 책임을 가지도록 하며 그러한 충돌을 해결하기 위해 노력한다. 그리고 만약 충돌이 풀리지 않으면, 그들의 법적 의무를 이행하려고 노력한다. (이러한 의무에 대해서는 [부록 A] 참조)

심리학자들이 내담자의 기록이나 검사 정보를 제공하는 특수한 상황은 특별한 문제를 야기한다. 이 글은 특수한 상황에서 정보의 제공을 의미하는 것이 아니며 또한 법적, 윤리적 의무를 조정할 때 심리학자가 겪는 딜레마를 해결하려는 것도 아니다.

소환장 작성의 전략들

내담자의 정보를 요구하는 것이 법률적인 효력이 있는지를 결정하라

사실, 내담자의 정보나 민감한 검사 결과를 공개하라는 법적인 요구를 받았는지를 결정하기 위해서는 우선 변호사와의 상담이 필요하다. 만약 정보 공개의 요구가 어떠한 이유에서든지 법적으로 실행 가능하지 않다면 심리학자는 그 소환에 응할 법적인 의무가 없다. 내담자의 정보에 관한 서류를 제출하라는 소환장은 일반적으로 그 요구에 응하기 위해 충분한 시간을 가지도록 허락하고 있으며, 또한 그것은 그동안 반대편(내담자의 정보를 요구한 측)이 그 요구를 무효화할 수 있는 시간을 준다는 것을 의미하기도 한다. 충분한 시간을 허락하지 않으면 그 소환장은 유효하다고 할 수 없으며, 정보의 요구가 법적으로 시행 가능하지 않을 수도 있다. 예를 들어, 법정이 발급한 소환장이 심리학자나 내담자의 정보들에 대해 관할하지 못하기도 한다(예를 들면, 어떤 주에서 발급된 소환장이 다른 주에서 일하고 있는 심리학자에 대해서는 법적인 구속력을 가지지 못한다). 혹은 소환장이 심리학자에게 적절하게 전달되지 못하기도 한다(몇몇의 주는 영장을 직접 전달하거나, 혹은 배달 증명 우편이나 특별한 법적 요구 명령으로 내담자의 정보를 요구한다). 따라서 심리학자들이 요구를 받았을 때는 변호사나 법률가와 상의하는 것이 바람직하다. 만약 심리학자가 법정의 요구가 법적으로 유효하다고 결론을 내리면 법정 요구에 응하든 거절하든 형식적인 대응이 필요하다. 심리학자가 유효한 소환장에 응해야 하는 의무가 법원의 명령에 응하는 것과 동일하지는 않다. 대부분의 경우 다음 단계는 심리학자와 내담자와의 만남을 포함한다. 그러나 심리학자들은 내담자들과 만나기 전 요구되는 정보의 제출에 대해 반대하는 근거를 고려하여 내담자가 선택 사항을 충분히 이해하도록 해야 한다.

내담자와의 접촉

정보를 제공하도록 요구받는 내담자는 자신에 관한 비밀을 보호받을 법적인 권한을 갖고 있다. 따라서 만약 심리학자가 내담자의 기록이나 자료를 제출하도록 하는 소환장이나 사전 통보를 받았을 경우 내담자나 내담자의 법적 대리인과 상의를 해야 한다. 또한 내담자의 명확한 동의가 있을 때 내담자의 변호인단과 상의를 한다. 그러나 내담자의 법적 대리인과 심리학자의 이해관계가 소송 과정에서 달라지기도 한다는 것을 인식해야 한다. 또한 심리학자 자신의 이해관계가 보호되기 위해서는 독립적인 법적 자문과 진술을 받을 필요가 있다.

내담자와의 상담은 내담자에게 어떤 정보를 공개하도록 요구되었는지,

정보 요구의 목적이 무엇인지, 그 정보가 누구에게 제공될 것인지, 제공된 정보가 다른 개인이나 단체에게 얼마나 더 공개될 것인지 하는 것들을 알려준다. 내담자와의 상의에 따라 법적 자격이 있는 내담자나, 내담자의 법적 대리인이 정보를 공개할 것인지를 결정한다. 명확성과 추후에 증거자료가 필요한 경우를 대비하여 이러한 정보 공개에 대한 동의를 문서화하는 것이 안전하다. 몇몇 주는 심리학자와 내담자 간의 동의를 문서화하는 것을 법적으로 정해 놓기도 한다. 그러나 내담자와의 동의가 검사지 출판자와 같은 제삼자의 잠재적인 비밀 보장 요구(potential confidentiality claims) 문제를 해결하거나 무효화하는 것은 아니다.

내담자와의 계약

만약 내담자가 정보의 공개 요구에 동의하지 않는다면 심리학자는 정보 공개를 요구하는 측의 법적 변호인과 조정을 통해 공개를 방지해야 한다. 조정에서 심리학자의 역할은 심리학자와 내담자(환자)의 특권과 관련된 심리학자의 의무를 포함하는 정보 공개에 대항하는 법적 근거에 의해 지지된다. 이런 규칙은 종종 심리학자가 내담자를 대신해서 명백한 면제(증서)나 법원의 명령 없이도 특권을 주장하도록 허락한다. 이런 조정은 중요하지 않은(비밀이 아닌) 정보의 공개, 심리학자가 기밀이 아닌 정보를 진술하는 것과 같이 기밀 정보의 노출 없이 정보 공개를 요청하는 측의 목적을 달성하는 방법이 있는지 없는지 조사한다. 조정은 법정이나 조서에서 강요된 진술을 피하기 위한 전략으로 사용된다. 요약하면 조정은 정보 전체의 노출이나 내담자의 정보 노출을 피하는 수단이며 법정의 문제와 관련이 없는 내담자, 대중, 심리학자의 이익을 보호한다. 조정은 심리학자의 변호인과 내담자의 변호인과의 협의에 의해 결정된다.

법정 절차 조사

심리학자와 내담자 간의 토론에도 불구하고 정보의 공개를 요구하는 측이 기밀 정보나 검사 결과의 공개를 요구한다면 심리학자가 할 수 있는 가장 안전한 방법은 정보 공개의 필요성에 대한 법적인 판결을 구하는 것이다. 그 중 가장 쉽고 비용이 적게 드는 방법은 심리학자나 그의 변호인이 법정에 서신을 보내는 것이다. 이때 서신은 양측 변호인(내담자와 정보 공개를 요구하는 사람)에게도 한 부씩 보내야 한다. 서신에는 심리학자가 법을 따르고 싶지만 윤리적인 의무에 따르면 내담자의 중요한 비밀과 검사 결과를 다른 사람에게 공개하면 안 되고, 내담자의 동의나 법적인 강제성이 없으면 진술할 수 없다는 것을 언급해야 한다. 서신을 쓸 때 심리학자는 법정이 연방정부의 요구를 지키고 내담자의 이해관계를 보호해야 하며, 제삼자의 이해관계를 고려, 지속적인 타당성을 유지함으로써 대중의 이익을 보호해야 하는 심리학자의 의무를 고려할 것을 요구해야 한다. 이 서신은 법정이 정보의 유출로 인한 잠재적인 반대 효과(potential adverse effect of dissemination: 정보의 공개가 잠재적으로 가져올 수 있는 부정적인 결과)에 대해 생각하게 할 것이다. 또한 이 서신은 다음과 같은 제안들을 법정에 제공함으로써 내담자의 정보 유출로 인해 생겨나는 잠재적인 반대 효과들을 최소화할 것이다.

1. 법정이 심리학자에게, 법정이나 정보 공개를 요구하는 측에 의해 지명된 적절한 자격조건을 가진 다른 심리학자에 검사 자료를 제공하도록 제안하라.
2. 광범위한 정보의 유출을 방지하기 위해서 법정이 내담자의 기록이나 검사 자료의 사용을 제한하도록 하라. 예를 들어, 정보가 법정으로 전달되도록 하고, 정보의 보안이 유지되고, 소송의 목적으로만 쓰이게 하고, 자료의 모든 복사본은 마무리된 후 잘 봉인해서 심리학자에게 보내 주도록 명령을 내려야 한다. 또한 정보를 요구한 측이 반드시 타인에게 정보가 공개되는 것을 방지하고 최소화하도록 지시해야 한다.
3. 법정이 제출되는 정보의 범주를 제한해야 한다. 예를 들어, 내담자의 기록이 소송과 연관이 없는 배우자와 같이 제삼자의 기밀 정보를 포함하고 있을 때 그런 정보가 배제될 수 있도록 제한해야 한다.

4. 내담자의 정보나 검사 자료를 법정에서 사용하는 것이 소송과 관련이 있는지 없는지, 전체적으로 혹은 부분적으로 심리치료가와 내담자와의 특권이나 변호인과 의뢰인과의 특권에 의해 정보의 공개가 제한될 수 있는지를 비공개 하에 재판부가 재심하도록, 법원이 결정하도록 제안해야 한다(다른 사람에게 정보가 유출되지 않게 재판부의 입장에 서서 공개될 수 있도록).

5. 법정이 정보 제출 요구를 거절 혹은 제한하도록 요청하라. 왜냐하면 정보의 공개는 심리학자에게는 매우 부담스럽기 때문이다.

6. 만약에 심리학자가 HIPAA의 규정에 의해 별도의 심리요법(심리치료) 기록을 가지고 있다면 심리요법 자료 제출의 요구로부터 보호받도록 제안하라.

보호명령서의 작성이나 소환장의 결정무효신청

결정무효신청은 소환장을 무효화하기 위해 법정이나 판사에게 공식적으로 신청하는 것이다. 소환장이나 법정 진술에 대한 요구가 무효임을 주장하는 근거는 부분적으로 혹은 전체적으로 존재할 것이다. 예를 들면, 공개가 요구되는 정보는 심리치료가-내담자의 특권에 의해 보호될 수도 있다. 따라서 요구된 정보가 공개될 성질의 것이 아닐 수도 있고 법정에서의 논쟁과 관련이 없는 정보일 수도 있다. 이 전략(결정무효신청)은 단독으로 사용하거나 보호명령서(protective order)를 위한 명령신청과 함께 사용될 수 있다.

보호를 위한 명령신청은 정보의 유출로 인한 부적절한 결과를 막기 위한 명령이나 판결이다. 보호명령은 내담자와 검사 자료 업자, 대중과 같은 제삼자의 법적 이해관계를 만족시킬 수 있다. 보호명령신청의 가장 큰 목적은 민감한 사항인 내담자 정보와 검사 자료의 유출을 막거나 제한하는 데 있다. 보호명령신청은 앞부분에 언급된 요소들을 포함하고 있다. 지역적인 진행 절차나 다른 고려사항들 때문에 법정에 서신을 보내는 것과 같은 비공식적인 수단으로 법정 명령(내담자의 정보 유출을 제한하거나 무효화하는 것)이 이루어지지 않을 때 내담자의 중요한 기록을 제출하라는 요구에 의해 생겨나는 의무를 감소시키기 위해서 명령신청을 제출하는 것이 필수적이다. 많은 사법권에서 가능한 명령신청은 전체 혹은 부분적으로 소환장의 무효를 요구하는 명령신청과 보호를 위한 명령신청을 포함한다. 이러한 명령신청의 제출에는 심리학자와 심리학자의 내담자를 대변하는 변호사의 도움이 필요하다.

내담자나 제삼자의 권리를 보호해야 하는 심리학자보다는 자신의 이익을 보호하려는 내담자에 의해 명령신청이 제출되었을 때 법정은 일반적으로 소환장 무효명령과 보호명령신청에 더욱더 수용적이다. 심리학자들은 아마도 내담자의 변호사가 소환장 무효를 신청할지, 보호명령신청을 할지 처음부터 결정하기를 희망한다. 만약 그렇다면 심리학자는 이러한 측면에서 내담자의 법적 대리인에게 도움을 제공하기를 원한다. 내담자가 정보의 공개에 동의하기를 거부한다면 변호인은 기꺼이 소환장의 무효화를 위해 앞장설 것이다.

심리학자들의 증언

심리학자가 조서 작성 시 내담자의 기밀을 증언하도록 요구받았을 때 심리학자는 그 정보가 면책특권에 해당할 때 답변을 거부할 수 있다. 만약에 특권을 주장하는 적절한 근거가 있을 때 심리학자는 법이 명령할 때까지 내담자의 기록 제출을 거부할 수 있다. 그러나 적절한 이유나 근거 없이 질문에 답변을 거부하는 심리학자는 정보를 요구하는 측이 소환장의 법적 시행을 위해 지불한 비용을 부담해야 하는 등의 처벌을 받는다. 이러한 이유 때문에 조서를 만들 때 변호인을 통해 하는 것이 바람직하다. 질문이 내담자의 기밀 정보를 요구하면 변호사는 아마도 심리학자와 논의를 할 것이다. 조서를 위한 변호사와의 상담은 바람직하지 못한 정보 유출로 인한 법적인 결과나 정보 유출을 거절한 법적인 결과로부터 보호할 것이다. 유사하게, 법정 진술 시 최초로 기밀 정보의 진술을 요구받을 때 심리학자는 법정이 명령하기 전까지는 특권을 주장하거나 대답을 거절할 수 있다. 따라서 법정 진술 이전에 변호인들과 상의하는 것이 좋을 것이다.

내담자의 기록이나 검사 자료의 제출을 제한하거나 반대하기 위한 근거

다음의 사항들은 특정한 경우나 특정한 법적 상황에서 내담자의 정보, 기록, 검사 자료 제출 요구를 거절하는 데 사용될 수도 있고, 사용되지 않을 수도 있다.

1. 심리학자가 법적으로 내담자의 기록이나 검사 자료를 진술하도록 충분한 요구를 받지 않았을 때 법정은 심리학자, 내담자의 기록, 검사 자료에 대한 법적 권한이나 사법권이 없다.
2. 심리학자는 검사 자료나 기록을 보관하거나 관리할 수 없다. 왜냐하면 그러한 자료와 기록은 심리학자가 아니라 고용주(내담자)에게 속해 있기 때문이다.
3. 내담자와 심리치료가의 특권은 검사 자료나 기록의 공개를 막는다. 효과적인 치료를 위해서는 치료의 모든 기록, 치료 방법, 검사 자료가 비밀로 유지될 것이라는 내담자의 기대감이 필요하기 때문이다. 정보의 노출과 공개는 내담자의 사생활에 심각한 훼손을 가져올 것이다. 심리학자는 내담자의 비밀 유지에 대한 기대를 유지해야 하는 윤리적 의무를 가진다.
4. 공개가 요구되는 정보가 법정 논쟁과 관련이 없거나 정보의 공개 요구 범위가 배우자와 같은 제삼자의 정보를 포함하는 등 법정 논쟁의 범위와 관련이 없을 때 정보 제출을 거부할 수 있다.
5. 매뉴얼, 프로토콜 등 검사 정보의 대중적인 보급이 대중의 이익을 해칠 수도 있다. 왜냐하면 그것이 앞으로 검사를 받으려는 사람들의 반응에 영향을 줄 수도 있기 때문이다. 이는 가치 있는 검사 도구의 손실을 가져와 대중과 심리학자들에게 손해가 될 수 있다.
6. 검사자들은 검사 정보의 보호를 원하고, 심리학자들은 정보의 유출을

금지하는 내담자와의 계약상 혹은 다른 법적인 의무를 가지고 있다. 검사 결과의 권리 소명 상태와 관련된 계약상의 의무는 검사도구나 프로토콜의 보급에 대항해 보호법을 정당화한다.

7. 심리학자는 검사 정보, 자료의 보호를 위한 윤리적 책임이 있으며 평가 기술과 자료의 오용을 방지할 의무가 있다. 또한 심리학자는 정보의 오용을 방지하기 위해 적절한 조치를 취해야 할 의무가 있다.

8. 직업적 기준과 주, 연방, 지역의 법, 감독기관 등 윤리적 코드로 제공된 심리학자의 윤리적, 법적 의무를 강조하라.

9. 몇몇의 법정 규칙은 소환장의 요구에 이의를 제기하기 위해 혹은 요구를 제한하기 위해 이해관계 당사자가 소환장의 수령인에게 소환장을 수정하기를 허락한다.

부록 C-1. 미국심리학회 윤리규정(2002)에서 발췌

1. 윤리적 문제 해결

1.02. 윤리와 법, 규칙, 기타 지배적인 법적 권위가 충돌할 때
만약 심리학자의 윤리적 책임과 법, 규칙, 기타 법적 권위가 있는 것과 충돌할 때, 심리학자들은 윤리규정에 그들의 업무 수행을 비추어 보고 충돌을 해결하기 위하여 조치를 취해야 한다. 만약 충돌이 그러한 방법에 의해서 해결되지 않을 때는 심리학자들은 법, 규칙, 다른 지배적인 법적 기관의 요구에 따라야 할 것이다.

2. 능력

2.01 능력의 범위
(a) 심리학자들은 그들이 받은 교육이나 훈련, 전문적인 경험, 연구, 관리/상담 경험을 기초로 하여 그들 능력의 범위 내에서 서비스를 제공하고, 교육하고, 지역 주민과 함께 연구하는 임무를 수행한다.

(b) 나이와 성별, 성 정체성, 인종, 민족, 문화, 국가적 전통, 종교, 성적 취향, 장애, 언어 혹은 사회 경제적인 위치와 관련된 요소의 이해에 대한 과학적이고 전문적인 지식이 그들의 연구나 업무의 효과적인 성취를 위해 필수적인 요소가 되는 곳이 심리학 영역이기 때문에, 심리학자들은 자신들의 업무의 능력을 확고히 하는 데 필수적인 훈련을 받고, 경험을 쌓고, 상담을 하거나 관리를 한다. 또 그들은 2.02조항(비상 상황에서의 업무 제공)에서 제시된 것을 제외하고는, 상담한 환자를 적절하게 전문의에게 보낸다.

(c) 심리학자들은 서비스를 제공하거나 교육하거나 인구, 지역, 기술을 포함하는 연구를 수행할 계획이 있어야 한다. 또한 새로운 기술을 제공하거나 연구할 계획이 있어야 한다.

(d) 심리학자들이 적절한 정신치료 업무가 효과를 발휘하지 못하는 환자나, 심리학자 당사자들이 치료에 필수적인 능력을 보유하고 있지 않은 경우에 환자에 대해 서비스를 제공하기를 요청받았을 때, 이와 밀접히 관련된 선행 훈련이나 경험을 가진 심리학자들이 그러한 업무를 제공하게 되는데, 그 이유는 그 업무가 관련 연구나 훈련, 상담, 조사를 사용해서 필요한 능력을 획득하는 데 적절한 노력을 했다면 그 업무가 거부된 것이 아니라는 것을 보장하기 위해서이다.

(e) 선행 훈련 사례에 대해 일반적으로 인식된 기준이 없는 영역에 대한 연구에서도, 심리학자들은 그들 작업의 능력을 확고히 하고 내담자/환자, 학생, 피보호인, 연구 참여자, 조직의 고객, 기타 인원을 보호하기 위해서 합당한 조치를 취해야 한다.

(f) 법적인 역할(법의학)을 가정했을 때, 심리학자들은 합리적으로 그들의 역할을 규율하는 사법적이고 행정적인 규정들을 숙지해야 한다.

4. 프라이버시와 비밀

4.01 비밀 유지

심리학자는 치료를 통해 얻어진 정보에 대해, 이것이 법이나 조직의 규칙, 전문적 혹은 과학적인 관계에 의해 보안상의 제한의 정도가 있음을 인지하고 비밀 정보를 보호하기 위한 합당한 주의를 기울여야 하며 이것은 우선적인 의무이다.

4.02 보안상 제한에 관한 논의

(a) 심리학자는, 실질적인 수준까지, 법적으로는 사전 설명된 동의를 받을 수 없는, 그리고 그들의 대리인들과 그들의 대표권을 줄 수 없는 사람들이나 기관들과 논의를 하는데 그들과는 과학적이거나 직업적인 관계에서 설정된 (1) 보안상의 제한과 관련된 문제, (2) 심리 활동을 통해 생성된 정보의 예상 가능한 용도에 대해 논의해야 한다.

(b) 실제적이지 않거나 금지된 것일 경우, 비밀에 대한 논의를 관계의 시작부터 형성해서 이후의 새로운 환경에서도 보장해야 한다.

(c) 업무나 결과물, 정보 등을 전자 전송을 통해 제공하는 심리학자는 내담자/환자에게 프라이버시와 보안상의 제한에 따른 위험에 대해 고지해야 한다.

4.04 사생활 침해 최소화

(a) 심리학자는 서면 및 구두 보고서와 상담서에 상담상 필요한 목적에 맞는 만큼의 정보만 포함해야 한다.

(b) 심리학자는 업무상 획득한 비밀 정보에 대해 적절한 과학적 또는 직업적 목적과 이에 관련된 사람들과 오직 논의를 진행할 수 있다.

4.05 정보의 공개

(a) 심리학자는 기관의 내담자/환자, 혹은 법에 의해 금지당하지 않은, 내담자/환자의 대리권을 가진 사람으로부터 적절한 동의를 얻으면 비밀 정보를 공개할 수도 있다.

(b) 심리학자는 법에 의해 위임된 경우 위에서 언급된 개인적 동의를 얻지 않고도 비밀 정보를 공개한다. 혹은 다음과 같은 명확한 목적이 있을 때도 공개를 할 수 있다. (1) 필요한 전문적 업무가 요구될 때,

(2) 적절한 전문적 상담을 할 때, (3) 내담자/환자, 심리학자 등을 피해로부터 보호할 때, (4) 업무 목적을 달성하는 데 필수적인 최소한의 사항에 대한 즉각적인 공개가 제한되는 내담자/환자로부터 업무에 대한 보수를 받아야 할 때.

6. 기록 유지와 보수

6.01 전문적, 과학적 작업의 자료와 기록의 유지
심리학자가 만들어 내는 기록의 유지, 공개, 저장, 보유는 어느 정도 자신의 통제 아래 있으며, 자신의 전문적, 과학적 연구의 기록과 자료의 공개는 (1) 자신이나 다른 연구자의 이후 업무를 촉진하기 위한 준비와 (2) 연구 기획과 분석의 모사를 허용하고, (3) 기관의 요구에 부응하고, (4) 비용의 정확성을 확보하고, (5) 법에 부합하도록 하기 위해서 심리학자가 통제해야 한다.

6.02 전문적, 과학적 작업에 대한 비밀 기록의 유지, 보급 및 공개
(a) 심리학자는 기록을 생산하고, 저장하고, 접속하고, 전송하고, 공개할 때 자신의 통제 하에 비밀을 유지해야 하며, 이는 이것이 인쇄매체든, 자동매체든, 혹은 다른 매체든 모두 적용된다.
(b) 심리 업무의 수용자와 관련한 비밀 정보가 수용자가 동의하지 않은 사람이 접속 가능한 기록의 시스템이나 데이터베이스로 넘어가면, 심리학자는 암호화나 다른 기술을 통해 개인 식별을 포함하는 것을 피할 수 있는 방안을 강구해야 한다.
(c) 심리학자가 직위나 실무에서 물러날 경우에는 기록의 비밀을 유지하고 적절한 전환을 유도하기 위해 사전에 계획을 세워야 한다.

9. 평가

9.01 평가를 위한 기초

(a) 심리학자는 자신의 연구 결과를 실제화하기 위해 필요한 기술과 정보에 대해 자신의 추천서, 보고서, 진단적이고 평가적인 발표, 법적 증언에 포함된 사항을 기초로 한다.

(b) 9.01c에서 언급된 것을 제외하고, 심리학자는 개인의 심리학적 특징의 선택권을 제시해야 하는데, 이는 자신의 발표나 결론을 입증하기에 적절한 실험을 그 개인에게 실시한 이후이어야 한다. 합당한 노력에도 불구하고 그러한 실험이 실질적이지 못할 경우 심리학자는 자신이 기울인 노력을 기록하고 노력의 결과를 남기며 제시한 선택 사항의 신뢰도와 유효성에 대한 제한된 정보가 주는 예상되는 영향에 대해 명확히 언급해야 한다. 또한 자신의 결론이나 추천, 연구의 본질을 적절히 제한해야 한다.

(c) 심리학자가 기록물에 대해 검증하거나 상담, 감독을 할 때, 혹은 개인적 실험이 보장되지 않거나 필수 선택 사항일 경우 심리학자는 이러한 사항과 자신이 결론과 추천을 기초한 정보의 출처를 명확히 설명해야 한다.

9.02 평가의 용도

(a) 심리학자는 어느 정도 기술의 적절한 적용과 연구의 효용성을 입증할 수 있는 자료로서 적절하게 평가 기술, 인터뷰, 검사, 혹은 기구를 관리하고, 적용하고, 기록하고, 해석하고, 사용해야 한다.

(b) 심리학자는 효용성과 신뢰도가 입증되어 검사받은 인원과 구성원들 간에 적용해도 된다고 여겨지는 평가 기구를 사용해야 한다. 이러한 신뢰도와 효용성이 입증되지 않았을 때 심리학자는 검사 결과와 해석의 제한 사항과 강점에 대해 설명해야 한다.

(c) 심리학자가 평가 방법을 사용함에 있어, 대체언어의 사용이 평가 주제에 적절하지 않을 때 개인의 언어적 선호성과 능력에 맞춰 주어야

한다.

9.04 검사 자료의 공개

(a) 검사 자료(test data)라는 용어는 수정되지 않은 환산점수를 참고한
것으로, 내담자/환자의 검사 질문이나 자극에 대한 반응이나, 검사하
는 동안 심리학자의 노트나 내담자/환자의 발표와 행동을 고려한 기
록이다. 내담자/환자의 반응을 포함한 이러한 검사 재료의 비율은 검
사 자료의 정의에 포함해야 한다. 내담자/환자의 반응에 따라 심리학
자는 내담자/환자, 혹은 다른 공개에 관련된 사람에게 검사 자료를
제공해야 한다. 심리학자는 검사 자료를 제공함에 있어 내담자/환자
나 다른 사람을 실질적인 피해나 오용, 검사나 자료의 허위 진술로부
터 보호하기 위해 검사 자료의 공개를 제한할 수 있다. 법에 의해 특
정 환경 아래서의 비밀 정보의 공개가 규정된 사례가 많이 있다는
것을 인지해야 한다.

(b) 내담자/환자에 대한 검사 자료의 공개가 없을 경우, 심리학자는 검사
자료를 법이나 법정 요구 시에만 제공해야 한다.

9.06 평가 결과 해석

자동으로 해석된 것을 포함해서 평가 결과를 해석할 때, 심리학자는 자
신의 판단이나 자신의 해석의 정확도를 감소시키는 데 영향을 끼칠 수
있는 다양한 검사 요인, 평가받는 사람의 검사 수행 능력 및 다른 특징
— 상황적, 개인적, 언어적, 문화적 차이 등 — 은 물론 평가의 목적까지
고려해야 한다. 또한 심리학자는 해석에 있어서 발생하는 어떤 중요한
제한 사항도 나타내야 한다.

9.07 비자격자에 의한 평가

심리학자는 비자격자가 심리학적 평가 기술을 사용하게 해서는 안 된다.
단 이러한 것이 적절한 감독 아래 훈련의 목적으로 수행될 때는 가능하
다.

9.09 검사 기록과 해석 업무

(a) 심리학자가 다른 동료들에게 평가나 기록 업무를 제공할 때는 정확히 그 목적, 기준, 효용, 신뢰도, 절차의 적용과 사용 시 적용해야 하는 어떤 특수한 자격 조건이라도 알려야 한다.

(b) 심리학자가 기록이나 해석 업무(자동 업무도 포함)를 할 때는 다른 적절한 고려사항뿐만 아니라 프로그램과 절차의 효용성에 기초해야 한다.

(c) 심리학자가 스스로 검사에 대한 기록과 해석을 하든, 자동화나 다른 서비스를 이용하든, 적절한 적용, 해석, 평가 기구의 사용에 대한 책임을 진다.

9.11 검사 비밀 유지

검사 재료(test material)라는 용어는 설명서, 기구, 규정, 검사 질문이나 자극을 포함하며, 9.04 검사 자료의 공개에서 정의한 검사 자료는 포함하지 않는 것이다. 심리학자는 합당한 노력을 기울여 검사 재료와 다른 평가 기술을 법과 계약상의 의무, 윤리규정에서 동의하는 사항에 맞게 비밀과 핵심을 유지해야 한다.

부록 C-2. 연방법과 규정

연방규정집으로부터 발췌

제목 45 : 공공복리
부제 A : 건강과 인적 서비스의 부서
PART 164 : 안전과 사생활
소부제 E : 개인적으로 파악할 수 있는 사적인 건강 정보

164.501 정의
세칙에서 사용된 것처럼, 아래 용어는 다음과 같은 의미를 가지고 있다.

심리요법 노트는 개인의 의학 기록의 나머지 부분과는 분리되는 사적인 상담 기간 동안 대화의 내용을 분석하고 기록해 둔 정신건강 전문가인 건강 관리자에 의해 기록된 노트를 의미한다. 심리요법 노트는 의학적 처방과 모니터링, 상담 기간 시작과 종료 시간, 제공되는 치료의 횟수와 양심, 치료의 결과 그리고 다음과 같은 사항은 제외한다. 즉 진단, 기능적 현상, 치료 계획, 증상, 예상, 그리고 날짜 진행 현황 등이다.

민사절차에 대한 연방규칙에서 발췌

VI. 재판

규칙 제45조 소환장

(c) 소환장을 받은 개인 실험자 보호하기

(1) 배포나 소환장 관련 책임이 있는 변호사나 그 일원은 그 소환장과 관련 있는 개인 실험자에게 가해지는 벌금이나 부당한 책임을 회피하기 위해 적절한 조치를 취해야 한다. 소환장 발행을 대신하는 법원은 이러한 의무를 강요하고 그러한 의무를 이행하지 않은 변호사나 일원에게 적절한 처벌을 가한다. 이것은 적절한 변호사 보수나 비용을 상실하는 것이다.

(2) (A) 지정된 책이나 서류의 복사나, 눈에 보이는 것, 또는 검사 앞에서 진술하거나 하도록 명령받은 사람은 파면이나 청문회 또는 법원에 출두하라고 요구되지 않는다면 개인적으로 조사나 진술 장소에 나타날 필요는 없다.

(B) 이 법률의 문단 (d) (2)를 조건으로 하여, 소환장을 받은 후 14일 이내라면, 응하겠다고 명시된 시간 전에, 조사나 복사를 허락하거나 작성하라고 요청받은 개인은 어떠한 종류의 지정된 진술이나 자료에 대해 검사나 복사에 반대함을 표시하는 소환장에서 지정된 당사자나 변호사에게 영장을 교부받아야 한다. 만약 반대한다면, 소환장을 집행하는 담당자는 소환장이 발행된 법원의 명령에 준하는 것을 제외하고는 그 자료를 복사하거나 검사하라고 자격을 부여받지 못한다.

만약 반대가 있다면, 소환장을 집행하는 당사자는 문서 생산을 강요하는 그러한 명령은 그 담당자의 요원이나 사무관이 아닌 사람을 검사나 복사의 결과를 낳을 수 있는 막대한 손해로부터 보호해 준다.

(3) (A) 적절한 시기에 소환장을 발행한 법원은 소환장을 수정하거나 파기한다. 만약

(i) 답변하기에 적절한 시간을 주지 않았을 때

(ii) 당사자의 일원이나 일행인 사람에게 그 사람이 거주하는 곳으로부터 100마일 이상 이동하도록 했을 때, 고용되었거나 규칙적으로 개인간 사업상의 거래가 있을 때 (재판에 참석하기 위하여 재판이 열리는 주(state) 안에서 이동하도록 요청받는 경우는 제외한다.)

(iii) 권리나 다른 보호되는 문제의 공개가 요구될 때, 그리고 예외나 기권이 적용되지 않을 때

(iv) 그 개인에게 부당한 부담이 부과되었을 때

(B) 만약 소환장이

(i) 거래상의 비밀이나 다른 비밀적인 연구나 상업적 정보의 공개를 요구할 때

(ii) 제어되지 않는 전문가의 의견이나 특정한 사건이나 논쟁 중인 사건에 관해 설명되지 않은 정보와 어떤 일행의 요청에 의해 만들어진 전문가의 연구로부터 도출되는 결과로부터 낳은 정보의 공개를 요구할 때

(iii) 일행의 한 사람이 아닌 사람에게 재판에 참석하라고 100마일 이상을 이동하는 데 상당한 비용을 요청할 때

부록 C-3. 정보 공개 절차 모형도

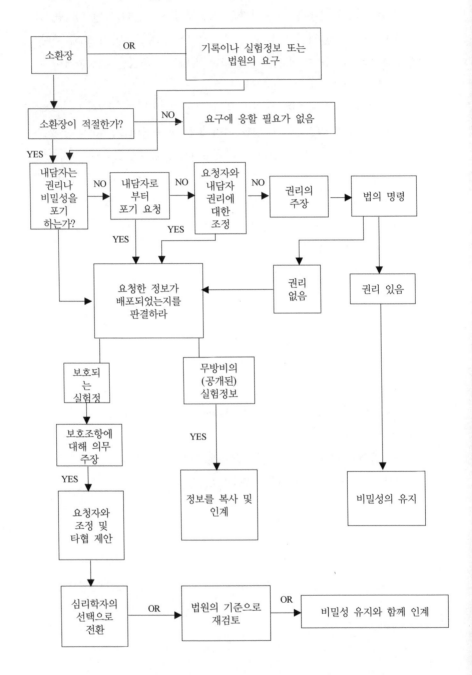

[부록 D]
전화, 화상회의, 인터넷에 의한 서비스와 관련된 미국심리학회의 성명서

[저자 주] 벤케(Steve Behnke)에 의하면, "윤리위원회는 윤리규정 하에 기술된 성명서는 오직 그 윤리규정이 효력이 있는 한 유효하다는 것에 동의한다. 2002년 판이 채택되면서, 1997년 11월 5일 발간된 전화, 화상회의, 인터넷의 제공에 관한 미국심리학회의 성명서는 더 이상 효력을 발휘하지 못하게 되었다. 이것은 과거의 성명서가 양호하고 가치 있는 내용이 아니라는 것은 아니다. 그것은 과거에 채택된 규정이 시기가 지나서 더 이상 효력이 없다는 의미일 뿐이다."(개별 면담, 2006. 6. 4) 이 것은 치료가와 상담가들이 전화, 인터넷, 그리고 다른 통신매체를 사용하는 서비스를 생각할 때, 고려에 도움이 되는 문제들을 나타내기 때문에 이 책에 포함시킨 것이다.

미국심리학회 윤리위원회는 동일한 문제에 대한 1995년 성명에 근거하여, 1997년 11월 5일 다음과 같은 성명서를 채택했다.

윤리위원회는 오직 '심리학자들의 윤리규정과 행동강령'과 관련하여 행위할 수 있고 강제력을 행사할 수 있다. 그리고 윤리위원회는 지침을 제공할 수도 있는 미국심리학회의 여타 지침서의 유무에 대해 말할 수는 없다. 윤리규정에는 전화 치료 또는 화상 치료 또는 기타 전자적 서비스와 같은 서비스를 제공하는 것에 대해서 특별히 언급되어 있지 않으며, 그러한 서비스 제공을 금지하는 규정도 없다. 그러한 문제들에 대한 불평은 기본에 근거하여 개별적으로 다루어질 것이다.

인터넷, 전화, 화상전화와 같은 매체들에 의한 서비스 제공은 급속하게 발전하고 있는 영역이다. 이 분야는 미국심리학회의 특별한 분야이며 장래에 윤리규정을 개정하는 문제도 검토될 것이다. 조금 더 명확한 판단이 내려질 때까지 현재의 규정은 유효하다. 그리고 윤리위원회는 1.04c 조항의 능력의 범위를 심리학자들이 준수하도록 권고한다. 이 기준은 현재는 존재하지 않지만, 새롭게 나타나고 있는 분야에서 사전 준비를 위한 기준으로 일반적으로 인식되고 있다. 그럼에도 불구하고 심리학자들은 그들의 서비스의 질을 보장하고 환자, 내담자, 학생, 연구 참여자, 기타 다른 사람들을 피해로부터 보호하기 위하여 합당한 조치를 취해야 한다. 다른 관련 기준은 평가(2.01-2.10), 치료(4.01-4.09, 특히 4.01 관계설정, 4.02 환자에게 사전 설명된 동의), 기밀성(5.01-5.11)을 포함한다. 특별한 관련성에 대한 기준은 1.03 전문적, 과학적 관계; 1.04(a, b, c) 능력의 범위; 1.06 과학적, 전문적 판단의 근거; 1.07a 심리학적 서비스의 본질과 결과의 기술(記述); 1.14 피해의 회피; 그리고 1.25 비용과 재정적 정리. 특히 3.01-3.03 광고의 기준은 관련성이 있다.

그러한 서비스에 대해 고려하는 심리학자들은 서비스의 본질, 서비스의 전달 방법, 기밀 관련 조항을 반드시 검토해야만 한다. 그리고 심리학자들은 관련 윤리규정과 면허 관련 요구사항들도 검토해야만 한다.

환자의 정신건강에 대한 권리

다음 '권리장전'은 다양한 단체에 의해 발전되었다.

정신건강권

알권리

이점

개인은 구매자(고용주 또는 연합 또는 공공 구매자)로부터 정보를 제공받을 권리가 있다. 그리고 보험사/제3의 지불자의 정신건강의 본질과 정도와 치료의 남용 사실 정도까지 제공받을 권리가 있다.

이러한 정보는 절차 관리에 유용하고, 항의권을 보장하면서 서비스에 접근하기 위한 상세한 절차를 포함해야 한다. 이러한 정보는 개인이 이해할 수 있는 언어의 정확한 표기로 제공되어야 한다.

직업적 전문가

개인은 잠재적으로 치료할 전문가로부터 전문가의 지식, 기술, 준비, 경험, 그리고 자격이 있는 것에 대해서 충분한 정보를 받을 권리를 가진다. 개인은 추천된 치료의 효과성과 치료 개입과 같은 이용 가능한 선택에 대해 정보를 제공받을 권리가 있다.

계약적 제한 사항

개인은 어떠한 전문적 치료 행위와 제한, 그리고 3자간 형성된 관계와 권고된 치료에 영향을 미치거나 방해할 수 있는 전문가적 행위에 대한 정보를 제공받을 권리가 있다. 개인은 지불 이익의 목적을 드러낼 수도 있는 정보의 본질을 제공받을 권리도 있다.

항의(청원)와 불만 사항

개인은 전문가 규정위원회와 전문가협회에 따르는 전문가적 치료에 관해서 항의나 불만을 제기하는 사람들이 이용할 수 있는 도구에 대한 정보를 제공받을 권리가 있다. 개인은 제3의 지불자, 고용주, 구매자, 그리고 외부 법인의 결정의 유용성에 대한 항의를 할 수 있는 절차에 대한 정보도 제공받을 권리가 있다.

기밀성

개인은 법이나 윤리적으로 다른 지시가 없었다면, 그들의 정신건강과 약물남용에 대한 관계의 기밀을 보호받을 수 있다. 다른 당사자들에게 공개는 시간이 제한되고, 완전한 문서로 해야 하며 개인의 동의를 얻어야만 한다.

개인은 기밀을 공개해 달라고 요구받아서도 안 된다. 치료의 형태, 치료 기간, 비용, 진단 결과, 예후 이상의 특권적이거나 다른 정보의 공개를 요구해서도 안 된다.

유익한 목적으로 정보를 제공받은 단체나 건강 돌보기 기획으로 정보를 받은 공공 기관이나 합법적인 권리를 가진 다른 기관들은 의료적 정보체계를 유지해야 한다. 이는 동일한 치료와 위반에 대한 동일한 제재가 서비스 제공자에게 가해질 것이라는 확신과 함께 이루어져야 한다.

정보기술력은 개인 신원 정보를 제거하고 개인의 프라이버시 보호를 확실하게 하기 위한 방법으로 전달, 저장, 자료 관리를 위해 이용될 것이다. 정보는 양도되거나, 판매되거나, 다른 목적으로 활용되어서는 안 된다.

선택권

개인은 정신건강과 약물남용에 대한 충분하고 공인된 전문가를 선택할 권리를 가진다. 개인은 전문가들의 교육과 훈련 정보, 치료의 선택(위험과 이익을 포함)에 관한 충분한 정보를 받을 권리가 있으며, 개인과 전문가에 의한 적절한 치료로 볼 수 있는 선택에 대한 비용에 대해서도 정보를 제공받을 권리가 있다.

치료의 결정

정신건강과 약물남용에 관한 진단은 개인과 그들의 가족이 적절하다고 볼 수 있는, 자격증이 있고 신뢰할 수 있는 전문가에 의해서만 이루어질 수 있다. 진단은 제삼자에 의해 이루어질 수 없다. 개인은 치료에 대한 최종적인 결정을 할 권리가 있다.

동등한 대우

개인은 정신건강과 약물남용 치료에서, 다른 질병과 같이 동일한 규정에 근거하여, 공동 지불, 생애 혜택, 그리고 보험과 개인 지불, 개인보험 등에 의해 혜택을 받을 권리가 있다.

비차별적 대우

정신건강과 약물남용의 혜택을 받는 개인은 다른 건강보험이나 장애인보험, 생명보험, 다른 보험 혜택을 받을 경우에도 불리하게 대우받지 않는다.

이용의 혜택

개인은 그의 의료적 요구를 해결할 수 있는 혜택의 범위 내에서 이익의 전반적인 혜택을 받을 자격이 있다.

이용 계획

연방법과 주법의 법과 규정을 적용할 때, 전문가와 모든 지불인들은 개인에게 최대한 보호하고 접근할 수 있는 정도로 법과 규정을 적용해야 한다.

치료 검토

치료 과정이 공정하고 유효하다는 점을 확신하기 위해서, 개인은 다음과 같은 권리를 보장받아야 한다. 이 권리는 그들의 정신건강과 약물남용에 대해 자격증을 가진 전문가에 의해 치료받는 것을 말한다.

책임성

치료 전문가들은 전문 분야에 대한 중대한 무자격 또는 과실로 인해 야기된 어떠한 상해에 대해서도 개인에게 책임을 져야 할 것이다. 전문적 치료를 하는 사람은 치료를 장려하고 문서화할 필요성과 비용 문제에 대해 거절할 수 있는 선택권을 개인에게 권고할 의무가 있다. 치료 제공자와 제삼자도 중대한 무자격, 과실 또는 부당한 의료행위로 인해 야기된 상해에 대해 개인에게 책임을 질 수 있을 것이다.

관리의료 환경에서 전문 의료를 위한 윤리규정

이 규정은 국가의료협회(National Academies of Practice, NAP)에 의해 제작되었다. NAP는 치과학, 의학, 간호학, 안과학, 정골의학, 족부의학, 심리학, 사회사업, 수의학의 전문가들이 학문간 제휴를 위하여 만든 조직이다. 해프너 등(Alden N. Haffner, OD Ph.D.(Chair), Daniel M Laskin, DDS, MS, Tracy Gordy, MD, Roberta Conti, Ph.D., RN, Stephen Urban, DO, Larry Harkless, DPM, Norma Simon, Ed.D., Jean L. Athey, MA, Ph.D., David Phillips, DSW, Alex Ardans, DVM)은 각 학문을 대표하는 전문가들로서 규정 제정에 참여했다. 이 규정은 NAP 위원회에 의하여 승인되었으며 의장이었던 페어(Ron Fair, OD)에 의해 1997년 6월에 통과되었다.

서론

윤리규정은 NAP에 의해 만들어졌으며 전문적 진료와 봉사에 관한 내용으로서 환자 보호의 입장에서 작성되었다. 환자 복지 증진이 환자 관리 측면에서 발생하는 여러 가지 윤리적인 문제를 해결하는 기본적 목표이다. 관리 진료란 환자들에게 불필요한 의료행위를 줄이고 좀 더 나은 수준의 의료 서비스를 제공하기 위해 존재한다. 더 나아가 신중한 학문간 제휴의 방법과 더 균형적이고 사회적인 책임을 다하는 접근을 통해서 우리 사회에 좀 더 이상적인 의료 서비스를 공급하는 데 목적이 있다.

지난 사반세기 동안 의료비의 지불 방식은 각 진료별 지불 방식에서 의료보험 방식으로 변화되었다. 표면적으로 의료보험은 의료비 지불에 대한 부담을 지불인 즉 환자 측에서 의료 전문가 측으로 전가시켰다. 이러한 변화가 의료 서비스의 실제적 이용도와 환자들의 권리 사이에서의 긴장을 초래함으로써 윤리적 갈등이 일어날 소지를 키웠다. 윤리적 지침의 목적은 이러한 다양한 이슈들을 논의하는 데 있어서 NAP의 지위를 향상시키는 데 있다.

I. 환자의 요구사항에 대한 전문적인 수행은 반드시 우선적으로 고려되어야 한다

환자에 중점을 둔 관리는 전문적인 서비스의 관점과 그 활용을 생략하기 위한 경제적인 압박 때문에 위협받을 가능성이 있다. 건강관리 서비스에서 경제적인 면과 효율적인 면에 주의를 기울이는 동안, 도덕적인 바탕에 근거한 환자와 전문가 사이의 관계는 일관되게 허용되는 치료 관리의 기준에 따르며, 관리와 환자의 요구사항에 대해 전문가의 의무를 부당하게 하는 것을 감소시키게 되었다.

NAP는 환자의 요구사항과 질적인 측면에서 의료관리가 금전적인 목적을 만족시키기 위해 서로 타협하도록 하는 것은 타당하지 못하다는 입장을 견지하고 있다. 관리에 대한 환자의 상당한 권리는 경제적인 압박 때문에 희석되어서는 안 된다. 모든 건강관리 제공자들에게 다음과 같은 점은 강조되어야 한다.

-- 환자가 전문적인 서비스를 이용할 수 있어야 한다.
-- 환자의 요구에 부합해야 한다.
-- 전문가를 치료를 위한 규정에 과도하게 따름으로써 발생하는 피해를 없애야 한다.

-- 환자의 상태가 복잡하거나, 일정 수위를 넘어서는 고도의 전문지식이
   요구될 때, 임상 전문가와 심리사회 전문가들이 관여해야 한다.

이러한 상황에 대한 이론적 해석은 환자나 소비자들과 관련된 가치로부
터 유래하고, 이러한 가치는 서양 윤리 역사의 흐름 속에서 계속적으로
전해 오고 있다. 건강 전문가는 경제적인 문제로 인해 환자의 권리가 잠
재적으로 침입 당하게 되는 것과 같이 환자의 복지가 침해받는 것을 피
해야만 한다.

II. 정보 누설

전문가가 치료와 서비스에 대한 임상적 선택 사항으로 경제적인 제한이
나 계약상으로 금지된 제약 사항 등이 환자의 보험이나 건강관리 계획에
의해 지시될 수 있는 것과 관계없이 윤리적인 의무를 가지고 있는지 없
는지에 대한 의문이 간혹 제기된다.
NAP는 모든 이유 있는 치료와 서비스에 대한 임상적 선택 사항들, 즉
일정하게 허용된 임상적 기준 등은 환자들에게 직접 보여주어야 한다.
전문가들은 제약 사항들이나 환자에 대한 치료와 서비스 계획 등을 요구
받더라도 결코 공개해서는 안 된다.
이러한 사항은 의료 서비스의 소비자로서 합의 사항에 대한 환자로서의
권리가 부여된 것으로 해석된다. 이 권리는 건강보호계획의 정책에 의해
허용될 수 있는 한도 내에서 환자의 정보가 제공될 수 있음을 말한다.

III. 환자 관리에 대한 강의와 연구

강의와 연구 기능을 포함한 임상적 환경은 건강관리에 대한 강의의 특징
을 전통적으로 잘 나타내어 준다. 강의와 연구는 환자의 요구와 정교한
서비스의 배치에 관한 매우 기초적인 기능이다. 시설 이용의 효율성과
재정의 경제성을 높이기 위한 압박, 그리고 관리된 치료 설비는 강의와

연구 기능과 상충될 수 있다. 과학의 발전을 지속시키는 강의와 연구의 가치는 결코 훼손되어서는 안 된다.

NAP는 건강관리 환경에서 경제성과 효율성의 증가를 강조하고 있고, 이 것이 강의와 연구 기능과 대립해서는 안 된다는 입장을 보이고 있다. 이 와 같은 대립은 과학의 진보와 의료과학에 있어서의 훈련을 늦어지게 한 다.

이러한 입장에 대한 이론적인 해석은 환자 중심의 성취를 실현하기 위해 과학연구가 계속되어야만 한다는 점이다. 이러한 유익한 목표들은 훈련 을 위해서 뿐만 아니라 건강관리 전문가들의 기본 지식의 발전을 위해서 도 요구된다.

Ⅳ. 비밀 유지

임상적 만남에서 환자의 기록에 대한 비밀 유지는 기본적 사항이다. 비 록 자료 사용상의 검토와 질적인 보장이 모든 건강관리 환경 속에서 관 례적이고 적절한 기능을 수행한다 할지라도, 이와 같은 활동은 환자의 기록에 대한 비밀 유지를 위반해서는 안 된다. 이 분야에 종사하는 사람 들은 반드시 환자의 기록을 보호해야만 한다.

이와 같은 검토와 질적인 보장이 효율적이고 효과적인 건강관리체계 속 에 제대로 기능하게 하는 것이 NAP의 존재 목적이다. 사생활과 환자 기 록의 기밀성과 개업의들의 임상적 자료를 보호하기 위해 보호조치는 반 드시 채택되어야 하고, 성문화되어야 한다. 비밀 유지는, 환자나 확인된 다른 사람들에게 부당하게 해를 끼칠 경우에는 예외이지만, 그 외에는 오직 환자의 동의 하에서만 공개되어야 한다.

이러한 관점에서 그 이론적 근거는 민감한 개인의 정보를 관리하는 환자 의 자발적인 권리에서 찾을 수 있다. 이는 역사적으로 히포크라테스 선 서에서 기인하며, 환자와 치료 제공자 사이에 서로의 믿음과 존경을 강 화하기 위해 비밀 유지는 몇 세기 동안 지속되어 왔던 것이다.

V. 예방

질병이나 장애 등을 바탕으로 한 직접적인 관리는 항상 적절하다 할지라도, 임상적 관리에서 예방적인 서비스에 관한 관심은 모든 전문가들에게 최대의 관심사가 되어야 한다.

NAP는 모든 건강관리기획은 효율적이게 환자관리 서비스에 대한 요구뿐만 아니라 예방에 대한 지도와 설득이 결정적으로 중요함을 강조하고 있다.

이러한 입장의 근거는 모든 사람들과 공동체들 간의 건강 증진과 질병과 아픔에 대해 예방의 바람을 담고 있는 윤리적 선행의 원칙(principle of beneficence)에서부터 비롯되었다.

자율성의 원칙(principle of autonomy)은 예방적인 복지를 강구하려고 하는 예비 환자(informed patient)의 권리를 대변해 준다. 이러한 권리는 환자의 진료와 서비스에 필수적인 요소를 담고 있는 관련 건강 정보와 전략들을 원하는 환자에게 필요하다.

평가, 치료, 상담, 법의학을 위한 윤리규정, 전문적 기준 및 실제적 지침

이 지침은 전문가 집단에 의해 만들어진 윤리규정, 전문적 기준 및 실제적 방향을 제시하고 있다. 전문가 집단에는 심리학자, 정신의학자, 사회복지사, 결혼 및 가족 상담가 등이 포함되어 있다. 여기에는 평가, 치료, 상담과 법의학 등이 포함되어 있다.

다음 목록은 포프(Ken Pope)에 의해 만들어졌고, 자세한 내용은 웹사이트에 게재되어 있다(http://kspope.com). 이 사이트에는 제반 규칙, 규정, 지침과 다른 여러 정보들을 싣고 있다.

American Academy of Child and Adolescent Psychiatry: Code of Ethics

American Academy of Forensic Psychology: Specialty Guidelines

American Academy of Psychiatry and Law: Ethical Guidelines for the Practice of Forensic Psychiatry

American Association for Marriage and Family Therapy Code of Ethics

American Association of Christian Counselors: Code of Ethics

American Association of Pastoral Counselors: Code of Ethics

American Association of Sex Educators, Counselors and Therapists: Code of Ethics

American Association of Spinal Cord Injury Psychologists and Social

Workers: Standards for Psychologists and Social Workers in SCI Rehabilitation

American Bar Association and American Psychological Association: Assessment of Older Adults with Diminished Capacity — A Handbook for Lawyers

American Bar Association, American Psychological Association, and National College of Probate Judges: Judical Determination of Capacity of Older Adults in Guardianship Proceedings

American Board of Examiners in Clinical Social Work: Code of Ethics

American Board of Forensic Psychology: Specialty Guidelines

American College Personnel Association: Statement of Ethical Principles and Standards

American Counseling Association: Code of Ethics and Standards of Practice

American Group Psychotherapy Association: Guidelines for Ethics

American Hospital Association: Billing and Collection Practices

American Medical Association: Principles of Medical Ethics

American Mental Health Counselors Association: Code of Ethics

American Music Therapy Association: Code of Ethics

American Nursing Association: Code of Ethics for Nurses

American Psychiatric Association: The Principles of Medical Ethics with Annotations Especially Applicable to Psychiatry

American Psychiatric Nurses Association: Position Papers

American Psychoanalytic Association: Principles and Standards of Ethics for Psychoanalysts

American Psychological Association: Disaster Response Network Member Guidelines

American Psychological Association: Ethical Principles of Psychologists and Code of Conduct (prior code: December 1, 1992-May 31, 2003)

American Psychological Association: Ethical Principles of Psychologists and Code of Conduct (current code: effective as of June 1, 2003; [부록 A] 참조)

American Psychological Association: Guidelines for Child Custody Evaluations in Divorce Proceedings

American Psychological Association: Guidelines for Ethical conduct in the Care and Use of Animals

American Psychological Association: Guidelines for the Evaluation of Dementia and Age-Related Cognitive Decline

American Psychological Association: APA Guidelines for Providers of Psychological Services to Ethnic, Linguistic, and Culturally Diverse Populations

American Psychological Association: Guidelines for Psychological Evaluations in Child Protection Matters

American Psychological Association: Guidelines for Psychological Practice with Older Adults

American Psychological Association: Guidelines for Psychotherapy with Lesbian, Gay, and Bisexual Clients

American Psychological Association: Guidelines on Multicultural Education, Training, Research, Practice, and Organizational Change for Psychologists

American Psychological Association: Professional, Ethical, and Legal Issues Concerning Interpersonal Violence, Maltreatment, and Related Trauma

American Psychological Association: Record Keeping Guidelines

American Psychological Association: Report from APA Working Group on Assisted Suicide and End-of-Life Decisions

American Psychological Association: Resolution on Appropriate Therapeutic Responses to Sexual Orientation

American Psychological Association: Rights and Responsibilities of Test
Takers: Guidelines and Expectations

American Psychological Association: Statement on Services by Tele-
phone Teleconferencing, and Internet ([부록 D] 참조)

American School Counselor Association: Ethical Standards for School
Counselors

American Society of Clinical Hypnosis: Code of Ethics

Association for Comprehensive Energy Psychology: Code of Ethics

Association for Specialists in Group Work Best Practice Guidelines:
Best Practice Guidelines

Association for Specialists in Group Work: Principles for Diversity-
Competent Group Workers

Association for Specialists in Group Work: Professional Standards for
the Training of Group Workers

Association for the Treatment of Sexual Abusers: Professional Code of
Ethics

Association of Clinical pastoral Education: Standards and Ethics Manual

Association of Professional Chaplains: Code of Ethics

Association of State and Provincial Psychology Boards: Code of
Conduct

Association of State and Provincial Psychology Boards: Supervision
Guidelines

Australian Association of Social Workers: Code of Ethics

British Association for Counselling and Psychotherapy: Ethical

Frame-work for Good Practice in Counselling and Psychotherapy

British Association of Social Workers: Code of Ethics for Social
Workers

British Columbia Association of Clinical Counsellors: Code of Ethical
Conduct and Standards of Clinical Practice for Registered Clinical

Counsellors

British Psychological society: Ethics, Rules, Charter, Code of Conduct

California Association for Counseling and Development: Code of Ethics and Standards of Practice California Association of Marriage and Family Therapists: Ethical Standards

California Society for Clinical Social Work: Ethical Standards of the Clinical Social Work Federation

Canadian Counselling Association: Code of Ethics

Canadian Medical Association: Code of Ethics

Canadian Psychiatric Association: The CMA Code of Ethics Annotated for Psychiatrists

Canadian Psychoanalytic Society: Principles of Ethics for Psychoanalysis

Canadian Psychological Association: Canadian Code of Ethics for Psychologists(3rd edition) ([부록 B] 참조)

Canadian Psychological Association: Ethical Guidelines for Psychologists Providing Psychological Services via Electronic Media

Canadian Psychological Association: Guidelines for Professional Practice for School Psychologists

Canadian Psychological Association: Practice Guidelines for Providers of Psychological Services

Canadian Traumatic Stress Network (Reseau canadian du stress traumatique): Ethical Principles

Catholic Church: Ethical Religious Directives for Catholic Health Care Services

Christian Association for Psychological Studies: Ethics Statement Clinical Social Work Federation: Code of Ethics

Commission on Rehabilitation Counselor Certification: Code of Professional Ethics

Employee Assistance Professionals Association: EAPA Code of Ethics

European Association for Body-Psychotherapy: Ethical Guidelines and Code

European Federation of Psychologists' Association: Charter of Professional Ethics for Psychologists

Feminist Therapy Institute: Code of Ethics

Harcourt Assessments: HIPAA Guidelines

Harry Benjamin International Gender Dysphoria Association: Standards of Care for Gender Identity Disorders

Health on the Net Foundation: Code of Conduct for Medical and Health Web Sites

International Federation of Social Workers: Ethics of Social Work Statement of Principles

International Society for the Study of Dissociation: Guidelines for the Evaluation and Treatment of Dissociative Symptoms in Children and Adolescents

International Society for the Study of Dissociation: Guidelines for Treating Dissociative Identity Disorder (Multiple Personality Disorder) in Adults

Irish Association for Counseling and Therapy: Code of Ethics and Practice

Irish Association of Social workers: Code of Ethics

Joint Committee on Testing Practices: Code of Fair Testing Practices in Education

Louisiana State Board of Social Work Examiners: Guidelines for Child Custody Evaluations

Mental Health Patient's Bill of Rights ([부록 E] 참조)

Multi-health Systems: PIPEDA & HIPAA Test Disclosure Privacy Guidelines

National Academies of Practice: Ethical Guidelines for Professional

Care and Services in Managed Health Care Environment ([부록 F] 참조)

National Academy of Neuropsychology: Independent and Court Ordered Forensic Neuropsychological Examinations

National Academy of Neuropsychology: Presence of Third-Party Observers During Neuropsychological Testing

National Academy of Neuropsychology: Use of Neuropsychology Test Technicians in Clinical Practice

National Association of School Psychologists: Professional Conduct Manual-Principles for professional Ethics

National Association of Social Workers: Code of Ethics

National Board for Certified Counselors: Code of Ethics

National Board for Certified Counselors: The Practice of Internet Counseling

National Career Development Association: Ethical Standards

National Council for Community Behavioral healthcare: Values and Principles for Behavioral Healthcare Delivery

National Council for Hypnotherapy: Code of Ethics and Conduct

National Registry of Certified Group Psychotherapists: Guidelines for Ethics

National Student Nurses Association: Code of Professional Conduct

New Zealand Psychological Society: Code of Ethics

Pearson Assessments: HIPAA Guidelines

Psychological Society of Ireland: Code of Professional Ethics

Sidran: Rights and Responsibilities in Psychotherapy (informed consent form to be used with therapy patients)

Society for Research in Child Development: Ethical Standards for Research with Children

World Medical Association: Ethics Policies

참고문헌

Adleman, J., & Barrett, S. E. (1990). Overlapping relationships: Importance of the feminist ethical perspective. In H. Lermamn & N. Portman(Eds.), *Feminist ethics in psychotherapy*(pp.87-91). New York: Springer Publishing Co.

Advice on ethics of billing clients. (1987, November). *APA Monitor*, p.42.

Advisory Committee on Human Radiation Experiments. (1995). *Final report.* Washington, DC: U.S. Government Printing Office.

Akamatsu, T. J. (1988). Intimate relationships with former clients: National survey of attitudes and behavior among practitioners. *Professional Psychology: Research and Practice, 19*, 454-458.

Akkad, A., Jackson, C., Kenyon, S., Dixon-Woods, M., Taub, N., & Habiba, M. (2006). Patients' perceptions of written consent: questionnaire study. *British Medical Journal, 333*, 528-530.

A little recent history. (1952). *American Psychologist, 7*, 425.

Amaro, H., Russo, N. F., & Johnson, J. (1987). Family and work predictors of psychological well-being among Hispanic women professionals. *Psychology of Women Quarterly, 11*, 505-522.

American Academy of Clinical Neuropsychology. (2001). Policy statement on the presence of third party observers in neuropsychological assessment. *Clinical Neuropsychologist*, 15, 433-439.

American Association on Mental Deficiency. (1974). *The Adaptive Behavior Scale: Manual*. Washington, DC: Author.

American Educational and Research Association, American Psychological Association, and National Council on Measurement in Education. (1999). *Standards for educational and psychological testing*. Washington, DC: Author.

American Psychiatric Association. (1987). *Diagnostic and statistical manual of mental disorders*(3rd ed., rev.). Washington, DC: Author.

American Psychiatric Association. (1994). *Diagnostic and statistical manual of mental disorders*(4th ed.). Washington, DC: Author.

American Psychological Association. (1953). *Ethical standards of psychologist*. Washington, DC: Author.

American Psychological Association. (1963). Ethical standards of psychologist. *American Psychologist, 18*, 56-60.

American Psychological Association. (1981). *Specialty guidelines for the delivery of services: Clinical psychologists, counseling psychologists, industrial/organizational psychologists, school psychologists*. Washington, DC: Author.

American Psychological Association. (1982). *Ethical principles in the conduct of research with human participants*. Washington, DC: Author.

American Psychological Association. (1987a). *Casebook on ethical principles of psychological psychologists*. Washington, DC: Author.

American Psychological Association. (1987b). General guidelines for providers of psychological services. *American Psychologist, 42*, 712-723.

American Psychological Association. (1987c). *Guidelines for conditions of employment of psychologists*. Washington, DC: Author.

American Psychological Association. (1990a). Ethical principles of psychologists. *American Psychologist, 45*, 390-395.

American Psychological Association. (1990b). *Guidelines for providers of psychological services to ethnic, linguistic, and culturally diverse population*. Retrieved September 29, 2006, from http://www.apa.org/pi/oema/

512

guide.html.

American Psychological Association. (1992). Ethical principles of psychologists and code of conduct. *American Psychologist, 47*, 1597-1611.

American Psychological Association. (1993). Guidelines for providers of psychological services to ethnic, linguistic, and culturally diverse population. *American Psychologist, 48*(1), 45-48.

American Psychological Association. (1994). Guidelines for child custody evaluations in divorce proceeding. American Psychologist, 49(7), 677-680.

American Psychological Association. (1997). *Your mental health rights: A joint initiative of mental health professional organizations.* Washington, DC: Author.

American Psychological Association. (1998a). Guidelines for the evaluation of dementia and age-related cognitive decline. *American Psychologist, 53*(12), 1298-1303.

American Psychological Association. (1998b). *Rights and responsibilities of test takers: Guidelines and expectation.* Washington, DC: Author.

American Psychological Association. (1999). Guidelines for psychological evaluations in child protection matters. *American Psychologist, 54*(8), 586-593.

American Psychological Association. (2002). Ethical principles of psychologists and code of conduct. *American Psychologist, 57*, 1060-1073.

American Psychological Association. (2003a). *Guidelines for psychotherapy with lesbian, gay and bisexual clients.* Retrieved September 29, 2006, from http://www.apa.org/pi/lgbc/guidelines.html.

American Psychological Association. (2003b). Guidelines on multicultural education, training, research, practice, and organizational change for psychologists. *American Psychologist, 58*, 377-402.

American Psychological Association. (2004). Guidelines for psychological practice with older adults. *American Psychologist, 59*(4), 236-260.

American Psychological Association. Committee on Accreditation. (1989).

Criteria for accreditation, doctoral training programs and internships in professional psychology(amended version). In *Accreditation handbook*(pp. B-1 to B-18). Washington, DC: Author.

American psychological Association. Committee on Ethical Standards for Psychology. (1949). Developing a code of ethics for psychologists. *American Psychologist, 4*, 17.

American Psychological Association. Committee on Ethical Standards for Psychology. (1951a). Ethical Standards for psychology: Sections 1 and 6. *American Psychologist, 6*, 626-661.

American Psychological Association. Committee on Ethical Standards for Psychology. (1951b). Ethical Standards for psychology: Sections 2, 4, and 5. *American Psychologist, 6*, 427-452.

American psychological Association. Committee on Ethical Standards for Psychology. (1951c). Ethical Standards for psychology: Sections 3. *American Psychologist, 6*, 57-64.

American Psychological Association. Committee on Legal Issues. (1996). Strategies for private practitioners coping with subpoenas or compelled testimony for client records or test data. *Professional Psychology: Research and Practice, 27*, 245-251.

American Psychological Association. Ethics Committee. (1988). Trends in ethics cases, common pitfalls, and published resources. *American Psychologist, 43*, 564-572.

American Psychological Association. Ethics Committee. (1997). Report of the Ethics Committee, 1996. *American Psychologist, 52*, 897-905.

American Psychological Association. Ethics Committee. (2001). Report of the Ethics Committee, 2000. *American Psychologist, 56*, 680-688.

American Psychological Association. Ethics Committee. (2002). Report of the Ethics Committee, 2001. *American Psychologist, 56*, 646-653.

American Psychological Association. Ethics Committee. (2003). Report of the Ethics Committee, 2002. *American Psychologist, 58*, 650-657.

American Psychological Association. Ethics Committee. (2004). Report of the Ethics Committee, 2003. *American Psychologist, 59*, 434-441.

American Psychological Association. Ethics Committee. (2005). Report of the Ethics Committee, 2004. *American Psychologist, 60*, 523-528.

American Psychological Association. Insurance Trust. (1990). *Bulletin: Sexual misconduct and professional liability claims.* Washington, DC: Author.

American Psychological Association. Presidential Task Force on Evidence-Based Practice. (2006). Evidenced-based Practice in psychology. *American Psychologist, 61*, 271-285.

American Psychological Association. Task Force on Violence and the Family. (1996). *Violence and the family: Report of the American Psychological Association Task Force on Violence and the Family.* Washington, DC: Author.

American Psychological Association, American Educational Research Association, & National Council on Measurement in Education (in press). *Standards for educational and psychological testing.* Washington, DC: American Psychological Association.

Arbuthnott, K. D., Arbuthnott, D. W., & Thompson, V. A. (2006). *The mind in therapy: Cognitive science for practice.* Mahwah, NJ: Erlbaum.

Arredondo, P., Toporek, R., Brown, S. P., Jones, J., Locke, D. C., Sanchez, J., & Stadler, H. (1996). Operationalization of the multicultural counseling competencies. *Journal of Multicultural Counseling and Development, 24*(1), 42-78.

Axelrod, B., Barth, J., Faust, D., Fisher, J., Heilbronner, R., Larrabee, G., Pliskin, N., & Silver, C. (2000). Presence of third party observers during neuropsychological testing: Official statement of the National Academy of Neuropsychology. *Archives of Clinical Neuropsychology, 15*(5), 397-380.

Bache, R. M. (1984). Reaction time with references to race. *Psychological Review, 1*, 475-486.

Bacon, F. (1955). The new organon. In *Selected writing of Francis Bacon* (pp.455-540). New York: Random House. (The New Organon originally published 1620).

Bader, E. (1994). Dual relationships: Legal and ethical trends. *Transactional Analysis Journal, 24*(1), 64-66.

Baer, B. E., & Murdock, N. L. (1995). Nonerotic dual relationships between therapist and clients: The effects of sex, Theoretical orientation, and interpersonal boundaries. *Ethics and Behavior, 5*, 131-145.

Bagley, C., Bolitho, F., & Bertrand, L. (1997). Sexual assault in school, mental health and suicidal behaviors in adolescent women in Canada. *Adolescence, 32*, 341-366.

Bajt, T. R., & Pope, K. S. (1989). Therapist-patient sexual intimacy involving children and adolescents. *American Psychologist, 44*, 455. Available at http://Kspope.com.

Banks, M. E. (2003). Preface. In M. E. Banks & E. Kaschak(Eds.), Women with visible and invisible disabilities: *Multiple intersections, multiple issues, multiple therapists*. New York: Haworth Press.

Barnett, J. E., & Yutrzenka, B. A. (1995). Nonsexual dual relationships in professional practice, with special applications to rural and military communities. *Independent Practitioner, 14*, 243-248.

Bates, C. M., & Brodsky, A. M. (1989). *Sex in the therapy hour: A case of professional incest*. New York: Guilford Press.

Beck, A. T. (1967). *Depression*. Philadelphia: University of Pennsylvania Press.

Beck, A. T., Kovaks, M., & Weissman, A. (1975). Hopelessness and suicidal behavior: An overview. *Journal of the American Medical Association, 234*, 1146-1149.

Beck, A. T., Resnick, H. L. P., & Lettieri, D.(Eds.) (1974). *The prediction of suicide*. New York: Charles Press.

Behnke, S. H. (2005, December 9-11). *Update on Ethics Program: Minutes of the APA Board of Directors*. Retrieved September 23, 2006, from http://www.apa.org/governance/.

516

Bell, B. E., Raiffa, H., & Tversky, A.(Eds.) (1989). *Decision making: De-scriptive, normative, and prescriptive interactions.* Cambridge: Cambridge University Press.

Bennett, B. E., Bricklin, P. M., & VandeCreek, L. (1994). Response to Lazarus's "How certain boundaries and ethics diminish therapeutic effectiveness." *Ethics and Behavior, 4*(3), 263-266.

Benson, P. R. (1984). Informed consent. *Journal of Nervous and Mental Disease, 172,* 642-653.

Bernsen, A., Tabachnick, B. G., & Pope, K. S. (1994). National survey of social workers' sexual attraction to their clients: Results, implication, and comparison to psychologist. *Ethics and Behavior, 4,* 369-388. Available at http://kspope.com.

Beutler, L. E. (1985). Loss and anticipated death: Risk factors in depression. In H. H. Goldman & S. E. Goldston(Eds.), *Preventing stress-related psychiatric disorders*(pp.177-194). Rockville, MD: National Institute of Mental Health.

Biography. (1995). *American Psychologist, 50*(4), 242. Retrieved September 27, 2006, from http://kspope.com/kpope/index.php.

Blau, T. H. (1984). *The psychologist as expert witness.* Hoboken, NJ: Wiley.

Block, N. J., & Dworkin, G. (1976). *The IQ controversy.* New York: Pantheon.

Borys, D. S. (1988). *Dual relationships between therapist and client: A national survey of clinicians' attitudes and practices.* Unpublished doctoral dissertation, University of California, Los Angeles.

Borys, D. S. (1994). Maintaining therapeutic boundaries: The motive is therapeutic effectiveness, not defensive practice. *Ethics and Behavior, 4*(3), 267-273.

Borys, D. S., & Pope, K. S. (1989). Dual relationships between therapist and client: A national study of psychologists, psychotherapists and social workers. *Professional Psychology: Research and Practice, 20,* 283-293.

Available at http://kspope.com.

Bouhoutsos, J. C., Holroyd, J., Lerman, H., Forer, B., & Greenberg, M. (1983). Sexual intimacy between psychotherapists and patients. *Professional Psychology: Research and Practice, 14*, 185-196.

Brodsky, A. M. (1989). Sex between patient and therapist: Psychology's data and response. In G. O. Gabbard(Ed.), *Sexual exploitation in professional relationships*(pp.15-25). Washington, DC: American Psychiatric Press.

Brown, L. S. (1988). Harmful effects of post termination sexual and romantic relationships between therapists and their former clients. *Psychotherapy, 25*, 249-255.

Brown, L. S. (1989). Beyond thou shalt not: Thinking about ethics in the lesbian therapy community. *Women and Therapy, 8*, 13-25.

Brown, L. S. (1994a). Concrete boundaries and the problem of literal-mindedness: A response to Lazarus. *Ethics and Behavior, 4*(3), 275-281.

Brown, L. S. (1994b). *Subversive dialogues*. New York: Basic Books.

Brownlee, K. (1996). The ethics of non-sexual dual relationships: A dilemma for the rural mental health professional. *Community Mental Health Journal, 32*, 497-503.

Brunch, J., Barraclough, B., Nelson, M., & Sainsbury, P. (1971). Suicide following death of parents. *Social Psychiatry, 6*, 193-199.

Burian, B. K., & Slimp, A. O. C. (2000). Social dual-role relationships during internship A decision-making model. *Professional Psychology: Research and Practice, 31*(3), 332-8.

Burke, E. (1961). *Reflections on the revolution in French*. New York: Double-day. (Original work published 1790).

Bursztyajn, H. J., Feinbloom, R. I., Hamm, R. M., & Brodsky, A. (2000). *Medical choices, medical chance: How patients, families, and physicians can cope with uncertainty*. Lincoln: University of Nebraska Press.

Burt, R. A. (1977). The supreme Court speaks-Not assisted suicide but a constitutional right to palliative care. *New England Journal of Medicine,*

337. 1234-1236.

Butcher, J. M., Graham, J. R., Williams, C. L., & Ben-Porath, Y. S. (1990). *Development and use of the MMPI-2 content scales.* Milleapolis: University of Minnesota Press.

Butler, S. E., & Zelen, S. L. (1977). Sexual intimacies between therapists and patients. *Psychotherapy, 14,* 139-145.

California Department of Consumer Affairs. (1997). *Professional therapy never includes sex*(2nd ed.). (Original edition published 1990). (Available from Board of Psychology, 1422 Howe Avenue, Suite 22, Sacramento, CA 95825)

Campbell, C. & Goedon, M. (2003). Acknowledging the inevitable: Understanding multiple relationships in rural practice. *Professional Psychology: Research and Practice, 34,* 430-434.

Campbell, L., Vasquez, M. J. T., Behnke, S., & Kinscherff, R. (in press). *The 2002 APA Ethics Code: Commentary and application for psychologists.* Washington, DC: American Psychological Association.

Canadian Psychological Association. (1986). *Canadian code of ethics for psychologists.* Ottawa: Author.

Canadian Psychological Association. (1991). *Canadian code of ethics for psychologists.* Ottawa: Author.

Canadian Psychological Association. (2000). *Canadian code of ethics for psychologists.* Ottawa: Author.

Canadian Psychological Association. (2001a). *Practice guidelines for providers of psychological services.* Downloaded from http://www.acposb. on.ca/practice.htm on November 27, 2006

Canadian Psychological Association. (2001b). *Annual report, 2000-2001.* Retrieved September 29, 2006, from http://www.cpa.ca/aboutcpa/annual-reports/.

Canadian Psychological Association. (2001c). *Guidelines for nondiscriminatory practice.* Ottawa: Author.

Canadian Psychological Association. (2002). *Canadian code of ethics for psychologists*(3rd ed.). Ottawa: Author.

Canadian Psychological Association. (2006). Annual report, 2005-2006. Retrieved September 29, 2006, from http://www.cpa.ca/aboutcpa/annual-reports/.

Canterbury v. Spence, 464 F.2d 772 (D.C. Cir. 1972).

Caplan, P. J. (1995). *They say you're crazy: The inside story of the DSM.* Reading, MA: Addison-Welsey.

Carter, G. T., Vandekieft, G. K., & Barren, D. W. (2005). Whose life is it, anyway? The federal government vs. the state of Oregon on the legality of physician-assisted suicide. *American Journal of Hospice and Palliative Medicine, 22*(4), 249-251.

Cases, J. M., & Vasquez, M. J. T. (1989). Counseling the Hispanic client: The oretical and applied perspectives. In P. D. Pederson, J. G. Draguns, W. J. Lonner, & E. J. Trimble(Eds.), *Counseling across cultures*(3rd ed., pp.153-176). Honolulu: University of Hawaii Press.

Cases and inquiries before the Committee on Scientific and Professional Ethics and Conduct. (1954). *American Psychologist, 9*, 806-807.

Cassileth, B. R., Zupkis, R. V., Sutton-Smith, K., & March, V. (1980). Informed consent — Why are its goals imperfectly realized? *New England Journal of Medicine, 323*, 896-900.

Caudill, O. B. (1993, Winter). Administrative injustice: Can psychologists be vicariously liable for sexual misconduct? *AAP Advance Plan, Association for the Advancement of Psychology*, 4-5.

Caudill, O. B., & Pope, K. S. (1995). *Law and mental health professionals: California.* Washington, DC: American Psychological Association

Chan, C. S. (1997). Don't ask, don't tell, don't know: The formation of homosexual identity and sexual expression among Asian American lesbian. In B. Greene(Ed.), *Ethnic and cultural diversity among lesbian and gay men*(pp.240-248). Thousand Oaks, CA: Sage.

Chanowitz, B., & Langer, E. J. (1981). Premature cognitive commitment.

Journal of Personality and Social Psychology, 41, 1051-1063.

Chiang, H. (1986, July 28). Psychotherapist is subject to suit for breaching privilege. *Los Angeles Daily Journal,* p.1.

Clarkson, P. (1994). In recognition of dual relationships. *Transactional Analysis Journal, 24*(1) 32-38.

Cobbs v. Grant, 8 Cal.3d 229, 502 P.2d 1,104 Cal. Rptr. 505 (Cal. 1972).

Cocks, G. (1985). *Psychotherapy in the Third Reich: The Göring Institute.* New York: Oxford University Press.

Cohen-Sadler, R., Bermann, A. L., & King, R. A. (1982). Life stress and symptomotology: Determinants of suicidal behavior in children. *Journal of the American Academy of Child Psychiatry, 21,* 178-186.

Cole, M., & Bruner, J. S. (1972). Cultural differences and inferences about psychological processes. *American Psychologist, 26,* 867-876.

Colt, G. H. (1983). The enigma of suicide. *Harvard Magazine, 86,* 47-66.

Comas-Diaz, L., & Greene, B. G. (1994). *Women of color: Integrating ethnic and gender identities in psychotherapy.* New York: Guilford Press.

Committee on Professional Standards of the American Psychological Association (1984). Casebook for providers of psychological services. *American Psychologist, 39,* 663-668.

Commons, M. L., Rodriguez, J. A., Adams, K. M., Goodheart, E. A., Gutheil, T. G., & Cyr, E. D. (2006). Informed consent: Do you know it when you see it? Evaluating the adequacy of patient consent and the value of a lawsuit. *Psychiatric Annals, 36*(6), 430-435.

Constantine, M. G., & Sue, D. W. (2005). *Strategies for building multicultural competence in mental health and educational settings.* Hoboken, NJ: Wiley.

Constantinou, M., Ashendorf, L., & McCaffrey, R. J. (2002). When the third party observer of a neuropsychological evaluation is an audio recorder. *Clinical Neuropsychologist, 16*(3), 407-412.

Constantinou, M., Ashendorf, L., & McCaffrey, R. J. (2005). Effects of a third party observer during neuropsychological assessment: When the observer is a video camera. *Journal of Forensic Neuropsychology, 4*(2), 39-47.

Crits-Christoph, P., Wilson, G. T., & Hollon, S. D. (2005). Empirically supported psychotherapies: Comment on Western, Novotny, and Thompson-Brenner(2004). *Psychological Bulletin, 131*(3), 412-417.

Dalen, K. (2006). To tell or not to tell, that is the question: Ethical dilemmas presented by psychologists in telephone counseling. *European Psychologist, 11*(3), 236-243.

Davison, G. C., & Neale, J. M. (1982). *Abnormal psychology: An experimental clinic approach*. Hoboken, NJ: Wiley.

Dixon-Woods, M., Williams, S. J., Jackson, C. J., Akkad, A., Kenyon, S., & Habiba, M. (2006). Why do Women consent surgery, even when they do not want to? An interactionist and Bourdieusian analysis. *Social Science and Medicine, 62*(11), 2742-2753.

Dovidio, J. F., Gaertner, S. L., Kawakami, K., & Hodson, G. (2002). Why can't we just get along? Interpersonal biases and interracial distrust. *Cultural Diversity and Ethnic Minority Psychology, 8*, 88-102.

Downie, J. (2004). *Dying justice: The case for decriminalizing euthanasia and assisted suicide in Canada*. Toronto: University of Toronto Press.

Draft of the APA ethics code published. (1991, June). *APA Monitor*, pp.30-35.

Drake, R., Gates, C., Cotton, P., & Whitaker, A. (1984). Suicide among schizophrenics: Who is at risk? *Journal of Nervous and Mental Disease, 172*, 613-617.

Duff, K., & Fisher, J. M. (2005). Ethical dilemmas with third party observers. *Journal of Forensic Neuropsychology, 4*(2), 65-82.

EchoHawk, M. (1997). Suicide: The scourge of Native American people. *Suicide and Life-Threatening Behavior, 27*, 60-67.

Ellis, E. M., Atkeson, B. M. & Calhoun, K. S. (1982). An examination of differences between multiple-and single-incident victims of multiple sexual assault. *Journal of Abnormal Psychology, 91*, 221-224.

Erdberg, P. (1988, August). How clinicians can achieve competence in testing procedures. Paper presented at the annual meeting of the American Psychological.

Evans, J. (1989). *Bias in human reasoning: Causes and consequences.* Mahwah, NJ: Erlbaum.

Fadiman, A. (1997). *The spirit catches you and you fall down: Among child, her American doctors, and the collision of two cultures.* New York: Farrar, Straus and Giroux.

Falender, C. A., & Shafranske, E. P. (2004). *Clinical supervision: A competency-based approach.* Washington, DC: American Psychological Association.

Farberow, N. (1985, May 12). How to tell if someone is thinking of suicide. *Los Angeles Herald Examiner*, p.C9.

Faschingbauer, T. R. (1979). The future of the MMPI. In C. S. Newmark (Ed.). *MMPI: Clinical and research trends*(pp.380-392). New York: Praeger.

Faulkner, K. K., & Faulkner, T. A. (1997). Managing multiple relationships in rural communities: Neutrality and boundary violations. *Clinical Psychology: Science and Practice, 4*(3), 225-234.

Feldman-Summers, S., & Jones, G. (1984). Psychological impacts of sexual contact between therapists or other health care professionals and their clients. *Journal of Consulting and Clinical Psychology, 52*, 1054-1061.

Feminist Therapy Institute. (1987). *Feminist therapy code of ethics.* Denver, CO: Author.

Festinger, L. (1964). *Conflict, decision, and dissonance.* Stanford, CA: Stanford University Press.

Fisher, C. B. (2003). *Decoding the ethics code: A practical guide for psychologists.* Thousand Oaks, CA: Sage.

Flores, G. (2006). Language barriers to health care in the United States. *New England Journal of Medicine, 355*, 229-231.

Freeman, L., & Roy, J. (1976). *Betrayal.* New york: Stein and Day.

Freud, S. (1952). *A general introduction to psychoanalysis*. Authorized English translation of the revised edition by J. Riviere. New York: Washington Square Press. (Originally published 1924)

Freud, S. (1963). Further recommendations in the technique of psycho-analysis: Observations on transference-love. In P. Rieff(Ed.), *Freud: Therapy and technique*(pp.167-179). Authorized English translation of the revised edition by J. Riviere. New York: Collier Books. (Originally published 1915)

Gabbard, G. O.(Ed.) (1989). *Sexual exploitation in professional relationships*, Washington, DC: American Psychiatric Press.

Gabbard, G. O. (1994). Teetering on the precipice: A Commentary on Lazarus's "How certain boundaries and ethics diminish therapeutic effectiveness." *Ethics and Behavior, 4*(3), 283-286.

Gabbard, G., & Pope, K. (1989). Sexual involvements after termination: Clinical, ethical, and legal aspects. In G. Gabbard(Ed.), *Sexual exploitation in professional relationships*(pp.115-127). Washington, DC: American Psychiatric Press.

Gallagher, H. G. (1990). *By trust betrayed: Patients, physicians, and the license to kill in the Third Reich*. New york: Holt.

Gandhi, M. K. (1948). *Non-violence in peace and war*. Ahmedabadi, India: Narajivan Publishing House.

Ganzini, L. (2006). Physician-assisted suicide. *American Journal of Psychiatry, 163*(6), 1109-1110.

Garb, H. N. (1997). Racial bias, social class bias, and gender bias in clinical judgement. *Clinical Psychology: Science and Practice, 4*, 99-120.

Gartrell, N. K., Herman, J. L., Olarte, S., Feldstein, M., & Localio, R. (1986). Psychiatrist-patient sexual contact: Results of a national survey, I: Prevalence. *American Journal of Psychiatry, 143*, 1126-1131.

Gavett, B. E., Lynch, J. K., & McCaffrey, R. J. (2005). Third party observers: The effect size in greater than you might think. *Journal of Forensic Neuropsychology, 4*(2), 49-64.

Gawronski, B. (2003). Implicational schemata and the correspondence bias: On the diagnostic value of situationally constrained behavior. *Journal of Personality and Social Psychology, 84*(6), 1154-1171.

Geller, J. D. (1988). Racial bias in the evaluation of patients for psychotherapy. In L. Comas-Dias & E. H. Griffith(Eds.), *Clinical guidelines in cross-cultural mental health*(pp.112-134). Hoboken, NJ: Wiley.

Geller, J. D., Cooley, R. S., & Hartley, D. (1981-1982). Image of the psychotherapist: A theoretical and methodological perspective. *Imagination, Cognition, and Personality: Consciousness in Theory, Research, Clinical Practice, 3*, 123-146.

Geyer, M. C. (1994). Dual role relationships and Christian counseling. *Journal of Psychology and Theology, 22*(3), 187-195.

Gibbons, R. D., Hur, K., Bhaumik, D. K., & Mann, J. J. (2005). The relationship between antidepressant medication use and rate of suicide. *Archives of General Psychiatry, 62*, 165-172.

Gibbs, J. T. (1997). African-American suicide: A cultural paradox. *Suicide and Life-Threatening Behavior, 27*, 68-79.

Gibbs, W. T., & Huang, L. N. (1989). *Children of color: Psychological interventions with minority youth*. San Francisco: Jossy-Bass.

Gibson, W. T., & Pope, K. S. (1993). The ethics of counseling: A national survey of certified counselors. *Journal of Counseling and Development, 71*(3), 330-336.

Gilbert, D. T., & Malone, P. S. (1995). The correspondence bias. *Psychological Bulletin, 117*(1), 21-38.

Glaser, R. D., & Thorpe, J. S. (1986). Unethical intimacy: A survey of sexual contact and advances between psychology educators and female graduate students. *American Psychologist, 41*, 43-51.

Gold, M. (1999). *The complete social scientist: A Kurt Lewin reader*. Washington, DC: American Psychological Association.

Goldstein, L. S., & Buongiorno, P. A. (1984). Psychotherapists as suicide survivors. *American Journal of Psychotherapy, 38*, 392-398.

Goleman, D. (1985). *Vital lies, simple truth: The psychology of self deception*. New York: Simon & Schuster.

Goodheart, C. D. (2006). Evidence, endeavor, and expertise in psychology practice. In C. D. Goodheart, A. E. Kazdin, & R. J. Sternberg(Eds.), *Evidence-based psychotherapy: Where practice and research meet*(pp.37-61). Washington, DC: American Psychological Association.

Goodyear, R. K., & Sinnet, E. R. (1984). Current and emerging ethical issues for counseling psychology. *Counseling Psychologist, 12*, 87-98.

Gossett, T. F. (1963). *Race: The history of an idea in America*. Dallas: Southern Methodist University Press.

Gostin, L. (2006). Physician-assisted suicide: A legitimate medical practice? *JAMA: Journal of the American Medical Association, 295*(16), 1941-1943.

Gottlieb, M. C. (1993). Avoiding exploitive dual relationships: A decision making model. *Psychotherapy: Theory, Research, Practice, Training, 30*(1), 41-48. Available at http://kspope.com.

Gottlieb, M. C. (1994). Ethical decision making, boundaries, and treatment effectiveness: A reprise. *Ethics and Behavior, 4*(3), 287-293.

Gould, S. J. (1981). *The mismeasure of man*. New york: Norton.

Greene, B. G. (1997a). Ethnic minority lesbians and gay men: Mental health and treatment issues. In B. Greene(Ed.), *Ethnic and cultural diversity among lesbians and gay men*(pp.216-239). Thousand Oaks, CA: Sage.

Greene, B. G.(Ed.) (1997b). *Ethnic and cultural diversity among lesbians and gay men*. Thousand Oaks, CA: Sage.

Greene, B. G., & Croom, G. L. (1999). *Education, research, and practice in lesbian, gay, bisexual, and transgendered psychology: A resource manual*. Thousand Oaks, CA: Sage.

Gripton, J., & Valentich, M. (2004). Dealing with non-sexual professional client dual/multiple relationships in rural communities. *Rural Social Work, 9*(2), 216-225.

Gross, B. (2004). Theft by deception. *Annals of the American Psychotherapy Association, 7*(1), 36-37.

Grunder, T. M. (1980). On the readability of surgical consent forms. *New England Journal of Medicine, 302,* 900-902.

Gutheil, T, G. (1994). Discussion of Lazarus's "How certain boundaries and ethics diminish therapeutic effectiveness." *Ethics and Behavior, 4*(3), 295-298.

Gutheil, T. G., & Gabbard, G. O. (1993). The concept of boundaries in clinical practice: Theoretical and risk-management dimensions. *American Journal of Psychiatry, 150,* 188-196.

Guze, S. B., & Robins, E. (1970). Suicide and primary affective disorders. *British Journal of Psychiatry, 117,* 437-438.

Hall, C. S. (1952). Crooks, codes, and cant. *American Psychologist, 7,* 430-431.

Hall, J. E., & Hare-Mustin, R. T. (1983). Sanctions and the diversity of complaints against psychologists. *American Psychologist, 38,* 714-729.

Hallinan v. Committee of Bar Examiners of State Bar, 55 Cal. Rptr. 228 (1996).

Hamilton, N. G., & Hamilton, C. A. (2005). Competing paradigms of response to assisted suicide requests in Oregon, *American Journal of Psychiatry, 162*(6), 1060-1065.

Handler, J. F. (1990). *Law and the search for community.* Philadelphia: University of Pennsylvania Press.

Hansen, N. D., Randazzo, K. V., Schwartz, A., Marshall, M., Kalis, D., Frazier, R., Burke, C., Kershner-Rice, K., & Norvig, G. (2006). Do we practice what we preach? An exploratory survey of multicultural psychotherapy competencies. *Professional Psychology: Research and Practice, 37*(1), 66-74.

Harding, S. S., Shrarn, M. L., & Kitchener, K. S. (1989, August). *Dual role dilemmas: Psychology educators and their students.* Paper presented at the annual meeting of the American Psychological Association, New

Orleans.

Hare-Mustin, R. T. (1974). Ethical considerations in the use of sexual contact in psychotherapy. *Psychotherapy: Theory, Research and Practice, 11*, 308-310.

Harowski, K., Turner, A. L., LeVine, E., Schank, J. A., & Leichter, J. (2006). From our community to yours: Rural best perspectives on psychology practice, training, and advocacy. *Professional Psychology: Research and Practice, 37*(2), 158-164.

Harper, F. D., & McFadden, J. (2003). *Culture and counseling: New approaches*. Needham Heights, MA: Allyn & Bacon.

Harries, E. C., & Barraclough, B. (1997). Suicide as an outcome for mental disorders: A meta-analysis. *British Journal of Psychiatry, 170*, 205-228.

Hays, K. (2002). *Move your body, tone your mood*. New York: Harbinger.

Hendin, H., Haas, A. P., Maltsberger, J. T., Koestner, B., & Szanto, K. (2006). Problems in psychotherapy with suicidal patients. *American Journal of Psychiatry, 163*(1), 67-72.

Herlihy, B., & Watson, B. (2004). Assisted suicide: Ethical issues. In D. Cappuzi(Ed.). *Suicide across the life span: Implications for counselors* (pp.163-184). Alexandria, VA: American Counseling Association.

Herman, J. L., Gartrel, N., Olarte, S., Feldstein, M., & Localio, R. (1987). Psychiatrist-patient sexual contact: Results of a national survey, II: Psychiatrists' attitudes. *American Journal of Psychiatry, 144*, 164-169.

Hinrichsen, G. A. (2006). Why multicultural issues matter for practitioners working with older adults. *Professional Psychology: Research and Practice, 37*(1), 29-35.

Hobbs, N. (1948). The development of a code of ethical standards for psychology. *American Psychologist, 3*, 80-84.

Holroyd, J. (1983). Erotic contact as an instance of sex-biased therapy. In J. Murray & P. R. Abramson(Eds.), *Bias in psychotherapy*(pp.285-308). New York: Praeger.

Holroyd, J., & Brodsky, A. (1977). Psychologists' attitudes and practices regarding erotic and nonerotic physical contact with clients. *American Psychologist, 32*, 843-849.

Holroyd, J. C., & Brodsky, A. M. (1980). Does touching patients lead to sexual intercourse? *Professional Psychology, 11*, 807-811.

Horst, E. A. (1989). Dual relationships between psychologists and clients in rural and urban areas. *Journal of Rural Community Psychology, 10*(2), 15-24.

In the matter of the accusation against: Myron E. Howland.(1980). Before the Psychology Examining Committee, Board of Medical Quality Assurance, State of California, No. D-2212. Reporters' transcript Vol.3.

Irwin, M., Lovitz, A., Marder, S. R., Mintz, J., Winslade, W. J., Van Putten, T., & Mills, M. J. (1985). Psychotic patients' understanding of informed consent. *American Journal of Psychiatry, 142*, 1351-1354.

Isherwood, J., Adam, K. S., & Homblow, A. R. (1982). Life event stress, psychosocial factors, suicide attempt and auto-accident proclivity. *Journal of Psychosomatic Research, 26*, 371-383.

Jablonski v. United States, 712 F.2d 391 (1983).

Janis, I. L. (1972). *Victims of groupthink.* Boston: Houghton Mifflin.

Janis, I. L. (1982). *Stress, attitudes, and decisions.* New York: Praeger.

Janis, I. L., & Mann, L. (1977). *Decision making: A psychological analysis of conflict, choice, and commitment.* New York: Free Press.

Jennings, F. L. (1992). Ethics of rural practice. *Psychotherapy in Private Practice, 10*(3), 85-104.

Joiner, T. (2005). *Why people die by suicide.* Cambridge, MA: Harvard University Press.

Jones, E. E. (1979). The rocky road from acts to dispositions. *American Psychologist, 34*(2), 107-117.

Jones, E. E., & Korchin, S. J. (1982). Minority mental health: Perspectives. In E. E. Jones & S. J. Korchin(Eds.), *Minority mental health*(pp.3-36). New York: Praeger.

Jones, J. H. (1981). *Bad blood: The Tuskegee syphilis experiment: A trag-*

edy of race and medicine. New York: Free Press.

Jones, J. M. (1990a, September 14). *Promoting diversity in an individualistic society.* Keynote address, Great Lakes College Association conference, Hope College, Holland, MI.

Jones, J. M. (1990b, August). *Psychological approaches to race: What have they been and what should they be?* Paper presented at the annual meeting of the American Psychological Association, Boston.

Jones, J. M., & Block, C. B. (1984). Black cultural perspectives. *Clinical Psychologist, 37,* 58-62.

Kahneman, D., Slovic, P., & Tversky, A.(Eds.) (1982). *Judgment under uncertainty: Heuristics and biases.* Cambridge: Cambridge University Press.

Kahneman, D., & Tversky, A.(Eds.) (2000). *Choices, values, and frames.* Cambridge: Cambridge University Press.

Kalichiman, S. C. (1993). *Mandated reporting of suspected child abuse: Ethics, law, and policy.* Washington, DC: American Psychological Association.

Kaslow, N. J. (2004). Competencies in professional psychology. *American Psychologist, 69,* 774-781.

Kaslow, N. J., Bordin, K. A., Collins, F. L., Forrest, L., Illfelder-Kaye, J., Nelson, P. D., Rallo, J. S., Vasquez, M. J. T., & Willmuth, M. W. (2004). Competencies Conference: Future directions in education and credentialing in professional psychology. *Journal of Clinical Psychology, 60*(7), 699-712.

Kazdin, A. E. (2006). Assessment and evaluation in clinical practice. In C. D. Goodheart, A. E. Kazdin, & R. J. Sternberg(Eds.), *Evidence-based psychotherapy: Where practice and research meet*(pp.153-177). Washington, DC: American Psychological Association.

Keith-Spiegel, P., & Koocher, G. P. (1985). *Ethics in psychology: Professional standards and cases.* New York: Random House.

Keith-Spiegel, P., & Koocher, G. P. (1985). *Ethics in psychology: Professional standards and cases*(2nd ed.). Mahwah, NJ: Erlbaum.

Kessler, L. E., & Wachler, C. A. (2005). Addressing multiple relationships between clients and therapists in lesbian, gay, bisexual, and transgender communities. *Professional Psychology: Research and Practice, 36*(1), 66-72.

King, M. L., Jr. (1958). *Stride toward freedom*. San Francisco: HarperSan Francisco.

King, M. L., Jr. (1964). *Why we can't wait*. New York: Signet.

Kitchener, K. S. (1988). Dual role relationships: What makes them so problematic? *Journal of Counseling and Development, 67*(4), 217-221.

Kitchener, K. S. (2000). *Foundation of ethical practice, research, and teaching in psychology*. Mahway, NJ: Erlbaum.

Kleespies, P. M.(Ed.) (2004). *Life and death decisions: Psychological and ethics considerations in end-of-life care*. Washington, DC: American Psychological Association.

Kleespies, P. M., Smith, M. R., & Becker, B. R. (1990). Psychology interns as patient suicide survivors: Incidence, impact, and recovery. *Professional Psychology: Research and Practice, 21*, 257-263.

Klerman, G. L., & Clayton, P. (1984). Epidemiologic perspectives on the health consequences of bereavement. In M. Osterweis, F. Solomon, & M. Green(Eds.), *Bereavement: Reactions, consequences, and care*(pp.15-44). Washington, DC: National Academy Press.

Koenig, R.(2000). Reopening the darkest chapter in German science. *Science, 288*(5471), 1576-1577.

Kõlves, K., Värnik, A., Tooding, L., & Wasserman, D. (2006). Role of alcohol in suicide: A case-control psychological autopsy study. *Psychological Medicine, 36*(7), 923-930.

Koocher, G. P. (1994). Foreword. In K. S. Pope(Ed.), *Sexual involvement with therapists: Patient assessment, subsequent therapy, forensics*(pp.vii-ix). Washington, DC: American Psychological Association.

Koocher, G. P. (2006). Foreword to the second edition: Things my teachers never mentioned. In K. S. Pope, J. L. Sonne, & B. Greene, *What thera-*

pist don't talk about and why: Understanding taboos that hurt us and our clients. Washington, DC: American Psychological Association.

Kottler, J. A. (2003). *On being a therapist*(3rd ed.). San Francisco: Jossey-Bass.

Kovacs, A. L. (1987, May). Insurance billing: The growing risk of lawsuits against psychologists. *Independent Practitioner, 7,* 21-24.

Kramer, M., Pollack, E. S., Redick, R. W., & Locke, B. Z. (1972). *Mental disoders/suicide.* Cambridge, MA: Harvard University Press.

Krupnick, J. L. (1984). Bereavement during childhood and adolescence. In M. Osterweis, F. Solomon, & M. Green(Eds.), *Bereavement: Reactions, consequences, and care*(pp.99-141). Washington, DC: National Academy Press.

LaFromboise, T. D., & Foster, S. L. (1989). Ethics and multicultural counseling. In P. D. Pedersen, J. G. Draguns, W. J. Lonner, & E. J. Trimble (Eds.), *Counseling across cultures*(3rd ed., pp.115-136). Honolulu: University of Hawaii Press.

Lamb, D. H., & Catanzaro, S. J. (1998). Sexual and nonsexual boundary violations involving psychologists, clients, supervisees, and students: Implication for professional practice. *Professional Psychology: Research and Practice, 29,* 498-503.

Lamb, D. H., & Catanzaro, S. J., & Moorman, A. S. (2004). A preliminary look at how psychologists identify, evaluate, and proceed when faced with possible multiple relationship dilemmas, *Professional Psychology: Research and Practice, 35*(3), 248-254.

Landrine, H.(Ed.) (1995). *Cultural diversity in feminist psychology: Theory, research, and practice.* Washington, DC: American Psychological Association.

Langer, E. (1989). *Mindfulness.* Reading, MA: Addison-Wesley.

Langer, E. J., & Abelson, R. P. (1974). A patient by any other name ⋯: Clinician group differences and labeling bias. *Journal of Consulting and Clinical Psychology, 42,* 4-9.

Langer, E. J., Bashner, R., & Chanowitz, B. (1985). Decreasing prejudice by increasing discrimination. *Journal of Personality and Social Psychology, 49*, 113-120.

Lazarus, A. A. (1994a). How certain boundaries and ethics diminish therapeutic effectiveness. *Ethics and Behavior, 4*(3), 255-261.

Lazarus, A. A. (1994b). The illusion of the therapist's power and the patient's fragility: My rejoinder. *Ethics and Behavior, 4*(3), 299-306.

Lee, D., Reynolds, C. R., & Wilson, V. L. (2003). Standardized test administration: Why bother? *Journal of Forensic Neuropsychology, 3*(3), 55-81.

Lehner, G. F. J. (1952). Defining psychotherapy. *American Psychologist, 7*, 547.

Lettieri, D. J. (1982). Suicidal death prediction scales. In P.A. Keller & L.G. Ritt(Eds.), *Innovation in clinical practice*(Vol. 1, pp.265-268). Sarasota, FL: Professional Resource Exchange.

Levenson, H., & Pope, K. S. (1981). First encounters: Effects of intake procedures on patients, staff, and the organization. *Hospital and Community Psychiatry, 32*, 482-485.

Lewin, K. (1976). *Field theory in social science: Selected theoretical papers.* Chicago: University of Chicago Press.

Lifton, R. J. (1986) *The Nazi doctors: Medical killing and the psychology of genocide.* New York: Basic Books.

Litman, R. E. (1965). When patients commit suicide. *American Journal of Psychotherapy, 19*, 570-583.

Lott, B., & Bullock, H. E. (2001). Who are the poor? *Journal of Social Issues, 57*, 189-206.

Lott, B., & Bullock, H. E. (2007). *Psychology and economic injustice.* Washington, DC: American Psychological Association.

Lynch, J. K. (2005). Effect of a third party observer on neuropsychological test performance following closed head injury. *Journal of Forensic Neuropsychology, 4*(2), 17-25.

Lynch, J. K., & McCaffrey, R. J. (2004). Neuropsychological assessments in the presence of third parties: Ethical issues and literature review. *NYS Psychologist, 16*(3), 25-29.

Mann, C. K., & Winer, J. D. (1991). Psychotherapist's sexual contact with client. *American jurisprudence proof of facts*(3rd ser., vol.14, pp.319-431). Rochester, NY: Lawyers Cooperative Publishing.

Mann, J. J. (2005, October 27). Drug therapy: The medical management of depression. *New England Journal of Medicine, 353*, 1819-1834.

Maris, R. W. (2002). Suicide. *Lancet, 360*(9329), 319-326.

Masters, W. H., & Johnson, V. E. (1966). *Human sexual response.* New York: Bantam.

Masters, W. H., & Johnson, V. E. (1970). *Human sexual inadequacy.* New York: Bantam.

Masters, W. H., & Johnson, V. E. (1975, May). *Principles of the new sex therapy.* Paper presented at the annual meeting of the American Psychiatric Association, Anaheim, CA.

Masterson, J. F. (1989, May). Maintaining objectivity crucial in treating borderline patients. *Psychiatric Times*, pp.1, 26-27.

McCauley, J., Kern, D. E., Kolodner, K., Dill, L., & Schroeder, A. F. (1997). Clinical characteristics of women with a history of childhood abuse: Unhealed wounds. *JAMA: Journal of the American Medical Association, 277*(17), 1362-1368.

McCord, C., & Freeman, H. P. (1990). Excess mortality in Harlem. *New England Journal of Medicine, 322*, 173-177.

McNeil, B., Pauker, S.G., Sox, H. C., & Tversky, A. (1982). On the elucidation of preferences for alternative therapies. *New England Journal of Medicine, 306*, 1259-1262.

McSweeny, A. J., Becker, B. C., Naugle, R. I., Snow, W. G., Binder, L. M., & Thompson, L. L. (1998). Ethical issues related to the presence of third party observers in clinical neuropsychological evaluations. *Clinical Neuropsychologist, 12*(4), 552-559.

Mednick, M. T. (1989). On the politics of psychological constructs: Stop the bandwagon, I want to get off. *American Psychologist, 44*, 1118-1123.

Meehl, P. (1977). Why I do not attend case conferences. In P. Meehl(Ed.), *Psychodiagnosis: Selected papers*(pp.225-302). New York: Norton. (Originally published 1973)

Mercer, J. R. (1979). *Technical manual: System of multicultural pluralistic assessment.* New York: Psychological Corporation.

Miranda, J. (2006). Improving services and outreach for women with depression. In C. M. Mazure & G. P. Keita(Eds.), *Understanding depression in women: Applying empirical research to practice and policy*(pp. 113-135). Washington, DC: American Psychological Association.

Moffic, H. S.(1997). *The ethical way.* San Francisco: Jossey-Bass.

Monahan, J. (Ed.).(1980). *Who is the client?* Washington, DC: American Psychological Association.

Monahan, J. (1993). Limiting therapist exposure to Tarasoff liability: Guidelines for risk containment. *American Psychologist, 48*, 242-250.

Montgomery, L. M., Cupit, B. E., & Wimberley, T. K. (1999). Complaints, malpractice, and risk management: Professional issues and personal experiences. Professional Psychology: Research and Practice, 30, 402-410.

Moodley, R., & Palmer, S. (2006). *Race, culture and psychotherapy: critical perspectives in multicultural practice.* Philadelphia: Routledge/Taylor & Francis Group.

Moscicki, E. (2001). Epidemiology of suicide. In S. Goldsmith(Ed.), *Risk factors for suicide*(pp.1-4). Washington, DC: National Academy Press.

Muller-Hill, B. (1988). *Murderous science: Elimination by scientific selection of Jews, Gypsies, and others, Germany 1933-1945*(G. Fraser, Trans). New York: Oxford University Press.

Murphy, J. M. (1976). Psychiatric labeling in cross-cultural perspective. *Science, 191*, 1019-1028.

Natanson v. Kline, 186 Kans. 393,406,350 P.2d 1093 (1960).

National Academies of Practice.(1997). *Ethical guidelines for professional care in a managed care environment*. Washington, DC: Author.

Neufeldt, S. A. (2003). Becoming a clinical supervisors. In M. J. Prinstein & M. D. Patterson(Eds.), *The portable mentor: Expert guide to a successful career in psychology*(pp.209-218). New York: Kluwer Academic/ Plenum.

Neuringer, C. (1964). Rigid thinking in suicidal individuals. *Journal of Consulting Psychology, 28*, 54-58.

Neuringer, C. (1974). *Psychological assessment of suicidal risk*. New York: Charles Thomas.

Nimeus, A., Traskman-Bendz, L., & Alsen, M. (1997). Hopelessness and suicidal behavior. *Journal of Affective Disorder, 42*, 137-144.

Noel, B., & Watterson, K. (1992). *You must be dreaming*. New York: Poseiden.

Nugent, W. R. (2006). A psychometric study of the MPSI Suicidal Thoughts subscale. *Stress, Trauma and Crisis: An International Journal, 9*(1), 1-15.

Okie, S. (2005). Physician-assisted suicide — Oregon and beyond. *New England Journal of Medicine, 352*(16), 1627-1630.

O'Neill, P. (1998). *Negotiating consent in psychotherapy*. New York: New York University Press.

O'Neill, P. (2005). The ethics of problem definition. *Canadian Psychology, 46*(1), 13-20.

Orlinsky, D. E., & Geller, J. D. (1993). Psychotherapy's internal theater of operation Patients' representations of their therapists and therapy as a new focus of research. In N. E. Miller, J. Docherty, L. Luborsky, & J. Barber(Eds.), *Psychodynamic treatment research*(pp.423-466). New York: Basic Books.

Orwell, G. (1946). Politics and the English language. In G. Orwell(Ed.), *A collection of essays*(pp.156-171). Orlando, FL: Harcourt.

Pack-Brown, S. P., & Williams, C. B. (2003). *Ethics in a multicultural context*. Thousand Oaks, CA: Sage

Palmer, B. A., Pankratz, V. S., & Bostwick, J. M. (2005). The lifetime risk of suicide in schizophrenia: reexamination. Archives of General Psychiatry, 62, 247-253.

Patsiokas, A. T., Clum, G. A., & Luscumb, R. L. (1979). Cognitive characteristics of suicidal attempters. *Journal of Consulting and Clinical Psychology, 47*, 478-484.

Peck, M., & Seiden, R. (1975, May). *Youth suicide. exChange*. Sacramento: California State Department of Health.

Pederson, P. D., Draguns, J. G., Lonner, W. J., & Trimble, E. J. (1989). Introduction and overview. In P. D. Pederson, J. G. Draguns, W. J. Lonner, & E. J. Trimble(Eds.), *Counseling across cultures*(3rd ed., pp. 1-2). Honolulu: University of Hawaii Press.

People v. Stritzinger, 194 Cal. Rptr. 431 (Cal. September 1, 1983).

Perspectives. (1990, April 23). *Newsweek*, p.17.

Petrie, K., & Chamberlain, K. (1983). Hopelessness and social desirability as moderator variables in predicting suicidal behavior. *Journal of Consulting and Clinical Psychology, 51*, 485-487.

Plaisil, E. (1985). *Therapist*. New York: St. Martin's Press.

Plato. (1956a). The apology. In E. H. Warmington & P. G. Rouse(Eds.), *Great dialogues of Plato*(W. H. D. Rouse, Trans., pp.423-446). New York: New American Library.

Plato. (1956b). Crito. In E. H. Warmington & P. G. Rouse(Eds.), *Great dialogues of Plato*(W. H. D. Rouse, Trans., pp.447-459). New York: New American Library.

Plous, S. (1993). *Psychology of Judgement and decision making*. New York: Mcgraw-Hill.

Pope, K. S. (1988b). How clients are harmed by sexual contact with mental health professionals: The syndrome and its prevalence. *Journal of Counseling and Development, 67*, 222-226.

Pope, K. S. (1989a). Malpractice suits, licensing disciplinary actions, and ethics cases: Frequencies, causes, and costs. *Independent Practitioner,*

9(1), 22-26.

Pope, K. S. (1989b). Student-teacher sexual intimacy. In G. O. Gabbard (Ed.), *Sexual Exploitation within professional relationships*(pp.163-176). Washington, DC: American Psychiatric Press.

Pope, K. S. (1990a). Ethical and malpractice issues in hospital practice. *American Psychologists, 45*, 1066-1070. Available at http://kspope.com.

Pope, K. S. (1990b). Identifying and implementing ethical standards for primary prevention. In G. B. Levin, E. J. Trickett, & R. E. Hess(Eds.), *Ethical implications of primary prevention*(pp.43-64). Binghamton, NY: Haworth Press.

Pope, K. S. (1990c). Therapist-patient sex as sex abuse: Six scientific, professional, practical dilemmas in addressing victimization and rehabilitation. *Professional Psychology: Research and Practice, 21*, 227-239. Availble at http://kspope.com.

Pope, K. S. (1990d). Therapist-patient sexual involvement: A review of the research. *Clinical Psychology Review, 10*, 477-490. Available at http://kspope.com.

Pope, K. S. (1991). Promoting ethical behaviour: The Canadian Psychological Association model. *Canadian Psychology, 32*(1), 74-76.

Pope, K. S. (1992). Responsibilities in providing psychological test feedback to clients. *Psychological Assessment, 4*, 268-271. Available at http://kspope.com.

Pope, K. S. (1993). Licensing disciplinary actions for psychologists who have been sexually involved with a client: Some information about offenders. *Professional Psychology: Research and Practice, 24*, 374-377. Available at http://kspope.com.

Pope, K. S. (1994). *Sexual involvements with therapists: Patient assessment, subsequent therapy, forensics*. Washington, DC: American Psychological Association.

Pope, K. S. (1996). Memory, abuse, and science: Questioning claims about the false memory syndrome epidemic. *American Psychologist, 51*, 957-

538

974. Available at http://kspope.com

Pope, K. S. (2001). Sex between therapists and clients. In J. Worell(Ed.), *Encyclopedia of women and gender*(Vol. 2, pp.955-962). Orlando, FL: Academic Press.

Pope, K. S. (2005). Disability and accessibility in psychology: Three major barriers. *Ethics and Behavior, 15*(2), 103-106. Available at http://kspope. com

Pope, K. S., & Bajt, T. R. (1988). When laws and values conflict: A dilemma for psychologists. *American Psychologist, 43*, 828. Available at http://kspope.com

Pope, K. S., & Bouhoutsos, J. C. (1986). *Sexual intimacies between therapists and patients.* Westport, CT: Praeger.

Pope, K. S., & Brown, L. (1996). *Recovered memories of abuse: Assessment, therapy, forensics.* Washington, DC: American Psychological Association.

Pope, K. S., Butcher, J. N., & Seelen, J. (2001). *The MMPI, MMPI-2, and MMPPA in court: A practical guide for expert witnesses and attorneys* (3rd ed.). Washington, DC: American Psychological Association.

Pope, K. S., Butcher, J. N., & Seelen, J. (2006). *The MMPI, MMPI-2 and MMPI-A in court: A practical guide for expert witnesses and attorneys* (2nd ed.). Washington, DC: American Psychological Association.

Pope, K. S., & Feldman-Summers, S. (1992). National survey of psychologists' sexual and physical abuse history and their evaluation of training and competence in these areas. *Professional Psychology: Research and Practice, 23*, 353-36 Available at http://kspope.com.

Pope, K. S., & Garcia-Peltoniemi, R. E. (1991). Responding to victims of torture: Clinical issues, professional responsibilities, and useful resources. *Professional Psychology: Research and Practice, 22*, 269-276. Available at http://kspope.com.

Pope, K. S., Keith-Spiegel, P., & Tabachnick, B. G. (1986). Sexual attraction to patients: The human therapist and the (sometimes) inhuman training system. *American Psychologist, 41,* 147-158. Available at http://kspope.com.

Pope, K. S., Levenson, H., & Schover, L. R. (1979). Sexual intimacy in psychology training: Results and implications of a national survey. *American Psychologist, 34,* 682-689. Available at http://kspope.com

Pope, K. S., & Morin, S. F. (1990). AIDS and HIV infection update: New research, ethical responsibilities, evolving legal frameworks, and published resources. *Independent Practitioner, 10,* 43-53.

Pope, K. S., Simpson, N. H., & Weiner, M. F. (1978). Malpractice in psychotherapy. *American Journal of Psychotherapy, 32,* 593-602.

Pope, K. S., & Singer, J. L. (1978a). Regulation of the stream of consciousness: Toward a theory of ongoing thought. In G. E. Schwartz & D. Shapiro(Eds.), *Consciousness and self-regulation: Advances in research and theory*(Vol. 2, pp.101-137). New York: Plenum Press.

Pope, K. S., & Singer, J. L.(Eds.) (1978b). *The stream of consciousness: Scientific investigations into the flow of human experience.* New York: Plenum Press.

Pope, K. S., & Singer, J. L. (1980). The waking stream of consciousness. In J. M. Davidson & R. J. Davidson(Eds.), *The psychobiology of consciousness*(pp.169-191). New York: Plenum Press.

Pope, K. S., Sonne, J. L., & Greene, B. (2006). *What therapists don't talk about and why: Understanding taboos that hurt us and our clients.* Washington, DC: American Psychological Association.

Pope, K. S., Sonne, J. L., & Holroyd, J. (1993). *Sexual feeling in psychotherapy: Explorations for therapists and therapists-in-training.* Washington, DC: American Psychological Association.

Pope, K. S., & Tabachnick, B. G. (1993). Therapists' anger, hate, fear and sexual feeling: National survey of therapists' responses, client characteristics, critical events, formal complaints and training, *Professional Psychology: Research and Practice, 24,* 142-152. Available at http://kspope.com.

Pope, K. S., & Tabachnick, B. G. (1994). Therapists as patients: A national survey of psychologists' experiences, problems, and beliefs. *Professional Psychology: Research and Practice, 25*, 247-258. Available at http://kspope.com.

Pope, K. S., & Tabachnick, B. G., & Keith-Spiegel, P. (1987). Ethics of practice: The beliefs and behaviors of psychologists as therapists. *American Psychologist, 42*, 993-1006. Available at http://kspope.com.

Pope, K. S., & Tabachnick, B. G., & Keith-Spiegel, P. (1988). Good and poor practices in psychotherapy: National survey of beliefs of psychologists. *Professional Psychology: Research and Practice, 19*, 547-552. Available at http://kspope.com.

Pope, K. S., & Vasquez, M. J. T. (2005). *How to survive and thrive as a therapist: Information, ideas, and resources for psychologist in practice.* Washington, DC: American Psychological Association.

Pope, K. S., & Vetter, V. A. (1991). Prior therapist-patient sexual involvement among patients seen by psychologists. *Psychotherapy, 28*, 429-438. Available at http://kspope.com.

Pope, K. S., & Vetter, V. A. (1992). Ethical dilemmas encountered by members of the American Psychological Association: A national survey. *American Psychologist, 47*, 397-411. Available at http://kspope.com.

Proctor, R. N. (1988). *Racial hygiene: Medicine under the Nazis.* Cambridge, MA: Harvard University Press.

Rachlin, H. (1989). *Judgment, decision, and choice: A cognitive/behavioral synthesis.* New York: Freeman.

Radtke, R. (2005). A case against physician-assisted suicide. *Journal of Disability Policy Studies, 16*(1), 58-60.

Range, L. M., & Knott, E. C. (1997). Twenty suicide assessment instruments: Evaluation and recommendations. *Death Studies, 21*, 25-58.

Reed, G. M., & Eisman, E. J. (2006). Uses and misuses of evidence: Managed care, treatment guidelines, and outcomes measurement in professional practice. In C. D. Goodheart, A. E. Kazdin, & R. J. Sternberg

(Eds.), *Evidence-based psychotherapy: Where practice and research meet*. Washington, DC: American Psychological Association.

Reiser, D. E., & Levenson, H. (1984). Abuses of the borderline diagnosis: A clinical problem with teaching opportunities. *American Journal of Psychiatry, 141*, 1528-1532.

Ridley, C. R. (1989). Racism in counseling as adversive behavioral process. In P. B. Pedersen, J. G. Draguns, W. J. Lonner, & J. E. Trimble(Eds.), *Counseling across cultures*(3rd ed., pp. 55-78). Honolulu: University of Hawaii Press.

Ridley, C. R., Liddle, M. C., Hill, C. L., & Li, L. C. (2001). Ethical decision making in multicultural counseling. In J. G. Ponterotto, J. M. Casas, L. A. Suzuki, & C. M. Alexander(Eds.), *Handbook of multicultural counseling*(2nd ed., pp.165-188). Thousand Oaks, CA: Sage.

Rinella, V. J., & Gerstein, A. I. (1994). The development of dual relationships: Power and professional responsibility. *International Journal of Law and Psychiatry, 17*(3), 225-237.

Rivers, E., Schuman, S. H., Simpson, L., & Olansky, S. (1953). Twenty years of follow up experience in a long-range medical study. *Public Health Reports, 68*(4), 391-395. Retrieved September 27, 2006, from http://www.nlm.nih.gov/hmd/manuscripts/ead/tuskegee264.html.

Robinson, G., & Merav, A. (1976). Informed consent: Recall by patients tested postoperatively. *Annals of Thoracic Surgery, 22*, 209-212.

Robinson, W. L., & Reid, P. T. (1985). Sexual intimacies in psychology revisited. *Professional Psychology, 16*, 512-520.

Roll, S., & Millen, L. (1981). A guide to violating an injunction in psychotherapy: On seeing acquaintances as patients. *Psychotherapy: Theory, Research and Practice, 18*(2), 179-187.

Rosenfeld, B. (2004). *Assisted suicide and the right to die: The interface of social science, public policy, and medical ethics*. Washington, DC: American Psychological Association.

Rosenhan, D. L. (1973). On being sane in insane places. *Science, 179*, 250-

258.

Roy v. Hartogs, 381 N.Y.S.2d 587, 85 Misc. 2d 891 (1976).

Roysircar, G., Sandhu, D.S., & Bibbins, V. E.(2003). *Multicultural competencies: A guidebook of practices.* Alexandria, VA: Association for Multicultural Counseling and Development.

Ryder, R., & Hepworth, J. (1990). AAMFT ethical code: "Dual relationships." *Journal of Marital and Family Therapy, 16*(2), 127-132.

Safer, D. J. (1997). Adolescent/adult differences in suicidal behavior and outcome. *Annals of Clinical Psychiatry, 9*, 61-66.

Sanders, J. R., & Keith-Spiegel, P. (1980). Formal and informal adjudication of ethics complaints against psychologists. *American Psychologist, 35*, 1096-1105.

Sarason, S. B. (1985). *Caring and compassion in clinical practice.* San Francisco: Jossey-Bass.

Schank, J. A., & Skovholt, T. M. (1997). Dual-relationship dilemmas of rural and small-community psychologists. *Professional Psychology: Research and Practice, 28*(1), 44-49.

Scholendorf v. Society of New York Hospital, 211 N.Y. 125, 105 N.E. 92 (1914).

Schneidman, E. (1975). *Suicidology: Contemporary developments.* New York: Grune & Stratton.

Schulyer, D. (1974). *The depressive spectrum.* New York: Jason Aronson.

Shapiro, D. L. (1990). *Forensic Psychological assessment: An integrative approach.* Needham Heights, MA: Allyn & Bacon.

Sharkin B. S. & Birky, I. (1992). Incidental encounters between therapists and their clients. *Professional Psychology: Research and Practice, 23*(4), 326-328.

Sher, L. (2006). Alcoholism and suicidal behavior: A clinical overview. *Acta Psychiatrica Scandinavica, 113*(1), 13-22.

Shuster, E. (1998). The Nuremberg Code: Hippocratic ethics and human rights. *Lancet, 351*, 974-977.

Simon, R. I., & Williams, I. C. (1999). Maintaining treatment boundaries in small communities and rural areas. *Psychiatric Services, 50*(11), 1440-1446.

Sinclair, C. M. (1998). Nine unique features of the Canadian Code of Ethics for Psychologists. *Canadian Psychology, 39*(3), 167-176.

Sinclair, C. M., & Pettifor, J. (2001). Introduction and acknowledgments. In C. Sinclair & J. Pettifor(Eds.), *Companion manual to the Canadian Code of Ethics for Psychologists*(3rd ed., pp.i-iv). Ottawa, Ontario: Canadian Psychological Association.

Sinclair, C. M., Poizner, S., Gilmour-Barrett, K., & Randall, D. (1987). The development of a code of ethics for Canadian psychologists. *Canadian Psychology, 28*(1), 1-8.

Sinclair, C. M., Simon, N. P., & Pettifor, J. L. (1996). History of ethical codes and licensure. In L. J. Bass, S. T. DeMers, J. R. P. Ogloff, C. Peterson, J. L. Pettifor, R. P. Reeves, T. Retfalvi, N. P. Simon, C. Sinclair & R. M. Tipton(Eds.), *Professional conduct and discipline in psychology*(pp.1-15). Washington, DC: American Psychological Association.

Singer, J. L. (1980). The Scientific basis of psychotherapeutic practice: A question of values and ethics. *Psychotherapy: Theory, Research and Practice, 17*, 373-383.

Slimp, A. O. C., & Burian, B. K. (1994). Multiple role relationships during internship: Consequences and recommendations. *Professional Psychology: Research and Practice, 25*(1), 39-45.

Sonne, J. L. (1994). Multiple relationships: Does the new ethics code answer the right questions? *Professional Psychology: Research and practice, 25*, 336-343.

Sonne, J. L. (2005). *Nonsexual multiple relationships: A practical decision making model for clinicians.* Available at http://kspope.com.

Sonne, J. L. Meyer, C. B., Borys, D., & Marshal, V. (1985). Clients' reaction to sexual intimacy in therapy. *American Journal of Orthopsy-*

chiatry, 55, 183-189.

Spitz, V. (2005). Doctors from hell: The horrific account of Nazi experiments on human. Boulder, CO: Sentient Publications.

St. Paul Fire & Marine Insurance Company v. Downs, 617 N.E.2d 33g (Ill. App.1 Dist) (1993).

Stanton, W. (1960). *The leopard's spots: Scientific attitudes toward race in America*. Chicago: University of Chicago Press.

Statistic Canada. (2006). *The multicultural face of cities*. Retrieved September 29, 2006, from http://www41.statcan.ca/3867/ceb3867-003-e.htm.

Sternberg. R. J. (2006). Evidence-based practice: Gold standard, gold plated, or fool's gold? In C. D. Goodheart, A. E. Kazdin, & R. J. Sternberg (Eds.), *Evidence-based psychotherapy: Where practice and research meet* (pp.261-271). Washington, DC: American Psychological Association.

Steven, N. (1990, August 25) Did I say average? I meant superior. *New York Times*, p.15.

Stockman, A. F. (1990) Dual relationship in rural mental health practice: An ethical dilemma. *Journal of Rural Community Psychology, 11*(2), 31-45.

Stoltenberg, C. D. & Delworth, U. (1987). *Supervising counselors and therapists*. San Francisco: Jossy-Bass.

Stone, A. A. (1978, March 19). Mentally ill: To commit or not, that is the question. *New York Times*, p.10-E.

Stone, M. T. (1982). Turning points in psychotherapy. In S. Slipp(Ed.), *Curative factors in dynamic psychotherapy*(pp.259-279). New York: McGraw-Hill.

Stricker, G. (1992). The relationship of research to clinical practice. *American Psychologist, 47*, 543-549.

Stromberg, C. D. Haggarty, R. F., McMillian, M. H., Mishkin, B., Rubin, B. L., & Trilling, H. R. (1988). *The Psychologist's legal handbook*. Washington, DC: Council for the National Register of Health Service Providers in Psychology.

Sue, D. W. (1995), Multicultural organizational development: Implications for the counseling profession. In J. G. Ponterotto, J. M. Casas. L. A. Suzuki, & C. M. Alexander(Eds.), *Handbook of multicultural counseling* (pp.474-492). Thousand Oaks, CA: Sage.

Sue, D. W. & Sue, D. (2003). *Counseling the culturally diverse: Theory and practice*(4th ed.). Boston: Houghton Northridge.

Tallman, G. (1981). *Therapist-client social relationships*. Unpublished manuscript, California State University, Northridge.

Tavris, C. (1987, November 1). Method is all but lost in the imagery of social-science fiction. *Los Angeles Times*, Section V, p.5.

Thomas, A., & Sillen, S. (1972). *Racism and psychiatry*. Secaucus, NJ: Citadel Press.

Thoreau, H. D. (1960). *Walden and civil disobedience*. Boston: Houghton Mifflin. (Civil disobedience originally published 1849)

Tolstoy, L. (1951). *The kingdom of God is within you* (L. Weiner, Trans.). Boston: Page. (Originally published 1894)

Truman v. Thomas, California, 611 P.2d 902, 27 Cal. 3d 285 (1980).

Trucott, D., & Crook, K. H. (2004). *Ethics for the practice of psychology in Canada*. Edmonton, Alberta: University of Alberta press.

Tsuang, M. T. (1983). Risk of suicide in relatives of schizophrenics, manics, depressives, and controls. *Journal of Clinical Psychiatry, 39*, 396-400.

U.S. Public Health Service.(1973). *Final report of the Tuskegee Syphilis study Ad Hoc Advisory Panel*. Washington, DC: Author.

Van Horne, B. A. (2004). Psychology licensing board disciplinary actions: The realities. Professional Psychology: *Research and Practice, 35*, 170-178.

Vasquez, M. J. T. (1988). Counselor-client sexual contact: Implications for ethics training. *Journal of Counseling and Development, 67*, 238-241.

Vasquez, M. J. T. (2005). Independent practice settings and the multicultural guidelines. In M. G. Constantine & D. W. Sue(Eds.), *Strategies for building multicultural competence in mental health and educational settings*(pp.91-108). Washington, DC: American Psychological Association.

Velasquez, R. J., Arellano, L. M., & McNeill, B. W. (2004). *The handbook of Chicana/o psychology and mental health.* Mahwah, NJ: Erlbaum.

Vinson, J. S. (1987). Use of complaint procedures in cases of therapist-patient sexual contact. *Professional Psychology: Research and Practice, 18,* 159-164.

Vuorilehto, M. S., Melartin, T. T., & Isometsa, E. T. (2006). Suicidal behaviour among primary-care patients with depressive disorders. *Psychological Medicine, 36*(2), 203-210.

Walker, E., & Young, T. D. (1986). *A killing cure.* New York: Holt.

Walker v. City of Birmingham, 388 U.S. 307, 18 L.Ed.2d 1210 (1967).

Weary, G., Vaughn, L. A., Stewart, B. D., & Edwards, J. A. (2006). Adjusting for the correspondence bias: Effects of causal uncertainty, cognitive busyness, and causal strength of situational information. *Journal of Experimental Social Psychology, 42*(1), 87-94.

Weisman, A. D., & Worden, J. W. (1972). Risk rescue rating in suicide assessment. *Archives of General Psychiatry, 26,* 553-560.

Werth, J. L., & Blevins, D.(Eds.) (2006). *Psychosocial issues near the end of life: A resource for professional care providers.* Washington, DC: American Psychological Association.

Westen, D., & Bradley, R. (2005). Empirically supported complexity: Rethinking evidence-based practice in psychotherapy. *Current Directions in Psychological Science, 1*(10), 266-271.

Westen, D., Novotny, C. M., & Thompson-Brenner, H. (2004). The empirical status of empirically supported psychotherapies: Assumptions, findings, and reporting in controlled clinical trials. *Psychological Bulletin, 130,* 631-663.

Westermeyer, J. (1987). Cultural factors in clinical assessment. *Journal of Consulting and Clinical Psychology, 55,* 471-478.

Wetzel, R. (1976). Hopelessness, depression, and suicide intent. *Archives of*

General Psychiatry, 33, 1069-1073.

Williams, M. H. (1997). Boundary violation: Do some contended standards of care fail to encompass commonplace procedure of humanistic, behavioral, and eclectic psychotherapies? *Psychotherapy: Theory, Research, Practice, Training, 34*(3), 238-249.

Woody, R. H. (1998). Bartering for psychological services. Professional Psychology: Research and Pratice, 29(2), 174-178.

Word, C., Zanna, M. P., & Cooper, J. (1974). The nonverbal mediation of self-fulfilling prophecies in interracial interaction. *Journal of Experimental Social Psychology, 10,* 109-120.

Wyatt, G. E. (1997). *Stolen women: Reclaiming our sexuality, taking back our lives.* Hoboken, NJ: Wiley.

Yantz, C. L., & McCaffrey, R. J. (2005). Effects of a supervisor's observation on memory test performance of the examinee: Third party observer effect confirmed. *Journal of Forensic Neuropsychology, 4*(2), 27-38.

Younggren, J. (2002). *Ethical decision-making and dual relationships.* Available at http://kspope.com

Zametkin, A. J., Alter, M. R., & Yemini, T. (2001). Suicide in teenagers: Assessment, management, and prevention. *Journal of the American Medical Association, 286*(24), 3120-3125.

[지은이]

포프(Kenneth S. Pope) 박사는 서던메소디스트 대학(Southern Methodist University)에서 영문학을 전공했으며, 공동체 조직자인 알린스키(Saul Alinsky)의 명강의를 듣고 공동체 조직에 관해 공부하기 시작했다. 시카고, 플로리다 등의 관련 조직에서 수련하였으며, 하버드 대학에서 석사학위를 받고, 예일 대학에서 박사학위를 받았다. 1980년대 중반 이후 전문 심리학자로서 독자적인 활동을 해왔다. 임상심리학의 권위자로서 백여 편의 논문과 수십 권의 저서를 출판했다. 세계심리학회와 미국심리학회 회원이며, 두 심리학회에서 윤리분과위원장을 역임하기도 했다. UCLA에서 심리학과 신경정신학 분야의 평가 영역의 강좌를 개설하여 학생들을 가르쳐 왔다.

바스케즈(Melba J. T. Vasquez) 박사는 오스틴에 있는 텍사스 대학에서 상담심리학 박사학위를 받았다. 그곳에서 심리상담가로서 활동해 왔으며, 1978년부터 1991년까지 콜로라도 대학과 텍사스 대학에서 상담센터 전문가로 봉사했다. 현재는 텍사스 오스틴에서 독자적인 상담심리 봉사활동을 펼치고 있다. 윤리학, 소수민족 심리학, 여성 심리학, 수퍼비전과 훈련, 그리고 상담과 심리치료 분야에 관해 60여 편의 논문을 발표했으며, 수권의 공동 저서를 출판했다.

[옮긴이](번역순)

박균열 경상대학교 윤리교육과 교수
이정원 서울사이버대학교 군경상담학과 교수
김대군 경상대학교 윤리교육과 교수
최선영 경상대학교 가정교육과 교수
황수경 동국대학교 선(禪)학과 강사, 불교상담개발원 이사 및 강사,
　　　　(사)한국다문화센터 정책자문위원, 한국전문심리치료원 인턴
남영주 서울대학교 아동가족학과 강사
윤영돈 인천대학교 윤리·사회복지학부 교수
조홍제 국방대학교 국가안전보장문제연구소 전문연구원
이원봉 경상대학교 윤리교육과 강사, 전 국방대학교 정신교육단 군전임교수
박종태 진주여자중학교 교사, 경상대학교 윤리교육과 박사수료
성현영 창원대학교 평생교육원 음악치료 강사, 경상대학교 윤리교육과 박사수료
임여진 국방대학교 정신전력·리더십개발원 전문연구원

심리치료와 상담의 윤리학

1판 1쇄 인쇄	2010년 7월 5일
1판 1쇄 발행	2010년 7월 10일

지은이	케네스 S. 포프 & 멜바 J. T. 바스케즈
옮긴이	박균열 외
발행인	전춘호
발행처	철학과현실사

등록번호	제1-583호
등록일자	1987년 12월 15일

서울특별시 종로구 동숭동 1-45
전화번호 579-5908
팩시밀리 572-2830

ISBN 978-89-7775-727-1   93190
값 25,000원